알면 편리한

워드프로세서 파워 업

알면 편리한
워드프로세서 파워 업

초판1쇄 2015년 2월 20일
2판 1쇄 2020년 8월 31일

저자 박미현·박성호

표지·내지 디자인 배영미
내지 편집 박지현

펴낸이 차정인
펴낸곳 부산대학교 출판문화원
출판등록 제1983-000001호 1983. 11. 10.
주소 부산광역시 금정구 부산대학로63번길 2 (우편번호 46241)
대표전화 051-510-1932 팩시밀리 051-512-7812
https://press.pusan.ac.kr

ISBN 978 - 89 - 7316 - 674 - 9 93000

이 도서의 국립중앙도서관 출판예정도서목록(CIP)은
서지정보유통지원시스템 홈페이지(http://seoji.nl.go.kr)와
국가자료공동목록시스템(http://www.nl.go.kr/kolisnet)에서 이용하실 수 있습니다.
(CIP제어번호: CIP2020035429)

알면 편리한

워드프로세서 파워 업

박미현 • 박성호 저

부산대학교출판문화원

머리말

이전 산업화 시대에서는 문맹의 기준을 3R, 즉 Reading, wRiting, aRithmeric(읽기, 쓰기, 산술) 능력으로 평가하였다. 그러나 정보화 시대로 접어들면서 문맹의 기준에 Computer Literacy 능력을 포함 시킨다. 이는 컴퓨터를 이용하여 자신이 원하는 정보나 자료를 빠르고 정확하게 생성하거나 이용하는 능력을 의미한다. IT 관련 학문을 전공한 사람이든 아니든 컴퓨터를 사용할 수 있는 능력은 이제 우리 시대에 무시할 수 없는 평가의 기준이 되었다.

정보의 홍수 속에서 살아가는 현대인들이 컴퓨터를 가장 많이 활용하는 분야는 무엇보다도 지식을 검색하고 검색된 지식을 기반으로 새로운 정보를 재생산하는 일이라고 할 수 있다. 정보화 사회는 다양한 정보를 효율적으로 관리할 수 있는 능력을 요구하고 있다. 즉, 이용자들은 이전 자료나 인터넷망을 통해 검색된 자료, 같은 업무를 수행하는 동료로부터 넘겨받은 자료 등에 자신의 창조적인 아이디어를 접목하여 또 다른 정보를 생성하고, 이 정보를 타인에게 효율적으로 전달하기 위한 여러 가지 프로그램 활용 능력을 갖추어야 한다.

그러나 이러한 작업을 수행하다 보면, 다양한 자료를 수집하고 논리적으로 분석한 후에 유의미한 새로운 정보를 생성하는 시간 못지않게, 결과물을 본인이 원하는 형태로 편집하는 과정에서 어려움을 겪거나 의외로 많은 시간을 소요하게 된다. 이는 문서편집 프로그램에 대한 정확한 이해 없이 어깨너머로 배운 잘못된 습관으로 문서작업을 해 왔거나, 또는 발전하는 관련 소프트웨어에 대한 막연한 두려움에서 오는 배움의 부족으로 발생한다. 대부분 이런 작업자들의 특징은 컴퓨터 소프트웨어의 최대 장점인 자동화 기능을 효율적으로 사용하지 못한다는 데 있다. 문서의 내용이나 형태가 조금만 수정되거나 작업환경이 변경되면 처음부터 재작업하거나 손으로 일일이 속성 등을 변경하는 작업을 수행함으로써 많은 시간을 낭비하게 된다. 이는 전체 작업의 효율을 저하하는 원인이 된다.

본 교재에서는 비전공자들을 대상으로 문서편집을 효율적으로 지원해주는 다양한 오피스프로그램을 다루고자 한다. 필자는 시중에 이미 나와 있는 문서편집 교재들과는 그 방향을 달리하여 본 교재를 집필하고자 노력하였다. 시중에 나와 있는 교재 대부분은 ᄒᆞᆫ글이나 Microsoft Word 등 오피스프로그램의 사용법을 "따라 하기" 방식으로 기능을 익히는 과정을 기술하고 있다. 그러나 본 교재에서는 실제 문서편집에 있어 사용자가 필요로 하는 기능을 이해하고, 이런 기능들을 어떻게 오피스프로그램에서 활용할 수 있는지를 살펴보도록 할 것이다.

또한, 문서작업의 효율성을 높이기 위해서 프로그램 자체를 이해하는 차원에서 교재를 기술하고자 한다. 즉, 효율적인 문서편집 프로그램도 하나의 프로그램이므로 사용자가 원하는 형태의 문서를 작성하기 위해서는 컴퓨터가 이해하고 수행할 수 있는 논리적인 명령을 어떻게 선택하고 지시해야 하는지를 근본적으로 알아야 한다. 특정 프로그램에서 작성된 문서가 다른 프로그램에서도 문제없이 사용될 수 있으려면 특정 프로그램에 의존하는 특성들을 최대한 배제하여 문서를 작성해야 하며 사용하고 있는 프로그램에서 지원하지 못하는 기능이 있다면 그 기능을 지원해주는 다른 프로그램을 연동해서 사용할 수도 있어야 한다. 이러한 접근 방법은 최대한 자동화 기능을 이용해 정확한 문서 작성을 유도할 뿐 아니라 다른 프로그램과의 연계를 고려하는 효율적인 문서를 작성할 수 있도록 도와줄 것이다. 프로그램과 프로그램 사이의 이해는 다양한 프로그램의 활용까지도 유도하게 될 것이다.

그리고 새롭게 개정된 이번 교재에서는 최근 오피스프로그램 회사들이 앞다퉈 출시하는 웹오피스 프로그램을 이용하여 여러 명의 사용자가 공동으로 문서작업 하는 방법에 대해서도 깊이 있게 다루어보았다. 다수의 사용자가 실시간으로 하나의 문서를 공동작업하는 방법을 익히게 되면 조직원 간의 문서 검토 및 의견 수렴 과정에 들였던 시간을 획기적으로 단축할 수 있게 된다. 더불어 인포그래픽 도구와 템플릿을 제공하는 사이트들을 이용하여 정보를 보다 시각적으로 표현하는 방법도 간단하게 다루어보았다.

결과적으로 본 교재는 문서편집 프로그램의 이해가 단순히 문서를 예쁘게, 보기 좋게 만드는 단편적인 지식의 활용이 아니라 다양한 애플리케이션의 사용을 사기 주도적으로 할 수 있고, 더 나아가 능동적으로 IT 환경에 대처할 수 있는 컴퓨터 활용 능력을 배양하는 데 그 목적을 두고 있다.

박미현·박성호

차 례

PART 1

한/글 2018을 이용한 워드프로세서의 이해

PART 1.
한/글 2018을 이용한 워드프로세서의 이해

컴퓨터 기능의 강화와 인터넷의 전 세계적 보급은 이 시대를 살아가는 현대인들에게 너무나 많은 양의 정보를 단시간 내에 처리하도록 요구하고 있다. 넘쳐나는 정보의 홍수 속에서 사람들은 빠르게 자신이 원하는 정보를 찾아낼 수 있어야 하며, 또 그러한 정보들을 바탕으로 새로운 아이디어를 창조하여 또 다른 이들에게 빠르게 제공할 수 있어야 한다. 이러한 빠른 정보의 순환 속에서 정보를 처리하는데 많은 시간이 소요된다면 그것은 곧 정보의 지연을 가져오게 되고 더 나아가 개인뿐 아니라 조직이나 사회에 그만큼의 손실을 불러오게 된다. 따라서 정보의 생성, 재가공 및 전송에 걸리는 시간과 비용을 최소화하려는 노력이 여러 가지 형태의 자동화 시스템으로 개발 및 보급되고 있는데 그중 하나가 전자문서 프로그램이다. 전자문서 프로그램은 문서의 생성, 편집, 출력 및 전송 시간을 최소화하기 위한 일련의 프로그램들 모음으로 일반 워드 문서작성뿐 아니라 각종 수치 자료를 다루는 스프레드시트 프로그램, 발표를 위한 프레젠테이션 프로그램, 이미지변환을 위한 그래픽스 프로그램 그리고 문서를 송수신하는 파일전송 프로그램들까지 모두를 포함한다. 다시 말해 정보를 시각화하여 문서로 만들고 공유할 수 있도록 각종 프로그램을 서로 연계해 사용할 수 있는 여러 프로그램의 집합을 의미한다.

대표적인 예로써 마이크로소프트사에서 출시한 마이크로소프트 오피스 제품군을 들 수 있다. 워드 프로그램을 이용하여 텍스트 문서를 작성하고, 엑셀 프로그램을 이용해 수치 자료들을 표나 그래프의 형식으로 변환하여 워드 문서에 삽입할 수 있으며, 파워포인트 프로그램을 이용해 발표용 자료로 변환할 수 있다. 여기에 PDF 프로그램을 사용하여 완성된 문서를 타인이 임의로 수정하지 못하도록 보안 처리한 후 Outlook(아웃룩) 프로그램으로 다른 이에게 빠르게 전송할 수 있다. 물론 한글과 컴퓨터사에서 나온 한컴오피스 프로그램이나 공개소프트웨어인 오픈오피스 프로그램(www.openoffice.org) 등도 역시 다양한 문서작성 프로그램들을 하나의 제품으로 묶어 문서의 작성과 변환 그리고 전송 기능들을 제공하고 있다.

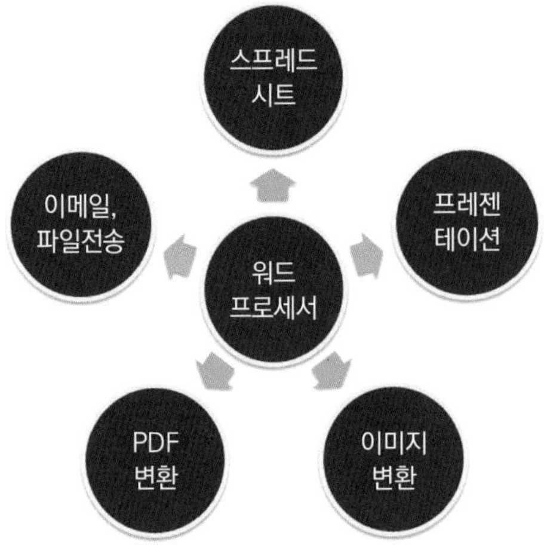

〈전자문서프로그램의 구성〉

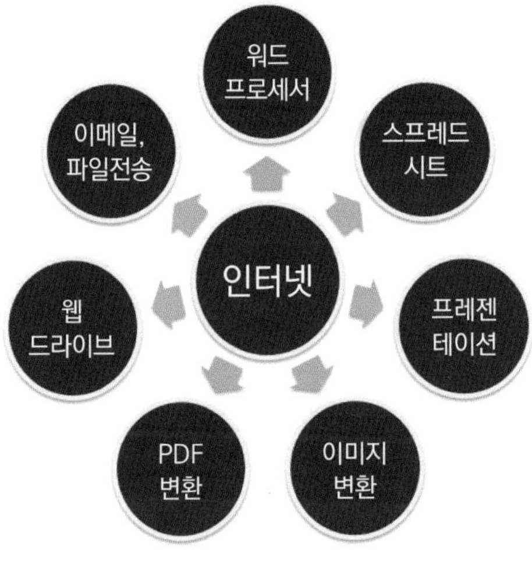

〈온라인 오피스의 구성〉

최근에는 구글(Google)과 마이크로소프트(Microsoft)사가 잇따라 출시한 온라인 오피스(Online Office)라는 새로운 개념의 웹 오피스 프로그램을 사용하면 자신의 컴퓨터에 별도의 프로그램을 설치하지 않고도 인터넷을 통해 PC, 노트북, 태블릿 또는 스마트폰에서 언제든지 문서를 바로 작성하고 공유할 수 있어서 시간과 장소의 구애 없는 정보의 활용이 가능해졌다.

Chapter 1 문서편집의 기본 원리

컴퓨터를 이용해 기본적인 문서 작업을 해 본 사람이라면 마이크로소프트사의 워드나 한글과 컴퓨터사의 한/글 프로그램이 낯설지 않을 것이다. 이러한 제품들은 이미 시중에 대중화되어있어 쉽게 접할 수 있고 기본적인 인터페이스가 비전공자들도 이해하기 어렵지 않게 구성되어있어 일반인들도 사용하기에 무리가 없다.

하지만 의외로 워드프로세서 프로그램의 사용에 있어 정확한 기능을 이용하여 제대로 사용하는 사용자는 많지 않다. 필자가 다년간 대학에서 전자문서 프로그램을 강의해 본 결과, 대다수 사용자는 어깨너머로 배운 지식으로 워드프로세서를 사용하다 보니 프로그램에 대한 정확한 이해나 학습 없이 습관적으로 잘못된 문서를 작성하고 있음에도 본인은 문제를 전혀 인식하지 못하는 경우가 많았다. 예를 들어보면 문단에 번호를 붙이는 자동화 기능이 있음에도 항상 문단 앞에 번호를 직접 일일이 손으로 입력한다거나, 문단의 개념이 없어 엔터를 쳐서 줄 간격을 벌린다거나, 단어와 단어의 간격을 벌리기 위해 수십 개의 스페이스를 넣었다 지웠다 하는 식의 문서 작성방법을 사용하고 있었다. 이런 식으로 문서를 작성하면 문단의 모양이나 종이의 크기가 조금만 달라져도 문서 전체의 모양이 흐트러지게 되어 처음부터 다시 문서를 정리해야만 한다. 또한, 문서에 삽입하는 그림도 글자와 그림 간의 관계를 고려치 않고 보기 좋은 위치에 아무렇게나 삽입하여 문단이 삽입되거나 삭제될 때마다 그림의 위치가 바뀌어 곤란을 겪는 경우가 있다. 표를 삽입할 때에도 표의 모양이 조금만 달라져도 입력했던 표를 지우고 처음부터 다시 만들곤 한다. 비단 워드 문서작성에서만의 문제가 아니다. 늘 자신이 사용하는 프로그램만 고집함으로써 작업 환경이 바뀌거나 작업 프로그램이 바뀌면 전혀 문서작성을 하지 못하는 경우도 많았다. 그뿐 아니라, 자신이 사용하는 프로그램에서 지원하지 않는 기능들을 다른 프로그램과 연동시킬 수 없어 이중 삼중으로 문서작성에 시간을 낭비하는 것을 보았다. 이러한 모든 일은 워드프로세서 프로그램에 대한 이해 없이 과정은 무시하고 결과만 만들어 내려는 성급함에서 발생하는 문제라고 할 수 있다. 이러한 비체계적인 개념으로 문서를 작성하게 되면 전자문서 프로그램은 그 연계성이 끊어짐으로써 효과적인 문서의 생성과 변환, 전송 과정을 이어나갈 수 없게 된다.

문서작성 프로그램을 사용하는 데 있어 가장 중요한 기본은 효율성과 호환성이라고 볼 수 있다. 문서를 작성할 때에는 최대한 자동화 기능을 사용해야 하며 각각의 프로그램들에서 제공하는 기능들을 정확하게 사용하여 문서를 작성해야만 문서가 수정되거나 변환될 때 두 번, 세 번 재수정하지 않고도 자동으로 모든 것들이 변경될 수 있어 문서작성에 드는 시간적, 물리적 비용을 최소화할 수 있다. 특히 특정 프로그램에 국한된 기능사용을 배제하여 다른 프로그램들로도 문서가 변환될 수 있도록 해야 한다. 일단 문서로 만들어진 정보는 여러 가지 다른 프로그램들과 연동하여 다양한 형태로 나타낼 수 있어야 한다. 그리고 완성된 문서에 대해 보안 기능들을 추가하는 보조 프로그램들이나 문서 출판에 필요한 각종 프로그램을 잘 활용할 수 있어야만 자신이 만든 문서를 인터넷이라는 공개된 네트워크의 바다에 당당히 내보일 수 있을 것이다.

1. 한/글 2018의 화면 구성

본 책 PART 1에서는 한/글 프로그램을 이용하여 문서작성의 원리를 설명하고자 한다. 하지만 이 책의 예제들을 통해 단순히 한/글의 메뉴들을 설명하고자 하는 것이 아니라 여러 가지 문서를 편집하는 데 필요한 각종 편집 방법과 편집에 필요한 기능들, 그리고 빠른 편집을 위한 편집 자동화 기능들에 초점을 맞추고자 한다. 따라서 오랫동안 한/글 프로그램을 써왔던 사용자라 하더라도 늘 자신이 사용했던 방법, 익숙한 기능들만 사용할 것이 아니라 최신 버전에서 제공하는 새로운 기능들, 혹은 몰랐던 기능들을 알게 되면 훨씬 문서작성의 수고도 덜게 되며, 빠르고 세련되게 문서를 작성할 수 있게 될 것이다.

이 책을 통해 한/글 프로그램의 기능과 편집 개념을 정확하게 익히고 나면, Microsoft Word나 오픈오피스 등 다른 여러 종류의 워드프로세서를 접하게 되더라도 크게 당황하지 않고 쉽게 머릿속에 구상했던 아이디어를 문서화시킬 수 있게 될 것이다. 모든 워드프로세서 프로그램들은 메뉴의 명칭과 위치만 다를 뿐이지 제공하는 기능이나 편집 방법, 입력해야 하는 옵션 사항들은 거의 비슷하기 때문이다. 따라서 본 과정을 충실히 수행한다면 작업 환경에 얽매이지 않는 자기 주도적인 컴퓨터 활용 능력도 더불어 향상되리라 기대해 본다.

1.1. [한/글 2018] 화면 구성 및 새로워진 기능

한/글 2018은 이전의 한/글 프로그램과는 다르게 사용하기 편리한 화면 구성과 더욱 강력해진 문서편집 기능을 제공하므로, 문서편집 작업을 더욱 빠르고 편리하게 할 수 있게 되었다.

1 한/글 2018의 새로운 화면 구성

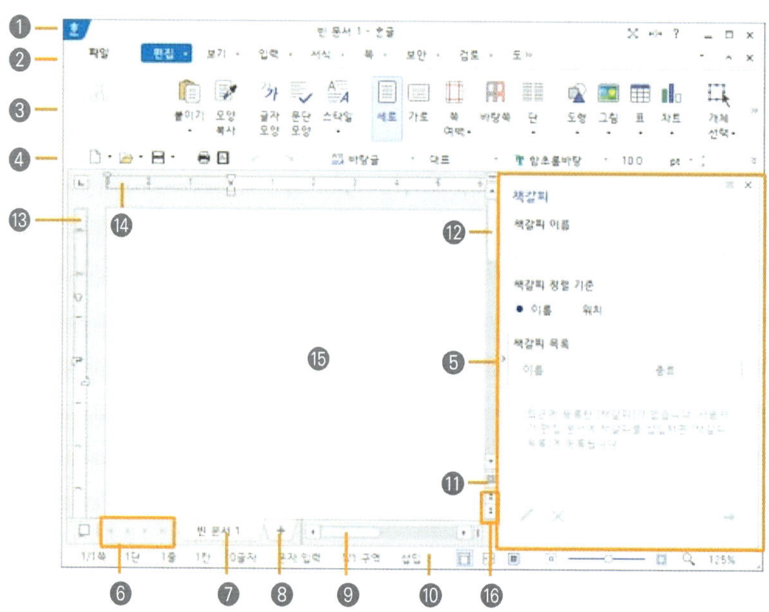

이름	설명
❶ 제목	프로그램의 제목과 최소화, 최대화, 닫기 단추가 나타난다.
❷ 메뉴	프로그램에서 사용하는 메뉴를 비슷한 기능별로 묶어놓은 곳이다.
❸ 기본 도구상자	각 메뉴에서 자주 사용하는 기능을 그룹별로 묶어서 메뉴 탭 형식으로 제공한다. 기본적으로는 메뉴별 도구상자가 나타나며, 상황에 따라 개체별, 상태별 도구상자가 동적으로 나타난다.
❹ 서식 도구상자	문서편집 시 자주 사용하는 기능을 모아 아이콘으로 묶어서 놓은 곳이다.
❺ 작업 창	작업 창을 활용하면 문서편집 시간을 줄이고 작업 속도를 높이는 등 효율적인 문서 작업을 수행할 수 있다.
❻ 탭 이동 아이콘	여러 개의 탭이 열려 있을 때 이전 탭/다음 탭으로 이동한다.
❼ 문서 탭	작성 중인 문서와 파일명을 표시한다. 저장하지 않은 문서는 파일 이름이 빨간색으로 표시되고, 자동 저장된 문서는 파란색, 저장 완료된 문서는 검은색으로 표시된다.
❽ 새 탭 삽입 탭	문서에 새 탭을 추가한다.
❾ 가로 이동 막대	문서 내용이 편집 화면보다 클 때 화면을 가로로 이동하기 위해 사용한다.
❿ 상황 선	편집 창의 상태 및 마우스가 있는 곳에 대한 정보 등을 보여준다.
⓫ 보기 선택 아이콘	쪽 윤곽/문단 부호/조판부호/투명 선/격자 설정, 찾기/쪽/구역/줄/스타일/조판부호/책갈피/개체 찾아가기 설정 기능을 선택할 수 있다.
⓬ 세로 이동 막대	문서 내용이 편집 화면보다 클 때 화면을 세로로 이동하기 위해 사용한다.
⓭ 세로 눈금자	개체의 세로 위치나 높이를 파악하기 위해 사용한다.
⓮ 가로 눈금자	개체의 가로 위치나 너비를 파악하기 위해 사용한다.
⓯ 편집 창	글자나 그림과 같은 내용을 넣고 꾸미는 작업 공간이다.
⓰ 쪽 이동 아이콘	작성 중인 문서가 여러 장일 때 쪽 단위로 이동하기 위해 사용한다.

2 새로워진 한/글 2018의 사용자 편의 기능

① 한컴 툴즈 : 한컴 툴즈는 블루투스 연결을 통해 한컴오피스를 원격 제어할 수 있는 Android용 응용프로그램 패키지이다. 사용자 손안의 모바일 장치에서 클립보드의 내용을 공유하고 음성 명령을 통해 기능을 실행하고 원격으로 프레젠테이션을 실행하는 등의 다양한 작업을 수행할 수 있다.

② 사진 편집 : 사진을 선명하고 고급스러운 느낌으로 연출하거나 사진의 특정 영역을 투명하게 처리할 수 있도록 사진 편집 기능을 제공한다. 피사체는 선명하고 그 외 영역을 흐리게 처리하고 좌우 기울기가 맞지 않는 사진의 수평을 맞출 수 있다.

③ 맞춤법 검사 개선 : 최신 외래어 표기법을 적용하고 신조어에 대한 오류 유형을 추가하여 사전에 등록되지 않은 단어도 올바르게 교정할 수 있다. 여러 어절로 이루어진 문구, 문맥에 맞지 않거나 어색한 표현도 오류 항목으로 분류하여 더욱 적절하고 올바른 예문을 제시한다.

④ 참고문헌 : 논문 또는 보고서처럼 인용 내용이 포함된 문서를 작성할 때 참고문헌 정보를 쉽고 간편하게 추가할 수 있다. 다양한 분야에서 사용되는 APA, Chicago, IEEE, ISO와 같은 인용 스타일을 제공한다.

⑤ 쪽 복사 기능 : 쪽(페이지)을 통째로 복사하여 원하는 위치에 붙여넣기를 할 수 있다.

⑥ 확인용 글머리 표 기능 : 확인란 모양의 글머리 표를 사용하여 '할 일' 목록을 관리할 수 있다. 해야 할 작업 목록에 이 글머리 표를 적용해두고 작업이 완료되었으면 완료 표시를 한다. 개인 일정 등에서는 작업 완료 여부를, 설문지에서는 선택 여부를 표시할 때 유용하다.

⑦ 수식 강화 기능 : 세로형 나눗셈, 최소공배수, 최대공약수 등의 수식 유형이 새로 추가되었으며 사용자가 명령어를 입력할 때 자동으로 완성된 명령어를 보여준다. 명령어 자동 완성 기능을 통해 사용자는 명령어를 더욱 빠르게 입력할 수 있으며 명령어가 정확히 기억나지 않을 때도 문제없이 입력할 수 있다.

⑧ 차트 기능 강화 및 디자인 개선 : 신속하고 편리하게 차트의 종류, 레이아웃 및 구성 요소를 변경하고 차트에 다양한 효과를 적용할 수 있도록 차트 기능이 강화되었다. [차트 디자인] 탭에서 차트 종류, 축, 범례 등을 변경하고, [차트 도형] 탭에서는 차트 크기, 위치, 정렬 등 다양한 속성을 변경할 수 있다.

2. 문서작성을 위한 기본 요소

워드프로세서를 이용한 문서작성 작업은 사용자가 가지고 있는 정보나 생각들을 다른 사람에게 알려주기 위한 문서의 편집 작업이라고 할 수 있다. 여기서 편집(編集)이라는 단어가 중요한 의미를 내포하고 있는데 사전적 의미로는 언론, 문학, 출판, 음악, 영화 등에서 문자, 이미지, 소리 등을 수집, 분류하여 전달하고자 하는 내용을 정리하는 작업이라는 뜻이다. 다시 말해 문서편집 작업이란 단순한 글자 입력작업에서 그치는 것이 아니라 나타내고자 하는 문서의 내용을 더 잘 이해시키고 더 잘 전달하기 위한 고도의 창의적 작업이라고 볼 수 있다. 그러므로 문서편집은 문서를 예쁘게 꾸미기에 치중할 것이 아니라 편집된 문서의 내용이 더 잘 드러날 수 있도록 하는데 그 방향성을 두어야 한다. 이것은 곧 가독성이라는 말로 설명 되어질 수 있는데 가독성(legibility)이란 인쇄물이 얼마나 쉽게 읽히는가 하는 능률의 정도를 의미하는 말로 활자체, 글자 간격, 행간(行間), 띄어쓰기 등에 영향을 받는다. 즉 가독성 높은 문서의 편집을 위해서는 글자와 문단, 페이지에 영향을 끼칠 수 있는 요소들이 무엇인지를 먼저 파악해야 한다. 앞으로 이 책에서는 여러 다양한 예제들을 통해 문서편집의 기본을 다루게 될 것이다. 그러나 문서편집에 있어서 가독성에 영향을 끼치는 요소들이 어떤 것들이 있는지 알지 못하면 문서의 중요한 맥을 놓치고 화려함에만 치중하는 편집을 하게 될 것이다. 따라서 문서편집의 기본 요소가 될 사항들을 먼저 이해하고 이러한 요소들을 워드프로세서 프로그램들을 통해 어떻게 처리할 수 있는지 배워보도록 한다.

2.1. 편집용지

편집용지 설정은 문서를 얼마만 한 크기의 종이에 편집할 것인지, 종이를 좁게 쓸 것인지 넓게 쓸 것인지 그리고 종이의 상/하/좌/우에 어느 정도 여백을 남길 것인지 등을 미리 정하는 작업이기 때문에 문서를 편집할 때 가장 먼저 해야 하는 일이다. 이때 정해진 책의 크기를 '판형'이라고도 하며, 한/글 프로그램에서는 '용지' 또는 '종이'라고 표현한다.

1 용지 종류

국제 표준화 기구(ISO, the International Organization for Standardization)에서 지정한 종이의 국제규격에는 A 계열과 B 계열, 그리고 C 계열이 있다. A 계열 규격 치수는 독일의 오스왈드(Ostwald, F.W.)가 고안한 것으로 이 원지의 세로와 가로 비율은 1 : 1.414…. 곧 루트 2가 되는데 이것을 반씩 계속해서 접더라도 이 비율은 유지된다. A 계열 원지의 1.5배로 만든 것이 B 계열 용지이다.

대한민국 정부도 ISO의 표준 규격 중 A 계열과 B 계열을 받아들여 '종이의 재단 치수'를 1962년 12월 31일 KS A5201로 제정하여 사용하게 되었다. 그러나 1990년 6월 30일 한국 공업 규격의 개정에 따라 KS의 B 계열 용지 크기를 일본의 표준 규격인 JIS와 동일하게 개정하였다.

〈재단 사이즈 (단위: mm)〉

규격	A열	규격	B열
A0	841×1189	B0	1030×1456
A1	594×841	B1	728×1030
A2	420×594	B2	515×728
A3	297×420	B3	364×515
A4	210×297	B4	257×364
A5	148×210	B5	182×257
A6	105×148	B6	128×182
A7	74×105	B7	91×128
A8	52×74	B8	64×91
A9	37×52	B9	45×64
A10	26×37	B10	32×45

〈일반적 절수 방식〉

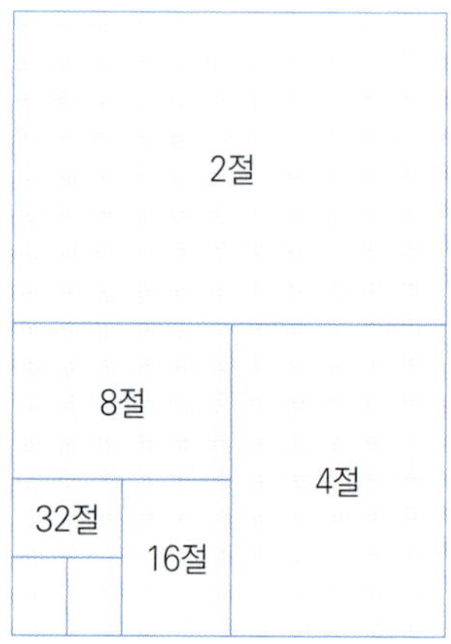

여기서 A0, B0란 실재하지 않는 가상 규격인데, A열의 경우 A1의 치수(594×841mm)가 되도록 짧은 변을 2배하여 계산한 것(841×(594×2=1189))을 A0 치수로 가상한 것이다. 그리고 A1(594×841mm)을 재단하기 위해 생산한 625×880mm를 '원지'라고 한다. 그 이하로는 호수가 하나씩 늘어남에 따라 용지 크기는 반으로 줄어든다고 보면 된다. 따라서 A1을 반으로 재단한 것이 A2이고, A2를 반으로 재단한 것이 A3라고 보면 된다. A 뒤에 붙는 숫자들은 접는 횟수를 의미하는 것으로 2는 2절, 3은 4절, 4는 8절, 5는 16절, 6은 32절, 7은 64절이 된다.

〈책의 크기와 사용 예〉

판형	호칭	크기(mm)	전지1매의 절수	사용예
A4	국배판	297×210	8절(16쪽)	여성지, 디자인계통잡지
A5	국판	210×148	16절(32쪽)	교과서 및 단행본, 문예지
A6	국반판	148×105	32절(64쪽)	문고판
B4	타블로이드	374×254	8절(16쪽)	일요신문, 메트로지, 벼룩신문
B5	사륙배판	257×188	16절(32쪽)	참고서, 교과서
B6	사륙판	188×127	32절(64쪽)	문고(삶과꿈), 샘터
규격외	신국판	225×152	16절(32쪽)	학술서, 단행본
	크라운판	248×176	18절(36쪽)	사진집
	30절판	205×125	30절(60쪽)	단행본
	36판	182×103	40절(80쪽)	문고

문고판, 크라운판, 타블로이드판

문고판이란 손바닥만 한데 작아서 들고 다니기 편한 책을 말한다. 국판 크기의 절반이라 국반판이라고도 한다. 싼값에 대량보급을 목적으로 하는 책들을 주로 문고판 형식으로 제작하는데 '디스커버리 총서', '리더스 다이제스트' 등이 문고판에 속한다.

크라운판은 국판보다는 조금 크고, 사륙배판보다는 조금 작은 판형으로 예전에는 교과서에서 많이 사용했고, 미국의 내셔널지오그래픽이 대표적인 크라운판이다.

타블로이드판은 신문 판형의 1/2 크기로 원래 영국의 버로-웰컴사가 발매한 판형으로 요약, 압축이라는 의미가 있다. 우리나라에서는 A4판이나 B4판 정도의 소형 신문을 타블로이드판이라고 부르며, 전문기관 신문, 학교 신문, 주간 신문, 생활 정보지 등에 많이 사용되고 있다.

2 용지 여백

용지 여백은 아래 첫 번째 그림과 같이 ①위쪽 여백, ②아래쪽 여백, ③왼쪽여백, ④오른쪽여백, ⑤머리말 여백, ⑥꼬리말 여백으로 나뉜다.

한/글에서는 전체 하얀 지면을 '종이'라고 부르고, 종이에서 위/아래/왼쪽/오른쪽/머리말/꼬리말 여백을 제외한 부분 즉 아래 오른쪽 그림에서 가장 안쪽의 붉은색 점선의 상자 안쪽을 '쪽'(편집용어로는 '판면')이라고 부른다. 실제 본문 글줄이 들어가는 부분이 바로 쪽 영역이다. 따라서 같은 크기의 종이를 사용하여 작업하더라도 여백을 어떻게 지정했느냐에 따라 실제 글자를 넣을 수 있는 공간 즉 '쪽'의 크기가 달라진다. 여백을 많이 줄수록 쪽 영역은 좁아지게 되고, 여백을 적게 줄수록 쪽 영역은 커지게 된다. 그렇다고 여백을 전혀 주지 않고 사용하는 것은 좋지 않은 방법이다. 종이 전체를 글들로 가득 채우는 것보다는 용지의 여백을 적당히 넓어서 독자가 눈이 쉴 수 있는 영역을 마련해 주는 것이 좋다.

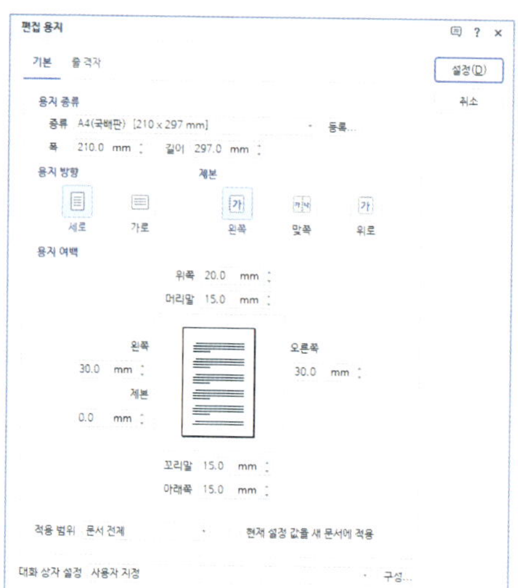

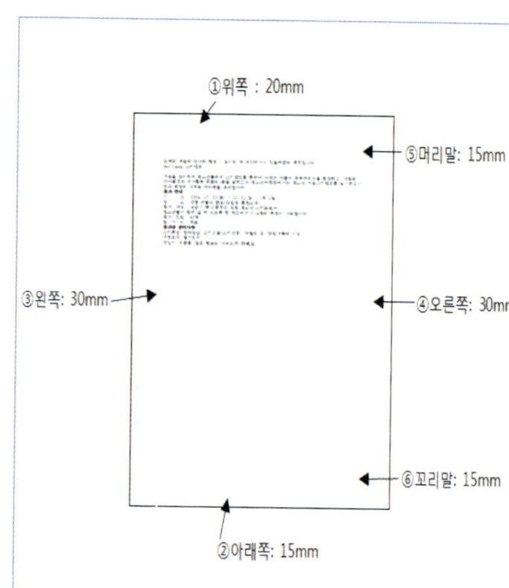

〈한/글 2018의 [편집용지] 대화상자〉

2.2. 문자

문자란 인간의 의사소통을 위한 시각적인 기호 체계로써 인간의 생각이나 감정 또는 알리고자 하는 정보를 유형(有形)의 형태로 나타내는 기호라고 볼 수 있다. 이러한 문자는 문자를 쓰는 사람과 읽는 사람 간의 의사를 전달하고 교류한다는 점에서 그 가치가 드러나게 된다. 따라서 문서를 편집할 때에는 나타내고자 하는 문서의 내용과 목적이 충분히 전달될 수 있는 문자의 형태를 고려하여 선택해야 한다. 한/글 프로그램에서는 문자에 관한 속성들을 [글자 모양] 대화상자(Alt+L)에서 지정한다.

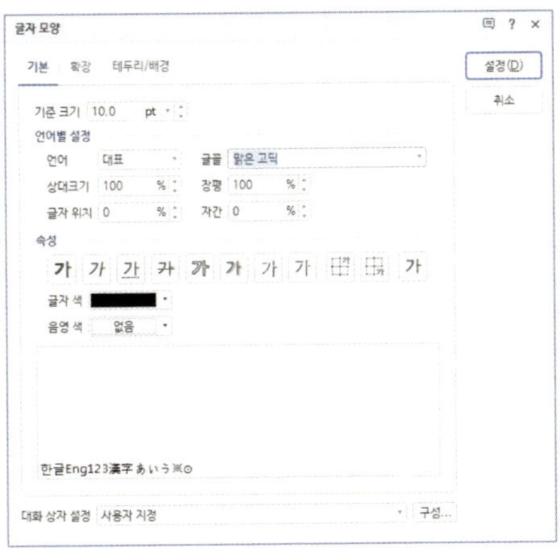

〈한/글 2018의 [글자 모양] 대화상자〉

1 문자의 크기

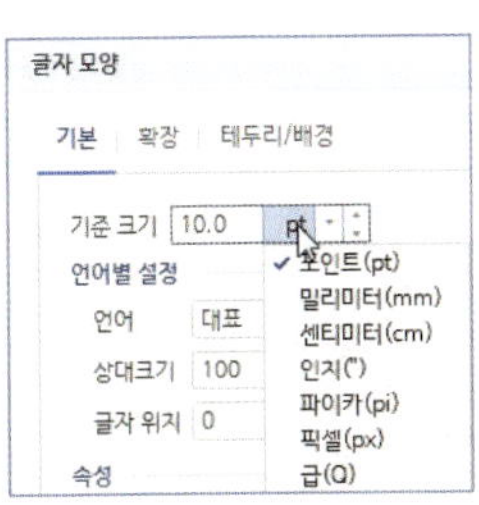

문자의 크기는 문서의 내용, 성격 혹은 읽는 독자의 연령층에 따라 결정한다. 일반적으로 본문의 글자 크기는 8~10포인트가 가장 적당하다. 이 중에서 10.5포인트는 서체 연구가들에 의해 가장 읽기 쉽고 안정감을 주는 크기로 알려져 있다. 제목의 경우에는 12포인트 이상으로 처리하는 것이 보기 좋다. 또한, 캡션이나 도표의 내용, 주석의 경우에는 본문보다 1~2포인트 작게 처리하는 것이 좋다.

문자의 크기를 나타내는 단위로는 포인트(pt), 밀리미터(mm), 센티미터(cm), 인치(inch), 파이카(pica), 픽셀(px), 급(Q)등이 있다. 전산사식에서 주로 사용하는 단위는 포인트(pt)인데 1pt가 0.3514mm이고, 10pt는 대략 3.5mm에 해당한다. 1inch는 2.54cm이며 72pt에 해당하고, 1 pica는 12pt에 해당한다. 급(geup)은 수동 사식에서 주로 쓰는 단위로써 1급은 0.25mm에 해당하며 7급~100급까지로 구분한다.

2 문자의 글꼴

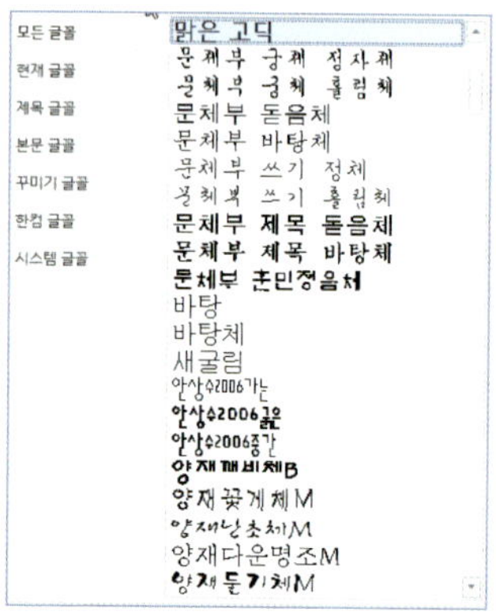

〈여러 가지 글꼴〉

글꼴은 대표적으로 명조체와 고딕체로 나뉜다. 이 구분은 문자의 가독성에 큰 영향을 미치는 요소인 세리프(serif. 획의 시작과 끝에 있는 돌기)의 유무라고 볼 수 있는데, 세리프가 있는 글꼴이 명조체(혹은 바탕체)이며, 세리프가 없는 글꼴이 고딕체(혹은 돋움체)이다. 명조체에 있는 돌기는 글줄을 따라 눈이 왼쪽에서 오른쪽으로 이동하는 데 도움을 주기 때문에 가독성이 높은 글꼴로 평가된다. 따라서 공문서나 소설, 논문과 같이 긴 본문의 글줄들은 돌기가 있는 명조체 계열 글꼴을 사용하는 것이 좋다. 본문으로 획이 가는 명조체(세명조체, 신명조체, 중명조체 등)를 사용했다면 제목으로는 획이 굵은 명조체(태명조체, 견명조체 등)를 사용하는 것이 좋다. 반면 문서의 제목이나 회사명, 이름 등의 항목에는 고딕 계열 글꼴(세고딕, 중고딕, 태고딕, 견출고딕, 빅체, 헤드라인체)을 이용하는 것이 좋다.

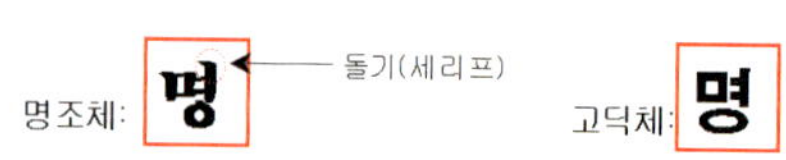

또 다른 한글 글꼴의 구분으로는 완성형과 조합형을 들 수 있다. 받침이 있는 글자의 크기와 받침이 없는 글자의 크기가 같은 형태를 완성형이라고 하고, 받침이 없는 글자의 크기가 받침이 있는 글자의 크기의 1/2 정도인 형태를 조합형이라고 한다. 광고문구나 짧은 제목, 상표를 표시할 때에는 각각의 문자를 빠르게 인식하기 위해 판독성(readability)이 높은 글꼴을 사용해야 하는데 이런 경우 완성형보다는 조합형의 글자들이 보기 좋다.

3 상대 크기

상대 크기는 기준 크기를 먼저 지정한 다음 언어별로 서로 다른 글자 크기를 지정할 때 사용한다. 한글과 영문, 한자 등을 섞어 쓸 때 언어별로 적당한 상대 크기를 정해 놓고 사용하면 좀 더 글자의 크기와 모양을 고르게 표시할 수 있다. 예를 들어 한글의 기준 크기를 10pt로 지정하고 [언어]-[영문]의 상대 크기를 90%로 지정하면, 전체적으로 영문의 글꼴이 한글 글꼴에 비해 작게 느껴지면서 한글 위주의 글줄을 읽게 되므로 가독성을 높일 수 있다.

4 장평

장평 50%: 한글과컴퓨터
장평 100%: 한글과컴퓨터
장평 150%: 한글과컴퓨터
장평 200%: 한글과컴퓨터

원래 한글은 정방형(□)의 형태를 취하지만 가독성과 미적인 면을 고려하여 너비와 높이를 달리하는 여러 가지 변형된 형태의 글꼴로 바꾸어 사용하기도 한다. 이때 각 글자의 네모 틀을 아래, 위로 조금 길게 하는 것을 '장'체라 하고, 옆으로 조금 넓게 하는 것을 '평' 체라고 한다. 또한, 각 언어의 글꼴 종류별로 서로 다르게 장평을 설정할 수 있는데 [언어] 목록의 '한글/영문/한자/일어/외국어/기호/사용자' 중에서 어느 한 언어 종류를 선택하여 장평 비율을 지정하면, 그 언어 종류에만 장평이 조절된다.

5 글자 위치

한글과컴퓨터

글자 위치는 -100%부터 100%까지 지정할 수 있는데 음수 값을 입력하면 글자 기준선 위에, 양수 값을 입력하면 글자 기준선 아래에 위치하게 된다. 각 언어의 글꼴 종류별로 서로 다르게 '글자 위치'를 설정할 수도 있다. 한글과 영문을 섞어 쓴 경우 언어 간에 글자 기준선이 어울리지 않을 때 언어별로 글자의 위치를 조정하여 보기 좋은 문서를 만들 수 있다.

6 자간과 띄어쓰기

자간이란 낱글자와 낱글자 사이의 간격을 의미한다. 사람들은 글자를 낱글자 단위로 읽는 것이 아니라 단어 혹은 문장 단위로 읽기 때문에 자간이 너무 벌어져 있으면 단어와 낱글자를 구분하는데 혼란을 줄 수 있다. 따라서 자간은 해당 문자의 10% 정도로 지정하는 것이 적당하다.

띄어쓰기는 단어와 단어 사이의 간격을 의미한다. 띄어쓰기는 단어를 구분 짓는 기능으로 단어의 뜻을 이해시키고 문장을 쉽게 읽히도록 도와준다. 띄어쓰기가 너무 좁으면 단어를 인식하는데 어려움을 주고, 띄어쓰기가 너무 넓으면 단어 간의 긴밀성을 떨어뜨리므로 적당히 지정해야 한다. 띄어쓰기의 적당한 정도로는 영문의 경우 알파벳 소문자 [o] 정도의 간격을 주고 한글에서는 해당 글자의 반각(1/2) 크기 정도로 준다.

2.3. 문단

하나의 문장은 마침표에 의해 구분된다. 이러한 문장 여러 개가 모여 문단을 이루게 된다. 문단이란 글의 흐름이 바뀌거나 생각(진술)의 단위가 바뀌는 곳에서 마침표를 찍고 글줄의 뒷부분을 비워둔 채 새로운 줄에 글을 시작하는 것을 의미하며, 문단은 한글 편집에서 상당히 중요한 개념이다. 워드프로세서에서 문단(또는 단락)은 엔터(Enter↵)에 의해 나뉜다. 문단 모양에 적용되는 각종 기능들(들여쓰기, 문단여백, 줄간격, 줄 바꿈, 문단의 종류, 탭 설정, 스타일 등)은 문단을 기준으로 적용되므로 문단 모양을 바꾸려면 반드시 문단을 나누어야 한다. 단 하나의 문단에 서식을 적용하기 위해서는 굳이 블록을 지정할 필요 없이 커서만 위치시켜도 전체 문단에 하나의 서식이 적용된다. 또한, 문단에서 엔터를 쳐서 새로운 문단을 만들면 바로 전 문단의 서식을 그대로 적용받게 된다.

가끔 문단과 문단 사이 간격을 벌리기 위해 엔터를 여러 번 치거나, 혹은 다음 페이지를 만들기 위해 수십 개의 엔터를 마구 치는 경우를 보게 되는데, 엔터마다 무수한 문단의 정보들이 저장되고 있다는 것을 안다면 결코 해서는 안 되는 편집 습관이다.

한/글 2018에서 문단에 관한 속성들은 [문단 모양] 대화상자(Alt+T)에서 지정한다.

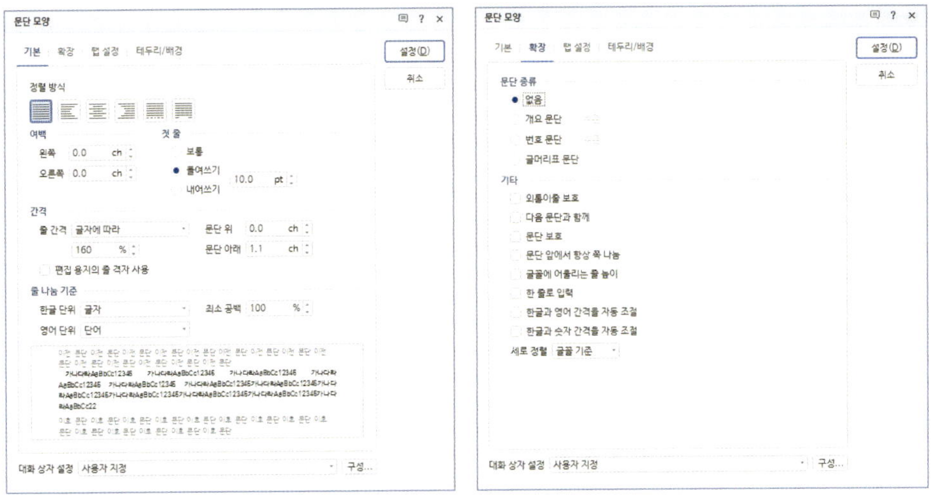

〈한/글 2018의 [문단 모양] 대화상자〉

1 글줄의 길이

문단의 속성에 속하는 정보 중 글줄은 한 행에 들어가는 글자의 길이를 의미하며 가독성에 상당한 영향을 미치는 요소 중 하나이다. 글줄이 너무 길면 한눈에 글줄이 모두 들어오지 않으므로 고개를 움직여야 하는 불편이 생기고, 글줄이 너무 짧으면 단어가 도중에 잘리고 시선이 바쁘게 아래로 움직여야 한다는 어려움이 있다.

따라서 글줄의 길이는 문자의 크기에 따라 달라지는데 일반적으로 9pt의 본문 활자를 사용했다면 한 줄의 길이가 25자(약 8cm) 내외일 때 가독성이 가장 높다. 그러므로 편집용지가 넓어 글줄이 길어질 때는 단을 나누어 글줄을 잘라 줄 필요가 있다.

하나의 글줄에서 왼쪽부터 글자들을 입력하다가 글줄 오른쪽 끝까지 글자가 채워져서 자동으로 커서가 다음 줄로 넘어가는 상태를 '자동 개행'이라 하고, 한 줄에 글이 가득 차지 않았는데 Shift + Enter↵ 키를 쳐서 강제로 다음 줄로 커서를 넘기는 상태를 '강제 개행'이라고 한다. '강제 개행'은 하나의 문단 내에서 줄과 줄을 나누는 행위이며 윗줄과 아랫줄은 하나의 문단으로 처리된다. 이때, Enter↵ 키를 쳐서 줄과 줄을 나누면 외관상 '강제 개행'과 편집 모양은 같아 보이나 이는 엄밀히 문단을 나누는 행위이므로 편집상 많은 차이가 있다. 편집자는 이점에 유의해서 '강제 개행'(Shift + Enter↵)과 '문단 나누기'(Enter↵) 처리를 구분해야 한다.

2 정렬

문단 정렬 방식에 따라 줄 나눔 기준과 정렬 기준이 달라진다. 문단 안에서 각 줄의 마지막에 한글이 올 때 줄 나눔 기준을 '글자'나 '어절' 단위로 정렬할 수 있으며, 영문은 '단어'나 '하이픈', '글자' 단위로 정렬할 수 있다. [왼쪽 정렬], [오른쪽 정렬], [가운데 정렬]을 선택하면 한글의 줄 나눔 기준을 자동으로 '어절'로 바꾸어 준다. 한글과 영문이 섞여 있는 문장에서 한글은 '글자' 단위로, 영문은 '단어' 단위로 정렬하는 것이 가장 좋다.

아이콘	이름	설명	적용 예
	양쪽 정렬	양쪽을 가지런하게 맞춥니다. 가장 널리 쓰이는 정렬 방식입니다.	ᄒᆞᆫ글은 윈도우용 워드프로세서 프로그램입니다. ᄒᆞᆫ 글은 문서 편집 작업을 더욱 빠르고 편리하게 수행 할 수 있도록 도와 줍니다.
	왼쪽 정렬	왼쪽을 가지런하게 맞추고, 어절 단위로 줄 바꿈을 수행합니다.	ᄒᆞᆫ글은 윈도우용 워드프로세서 프로그램입니다. ᄒᆞᆫ글은 문서 편집 작업을 더욱 빠르고 편리하게 수행할 수 있도록 도와 줍니다.
	오른쪽 정렬	오른쪽을 가지런하게 맞추고, 어절 단위로 줄 바꿈을 수행합니다.	ᄒᆞᆫ글은 윈도우용 워드프로세서 프로그램입니다. ᄒᆞᆫ글은 문서 편집 작업을 더욱 빠르고 편리하게 수행할 수 있도록 도와 줍니다.
	가운데 정렬	문단을 가운데로 모으고, 어절 단위로 줄 바꿈을 수행합니다.	ᄒᆞᆫ글은 윈도우용 워드프로세서 프로그램입니다. ᄒᆞᆫ글은 문서 편집 작업을 더욱 빠르고 편리하게 수행할 수 있도록 도와 줍니다.
	배분 정렬	글자 수에 상관없이 양쪽 정렬을 하되, 글자 사이를 일정하게 띄우는 정렬 방식입니다.	ᄒᆞᆫ글은 윈도우용 워드프로세서 프로그램입니다. ᄒᆞᆫ 글은 문서 편집 작업을 더욱 빠르고 편리하게 수행 할 수 있 도 록 도 와 줍 니 다 .
	나눔 정렬	글자 수에 상관없이 양쪽 정렬을 하되, 어절 사이를 일정하게 띄우는 정렬 방식입니다.	ᄒᆞᆫ글은 윈도우용 워드프로세서 프로그램입니다. ᄒᆞᆫ 글은 문서 편집 작업을 더욱 빠르고 편리하게 수행 할 수 있도록 도와 줍니다.

여기서 주의할 것은 한/글 97까지는 [배분 정렬]이 글자 수에 상관없이 양쪽 맞춤을 하되, 각 줄의 빈칸을 골고루 배분하여 낱말들 사이를 일정하게 띄우는 정렬 방식이었다. 이에 반하여 한/글 2014에서의 [배분 정렬]은 빈칸을 입력하지 않아도 각 글자 사이를 일정하게 띄운다. 한/글 2014의 [나눔 정렬]이 한/글 97의 [배분 정렬]과 같다.

3 들여쓰기/내어쓰기

긴 장문의 글을 편집할 때에는 문단과 문단을 빠르게 인지시키기 위해 문단의 첫 줄을 다른 줄에 비해 한 글자 정도 '들여쓰기' 하는 것이 좋다. 매 문단의 첫 줄, 첫 글자를 안으로 한 글자 정도 들여 쓰면 독자는 문단 단위를 쉽게 인식할 수 있고, 또한 그 하부 문단들의 종속 관계를 쉽게 파악할 수 있다. 따라서 문서의 내용을 빠르게 이해할 수 있어서 전체적인 가독성을 높일 수 있다. '내어 쓰기'는 문단 첫 줄을 제외한 그 문단 전체의 왼쪽여백이 내어 쓰기 값만큼 들어가서 시작된다.

들여쓰기를 적용한 경우 (들여쓰기: 20pt)

[들여쓰기]는 문단 첫 줄이 그 문단 전체의 왼쪽 보다 오른쪽으로 들어가서 시작됩니다.

내어 쓰기를 적용한 경우 (내어 쓰기: 20pt)

[내어 쓰기]는 문단 첫 줄을 제외한 그 문단 전체의 왼쪽 여백이 내어 쓰기 값만큼 들어가서 시작됩니다.

4 줄 간격

문단의 줄 간격(또는 행간)은 글줄과 글줄 사이의 공간을 의미하는데 이 또한 문단을 읽어 내려가는 시각적 흐름 즉 가독성에 영향을 끼치게 된다. 행간이 너무 좁으면 답답한 느낌과 함께 윗줄과 아랫줄이 겹쳐서 읽히게 되고, 행간이 너무 넓으면 다음 줄로 넘어가는데 속도를 늦춰 독서의 흐름을 끊게 된다.

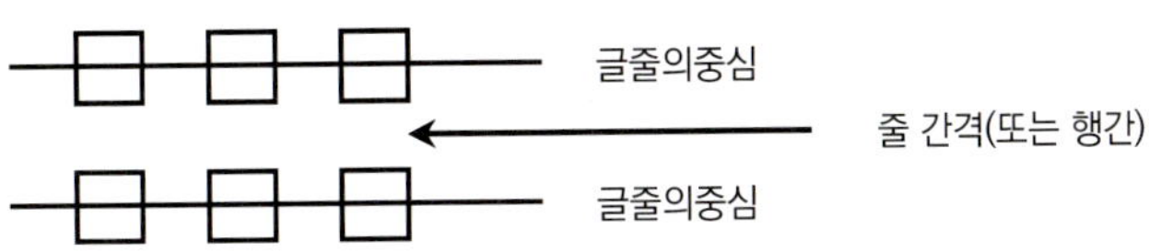

행간을 조절하는 방법은 4가지가 있다.

이름	설명	적용 예
[글자에 따라]	퍼센트(%) 단위로 입력하는 '비례 줄 간격'을 의미한다. 즉, 그 문단에서 가장 큰 글씨의 높이에 비례하여 줄 간격이 설정된다.	예) 글자에 따라: 160% Hancom 한글과컴퓨터
[고정값]	포인트(pt), 밀리미터(mm), 센티미터(cm), 파이카(pi), 픽셀(px), 글자(ch), 급(gp), 인치(˝) 등의 단위로 입력하는 '고정 줄 간격'으로, 현재 줄의 글씨 꼭대기에서 다음 줄의 글씨 꼭대기까지를 입력한 값만큼 일정하게 띄운다.	예) 고정 값: 20pt Hancom 한글과컴퓨터
[여백만 지정]	포인트(pt), 밀리미터(mm), 센티미터(cm), 파이카(pi), 픽셀(px), 글자(ch), 급(gp), 인치(˝) 등의 단위로 입력하는 '고정 줄 간격'으로, 현재 줄의 글씨 맨 아래에서 다음 줄의 글씨 꼭대기까지의 여백 부분을 입력한 값만큼 일정하게 띄운다.	예) 여백만 지정: 20pt Hancom 한글과컴퓨터
[최소]	포인트(pt), 밀리미터(mm), 센티미터(cm), 파이카(pi), 픽셀(px), 글자(ch), 급(gp), 인치(˝) 등의 단위로 입력하는 '최소 줄 간격'으로, 현재 줄의 글씨 꼭대기에서 다음 줄의 글씨 꼭대기까지를 입력한 값만큼 일정하게 띄우되 설정한 최솟값 이하로는 적용하지 않는다.	예) 최소: 20pt Hancom 한글과컴퓨터

5 문단의 종류

문단은 크게 일반문단, 번호 문단, 글머리표 문단, 개요 문단 4가지로 나뉜다. 일반문단은 일반 본문의 글들처럼 문단 앞에 아무런 표시를 붙이지 않는 문단을 의미한다. 번호 문단과 글머리표 문단은 개조식 문단에서 주로 사용하는 방식이다. 문단과 문단 간의 순서나 서열이 중요한 의미가 있을 때는 문단 앞에 '1, 2, 3….' 또는 '①, ②, ③….' 등의 번호를 붙이는 '번호 문단'을 사용하고, 문단 사이의 순서상 의미가 없을 때는 '●, ▶, ☞….' 등의 특수기호를 붙이는 '글머리표 문단'을 사용한다. 또한, 한/글에서는 제목 문단을 '개요 문단'이라고 부르며, 본문보다는 1~2포인트 크게 처리하고 개요번호를 붙인다. 워드프로세서에 따라서는 번호 문단과 개요 문단을 같게 처리하는 프로그램들도 있는데 어느 방식이든지 문단 앞에 번호나 글머리 표는 손으로 직접 입력해서는 안 된다. 손으로 번호나 글머리 표를 하나씩 입력하면 문단이 새로 삽입되거나 삭제되면 일일이 붙였던 번호를 지우고 다시 붙여야 하므로 번거로울 뿐 아니라 번호를 잘 못 붙이는 실수를 하게 된다. 반면 문서의 종류를 구분해서 자동으로 붙인 문단 번호나 글머리 표는 문단이 새로 삽입되거나 삭제되면 자동으로 번호가 수정되므로 편집도 쉬울뿐더러 문서의 오류도 최대한 줄일 수 있다.

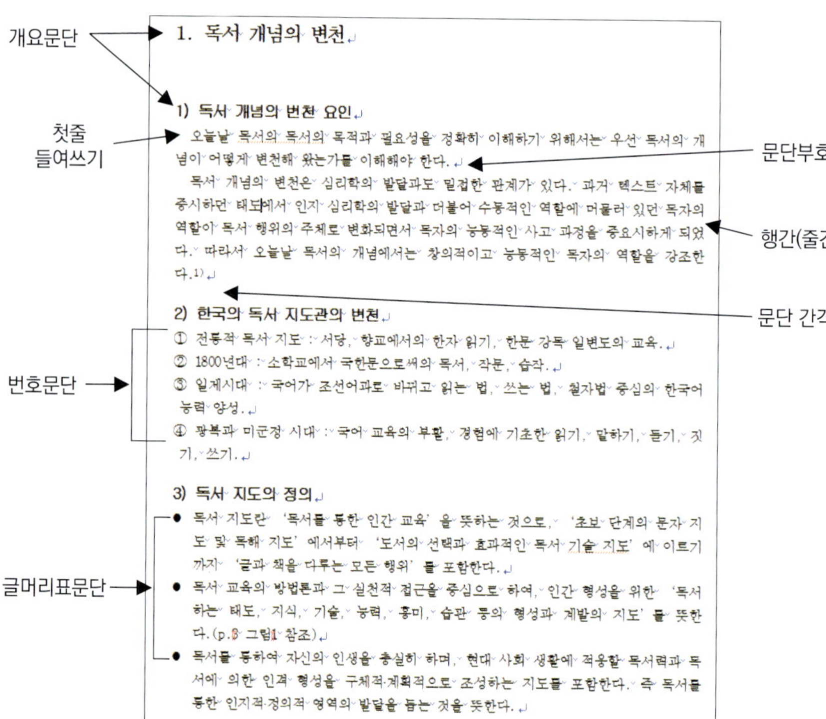

2.4. 개체 삽입

문서를 작성하다 보면 텍스트뿐 아니라 사진, 그림, 표, 차트 또는 수식 등 다양한 개체들을 삽입하게 된다. 이때 각 개체의 속성을 정확하게 이해하지 못하면 원하는 위치에 정확하게 삽입하는 것이 어렵게 느껴진다. 각 개체의 속성을 바꾸기 위해서는 개체의 테두리를 더블클릭하거나 개체를 선택한 후 마우스의 오른쪽 단추를 눌러 [개체 속성] 대화상자를 열어서 처리한다.

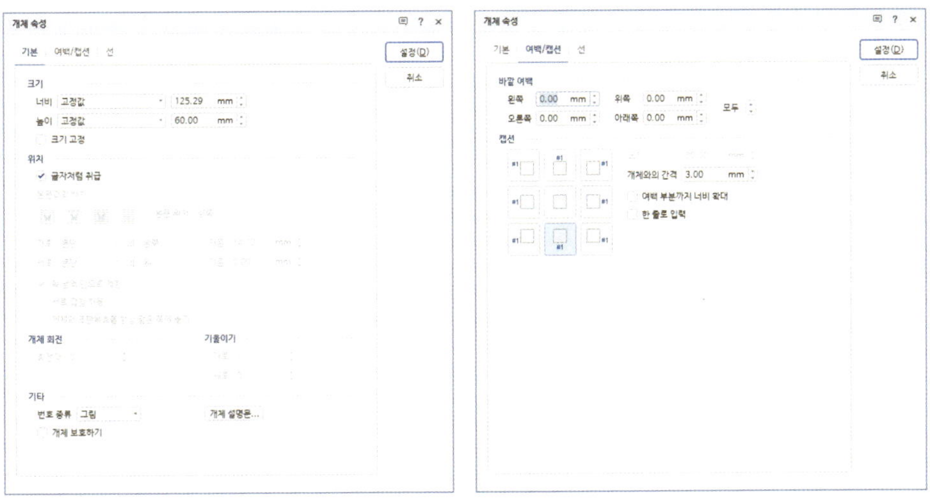

〈한/글 2018의 [개체 속성] 대화상자〉

1 크기

삽입된 개체의 크기를 바꾸고 싶다면 너비와 높이를 임의의 숫자로 지정할 수도 있고, 원본 크기에 비례해 100%, 50%, 30% 등으로 지정할 수도 있다. 또는 편집하고 있는 종이의 크기에 비례해서, 또는 문단의 길이에 비례해서 개체의 크기를 조정할 수도 있다.

2 본문과의 배치, 위치

개체를 삽입할 때에는 본문과의 배치를 잘 고려하여야 한다. 개체를 본문 글의 왼쪽이나 오른쪽에 본문과 잘 어울리도록 배치를 할 것인지(어울림), 하나의 문단처럼 자리를 차지하게 할 것인지(자리 차지), 글 앞으로 나오도록 할 것인지(글 앞으로), 글

밑으로 넣을 것인지(글 뒤로)를 분명하게 설정을 해야만 글줄이 삽입되거나 삭제되었을 때 그림의 처음 위치에 영향을 받지 않는다. 또한, 그림의 위치를 지정할 때에도 그림의 위치 기준을 '종이', '쪽', '문단'이나 '단'으로 정확하게 지정해야만 편집자의 의도에 맞는 편집을 할 수 있다.

아이콘	이름	설명	적용 예
	어울림	개체와 본문이 같은 줄을 나누어 쓰되, 서로 자리를 침범하지 않고 본문이 개체에 흐르듯이 어울리도록 배치한다.	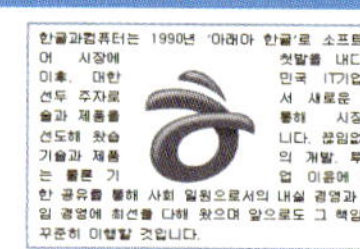
	자리 차지	개체가 개체의 높이만큼 줄을 차지하고 있기 때문에 개체가 차지하고 있는 영역에는 본문이 오지 못한다.	
	글 앞으로	개체가 없는 것처럼 본문이 채워지고, 개체는 본문이 덮이도록 본문 위에 배치한다.	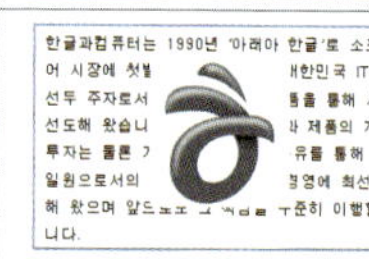
	글 뒤로	개체가 없는 것처럼 본문이 채워지고, 개체는 본문의 배경처럼 사용된다.	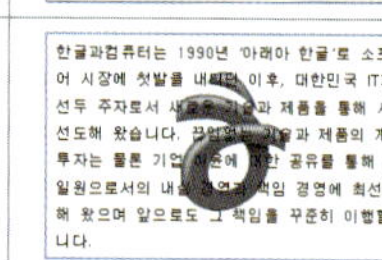

- 가로/세로 위치 : 가로, 세로 '기준 위치'를 첫째 목록 상자에서 지정하고, 정해진 기준 위치로부터 개체가 실제로 삽입될 '실제 위치'를 둘째 목록 상자에서 지정한 다음 가로, 세로 위치를 직접 입력한다.

- 쪽 영역 안으로 제한 : 개체의 '세로 위치 기준'이 [문단]일 때, 개체의 세로 위치가 쪽 영역 밖으로 나가면 개체를 다음 쪽으로 넘긴다.

- 서로 겹침 허용 : 그림 그리기 개체를 제외한 그림이나 표 개체의 [본문과의 배치]를 [어울림]이나 [자리 차지]로 지정한 경우, 개체끼리 겹쳐지지 않고 서로의 영역만큼 떨어지게 된다. [서로 겹침 허용]을 켜면 [어울림]이나 [자리 차지]로 지정된 개체끼리도 서로 겹쳐 놓을 수 있다.

- 개체와 조판부호를 항상 같은 쪽에 놓기 : 개체의 [본문과의 배치]가 [자리 차지]일 때, [개체와 조판부호를 항상 같은 쪽에 놓기]를 켜 놓으면, 문서를 편집하는 도중에 개체가 쪽을 넘어가거나 당겨지더라도 해당 개체의 조판부호를 함께 옮겨준다.

3 바깥 여백

개체를 본문의 글줄 사이에 삽입했을 때 개체와 본문 글 사이의 간격이 너무 좁으면 어지러운 느낌을 줄 수 있다. 따라서 개체를 삽입했을 때에는 바깥 여백을 지정하여 글줄과 개체 사이의 간격을 벌려줌으로써 글줄이 읽히는데 개체가 시선을 방해하지 않도록 해야 한다.

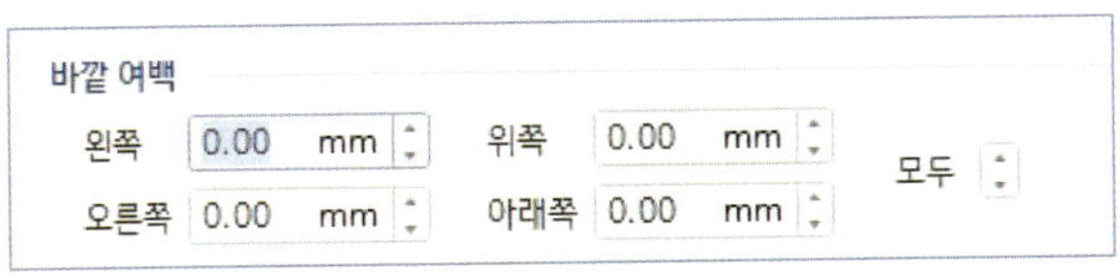

〈한/글 2018 [개체 속성] 대화상자의 바깥 여백〉

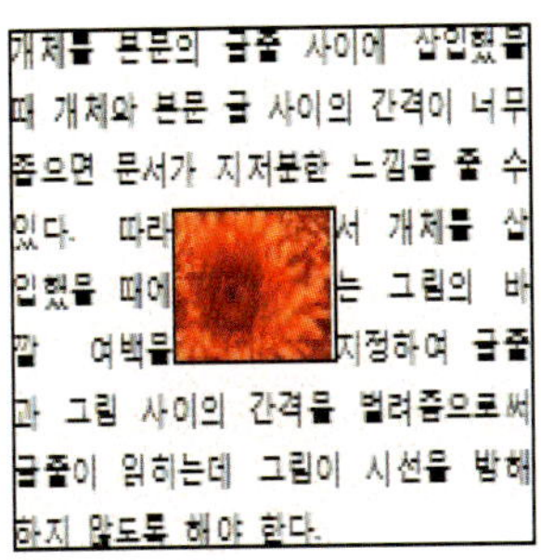

〈그림 바깥 여백을 넣지 않은 경우〉

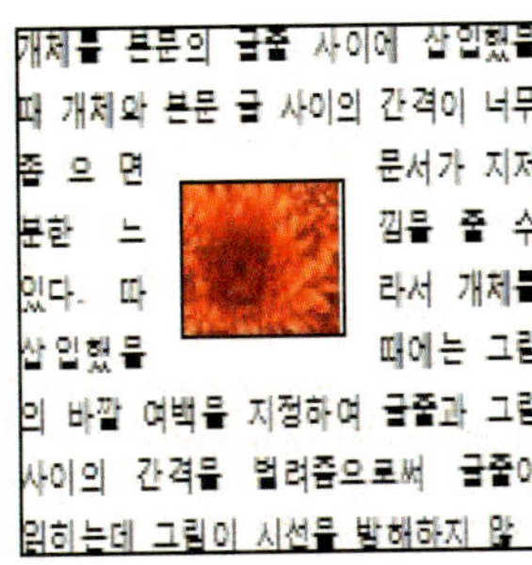

〈그림 바깥 여백을 넣은 경우〉

4 캡션

개체를 삽입한 후 필요에 따라 번호와 제목, 간단한 설명 등을 붙이는데 이처럼 개체에 붙인 제목을 '캡션'(caption)이라고 한다. 워드프로세서에 따라 모든 개체에 일단 개체 번호를 모두 붙여준 후 개체 번호를 붙일 필요가 없는 경우 편집자가 일일이 '번호 없음' 처리를 하는 프로그램도 있고, 캡션을 붙여주는 개체들만 자동으로 번호를 붙여주는 방식을 사용하는 프로그램도 있다. 한/글에서는 전자의 방식을 따른다.

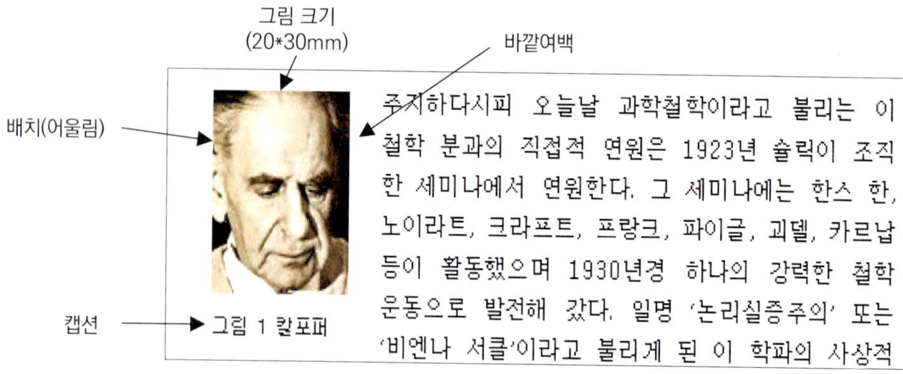

〈한/글 2018에 그림을 삽입한 모습〉

3. 한/글 2018 환경설정

한/글 2018 프로그램을 시작하고 기본 편집 창이 열린 상태에서 곧바로 문서 작업을 시작하면 간혹 각자의 편집 습관과 컴퓨터 사양 등에 의해 문서 작업이 원활하지 않을 수 있다. 좀 더 편리하게 문서 작업을 진행하기 위해서 한/글 2018에서 지원하는 몇 가지 환경설정 기능을 활용해 본다.

3.1. 환경설정

한/글 2018의 메뉴 [도구]-[환경설정]을 선택한다.

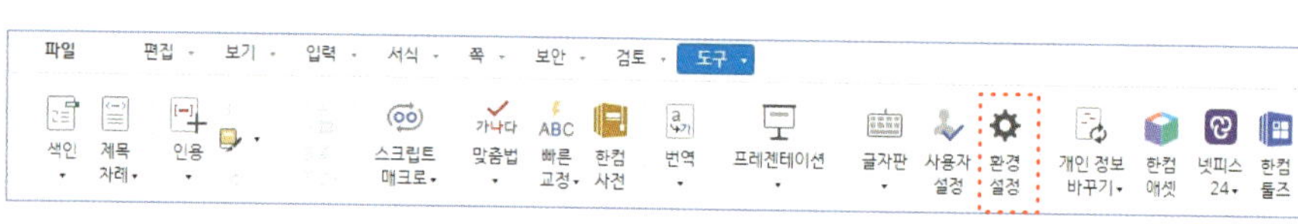

1 [편집] 탭

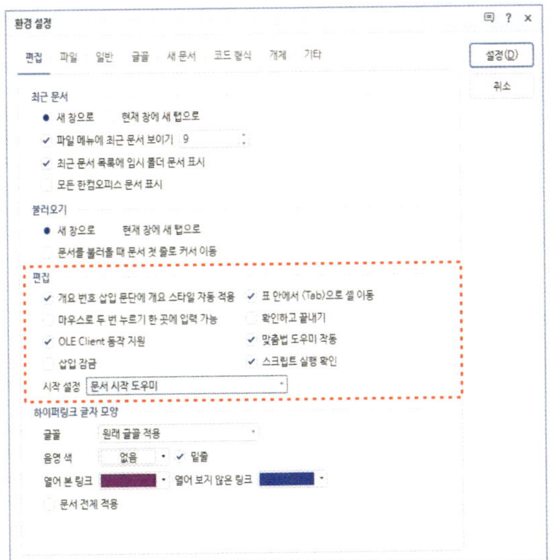

〈한/글 2018의 [환경설정]-[편집] 대화상자〉

- 개요번호 삽입 문단에 개요 스타일 자동 적용 : 개요 속성을 적용하거나 개요 문단에서 개요 수준을 변경할 때, 현재 개요의 단계에 따라 '개요 1, 개요 2, 개요 3…. 개요 10' 등의 개요 스타일을 자동으로 적용한다. 예를 들어, 이 항목을 선택하고 '바탕글' 스타일의 문단에 개요 속성을 적용하면 개요번호가 삽입되면서 현재 문단의 스타일이 '바탕글'에서 '개요 1'로 바뀐다. 반면, 이 항목을 선택하지 않고 개요 속성을 적용하면, 개요번호만 삽입되고 스타일은 '바탕글' 상태 그대로 유지된다.

- 표 안에서 〈Tab〉으로 셀 이동 : 이 항목을 선택하면 표 안에서 셀과 셀 사이로 커서를 옮길 때 〈Tab〉을 이용할 수 있다. 새로 만들어 아무 내용도 써넣지 않은 표에서는 화살표 방향키로도 셀을 옮겨 다닐 수 있지만, 내용이 입력된 표에서는 〈Tab〉을 이용해야 입력된 글의 양에 상관없이 커서가 쉽게 셀을 옮겨 다닐 수 있다.

- 마우스로 두 번 누르기 한 곳에 입력 가능 : 문서의 빈 영역 어느 곳이나 마우스로 두 번 누르면 그 위치로 커서를 옮겨준다. 따라서 빈 줄이나 탭을 추가하지 않아도 원하는 위치에 텍스트, 그래픽, 표 등을 입력할 수 있다.

- 확인하고 끝내기 : [확인하고 끝내기]를 선택해 놓고 창 닫기 단추를 누르면, 마지막 문서 창에서 빈 문서 하나가 더 열린다. 이 문서 창에서 다시 한번 창 닫기 단추

를 누르면 "한글을 끝낼까요?"라고 한 번 더 확인한다. 이 항목을 선택하지 않을 경우, 마지막 문서 창에서 창 닫기 단추를 누르면 빈 문서를 하나 더 만들지 않고 곧바로 한/글을 끝낸다.

- OLE Client 동작 지원 : 이 항목을 선택하면 OLE 기능을 지원하는 프로그램에 한/글 프로그램을 삽입했을 때 올바르게 실행된다. 처음 값은 이 항목이 선택되어 있다.

- 맞춤법 도우미 작동 : 이 항목을 선택해 놓으면, 한/글로 문서작성을 하는 도중 맞춤법에 어긋난 단어를 입력하였을 때 빨간색 밑줄을 그어 준다. 맞춤법 도우미가 작동된 문자열 위에 마우스 포인터를 놓고 마우스의 오른쪽 단추를 눌러 빠른 메뉴를 열면, 틀린 문자열에 대한 올바른 문자열을 제시한다.

- 삽입 잠금 : 입력 상태를 [삽입]이나 [수정] 상태로 고정한다. [삽입 잠금]을 설정한 다음 편집 창의 [상황 선]에서 [삽입/수정] 표시 부분을 마우스로 누르거나 〈Insert〉를 눌러도 입력 상태가 '수정'이나 '삽입'으로 전환되지 않는다.

- 스크립트 실행 확인 : 스크립트가 포함된 한/글 문서에서 스크립트를 실행하고 싶다면 [스크립트 실행 확인]을 선택하고 저장한다.

- 시작 설정 : 한/글의 시작 환경을 목록에서 선택하여 설정한 다음 한/글을 새로 시작하면 시작 설정대로 동작이 수행된다.
  - 빈 문서: 한/글 빈 문서가 나타난다.
  - 마지막에 작업한 문서 열기: 편집 창에 마지막에 작업한 문서가 나타난다.
  - 문서 마당 대화상자: 한/글이 시작되면서 [문서 마당] 대화상자가 나타난다.
  - XML 서식 마당 대화상자: 한/글이 시작되면서 [XML 서식 마당] 대화상자가 나타난다.
  - 불러오기 대화상자: 한/글이 시작되면서 [불러오기] 대화상자가 나타난다.
  - 문서 시작 도우미: 한/글이 시작되면서 [문서 시작 도우미] 화면이 나타난다.

2 [파일] 탭

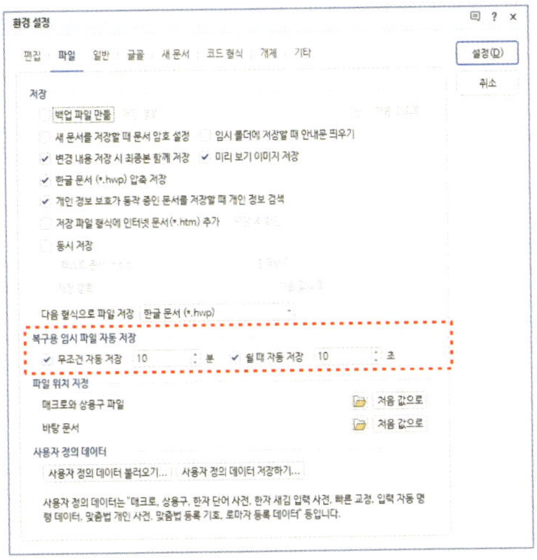

〈무조건 자동 저장〉

- 복구용 임시파일 자동저장
  - 무조건 자동저장 : 일정한 시간 간격으로 복구용 임시파일을 자동으로 저장(timed backup)하며, 저장 간격은 1~60분까지 설정할 수 있다.
  - 쉴 때 자동저장 : 일정한 시간 동안 글자판 입력이 없을 때(keyboard idle time) 복구용 임시파일을 자동으로 저장하며, 저장 간격은 1~360초까지 설정할 수 있다.

3 [일반] 탭

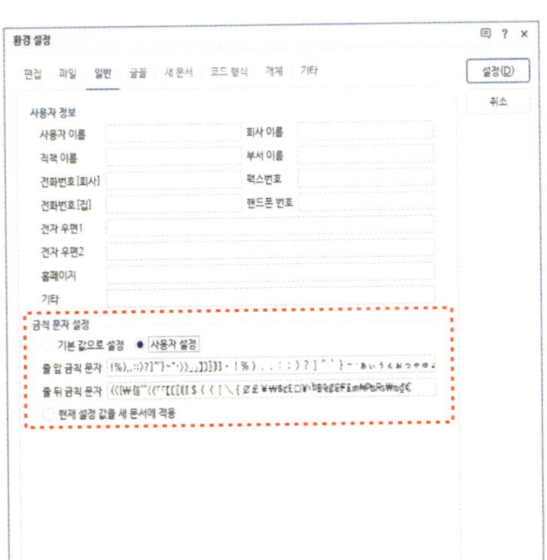

● 금칙 문자 설정 : [도구]-[환경설정]의 [일반] 탭에서는 행의 처음이나 마지막에 올 수 없도록 규정된 문자를 보여주며, 사용자의 필요에 따라 금칙 문자를 직접 추가하거나 삭제할 수 있다.

4 [글꼴] 탭

● 대표 글꼴 등록 : [환경설정] 대화상자의 [글꼴] 탭에서 [대표 글꼴]을 새로 등록하거나 이미 등록된 사용자 정의 대표 글꼴을 수정한다. [대표 글꼴]은 언어별 글꼴에 대하여 서로 어울리는 글꼴끼리 짝지어서 집합으로 만들어 놓은 것이다. 따라서 [대표 글꼴]만 바꾸면 언어별로 미리 정해 둔 글꼴에 따라 한 번에 어울리는 글꼴로 바꿀 수 있다.

5 [새 문서] 탭

[도구]-[환경설정]의 [새 문서] 탭에서는 [새 문서]나 [새 탭]을 실행하여 빈 문서를 만들 때 어떤 용지 모양을 사용할 것인지 설정한다. 즉 어떤 크기의 용지 종류인지, 용지를 넓게 쓸 것인지 좁게 쓸 것인지, 용지의 상하좌우 여백은 얼마나 남길 것인지 등을 선택할 수 있다.

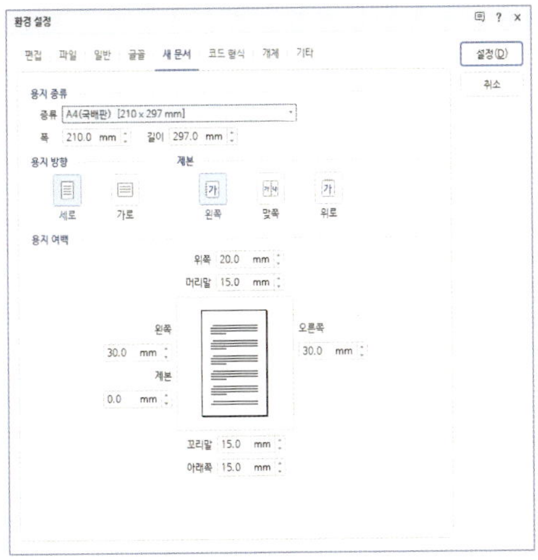

- [쪽]-[편집용지]와의 차이점 : [쪽]-[편집용지]에서 설정한 값은 현재 문서의 편집 용지에만 영향을 준다. 이와는 달리 [환경설정]-[새 문서]에서 설정한 값은 새로 만드는 모든 빈 문서에 적용되며, 한/글을 끝내고 새로 한/글을 실행할 때에도 적용된다.
- 바탕 문서 : 한/글은 [새 문서]나 [새 탭]을 실행하여 빈 문서를 만들 때의 기본 '편집용지'와 '스타일', '개요번호 모양' 등을 미리 만들어 놓은 바탕 문서(NORMAL.HWT)에서 가져온다. 따라서 [환경설정]-[새 문서]를 바꾸면 \ProgramFiles\Hnc\Office 2018\HOffice100\Shared\HwpTemplate\Doc\ko-KR\Normal.hwt 파일의 편집용지가 바뀌게 된다.
- 현재 문서에는 영향 없음 : [환경설정]-[새 문서]의 값을 바꾸더라도 현재 문서에는 영향을 주지 않는다. [파일]-[새 문서] 또는 [파일]-[새 문서]-[새 탭]을 실행하여 만들어지는 빈 문서부터 영향을 받게 된다.

6 [개체] 탭

[도구]-[환경설정]의 [개체] 탭에서는 개체를 선택하는 방법과 마우스 끌기로 틀을 삽입할 때의 기준 위치 등 개체에 관한 환경을 설정한다.

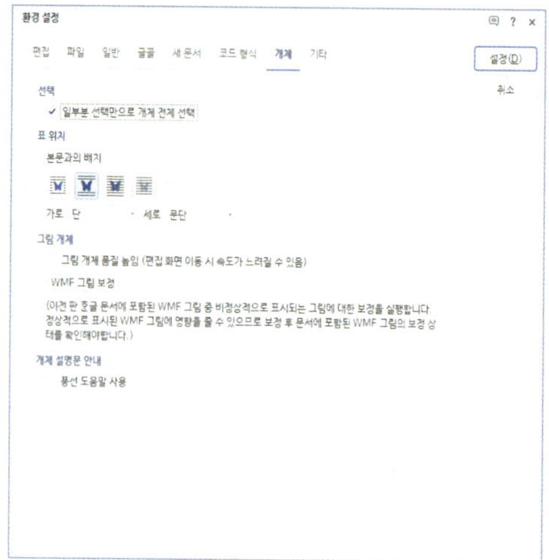

7 [기타] 탭

[도구]-[환경설정]의 [기타] 탭에서는 단어를 입력하는 즉시 실행되는 실시간 검색, PDF 문서로 저장 시에 사용할 PDF 드라이버 선택, 악성 코드 탐지 후 차단 등의 사용 환경을 설정한다.

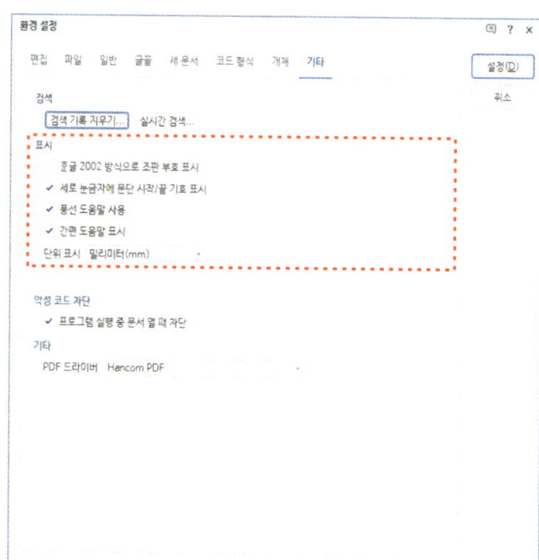

- 한/글 2002 방식으로 조판부호 표시하기 : 이 항목을 선택하고 [보기-표시/숨기기-조판부호]를 실행하면 본문에서 사용한 모든 조판부호 표시가 나타난다.
- 세로 눈금자에 문단 시작/끝 기호 표시 : 이 항목을 선택하면 현재 편집 중인 문단의 시작과 끝을 나타내는 기호가 세로 눈금자에 표시된다. 이 기호를 누른 상태에

서 위 또는 아래로 끌면 문단 간격을 조절할 수 있다. 개체 선택 상태에서는 이 기호가 표시되지 않으며 세로쓰기 상태에서는 가로 눈금자에 표시된다.

- 풍선 도움말 사용 : 도구상자에서 아이콘에 마우스 포인터를 올려놓을 때 풍선 도움말 표시 여부를 설정한다.
- 간편 도움말 표시 : 일부 기능 실행 중 마우스 포인터 모양이 변경될 때 간편 도움말을 표시한다. 사용자 동작에 방해되지 않도록 신속하게 나타났다 사라진다.
- 단위 표시 : 대화상자에서 길이, 두께 등의 값을 표시하는 단위를 지정한다. 단위를 지정하면 대화상자를 열었을 때 해당 단위를 기준으로 값이 표시되며, 각 대화상자에서 단위를 변경할 수 있다. 선택할 수 있는 단위는 포인트(pt), 밀리미터(mm), 센티미터(cm), 인치(˝), 파이카(pi), 픽셀(px)이 있다. 지정한 단위는 모든 대화상자의 기본 단위로 지정되는 것이 아니며 단위 변경을 지원하지 않는 대화상자도 있다.

3.2. 빠른 교정

[빠른 교정]은 사용자가 문서작성을 하는 도중에 잘못 입력한 단어나 오타, 띄어쓰기가 있으면 한/글에서 자동으로 틀린 낱말을 고쳐 주는 기능이다. 한글뿐만 아니라 영어, 한자, 특수 문자에 대해서도 교정할 수 있으며, 씨끝(어미)/토씨(조사)에 대해 교정도 할 수 있다. 또한 [빠른 교정 내용]은 사용자가 필요한 낱말들을 직접 추가하거나 삭제할 수도 있다.

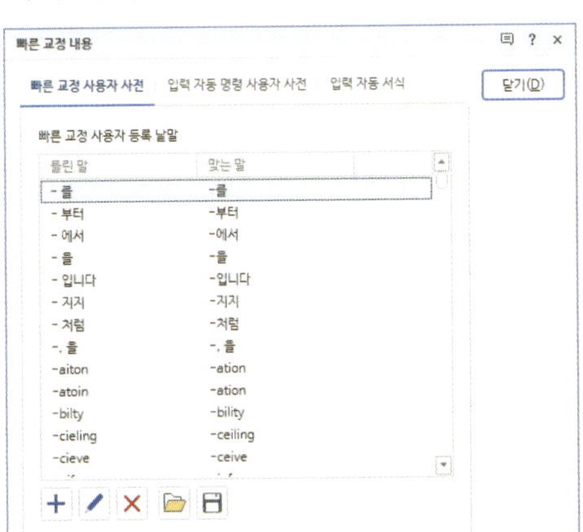

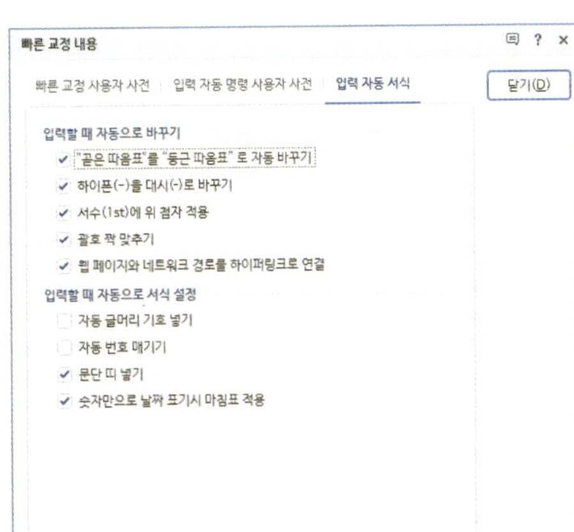

〈한/글 2018의 [빠른 교정 내용] 대화상자〉

- 기본 데이터 : 한/글의 빠른 교정 내용은 기본적으로 1,374개의 빠른 교정 데이터를 가지고 있으며, 이 [기본] 탭의 빠른 교정 내용은 사용자가 추가하거나 삭제할 수 없다. [빠른 교정]은 문서를 작성하는 도중에 틀린 문자열을 입력하고 Space Bar 나 Tab(⇆), Enter 등을 눌러 낱말 입력을 끝냈을 때만 동작한다.
- 빠른 교정 등록 내용이 우선 동작 : [입력 자동 명령 등록 낱말]과 [빠른 교정 등록 낱말]에 같은 낱말이 등록된 경우에는 빠른 교정의 등록 낱말만 동작한다.

3.3. 삽입/수정 <Insert>

이미 작성된 문서를 편집할 때는 '삽입' 상태와 '수정' 상태를 잘 파악해야 한다. '삽입' 상태에서는 입력 또는 복사하여 붙이는 내용이 커서 위치에 끼워 넣어지므로, 이미 있던 내용이 새로 입력되는 내용만큼 뒤로 밀리게 된다. 그러나 '수정' 상태에서는 새로 입력하는 내용만큼 커서 이후의 내용이 지워지게 된다. 따라서 삽입은 '끼워쓰기', 수정은 '덮어쓰기' 혹은 '덧쓰기'라고 말한다. 키보드의 Insert 키를 누르거나 상황선의 [삽입]/[수정] 표시 부분에 마우스 포인터를 놓고 마우스를 누르면, 삽입 상태와 수정 상태를 쉽게 바꿀 수 있다.

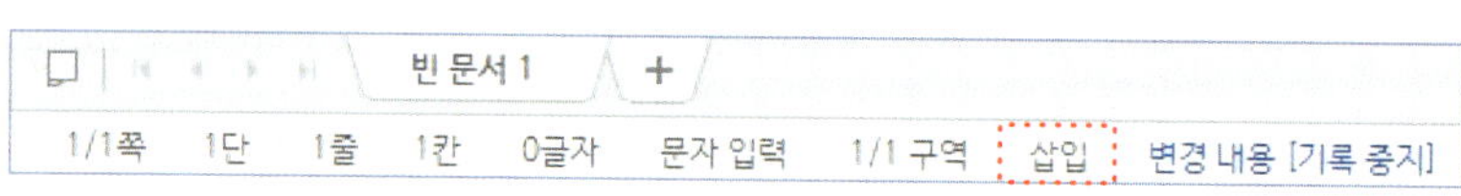

[도구]-[환경설정]-[편집] 탭의 [편집] 항목에서 [삽입 잠금]을 선택하면 항상 삽입 상태가 유지되면서, Insert 키를 눌러도 '수정'이나 '삽입' 상태가 전환되지 않는다.

실습과제

[실습과제 완성본]

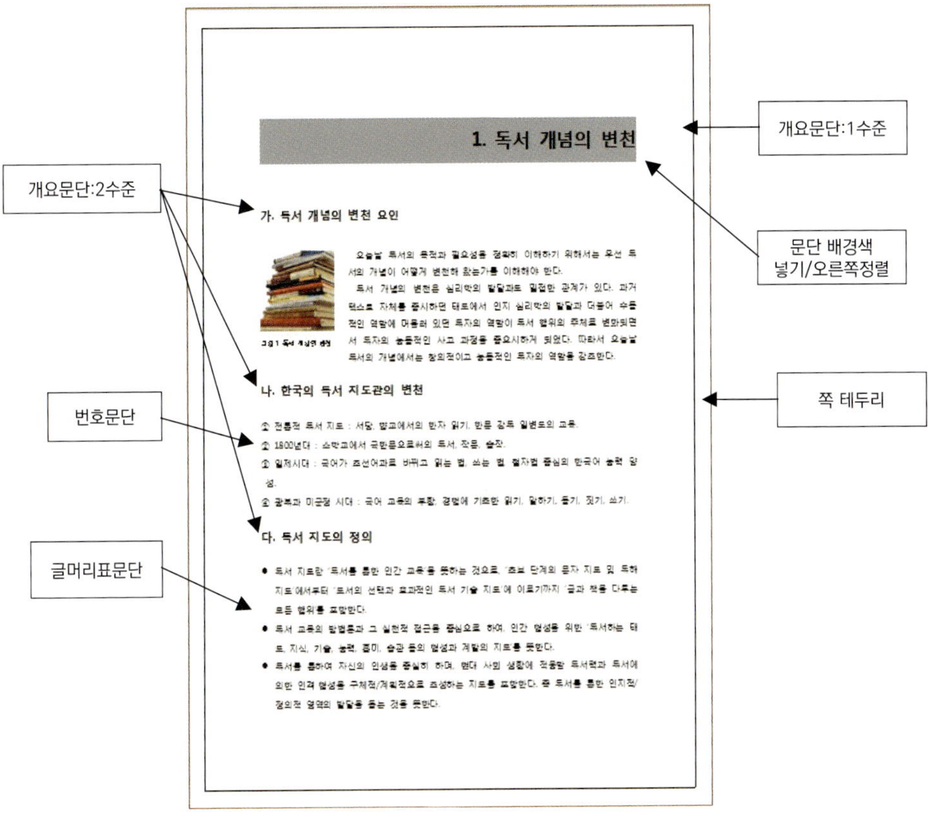

[편집방법]

❶ 제공된 원고('독서개념의변천_원고.txt')를 한/글 프로그램에 불러들인다.

❷ 불러들인 원고를 메뉴 [파일]-[다른 이름으로 저장하기]를 선택한 후 '실습과제 1-1.hwp'로 저장한다.

❸ 편집용지 설정은 종이 크기는 'A4', 용지 여백은 위쪽 '20mm', 아래쪽 '20mm', 왼쪽 '30mm', 오른쪽 '30mm', 머리말 '15mm', 꼬리말 '15mm'로 지정한다.

❹ 전체 글자 모양은 '맑은 고딕', '10pt'로 지정한다.

❺ 큰 제목 문단 '1. 독서 개념의 변천'은 글자 모양을 '20pt', '진하게'로 지정하고 [문단 모양]에서는 [문단 위/아래 간격]을 각각 '30pt'씩 넣어주되, [정렬]은 '오른쪽'으로 하고, [문단 종류]를 '개요', '1수준'으로 지정한다. 또한 [문단 배경색]은 문단여백을 무시하고, 문단 위/아래 3mm 간격으로, '회색'으로 넣어준다.

❻ 작은 제목 문단 '독서 개념의 변천 요인'은 글자 모양을 '14pt', '진하게'로 지정하고, [문단 위/아래 간격]을 '20pt'씩 넣어준 후 문단 종류를 '개요', '2수준'으로 지정한다.

❼ '한국의 독서 지도관의 변천', '독서 지도의 정의' 문단도 '독서 개념의 변천 요인'과 같은 모양으로 바꾼다. (이때 모양복사 기능을 이용하면 쉽게 처리할 수 있다.)

❽ '나. 한국의 독서 지도관의 변천' 아래의 4개의 문단 앞에는 문단 번호를 붙여주되, 원문자 형식(①,②,③,④)으로 바꿔준다.

❾ '다. 독서 지도의 정의' 아래의 3개의 문단 앞에는 글머리표(●)를 붙여준다.

❿ '오늘날'이라는 단어 옆에 제공된 그림('독서.jpg')을 삽입하되, 크기는 '30×30mm', 본문과의 배치는 '어울림'으로 하고, 그림 바깥 여백은 오른쪽과 아래쪽에 '5mm' 정도 넣어준다. 그림 캡션을 예제와 같이 붙인다.

⓫ 종이 가장자리 '7mm' 안쪽에 두 줄 선의 쪽 테두리를 넣는다.

⓬ 문단 사이에 쓸데없는 엔터를 치지 말고, 문단의 [줄 간격] 또는 [문단 위/아래 간격]을 조정하여 한 페이지에 내용이 꽉 차게 편집하되, 예제 그림과 같이 편집한다.

Chapter 2 간단한 문서작성

한 장짜리 간단한 문서 작성의 핵심은 전체적인 구도를 단순하게 유지하면서 중요한 전달 사항들을 일목요연하게 정리하는 것이다. 문서의 전체적인 디자인은 전체 글자들의 글꼴과 크기, 각 문단의 정렬 방식, 머리말/꼬리말 등이 어떻게 배치되느냐에 따라 달라진다.

다음과 같은 순서에 의해 작업을 진행해 보자.

첫째, 원고를 불러들인 후 제일 먼저 편집용지 설정을 한다. 작업할 종이의 크기와 종이 안쪽 여백의 크기를 지정하여 실제 글자가 놓이는 쪽(판면)의 크기를 결정한다.

둘째, 전체 본문의 글자 모양을 설정한다. 본문의 글자 모양이나 글자의 크기는 문서의 성격, 사용 용도 그리고 독자층의 연령대 등을 고려하여 결정하는 것이 좋다.

셋째, 문서 안에 들어가야 하는 세부 문단들이 어떤 것이 있는지를 파악하고 문단들 각각을 어떻게 꾸밀지 결정한다. 제목이 되는 문단에서는 문단의 배경과 테두리 등을 활용하여 문단을 강조하고, 개조식 문단일 경우 문단 앞에 문단 번호나 글머리표를 붙여 깔끔하게 정리해 준다. 만약 같은 모양을 유지해야 하는 문단들이 여럿 있다면 '모양복사' 기능을 활용한다.

마지막으로 작성일이나 쪽 번호 등의 정보는 머리말/꼬리말을 이용하여 삽입하고, 쪽 테두리/배경을 이용하여 페이지 전체에 대한 마무리 작업을 해 준다.

자, 이제 예제를 하나하나 따라 하면서 한/글의 기본 기능과 간단한 인쇄물의 작성 원칙을 알아보자.

예제

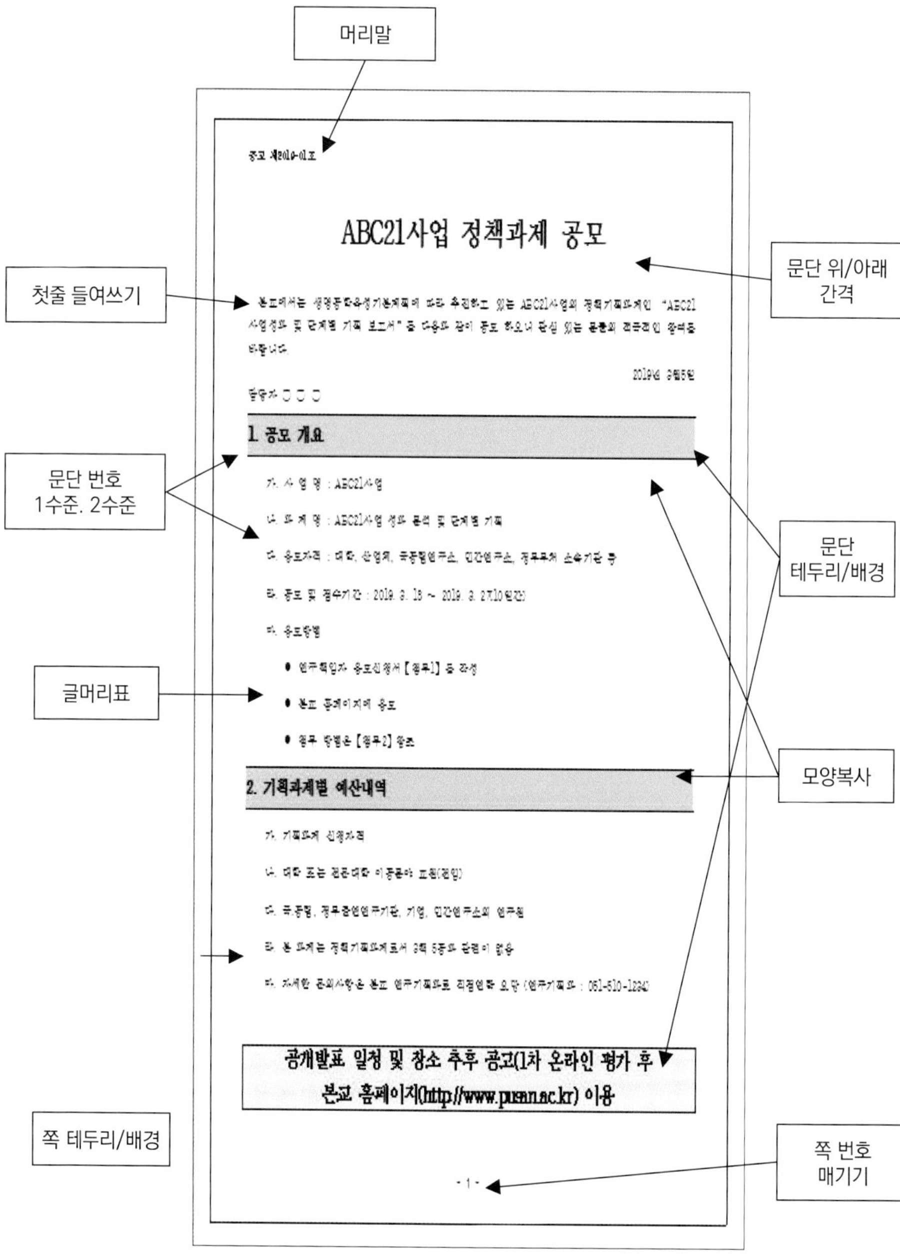

머리말
ABC21사업 정책과제 공모
문단 위/아래 간격
첫줄 들여쓰기
1. 공모 개요
문단 번호 1수준. 2수준
문단 테두리/배경
글머리표
모양복사
2. 기획과제별 예산내역
공개발표 일정 및 장소 추후 공고(1차 온라인 평가 후
본교 홈페이지(http://www.pusan.ac.kr) 이용
쪽 테두리/배경
쪽 번호 매기기
- 1 -

1. 원고 불러와서 편집용지 설정

1.1. 한/글 2018 시작하기

한/글 2018 프로그램을 실행하면 아래와 같은 화면이 열린다.

① 메뉴 [보기]에서 '쪽윤곽'과 '문단 부호', '조판 부호', '교정부호', '그림', '투명 선', '메모'를 선택한다.

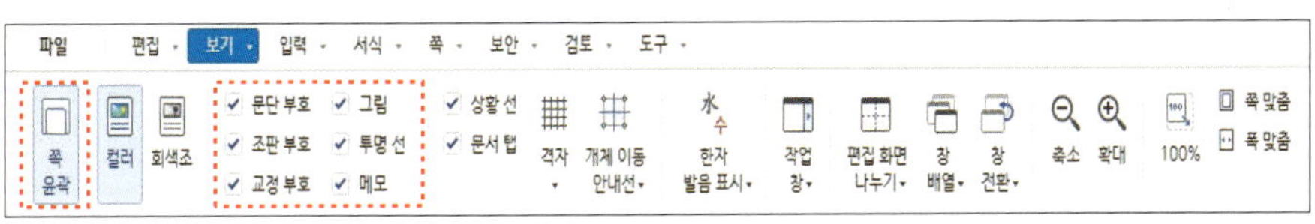

보기

- 쪽 윤곽 (Ctrl+G, L) : 인쇄하기 전에 용지의 여백이나 머리말/꼬리말 등이 어떤 모양으로 인쇄될지 미리 보여준다.
- 문단 부호 (Ctrl+G, T) : 한/글 편집 화면에서 문단 부호를 나타내거나 숨긴다.
- 조판 부호 (Ctrl+G, C) : 한/글 편집 화면에서 조판 부호를 나타내거나 숨긴다.
- 교정 부호 : 한/글 편집 화면에서 교정 부호를 나타내거나 숨긴다.
- 투명 선 : 표나 글상자에서 선 종류를 [선 없음]으로 지정하게 되면 편집할 때나 인쇄할 때 선이 보이지 않게 된다. 이때 [보기-표시/숨기기-투명 선]을 선택하면 [선 없음]으로 선택한 곳이 빨간색 점선으로 나타난다.
- 메모 : 한/글 편집 화면에서 메모를 나타내거나 숨긴다.

1.2. 원고 불러오기

한/글 프로그램을 실행하면 가장 먼저 [빈 문서 1]이 열리면서 화면 위쪽 제목 표시줄에 [빈 문서 1 - 흔글]이 표시된다. 이 상태에서 바로 문서를 작성하거나 외부의 파일을 불러와서 문서를 수정한다. 한/글은 한글 파일(*.hwp)뿐만 아니라 텍스트 문서(*.txt)나 다른 형식의 파일들도 편집할 수 있다. 텍스트 파일 형식이란 일반적인 문자, 숫자, 그리고 각종 기호로만 이루어진 가장 기본적인 형태의 정보를 담고 있는 문서 파일 형식으로, 이는 특수한 제어 문자나 그래픽 문자를 포함하지 않는다.

① 메뉴 [파일]-[불러오기]를 선택하거나 단축키(Alt + O)를 누른다. 또는 서식 도구 상자에서 불러오기()를 누른다.

② [불러오기] 대화상자가 열리면 [파일 형식]을 '모든 파일(*.*)'로 지정한 후 '보고서_원고.txt' 파일을 선택한 후 [열기]를 누른다.

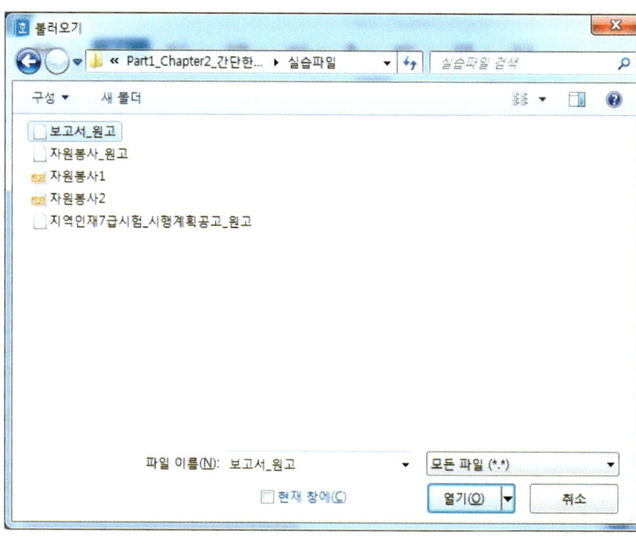

현재 창에

[도구-환경 설정-편집] 탭에서 [불러오기-현재 창에 새 탭으로]를 선택해 놓거나, [불러오기] 대화상자에서 [현재 창에] 항목을 선택해 놓고 문서를 불러오면, 현재 창에 새 문서 탭을 만들어 문서를 불러온다.

1.3. 다른 이름으로 저장하기

텍스트 파일이나 다른 형식의 문서를 불러온 후에는 편집하기 전에 먼저 문서를 한/글 파일의 형태(.hwp)로 저장해야 한다. 텍스트 파일은 일반적인 문자, 숫자, 그리고 각종 기호만 저장할 수 있으므로 문서를 편집 완료한 후 텍스트 파일(*.txt)로 저장하면 한/글을 이용하여 꾸민 그림이나 표, 스타일 등의 모양이 대부분 사라지게 되므로 주의하여야 한다.

① 메뉴 [파일]-[다른 이름으로 저장하기]를 선택하거나 단축키(Alt + V)를 누른다.

② 파일 이름은 '보고서_완성'이라고 적고, 파일 형식은 '한글 문서(.hwp)'로 지정한 후 [저장]을 누른다.

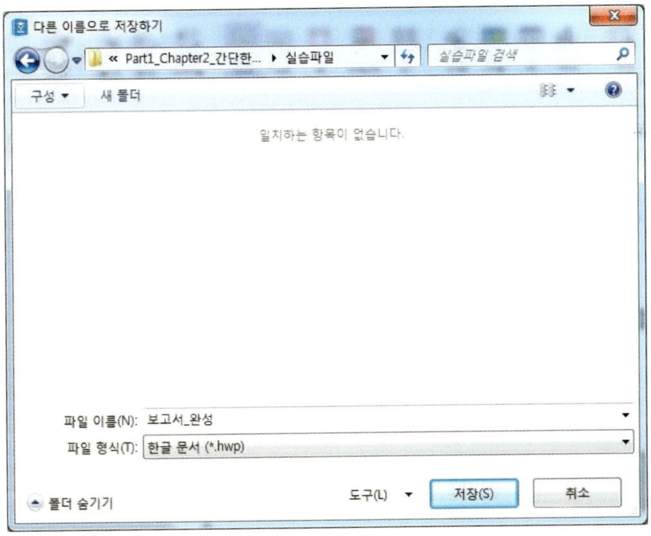

저장하기

현재 편집 화면에 있는 문서가 최종적으로 저장된 상태인지 아닌지는 문서 탭 이름표에 쓰여 있는 파일 이름의 색깔로 구분된다.

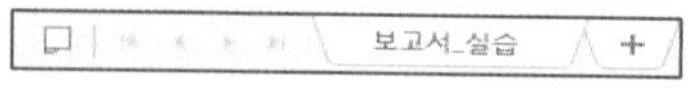

[빨간색] : 수정된 내용이 아직 저장되지 않았을 때

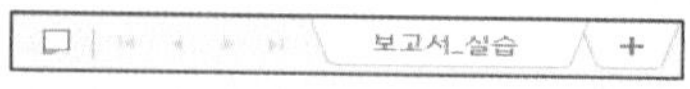

[파란색] : 지정된 시간 간격에 의해 자동 저장되었을 때

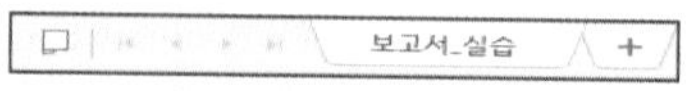

[검은색] : 저장 단추를 눌러 저장이 완료된 상태

- 파일 이름의 제한

  파일 이름으로 사용할 수 없는 문자는 \ / : * ? " 〈 〉 | 이다.

- 자동으로 입력되는 파일 이름

  주로 문서의 첫 줄에는 그 문서의 제목에 해당하는 것이 쓰이므로, 그대로 파일 이름으로 쓰면 좋은 경우가 많이 있다. '빈 문서'에서 문서를 만들기 시작하여 처음으로 [파일-저장하기]를 실행하면, 현재 문서에서 첫 문단의 내용이 자동으로 [파일 이름] 입력 상자에 나타난다. [파일 이름]이 적당하면 그대로 [저장]을 하고, 그렇지 않다면 사용자가 직접 다른 이름을 입력한다. 자동으로 입력되는 파일 이름은 첫 문단의 내용에서 마침표나 쉼표와 같은 문장 부호나 파일 이름에서 사용할 수 없는 문자가 나오기 전까지이며, 길이는 한글 영문 구분 없이 최대 100자까지이다.

1.4. 편집용지 설정

문서 작성에 있어 가장 먼저 고려해야 할 것이 편집용지 설정(쪽 설정)이다. 편집용지 설정은 문서를 어느 정도 크기의 종이에 편집할 것인지, 종이를 좁게 쓸 것인지 넓게 쓸 것인지, 그리고 종이의 상/하/좌/우에 어느 정도 여백을 남길 것인지 등을 결정하는 작업이다. 즉 종이의 크기와 종이의 여백을 정함으로써 실제 문서를 작업할 수 있는 공간(이것을 한/글에서는 '쪽'이라고 부름)의 크기를 결정하게 된다. 따라서 편집용지 설정은 문서작성의 시작 부분에서 결정해야 한다. 문서작성을 다 한 후에 편집용지 설정을 바꾸면 문단의 모양이나 개체들의 기준 위치 등이 흐트러져 문서를 재편집해야 하는 일이 생길 수 있다.

① 메뉴 [쪽]-[편집용지]를 선택하거나 단축키(F7)를 누른다.

② [편집용지] 대화상자가 열리면 용지의 종류는 'A4(국배판) [210*297mm]'를 선

택한다. 폭과 길이는 지정된 종이의 크기에 의해 자동으로 설정된다.

③ [용지의 방향]은 '세로'로 선택하고, [제본]은 '왼쪽'으로 지정한다.

④ [용지 여백]에서는 위쪽 '15mm', 아래쪽 '15mm', 왼쪽 '20mm', 오른쪽 '20mm', 머리말 '10mm', 꼬리말 '10mm', 제본 '0mm'로 지정한 후 [설정]을 누른다.

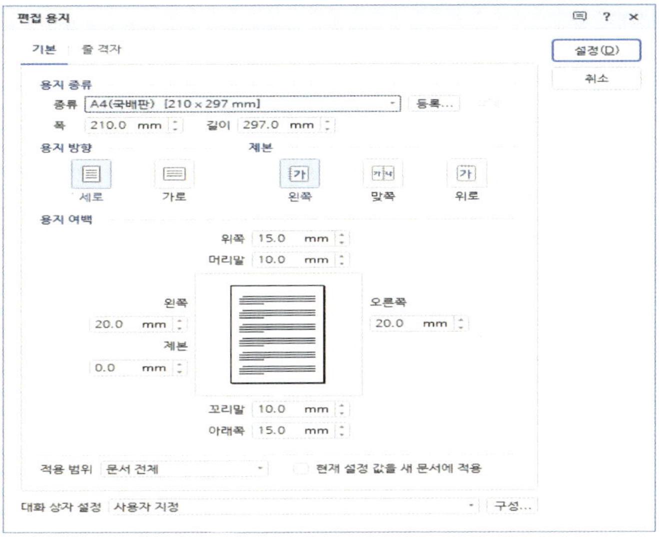

편집용지 설정

- [환경 설정 : 새 문서]

  [쪽]-[편집용지]에서 설정한 값은 현재 문서의 편집용지에만 영향을 준다. 이와는 달리 [도구]-[환경설정]-[새 문서]에서 설정한 값은 새로 만드는 모든 빈 문서에 적용되며, 한글을 끝내고 새로 한글을 실행할 때에도 적용된다.

- 바탕 문서

  한/글은 [새 문서]나 [새 탭]을 실행하여 빈 문서를 만들 때, 기본 '편집용지'와 '스타일', '개요번호 모양' 등을 미리 만들어 놓은 바탕문서(Normal.hwt)에서 가져온다. 따라서 [환경 설정]-[새 문서]를 바꾸면 바탕문서 파일(\Program Files\Hnc\Office 2018\HOffice100\Shared\HwpTemplate\Doc\ko-KR\Normal.hwt)의 편집용지가 바뀌게 된다.

- 현재 문서에는 영향 없음

  [환경 설정]-[새 문서]의 값을 바꾸더라도 현재 문서에는 영향을 주지 않는다. [파일]-[새 문서] 또는 [파일]-[새 문서]-[새 탭]을 실행하여 만들어지는 빈 문서부터 영향을 받는다.

- 제한

  편집용지는 한 구역에 대하여 한 가지만 설정할 수 있다. 즉, 한 문서 안에서 서로 다른 편집용지를 사용하는 것이 가능한데 이때는 반드시 [구역]을 나누어주어야 한다.

2. 글자 모양

세부적인 문단을 수정하기에 앞서 본문 전체에 적용할 기본 글꼴을 먼저 설정해 보도록 하자. 본문의 기본 글꼴을 미리 정하고 거기에 맞춰 세부적인 문단들을 수정하면 문서의 통일성을 유지할 수 있다. 본문 글꼴은 문서의 전체적인 성격과 독자의 연령층을 고려하여 선택하는 것이 좋다. 공공 기관이나 사내에서 사용되는 공문서 같은 경우에는 명조체 계열의 글꼴을 사용하는 것이 좋으며, 광고지나 개인적인 문서에서는 고딕체 계열이나 장식체 계열의 글꼴을 사용하는 것이 보기 좋다. 또 독자층이 어리거나 나이가 많은 경우에는 12pt 내외의 약간 큰 글꼴을 사용한다. 적당한 글자의 모양과 크기를 선택한 후 장평을 조절하면 새로운 느낌의 글꼴을 만들어 낼 수 있다.

① 단축키(Ctrl + A)를 눌러 전체 문서를 선택한다.

② 메뉴 [서식]-[글자 모양]을 선택하거나 단축키(Alt + L)를 누르면 [글자 모양] 대화상자가 열린다. [글자 모양] 대화상자를 이용하면 서식 도구 상자를 이용할 때보다 다양한 글자 속성을 지정할 수 있다.

③ [기준 크기]는 '10.5pt', [글꼴]은 '휴먼명조', [장평]은 '100%'로 지정하고 [설정]을 누른다.

고정폭 글꼴과 가변폭 글꼴

글꼴 이름 중에는 '궁서/궁서체', '굴림/굴림체', '바탕/바탕체' 등과 같이 끝에 '체'가 붙는 글꼴과 '체'가 붙지 않는 글꼴이 있다. '체'가 붙는 글꼴을 흔히 고정폭 글꼴이라고 하고, '체'가 붙지 않는 글꼴을 가변폭 글꼴이라고 한다.

abcdefghijklmnopqrstuvwxyz 바탕체
abcdefghijklmnopqrstuvwxyz 바탕

예를 들어 '바탕체'는 낱글자 형태와 상관없이 각각의 글자가 가지는 폭이 같은 '고정폭 글꼴'이고, '바탕'은 낱글자 형태에 따라 각각의 글자가 가지는 폭이 다른 '가변폭 글꼴'이다. 대부분의 한글 글꼴은 고정 폭으로 디자인되어 있어서 한글 글자에서는 큰 차이를 발견할 수 없다. 반면에 영문의 글자 중 'i', 'j'와 'w'를 비교해 보면, '바탕체'의 경우 모든 낱글자가 갖는 글자 폭이 같지만 '바탕'의 경우에는 각 글자의 생김새에 따라 각 글자가 갖는 공간 폭이 다르다. 글줄의 길이를 맞춰야 하는 경우라면 고정폭 글꼴을 사용하고, 가독성을 좋게 하려면 가변폭 글꼴을 사용한다.

3. 문단 모양

보고서 문서를 편집할 때에는 문단을 화려하게 꾸미기보다는 내용이 잘 파악되도록 정리하는 것이 중요하다. 그렇게 하기 위해서는 문단 간의 관계를 정확하게 파악하여 간결하면서도 일관성있는 번호 체계를 부여한다. 특히 개조식 문단의 경우, 문단 상호간의 순서적 의미를 부여하고 싶을 때는 문단 앞에 번호를 붙이고, 그렇지 않으면 글머리표를 붙인다. 또한, 문단의 성격상 제목 혹은 부제목에 해당하는 문단일 경우 본문보다 크고 진한 글꼴로 처리해주고, 하위 제목 문단들은 수준별 들여쓰기를 해주면 시각적으로 문단의 상호관계가 더 잘 이해되므로 문서의 가독성을 높일 수 있다.

3.1. 제목 문단 꾸미기

본 예제는 제목, 본문, 그리고 총 3개의 수준으로 구성된 개조식 문단이 있다. 각 문단의 성격에 맞게 문단 속성을 이용하여 문서를 정리해 보자.

① 제목에 속하는 첫 번째 문장 'ABC 21 사업 정책과제 공모'를 블록으로 지정한다. 간단한 글자의 모양은 서식 도구 상자를 이용해도 좋다. 서식 도구 상자에서 글자의 크기는 '24pt'로 지정하고 '진하게', '가운데 정렬'한다.

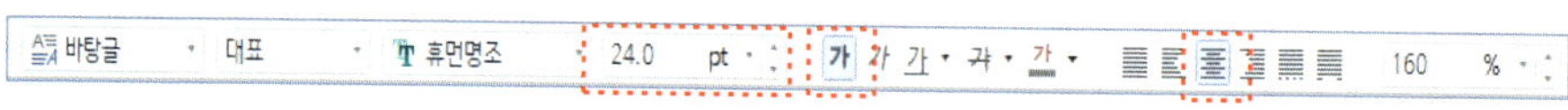

② 이번에는 문단 모양 대화상자를 이용하여 문단의 모양을 바꿔보자. [문단 모양] 대화상자는 메뉴 [서식]-[문단 모양]을 선택하거나 단축키(Alt+T)를 누른다. 문단 위, 아래 간격을 각각 '20pt'로 지정한 후 [설정]을 누른다.

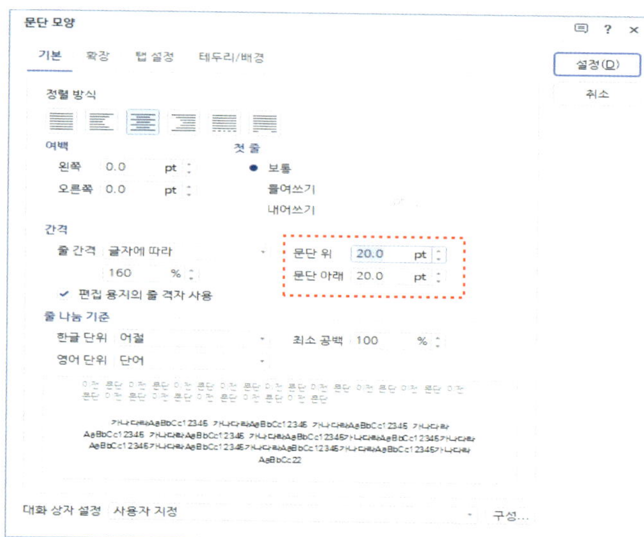

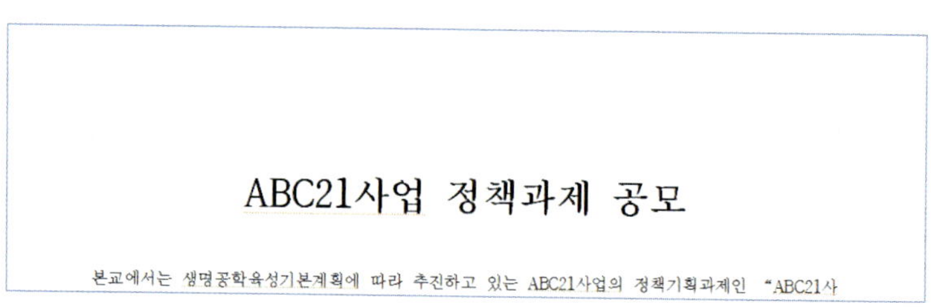

문단을 블록 지정하는 3가지 방법

① 원하는 문단에 커서를 두고 키보드의 F3을 두 번 누르면 커서가 위치한 부분의 단어가 선택되고 F3을 한 번 더 누르면 문단 전체가 블록으로 지정된다.

② 특정 단어 앞에 커서를 두고 마우스를 두 번 클릭하면 해당 단어가 선택되고, 마우스를 한 번 더 클릭하면 문단 전체가 블록으로 지정된다.

③ 종이 왼쪽여백에 마우스 포인터를 위치시킨 후 마우스의 왼쪽 단추를 누르면 해당하는 줄 전체가 블록으로 지정된다. 마우스를 끌어 원하는 문단의 줄 수만큼 블록으로 지정하면 된다.

글자 모양과 문단 모양 대화상자를 열 때

글자 모양을 바꾸기 위해서는 원하는 글자들을 블록으로 지정한 후 글자 모양을 바꾸어야 한다. 반면에 문단은 원하는 문단에 커서만 가져다 놓고 [문단 모양] 대화상자에서 속성을 바꾸면 해당 문단 전체에 속성이 적용된다.

3.2. 본문 꾸미기

① 본문 '본교에서는...'으로 시작하는 문단에 커서를 놓는다. [문단 모양] 대화상자를 열어 [기본] 탭에서는 [첫 줄]-[들여쓰기]를 '10.5pt'로 지정한다. 첫줄 들여쓰기를 이용하면 문단의 시작을 시각적으로 구분하기 쉬워지므로 문단의 가독성을 높일 수 있다. [줄 나눔 기준]은 [한글 단위]를 '글자'로 지정한다.

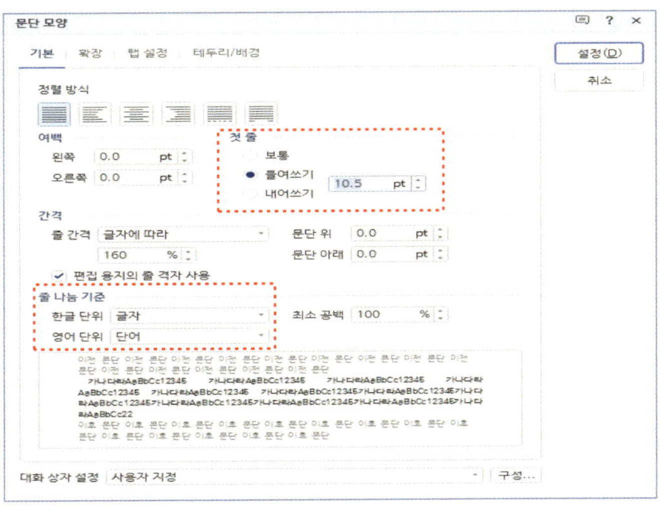

② 년/월/일과 담당자 이름은 '오른쪽 정렬'한다.

> ABC21사업 정책과제 공모
>
> 본교에서는 생명공학육성기본계획에 따라 추진하고 있는 ABC21사업의 정책기획과제인 "ABC21 사업성과 및 단계별 기획 보고서"를 다음과 같이 공모 하오니 관심 있는 분들의 적극적인 참여를 바랍니다.
>
> 2019년 3월5일
>
> 담당자 ○○○

문단 모양 : 줄 나눔 기준

한 낱말의 일부분이 오른쪽 여백에 걸려서 낱말 전체가 다음 줄로 넘어가면, 그 앞줄은 낱말과 낱말 사이의 간격이 지나치게 넓어진다. 이럴 때 각 줄의 마지막을 나누는 기준과 앞줄에 있는 낱말들 사이의 빈칸 간격을 조정하여 줄 끝에 낱말이 걸리지 않게 한다.

- 한글 단위
  각 줄의 마지막에 한글이 올 때 줄 나눔 기준을 [글자] 단위로 할지, [어절] 단위로 할지 선택한다.
- 영어 단위
  각 줄의 마지막에 영어가 올 때 줄 나눔 기준을 [글자] 단위로 할지, [어절] 단위로 할지, [하이픈]을 넣을 것인지 선택한다.
- 최소 공백
  낱말들 사이의 빈칸 간격을 일정한 범위까지 줄임으로써 줄 끝에 걸린 낱말이 다음 줄로 넘어가지 않고 그 줄에 남을 수 있도록 최소 공백 값을 지정한다.

3.3. 문단 번호 / 글머리표

개조식 문단의 경우 수준별로 문단 앞에 문단의 번호나 글머리표를 붙여줌으로써 문단의 종속 관계를 명확히 할 수 있다. 이때 문단 상호 간의 순서상 의미가 있다면 문단 번호로, 그렇지 않다면 글머리표를 붙인다. 이때 문단 번호를 직접 손으로 1, 2, 3 등으로 입력하거나 혹은 특수기호 삽입을 이용하여 글머리표를 입력하면 문단이 추가될 때마다 문단 번호나 글머리표를 재수정해야 하는 번거로움이 생긴다. 따라서 반드시 메뉴 [서식]-[문단 번호]나 [서식]-[글머리표] 기능을 이용하도록 한다. [문단 번호] 기능을 이용하면 수정하기도 쉬우며, 문단이 수정될 때 번호도 자동으로 수정되므로 일관성 있는 번호 체계를 유지할 수 있다.

① '공모 개요' 문단을 블록 지정하여 글자 모양을 '14pt', '진하게'로 설정한다.

② [문단 모양] 대화상자를 열어 [기본] 탭에서 문단 위/아래 간격을 각각 '10pt'씩 준다. [확장] 탭을 열어 [문단 종류]는 '번호 문단'으로 선택하고, [수준]은 '1수준'으로 지정한다. [테두리/배경] 탭을 열어 '실선', '0.5mm', '검은색'의 테두리를 문단 위와 아래에 넣어준다. 배경색은 '회색'으로 지정한 후 [문단여백 무시]를 선택하고 [간격]에서 위쪽과 아래쪽에 각각 '3mm'씩 간격을 넣어준다. 마지막으로 [설정]을 누른다.

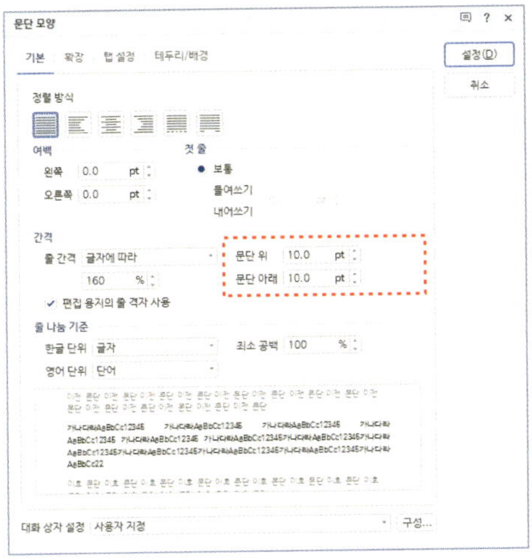

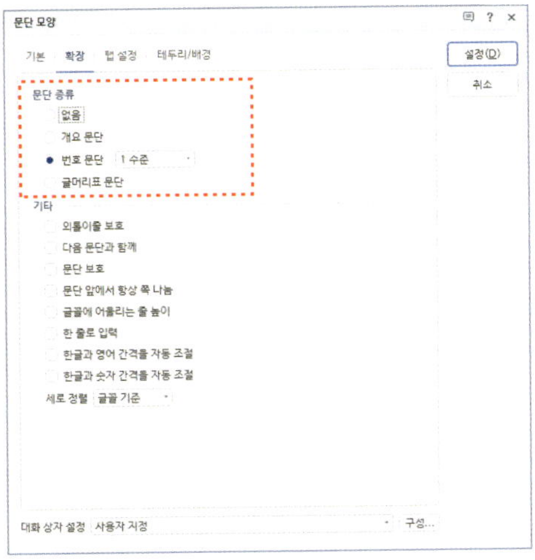

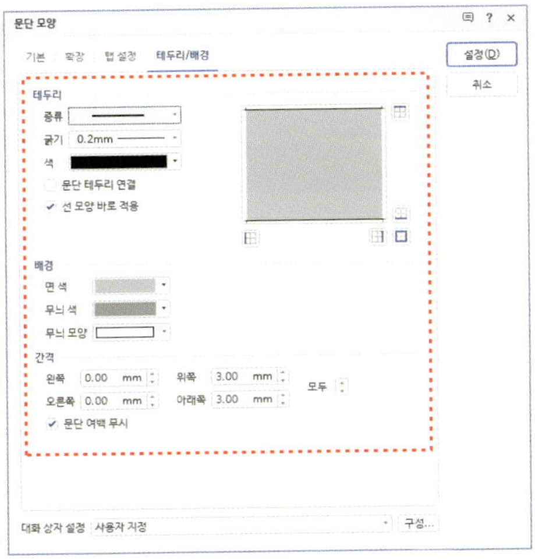

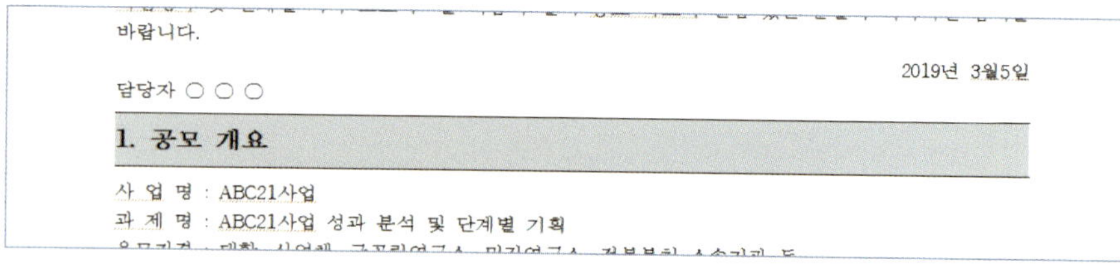

③ '공모 개요' 하단에 있는 문단 '사업명'부터 '응모 방법'까지 블록으로 지정한다.

④ [문단 모양] 대화상자를 열어 [왼쪽] 여백을 '20pt'로 지정하고, 문단 위/아래 간격을 '5pt'로 지정한다. [확장] 탭을 열어 [문단 종류]를 '번호 문단', '2수준'으로 설정한다.

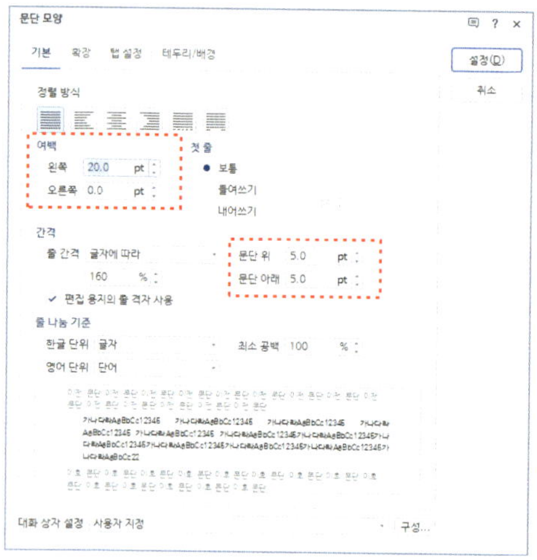

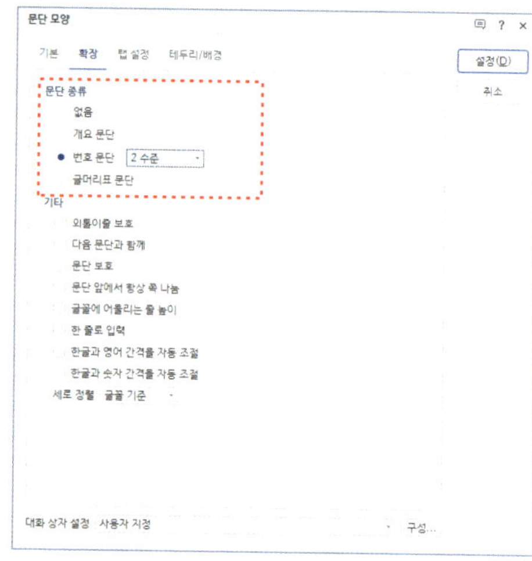

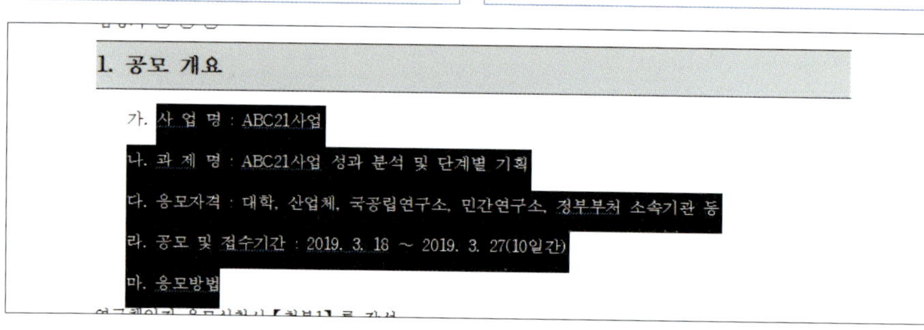

문단 번호 수준

문단의 종류를 '번호 문단'으로 지정할 경우 각 문단의 수준을 1~7수준까지 지정할 수 있다. [서식]-[문단 번호 모양]에서 문단 번호의 모양을 수준별로 다르게 설정할 수 있으며 시작 번호를 임의로 지정할 수 있다.

⑤ '응모 방법' 밑에 있는 3개의 문단을 블록으로 지정한다. [문단 모양] 대화상자를 열어 왼쪽여백을 '40pt', 문단 위/아래 간격을 '5pt'로 지정한다. [확장] 탭을 열어 [문단 종류]를 '글머리표 문단'으로 선택하고 [설정]을 누른다.

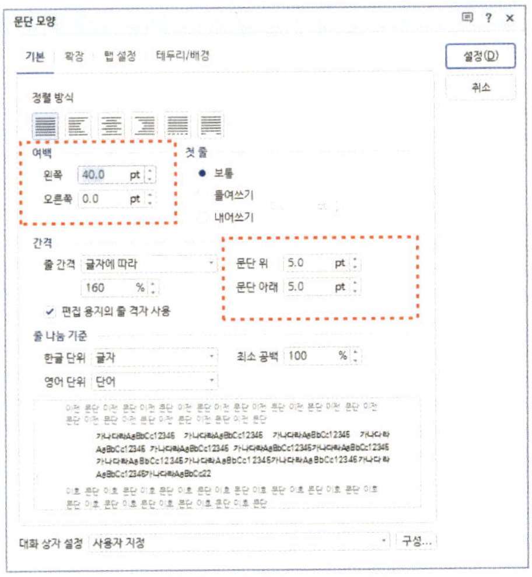

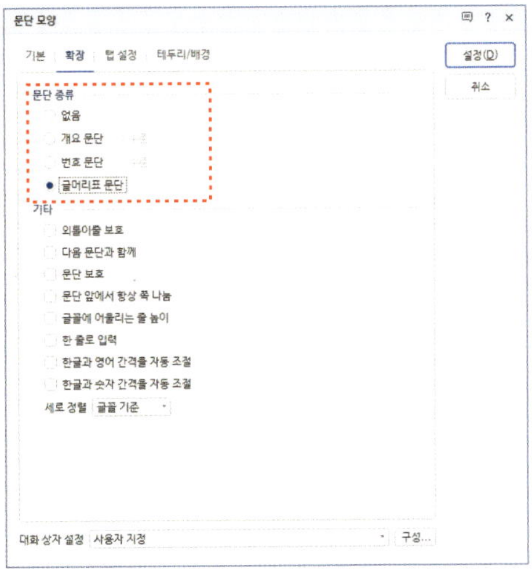

⑥ 붙여진 글머리표의 모양은 메뉴 [서식]의 [글머리표]( )에서 바꿀 수 있다.

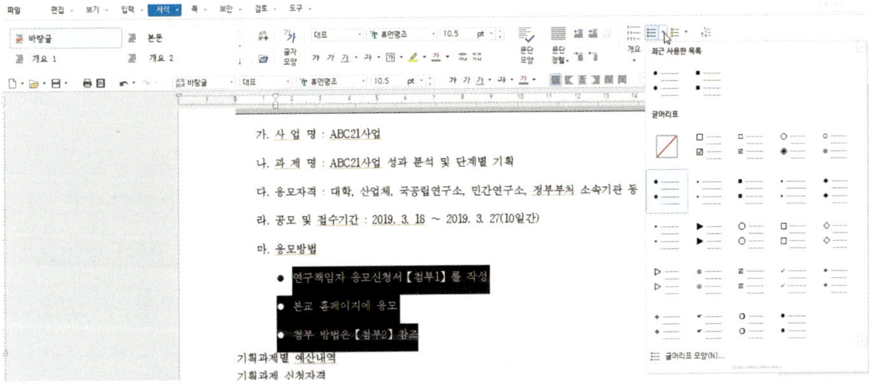

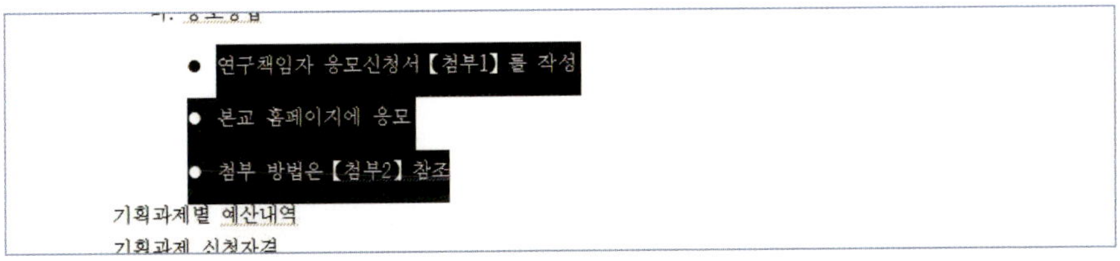

글머리표

- 글머리표의 글자 모양

  글머리표의 글자 모양은 문단의 맨 마지막 글자의 글자 모양을 따라간다. 따라서 글머리표를 포함한 문단 일부분만 블록으로 설정하여 글자 모양을 바꾸더라도, 글머리표의 글자 모양은 바뀌지 않는다. 문단 전체를 블록으로 설정하거나 문단의 끝 글자만 블록으로 설정하여 글자 모양을 바꾸어야만 글머리표의 글자 모양이 본문의 글자 모양을 따라 바뀐다.

- 글머리표 글자 모양 바꾸기

  글머리표의 글자 모양을 따로 지정하고 싶을 때는 [서식]-[문단 번호 모양]-[글머리표] 탭에서 [사용자 정의] 단추를 누른다. [글머리표 사용자 정의] 대화상자가 나타나면 [글자 모양 지정]을 선택한 다음, [글자 모양] 단추를 눌러 번호에 적용할 글자 크기, 글꼴, 글자 속성 등을 설정한다.

- 그림 글머리표

  한/글 2018에서는 다양한 종류의 그림 글머리표 모양을 사용할 수 있으며, 사용자 정의 모양을 이용하여 각종 그림을 글머리표에 추가할 수 있다. 그림 글머리표 문단의 속성을 해제하려면 [그림 글머리표 모양] 목록에서 [없음]을 선택한다.

3.4. 모양복사

문서를 꾸미다 보면 문서 내 여러 문단을 같은 글꼴과 같은 문단 모양으로 처리하고 싶을 때가 있다. 이런 경우 했던 작업을 반복적으로 수행할 필요 없이 모양복사 기능을 이용하면 쉽게 글자의 모양이나 문단의 모양을 복사/붙여넣기 할 수 있다. 모양복사 기능은 하나의 문단을 보기 좋게 꾸민 후 글자 모양이나 문단 모양을 클립보드에 복사하여 두고 다른 여러 개의 문단에 반복적으로 적용할 수 있어서 문서편집의 시간을 줄여준다.

① '1. 공모 개요' 문단에 커서를 가져다 놓는다. 메뉴 [편집]-모양복사을 선택하거나 단축키(Alt + C)를 누른다. [모양복사] 대화상자가 열리면 '글자 모양과 문단 모양 둘 다 복사'를 선택하고 [복사]를 누른다. 커서가 있던 문단의 글자 모양과 문단 모양이 클립보드에 저장된다.

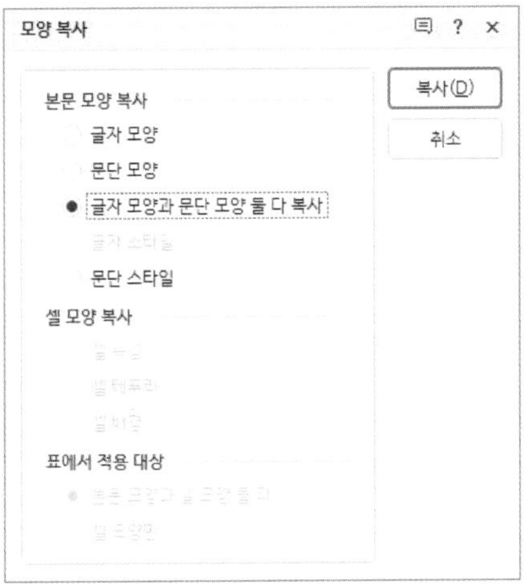

② 이제 해당 모양을 적용하려고 하는 문단 '기획과제별 예산내역' 문단을 블록으로 지정한다. 블록이 지정된 상태에서 메뉴 [편집]-모양복사를 다시 누르거나 단축키(Alt + C)를 누른다. 클립보드에 저장되어 있던 글자 모양과 문단 모양이 블록으로 지정된 문단에 적용된다.

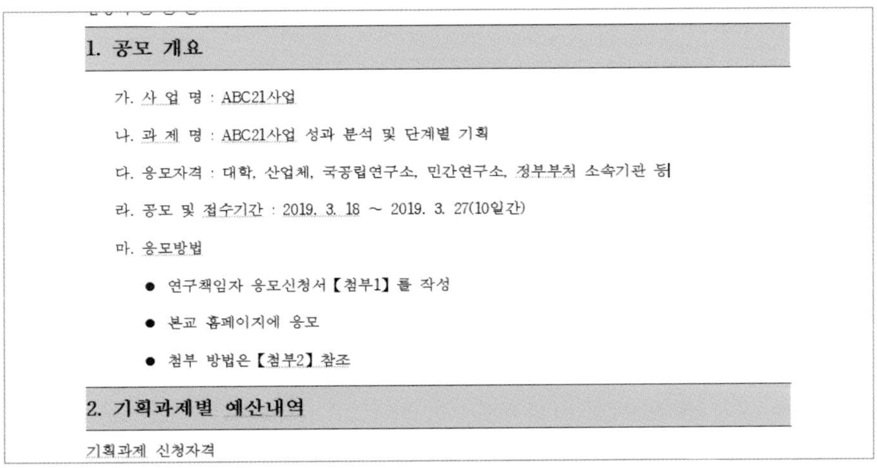

③ '2. 기획 과제별 예산 내역' 문단 아래에 있는 5개의 개조식 문단들도 위에 있는 번호 문단에서 모양을 복사하여 아래 그림과 같이 빠르게 적용해 본다. 만약 이때 문단 번호가 앞번호에 이어 '바.'로 시작된다면 메뉴 [서식]-[문단 번호 새번호로 시작]( )을 누른다.

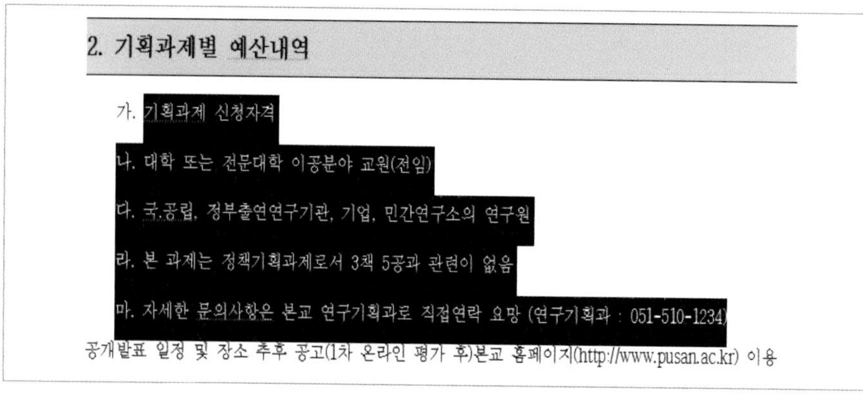

2. 기획과제별 예산내역

가. 기획과제 신청자격

나. 대학 또는 전문대학 이공분야 교원(전임)

다. 국공립, 정부출연연구기관, 기업, 민간연구소의 연구원

라. 본 과제는 정책기획과제로서 3책 5공과 관련이 없음

마. 자세한 문의사항은 본교 연구기획과로 직접연락 요망 (연구기획과 : 051-510-1234)

공개발표 일정 및 장소 추후 공고(1차 온라인 평가 후)본교 홈페이지(http://www.pusan.ac.kr) 이용

모양복사

모양복사 기능은 커서 위치의 글자 모양이나 문단 모양, 스타일 등을 다른 곳으로 간편하게 복사하는 기능이다. 특정한 모양을 반복적으로 자주 지정해야 할 때 매우 편하게 쓸 수 있다.

■ 보통 상태와 블록 상태

[모양복사]는 블록을 설정하지 않은 보통 상태에서는 커서 위치의 모양을 임시 저장소에 기억(복사)시키는 기능이 실행되고, 블록을 설정한 상태에서는 블록으로 설정한 부분에 기억된 모양을 덮어쓰는 기능이 실행된다.

■ 모양복사 기억

[모양복사]를 실행해 복사할 내용을 지정하면 한/글을 끝낼 때까지는 가장 마지막에 복사한 모양을 기억하고 있다. 따라서 복사한 모양은 현재 문서뿐만 아니라 다른 문서에서도 적용할 수 있다.

■ 표 안에서의 모양복사

표 안에서는 글자 모양과 문단 모양뿐만 아니라 현재 셀의 셀 속성과 선 종류, 셀 배경까지도 복사해 두었다가 다른 셀에 그대로 덮어쓸 수 있다. [셀 속성 복사, 셀 테두리 복사, 셀 배경 복사]는 표 안에서 [편집]-[모양복사]를 실행한 경우에만 선택할 수 있다.

■ 셀 속성만 복사할 수는 없음

표 안에서의 [모양 복사]는 '글자 모양'이나 '문단 모양', '스타일'을 복사하면서 '셀 속성'을 함께 복사할 것인지 선택하는 것이다. '셀 속성'은 복사하지 않고 '글자 모양, 문단 모양, 스타일'은 복사할 수 있지만, '글자 모양, 문단 모양, 스타일'은 복사하지 않고 '셀 속성'만 복사할 수는 없다.

3.5. 문단 테두리/배경

문서를 꾸미다 보면 특별히 강조하거나 시각적으로 드러나도록 처리해야 하는 문단이 있는 경우 표나 글상자에 넣어서 꾸미는 경우가 많다. 하지만 표나 글상자는 텍스트와는 별개의 개체이기 때문에 [개체 속성]이나 [표 속성]을 이용하여 처리해야 하는 불편함이 있다. 이런 경우 표나 글상자를 사용하지 않고도 문단 배경색과 테두리를 이용하여 충분히 문단의 모양을 구별되게 꾸밀 수 있다.

① 마지막 문단을 두 줄로 만들기 위해 '(1차 온라인 평가 후)' 뒤에 커서를 놓고 (Shift+Enter↵)를 눌러 강제 줄바꿈 처리를 한다. 이렇게 하며 문단은 2줄이 되지만 하나의 문단으로 묶인다.

② [글자 모양]은 '16pt', '진하게'로 지정한다.

③ [문단 모양] 대화상자를 열어 '가운데' 정렬한 후 문단 위/아래 간격을 각각 '30pt'씩 지정해준다. [테두리/배경] 탭을 열어 '0.5mm', '검은색', '실선'으로 문단 '모두'에 테두리를 넣는다. [배경] 면 색은 '회색'으로 지정한다. 단 이때 '문단여백 무시'를 선택하고, [간격]을 왼쪽/오른쪽/위쪽/아래쪽 모두 '1mm'로 지정한다. [설정]을 누르면 아래와 같이 문단여백과 상관없이 원하는 만큼 문단에 테두리와 배경색을 넣게 된다.

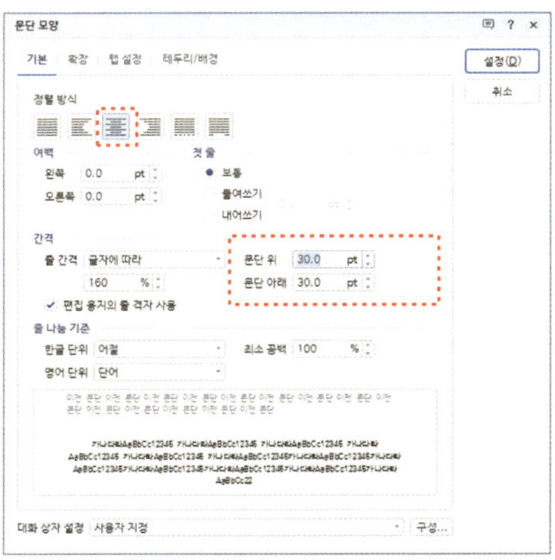

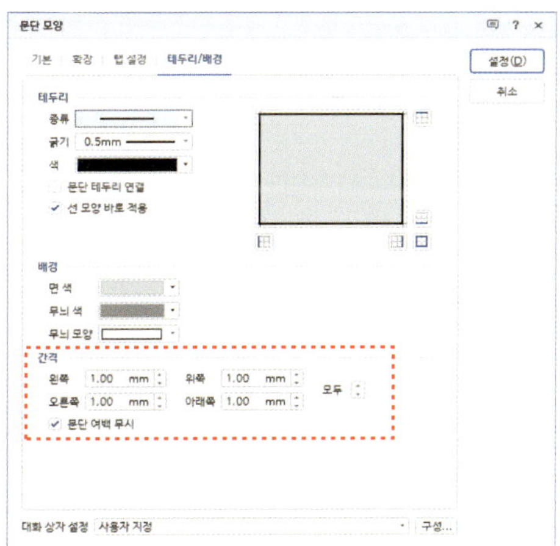

공개발표 일정 및 장소 추후 공고(1차 온라인 평가 후
본교 홈페이지(http://www.pusan.ac.kr) 이용

4. 쪽 모양

보고서나 리포트의 경우 일반적으로 문서의 상단에 머리말을 이용하여 문서의 제목이나 작성자 혹은 작성일을 삽입하고 문서의 하단에 꼬리말을 이용하여 쪽 번호를 삽입한다. 다음은 [머리말]/[꼬리말], [쪽 테두리/배경], [쪽 번호 매기기] 기능을 이용하여 문서에 필요한 정보를 삽입해 보자.

4.1. 머리말/꼬리말

페이지마다 같은 내용의 정보를 반복적으로 삽입하고자 할 때 사용하는 기능이 [머리말]과 [꼬리말]이다. [머리말]과 [꼬리말]에는 보통 문서의 제목, 문서 번호, 쪽 번호, 작성자(작성기관) 등을 삽입한다. [머리말]은 문서의 상단에, [꼬리말]은 문서의 하단에 해당 정보를 위치시킨다.

① 커서를 'ABC 21세기 정책과제 공모' 문단에 가져다 놓는다.

② 메뉴 [쪽]-[머리말]-[머리말/꼬리말]을 선택한다.

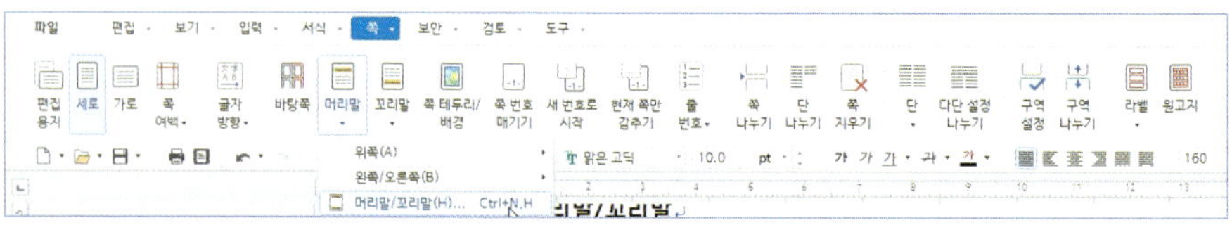

③ [머리말/꼬리말] 대화상자가 열리면 [종류]는 '머리말', [위치]는 '양쪽'을 선택하고 [만들기]를 누른다.

④ 머리말 편집 상태가 열리면 '공고 제2019-01호'라고 적는다. 머리말 문단은 '휴먼명조', '9pt'로 지정한다. 기본 도구 상자 [머리말/꼬리말]의 [닫기]()를 누르면 본문 편집 상태로 돌아온다.

머리말/꼬리말

한 쪽(페이지)의 맨 위와 아래에 한두 줄의 내용이 쪽마다 고정적으로 반복되는 것이 있는데, 이것을 [머리말]과 [꼬리말]이라고 한다. 머리말과 꼬리말에는 보통 책의 제목, 그 장의 제목, 쪽 번호 등을 넣는다.

- 머리말/꼬리말 시작 위치
  [머리말], [꼬리말]은 커서가 위치한 쪽에 삽입된다. 예를 들어 커서를 문서의 2쪽에 두고 [머리말] 또는 [꼬리말]을 삽입하면 2쪽부터 [머리말], [꼬리말]을 삽입했으므로 1쪽엔 [머리말], [꼬리말] 내용이 보이지 않고, 2쪽부터 [머리말], [꼬리말] 내용이 나타난다.

- 표시
  머리말이나 꼬리말 영역에 커서가 위치하면 본문이 흐리게 표시된다. 현재 위치는 《머리말(양쪽)》, 《머리말(짝수 쪽)》, 《머리말(홀수 쪽)》과 같이 머리말 영역 위쪽에 표시되므로, 지금 어떤 위치의 머리말을 편집하고 있는지 쉽게 알 수 있다.

- 머리말/꼬리말의 개수 제한
  하나의 문서에 들어갈 수 있는 머리말/꼬리말의 개수에는 제한이 없고, 같은 쪽(페이지)에 들어갈 수 있는 머리말/꼬리말의 개수에도 제한이 없다. 단, 한 문단에서는 같은 머리말/꼬리말을 중복해서 만들 수 없다. 여러 개의 머리말/꼬리말이 있을 때, 인쇄되는 내용은 각 쪽으로부터 맨 뒤에 위치한 머리말/꼬리말이 해당 쪽에 적용된다.

1.1. 쪽 번호 매기기

[쪽 번호 매기기] 기능을 이용하면 문서에 페이지 번호를 간단하게 삽입할 수 있다.

① 기본 도구 상자 [쪽]-[쪽 번호 매기기]를 선택한다.

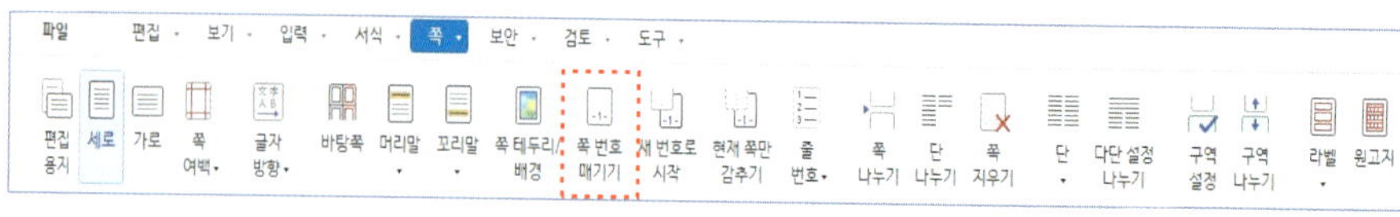

② 쪽 번호를 매길 [번호 위치], [번호 모양]을 선택한 후 [넣기]를 누른다.

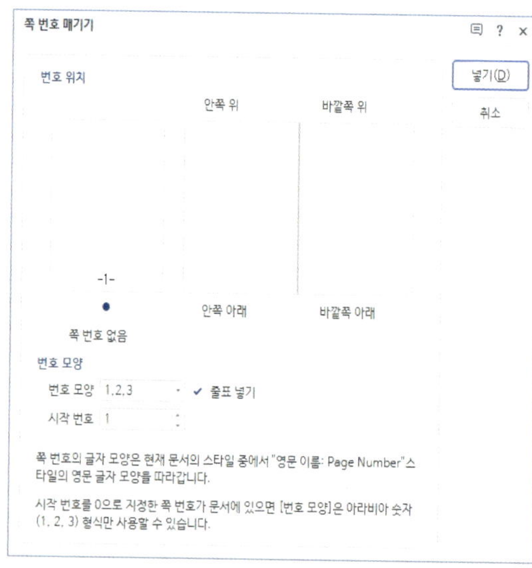

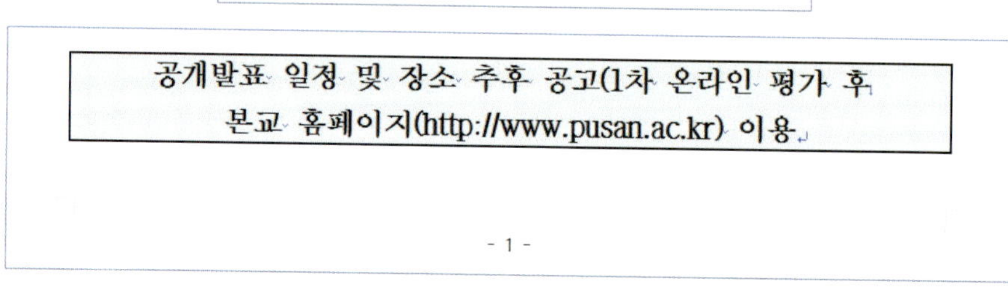

1.1. 쪽 테두리/배경

문서편집의 마무리 단계에서 쪽 전체에 테두리를 넣어주면 문서 전체적으로 정돈된 느낌을 줄 수 있다.

① 메뉴 [쪽]-[쪽 테두리/배경]을 선택한다.

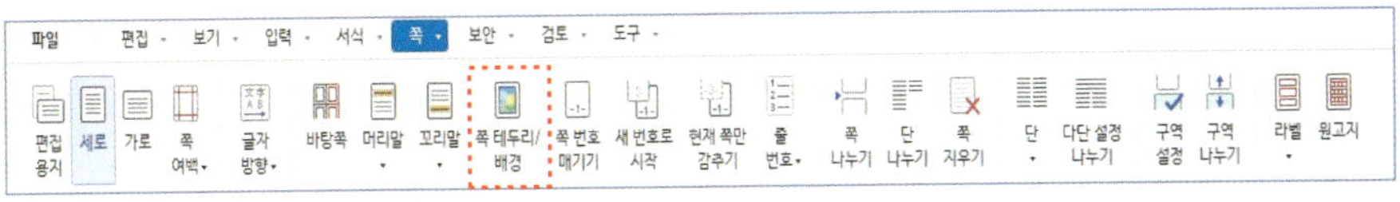

② [테두리/배경 종류]는 '양쪽'을 선택하고, 테두리 종류는 '이중 실선', 굵기는 '0.5mm', 색은 '검정'으로 지정한 후 미리 보기 창에서 '모두'를 선택한다.

③ 이때 [위치]를 '쪽 기준'으로 하면 편집용지의 위, 아래, 왼쪽, 오른쪽 여백을 제외한 쪽 영역 안쪽을 기준으로 '5mm' 바깥쪽에 테두리가 삽입되므로 테두리가 글자에 바짝 붙게 된다. [위치]를 '종이 기준'으로 바꾸고, 왼쪽/오른쪽/위쪽/바깥쪽 간격을 각각 '7mm'로 지정해 주면 종이 가장 자리로부터 '7mm' 안쪽에 테두리가 들어간다.

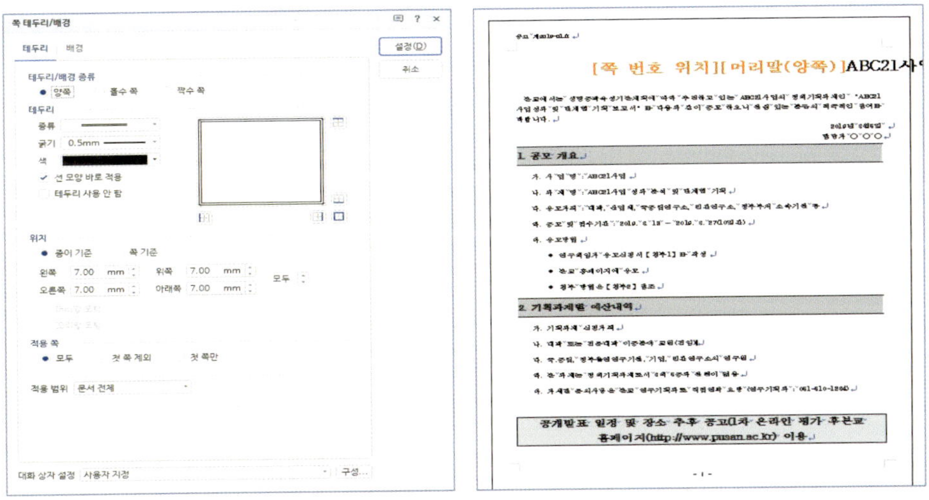

조판부호

한/글은 편집 과정에서 사용자가 내리는 명령을 보통의 문서 창에서는 보이지 않게 조판 부호로 기록하고 있다. 조판 부호(Control Code, 제어 코드)는 일반적인 편집 화면에는 보이지 않는다. [보기-표시/숨기기-조판 부호]는 이러한 조판 부호를 편집 화면에서 볼 수 있도록 선택하는 기능이다. 하지만 모든 조판 부호는 어떠한 경우에도 인쇄되지 않는다.

- 문단 부호와의 관계
  조판 부호 보이기는 문단 부호 보이기를 포함하고 있다. 즉 [조판 부호 보이기]를 선택하면 문단 부호까지 모두 표시된다. 그러나 [문단 부호 보이기]를 먼저 실행시켰을 경우에는 조판 부호를 켜고 끄는 것에 문단 부호가 영향을 받지 않는다.
- 글자 모양
  [조판 부호]를 켜면 문서에 나타나는 조판 부호는 붉은 색 글씨로 대괄호(예: [사각형], [그림])로 묶여서 나타난다. 조판 부호는 본문의 글자 모양과 같은 모양으로 고정되어 나타난다. 만약, [환경 설정-기타]에서 [한/글 2002 방식으로 조판 부호 표시하기] 항목을 선택한 상태에서 조판 부호를 확인하면, 본문의 글자 모양에 관계없이 조판 부호 표시(π)가 나타난다.
- 찾아가기
  본문에 삽입된 조판 부호를 찾아갈 때에는 [편집-찾아가기]를 이용한다. [조판 부호] 항목을 선택하면 한/글에서 삽입할 수 있는 모든 조판 부호 목록이 나타난다.
- 조판 부호 앞으로 이동
  머리말이나 꼬리말과 같은 조판 부호는 문단의 맨 앞에 위치한다. 이러한 조판 부호들은 [조판 부호 감추기] 상태에서는 조판 부호 앞쪽으로 커서를 이동할 수 없다. [조판 부호 보이기] 상태에서만 조판 부호 앞으로 커서가 이동한다.
- 조판 부호 지우기
  조판 부호가 있는 곳에서 〈Delete〉나 〈Backspace〉 글쇠를 누르면 '(조판 부호 이름)을 지울까요?' 메시지가 나타난다. 두 개 이상의 조판 부호를 지울 때에는 〈Ctrl+Y〉 또는 〈Alt+Y〉 등을 사용하여 한꺼번에 지울 수 있다. 이때에는 뒤에 있는 조판 부호부터 지우기를 물어본다.
- 현재 조판 부호 확인
  현재 커서가 놓여 있는 곳의 조판 부호 종류는 편집 화면 아래쪽의 상황 선에서 확인할 수 있다.

4.4. 미리 보기

인쇄할 문서를 프린터로 보내기 전에 인쇄될 내용을 화면에서 미리 확인해 볼 수 있다. 미리 보기는 종이의 낭비도 줄이고, 프린터로 인쇄하는 것보다 훨씬 빠르게 문서 전체 윤곽을 확인할 수 있다.

① 서식 도구 상자의 [미리 보기]( )를 누른다.

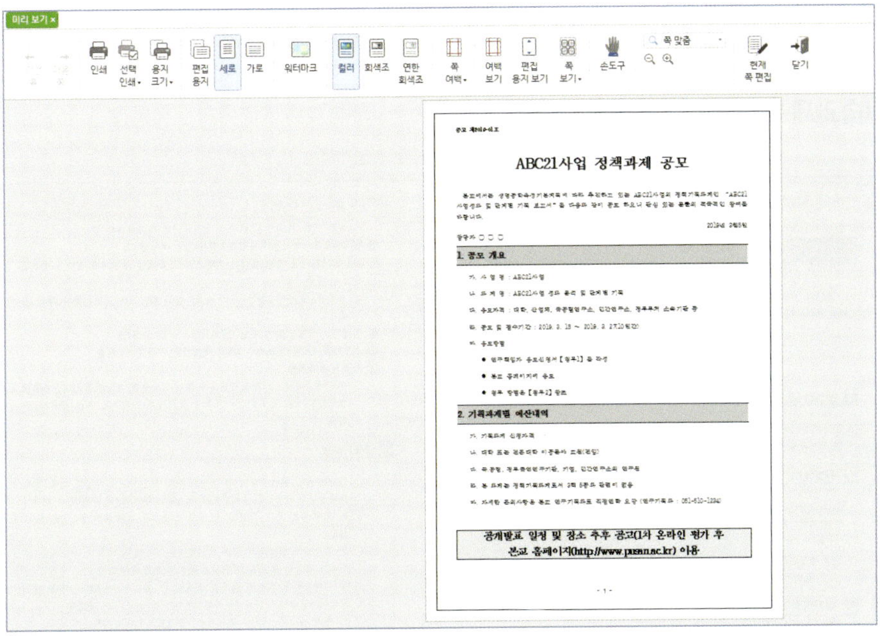

미리보기

미리 보기는 실제 인쇄될 문서의 모든 내용을 그대로 확인하는 것으로, 한/글 97의 미리 보기 방식과는 다르다. 한/글 2014 이상에서 미리 보기는 [인쇄-인쇄 범위]에서 지정한 방식대로 미리 보기가 된다. 예를 들어, '현재 쪽'의 [인쇄 범위]를 지정하고 [미리 보기]를 수행하면, 현재 쪽 한 장만 미리 보기가 된다.

- 미리 볼 수 있는 내용
  미리 보기에서는 실제 인쇄될 문서의 모든 내용을 그대로 확인할 수 있다. 즉, 그림이나 머리말/꼬리말 내용은 물론 [파일-인쇄]에서 지정한 인쇄 범위나 인쇄 방식, 확대/축소 비율 등 모두를 미리 보기에서 그대로 확인할 수 있다.

- 미리 보기 창에서 할 수 있는 일
  미리 보기 창은 단지 인쇄될 모양을 보는 상태이므로 문서의 내용을 편집하는 일은 할 수 없다. 인쇄될 문서의 모양을 결정하는 [인쇄], [편집 용지]와 같은 일부 기능만 실행할 수 있으며, 〈PageUp〉, 〈PageDown〉이나 화살표 글쇠, 이동 막대, 이동 단추, 마우스 휠 등을 이용한 쪽 넘겨 보기 등을 할 수 있다. 〈Ctrl+PageUp〉을 누르면 문서의 처음으로 이동하고, 〈Ctrl+PageDown〉을 누르면 문서의 끝으로 이동한다. 〈Ctrl+Enter〉를 누르면 선택한 쪽(현재 쪽)의 문서 편집 상태가 된다.

- 여러 쪽 보기
  미리 보기에서는 한 쪽은 물론 인쇄될 문서의 여러 쪽의 모양도 한꺼번에 확인할 수 있다. [미리 보기] 탭에서 필요한 용도에 맞게 [한 쪽 보기, 맞쪽 보기, 여러 쪽 보기] 상태를 선택한다.

실습과제

[실습과제 완성본]

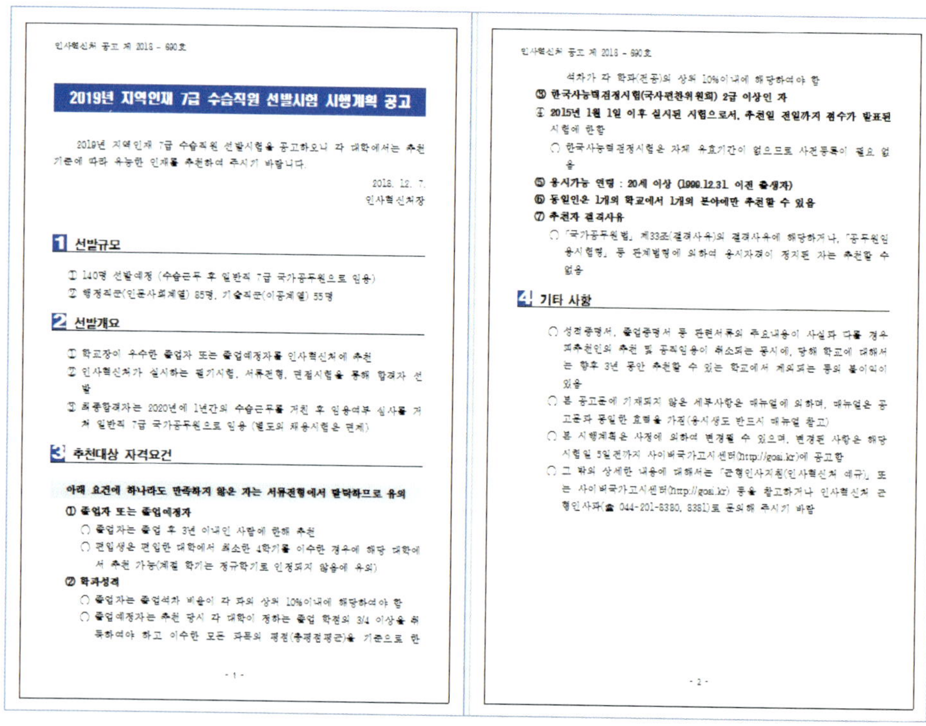

인사혁신처 공고 제 2018 - 690호

2019년 지역인재 7급 수습직원 선발시험 시행계획 공고

2019년 지역인재 7급 수습직원 선발시험을 공고하오니 각 대학에서는 추천 기준에 따라 유능한 인재를 추천하여 주시기 바랍니다.

2018. 12. 7.
인사혁신처장

1 선발규모

① 140명 선발예정 (수습근무 후 일반직 7급 국가공무원으로 임용)
② 행정직군(인문사회계열) 85명, 기술직군(이공계열) 55명

2 선발개요

① 학교장이 우수한 졸업자 또는 졸업예정자를 인사혁신처에 추천
② 인사혁신처가 실시하는 필기시험, 서류전형, 면접시험을 통해 합격자 선발
③ 최종합격자는 2020년에 1년간의 수습근무를 거친 후 임용여부 심사를 거쳐 일반직 7급 국가공무원으로 임용 (별도의 채용시험은 면제)

3 추천대상 자격요건

아래 요건에 하나라도 만족하지 않은 자는 서류전형에서 탈락하므로 유의

① 졸업자 또는 졸업예정자
○ 졸업자는 졸업 후 3년 이내인 사람에 한해 추천
○ 편입생은 편입한 대학에서 최소한 4학기를 이수한 경우에 해당 대학에서 추천 가능(계절 학기는 정규학기로 인정되지 않음에 유의)

② 학과성적
○ 졸업자는 졸업석차 비율이 각 과의 상위 10%이내에 해당하여야 함
○ 졸업예정자는 추천 당시 각 대학이 정하는 졸업 학점의 3/4 이상을 취득하여야 하고 이수한 모든 과목의 평점(총평점평균)을 기준으로 한

- 1 -

인사혁신처 공고 제 2018 - 690호

석차가 각 학과(전공)의 상위 10%이내에 해당하여야 함

③ 한국사능력검정시험(국사편찬위원회) 2급 이상인 자
④ 2015년 1월 1일 이후 실시된 시험으로서, 추천일 전일까지 점수가 발표된 시험에 한함
○ 한국사능력검정시험은 자체 유효기간이 없으므로 사전등록이 필요 없음
⑤ 응시가능 연령 : 20세 이상 (1999.12.31. 이전 출생자)
⑥ 동일인은 1개의 학교에서 1개의 분야에만 추천할 수 있음
⑦ 추천자 결격사유
○ 「국가공무원법」 제33조(결격사유)의 결격사유에 해당하거나, 「공무원임용시험령」 등 관계법령에 의하여 응시자격이 정지된 자는 추천할 수 없음

4 기타 사항

○ 성적증명서, 졸업증명서 등 관련서류의 주요내용이 사실과 다를 경우 피추천인의 추천 및 공직임용이 취소되는 동시에, 당해 학교에 대해서는 향후 3년 동안 추천할 수 있는 학교에서 제외되는 등의 불이익이 있음
○ 본 공고문에 기재되지 않은 세부사항은 매뉴얼에 의하며, 매뉴얼은 공고문과 동일한 효력을 가짐(응시생도 반드시 매뉴얼 참고)
○ 본 시행계획은 사정에 의하여 변경될 수 있으며, 변경된 사항은 해당 시험일 5일전까지 사이버국가고시센터(http://gosi.kr)에 공고함
○ 그 밖의 상세한 내용에 대해서는 「균형인사지침(인사혁신처 예규)」 또는 사이버국가고시센터(http://gosi.kr) 등을 참고하거나 인사혁신처 균형인사과(☎ 044-201-8380, 8381)로 문의해 주시기 바람

- 2 -

[편집방법]

❶ 제공된 원고 '실습과제 1-2.txt' 파일을 불러와서 [다른 이름으로 저장하기]로 '실습과제 1-2 완성.hwp'로 저장한다.

❷ 편집용지 설정은 용지종류 'A4', 용지방향 '세로', 제본 '한쪽', 용지여백은 위쪽 '15mm', 아래쪽 '15mm', 왼쪽 '20mm', 오른쪽 '20mm', 머리말 '10mm', 꼬리말 '10mm'로 지정한다.

❸ 전체 글꼴은 '휴먼명조', '13pt', 장평 '100%'로 지정한다.

❹ 제목 문단은 글자 모양을 '헤드라인M', '17pt'로 하되, 문단 위.아래 여백을 '30pt'로 지정하고, 문단의 '테두리/배경'을 문단 여백 무시하고 문단 위.아래 간격 '3mm'정도에 넣어준다.

❺ 본문은 문단 첫줄 들여쓰기 '30pt'로 지정한다.

❻ 날짜와 소속기관장은 오른쪽 정렬한다.

❼ '1 선발 규모' 문단은 글자 모양을 'HY견고딕', '15pt'로 지정하고, 문단 위/아래 여백을 '10pt'씩 넣어준다. 문단종류를 '번호문단', '1수준'으로 지정한다. 문단의 아래쪽에 바짝붙여 '0.2mm', 실선의 테두리를 넣어준다.

❽ [서식]-[문단 번호 모양]-[사용자 정의]을 이용하여 문단 앞에 붙은 문단 번호의 모양을 'HY 견고딕', '20pt', 장평 '150%', '진하게', 글자색 '흰색', 음영색 '파란색'으로 지정한다.

❾ 모양복사 기능을 이용하여 같은 수준의 다른 문단들에 적용해 본다.

❿ 원문자의 형태(①,②,③)의 문단 번호가 붙는 문단들은 문단 왼쪽여백을 '20pt'로 지정하고, 문단 종류를 '번호 문단', '1수준'으로 지정한 후 문단 번호 모양을 원문자로 붙여준다. (이번 실습과제에서는 문단 번호의 수준을 모두 1수준으로 지정하여 처리한다.)

⓫ 글머리표 형태의 문단들은 문단 왼쪽여백을 '40pt'로 지정하고, 문단 종류를 '글머리표 문단'으로 지정한 후 글머리표 모양을 '○'(한글문자표 코드 : 343B)로 달아준다.

⓬ 모든 쪽에 머리말을 달되, '인사혁신처 공고 제2018 – 690호'라고 적는다.

⓭ 모든 쪽에 쪽 번호를 매겨준다.

⓮ 이중 실선의 쪽 테두리를 종이 가장자리 '7mm' 안쪽에 넣어준다.

⓯ 나머지 부분은 각자 보기 좋게 꾸며보자. 빈 엔터를 쳐서 문단 간격을 임의로 조정하지 않도록 한다.

Chapter 3 표를 이용한 문서작성

문서 작성에 있어 표는 반드시 익혀야 할 기능 중의 하나이다. 표 기능을 잘 활용하면 수치 자료나 대량의 데이터들을 표 안에 넣어 일목요연하게 정리할 수 있을 뿐만 아니라, 문서의 전체적인 레이아웃을 잡거나 문서를 예쁘게 꾸밀 때도 유용하게 이용할 수 있다.

일단 표 작업에 앞서 표에 대한 몇 가지 사항을 알아보도록 한다.

표는 행과 열로 나뉘며, 행과 열로 구성된 표 안에서의 한 칸을 '셀'이라고 한다. 전체적인 표의 모양을 바꿀 때는 [표 속성]에서 처리하며, 각각의 칸에 대해 처리하고자 할 때는 [셀 속성]을 이용하여 처리한다. 테두리/배경, 여백 등을 작업할 때 [표 속성]에서 처리하는 경우와 [셀 속성]에서 처리하는 경우 그 결과가 완전히 다르게 나타난다.

표는 만든 후 필요에 따라서 행이나 열을 삽입, 삭제할 수 있고 셀의 크기도 바꿀 수 있다. 이때 Ctrl 키, Shift 키, 또는 Alt 키의 사용이 각각 다르므로 정확하게 그 용도를 익혀두는 것이 좋다. 단, 일단 만들어진 표 전체 크기는 [표 속성]에서 숫자로 재조정할 수 없다.

만들어진 표 안에는 주로 숫자나 일정한 규칙이 있는 값을 입력하게 된다. 이때 [자동 채우기] 기능을 이용하면 자동으로 표 안에 데이터를 채울 수 있다. 그리고 표 안에 채워진 값들은 [정렬] 기능과 [줄/칸 뒤집기] 기능을 이용하여 표 안에서의 위치를 바꿀 수 있다.

한/글에서는 표가 길어져 한 페이지 안에 다 들어가지 못하고 여러 페이지에 걸쳐질 때 표를 페이지 크기에 맞춰 자동으로 나누어 주는 기능이 있다. 이때 [제목 줄 자동 반복] 기능을 이용하면 여러 페이지에 걸쳐 나누어진 표 맨 위에 제목 줄이 자동으로 나타난다.

1. 표와 셀 속성 이해하기

본 장에서는 표를 이용하여 달력을 만들어 보고자 한다. 한/글 프로그램을 배울 때 많이 하게 되는 실습 중 하나가 달력이나 시간표 만들기이다. 왜냐하면, 달력이나 시간표를 만들기 위해서는 반드시 '표'를 사용해야 하기 때문이다. '표' 기능은 문서의 레이아웃을 잡기에 가장 좋은 기능이라고 할 수 있다. 이번 예제는 단순히 달력을 만드는 것이 목적이 아니라 달력을 만들면서 표와 셀에 줄 수 있는 다양한 속성을 다루어 보려고 한다.

예제

1.1. 새 문서 열기

본 예제는 [새 문서]를 열어 2020년도 1월 달력을 직접 만들어 보려고 한다. 새 문서의 편집 용지는 사용자 정의를 이용하여 일반적인 탁상용 달력 크기로 만들어 준다.

① [파일]-[새 문서]를 선택해 빈 문서를 연다. 메뉴 [쪽]-[편집 용지]를 선택하거나 단축키(F7)를 눌러 [편집 용지] 대화상자를 연다.

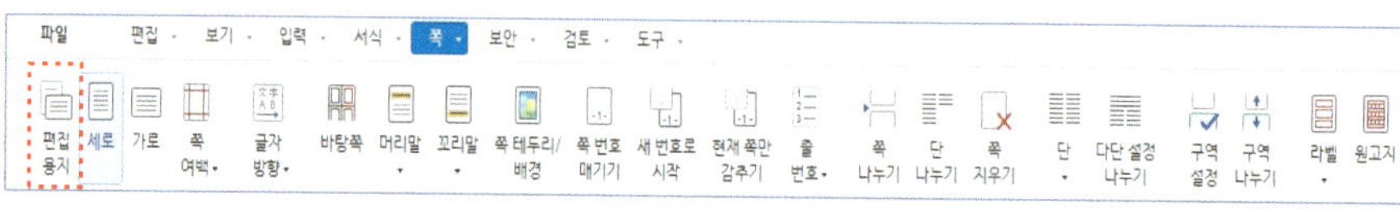

② [용지 종류]는 '사용자 정의'를 선택한 후 [폭] '260mm', [너비] '190mm'로 지정한다. [용지 방향]은 '세로', [용지 여백]은 위쪽/아래/왼쪽/오른쪽 모두 '10mm'로 하고, 머리말/꼬리말/제본은 각각 '0mm'로 지정한 후 [설정]을 누른다.

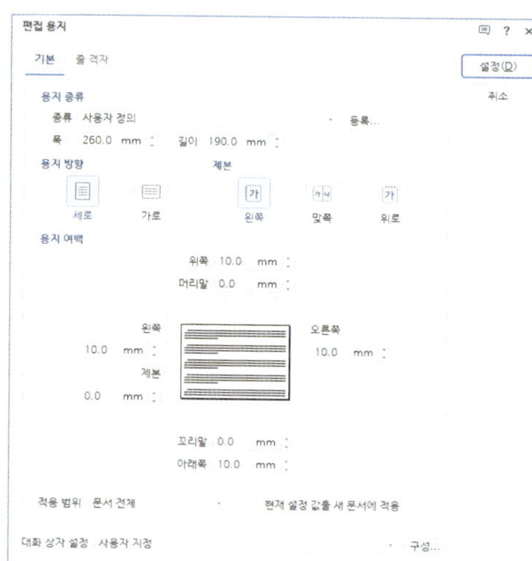

③ 메뉴 [파일]-[저장하기] 또는 단축키 Alt+S을 눌러 파일 이름을 '2020년 1월 달력.hwp'로 저장한다.

④ 이때 메뉴 [도구]-[환경설정]-[파일] 탭에서 자동 저장되는 시간을 조절하면 작업 중 시스템 오류로 인한 파일 손상을 최소화할 수 있다. 단 너무 자주 자동 저장되도록 시간을 조절하면 오히려 편집에 방해가 될 수 있으므로 적당히 조절하는 것이 좋다. 무조건 자동 저장을 '5분' 간격으로 설정한다.

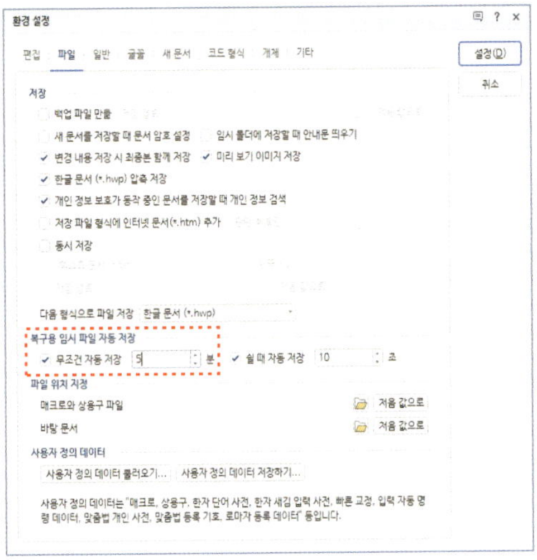

1.2. 표 그리기

달력과 같이 일정한 틀 안에 문자열을 나열하고자 할 때는 [표] 기능을 사용하는 것이 좋다. [표] 기능을 사용하면 빠르게 레이아웃을 잡고 쉽게 표 안에 내용을 채울 수 있다.

① 화면 전체를 차지하는 큰 표를 만들기 위해서는 메뉴 [보기]에서 '쪽 맞춤'을 선택한다. 화면 보기를 '쪽 맞춤'으로 설정하면 페이지 전체를 한눈에 볼 수 있어 페이지에 꽉 차는 표를 작업하기가 좋다. 상황선 우측에 있는 쪽 맞춤(▣)을 선택해도 된다.

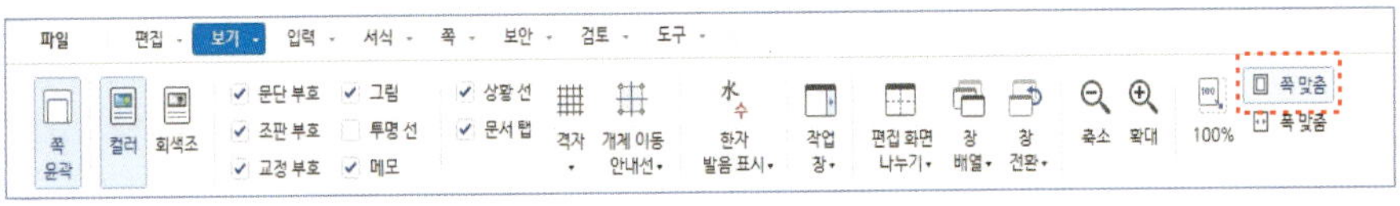

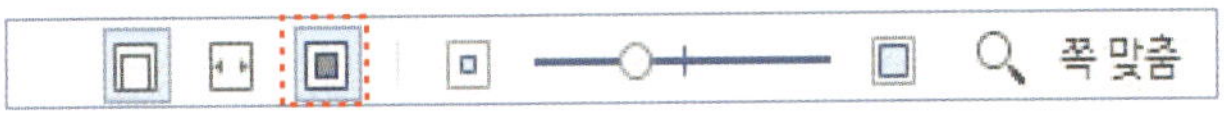

② 메뉴 [입력]-[표]를 선택한다.

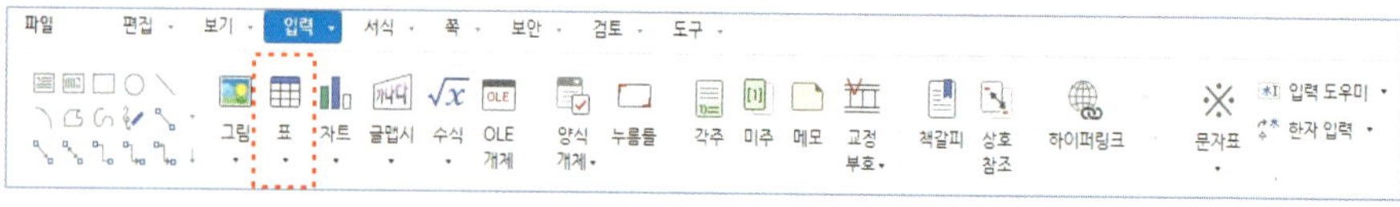

③ [표 만들기] 대화상자에서 [줄 개수] '6', [칸 개수] '7'을 입력하되 표의 대략적인 크기를 알 수 없을 때는 '마우스 끌기로 만들기'를 선택한 후 [만들기]를 누른다. 마우스 포인터의 모양이 표 모양으로 바뀌면 표를 삽입할 위치에 마우스 포인터를 클릭한 후 원하는 크기만큼 마우스를 끌어 표를 삽입한다. 쪽 영역에 꽉 차게 표를 그려본다.

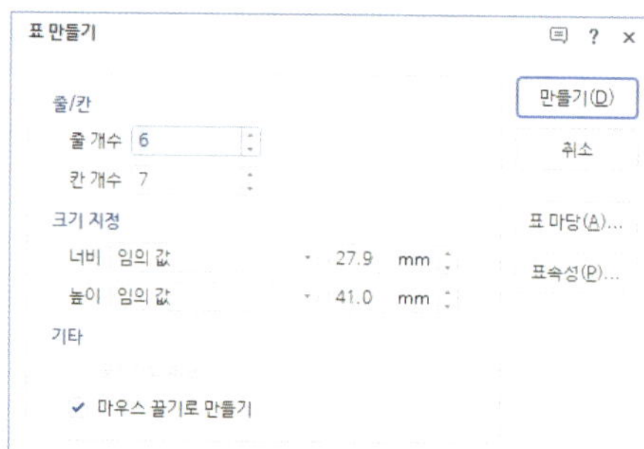

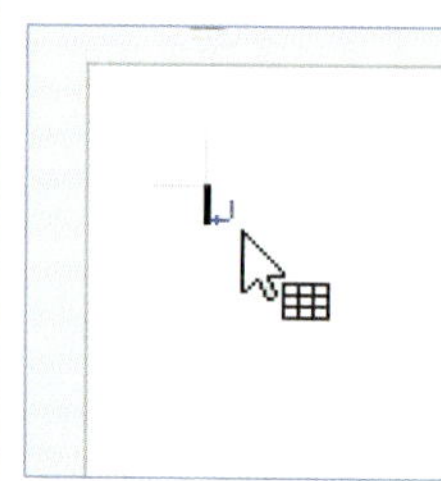

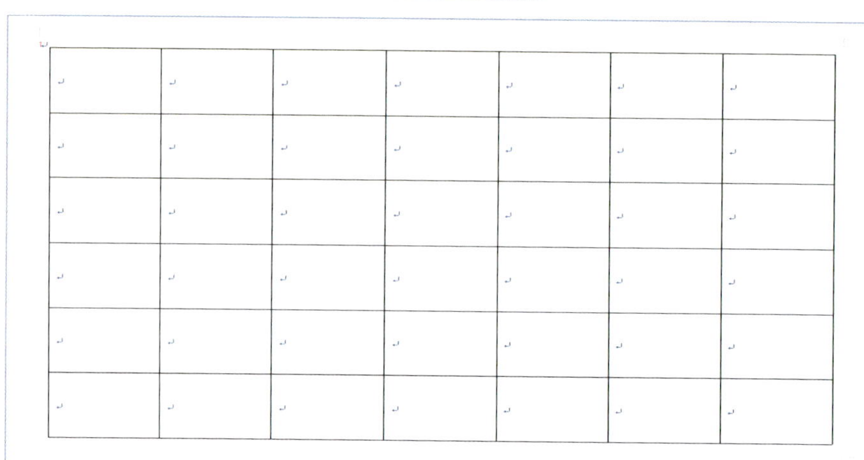

1.3. 표/셀 속성

만들어진 표의 테두리를 마우스로 클릭한 후 메뉴 [표 디자인]-[표 속성]을 선택하거나 단축키 Ⓟ을 누르면 [표/셀 속성] 대화상자가 열린다. [표/셀 속성] 대화상자의 [기본]/[여백/캡션]/[표]/[셀] 탭에 있는 각종 속성을 사용하여 원하는 모양의 표를 만들어 보자. 그려진 표를 종이의 정중앙에 배치해 보려고 한다.

① 표를 마우스로 클릭한 후 메뉴 [표 디자인]-[표 속성]을 선택하여 [표/셀 속성] 대화상자를 연다. 표를 선택한 후 단축키(Ⓟ)를 눌러도 [표/셀 속성] 대화상자를 열 수 있다.

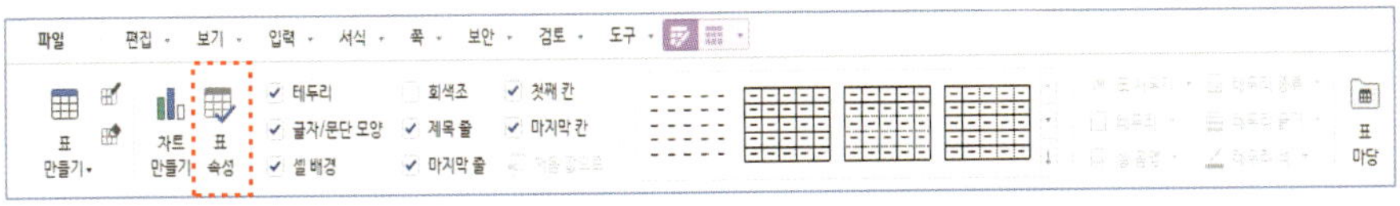

② [기본] 탭의 [본문과의 배치]는 '자리 차지()', [위치]는 가로 '종이'의 '가운데' 기준 '0mm', 세로 '종이'의 '가운데' 기준 '0mm'로 지정한다. 표가 종이의 정가운데 위치한다.

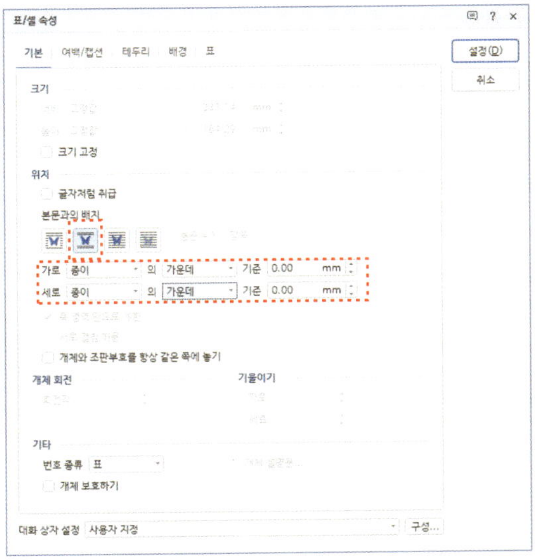

↵	↵	↵	↵	↵	↵	↵
↵	↵	↵	↵	↵	↵	↵
↵	↵	↵	↵	↵	↵	↵
↵	↵	↵	↵	↵	↵	↵
↵	↵	↵	↵	↵	↵	↵
↵	↵	↵	↵	↵	↵	↵

표 크기 조절

■ 표 크기

표를 만들 때 너비와 높이를 지정해 표 크기를 미리 정할 수 있다. 표의 너비는 [단에 맞춤, 문단에 맞춤, 임의 값] 중에서 고를 수 있다. [단에 맞춤]이나 [문단에 맞춤]은 커서가 있는 단이나 문단 폭에 꽉 차는 너비로 표를 만드는 것이고, [임의 값]은 원하는 너비 값을 직접 입력하여 표를 만드는 것이다. 표의 높이는 [자동, 임의 값] 중에서 고를 수 있는데 [자동]은 셀의 기본 높이에 줄 수를 곱한 크기로 표를 만드는 것이고, [임의 값]은 원하는 높이 값을 직접 입력하여 표를 만드는 것이다. 이때, [마우스 끌기로 만들기] 항목을 선택하지 않아야 표의 크기를 직접 입력할 수 있다.

■ 표 전체 크기

표는 다른 개체와는 달리 표를 마우스로 선택할 때 나타나는 8개의 작은 네모 점을 이용해 표의 전체적인 크기를 조절할 수 없다. 또한 [표/셀 속성]의 [기본] 탭에서 표의 너비와 높이를 설정할 수도 없다. 표는 셀의 크기를 조절해서 크기를 바꾸어야 한다.

■ 최소 표 크기

너비/높이를 [임의 값]으로 지정하여 표를 만들면서 줄 수와 칸수에 비해 너무 작은 값을 지정하면, 최소 셀 너비/높이에 줄 수와 칸수를 곱한 크기로 표를 만들어 준다.

1.4. 셀 나누기

표의 첫 번째 줄을 다시 세 줄로 나누고 가운뎃줄에 요일을 넣을 수 있도록 셀 모양을 만들어 보자.

① 첫 번째 줄을 블록으로 지정한 후 메뉴 [표 레이아웃]-[셀 나누기]를 선택하거나 단축키 S을 누른다.

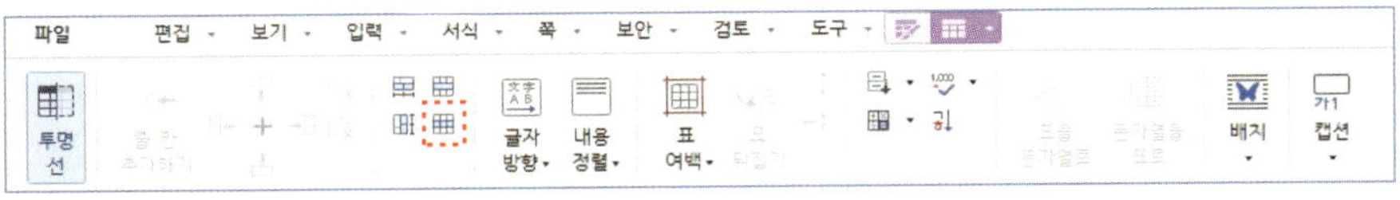

② [셀 나누기] 대화상자에서 [줄 개수]를 '3'으로 지정하고, '줄 높이를 같게 나누기'를 선택 후 [나누기]를 누른다.

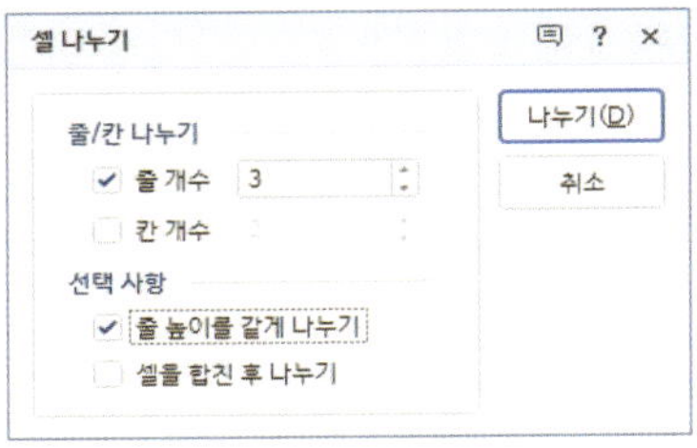

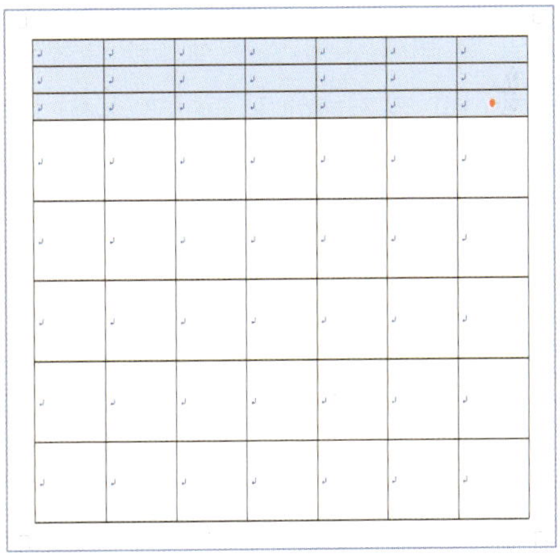

1.5. 셀 크기 바꾸기

① 나누어진 세 줄 중 첫 번째 줄을 블록으로 지정하고 Shift키를 누른 상태에서 방향키 ↑키를 여러 번 눌러서 블록으로 잡힌 셀의 높이를 최대한 줄여준다. Shift키를 누른 상태에서 방향키로 셀의 크기를 바꾸면 전체 표의 크기는 고정된 상태에서 블록 잡힌 셀의 크기만 조정할 수 있다.

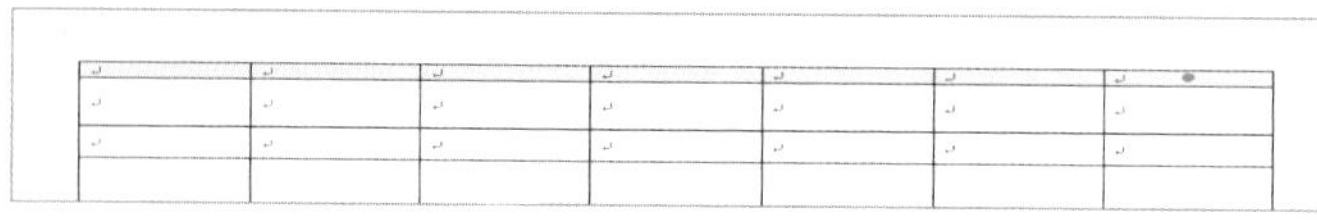

② 그런데 Shift키를 누른 상태에서 ↑키를 계속 눌러도 어느 정도 이하로는 셀 높이가 줄어들지 않는다. 이유는 블록으로 지정된 셀 안에 있는 커서의 크기가 '10pt'로 되어있기 때문이다. 다시 말해서 문자의 크기 '10pt'(3.5mm)이하로 셀 높이를 줄일 수 없다. 따라서 먼저 셀 안 커서의 크기를 [서식] 도구 상자의 글자 크기를 이용하여 '1pt'로 줄인다. 그런 다음 다시 Shift 키와 ↑키를 여러 차례 누르면 셀 높이를 더 얇게 줄일 수 있다.

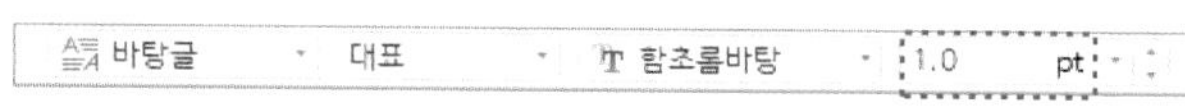

③ 하지만 이와 같은 방법으로 셀의 크기를 조정하면 정확한 셀의 크기를 알 수 없게 된다. 이번에는 셀의 크기를 숫자로 정확하게 지정하는 방법을 알아보자. 제일 첫 번째 줄에 있는 셀들을 블록으로 지정한다. 메뉴 [표 디자인]-[표/셀 속성](Ⓟ) 를 선택한다. [표/셀 속성] 대화상자가 열리면 [셀] 탭을 열어 [셀 크기 적용]을 선택하고 셀 높이를 '3mm'로 지정한다. (단, [표/셀 속성]에서 셀 크기를 바꾸면 표 전체의 크기도 같이 바뀐다.)

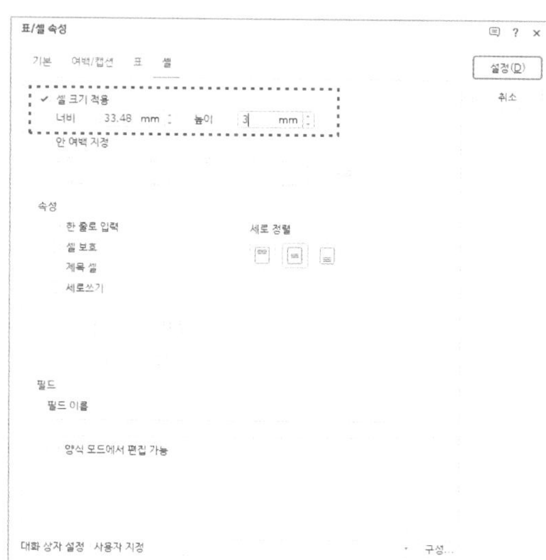

④ 같은 방법으로 두 번째 줄은 셀 높이를 '10mm'로, 세 번째 줄은 '3mm'로 지정한다. (단 셀 높이를 '3.5mm' 이하로 줄이려면 먼저 셀 안 커서의 크기를 '10pt' 이하로 줄여야 한다는 것을 잊지 말자.)

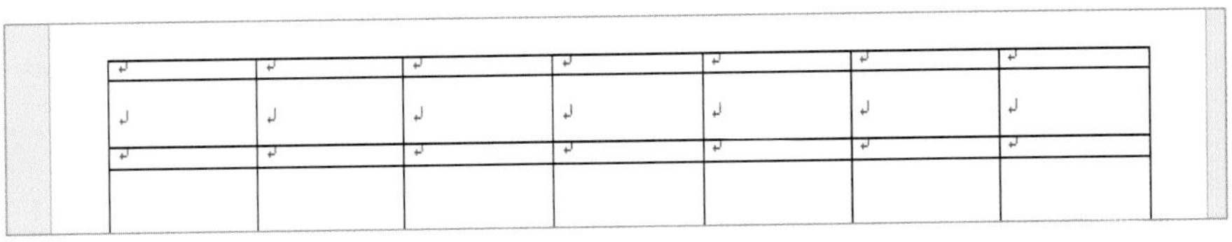

셀 크기 변경

셀을 블록으로 지정한 후 Ctrl+방향키, Alt+방향키, Shift+방향키를 이용하여 셀의 크기를 바꿀 수 있다.

① Ctrl+방향키 : 셀의 크기와 함께 표 전체의 크기도 함께 변경된다.

② Alt+방향키 : 표의 전체 크기는 고정된 채 선택한 셀의 줄이나 행의 크기가 함께 변경된다.

③ Shift+방향키 : 표 전체의 크기는 고정된 채 선택한 셀의 크기만 변경된다.

셀을 여러 줄과 칸으로 나눌 때

[셀 나누기]를 이용하여 작은 한 칸의 셀을 여러 줄과 칸으로 나누다 보면 셀 크기가 원래 셀보다 커지는 경우가 있다. 셀의 크기가 바뀌지 않으면서 줄과 칸을 나누고자 할 때는 아래와 같이 처리한다.

① 셀을 여러 줄로 나누는 경우 : 먼저 셀 안의 커서의 크기를 [서식 도구]에서 '1pt' 정도로 작게 줄여 놓고 [셀 나누기]한다.

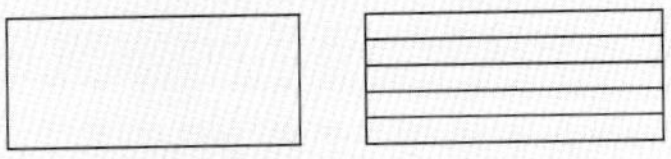

② 셀을 여러 칸으로 나누는 경우 : 먼저 [표/셀 속성]-[셀] 탭에서 안 여백을 '0mm'로 줄여 놓고 [셀 나누기]한다.

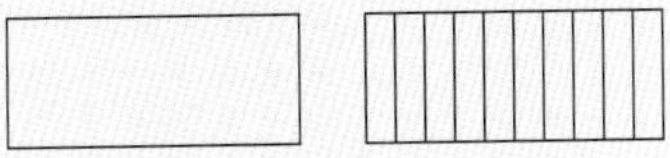

1.6. 모든 테두리 지우기

① 표 전체를 블록으로 지정한 후 기본 도구 상자에 있는 [표 디자인]-[테두리]에서 '테두리 없음'을 선택한다.

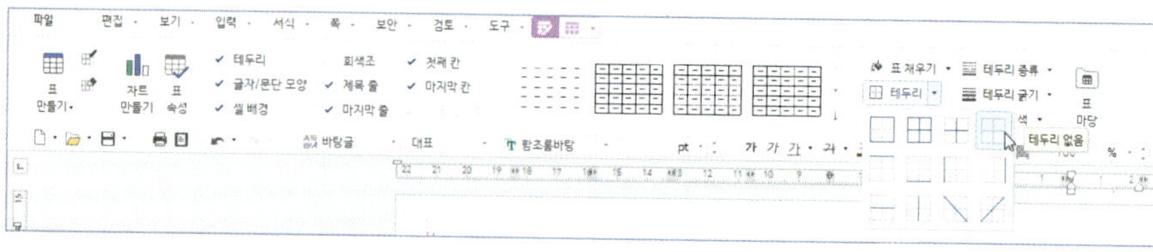

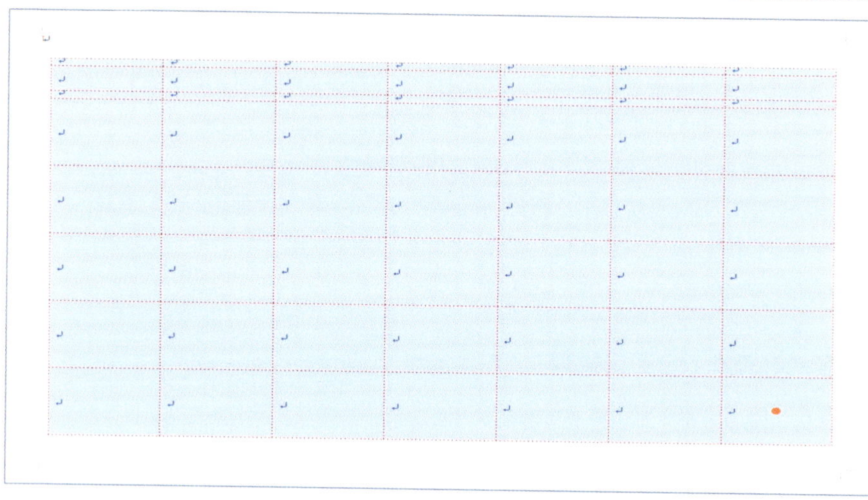

② 표의 모든 검은색 테두리가 지워졌다. 다만 빨간색 점선으로 나타나는 선은 '투명 선'이라 하여 표의 전체적인 레이아웃을 나타내주는 편집 기호로써 [미리 보기]하거나 [인쇄]할 때는 나타나지 않는 선이다. ('투명 선'은 메뉴 [보기]-[투명 선]이 선택될 때만 보인다.)

1.7. 부분 셀 테두리/배경

부분적으로 셀들의 테두리와 배경을 바꾸려면 해당 셀을 블록으로 지정한 후 [셀 테두리/배경] 대화상자를 이용한다.

① 세 줄로 나누어준 셀들을 블록으로 지정한다.

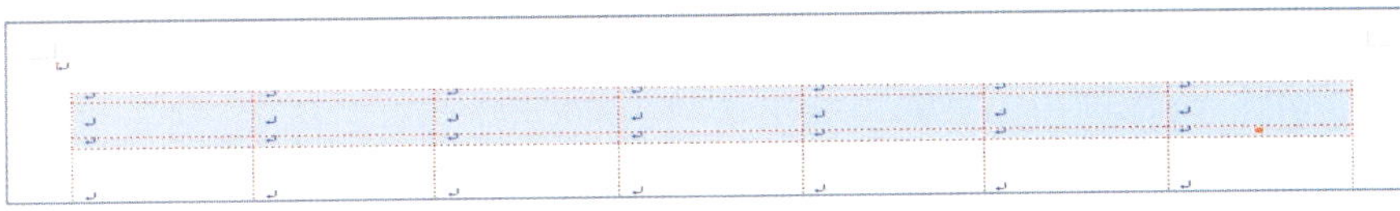

② 마우스의 오른쪽 단추를 눌러 나오는 표 단축 메뉴에서 [셀 테두리/배경]-[각 셀마다 적용]을 선택한 후 [테두리] 탭을 연다. 이때 셀들을 블록 지정한 후 단축키 L을 눌러도 [테두리] 탭을 열 수 있다.

③ 테두리 [종류]는 '실선', 굵기는 '1mm', [색]은 '노랑 25% 어둡게'로 지정한다. '선 모양 바로 적용'은 해제하고, [적용 범위]는 '선택된 셀'로 선택한 후 [미리 보기] 영역에서 [위쪽 테두리]와 [아래쪽 테두리] 단추를 눌러준 후 [설정]을 누른다.

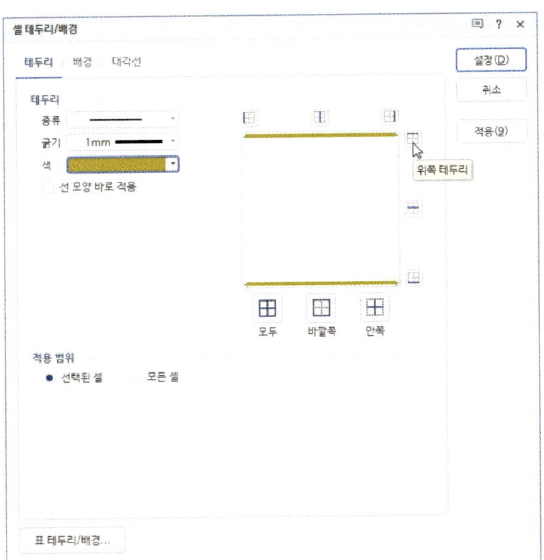

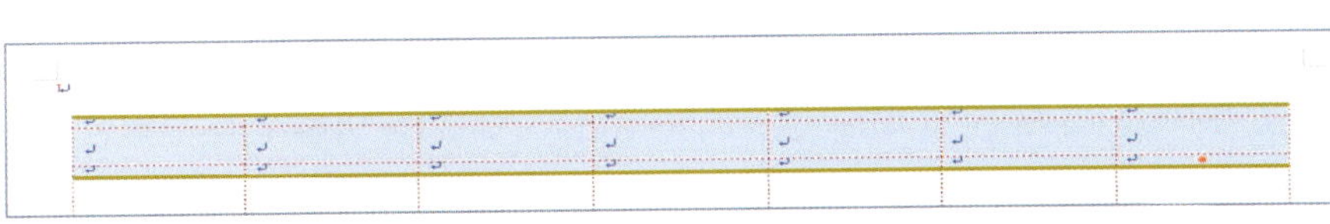

셀 테두리/배경]에서 '선 모양 바로 적용'

[선 모양 바로 적용]을 선택해 놓으면 테두리 모양을 선택하는 순간 미리 보기 영역의 테두리 단추가 눌려있는 방향의 테두리 모양이 바로 바뀐다. [선 모양 바로 적용]을 해제하면 테두리 모양을 선택한 후 적용할 방향의 테두리 단추를 눌러주어야만 해당 테두리 모양이 바뀐다.

④ 이번에는 가운데 셀들만 블록으로 지정한 후 마우스의 오른쪽 단추를 눌러 나오는 표 단축 메뉴에서 [셀 테두리/배경]-[각 셀마다 적용]을 선택한 후 [배경] 탭을 연다. 이때 셀들을 블록 지정한 후 단축키(Ⓒ)를 눌러도 [배경] 탭을 열 수 있다. 배경 [면 색]을 '노랑 50% 어둡게'로 지정한다.

⑤ 다시 [셀 테두리/배경] 대화상자의 [테두리] 탭을 열어서 테두리 [종류]는 '실선', 굵기는 '2mm', [색]은 '흰색'을 선택하고, '선 모양 바로 적용'은 해제하고, [적용 범위]는 '선택된 셀'로 선택한 후 [미리 보기] 영역에서 [안쪽 세로 테두리] 단추를 눌러준 후 [설정]을 누른다.

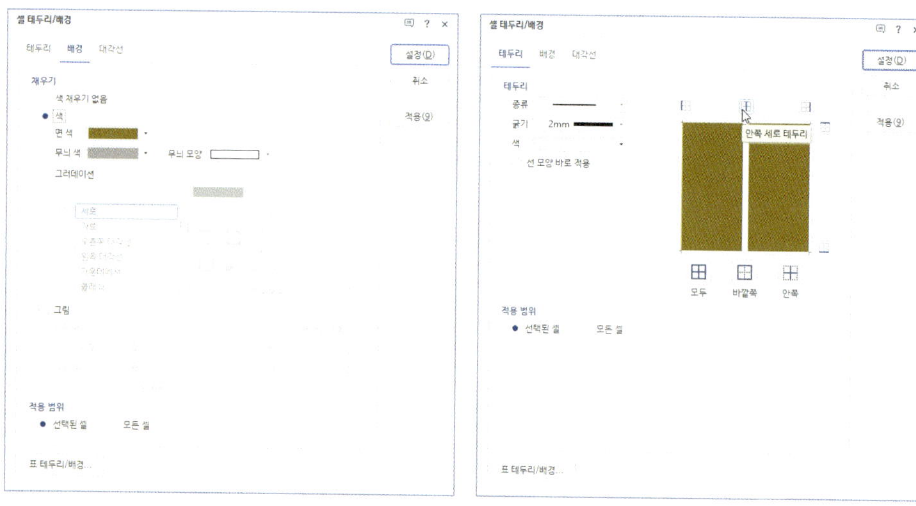

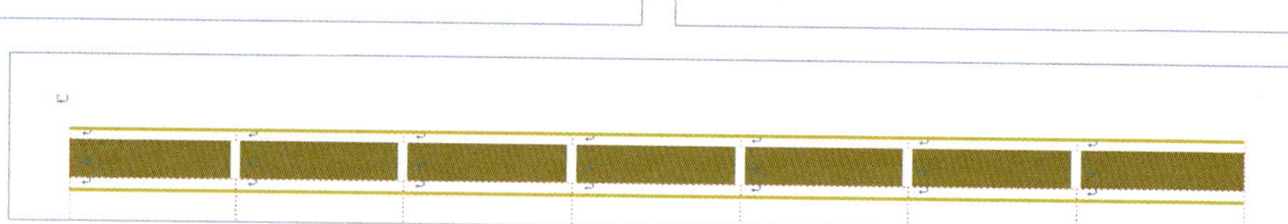

⑥ 나머지 날짜를 넣어줄 칸들을 블록 지정한다. 단축키 Ⓛ을 눌러 [셀 테두리/배경]의 [테두리] 탭을 열고 '실선', '0.5mm', '노랑 25% 어둡게'를 선택한 후 [미리 보기] 영역에서 '안쪽 세로 테두리'와 '안쪽 가로 테두리' 단추를 눌러 선을 넣어준다. 다시 '실선', '1mm', '노랑 25% 어둡게'를 선택한 후 [미리 보기] 영역에서 '아래쪽 테두리' 단추를 눌러 선을 넣어준다. [설정]을 누르고 나오면 아래 그림과 같이 각 셀에 테두리가 꾸며진 것을 볼 수 있다.

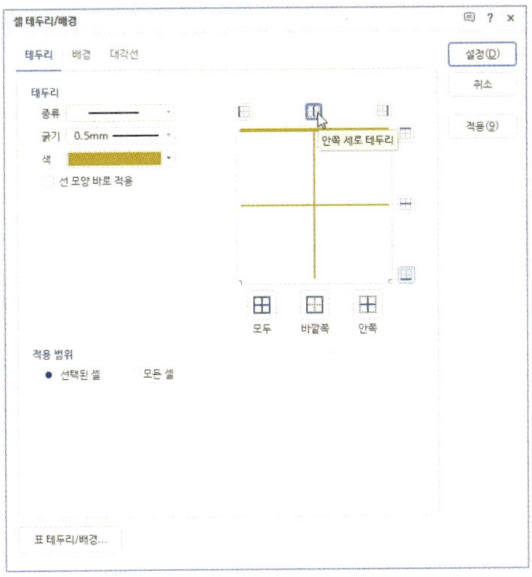

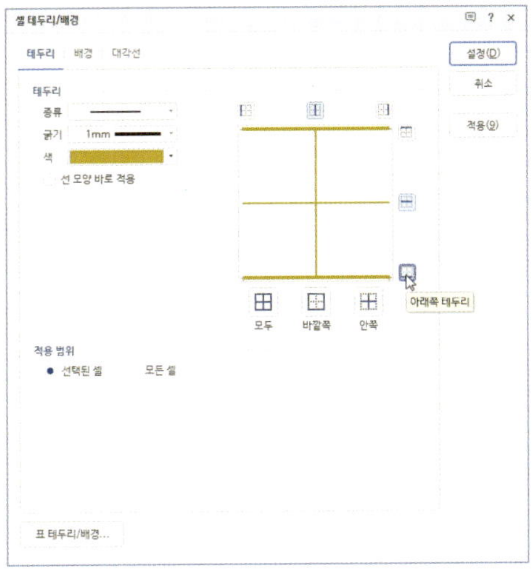

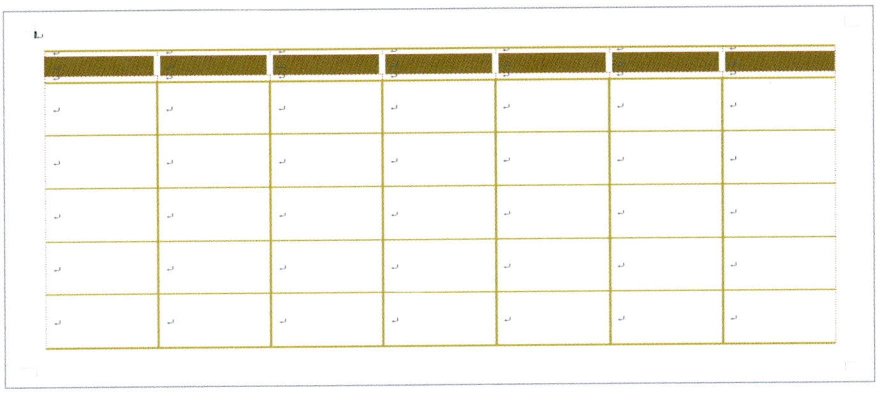

1.8. 자동 채우기

표에서는 요일이나 숫자 등과 같이 순서가 있는 데이터들은 일일이 손으로 입력할 필요 없다. [표 자동 채우기] 기능을 이용하면 빠르고 쉽게 표 안에 원하는 데이터들을 채울 수 있다.

① 요일을 넣고자 하는 칸의 첫 번째 칸에 'SUN', 두 번째 칸에 'MON'이라고 적는다.

② 요일이 들어갈 셀 모두를 블록 지정한 후 [표 레이아웃]-[채우기]-[표 자동 채우기]를 선택하면 나머지 칸들에 요일이 자동으로 입력된다. 셀들을 블록으로 지정한 상태에서 단축키 Ⓐ을 눌러도 자동 채우기가 가능하다.

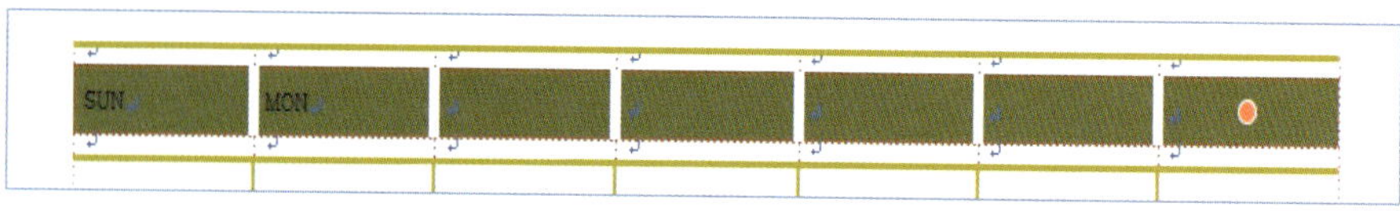

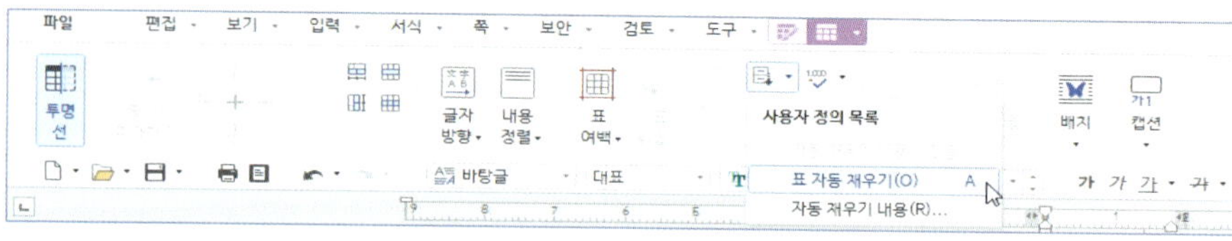

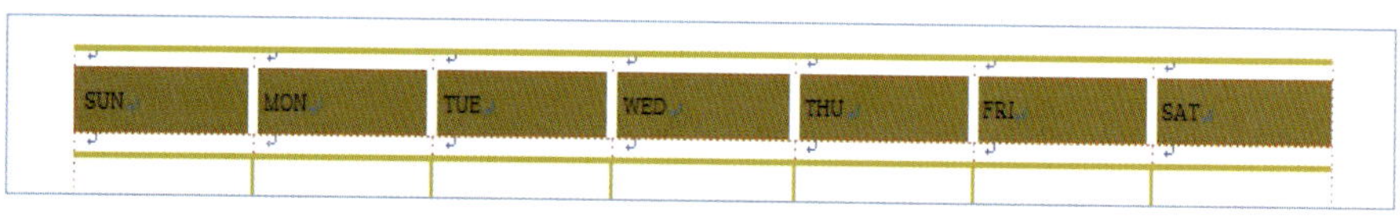

자동 채우기 목록

자동 채우기 목록은 메뉴 [표 레이아웃]-[채우기]-[자동 채우기 내용]에서 확인한다. 또한 [사용자 정의]를 이용하여 사용자가 자주 사용하는 목록도 추가할 수 있다.

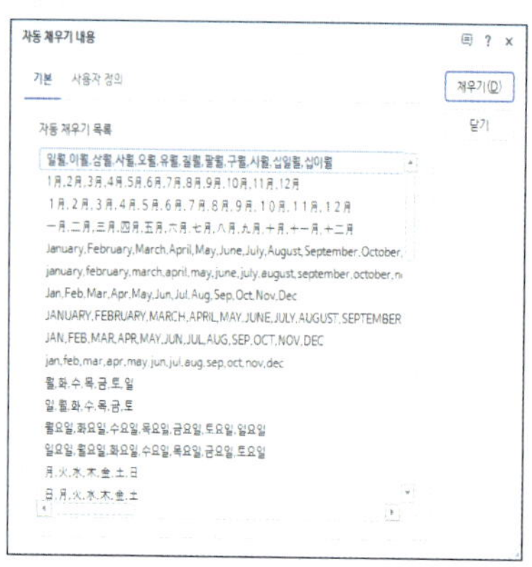

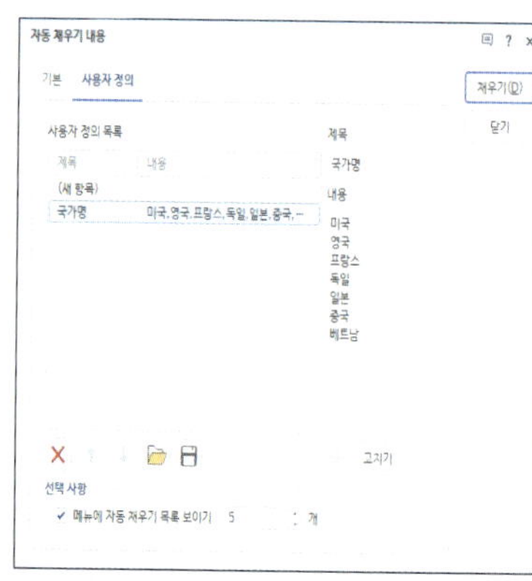

③ 채워진 요일의 글자 모양은 영문의 'Stencil', '16pt', '진하게', '흰색', '가운데 정렬'로 지정한다.

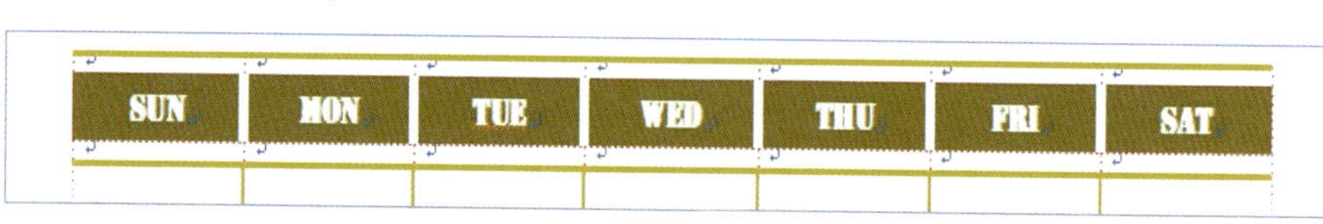

④ 나머지 셀들도 자동 채우기 기능을 이용하여 날짜를 입력해 보자. 2020년 1월 1일은 수요일이므로 첫 번째 수요일에 해당하는 칸에 '1', 목요일에 해당하는 칸에 '2'라고 적고, 날짜로 채울 칸들을 블록 지정한 후 메뉴 [채우기]-[표 자동 채우기](또는 단축키 Ⓐ)를 선택한다. 그런데 자동 채우기가 실행되지 못하고 아래와 같은 오류 메시지가 나타난다.

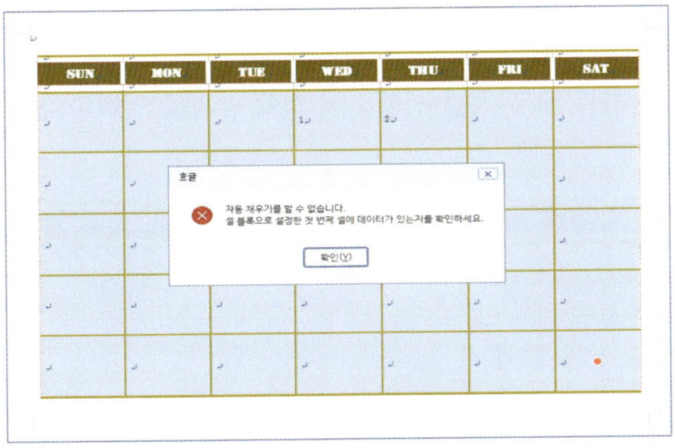

⑤ 여기서 알 수 있듯이 모든 경우에 대하여 자동 채우기가 가능한 것은 아니다. 표에서 자동 채우기를 할 수 없는 경우는 아래와 같이 세 가지가 있다.

표에서 자동 채우기를 할 수 없는 경우

① 셀 블록에서 첫 번째 셀이 비어 있는 경우, ② 셀 번호(셀 크기)가 모두 일치하지 않는 셀들을 블록으로 설정한 경우, ③ 비연속적인 셀 블록을 설정한 경우 자동 채우기를 할 수 없다.

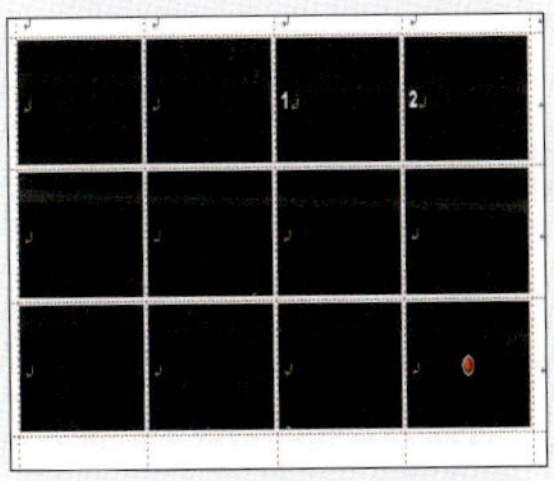

① 셀 블록에서 첫 번째 셀이 비어 있는 경우

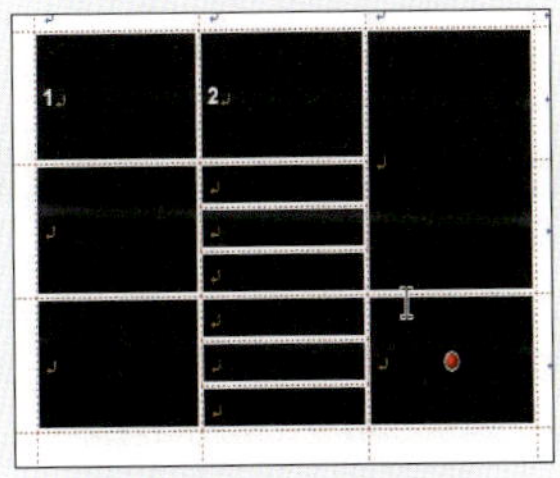

② 셀 크기가 일치하지 않는 셀 블록을 설정한 경우

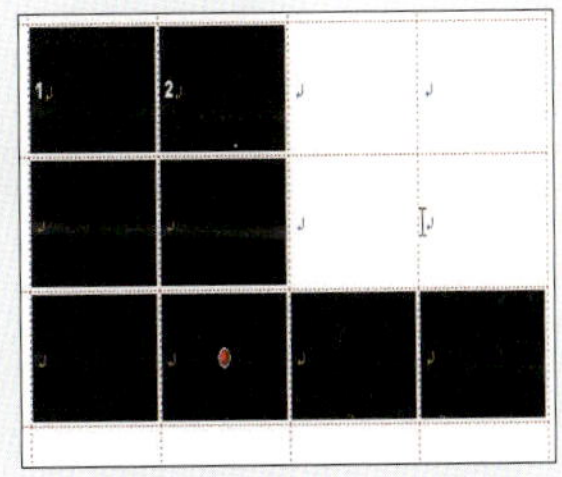

③ 비연속적인 셀 블록을 설정한 경우

⑥ 이번 경우에는 첫 번째 줄들을 우선 블록으로 지정한 후 자동 채우기를 한다.

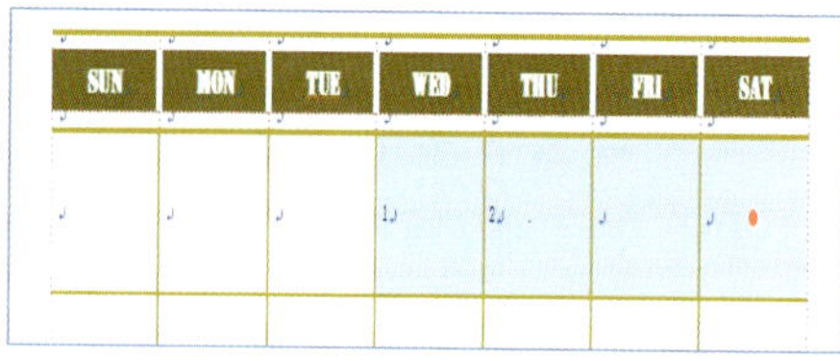

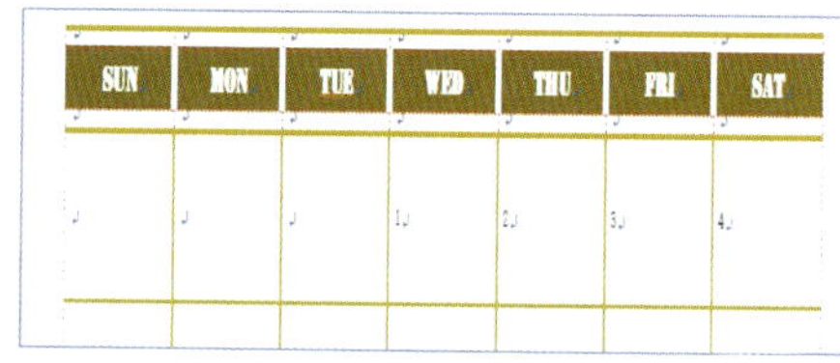

⑦ 그런 다음 다시 아래 줄 일요일에 '5', 월요일에 '6'을 적은 후 나머지 칸들을 블록 지정하고 [자동 채우기]를 선택하여 전체 날짜를 입력한다.

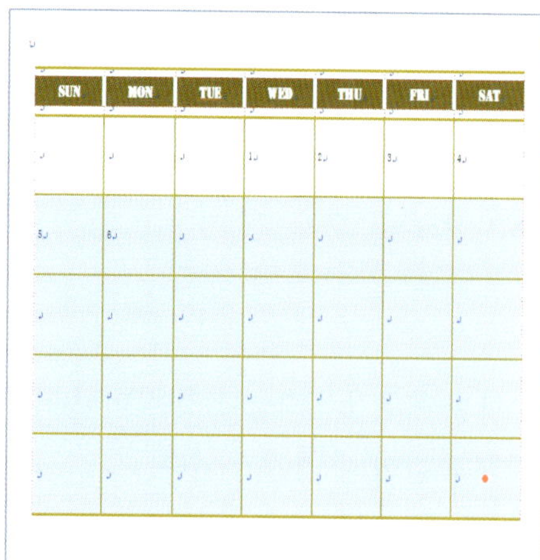

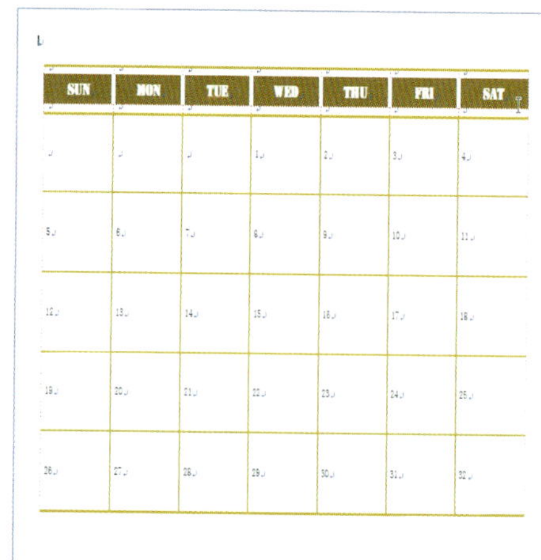

⑧ '32'에 해당하는 날짜는 지워주고, 날짜들의 글꼴은 'Stencil', '24pt', '노랑 75% 어둡게'로 지정한다. 일요일에 해당하는 날짜들의 색상을 '주황'으로 바꾼다.

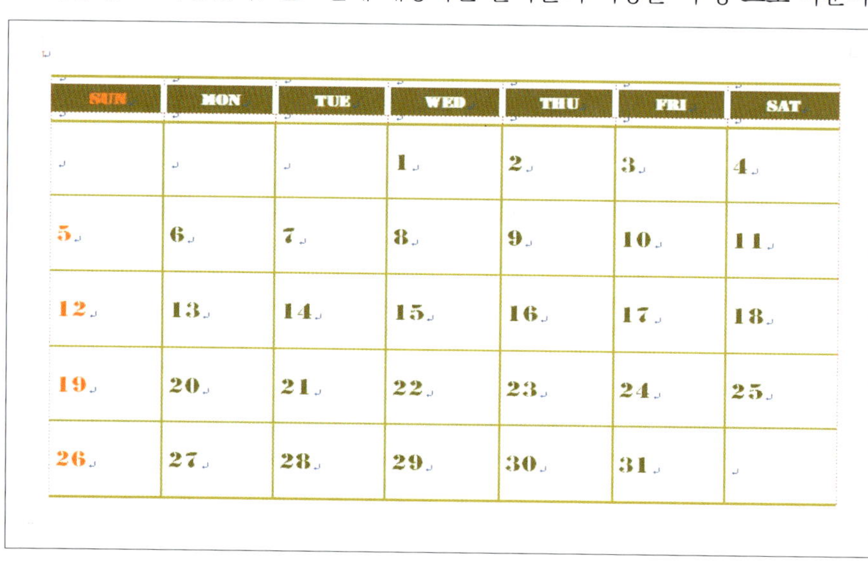

1.9. 셀 속성

탁상용 달력의 주된 용도는 날짜별로 메모를 적는 것이므로 삽입된 날짜들을 각 셀의 오른쪽 위에 위치시켜보자. 셀 안의 글자들을 가로 방향으로 움직이는 것은 서식 도구 상자의 정렬을 이용하면 되지만 세로 방향으로 움직이고자 할 때는 셀 속성을 이용한다.

① 날짜가 삽입된 셀들을 블록으로 지정한 후 서식 도구 상자에서 '오른쪽 정렬'을 선택한다.

② [표 디자인]-[표/셀 속성] 혹은 단축키 P을 눌러 [표/셀 속성] 대화상자를 연다. [셀] 탭을 열어 [세로 정렬]에서 '위'(▤)를 선택한 후 [설정]을 누른다. 각 셀 안의 글자들이 오른쪽 상단에 배치된다.

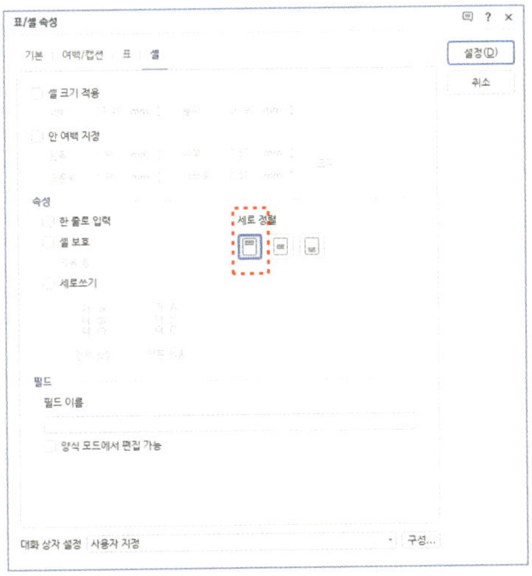

③ 그런데 셀 안 글자들이 셀 위쪽과 오른쪽 테두리에 너무 바짝 붙는다. 이런 경우 [셀] 속성의 [안 여백]을 이용하여 원하는 위치에 글자를 가져다 놓을 수 있다. 다시 날짜들을 모두 블록으로 지정한 다음 [표/셀 속성] 대화상자를 연다. [안 여백 지정]을 선택하고 왼쪽 '0mm', 위쪽 '3mm', 오른쪽 '3mm', 아래쪽 '0mm'로 지정한 후 [설정]을 누른다. 셀의 위쪽과 오른쪽에 적당히 셀 안 여백이 설정된다.

SUN	MON	TUE	WED	THU	FRI	SAT
			1	2	3	4
5	6	7	8	9	10	11
12	13	14	15	16	17	18
19	20	21	22	23	24	25
26	27	28	29	30	31	

1.10. 줄/칸 추가하기

표 작업을 하다 보면 이미 만들어진 표에 줄 또는 칸을 추가하거나 삭제해야 하는 경우가 있다. 이번 예제에서는 맨 앞에 칸을 하나 더 추가하여 년/월 그리고 다음 달 달력 등을 삽입해 본다.

① 표 전체를 블록으로 지정한 다음 [Ctrl]키와 [←]키를 이용하여 전체적인 표의 너비를 적당히 줄여준다.

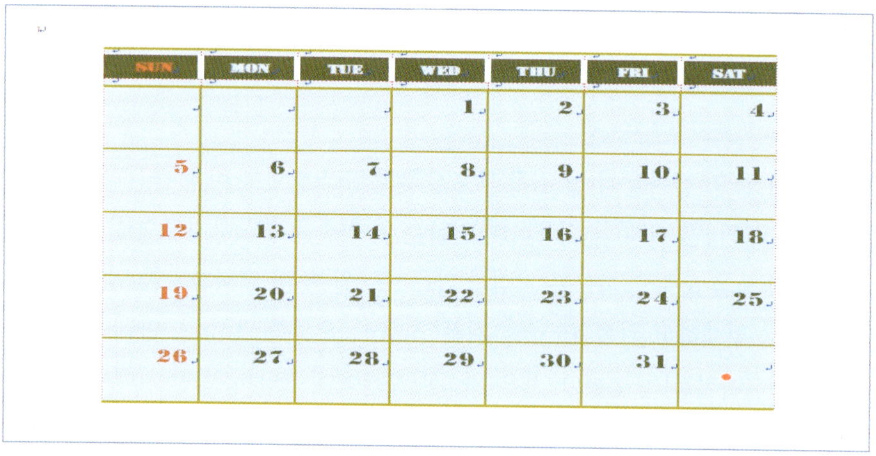

SUN	MON	TUE	WED	THU	FRI	SAT
			1	2	3	4
5	6	7	8	9	10	11
12	13	14	15	16	17	18
19	20	21	22	23	24	25
26	27	28	29	30	31	

② 'SUN'이 있는 칸에 커서를 두고 [표 레이아웃] 도구상자에서 [왼쪽에 칸 추가하기] 단추를 누른다. 커서가 있던 왼쪽에 새로운 칸이 추가된다. [줄/칸 추가하기]/[줄/칸 삭제하기]를 이용하면 언제든지 원하는 곳에 줄이나 칸을 추가하거나 삭제할 수 있다.

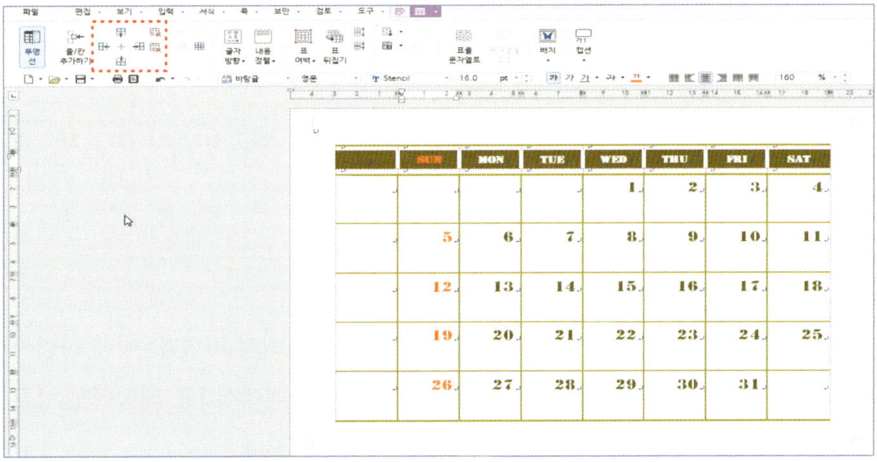

1.11. 셀 너비를 같게 / 셀 높이를 같게

이미 만들어진 표 일부분을 수정하다 보면 전체 표의 크기가 흐트러지는 경우가 있다. 그런 경우에는 [셀 높이를 같게] 또는 [셀 너비를 같게] 기능을 이용하면 쉽게 표 모양을 바로잡을 수 있다. 이번 예제에서는 새롭게 삽입된 앞 한 칸의 너비를 좀 더 벌려서 다음 달 달력을 넣을 수 있는 공간을 충분히 확보하려고 한다.

① 표의 맨 앞칸에 해당하는 셀들을 모두 블록으로 지정한 후 오른쪽 셀 구분 선을 마우스로 클릭하여 최대한 오른쪽으로 벌려준다.

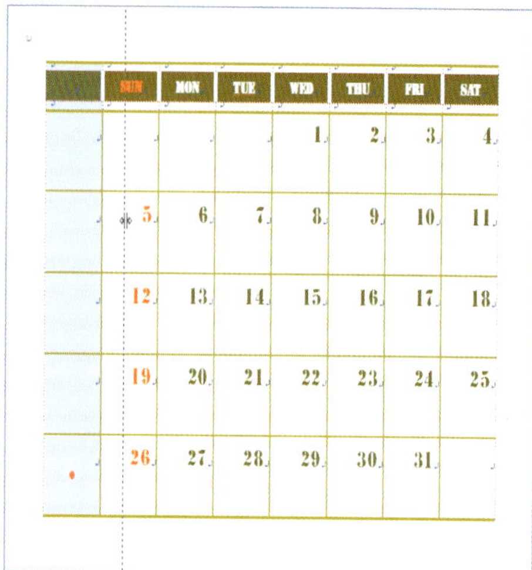

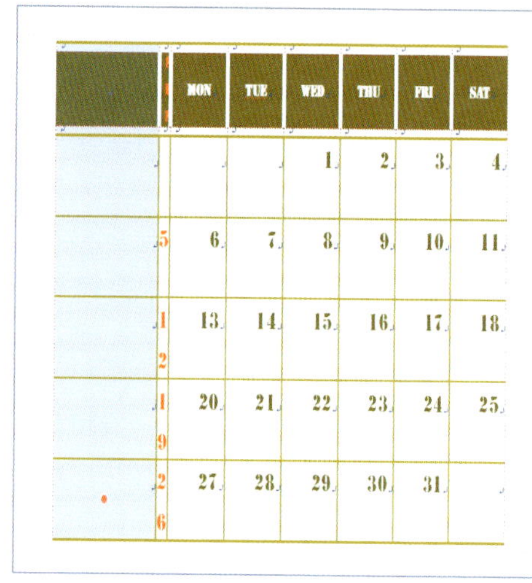

② 두 번째 칸의 너비가 좁아져서 표 전체 모양이 흐트러져 버렸다. 이때 나머지 날짜들이 들어있는 셀들을 모두 블록으로 지정한 상태에서 [표 레이아웃]-[셀 너비를 같게]를 클릭하면 나머지 칸들의 너비가 같아진다.

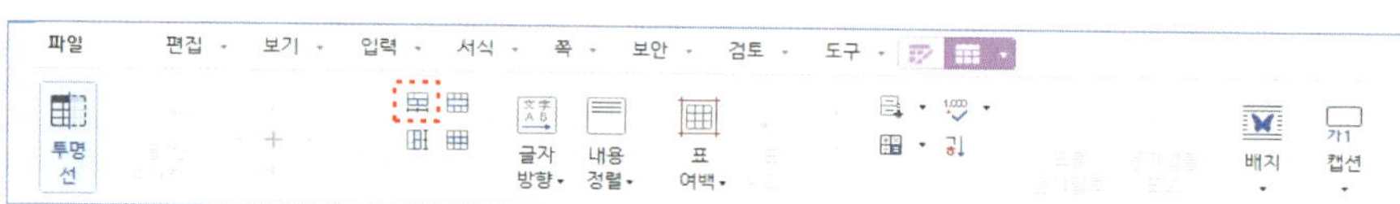

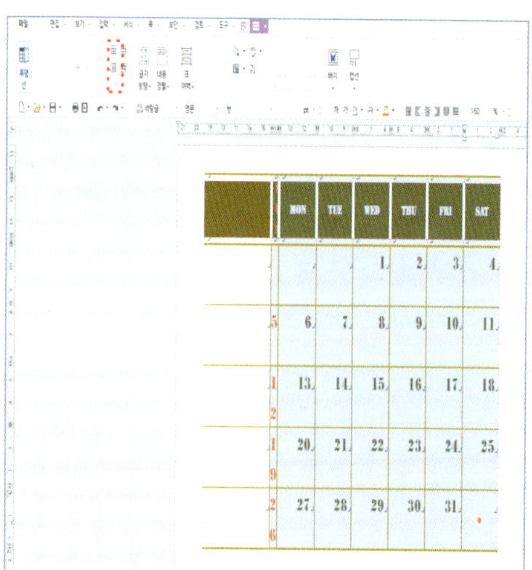

1.12. 셀 나누기 / 셀 합치기

이미 만들어진 표의 셀들을 [셀 나누기] / [셀 합치기]를 이용하여 줄과 칸을 다시 조정할 수도 있다.

① 맨 앞칸들을 블록으로 선택한 후 [표 레이아웃] 도구에서 [셀 나누기] 아이콘(▦)을 선택한다.

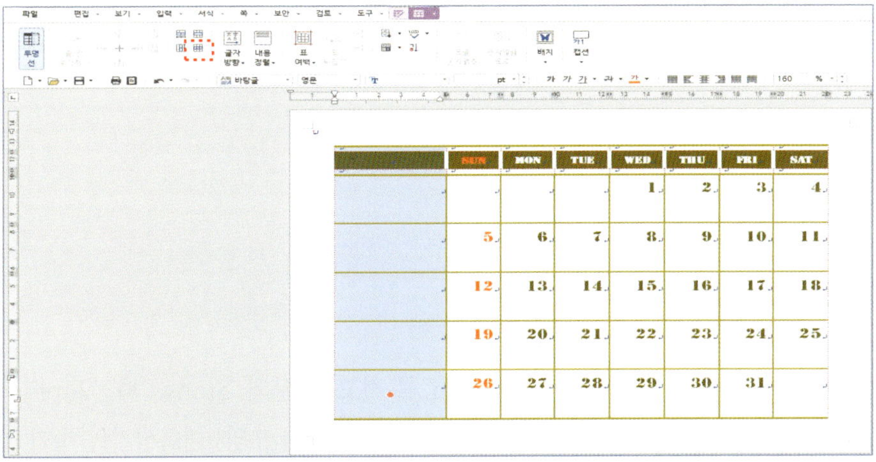

② [셀 나누기] 대화상자가 열리면 [줄 개수]는 '4'로 하고, '줄 높이를 같게 나누기'와 '셀을 합친 후 나누기'를 선택하고 [나누기]를 누른다. [셀 나누기] 기능을 이용하면 셀들의 줄 수를 원하는 대로 재조정할 수 있다.

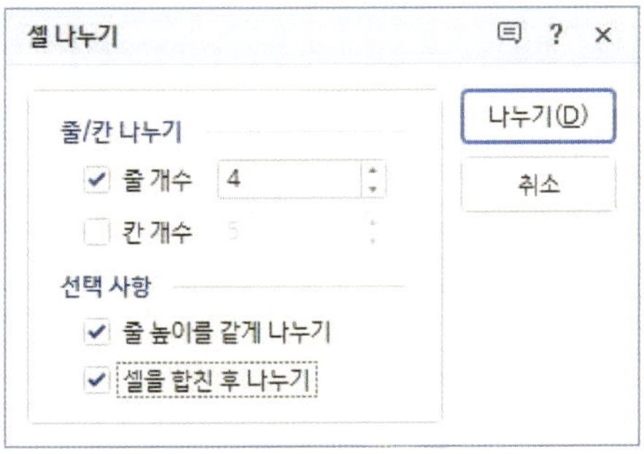

③ 맨 앞칸들의 배경 면 색을 '노랑 25% 어둡게'로 처리하고, 셀 구분 선을 이동하여 예제와 같이 맨 앞칸들의 크기를 조정한다.

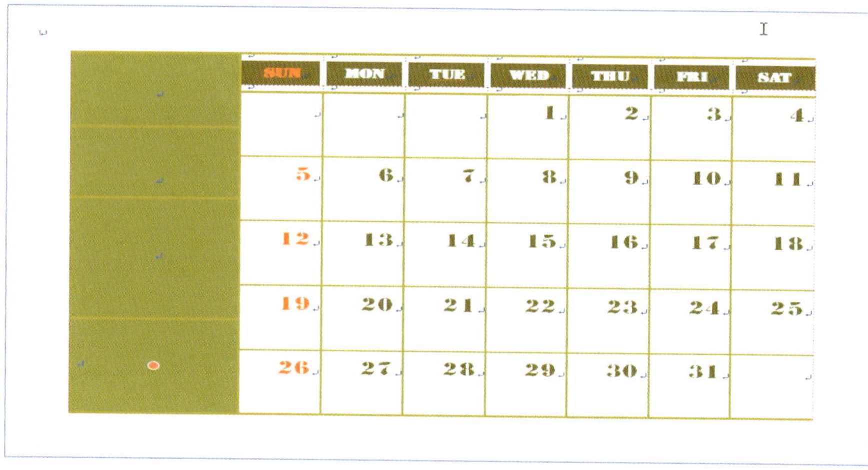

1.13. 년 도와 월 입력하기

① 맨 앞칸 첫 줄에 '2020'과 'JANUARY'를 적고, 영문의 'Stensil'체, '24pt', '흰색', '가운데 정렬'한다. '2020'에 커서를 두고 [문단 모양] 대화상자(단축키 Alt + T)를 열어 [줄 간격]을 '최소'로 지정한다.

② 맨 앞칸 두 번째 줄에는 '01'을 적고, 영문의 'Stensil'체, '72pt', 장평 '150%', '흰색', '가운데 정렬'한다.

③ 맨 앞칸 첫 번째 줄을 블록으로 지정한 후 [표/셀 속성]-[셀] 탭에서 [세로 정렬]을 '아래'()로 지정하여 두 글자 사이를 좀 더 가깝게 해 준다.

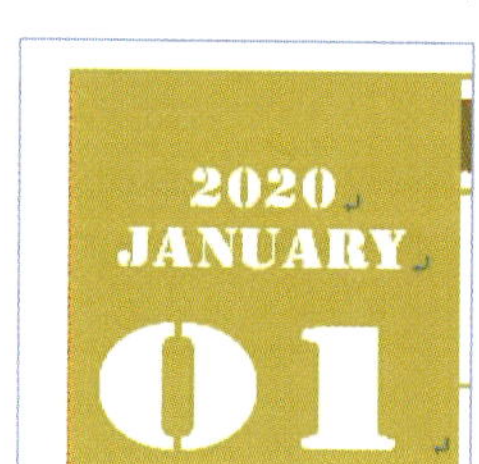

1.14. 셀 안에 표 넣기

특정 셀 안에 또 다른 표를 삽입해야 하는 경우가 있다. 본 예제에서는 맨 앞칸 네 번째 줄에 다음 달 달력을 삽입하려고 한다. 작은 칸 하나에 다시 6줄×7칸짜리 표를 삽입하는 작업은 절대 쉽지 않다. 이런 경우 삽입하고자 하는 셀의 크기를 확인한 후 표 밖에서 해당 크기의 표를 완성하여 [오려두기(Ctrl+X)/붙이기(Ctrl+V)]를 하면 수월하게 작업할 수 있다.

① 맨 앞칸 네 번째 줄에 커서를 두고 F5키를 눌러 블록으로 지정한다.

② [표/셀 속성] 대화상자(단축키 P)를 열어 [셀] 탭에서 [셀 크기 적용]을 선택하여 해당 셀의 크기를 확인한다. 본 예제에서는 셀 한 칸의 크기가 '50×37mm' 임을 알 수 있다. (표 작업 과정에서 임의로 셀 크기를 조정했기 때문에 셀 크기는 매번 다를 수 있으므로 반드시 셀 크기를 확인해야 한다.)

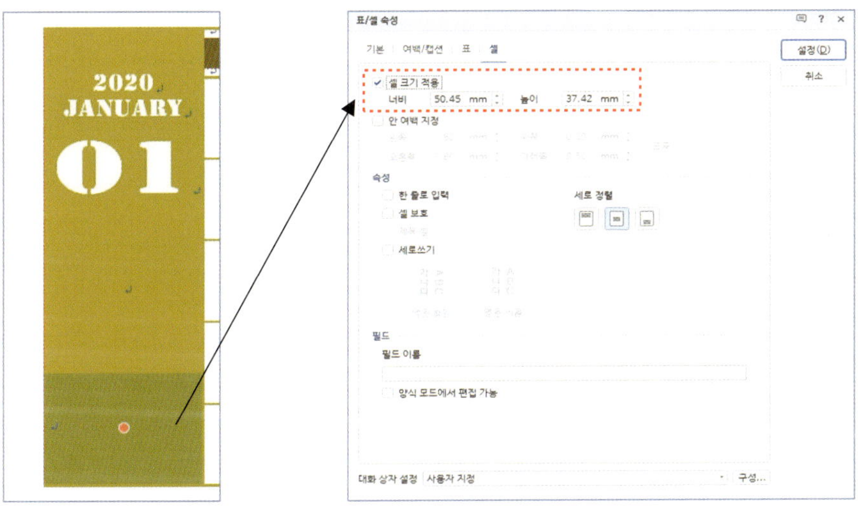

③ 작은 표를 작업할 공간을 확보하기 위해서 커서를 완전히 표 밖으로 빼낸 후 Ctrl + Enter↵ 키를 눌러 다음 페이지를 만든다.

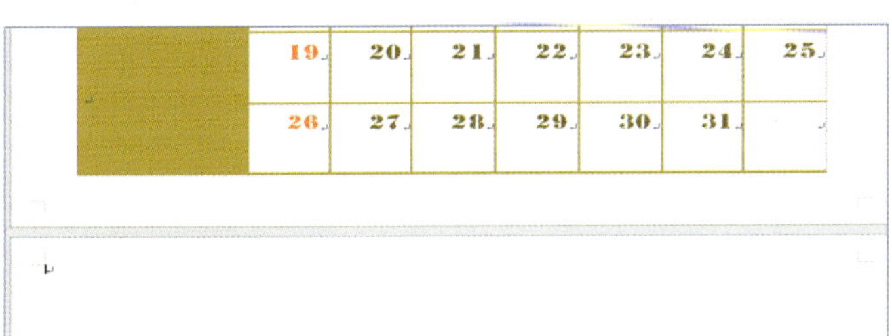

④ 다음 페이지에 커서를 두고, 메뉴 [표]-[표 만들기]를 이용하여 '6×7'표를 만들되 크기는 임의의 값으로 해서 '50×37mm'로 지정한다. 이때 [마우스 끌기로 만들기]를 반드시 해제해야 [크기 지정]에서 입력한 크기대로 표를 만들 수 있다. 새롭게 만들어진 표가 작아서 작업하기 불편하다면 [화면 보기]를 좀 더 크게 확대해준다.

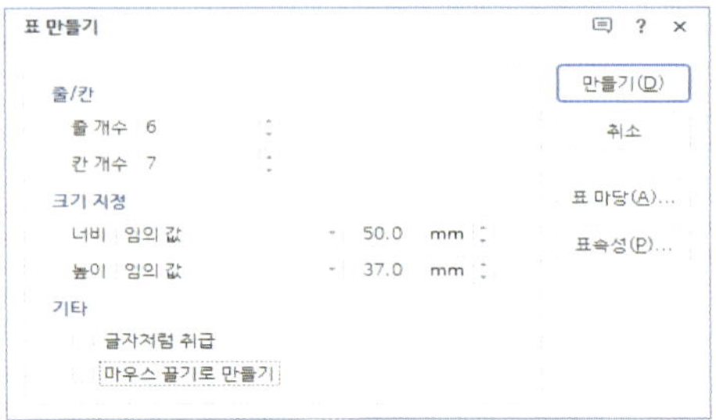

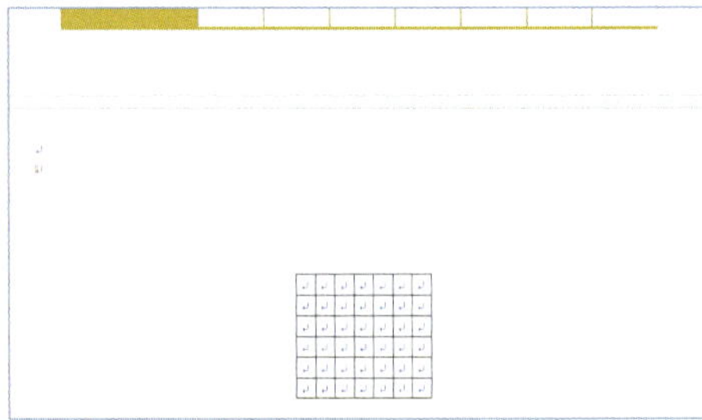

⑤ 새롭게 만들어진 표에서 첫 번째 줄을 블록으로 지정한 후 [표 레이아웃] 도구에서 [셀 합치기]( )를 선택한다. 단축키는 M을 눌러도 된다.

⑥ 표 안의 글자를 편집하는 과정에서 표 크기가 임의로 바뀔 수 있다. 따라서 표 크기가 바뀌지 않도록 표 크기를 고정해야 한다. 표 테두리를 마우스로 선택하고 [표/셀 속성](단축키 P) 대화상자를 열어 [기본] 탭에서 [크기 고정]을 선택한다.

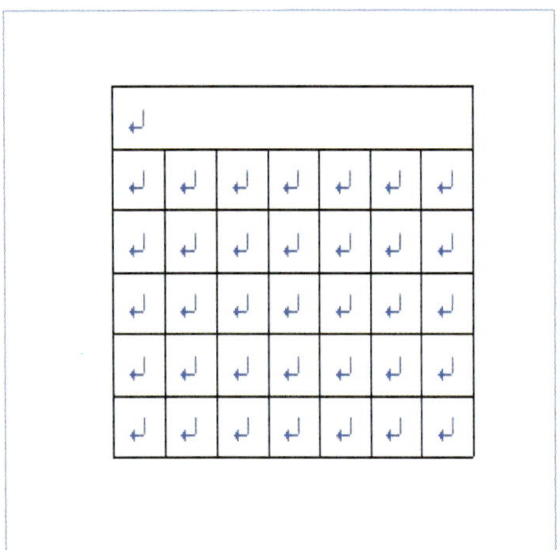

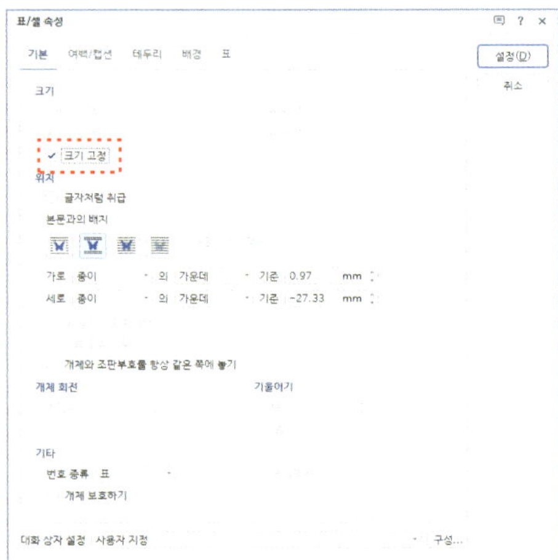

표 크기 고정

표의 크기가 고정된 표는 크기를 조절할 수 없다. [표/셀 속성] 대화상자에서 표의 크기를 고정하면 [셀 합치기], [셀 나누기], [셀 높이 같게], [셀 너비 같게], [줄/칸 추가하기], [줄/칸 지우기] 등의 기능들을 사용할 수 없게 된다. 따라서 셀을 합치거나 나눈 후 표 크기를 고정하는 것이 좋다.

⑦ 작은 표를 아래와 같이 꾸며 본다. 일단 첫 줄에는 '2'라고 적는다. 날짜 칸은 2020년 2월 1일은 토요일이므로 토요일부터 시작해서 '1'부터 '29'까지 채워 준다. 이때 [자동 채우기] 기능을 이용하면 빠르게 날짜들을 채울 수 있다.

⑧ 글자는 모두 'Stencil', '노랑 50% 어둡게', '가운데 정렬'로 하되, '2'월은 '10pt'로 하고, 나머지 날짜들은 '8pt'로 지정한다.

⑨ 이때 만약 날짜들이 이상하게 각 칸의 오른쪽으로 치우쳐 있다면 전체를 블록으로 지정한 후 [표/셀 속성]-[셀] 탭에서 [안 여백]을 모두 '0mm'로 지정한다. 셀 테두리는 '실선', '0.5mm', '회색'으로 처리한다. 일요일에 해당하는 날짜들은 '주황색'으로 바꾼다.

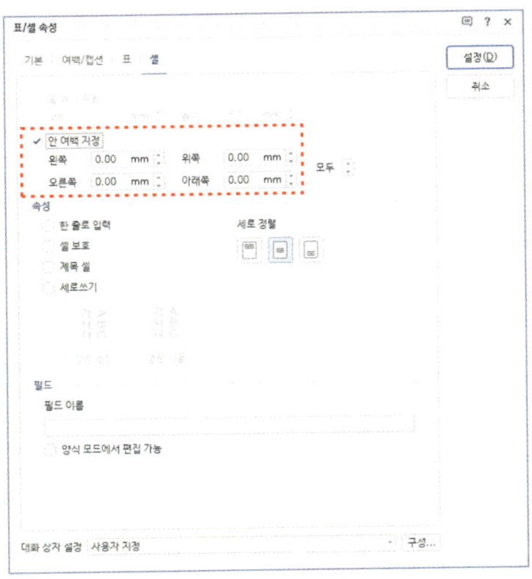

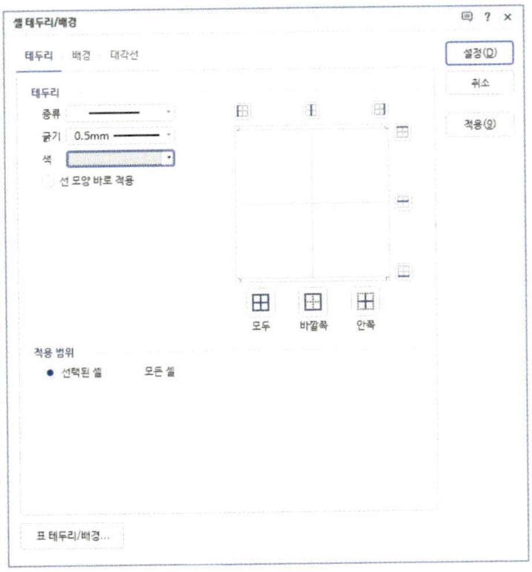

2						
						1
2	3	4	5	6	7	8
9	10	11	12	13	14	15
16	17	18	19	20	21	22
23	24	25	26	27	28	29

⑩ 꾸며진 작은 달력을 큰 달력의 원하는 셀에 쉽게 삽입하기 위해서, 작은 표를 선택하고 [표/셀 속성]의 [기본] 탭에서 '글자처럼 취급'을 선택한다. 작은 표의 속성이 글자 속성으로 바뀌면서 표의 위치가 커서가 있는 곳으로 옮겨진다.

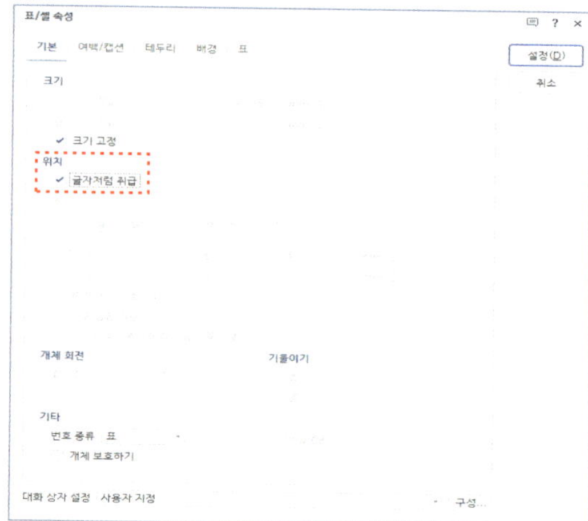

⑪ 작은 표를 오려내기(Ctrl+X) 하여 큰 표에서 원하는 셀에 커서를 두고 붙여넣기(Ctrl+V) 한다. 이때 [셀 붙이기] 대화상자가 열리면 '셀 안에 표로 넣기'를 선택하고 [붙이기]를 누른다.

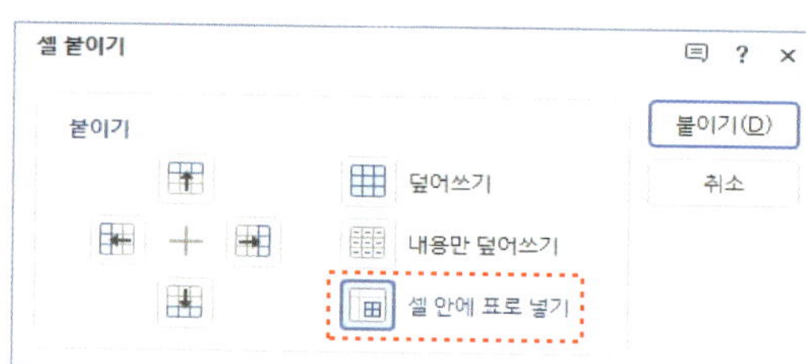

⑫ 아래와 같이 셀 안에 표가 삽입되는데 오른쪽으로 살짝 밀려서 삽입된다. 이유는 셀 안 여백 때문이다. 서식 도구 상자의 되돌리기 아이콘( )을 두 번 누르거나 단축키 Ctrl+Z키를 두 번 눌러 작은 표를 오리기 전 상태로 작업을 되돌린다.

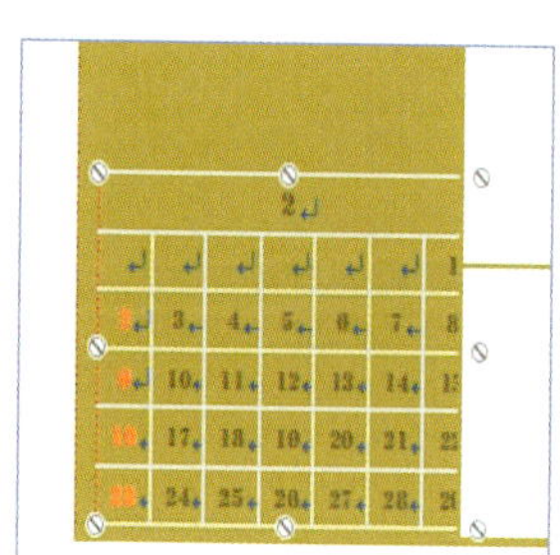

⑬ 큰 표의 맨 앞칸 네 번째 셀을 블록으로 지정한 후 [표/셀 속성]-[셀] 탭에서 [안 여백 지정]을 모두 '0mm'로 지정한 후 다시 작은 표를 붙여넣기(Ctrl+V) 한다.

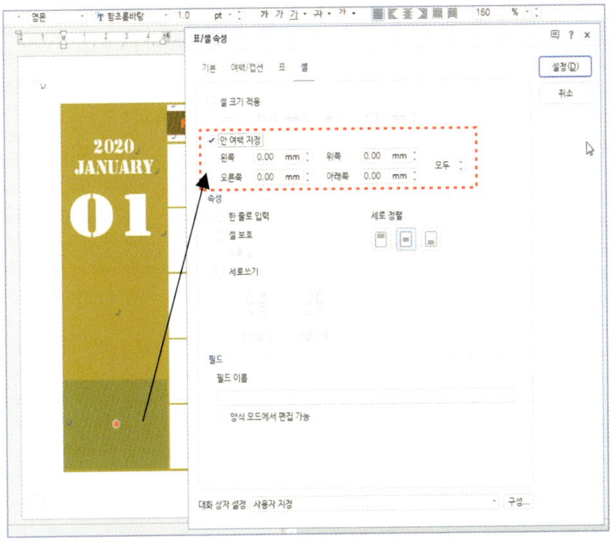

⑭ 2월 달력을 넣은 셀의 왼쪽과 위쪽 여백이 많이 없어졌지만 그래도 자세히 보면 2월 달력이 해당 셀에 정확하게 일치하지 않고 살짝 공간이 떠 있다. 이번에는 2월 달력의 표 테두리를 마우스로 선택한 후 단축키 P키를 눌러 [표/셀 속성]-[여백/캡션] 탭을 열고 표의 [바깥 여백]을 모두 '0mm'로 지정해 준다. 작은 표가 큰 표의 셀 안에 정확하게 삽입된다.

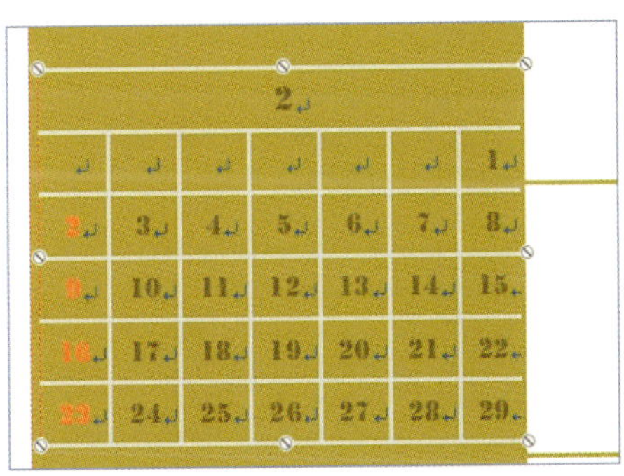

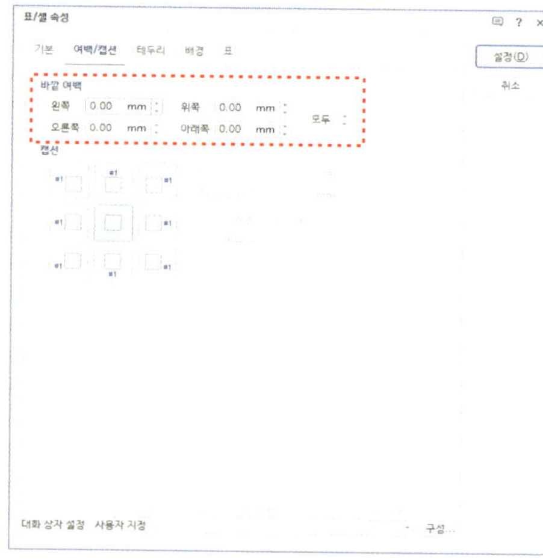

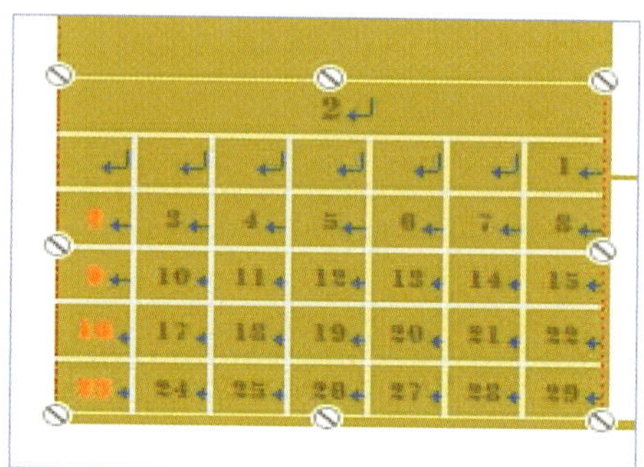

표와 바깥 여백과의 관계

바깥 여백은 표와 본문 글자 사이의 간격을 정하는 기능이다. 따라서 바깥 여백은 [글자처럼 취급] 한 표나 본문과의 배치를 [어울림] 또는 [자리 차지]로 지정한 표에 대해서만 유효하다. [글 앞으로/글 뒤로] 배치한 표의 바깥 여백은 의미가 없다.

1.15. 셀에 배경 채우기(각 셀마다 적용)

표 안에 그림을 삽입할 때 각 셀마다 그림을 채워 넣는 경우와 여러 셀을 마치 하나의 셀처럼 하나의 그림으로 채우는 경우가 있다. 아래의 예제를 따라 하며 각각의 차이를 이해해 본다.

① 맨 앞칸 세 번째 줄을 블록으로 지정한 후 마우스의 오른쪽 단추를 눌러 표 단축 메뉴 중 [셀 테두리/배경]-[각 셀마다 적용]을 선택한다. [셀 테두리/배경] 대화 상자가 열리면 [배경] 탭을 열고 [그림]을 선택한 후 [그림선택]( )을 눌러 제공된 'images.jpg' 파일을 불러온다. [채우기 유형]은 '크기에 맞추어'로 지정한 후 [설정]을 누른다.

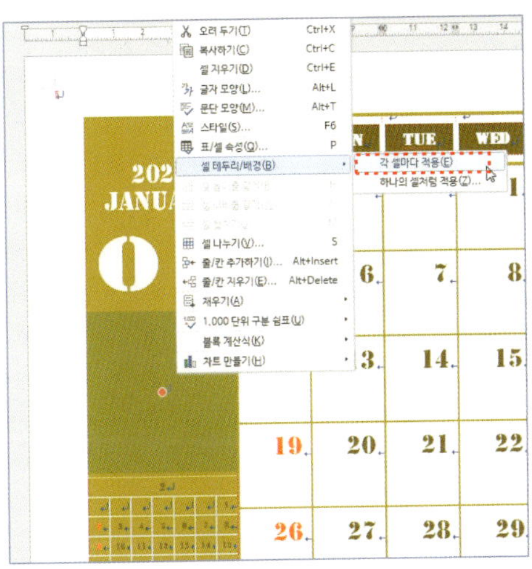

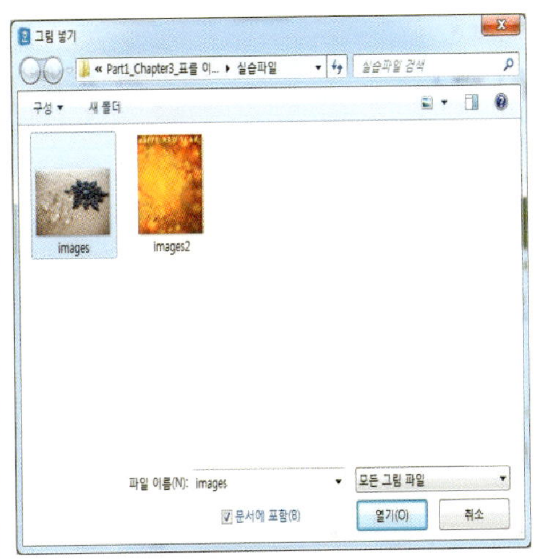

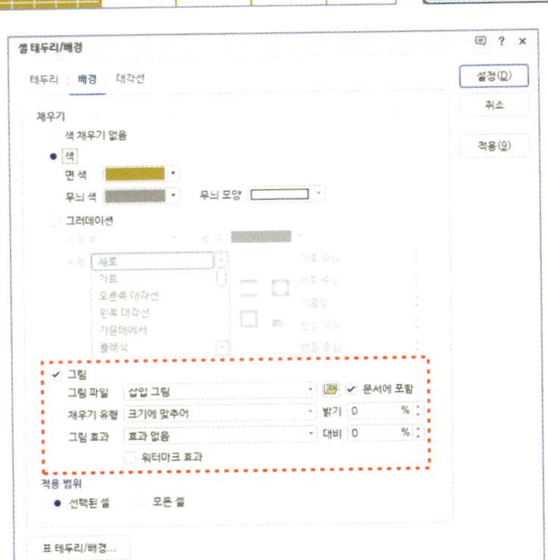

1.16. 셀에 그림 채우기(하나의 셀처럼 적용)

그런데 만약 이미지 파일을 첫 번째 칸의 여러 줄의 배경으로 넣고 싶다면 어떻게 해야 할까? 첫 번째 칸의 앞 두 줄에는 년, 월 등 글자들이 입력되어 있어서 모든 셀을 하나의 셀로 합칠 수 없으므로 여러 셀에 걸쳐 하나의 그림을 배경으로 넣어야 한다. 이런 경우에는 '하나의 셀처럼' 기능을 이용하면 된다.

① 첫 번째 칸의 세 줄을 블록으로 지정한 후 마우스 오른쪽 단추를 눌러 나오는 표 단축 메뉴 중 [셀 테두리/배경]-[각 셀마다 적용]을 선택한다. [배경] 탭을 열고 '색 채우기 없음'을 선택하고, '그림' 항목도 해제한 후 [설정]을 누른다.

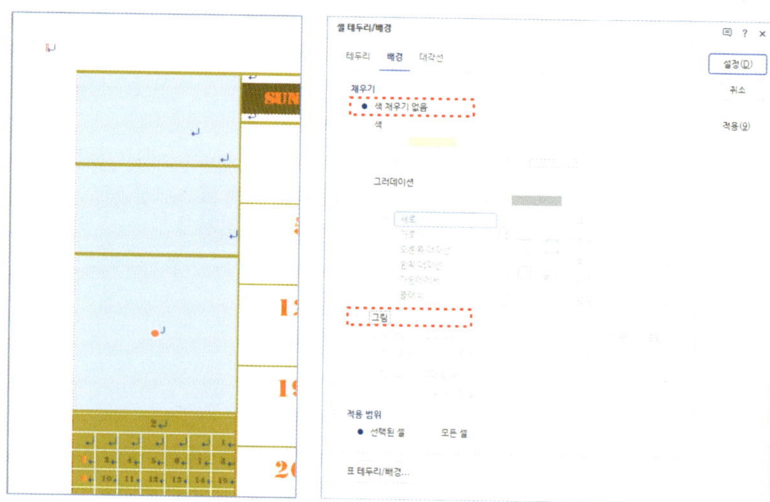

[하나의 셀처럼] 처리 시 주의할 사항

셀 배경을 채워 넣을 때 [셀 테두리/배경]의 [각 셀마다 적용]과 [하나의 셀처럼 적용] 모두에 지정하게 되면 [각 셀마다 적용]이 [하나의 셀처럼 적용]보다 우선순위가 높아서 [각 셀마다 적용]에서 지정한 테두리/배경이 적용된다. 따라서 [각 셀마다 적용]에서 선택한 속성들을 모두 해제해야 [하나의 셀처럼 적용]에서 선택한 속성이 나타난다.

예) [각 셀마다 적용]에서는 [배경] 탭에서 흰색을 채워 넣고, [하나의 셀처럼 적용]에서는 [배경] 탭에서 그림을 채워 넣는 경우 블록으로 지정된 셀들에는 흰색의 배경이 나타난다.

② 다시 첫 번째 칸 세 줄을 블록으로 지정한 후 마우스 오른쪽 단추를 눌러 나오는 표 단축 메뉴 중 [셀 테두리/배경]-[하나의 셀처럼 적용]을 선택한다. [배경] 탭을 열고 [그림]을 선택한 후 [그림선택]( )을 눌러 'images2.jpg' 파일을 선택한다. 여러 개의 셀이 마치 하나의 셀인 것처럼 하나의 그림으로 채워진다.

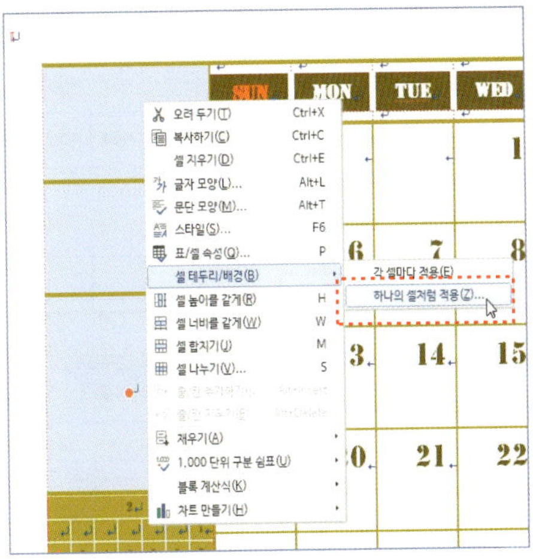

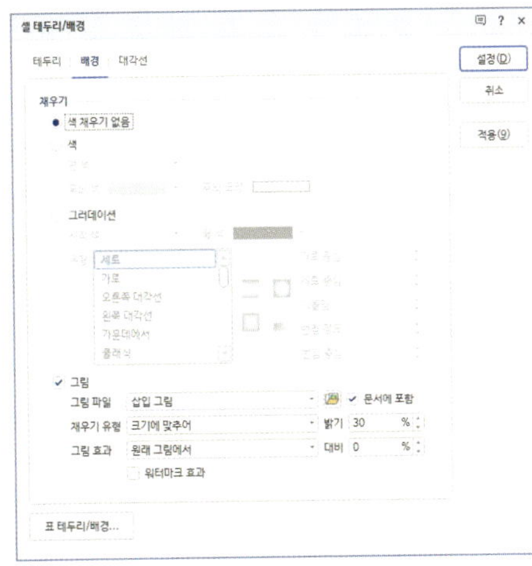

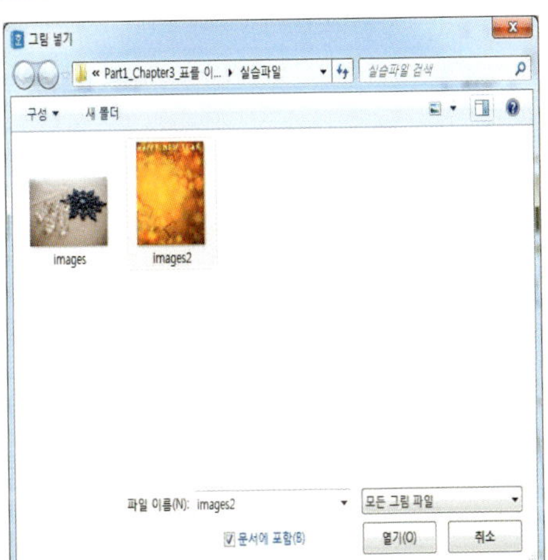

[각 셀마다 적용] / [하나의 셀처럼 적용]

- [각 셀마다 적용] : 테두리와 배경이 각 셀 단위로 적용된다. 셀 블록을 설정하고 셀 배경을 지정하더라도 모든 셀에 걸치는 배경이 적용되는 것이 아니라, 각 셀마다 지정한 배경이 적용된다.

- [하나의 셀처럼 적용] : 셀 블록을 정형으로 설정한 다음 [셀 테두리/배경-하나의 셀처럼 적용]을 선택하면 셀 블록을 설정한 여러 셀을 하나의 셀처럼 처리한다.

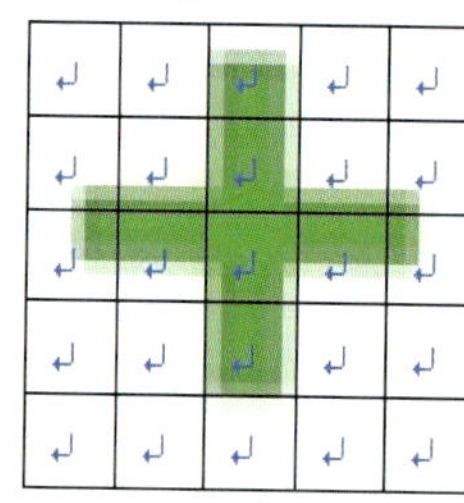

- 주의할 사항

  [각 셀마다 적용]과 [하나의 셀처럼 적용] 모두에 지정하게 되면 [각 셀마다 적용]이 [하나의 셀처럼 적용]보다 우선순위가 높아서 [각 셀마다 적용]에서 지정한 테두리/배경이 적용된다.

③ 맨 앞칸 세 줄을 블록으로 지정한 후 [셀 테두리/배경]-[테두리] 탭(단축키 L)을 열고 테두리 종류를 '선 없음'으로 선택한 후 [미리 보기] 영역의 '안쪽 가로 테두리'를 선택한 후 [설정]을 누른다.

1.17. 미리 보기

[서식 도구 상자]의 미리 보기(▤)를 눌러 전체 모양을 확인한다. 만약 표의 크기가 페이지 크기와 비교해 너무 크거나 작다면, 전체 표를 블록으로 지정한 후 Ctrl키와 ←, →키를 눌러 표의 크기를 전체 쪽 범위 내에서 적당히 조절한다.

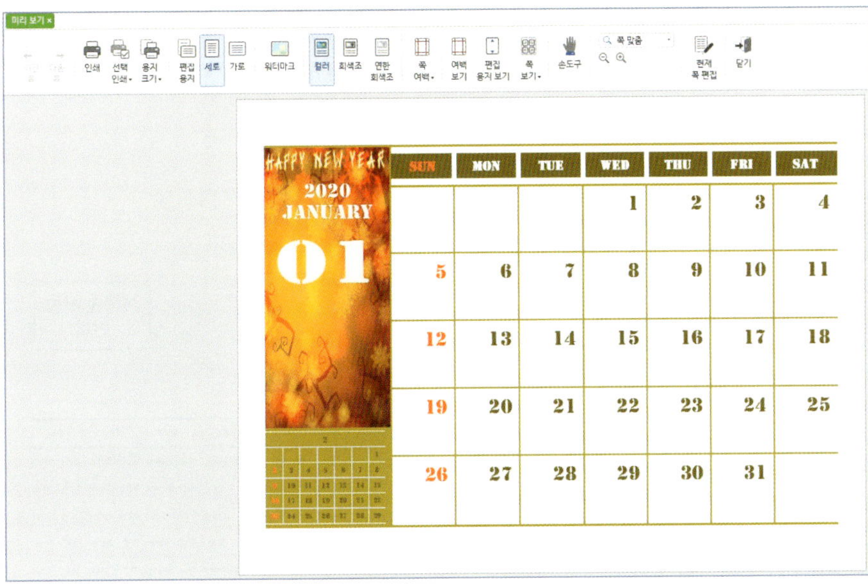

2. 표를 이용한 자료 정리

보고서 작성 시 대량의 문자 데이터를 정리해야 하는 경우가 있다. 문자열로 이루어진 대량의 데이터는 문자열의 길이에 따라 글줄이 들쑥날쑥해지면서 문서를 깔끔하게 정리하기가 쉽지 않다. 또한, 문자열로 정리된 자료의 경우 중간에 자료를 추가, 삭제하기도 어렵다. 따라서 이런 경우 문자열 데이터를 표 데이터로 바꾸어 주면 정리하기도 쉬워질뿐더러 보기도 좋은 문서를 만들 수 있다. 본 예제에서는 표와 셀 속성의 정확한 이해와 함께 대량의 데이터를 빠르고 보기 좋게 정리하는 방법에 대해 다루고자 한다.

예제

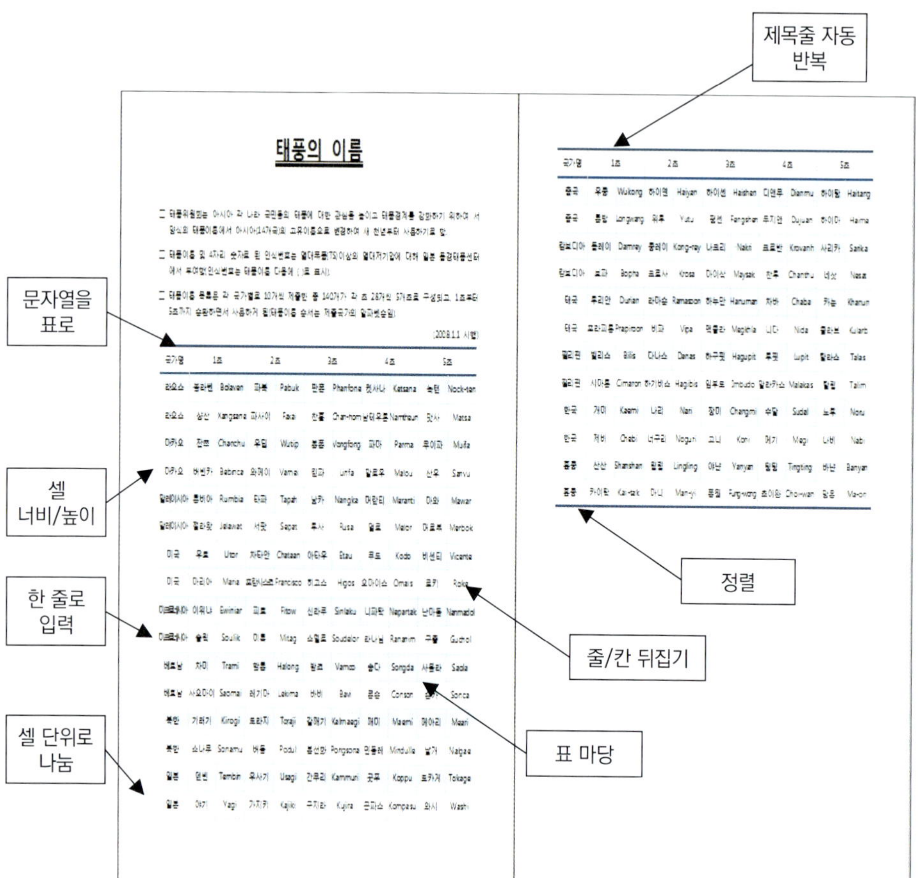

2.1. 파일 불러오기와 편집 용지 설정

① 메뉴 [파일]-[불러오기](Alt+O)를 선택하여 [불러오기] 대화상자를 연다. [파일 형식]을 '모든 파일(*.*)'로 지정한 후 '태풍.txt' 파일을 선택하고 [열기]를 누른다.

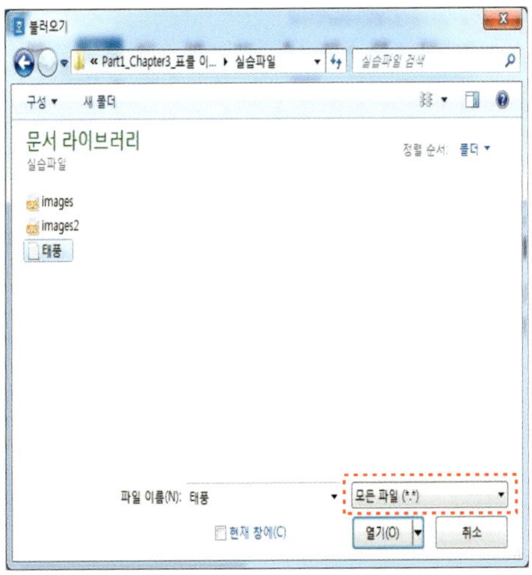

② [쪽]-[쪽 여백]-[좁게](위쪽 '15mm', 아래쪽 '15mm', 왼쪽 '20mm', 오른쪽 '20mm', 머리말 '10mm', 꼬리말 '10mm')를 선택한다.

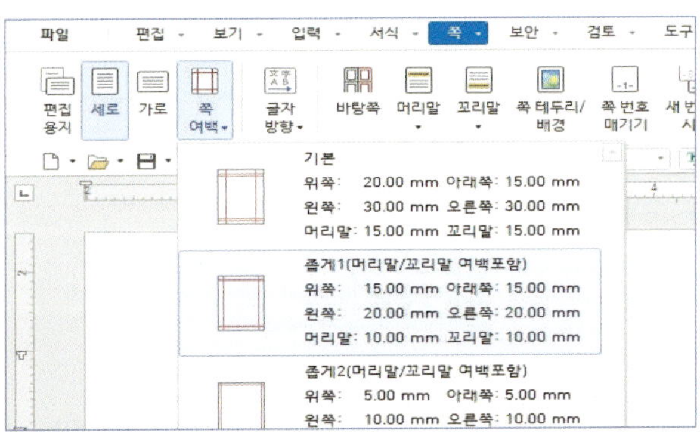

③ 메뉴 [파일]-[다른 이름으로 저장하기](Alt+V)를 선택하여 [파일 이름]을 '태풍_완성'으로 지정하고, [파일 형식]은 '호글 문서(*.hwp)'로 선택한 후 [저장]을 누른다. (주의! 텍스트 문서(.txt)를 열어 원고를 불러온 후에는 반드시 한/글 문서로 다시 저장해 주어야만 편집할 때 사용한 한/글 속성을 그대로 유지할 수 있다.)

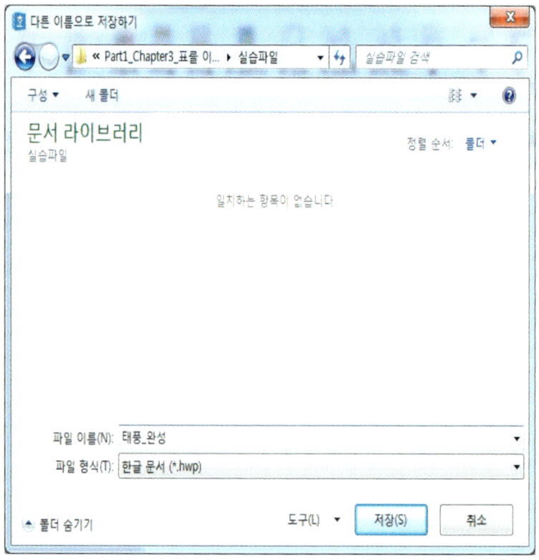

2.2. 전체 본문 글자 모양

① 단축키(Ctrl+A)를 눌러 전체 본문을 블록으로 지정한 후 글꼴을 '맑은고딕', '10pt'로 설정한다.

② 제목 '태풍의 이름' 문단을 블록 지정한 후 서식 도구 상자를 이용하여 모양을 '24pt', '진하게', '가운데 정렬'한다. 글자 하단에 '얇고 굵은 이중선'을 밑줄로 넣어준다. 문단 모양 대화상자(Alt+T)를 열어 문단 아래 간격을 '30pt'로 지정한다.

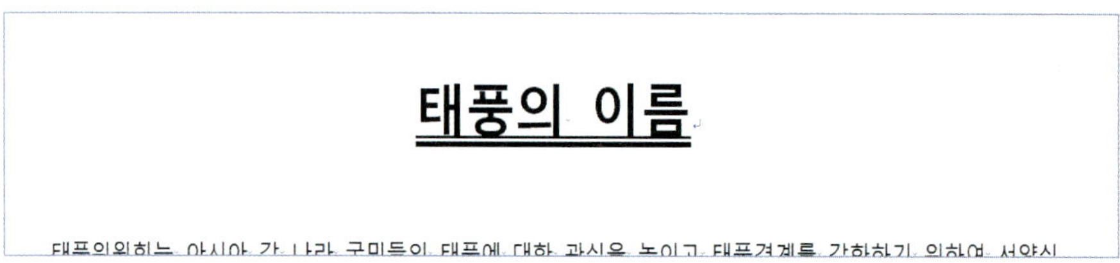

③ 제목 아래 3개의 문단은 블록으로 지정한 후 메뉴 [모양]-[문단 번호]-[문단 번호 모양]을 선택하고, [글머리 표] 탭을 이용하여 아래와 같은 모양의 글머리표를 붙여준다. 문단 모양 대화상자(Alt+T)를 열어 문단 위/아래 간격을 '5pt'로 지정한다.

④ '(2008.1.1. 시행)' 문단은 오른쪽 정렬한다.

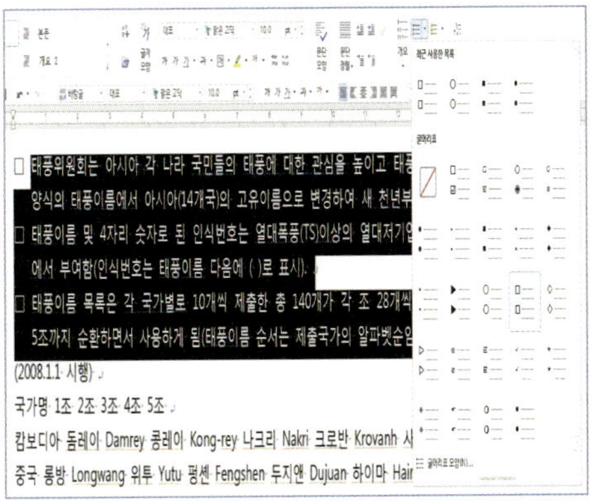 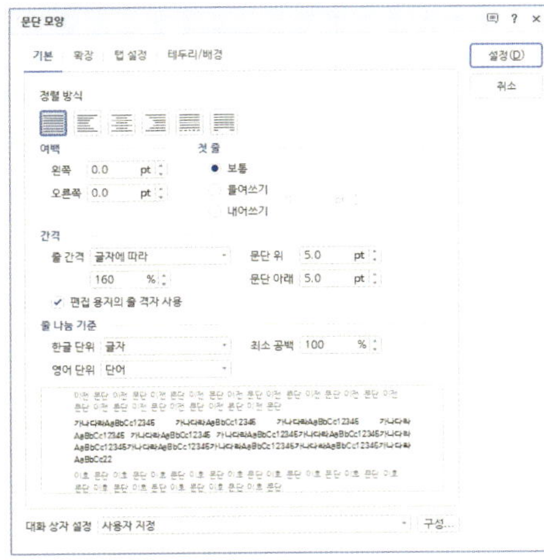

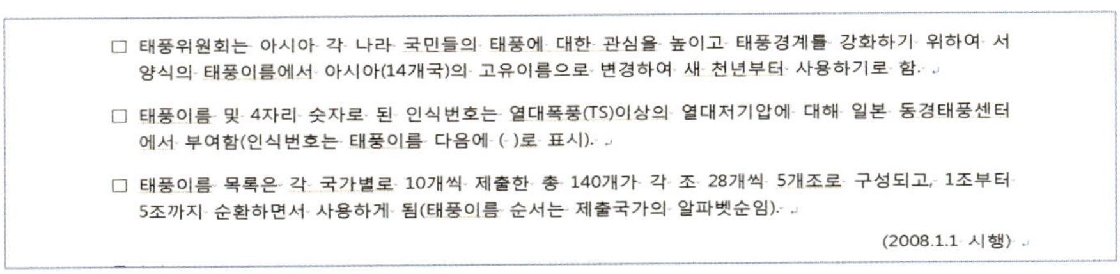

□ 태풍위원회는 아시아 각 나라 국민들의 태풍에 대한 관심을 높이고 태풍경계를 강화하기 위하여 서양식의 태풍이름에서 아시아(14개국)의 고유이름으로 변경하여 새 천년부터 사용하기로 함.

□ 태풍이름 및 4자리 숫자로 된 인식번호는 열대폭풍(TS)이상의 열대저기압에 대해 일본 동경태풍센터에서 부여함(인식번호는 태풍이름 다음에 ( )로 표시).

□ 태풍이름 목록은 각 국가별로 10개씩 제출한 총 140개가 각 조 28개씩 5개조로 구성되고, 1조부터 5조까지 순환하면서 사용하게 됨(태풍이름 순서는 제출국가의 알파벳순임).

(2008.1.1 시행)

2.3. 문자열을 표로 바꾸기

표 기능을 제공하는 워드프로세서 대부분은 문자열 데이터를 표 데이터로, 표 데이터를 문자열 데이터로 바꾸는 기능이 있다. 이 기능을 이용하여 문자열로 된 데이터를 표 데이터로 바꾸어 주면 많은 양의 데이터를 깔끔하게 정리하기도 쉬울 뿐만 아니라 데이터 추가/삭제도 쉬워진다.

① 나머지 문단들을 블록으로 지정한 후 [입력]-[표]-[문자열을 표로]를 선택한다.

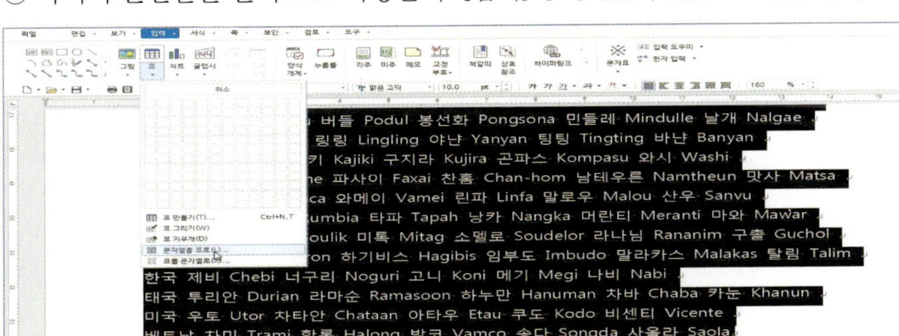

② [문자열을 표로] 대화상자가 열린다. 각각의 단어를 셀에 어떻게 나누어 줄 것인지를 선택하는 대화상자이다. 블록으로 지정된 데이터들을 보면 단어마다 스페이스로 분리되어 있으므로 단어들을 각각의 칸에 넣기 위해서 [분리 방법 지정]을 선택한 후 [문자열]에 Space Bar(' ')를 하나 넣어준 후 [설정]을 누른다.

③ 아래 그림과 같이 문자열 데이터들이 스페이스를 기준으로 표에 정리된다.

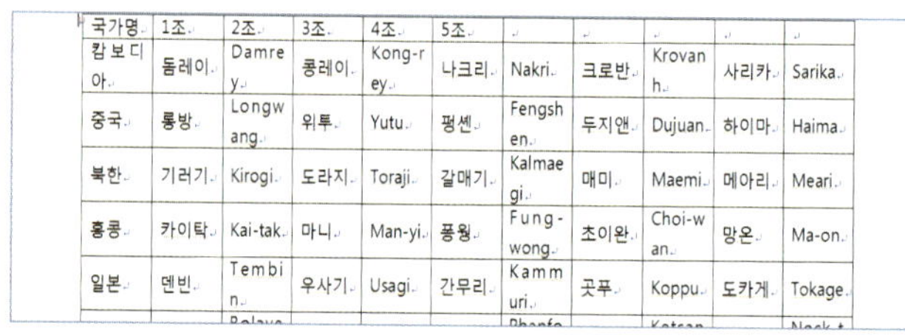

국가명	1조	2조	3조	4조	5조					
캄보디아	돔레이	Damrey	콩레이	Kong-rey	나크리	Nakri	크로반	Krovanh	사리카	Sarika
중국	룽방	Longwang	위투	Yutu	펑센	Fengshen	두지앤	Dujuan	하이마	Haima
북한	기러기	Kirogi	도라지	Toraji	갈매기	Kalmaegi	매미	Maemi	메아리	Meari
홍콩	카이탁	Kai-tak	마니	Man-yi	풍웡	Fung-wong	초이완	Choi-wan	망온	Ma-on
일본	덴빈	Tembin	우사기	Usagi	간무리	Kammuri	곳푸	Koppu	도카게	Tokage

④ 표의 첫 번째 줄에 있는 셀들은 뒤에서부터 2개씩 블록으로 지정하여 [셀 합치기](단축키 M)한 후 다음과 같이 정리해 준다.

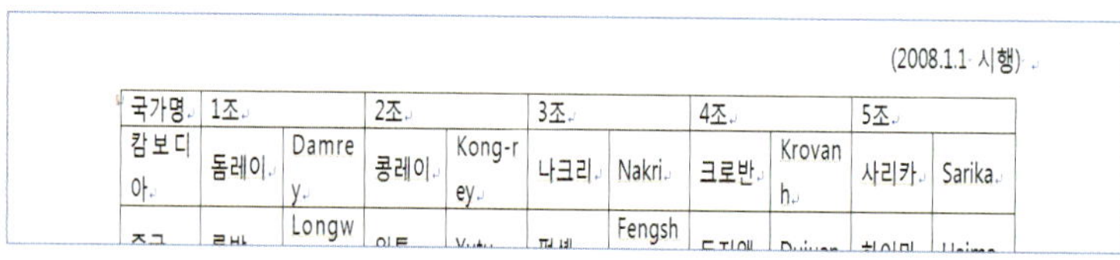

(2008.1.1 시행)

국가명	1조		2조		3조		4조		5조	
캄보디아	돔레이	Damrey	콩레이	Kong-rey	나크리	Nakri	크로반	Krovanh	사리카	Sarika

2.4. 한 줄로 입력

셀들을 보면 셀 안의 글자 수에 따라 한 줄인 셀들도 있고, 두 줄로 된 셀들도 있어 셀의 높이가 제각각이다. 각 셀 안의 글자들을 한 줄로 처리해 보자.

① 아무 셀에 커서를 가져다 놓고 기능키 F5를 세 번 클릭하여 표 전체를 블록으로 지정한다. (또는 마우스로 표 전체를 블록으로 지정한다.)

② [표/셀 속성] 대화상자(단축키 P)를 연 후 [셀] 탭을 선택한다. [속성]-[한 줄로 입력]을 선택한 후 [설정]을 누른다. 셀 안의 각 글줄이 한 줄로 처리된다.

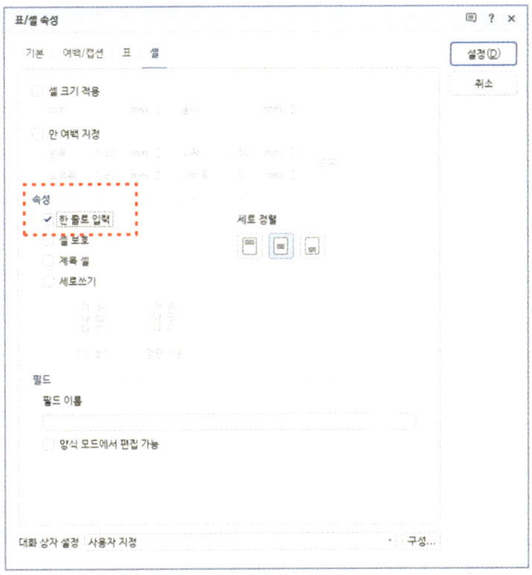

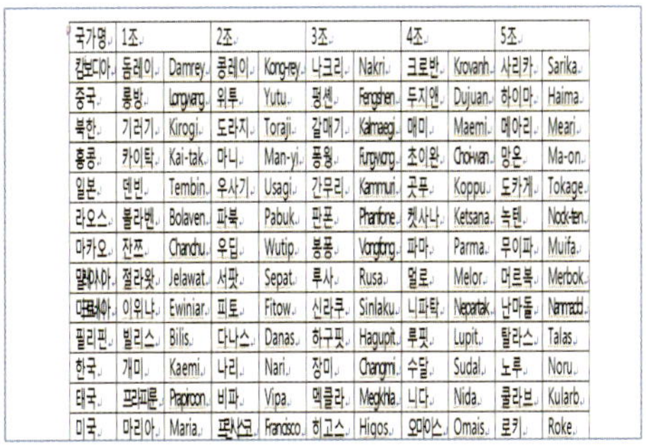

2.5. 셀 안 여백 지정

각 셀 안 여백을 없애면 글자가 들어갈 수 있는 공간을 더 넓게 확보할 수 있다.

① 전체 표를 블록 지정한 후 [표 레이아웃]-[표 여백] 중에서 [표 모든 셀의 안 여백]을 '없음'으로 선택한다. 표 안의 모든 글자는 '가운데' 정렬한다.

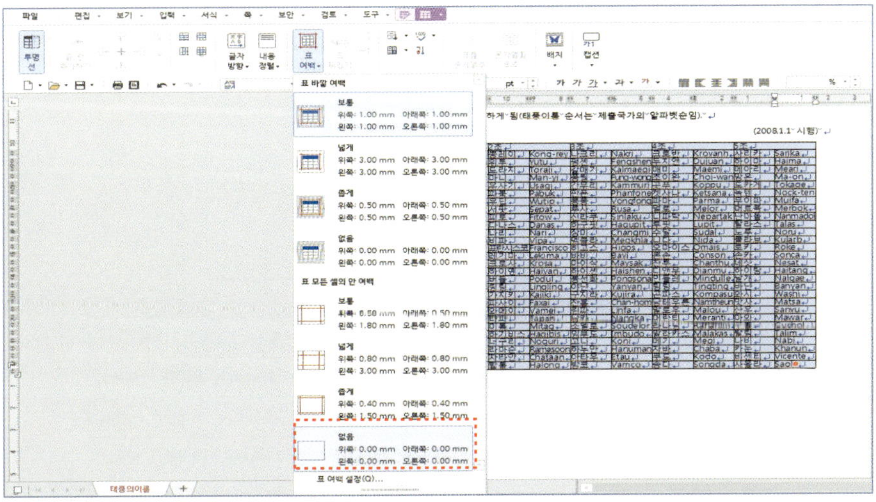

(2008.1.1 시행)

국가명	1조		2조		3조		4조		5조	
캄보디아	돔레이	Damrey	콩레이	Kong-rey	나크리	Nakri	크로반	Krovanh	사리카	Sarika
중국	롱방	Longwang	위투	Yutu	펑셴	Fengshen	두지앤	Dujuan	하이마	Haima
북한	기러기	Kirogi	도라지	Toraji	갈매기	Kalmaegi	매미	Maemi	메아리	Meari
홍콩	카이탁	Kai-tak	마니	Man-yi	풍웡	Fung-wong	초이완	Choi-wan	망온	Ma-on
일본	덴빈	Tembin	우사기	Usagi	간무리	Kammuri	곳푸	Koppu	도카게	Tokage
라오스	볼라벤	Bolaven	파북	Pabuk	파풍	Phanfone	켓사나	Ketsana	녹텐	Nock-ten
마카오	잔쯔	Chanchu	우딥	Wutip	봉퐁	Vongfong	파마	Parma	무이파	Muifa
말레이시아	절라왓	Jelawat	서팟	Sepat	루사	Rusa	멀로	Melor	머르복	Merbok
미크로네시아	이위냐	Ewiniar	피토	Fitow	신라쿠	Sinlaku	니파탁	Nepartak	난마돌	Nanmadol
필리핀	빌리스	Bilis	다나스	Danas	하구핏	Hagupit	루핏	Lupit	탈라스	Talas

2.6. 셀 크기

각 셀의 크기도 셀 속성을 이용하여 바꿀 수 있다.

① 표 전체를 블록으로 지정한 후 [표/셀 속성]에서 [셀] 탭을 연다.

② [셀 크기 적용]을 선택한 후 [높이]를 '10mm'로 지정한 후 [설정]을 누른다.

국가명	1조		2조		3조		4조		5조	
캄보디아	돔레이	Damrey	콩레이	Kong-rey	나크리	Nakri	크로반	Krovanh	사리카	Sarika
중국	롱방	Longwang	위투	Yutu	펑셴	Fengshen	두지앤	Dujuan	하이마	Haima
북한	기러기	Kirogi	도라지	Toraji	갈매기	Kalmaegi	매미	Maemi	메아리	Meari
홍콩	카이탁	Kai-tak	마니	Man-yi	풍웡	Fung-wong	초이완	Choi-wan	망온	Ma-on
일본	덴빈	Tembin	우사기	Usagi	간무리	Kammuri	곳푸	Koppu	도카게	Tokage

2.7. 제목 줄 자동 반복

각 셀의 높이가 늘어남에 따라 표가 두 페이지에 걸쳐 나누어진 것을 볼 수 있다. 이때 두 번째 페이지에 있는 표의 상단에는 제목 줄이 나타나지 않아 각 셀이 무엇을 의미하는지 알 수 없다. 이처럼 표가 여러 페이지에 걸쳐 나누어지는 경우 각 페이지 상단에 제목 셀들이 페이지마다 자동으로 반복해서 보이게 할 수 있다.

① 제목이 되는 첫 번째 줄들을 블록으로 지정한 후 마우스의 오른쪽 단추를 눌러 표 단축 메뉴 중 [표/셀 속성]을 선택한다. 단축키 Ⓟ를 눌러도 된다. [셀] 탭을 열고 [속성]에서 [제목 셀] 항목을 선택한다.

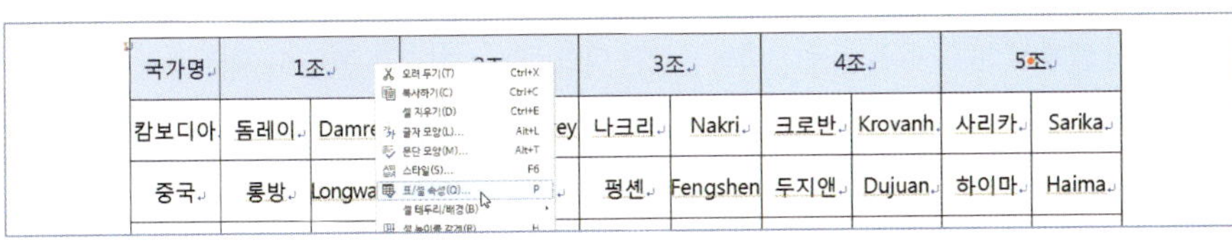

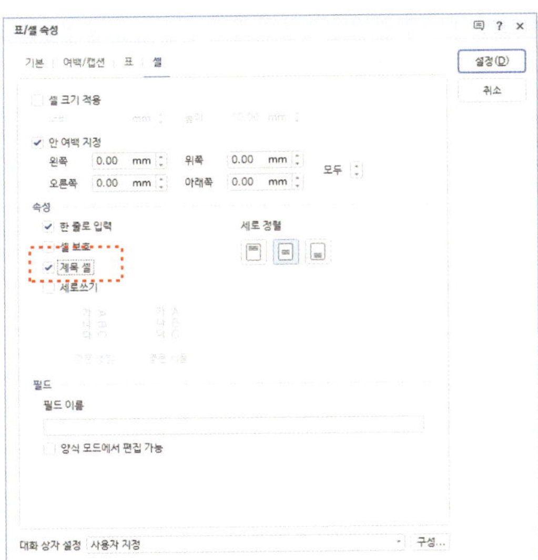

[표/셀 속성] 대화상자의 [셀] 탭 : 속성

■ 한 줄로 입력

표의 한 칸에 글을 입력하면 글이 본문이나 다른 칸으로 넘어가지 않고 그 칸이 자동으로 아래쪽으로 늘어난다. 하지만 '한 줄로 입력' 항목을 설정하였을 때는 글을 입력하면서 커서가 셀 경계선에 닿아도 커서가 다음 줄로 넘어가지 않고 한 줄에 모두 입력된다.

■ 셀 보호

기본이 되는 문서 양식(form)을 만들어 놓고 항상 그 표의 일정 셀에 대하여 고정된 상태로 사용하기 위해서 [셀 보호] 기능을 선택한다. 셀 보호가 설정된 셀에는 커서가 들어가지 않는다. 이를 해제하기 위해서는 셀 보호가 되어있지 않은 셀에서 셀 블록 상태를 만든 다음 셀 보호가 된 셀로 이동한다. 여기서 [표-표/셀 속성]을 실행하여 [셀 보호] 선택을 해제한다.

■ 제목 셀

선택한 셀에 대하여 [제목 셀]을 선택해 놓으면 여러 쪽에 걸친 표를 만들 때 제목 줄이 자동으로 반복될 수 있도록 지정할 수 있다. [제목 셀]을 선택해야만 [표] 탭의 [제목 줄 자동 반복]이 동작한다. 단, [제목 셀]을 지정할 때에는 표의 첫 번째 줄을 반드시 포함해야 한다. 첫 번째 줄을 제외하고 두 번째 줄을 [제목 셀]로 지정하면 [제목 줄 자동 반복]이 동작하지 않는다.

② [표/셀 속성] 대화상자의 [표] 탭을 연다. [쪽 경계에서]는 '셀 단위로 나눔'을 선택하고, [제목 줄 자동 반복]을 선택한 후 [설정]을 누른다. 다음 페이지 상단에도 제목 줄이 자동으로 나타난다.

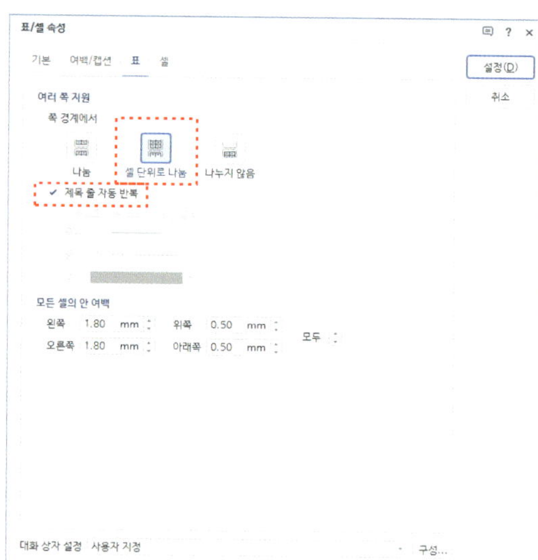

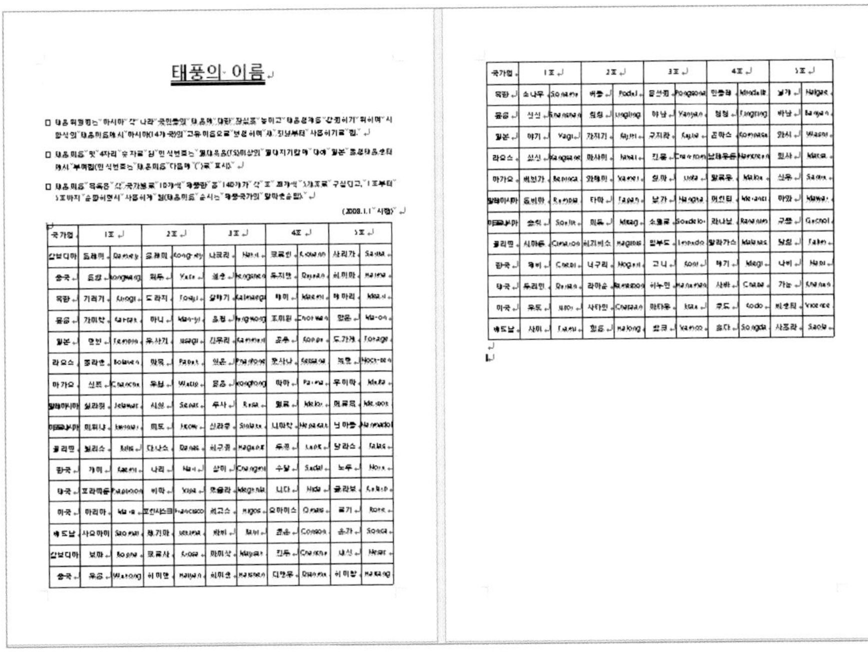

[표/셀 속성] 대화상자의 [표] 탭 : 여러 쪽 지원

- 쪽 경계에서

  표가 여러 쪽에 걸칠 때 쪽 경계에서 어떻게 나눌 것인지 정한다.

  나눔( ) : 일반 본문에서처럼 쪽 경계에 걸리는 줄부터 다음 쪽으로 넘긴다. 마지막 줄이 두 페이지에 걸쳐 쪼개질 수 있다.

  셀 단위로 나눔( ) : 쪽 경계에 걸리는 셀은 셀 전체를 다음 쪽으로 넘긴다.

  나누지 않음( ) : 표가 여러 쪽에 걸치지 못하고 한쪽에만 표시된다. 쪽 크기를 벗어나는 표 내용은 화면과 인쇄에 나타나지 않는다.

- 제목 줄 자동 반복

  여러 쪽에 걸치는 표에 대하여 [제목 줄 자동 반복]을 선택해 놓으면, 각 쪽의 표 시작마다 제일 위에 그 표의 모든 제목 줄들을 자동으로 넣어준다. 단, 표의 첫 번째 줄에서 [셀] 탭의 [제목 셀]을 선택해 놓아야만 [표] 탭의 [제목 줄 자동 반복]이 동작한다.

2.8. 표 마당

한/글에서는 다양한 형태의 테두리/배경 모양이 적용된 [표 마당] 서식을 제공한다. [표 마당]을 이용하면 일일이 표나 셀에 테두리/배경 작업을 하지 않아도 쉽게 표의 모양을 보기 좋게 꾸밀 수 있다.

① 표 테두리를 마우스로 클릭한 후 기본 도구 상자 [표]-[표 디자인]에서 [표 마당]을 선택한다.

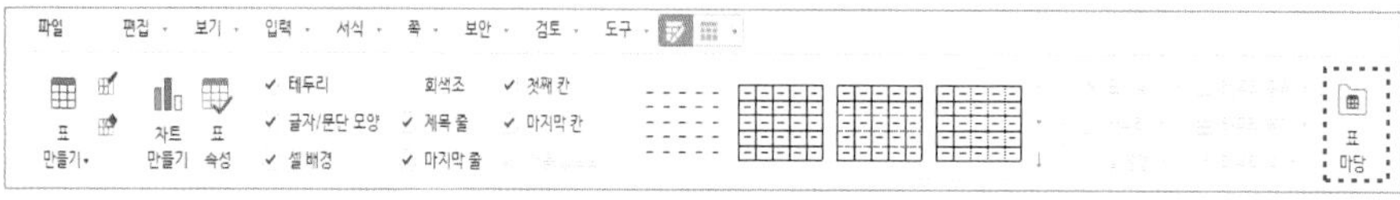

② [표 마당] 대화상자의 [표 마당 목록]을 하나씩 클릭해 보면 다양한 표의 모양들을 미리 확인할 수 있다. [표 마당 목록]에서 '밝은 스타일 1 - 파란 색조'를 선택하여 표 전체에 테두리와 배경색을 파란색 계열로 꾸민다.

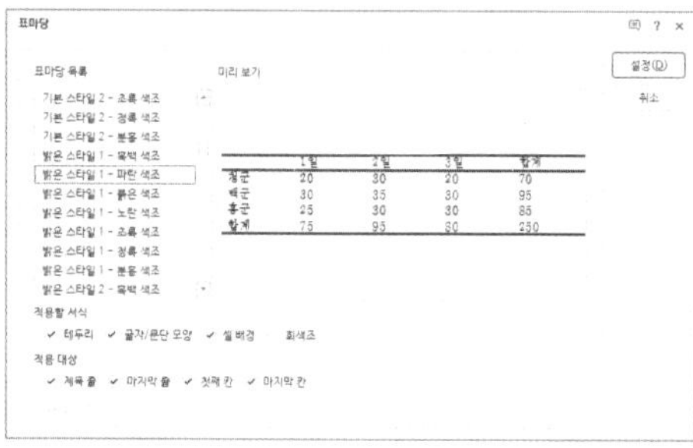

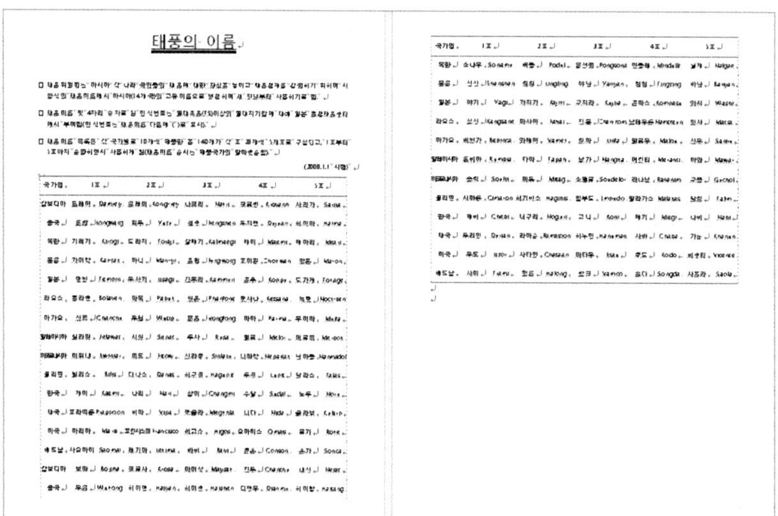

표 마당

■ [표 마당] 목록

[표 마당]의 서식에는 기본 모양, 색 채우기, 수직 무늬, 수평 무늬, 줄 강조, 칸 강조, 양각 모양, 음각 모양 등 70여 가지의 표 모양이 들어있다. [표 마당 목록]에서 서식을 선택하면 [미리 보기] 창에서 서식의 모양을 미리 볼 수 있다.

■ 적용할 서식

[표 마당 목록]에서 선택한 표 서식의 [테두리], [글자 모양과 문단 모양], [셀 배경], [회색 조로]와 같은 서식을 현재 표에 그대로 적용할지를 각각 선택한다. 선택하지 않은 항목은 현재 표의 모양을 그대로 유지한다. [회색 조로]를 선택하면 선택한 [표 마당]의 선 색과 셀 배경색을 같은 수준의 회색으로 바꾼다.

■ 되돌리기

[표 마당]을 이용해 표의 모양을 바꾼 다음 다시 이전의 표 모양으로 되돌리고 싶다면, [편집-되돌리기]를 이용하면 된다.

■ 실행 제한

[표 마당]은 표 안에 커서가 놓여 있거나 표 전체를 선택했을 때에만 실행할 수 있다. 셀 블록을 설정한 상태에서는 [표 마당]을 실행할 수 없다.

■ 표 마당 목록은 추가할 수 없어

새로운 표 모양을 [표 마당]에 등록하여 사용할 수는 없다. 또한, 현재 등록된 [표 마당]을 편집하거나 지울 수도 없다. 자주 쓰는 표 모양이 있다면 [본문 상용구]에 등록해 놓고 사용할 것을 권한다.

2.9. 표 뒤집기

이미 만들어진 표를 줄/칸 기준으로 뒤집기 하거나 회전시킬 수 있다. [표 뒤집기] 기능을 사용하면 입력된 데이터들을 다른 기준으로 재정리할 때 편리하다. 본 예제에 적용하기엔 부적절하겠지만 알아두면 요긴한 기능이므로 참고한다.

① 표 테두리를 마우스로 클릭한 후 [표 레이아웃]-[표 뒤집기]를 선택한다.

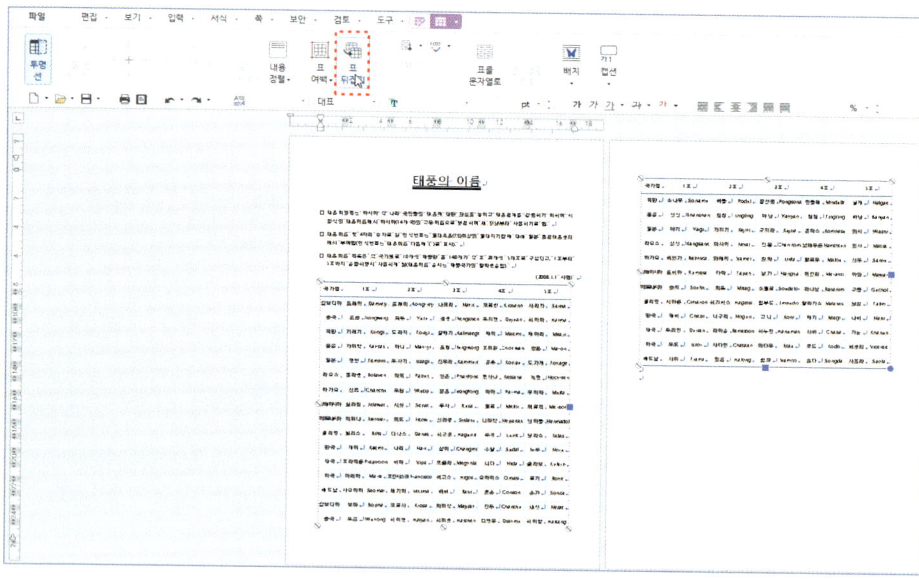

② [표 뒤집기] 대화상자가 열리면 [대칭]-[줄/칸 뒤집기]를 선택한 후 [뒤집기]를 누른다.

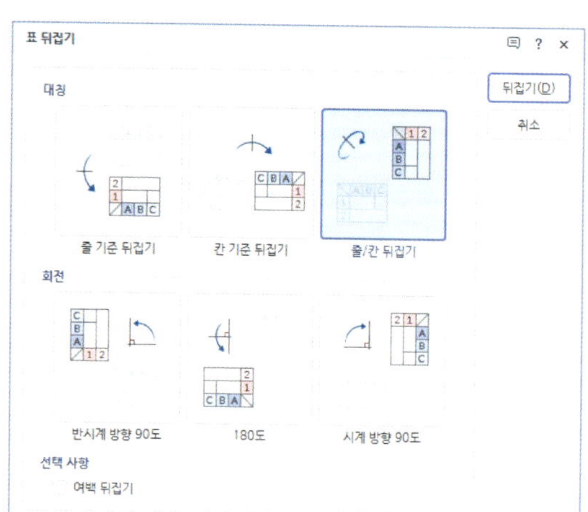

③ 표에서 행과 열이 바뀐 것을 볼 수 있다. [서식 도구 상자]에서 [되돌리기](↶)를 클릭하거나 단축키(Ctrl+Z)를 눌러 원래 상태로 복구한다.

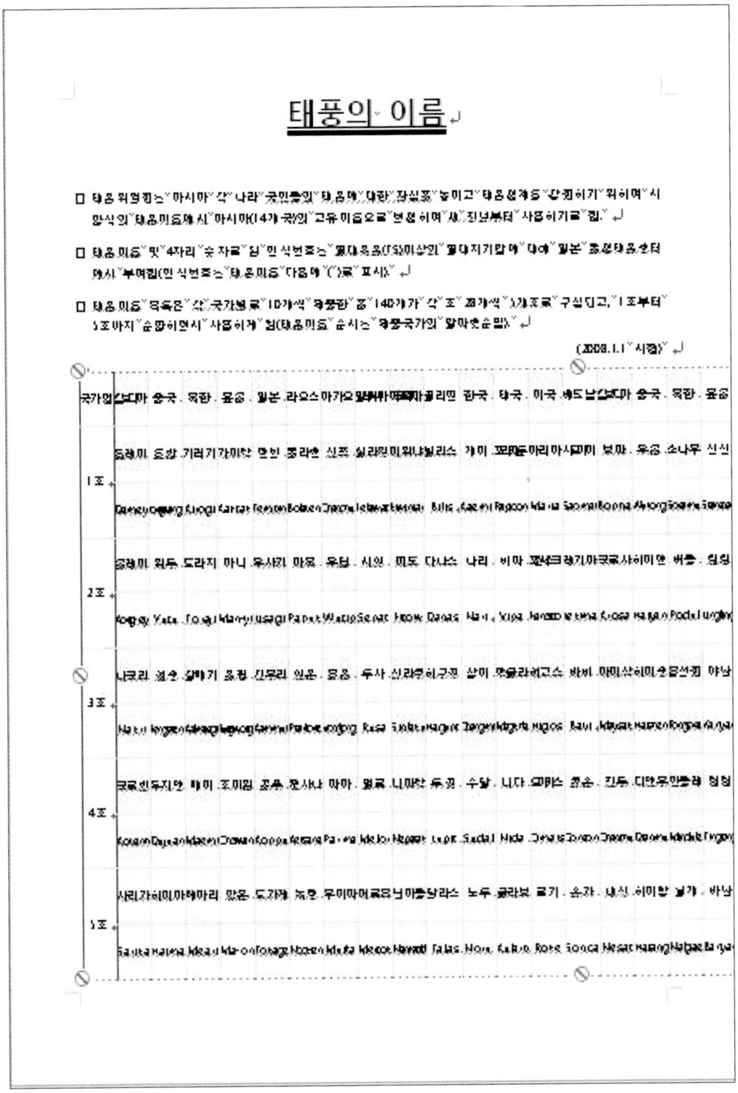

2.10. 정렬

[정렬] 기능을 이용하면 문서 내용 중의 일부분을 '가나다'순 또는 '날짜'순 등으로 재배열할 수 있다. 이 기능을 이용하면 주소록이나 전화번호 목록 같은 자료를 사람 이름이나 거주지 또는 그룹별로 쉽게 정리할 수 있다.

① 제목 셀들을 제외한 나머지 셀들을 블록으로 지정한 다음 [표 레이아웃]-[정렬]을 선택한다.

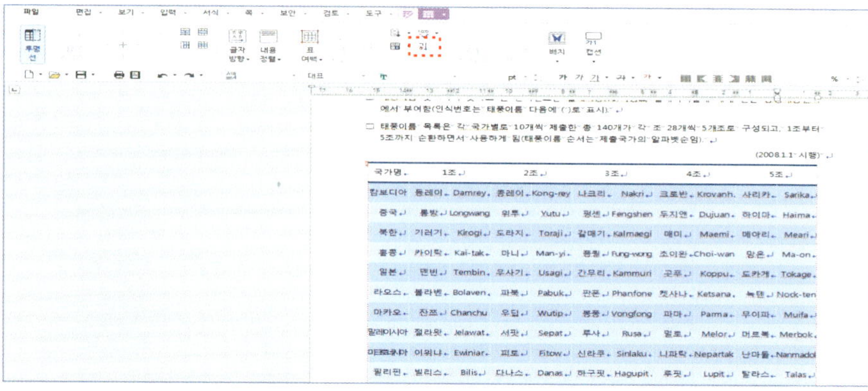

② [정렬] 대화상자가 열린다. 국가명을 기준으로 '가나다' 순으로 정렬하려면 [정렬 기준]에서 '필드 1'을 선택하고, '형식'을 '글자(가나다)'로 선택한 후 [실행]을 누른다.

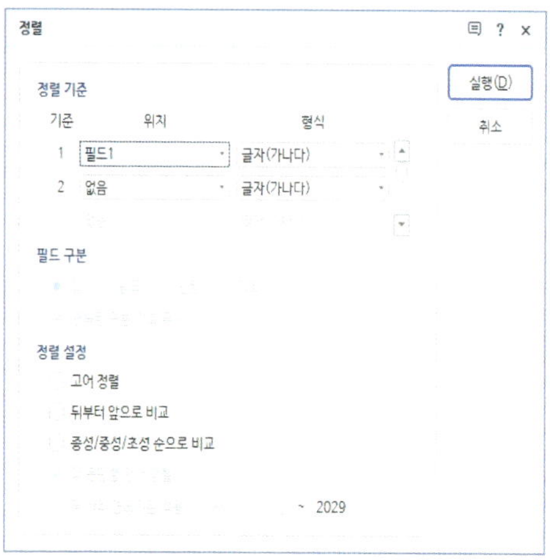

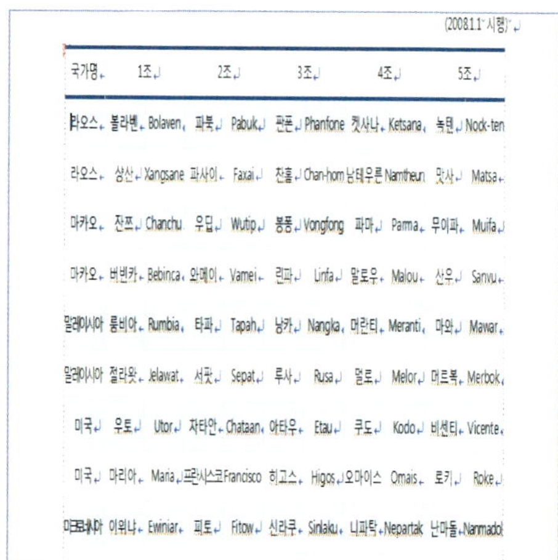

③ 그 외에도 표 기능 중 데이터들의 합계/평균을 구하는 [블록 계산식]/[쉬운 계산식] 기능들도 익혀보자.

2.11. 미리 보기

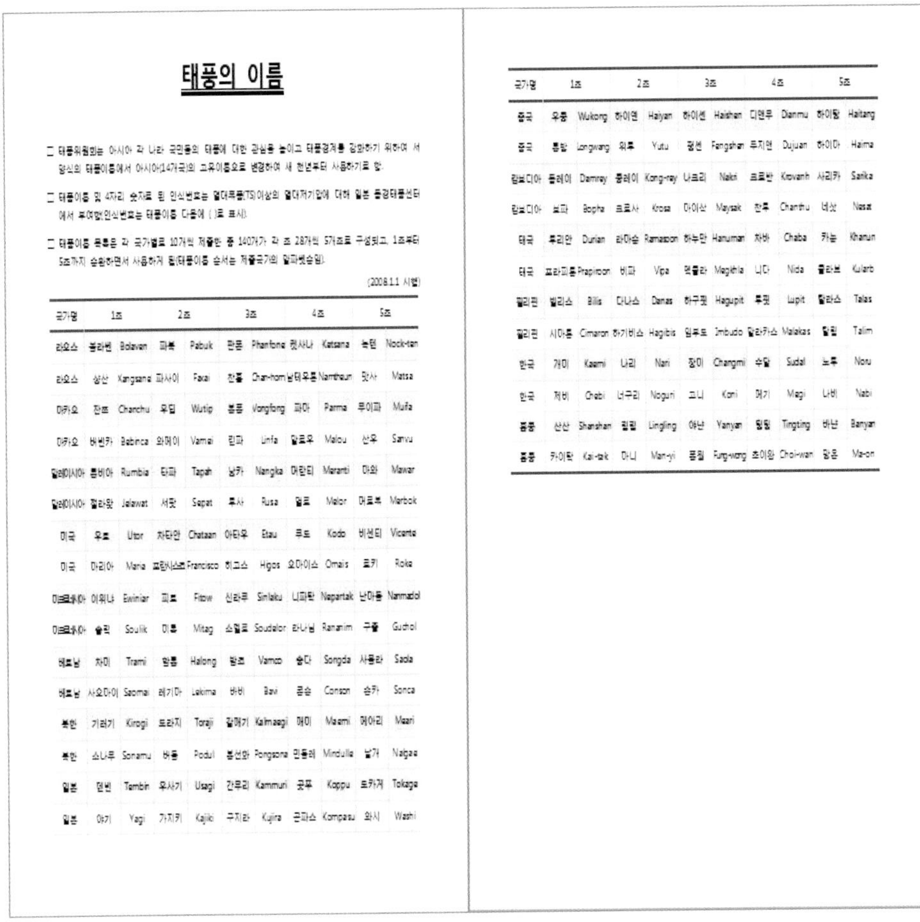

태풍의 이름

- 태풍위원회는 아시아 각 나라 국민들의 태풍에 대한 관심을 높이고 태풍경계를 강화하기 위하여 서양식의 태풍이름에서 아시아(14개국)의 고유이름으로 변경하여 새 천년부터 사용하기로 함.
- 태풍이름 및 4자리 숫자로 된 인식번호는 열대폭풍(TS)이상의 열대저기압에 대해 일본 동경태풍센터에서 부여함(인식번호는 태풍이름 다음에 ( )로 표시).
- 태풍이름 목록은 각 국가별로 10개씩 제출한 총 140개가 각 조 28개씩 5개조로 구성되고, 1조부터 5조까지 순환하면서 사용하게 됨(태풍이름 순서는 제출국가의 알파벳순임).

(2008.1.1 시행)

국가명	1조		2조		3조		4조		5조	
라오스	볼라벤	Bolaven	파북	Pabuk	판폰	Phanfone	캇사나	Katsana	녹텐	Nock-ten
라오스	상산	Kangsana	파사이	Faxai	찬홈	Chan-hom	남테우른	Namtheun	맛사	Matsa
마카오	짠쯔	Chanchu	우딥	Wutip	봉퐁	Vongfong	파마	Parma	무이파	Muifa
마카오	버빈카	Babinca	와메이	Vamei	린파	Linfa	말로우	Malou	산우	Sanvu
말레이시아	룸비아	Rumbia	타파	Tapah	낭카	Nangka	머란티	Meranti	마와	Mawar
말레이시아	절라왓	Jelawat	서팟	Sepat	루사	Rusa	멀로	Melor	머르복	Merbok
미국	우토	Utor	차타안	Chataan	아타우	Etau	쿠도	Kodo	비센티	Vicente
미국	마리아	Maria	프란시스코	Francisco	히고스	Higos	오마이스	Omais	로키	Roke
미크로네시아	이위나	Ewiniar	피토	Fitow	신라쿠	Sinlaku	너파탁	Nepartak	난마돌	Nanmadol
미크로네시아	솔릭	Soulik	미탁	Mitag	소델로	Soudelor	라나님	Rananim	구촐	Guchol
베트남	짜미	Trami	할롱	Halong	밤꼬	Vamco	송다	Songda	사올라	Saola
베트남	사오마이	Saomai	레기마	Lekima	바비	Bavi	콘선	Conson	손카	Sonca
북한	기러기	Kirogi	도라지	Toraji	갈매기	Kalmaegi	매미	Maemi	메아리	Meari
북한	소나무	Sonamu	버들	Podul	봉선화	Pongsona	민들레	Mindulle	날개	Nalgae
일본	덴빈	Tembin	우사기	Usagi	간무리	Kammuri	곳푸	Koppu	도카게	Tokage
일본	야기	Yagi	가지키	Kajiki	구지라	Kujira	곤파스	Kompasu	와시	Washi

국가명	1조		2조		3조		4조		5조	
중국	우쿵	Wukong	하이옌	Haiyan	하이선	Haishen	디앤무	Dianmu	하이탕	Haitang
중국	롱방	Longwang	위투	Yutu	펑선	Fengshen	두지앤	Dujuan	하이마	Haima
캄보디아	돔레이	Damrey	콩레이	Kong-rey	나크리	Nakri	크로반	Krovanh	사리카	Sarika
캄보디아	보파	Bopha	크로사	Krosa	마이삭	Maysak	찬투	Chanthu	네삿	Nesat
태국	두리안	Durian	라마순	Ramasoon	하누만	Hanuman	차바	Chaba	카눈	Khanun
태국	프라피룬	Prapiroon	비파	Vipa	멕클라	Megkhla	니다	Nida	쿨라브	Kularb
필리핀	빌리스	Bilis	다나스	Danas	하구핏	Hagupit	루핏	Lupit	탈라스	Talas
필리핀	시마론	Cimaron	하기비스	Hagibis	임부도	Imbudo	말라카스	Malakas	탈림	Talim
한국	개미	Kaemi	나리	Nari	장미	Changmi	수달	Sudal	노루	Noru
한국	제비	Chebi	너구리	Noguri	고니	Koni	메기	Megi	나비	Nabi
홍콩	산산	Shanshan	링링	Lingling	야냔	Yanyan	팅팅	Tingting	바냔	Banyan
홍콩	카이탁	Kai-tak	마니	Man-yi	풍윙	Fung-wong	초이완	Choi-wan	마온	Ma-on

실습과제

[실습과제 완성본]

문서정리표

결재	팀장	부장	사장

문서제목	보존년수	보존기한
	년	년 월 일

번호	문서명	정리No	번호	문서명	정리No.
1			11		
2			12		
3			13		
4			14		
5			15		
6			16		
7			17		
8			18		
9			19		
10			20		

접수담당	담당	제출	보관장소	보존기번호

[편집방법]

❶ 편집 용지 설정은 'A4'로 하고, 위쪽 '20mm', 아래쪽 '15mm', 왼쪽 '30mm', 오른쪽 '30mm', 머리말 '15mm', 꼬리말 '15mm'로 한다.

❷ 쪽에 꽉 차는 4줄×1칸의 표를 만들고, 표를 종이의 가운데 위치시킨다. (표의 정확한 크기를 알 수 없을 때는 [표 만들기]에서 '마우스 끌기로 만들기'를 선택한 후 종이의 크기에 맞추어 그려준다.) 줄의 셀 구분 선을 옮겨 아래와 같이 대략적인 뼈대를 잡는다.

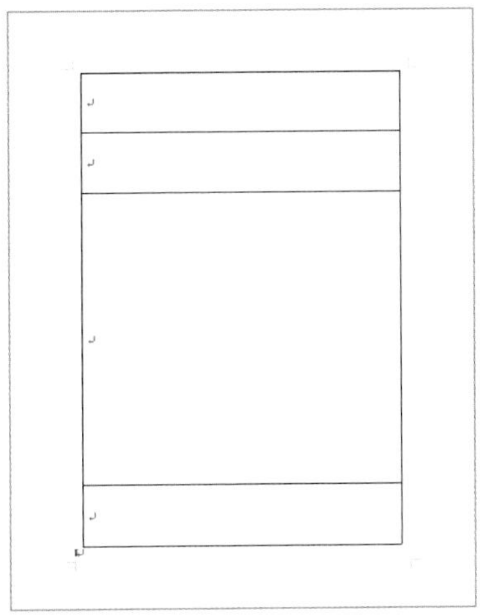

❸ 첫 줄부터 시작해서 [셀 나누기]/[셀 합치기], [셀 테두리/배경] 기능 등을 이용하여 예제와 같은 표를 만든다.

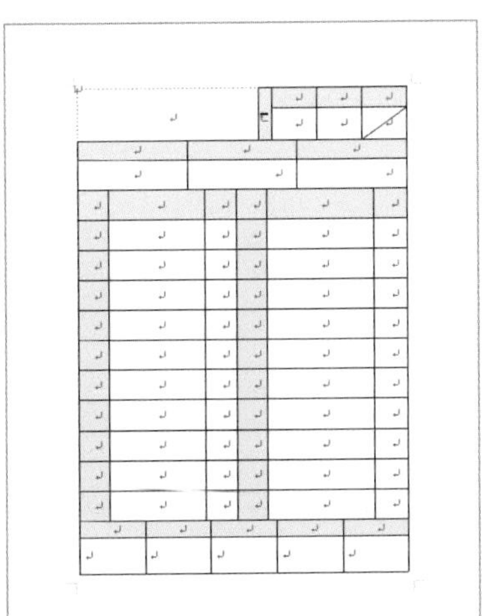

❹ [자동 채우기] 기능을 이용하여 셀 안에 글자들을 채워 넣는다.

Chapter 4 바탕쪽과 스타일을 이용한 문서작성

문서를 여러 개의 장(chapter)으로 나누어 작성할 경우 장마다 다른 모양의 쪽 번호를 붙이거나 배경 등을 다르게 설정하고 싶은 경우가 있다. 한/글에서는 [구역(section)]을 나눔으로써 위와 같은 작업을 쉽게 처리할 수 있다. 구역을 나누면 하나의 문서 안에서 서로 다른 편집 용지, 바탕쪽, 각주/미주 모양, 쪽 테두리/배경, 개요 모양, 메모 등을 사용할 수 있다. 이번 예제를 통해 하나의 문서를 여러 개의 구역으로 나누고, 구역별로 다른 배경을 갖도록 하는 기능을 익혀본다.

한/글 문서의 배경 작업을 할 때 [바탕쪽] 기능을 이용하면 페이지레이아웃 프로그램인 쿼크익스프레스(QuarkExpress)나 인디자인(InDesign)과 같은 전문가용 출판 프로그램을 사용하지 않더라도 멋진 출판용 문서를 만들 수 있다. [바탕쪽] 기능은 배경에 글자 입력 뿐 아니라 표나 그림 등 일반 편집화면에서 할 수 있는 모든 기능을 이용하여 멋지게 배경 작업을 할 수 있으므로, 이를 활용하면 멋진 인쇄물 작업이 가능해진다.

문서의 본문은 [스타일] 기능을 이용해 보자. 본문을 편집할 때 글자나 문단들에 대해 반복적으로 같은 형태의 모양을 적용해야 할 경우 [스타일(styles)] 기능을 이용하면 빠르게 문서 편집을 할 수 있다. 스타일을 만들어 놓으면 필요할 때 그 스타일을 선택하는 것만으로 해당 문단의 글자 모양과 문단 모양을 특정 문단과 같게 만들 수 있고, 스타일을 수정하는 것으로 같은 스타일이 적용된 모든 글자나 문단들을 한꺼번에 수정할 수 있다. 스타일은 단순히 글자 모양이나 문단 모양을 간편하게 수정하는 기능이라기 보다, 긴 글에 대하여 일관성 있는 문단 모양을 유지하면서 빠르게 문서 작업을 할 수 있도록 도와주는 매우 요긴한 기능이다.

본 예제를 따라 하면서 구역, 바탕쪽 기능과 스타일 기능을 정확하게 익혀보도록 한다.

예제

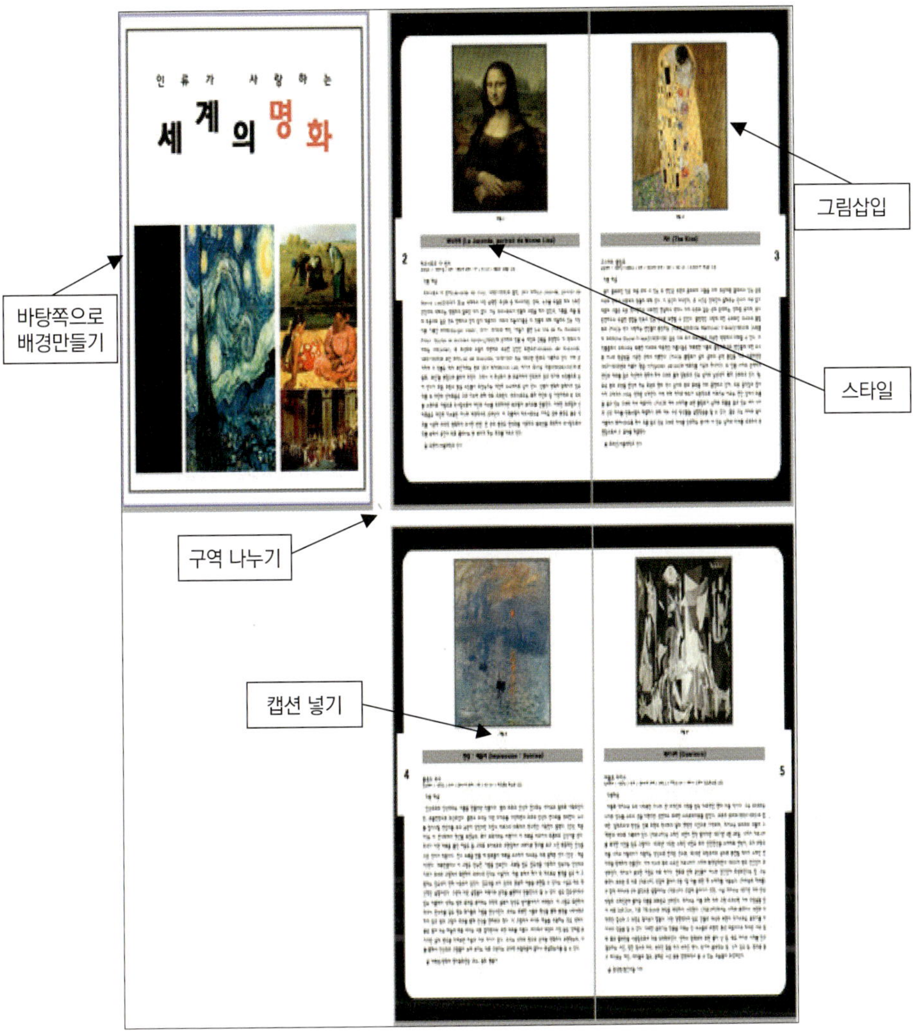

1. 구역 나누기

1.1. 원고 불러와서 다른 이름으로 저장하기

① 빈 문서에서 메뉴 [파일]-[불러오기]를 선택하여 '세계의명화.hwp'를 불러들인다.

② 메뉴 [파일]-[다른 이름으로 저장하기]를 선택한 후 '세계의명화_완성.hwp'으로 저장한다.

1.2. 구역 나누기

본 예제는 표지와 속지의 배경을 다르게 만들기 위해 2개의 구역으로 나누려고 한다.

① '인류가 사랑하는 세계의 명화'는 표지에 놓일 글자이고, 나머지 문단들은 속지에 놓일 것이므로 '인류가 사랑하는 세계의 명화' 뒤에 커서를 놓는다.

② [쪽]-[구역 나누기]을 선택하거나 단축키 Alt+Shift+Enter↵를 누른다.

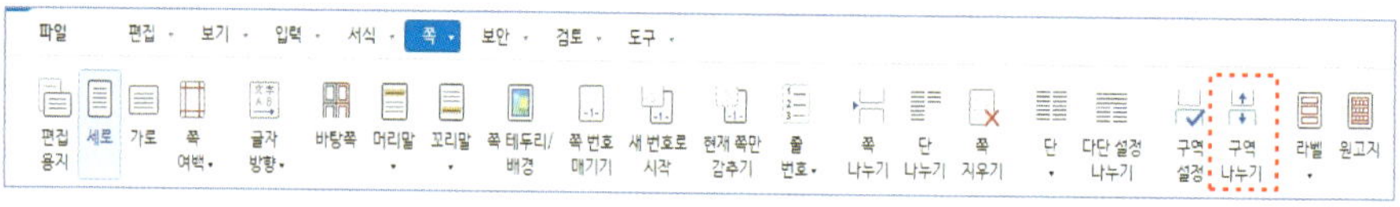

③ [상태 표시줄]에 보면 문서가 총 2개의 구역으로 나누어진 것으로 표시된다.

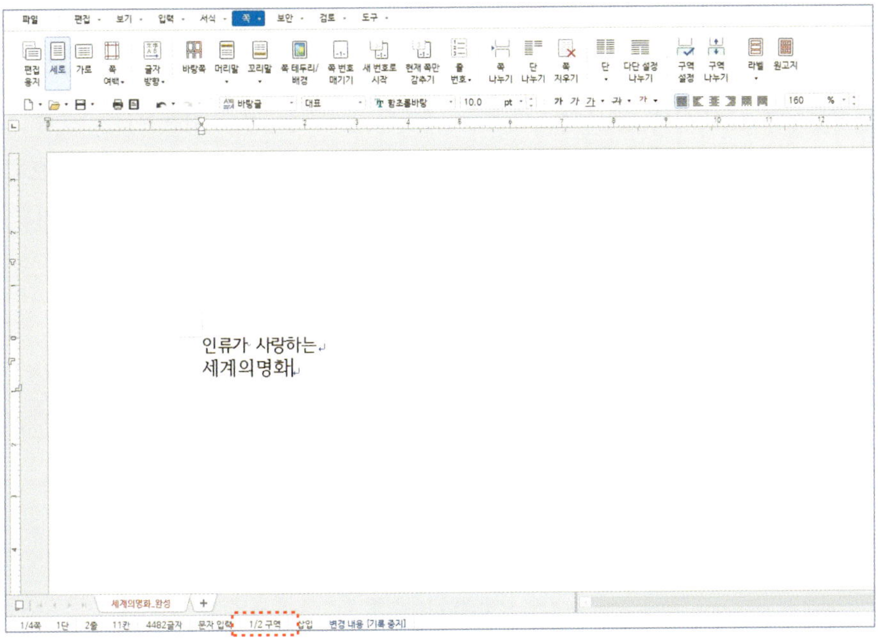

구역 나누기

하나의 문서를 여러 개의 구역으로 쪼개어 구역마다 편집 용지를 다르게 설정하거나 배경을 다르게 설정할 수 있다. 또한, 구역별로 새 개요 번호 모양을 만들 수 있다. 구역을 나누고 싶은 곳에서 [쪽]-[구역 설정]을 실행하여 새 쪽부터 새 구역으로 시작한다.

- 구역 나누기
  구역은 쪽 단위로 나누어지므로, 강제로 구역을 나누면 용지를 채우기 위한 나머지 부분만큼의 빈 칸을 건너뛰고 구역을 나누어 준다. 이렇게 강제로 들어간 구역 분리선은 [쪽 윤곽]이 설정되어 있지 않을 때에는, 빨간색 선으로 표시된다. 구역이 나누어진 이후부터 작성하는 내용의 조판은 그 앞부분과 완전히 별개의 내용으로 간주되므로, 그 앞 구역과 다른 구역 속성을 지정할 수 있다.

- [강제 구역] 나누기 지우기
  새 구역을 나눈 것은 [쪽-구역 나누기]를 실행한 자리 앞이나 뒤에서 〈Delete〉나 〈BackSpace〉를 누르면 지워진다. 하나로 합쳐진 구역은 앞 구역의 모양을 그대로 따라간다.

- 속성 이어받기
  새 구역을 나누면 앞 구역의 구역 속성뿐만 아니라 편집 용지, 바탕쪽 상태, 각주/미주 모양, 프레젠테이션 상태, 쪽 테두리/배경 속성, 단 모양 등을 그대로 이어받는다.

1.3. 구역마다 다른 편집용지 설정하기

① 구역 1에 커서를 두고 단축키 F7키를 눌러 [편집 용지] 대화상자를 연 후 [용지 종류]는 'A4(210*297mm)'로 하고, [용지 방향]은 '세로', [제본]은 '왼쪽'으로 지정한 후 [용지 여백]은 위쪽 '20mm', 아래쪽 '15mm', 왼쪽 '30mm', 오른쪽 '30mm', 머리말 '10mm', 꼬리말 '10mm', 제본 '0mm'로 지정하되, [적용 범위]를 '현재 구역'으로 선택하고 [설정]을 누른다.

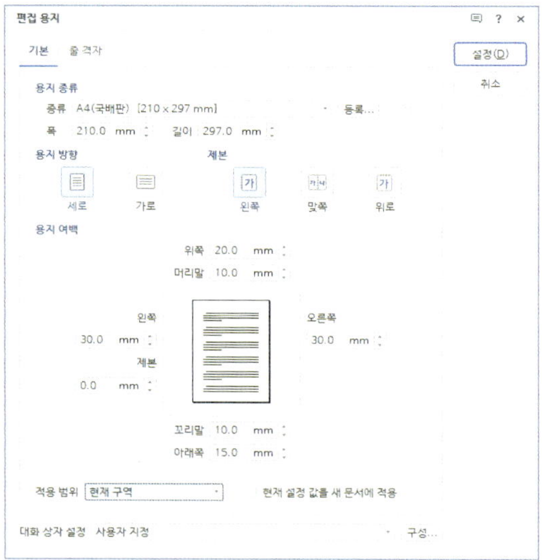

② 구역 2에서는 맞쪽의 형식으로 편집용지를 설정해 보자. 구역 2에 커서를 두고 단축키 F7를 눌러 [편집 용지] 대화 상자를 연 후 [용지 종류]는 'A4(210*297mm)'로 하고, [용지 방향]은 '세로', [제본]은 '맞쪽'으로 지정한 후 [용지 여백]은 위쪽 '20mm', 아래쪽 '15mm', 안쪽 '10mm', 바깥쪽 '30mm', 머리말 '10mm', 꼬리말 '10mm', 제본 '0mm'로 지정하고, [적용 범위]를 '현재 구역'으로 한다.

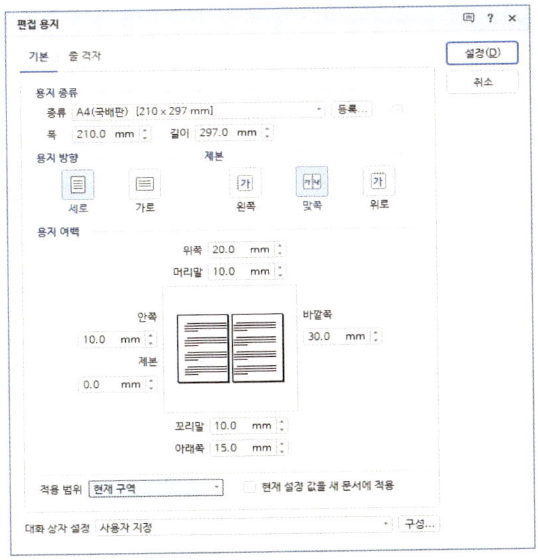

[편집 용지]의 [제본]

- [왼쪽] : 홀수/짝수 쪽 구별 없이 한 쪽으로만 인쇄하고자 할 때 선택한다.
- [맞쪽] : 양면 인쇄하고자 할 때 선택하는데 이는 책을 펼쳐 놓았을 때 서로 마주 보는 짝수 쪽과 홀수 쪽을 서로 다르게 편집하는 것이다. [제본]-[맞 쪽]을 선택하면 [용지 여백]의 [왼쪽/오른쪽]은 [안쪽/바깥쪽]으로 바뀐다. [안쪽]과 [바깥쪽]은 홀수 쪽인지 짝수 쪽인지에 따라 달라진다. [안쪽]은 홀수 쪽에서는 '왼쪽', 짝수 쪽에서는 '오른쪽'이고, [바깥쪽]은 홀수 쪽에서는 '오른쪽', 짝수 쪽에서는 '왼쪽'이다. [맞쪽]으로 지정했을 경우 쪽 모양은 다음과 같다.

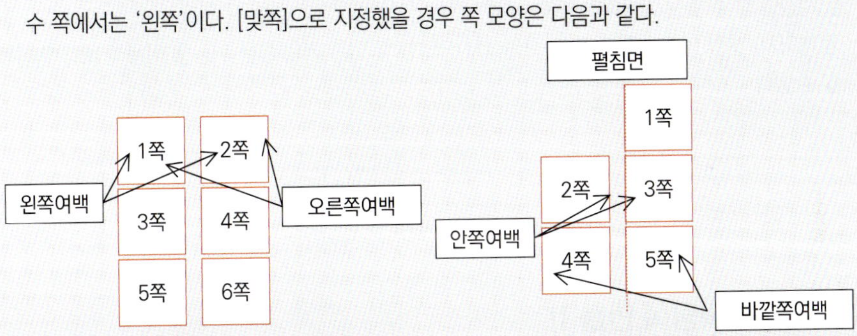

[왼쪽 제본일 경우] [맞쪽 제본일 경우]

- [위로] : 인쇄한 문서의 위쪽을 제본하고자 할 경우이며, [제본-위로]를 지정하고 적당한 [제본 여백]을 주어 문서를 편집한다.
- [제본 여백] : 문서의 제본을 위해 남기는 여백으로 [제본]-[한쪽]을 지정한 경우에는 용지 끝에서 왼쪽 여백 시작 부분까지의 여백이고, [제본]-[맞 쪽]을 지정한 경우에는 용지 끝에서 안쪽 여백 시작 부분까지의 여백이다. [제본]-[위로]를 지정한 경우에는 용지 끝에서 위쪽 여백 시작 부분까지의 여백을 의미한다.

2. 바탕쪽 만들기

배경이 있는 문서를 만들고자 할 때는 글자 모양, 문단 모양 등을 고려하기 전에 먼저 [바탕쪽]을 이용하여 배경을 만드는 것이 좋다. 글자의 모양이나 문단 모양을 만든 후에 배경을 만들면 어딘지 모르게 배경과 어울리지 않거나 배경 밖으로 글자들이 빠져나가는 등의 문제들이 생길 수 있다. 따라서 배경을 먼저 만든 다음 문서의 글자 모양과 문단 모양들을 배경에 맞춰 편집하는 것이 이중으로 수정하는 번거로움을 피하면서 문서를 빠르고 쉽게 만드는 방법이다.

바탕쪽

문서 전체 쪽에 공통으로 적용되는 쪽 모양은 [바탕쪽]에서 작성한다. 바탕쪽은 홀수 쪽과 짝수 쪽을 따로 지정할 수 있어, 맞쪽 문서를 작성할 때 펼쳐진 모양에 맞추어 원하는 모양대로 편집할 수 있다. 구역 단위로 바탕쪽을 달리 적용하면 장이나 절마다 다른 배경을 만드는 작업을 손쉽게 수행할 수 있다.

[쪽 테두리/배경]과의 차이점

[모양]-[쪽 테두리/배경]은 문서 전체 쪽에 공통으로 적용되는 테두리 모양과 배경 색, 배경 그림 등을 지정만 할 수 있는 기능이다. 이에 비해 [쪽]-[바탕쪽]은 글자 입력, 표 만들기, 그림 그리기 등 한 쪽(페이지) 분량 안에서 일반 편집 화면에서 작업할 수 있는 거의 모든 기능을 이용해 배경 편집을 할 수 있다.

2.1. 구역1의 바탕쪽 만들기

① 1구역에 커서를 두고 기본 도구 상자 [쪽]-[바탕쪽]을 선택한다.

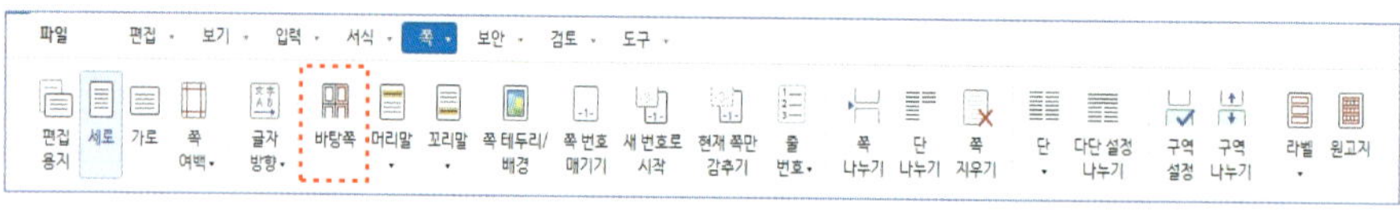

② 바탕쪽 [종류]는 '양쪽'으로 하고, [적용 범위]는 '현재 구역부터'를 선택한 후 [만들기]를 누른다.

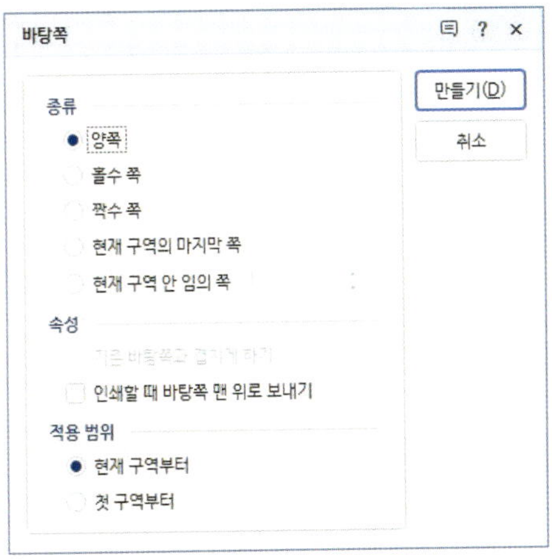

③ 바탕쪽 편집창이 열린다. 편집 창 상단에 《구역1의 바탕쪽(양쪽)》이란 글자가 화면에 나타난다. 이 창에서 작업하는 모든 작업은 1구역 모든 페이지의 배경으로 처리된다.

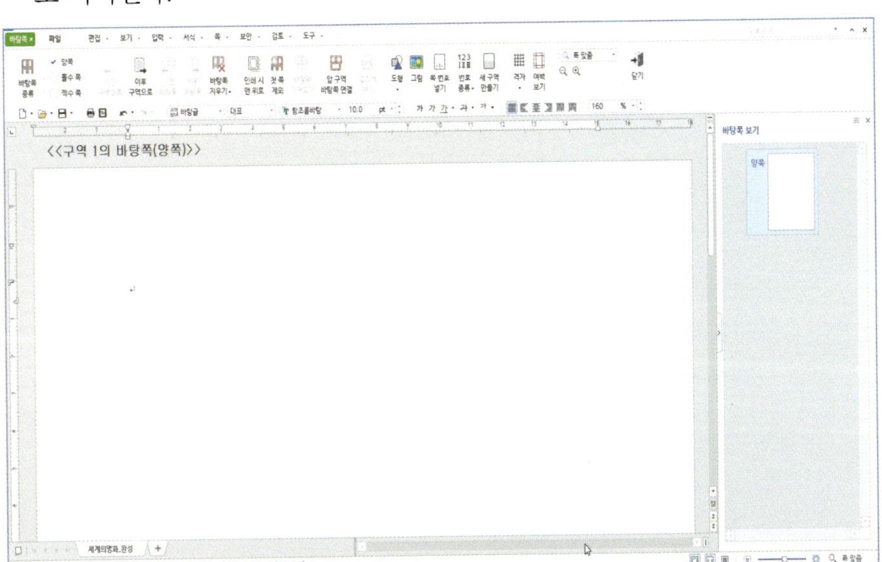

④ 바탕쪽 작업을 할 때는 화면 하단 오른쪽 [화면 보기]를 '쪽 맞춤'(▣)으로 바꾸어 쪽 전체 모양를 보면서 작업하도록 한다.

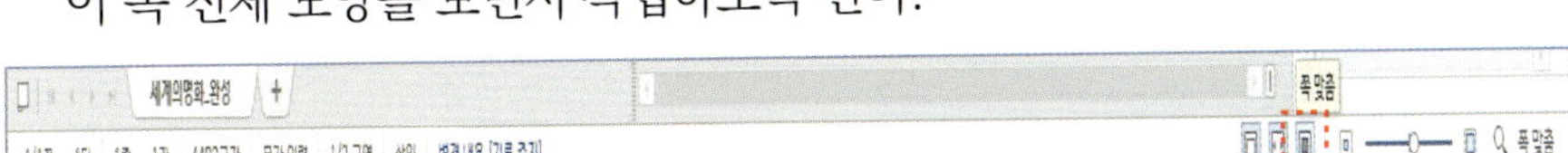

⑤ [바탕쪽] 도구 상자의 [도형]-[그리기 개체]에서 [직사각형]을 선택하여 사각형을 그려준다.

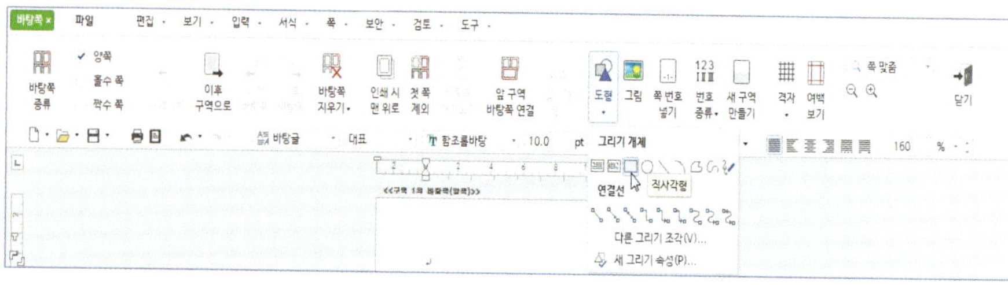

⑥ 그려놓은 사각형을 선택한 후 도형 도구 상자 [도형 속성]을 선택한다. [개체속성] 대화상자가 열리는데, 사각형의 크기는 '190×280mm'로 지정하고, 본문과의 배치는 '글 뒤로', 위치는 가로 '종이'의 '가운데' 기준 '0mm', 세로 '종이'의 '가운데' 기준 '0mm'로 지정하고 [설정]을 누른다.

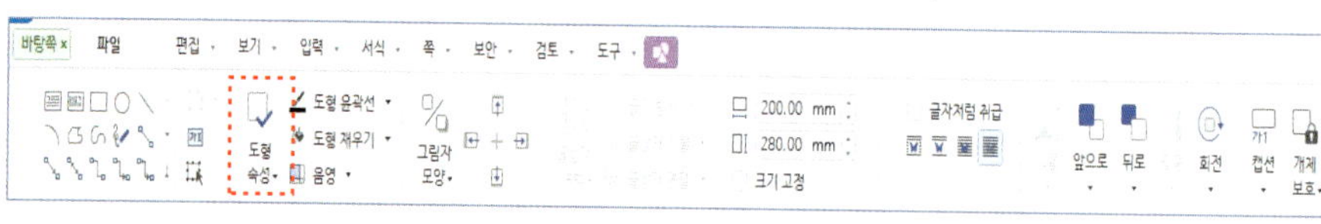

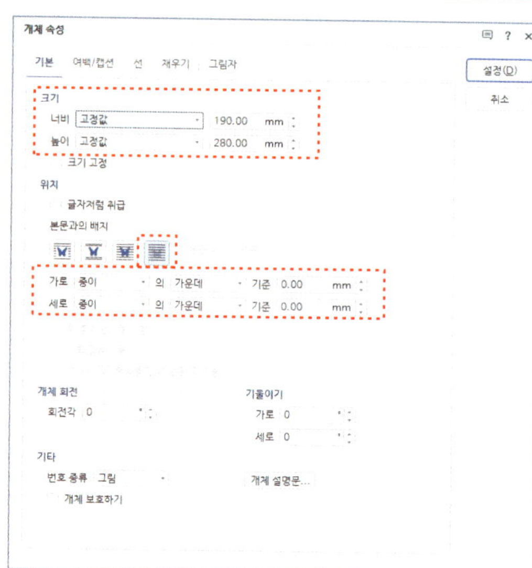

⑦ 도형 도구 상자의 [도형 윤곽선]과 [도형 채우기] 기능을 이용하여 [도형 윤곽선]의 선 종류는 '얇고 굵은 이중선'을 선택하고, 도형 채우기는 '색 없음'을 선택한다.

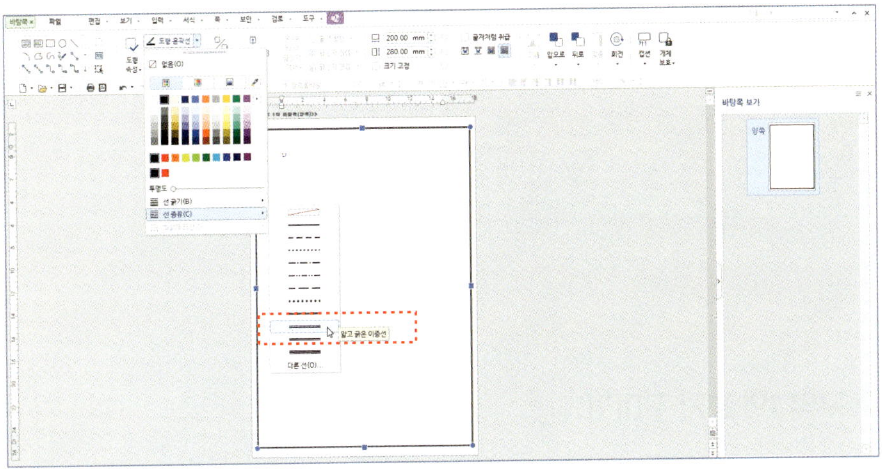

⑧ [바탕쪽] 도구 상자 [그림](단축키 Ctrl+N+I)을 선택하여 제공된 '표지그림.jpg'를 삽입한다.

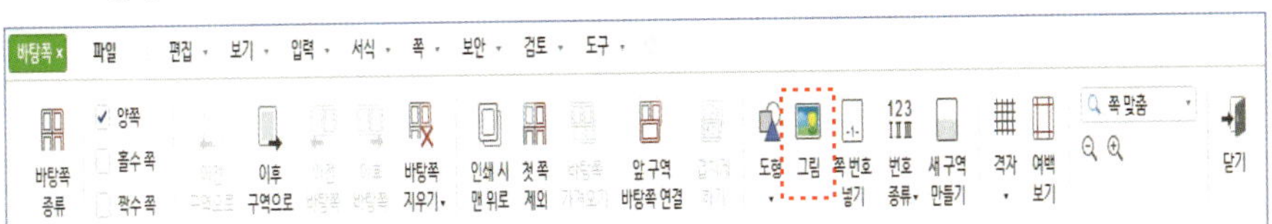

⑨ 삽입된 그림을 더블 클릭하여 [개체속성] 창에서 [크기] '170×150mm', [본문과의 배치]는 '자리차지'(▣)로 지정하고 그림의 위치는 [가로] '종이'의 '가운데' 기준 '0mm', [세로] '종이'의 '아래' 기준 '20mm'로 지정한 후 [설정]을 누른다.

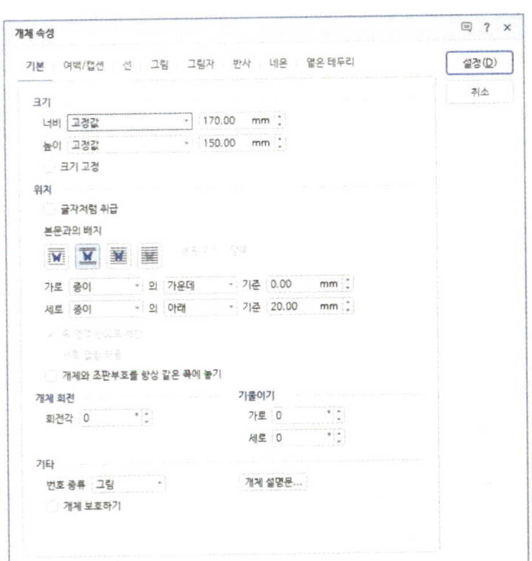

⑩ 구역 1의 바탕쪽이 완성되었으면 [바탕쪽] 도구 상자의 [닫기]를 눌러 본문 편집 모드로 돌아간다.

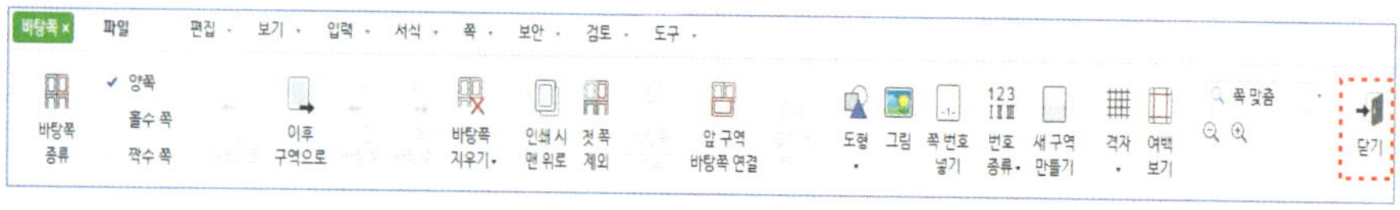

2.2. 구역 1의 표지 꾸미기

문서의 제목은 언제든지 수정될 수 있으므로 바탕쪽에서 처리하지 말고 본문에서 바로 처리하는 게 좋다.

① '인류가 사랑하는' 문단을 블록으로 지정한 후 '한컴 윤고딕 230', '24pt', '배분 정렬'하고, 문단 아래 간격을 '50pt'로 지정한다.

② '세계의 명화' 문단을 블록으로 지정한 후 '한컴 윤고딕 230', '72pt', '진하게', '배분 정렬'하되, 글자들을 하나씩 블록으로 지정한 후 [글자 모양] 대화상자(Alt+L)에서 [글자 위치]를 각각 '50%', '0%', '50%', '0%', '50%'로 바꿔가면서 글자 위치를 조정해 준다. '명화'의 글자색을 '빨강색'으로 바꾸어준다.

2.3. 구역 2의 바탕쪽 만들기

구역 2는 구역 1과 달리 펼쳤을 때 양면 페이지가 마주 보고 있도록 배경을 바꾸어 보자. 그런데 서식 도구 상자의 [미리 보기]로 문서를 확인해 보면 이미 구역 2의 바탕쪽 모양이 구역 1과 같게 나타나는 것을 볼 수 있다.

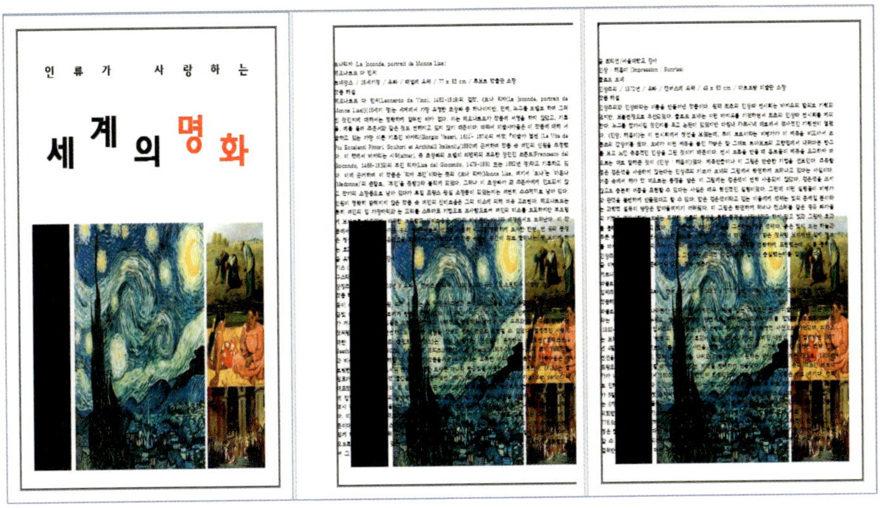

문서를 여러 구역으로 나눈 후 [쪽-바탕쪽]을 실행하면 현재 구역 이후의 모든 구역은 앞쪽으로 거슬러 가장 가까운 구역의 바탕쪽 모양을 적용받는다. 이 상태에서 이후 구역의 바탕쪽을 편집하면, 선택한 구역뿐만 아니라 문서 앞쪽의 해당 바탕쪽에도 편집한 바탕쪽이 그대로 적용된다. 따라서 고쳐진 바탕쪽이 현재 구역부터 적용되도록 하려면, [바탕쪽] 탭에서 [앞 구역 바탕쪽 연결] 단추를 눌러 이 항목의 선택을 해제한다. 그러고 나서 현재 구역부터 적용될 바탕쪽을 새로 만들어야 한다.

① 구역 2에 커서를 두고 [쪽]-[바탕쪽]을 선택한다. '《구역 2의 바탕쪽(양 쪽) - 앞 구역 바탕쪽 연결》'이라는 문구와 함께 구역 1에서 만든 바탕쪽이 구역 2 바탕쪽에 나타난다. 앞에서도 언급한 바와 같이 이 상태에서 바탕쪽을 수정하면 구역 1의 바탕쪽도 같이 수정되므로 주의해야 한다. 구역 2를 앞 구역과는 다른 바탕쪽 모양으로 수정하려면 앞 구역과의 연결을 끊어야 한다. [바탕쪽] 도구 상자에서 [앞 구역 바탕쪽 연결]을 클릭 해제한다.

② [바탕쪽] 창이 열리면서 "[양쪽] 바탕쪽을 만들까요?"라는 메시지가 나타나면 [만듦] 단추를 누른다. 앞 구역과의 연결이 끊긴 '《구역 2의 바탕쪽(양 쪽)》' 편집 창이 새롭게 열린다. 이제 구역 1과는 별개의 구역 2만의 바탕쪽을 만들 수 있다.

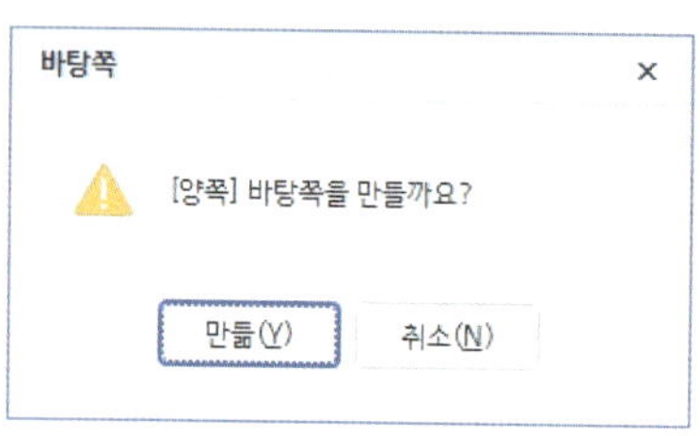

③ 구역 2에서는 짝수 페이지와 홀수 페이지의 배경을 각각 다르게 만들려고 한다. [바탕쪽] 도구상자 [바탕쪽 종류]를 선택한다. [바탕쪽 종류] 대화상자에서 '짝수 쪽'을 선택하고 [만들기]를 누르면 새롭게 '《구역 2의 바탕쪽(짝수 쪽)》'이 나타난다. 여기서 작업하는 모든 내용은 구역 2의 짝수 페이지들의 배경이 된다.

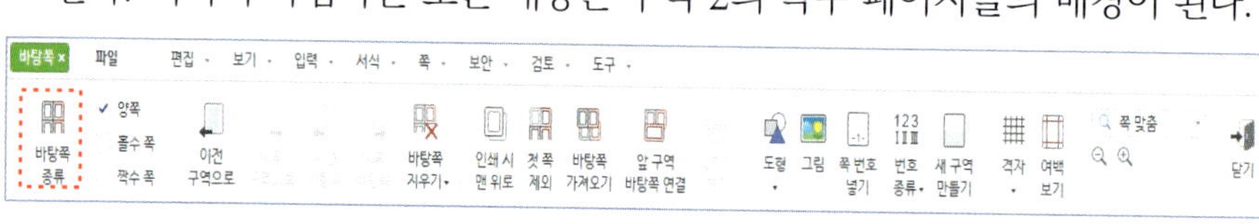

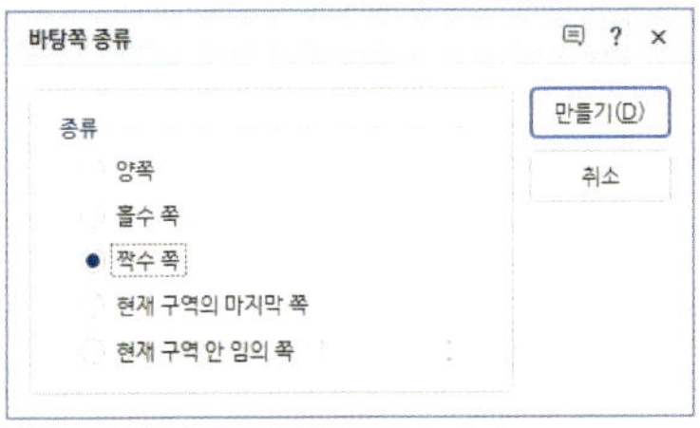

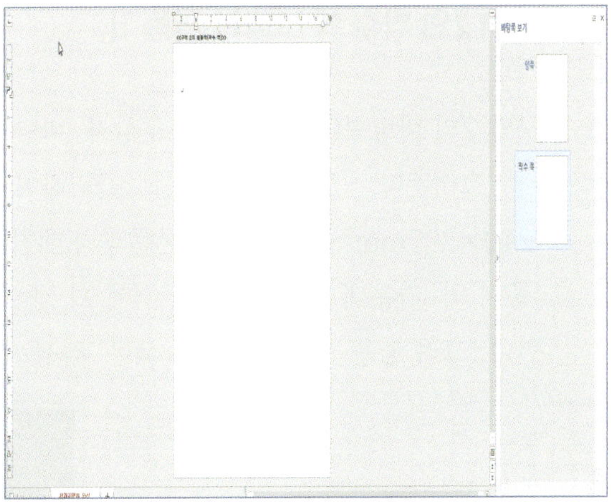

④ '양쪽'으로 만들어진 바탕쪽은 [바탕쪽] 도구상자의 [바탕쪽 지우기]를 눌러 지워준다.

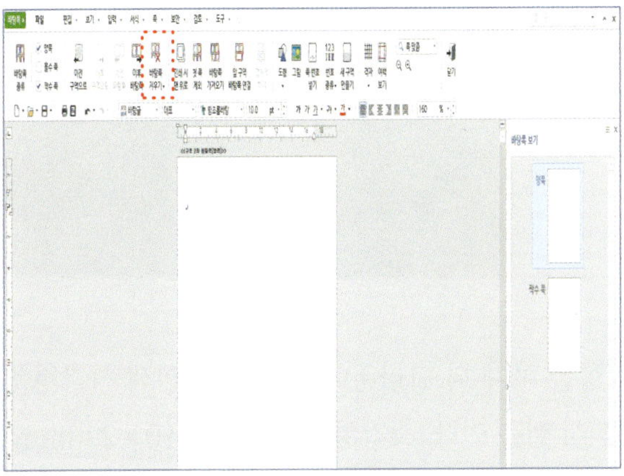

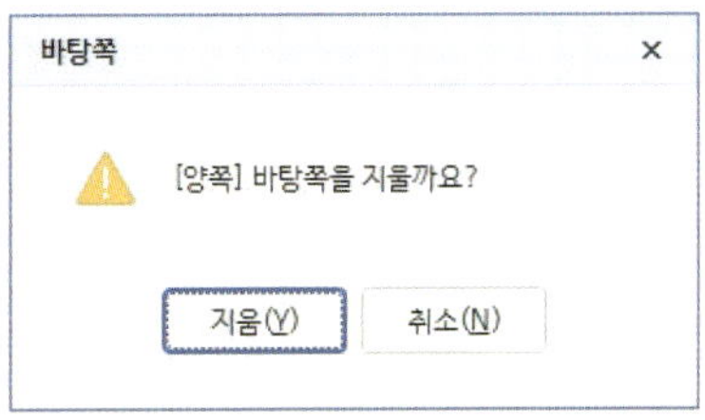

바탕쪽

■ 종류

바탕쪽은 구역 단위로 만들 수 있다. 하나의 구역에는 양 쪽 바탕쪽을 적용하거나, 홀수쪽/짝수쪽 바탕쪽을 각각 적용할 수 있다. 예를 들어, 한 구역 안에 '양쪽 바탕쪽'과 '홀수쪽 바탕쪽'을 함께 만든 경우, 짝수 쪽에는 '양쪽 바탕쪽'이 나타나고, 홀수 쪽에는 '홀수쪽 바탕쪽'이 나타난다.

① 양쪽 : 양쪽에 적용되는 바탕쪽을 만든다.

② 홀수 쪽 : 홀수 쪽에만 적용되는 바탕쪽을 만든다. 양쪽 바탕쪽과 홀수쪽 바탕쪽을 모두 만든 경우 홀수쪽 바탕쪽이 양쪽 바탕쪽보다 우선한다.

③ 짝수 쪽 : 짝수 쪽에만 적용되는 바탕 쪽을 만든다. 양쪽 바탕쪽과 짝수쪽 바탕쪽을 모두 만든 경우 짝수쪽 바탕쪽이 양쪽 바탕쪽보다 우선한다.

2.4. 구역 2의 짝수 쪽 바탕쪽 만들기

① 구역 2의 바탕쪽(짝수 쪽)에 도구상자 [바탕쪽]-[도형]을 이용하여 사각형을 하나 그려준다. 사각형을 더블 클릭하여 개체속성 창을 열고 [크기]를 '210×297mm'로 지정하고 [본문과의 배치]는 '글 뒤로', 그림의 위치는 [가로] '종이'의 '가운데' 기준 '0 mm', [세로] '종이'의 '가운데' 기준 '0 mm'로 지정한다. 그려 놓은 사각형의 내부 색은 '검정'으로 지정한다.

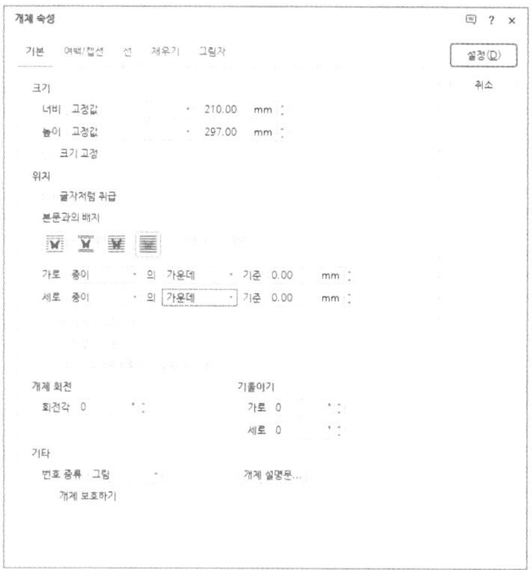

② 검은색 사각형 위에 흰색 사각형을 하나 더 그려준다. 그려놓은 흰색 사각형을 더블 클릭하여 [개체 속성]- [기본] 탭을 연다. 사각형의 크기는 '210×270mm'로 하고, [본문과의 배치]는 '글 뒤로', 위치는 [가로] '종이'의 '오른쪽' 기준 '-10mm', [세로] '종이'의 '가운데' 기준 '0mm'로 지정한다. [선] 탭에서 [선 종류]는 '없음'으로 지정하고, [사각형 모서리 곡률]에서 '곡률 지정'을 선택한 후 '5%'로 값을 넣어준다. [설정]을 누르면 종이 왼쪽에만 흰색 사각형의 모서리가 둥글게 나타난다. (여기서 개체의 위치를 [가로] '종이'의 '오른쪽' 기준 '-10mm'로 지정한 이유는 모서리의 오른쪽 둥글려진 부분을 종이 바깥으로 빼서 인쇄되지 않도록 하기 위함이다.)

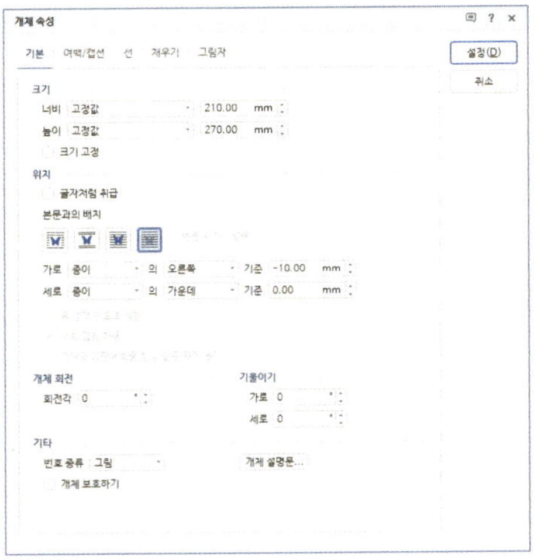

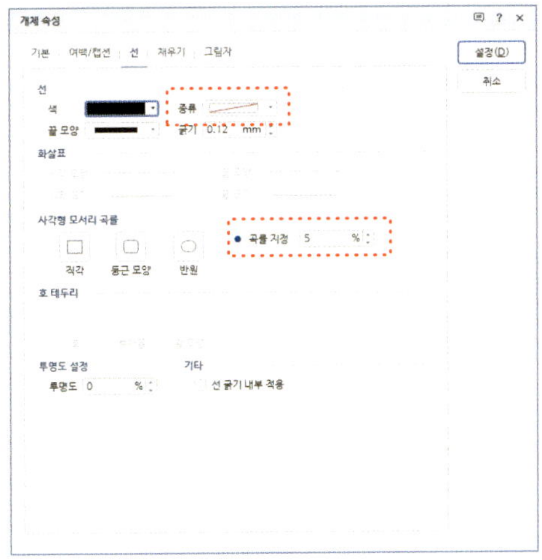

2.5. 바탕쪽에 쪽 번호 넣기

이번에는 짝수 쪽의 왼쪽에 글상자를 이용하여 쪽 번호를 넣어보려고 한다. 글상자를 삽입하고 그 안에 바탕쪽 도구상자에 있는 '쪽 번호 넣기' 기능을 이용하면 바탕쪽 원하는 위치에 쪽 번호를 삽입할 수 있다. 글상자는 위치와 크기 조절, 글상자 안의 채우기 효과, 테두리의 모양과 색깔 바꾸기 등을 자유롭게 설정할 수 있어 쓰임새가 다양하다.

① [그리기] 도구 상자에서 가로 글상자 아이콘(▤)을 선택한다.

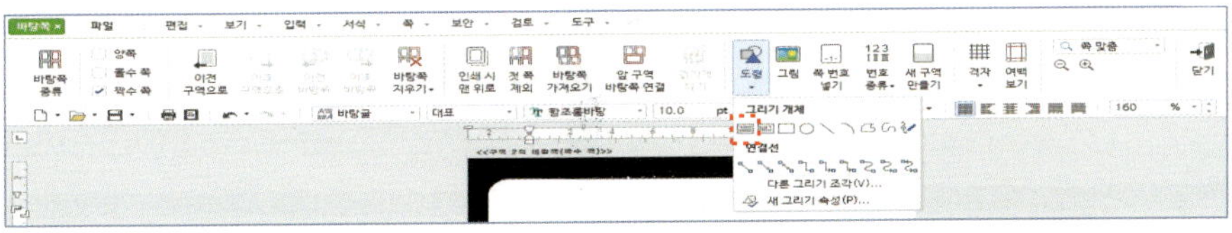

② 흰색 사각형 위에 글상자 하나를 삽입하고 글상자를 더블 클릭한다. [개체 속성] - [기본] 탭에서 글상자의 [크기]는 '20×50mm'로 지정하고 [본문과의 배치]는 '글 앞으로'로 한다. 위치는 [가로] '종이'의 '왼쪽' 기준 '5mm', [세로] '종이'의 '가운데' 기준 '0mm'로 한다. [도형] 도구상자에서 [도형 윤곽선]은 '없음'을 선택하고, [도형 채우기]는 '흰색'으로 지정한다.

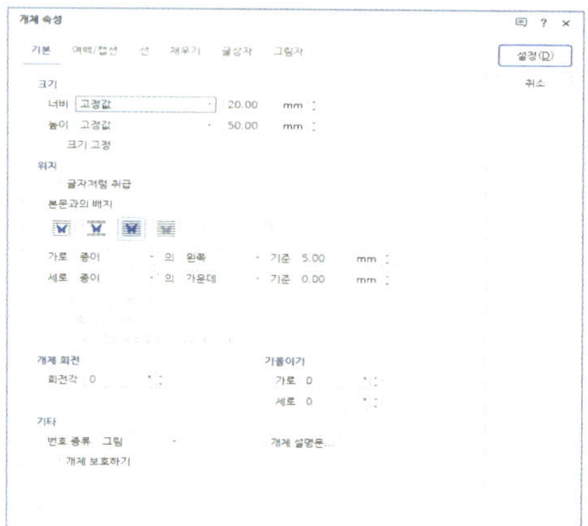

③ 글상자 안에 커서를 두고 [바탕쪽] 도구 상자에서 [쪽 번호 넣기]를 누른다. 글상자 안에 '##'이 나타나는데, 이 부분에 해당 페이지 번호가 나타난다는 표시이다.

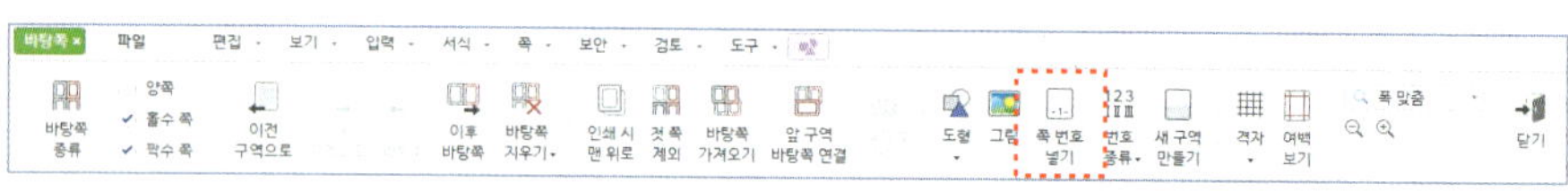

④ '##'을 블록으로 지정하여 '한컴 윤고딕 230', '24pt', '진하게', '가운데 정렬' 한다. 서식 도구 상자의 [미리 보기](▤)를 눌러 구역 2의 짝수 페이지를 확인해 보면 아래 그림과 같이 배경이 만들어진다.

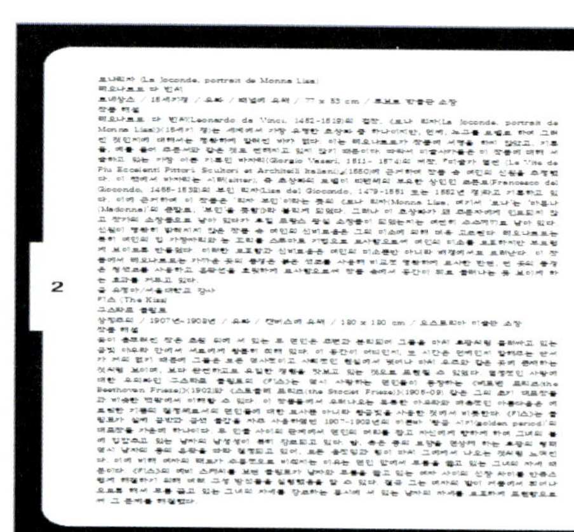

[미리보기]에서 나타나는 프린터 기본 여백 없애기

[미리보기](▤)를 눌러 인쇄될 모양을 확인하면 종이 바깥 테두리에 흰색 여백이 나타난다. 이 여백은 프린터에 설정된 기본 여백으로 문서를 인쇄하면 항상 그 여백만큼 비우고 출력된다. 다만 [미리보기]에서 프린터 기본 설정 여백이 안 나타나게 하고 싶다면 메뉴 [파일]-[인쇄] 대화상자를 열어 [프린터 선택] 목록 중 'HancomPDF'나 'PDF 저장'을 선택한다.

2.6. 구역 2의 홀수 쪽 바탕쪽 만들기

이제 구역 2의 홀수 쪽 바탕쪽을 만들어 보자. 홀수 쪽의 바탕쪽은 짝수 쪽의 바탕쪽에 그려놓은 도형들을 그대로 복사해서 적용하되 위치만 조정해 주면 된다.

① [바탕쪽] 도구 상자의 [바탕쪽 종류]를 선택한다. [바탕쪽 종류] 대화상자가 열리면 '홀수 쪽'을 선택하고 [만들기]를 누른다. 새로운 '《구역2의 바탕쪽(홀수 쪽)》' 페이지가 생긴다.

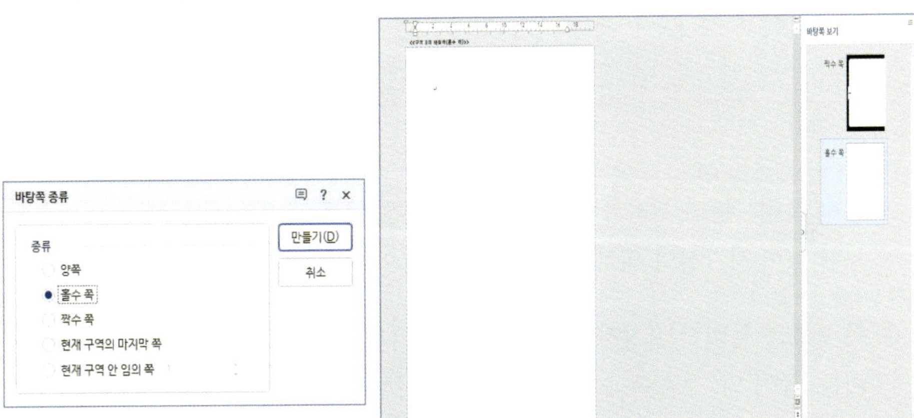

② 짝수 쪽에서 만들어 놓은 도형들을 홀수 쪽 바탕쪽에 붙여넣기 하려고 한다. [짝수 쪽] 바탕쪽으로 돌아가는 방법은 두 가지이다. 첫 번째는 [바탕쪽] 도구상자에서 [이전 바탕쪽]을 누른다. 두 번째는 [바탕쪽 보기]에서 '짝수 쪽'을 선택한다.

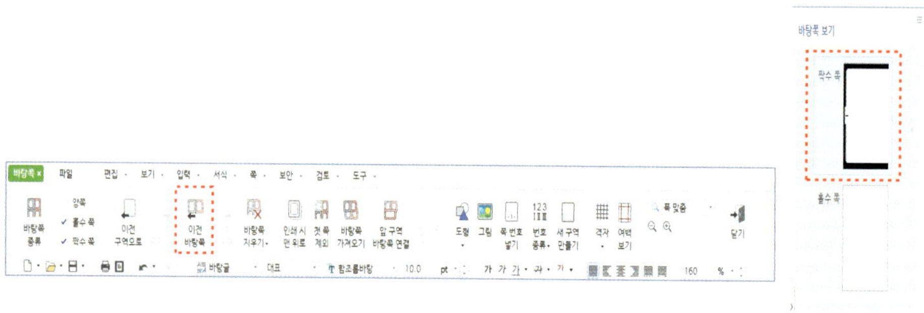

③ [화면 보기]를 '쪽 맞춤'(▣)으로 놓는다. [짝수 쪽] 바탕쪽에 그려놓은 개체들을 한번에 모두 선택하기 위해 Shift 키를 누른 상태에서 마우스로 하나씩 클릭한다. 개체들을 모두 선택한 후 [복사하기](Ctrl + C)한다.

④ 홀수 쪽 바탕쪽으로 가기 위해서 [바탕쪽] 도구 상자의 [이후 바탕쪽]을 누르거나 [바탕쪽 보기]에서 '홀수 쪽'을 선택한다. '홀수 쪽' 바탕쪽에 커서를 두고 [붙이기](Ctrl + V)한다.

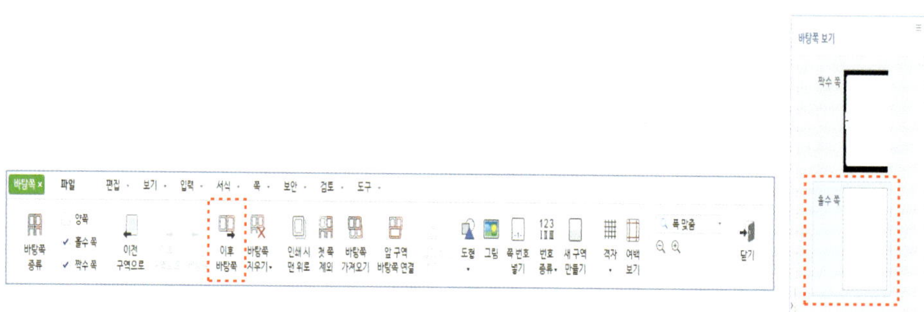

⑤ 홀수 쪽에서는 모서리가 둥근 흰색 사각형을 더블 클릭하여 [개체속성] 대화상자를 열어 사각형의 위치를 가로 '종이'의 '왼쪽' 기준 '-10mm'로 지정한다.

⑥ 쪽 번호가 들어간 글상자도 더블 클릭하여 [개체속성] 대화상자를 열고 가로 위치를 '종이'의 '오른쪽' 기준 '5mm'로 지정한다.

⑦ 홀수 쪽 바탕쪽이 완성되었다. (간혹 '홀수 쪽' 바탕쪽 맨 아래에 깔린 검정색 사각형이 마치 오른쪽으로 살짝 밀린 것처럼 보일 경우가 있는데 프로그램 버그로 인한 것이므로 무시해도 된다.)

⑧ 서식 도구 상자의 미리 보기()를 눌러 [쪽 보기]-[맞쪽]을 선택하면 아래와 같이 구역 2의 배경을 확인할 수 있다.

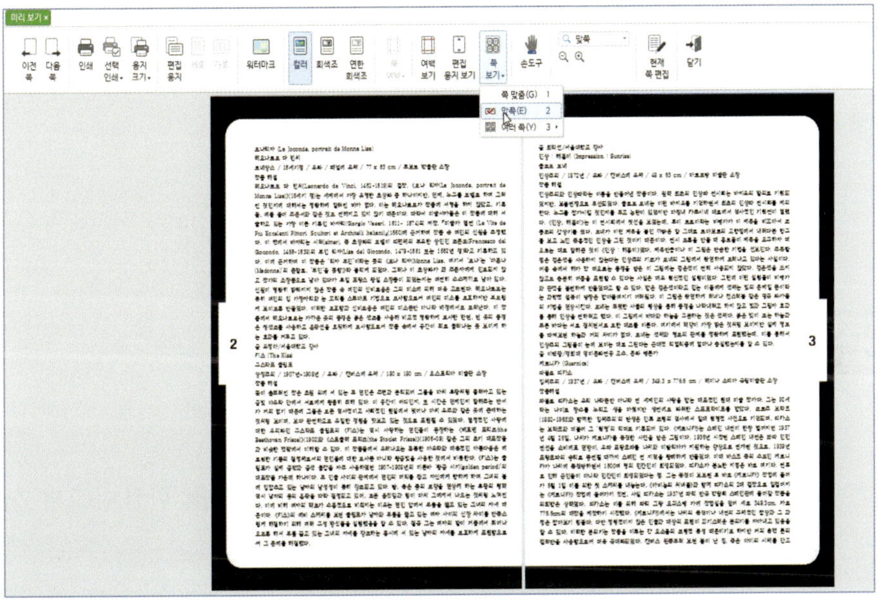

⑨ 모든 바탕쪽 작업이 끝났으면 [바탕쪽] 도구 상자의 닫기를 누른다.

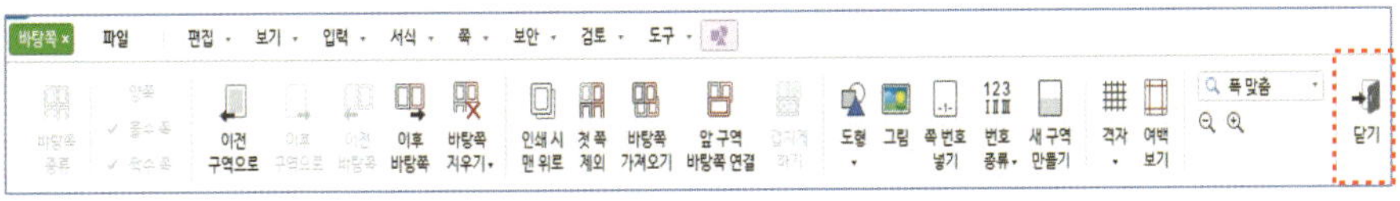

3. 스타일(Style) 만들고 적용하기

문서 내에서 자주 사용하는 글자 모양이나 문단 모양을 미리 등록해 놓고 사용하는 것을 [스타일(styles)]이라고 한다. 스타일을 만들어 놓으면 필요할 때 그 스타일을 선택하는 것만으로 해당 문단의 글자 모양과 문단 모양을 쉽게 바꿀 수 있다.

스타일은 단순히 글자 모양이나 문단 모양을 간편하게 수정하기 위해서라기보다는 긴 글에 대하여 일관성 있는 문단 모양을 유지하면서 편집 작업을 하는 데 꼭 필요한 기능이다.

이번 예제의 원고를 보면 4개의 작품에 대한 정보가 각각 작품 제목, 작가명, 작품 정보, 작품 해설, 글쓴이 등 총 5문단으로 되어있다. 이런 경우 작품 제목은 작품 제목끼리, 작가명은 작가명끼리, 작품해설은 작품해설끼리 같은 글자와 문단 모양을 유지하는 것이 좋다. 이렇게 같은 모양의 문단들이 반복적으로 문서에 여러 번 나타날 때는 처음 나오는 문단에 대해서만 한번 글자 모양, 문단 모양을 지정해 주고, 이를 문단 스타일로 등록한 후, 그 이후에 나오는 문단들은 등록된 스타일을 이용해서 빠르게 편집할 수 있다.

3.1. 전체 글자 모양 지정하기

① [화면 보기]를 '폭 맞춤'( )으로 바꾸어준다.

② 구역 2에 있는 모든 문단을 블록으로 지정한 후 글자 모양을 '한컴 윤고딕 230' 체로 지정한다.

3.2. 쪽 나누기

① '키스'부터 매 작품명 앞에 커서를 두고 [쪽]-[쪽 나누기] 또는 단축키(Ctrl+Enter↵)를 눌러 한 작품당 한 페이지에 놓이게 한다. 구역 2는 총 4개의 페이지가 만들어진다.

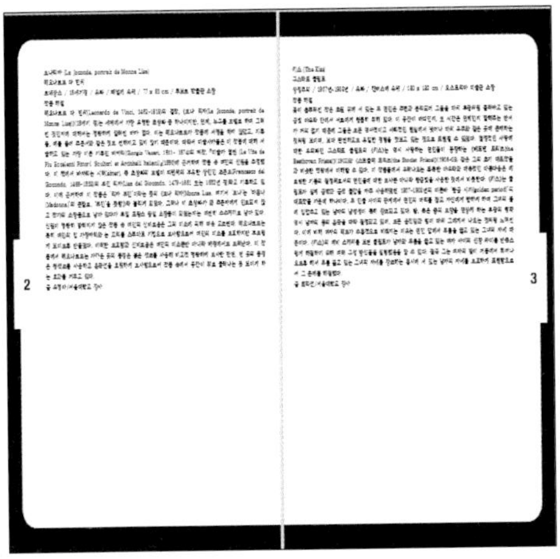
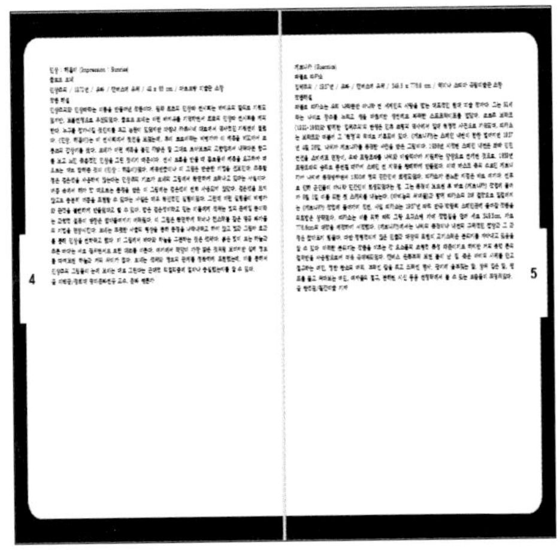

3.3. 개별 문단 모양 지정하기

① 첫 번째 작품 제목 '모나리자 (La Joconde, portrait de Monna Lisa)' 문단을 블록으로 지정하고 글자 모양 대화상자(Alt+L)를 열어 글꼴을 '14pt', '진하게'로 지정하고, [확장]탭을 열어 '회색'의 그림자를 '연속'으로 넣어준다.

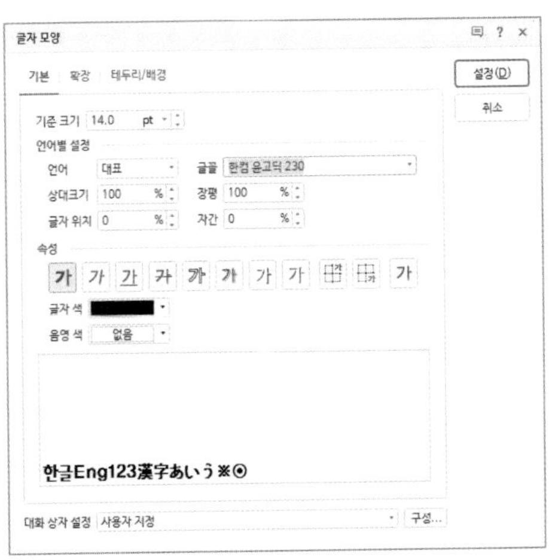

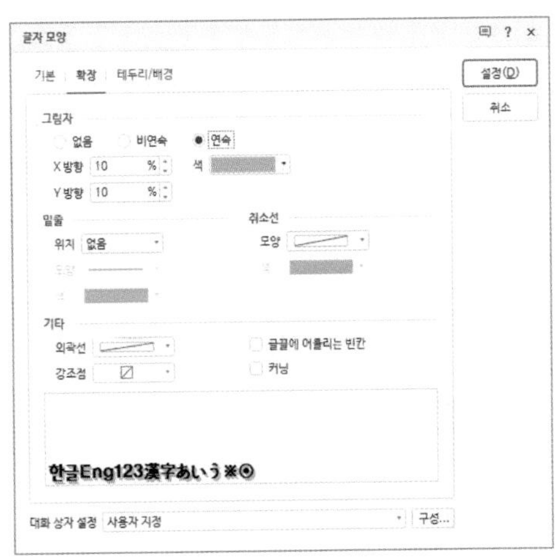

② [문단 모양] 대화상자(Alt+T)를 열어 정렬 방식은 '가운데 정렬'로 하고, 문단 위/아래 [간격]을 각각 '20pt'로 지정한다. [테두리/배경] 탭을 열어 배경 [면색]을 '노랑 50% 어둡게'로 지정하되, '문단 여백 무시'를 선택하고 문단 위쪽/아래쪽 간격을 '3mm'로 준 후 [설정]을 누른다.

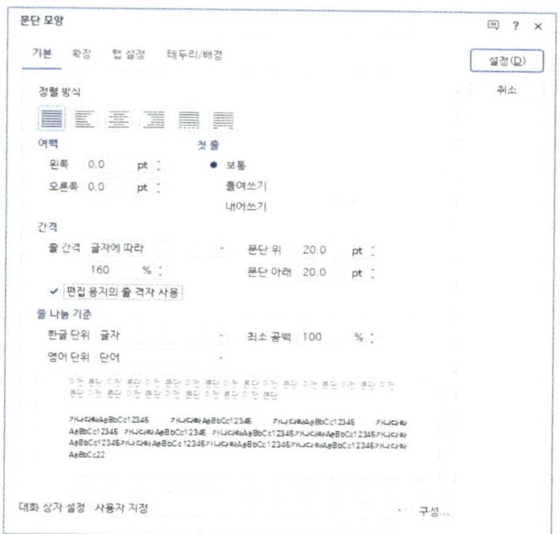
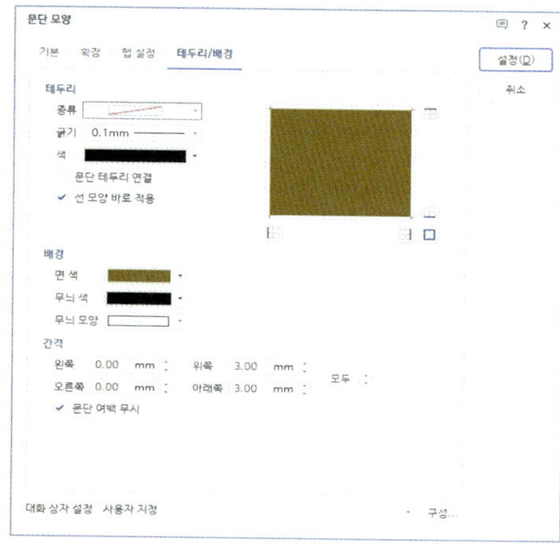

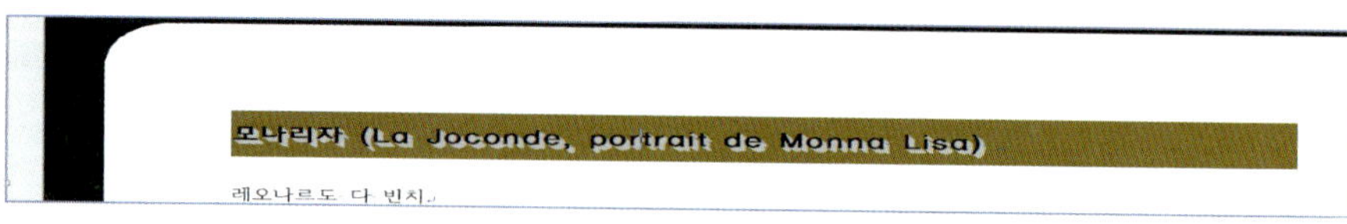

③ 작가명 '레오나르도 다빈치'를 블록으로 지정한 후 글자 크기 '11pt'로 지정한다. 문단 모양에서는 문단 아래 간격을 '10pt' 넣어준다.

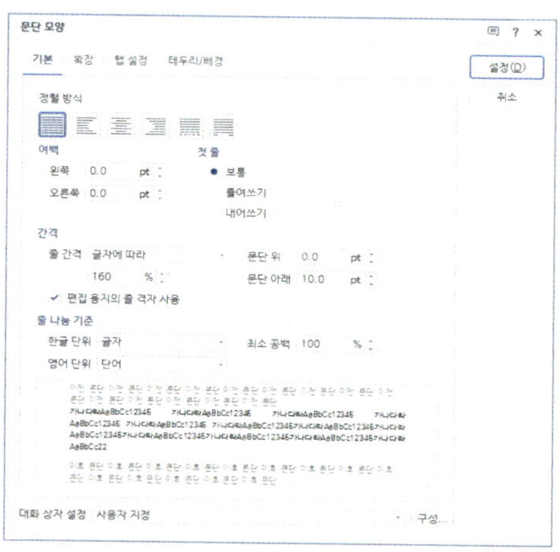

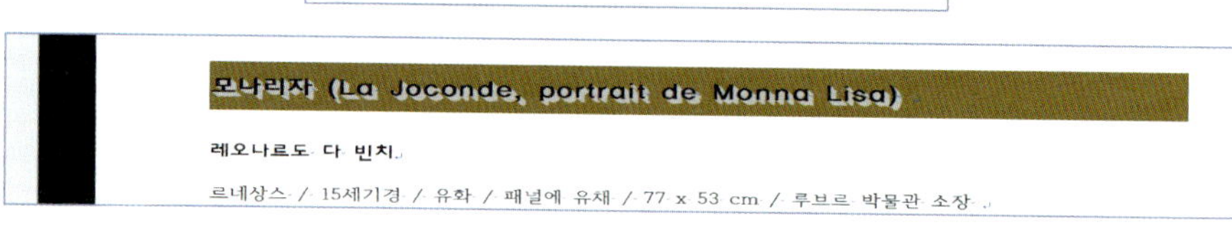

④ 작품정보가 있는 세 번째 문단은 글자 크기를 '8pt'로 지정한다. [문단 모양] 대화상자를 열어 [확장] 탭에서 '한 줄로 입력'을 선택한다.

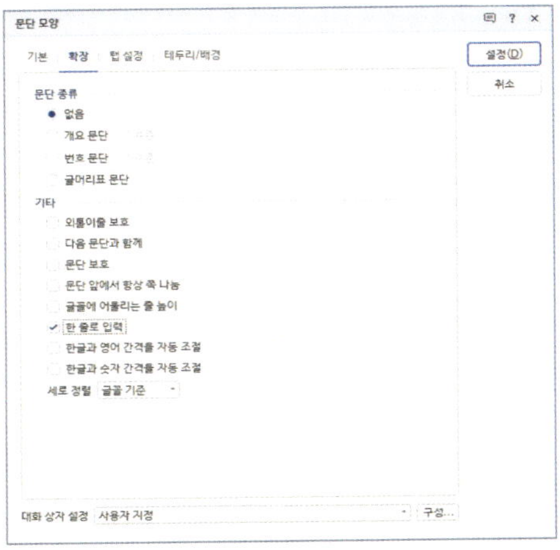

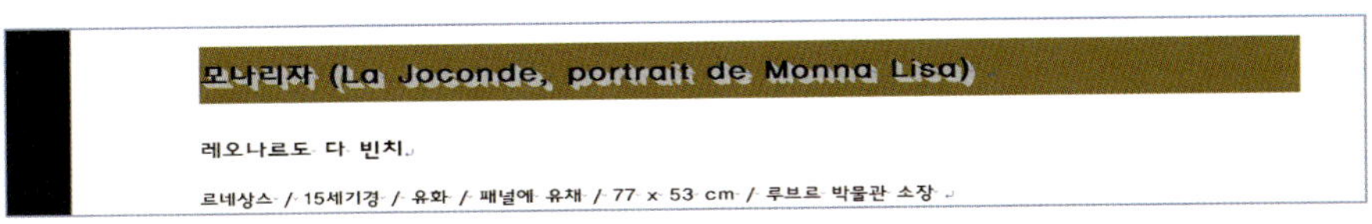

⑤ '작품 해설'부터 '효과를 거두고 있다.'까지의 문단을 블록으로 지정한 후 글자 크기를 '10pt'로 지정하고, 문단 모양에서는 [첫 줄] '들여쓰기', '10pt'로 지정한다.

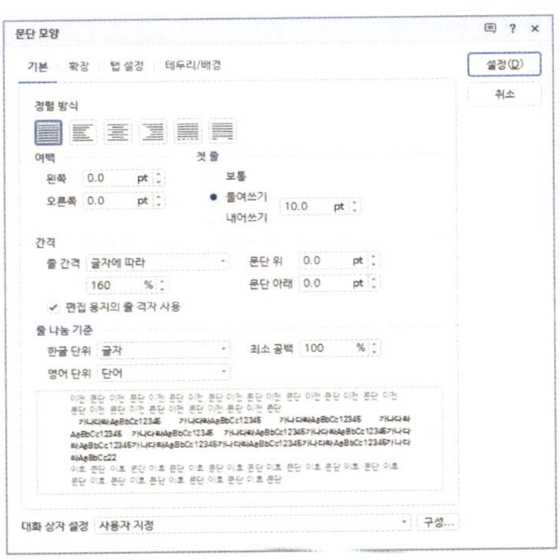

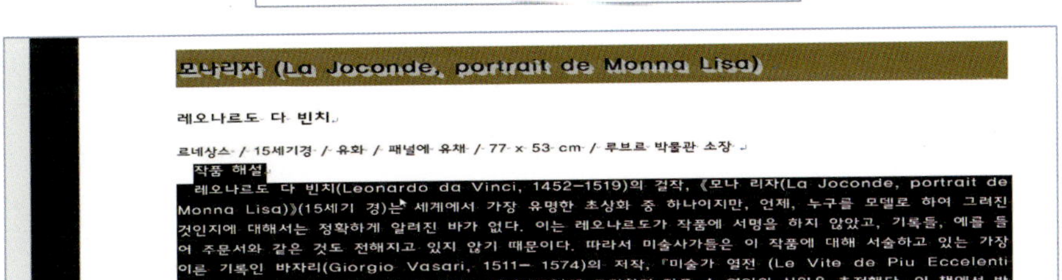

⑥ 마지막으로 글쓴이가 들어있는 문단 '글 유정아/서울대학교 강사'는 블록으로 지정한 후 글자 크기는 '9pt', '오른쪽정렬'로 지정한다.

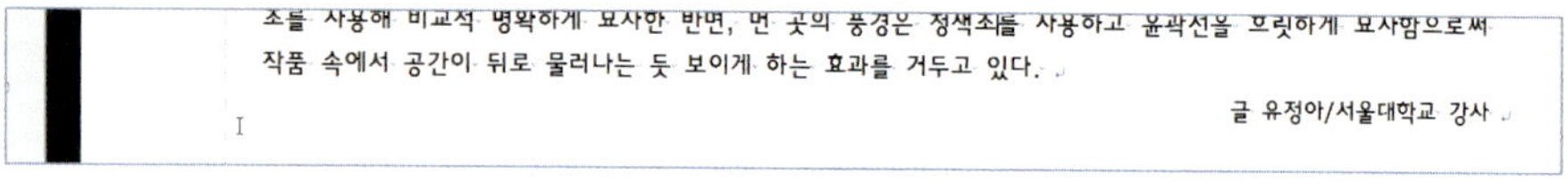

3.4. 스타일 등록하기

① 이제 개별 문단 모양을 스타일로 등록해 보자. 작품 제목에 커서를 가져다 놓는다. 메뉴 [서식]-[스타일]을 선택하거나 단축키(F6)를 눌러 스타일 대화상자를 연다.

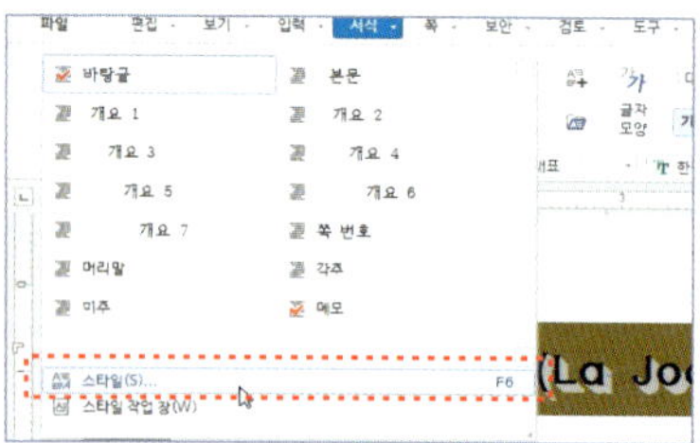

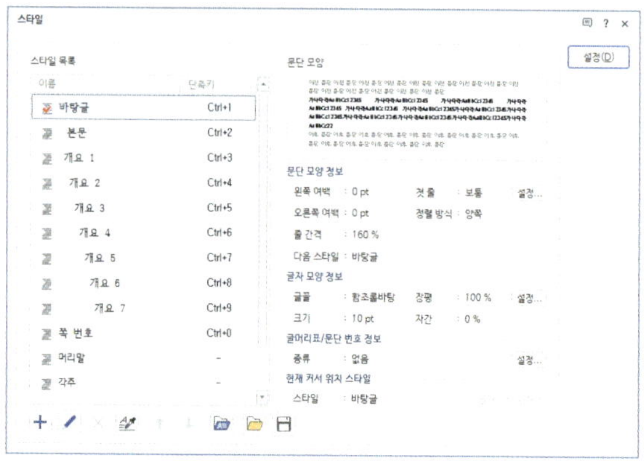

② [스타일] 대화상자의 [스타일 목록]을 보면 이미 여러 개의 스타일들이 등록되어 있다. 하지만 본인이 직접 만든 스타일이 아니면 글자모양/문단모양을 잘 알지 못하므로 자주 사용하지 않게 된다. 기존에 이미 등록되어 있는 스타일들을 지워보자. '바탕글' 스타일을 제외한 '본문'부터 '각주'까지의 모든 스타일을 하나씩 선택하여 [스타일 지우기](×)를 눌러 모두 지워준다.

③ 이제 다시 [스타일 추가하기](+)를 눌러 [스타일 추가하기] 대화상자를 연다. [스타일 이름]에 '작품제목'이라고 적고 [스타일 종류]는 '문단'을 선택한 후 [추가]를 누른다. 스타일 목록에 '작품제목'이라는 새로운 스타일이 등록된다.

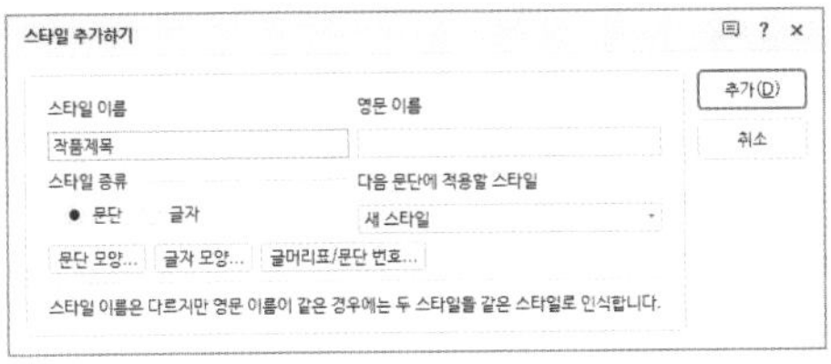

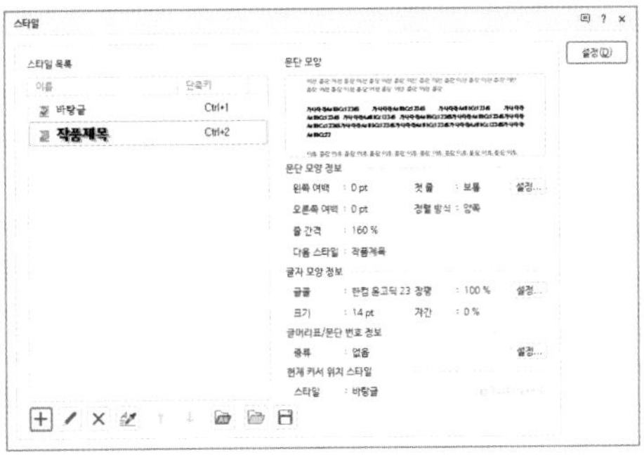

④ 같은 방법으로 작가명, 작품정보, 작품해설, 글쓴이 문단을 각각 블록으로 지정한 후 문단별로 하나씩 스타일로 등록해 본다.

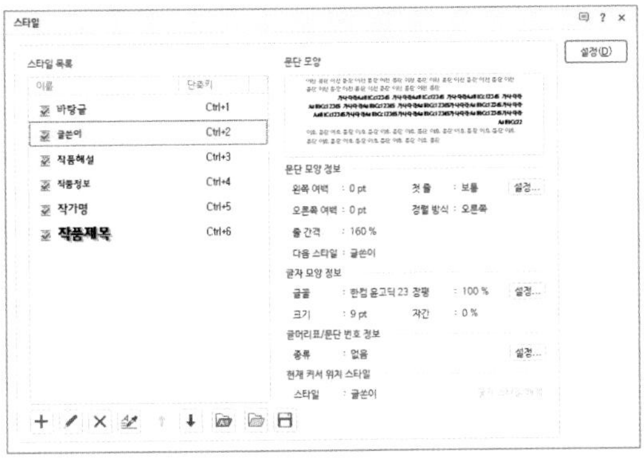

⑤ 다섯 개의 스타일은 만들어졌지만 등록된 스타일의 순서가 본문의 글 순서와 다르면 스타일을 적용하기가 쉽지 않다. 그런 경우에는 [스타일] 대화상자 하단에 있는 [한 줄 위로 이동하기]/[한 줄 아래로 이동하기](↑ ↓)을 눌러 아래와 같이 순서를 조정해 준다.

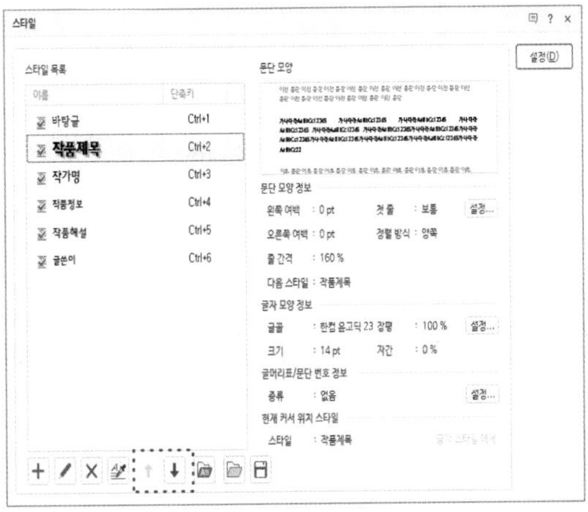

스타일 종류

스타일에는 하나의 문단에 필요한 글자 모양과 문단 모양, 탭 설정, 문단 테두리/배경과 같은 문서 양식을 미리 지정하여 하나의 형식으로 만들어 놓는 [문단 스타일]과 글꼴, 글자 크기, 글자 속성 등의 글자 모양만을 미리 지정하여 하나의 형식으로 만들어 놓는 [글자 스타일]이 있다.

[스타일] 대화상자의 스타일 이름 앞에 문단 모양 표시( )가 붙어 있는 것은 문단 스타일이고, 글자 모양 표시( )가 붙어 있는 것은 글자 스타일이다. 또한 스타일 아이콘에 체크 모양( )은 이 스타일을 적용받고 있는 문단이 이 문서 내에 있다는 표시이다.

3.5. [서식]-[스타일] 목록을 이용하여 스타일 적용하기

첫 번째 작품 '모나리자'에 대한 작품 제목, 작가명, 작품정보, 작품해설, 글쓴이에 대한 문단 모양을 각각 스타일 목록에 등록했기 때문에 이제 다른 나머지 작품들에 대해서는 글자 모양이나 문단 모양을 다시 지정할 필요 없이 스타일 목록에서 해당하는 문단들의 스타일을 적용해 주기만 하면 된다.

스타일을 적용하는 방법은 3가지가 있다. 각각의 방법을 이용하여 스타일을 적용해 보자

① 먼저 [스타일] 목록을 이용하는 방법을 사용하여 스타일을 적용해 보자. 두 번째 그림 '키스(The Kiss)'에 커서를 가져다 놓는다.

② 기본 도구 상자 [서식]-[스타일]에 만들어 놓은 스타일 목록이 나타난다. [스타일 목록]에서 '작품제목' 스타일을 선택한다. 두 번째 작품 '키스(The Kiss)'의 글자 모양과 문단 모양이 등록해 놓은 '작품제목' 스타일로 바뀐다.

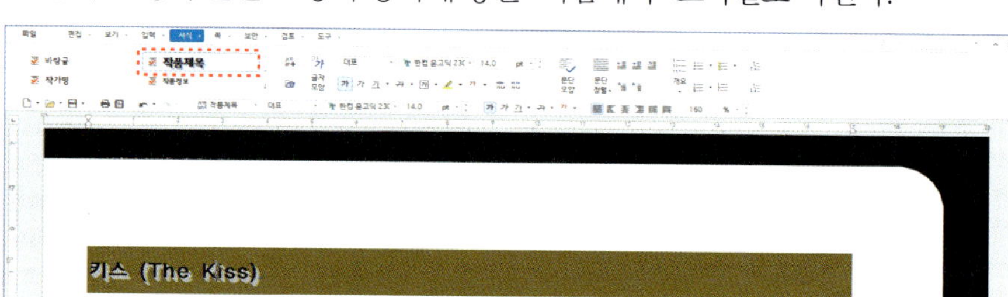

3.6. [서식] 도구 상자의 스타일 목록을 이용하여 스타일 적용하기

① 두 번째로는 [서식] 도구 상자에 있는 스타일 목록에서 스타일을 지정하는 방법이다. 두 번째 작품의 작가명 '구스타프 클림트'에 커서를 가져다 놓는다.

② [서식] 도구 상자에 있는 스타일 목록에서 '작가명' 스타일을 선택한다. 문단의 모양이 '작가명' 스타일로 바뀌게 된다.

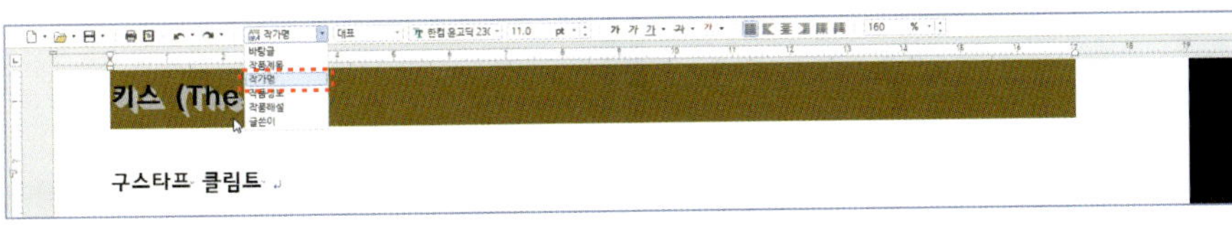

3.7. 단축키를 이용하여 스타일 적용하기

① 마지막은 단축키(Ctrl + 스타일목록번호)를 눌러 스타일을 지정하는 방법이다. 두 번째 작품의 작품정보 '상징주의 ... 오스트리아 미술관 소장' 문단에 커서를 놓는다.

② 단축키 F6을 눌러 [스타일] 대화상자를 다시 열어본다. [스타일 목록]에서 보면 각각의 스타일에 단축키가 Ctrl+1, Ctrl+2, Ctrl+3 등으로 자동 설정되어 있다. 이 단축키를 이용하면 해당 스타일을 쉽게 적용할 수 있다. '작품정보' 스타일에 매칭되어 있는 단축키를 확인한다.

③ [스타일] 대화상자를 닫고 해당 문단에 커서를 놓은 후 Ctrl+4를 누르면 해당 문단이 '작품정보' 스타일로 바뀌게 된다.

④ 나머지 문단들도 여러 가지 스타일 적용 방법을 이용하여 빠르게 각 문단에 해당하는 스타일들로 적용한다.

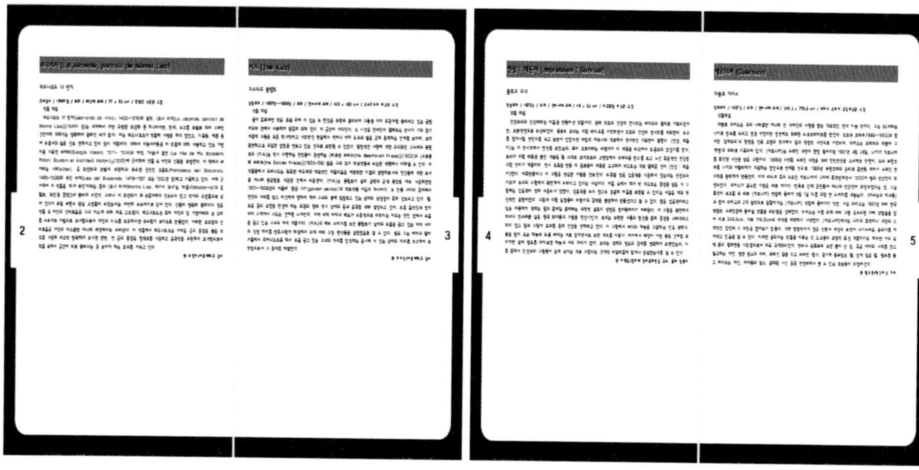

단축키를 이용하여 스타일 적용하기

단축키를 이용해 쉽게 스타일을 적용할 수 있다. [스타일] 대화상자에서 제일 앞부분에 있는 [바탕글] 스타일을 1번으로 해서 차례대로 10개의 단축 번호를 갖게 된다. 스타일을 적용할 곳에 커서를 놓고 〈Ctrl〉과 함께 해당 스타일의 번호를 누르면 그 순번에 해당하는 스타일이 곧바로 적용된다.

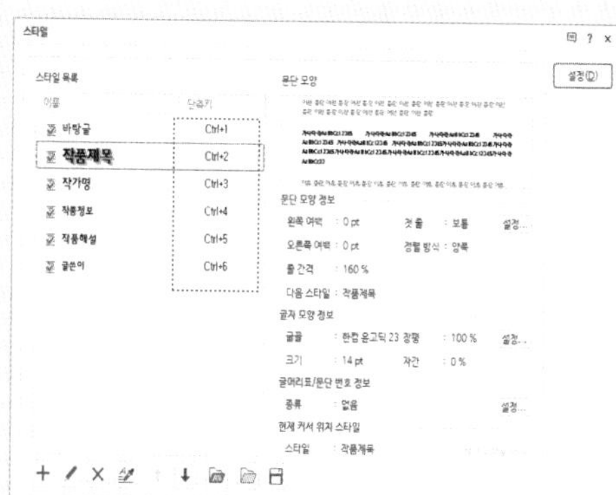

또한 등록된 스타일이 많은 경우 자주 사용하는 스타일은 [한 칸 위로 이동하기], [한 칸 아래로 이동하기](↑ ↓)를 이용하여 원하는 단축키와 스타일을 매칭 시켜 사용하면 편하게 스타일을 적용할 수 있다. 이와같이 사용자의 요구에 따라 인터페이스를 수정할 수 있는 능력이 갖추어지면 어떤 프로그램이든 사용하기가 훨씬 수월해 지고 그만큼 작업의 능률이 오르게 된다.

3.8. 스타일 수정하기

적용된 스타일 모양을 수정하고 싶다면 문단 하나를 수정하는 것이 아니라 스타일 자체를 수정해야 한다.

① 본 예제에서 작품 제목 문단들의 글자 모양과 문단 모양을 수정하고 싶다면, 일단 '모나리자' 문단에 커서를 가져다 놓는다.

② 기본 도구 상자 [서식]-[스타일]-[스타일 작업 창]을 선택한다.

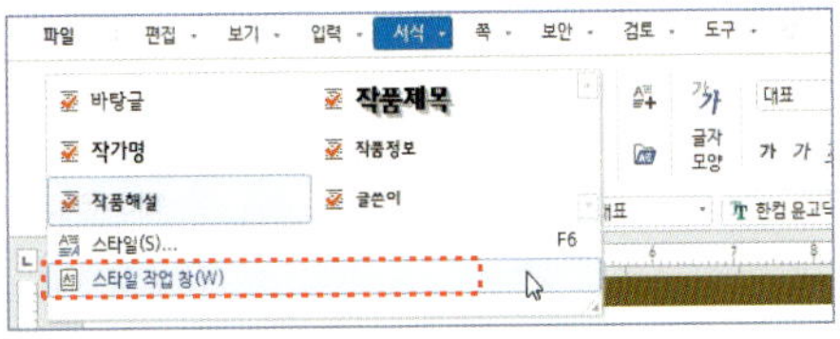

③ 오른쪽에 열린 [스타일] 창의 하단에 있는 [스타일 편집](✏)을 누른다.

④ 해당 스타일의 [글자 모양], [문단 모양], [문단 번호/글머리표]를 각각 수정할 수 있다. 먼저 [글자 모양]을 누른다. 글꼴은 '한컴 윤고딕 250'으로 하고, 글자색을 '흰색'으로 한 후 [설정]을 누른다.

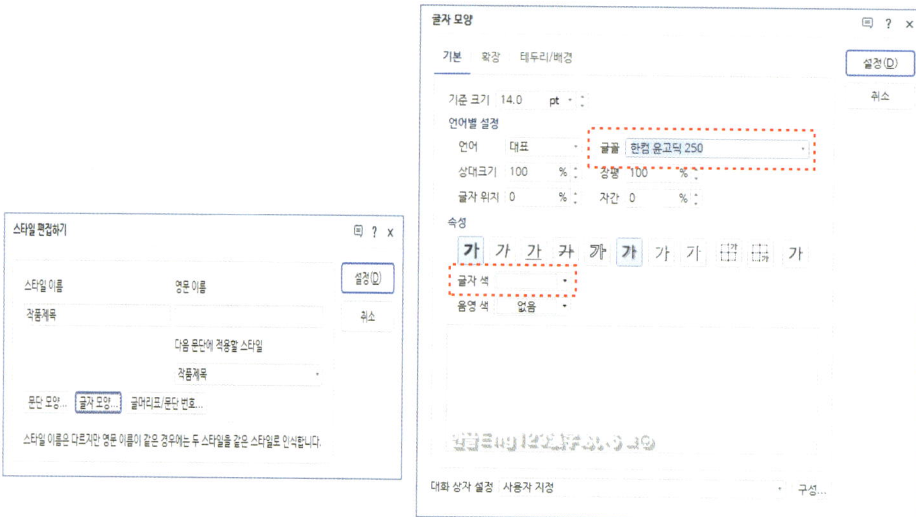

⑤ [문단 모양]을 눌러 [정렬 방식]을 '가운데'로 지정해 준 후 [설정]을 누른다.

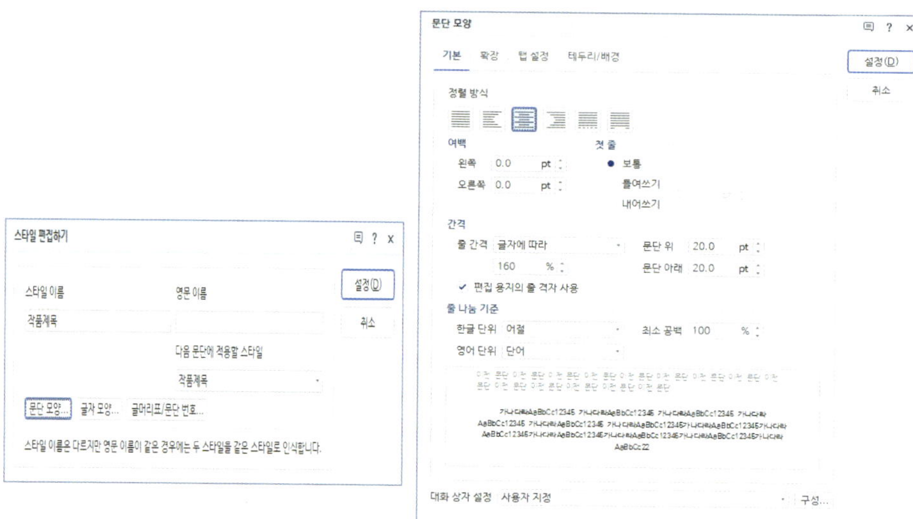

⑥ '작품제목' 스타일을 적용받는 모든 문단의 글자 모양과 문단 모양이 한꺼번에 수정된다.

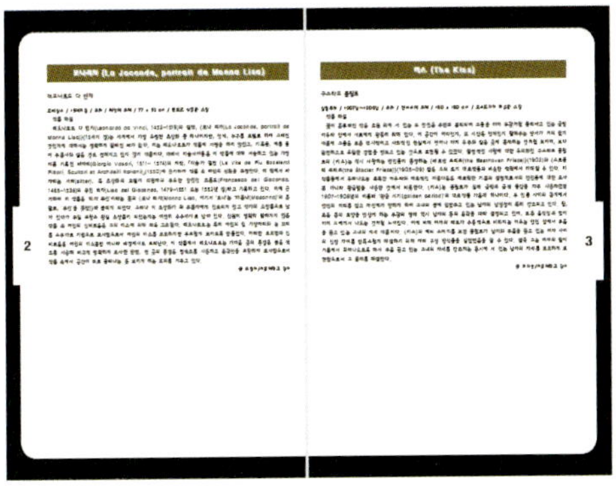

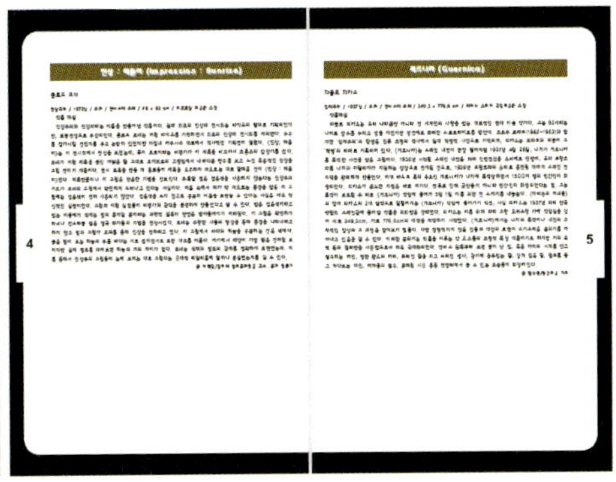

⑦ 또 다른 방법으로 스타일을 수정해 보자. 이번에는 '작품해설' 문단들의 글자 크기를 줄이고자 한다. 먼저 작품 '모나리자'의 작품 해설 문단을 블록으로 지정한다.

⑧ 서식 도구 상자를 이용하여 글자 크기를 '9pt'로 줄인다.

⑨ 작품 '모나리자'의 작품 해설 문단들만 글자의 크기가 작아지고, 다른 작품들의 작품 해설 문단들은 그대로여서 문서 전체적인 일관성이 흐트러지게 된다. 이런 경우에는 기본 도구 상자 [서식]에서 '작품해설' 스타일에 마우스를 올린 후 마우스의 오른쪽 단추를 눌러 나오는 단축 메뉴 중 [스타일 현재 모양으로 바꾸기]를 선택한다. [스타일] 대화상자가 열리고 "현재 모양을 [작품해설] 스타일 내용에 반영할까요?"라고 물으면 [반영]을 누른다.

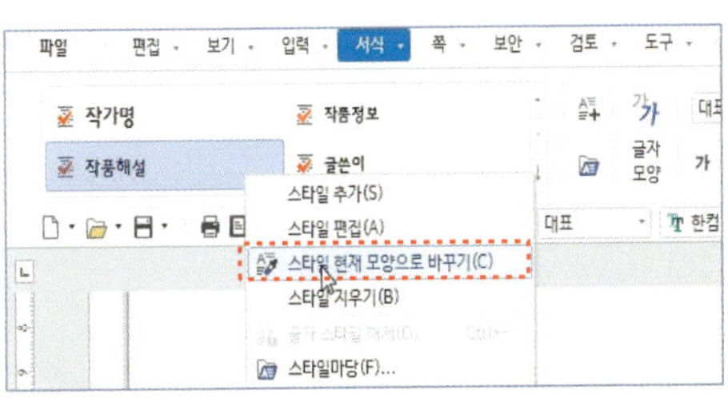

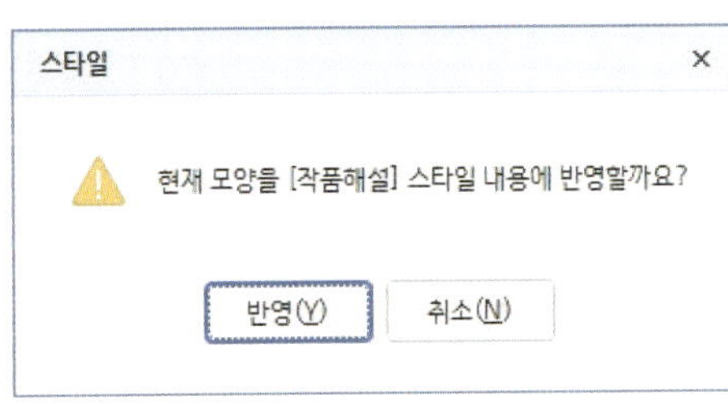

⑩ '작품해설' 스타일을 적용받는 모든 문단의 글자 크기가 '9pt'로 바뀐다.

스타일 가져오기

[스타일 가져오기]를 이용하면 이전에 파일로 저장해 둔 스타일(.sty)이나 다른 문서의 스타일을 현재 문서에 가져올 수 있다.

① 새 문서를 열고 [스타일] 대화상자(F6)를 열어 '바탕글' 스타일을 제외한 모든 스타일을 지워준다.

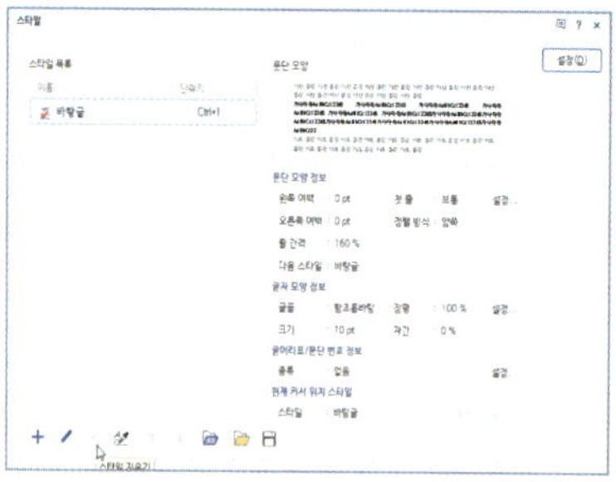

② [스타일] 대화 상자가 나타나면 [스타일 가져오기] 아이콘()을 누른다.

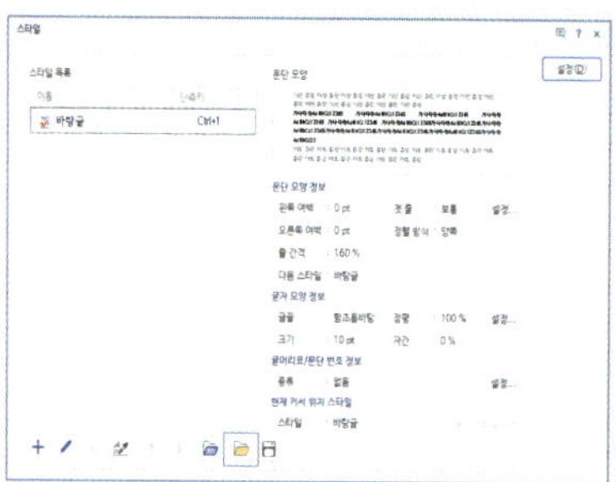

③ [스타일 가져오기] 대화 상자에서 [파일 선택] 항목에서 [파일 선택] 아이콘()을 누른다. [불러오기] 대화 상자가 나타나면 스타일이 적용된 한/글 문서를 지정한 다음 [열기] 단추를 누른다. [스타일 가져오기] 대화 상자의 [원본] 목록에는 불러온 한/글 문서에 적용된 스타일 목록이 나타난다.

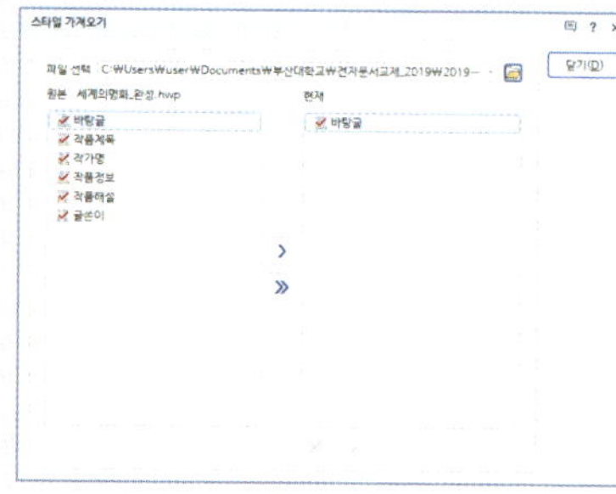

④ 원본 스타일에서 가져오고 싶은 스타일들을 선택한 후 [모두 복사](»)를 눌러 현재 파일로 가져온다.

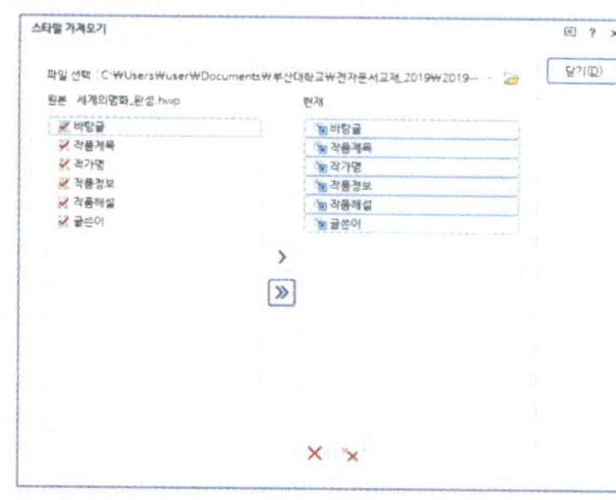

⑤ [스타일] 대화 상자의 [스타일 목록]에 복사한 스타일 이름이 등록되어 나타난다.

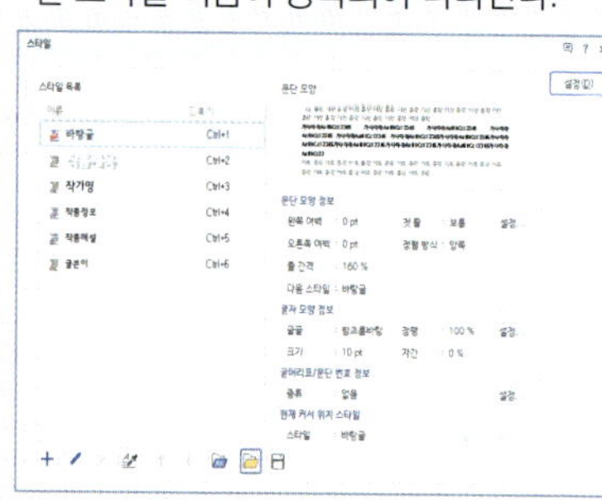

4. 그림 삽입하기

이제 각 페이지에 해당 그림을 작품 제목 위에 삽입해 보자.

4.1. 그림 삽입

① '모나리자 (La Joconde, portrait de Monna Lisa)' 문단 맨 앞에 커서를 가져다 놓고 Enter↵를 누른다. '모나리자 (La Joconde, portrait de Monna Lisa)' 문단의 속성이 그대로 적용된 빈 줄이 하나 만들어진다.

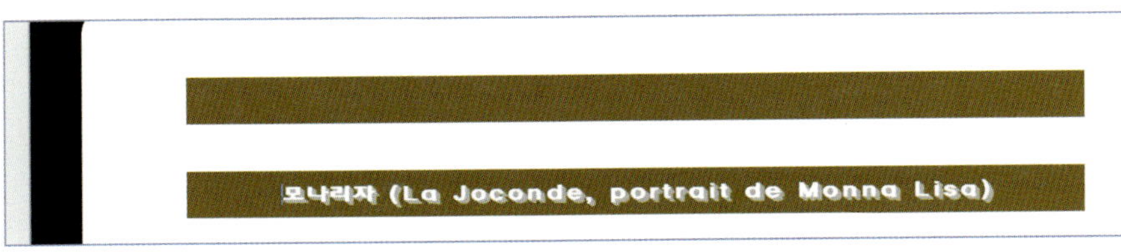

② 첫 번째 문단에 적용된 속성을 없애기 위해 스타일 목록에서 '바탕글' 스타일을 선택한다. (혹은 단축키 Ctrl+1를 눌러도 된다.) 기본 속성을 갖는 빈 줄로 바뀐다.

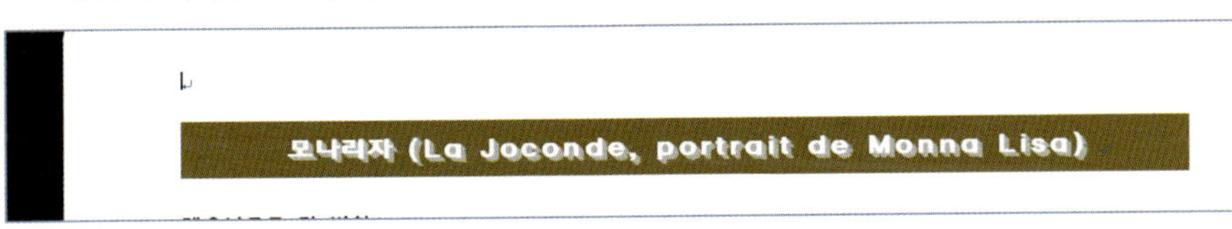

바탕글 스타일 적용하기

[새 문서]를 실행해 새로 만든 빈 문서의 문단은 처음에 [바탕글] 스타일로 지정되어 있다. 한/글에서 바탕글 스타일은 항상 존재하며 지울 수도 이름을 바꿀 수도 자리를 옮길 수도 없다. 하지만 필요하다면 바탕글 스타일 내용을 바꾸어 사용할 수는 있다.

- 바탕글 스타일 정보
  바탕글 스타일은 '함초롬 바탕' 글꼴, '10pt', 장평 '100%' 장평, 자간 '0%', 글자색 '검정'의 글자 모양과 줄 간격 '160%', '양쪽 정렬', 왼쪽과 오른쪽 여백 '0', '기본 탭'의 문단 모양을 가지고 있다.

- 이름은 편집할 수 없음
  바탕글 스타일은 [문단 모양]과 [글자 모양]만 편집할 수 있고 [스타일 이름]과 [영문 이름]은 고칠 수 없다. 일반적으로는 바탕글 스타일은 수정하지 않고 있는 그대로 사용하는 것이 좋으며, 기존 문단에 적용된 서식을 지우고 싶을 때 바탕글 스타일을 적용함으로써 서식 지우기 기능으로 이용하면 편리하다.

③ 빈 줄에 커서를 가져다 놓는다. 메뉴 [입력]-[그림] 또는 단축키 Ctrl+N+I를 눌러 '모나리자.jpg' 파일을 선택한 후 '문서에 포함'을 선택하고 [열기]를 누른다.

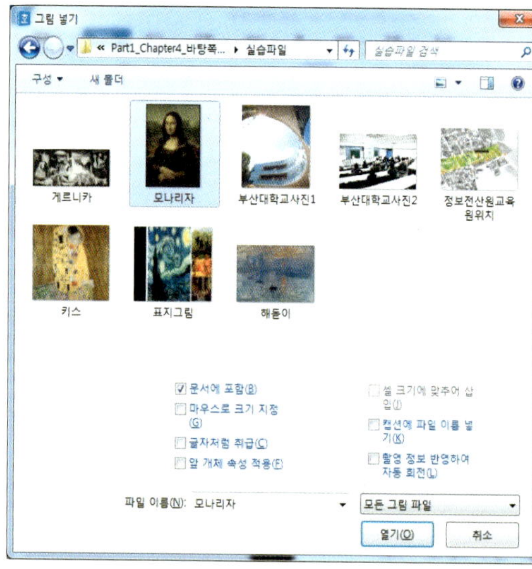

④ 커서의 위치에 그림이 원본 크기 그대로 삽입된다. 삽입된 그림을 더블클릭 하여 [개체속성] 대화상자를 연다. 크기는 [너비] '100mm', [높이] '100mm'로 하고, 본문과의 배치는 '자리차지'(▣)로 지정한다. 그림의 위치는 [가로] '문단'의 '가운데' 기준 '0mm', [세로] '문단'의 '위쪽' 기준 '0mm'로 설정한다. [여백/캡션] 탭을 열어 그림의 바깥 여백중 아래쪽 여백에 '10mm'를 넣어준다. [선] 탭에서는 '얇고 굵은 이중선', '노랑 50% 어둡게'를 선택한 후 [설정]을 누른다.

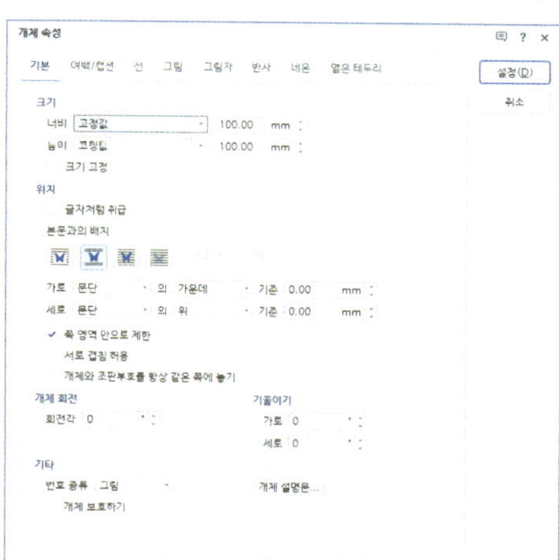

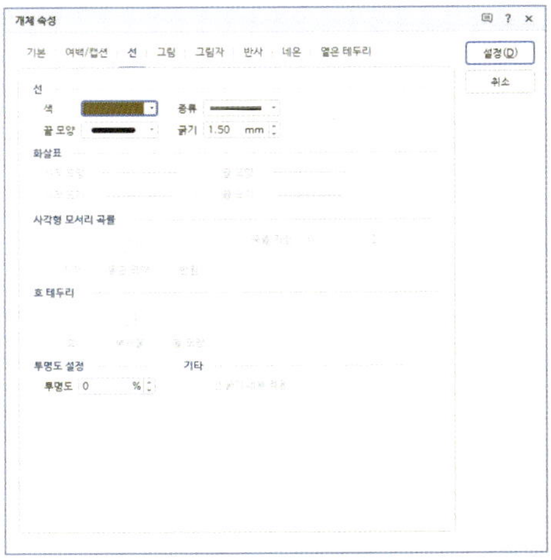

⑤ 같은 방법으로 나머지 작품들의 그림들도 삽입해 본다. 이때 두 번째 그림부터는 [그림 넣기] 대화상자의 '앞 개체 속성 적용'을 선택하면 이전에 삽입한 그림과 동일한 속성이 적용된다.

4.2. 미리 보기

실습과제

[실습과제 완성본]

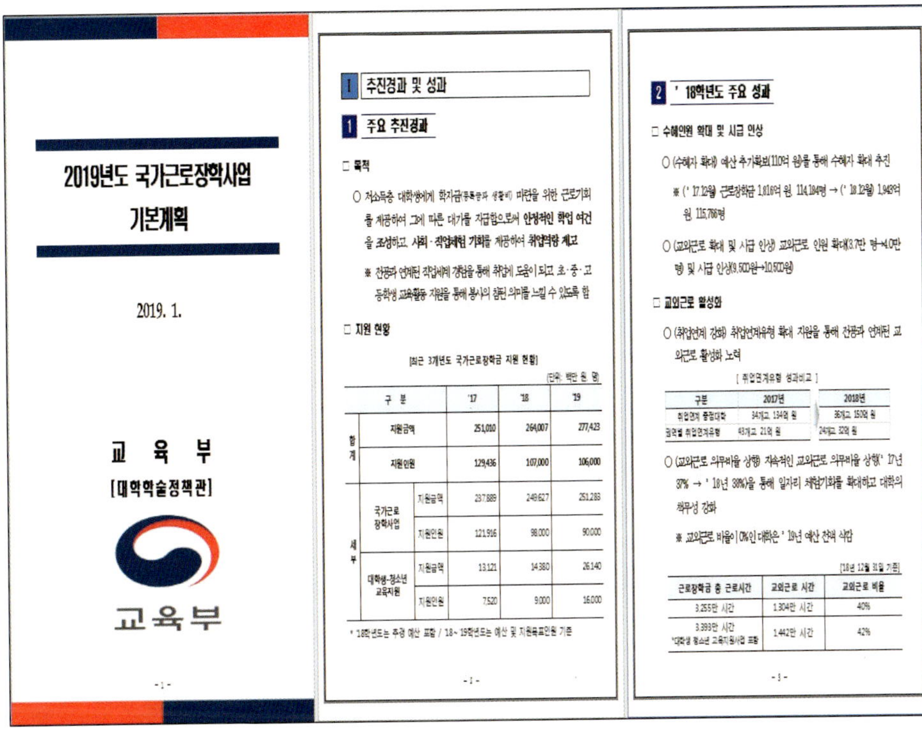

2019년도 국가근로장학사업
기본계획

2019. 1.

교 육 부
[대학학술정책관]

교육부

- 1 -

I 추진경과 및 성과

1 주요 추진경과

□ 목적

○ 저소득층 대학생에게 학자금(등록금과 생활비) 마련을 위한 근로기회를 제공하여 그에 따른 대가를 지급함으로써 **안정적인 학업 여건**을 조성하고, **사회 · 직업체험 기회**를 제공하여 **취업역량 제고**

※ 전공과 연계된 직업세계 경험을 통해 취업에 도움이 되고 초·중·고등학생 교육활동 지원을 통해 봉사의 참된 의미를 느낄 수 있도록 함

□ 지원 현황

[최근 3개년도 국가근로장학금 지원 현황]

(단위: 백만 원, 명)

구 분			'17	'18	'19
합계	지원금액		251,010	264,007	277,423
	지원인원		129,436	107,000	106,000
세부	국가근로 장학사업	지원금액	237,889	249,627	251,283
		지원인원	121,916	98,000	90,000
	대학생-청소년 교육지원	지원금액	13,121	14,380	26,140
		지원인원	7,520	9,000	16,000

* 18학년도는 추경 예산 포함 / 18~19학년도는 예산 및 지원목표인원 기준

- 1 -

2 ' 18학년도 주요 성과

□ 수혜인원 확대 및 시급 인상

○ (수혜자 확대) 예산 추가확보(110억 원)를 통해 수혜자 확대 추진

※ (' 17.12월) 근로장학금 1,816억 원, 114,184명 → (' 18.12월) 1,943억 원, 115,766명

○ (교외근로 확대 및 시급 인상) 교외근로 인원 확대(3.7만 명→4.0만 명) 및 시급 인상(9,500원→10,500원)

□ 교외근로 활성화

○ (취업연계 강화) 취업연계유형 확대 지원을 통해 전공과 연계된 교외근로 활성화 노력

[취업연계유형 성과비교]

구분	2017년	2018년
취업연계 중점대학	34개교, 134억 원	36개교, 150억 원
권역별 취업연계유형	43개교, 21억 원	24개교, 32억 원

○ (교외근로 의무비율 상향) 지속적인 교외근로 의무비율 상향(' 17년 37% → ' 18년 38%)을 통해 일자리 체험기회를 확대하고 대학의 책무성 강화

※ 교외근로 비율이 0%인 대학은 ' 19년 예산 전액 삭감

[18년 12월 31일 기준]

근로장학금 총 근로시간	교외근로 시간	교외근로 비율
3,255만 시간	1,304만 시간	40%
3,393만 시간 *대학생 청소년 교육지원사업 포함	1,442만 시간	42%

- 1 -

[편집 방법]

❶ 원고 파일 '실습과제_원고.hwp'를 불러온다. 페이지 1과 페이지 2 사이에서 구역을 나눈다.

❷ 구역 1과 구역 2의 바탕쪽을 '양쪽' 모드로 각각 만든다.

❸ 각 문단의 글자모양과 문단모양은 임의로 정하되, 스타일 기능을 이용하여 빠르게 편집해 본다.

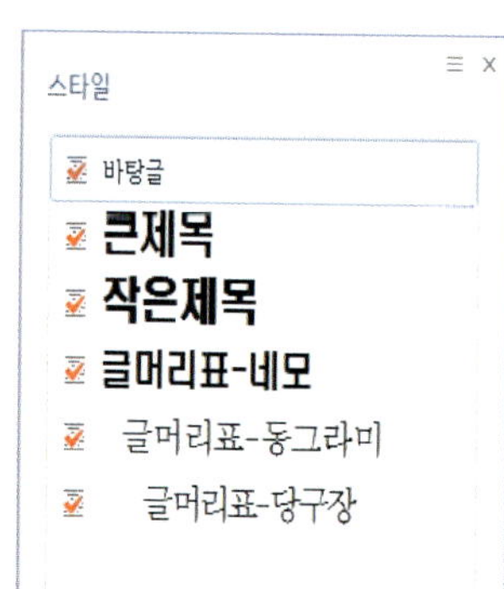

❹ 구역 2에만 쪽 테두리와 쪽 번호를 삽입한다.

❺ 완성된 파일은 '실습과제_완성본.hwp'으로 저장한다.

Chapter 5 다단을 이용한 문서작성

신문이나 잡지처럼 지면이 넓은 용지를 이용하여 문서를 작성할 때 만약 한 단으로 문서를 구성한다면 글줄의 길이가 길어져 가독성이 현저히 떨어진다. 이런 경우 다단 처리를 이용하여 하나의 문단을 15~20자 내외로 나누어 준다면 읽는 이로 하여금 훨씬 수월하게 글줄을 읽을 수 있게 할 수 있다. 한/글에서는 다단 기능을 제공해 주는데, 이는 문단을 둘, 셋, 또는 더 많은 단으로 나누어 줄 수 있으며, 그 형태에 따라 일반 다단, 배분 다단 그리고 평행 다단으로 구분한다. 각 단의 너비가 서로 다른 단을 만들 수도 있고, 한쪽 안에서 단 수가 다른 단을 만들 수도 있다.

이번 장의 첫 번째 예제에서는 Coffee Story라는 원고를 가지고 배분 다단과 평행 다단을 적용하여 문서를 꾸며 보려고 한다. 일반 다단의 경우 왼쪽 단에는 글자들이 채워지는 데 오른쪽 단에는 글자들이 끝까지 채워지지 않아 단의 높이가 어긋나는 경우가 있다. 이럴 때 다단의 종류를 배분 다단으로 설정해 주면 마지막 쪽에서 보기 좋게 단의 높이가 맞춰지면서 문서를 깔끔하게 편집할 수 있다. 신문의 쪽 기사를 처리할 때에도 정해진 기사 줄을 배분 다단으로 처리하면 같은 줄 수만큼씩 단을 가로로 배열할 수 있다. 또한, 질문과 대답을 가로로 배치하고 싶을 때 평행 다단을 이용하면 좋다. 평행 다단은 양 단의 시작 높이를 맞추어주어 질문과 대답을 나란히 배치할 수 있다.

이번 장의 두 번째 예제는 수학문제지를 만들어 볼 것인데, 평행 다단을 이용하여 문제와 풀이를 나란히 배치하는 편집을 다루게 될 것이다. 수학문제지 예제를 통해 다단을 적용하는 방법뿐 아니라 수식을 입력하는 방법도 함께 배우도록 한다. 또한, 문제지에 자주 나오는 [보기]를 삽입할 때 상용구 기능을 이용하는 방법도 익혀본다.

본 예제를 통해서 여러 가지 다단의 형태와 각 다단의 사용상 특징을 이해하고, 다단을 이용한 다양한 문서들을 작성해 보도록 한다.

예제 1

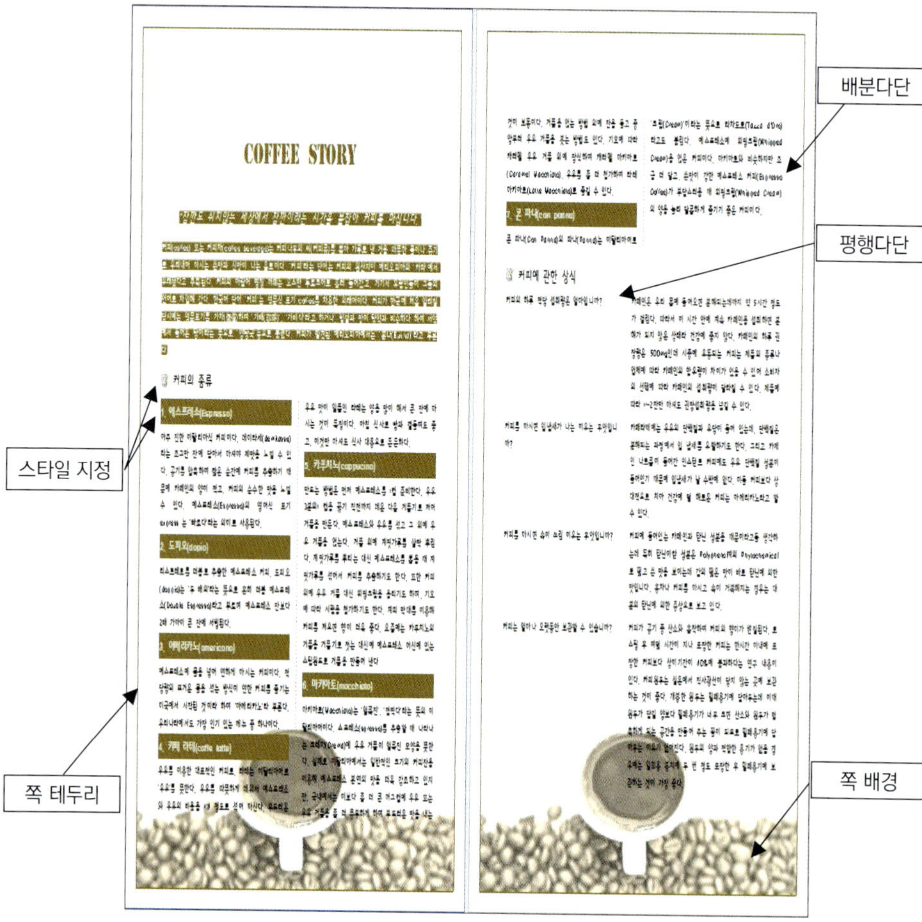

1. 다단을 이용한 문서작성

1.1. 문서 불러오기

① 한/글을 실행시키고 단축키(Alt + O)를 눌러 [불러오기] 대화상자를 연 후 'CoffeeStory_원고.hwp'를 선택한 후 [열기]를 누른다.

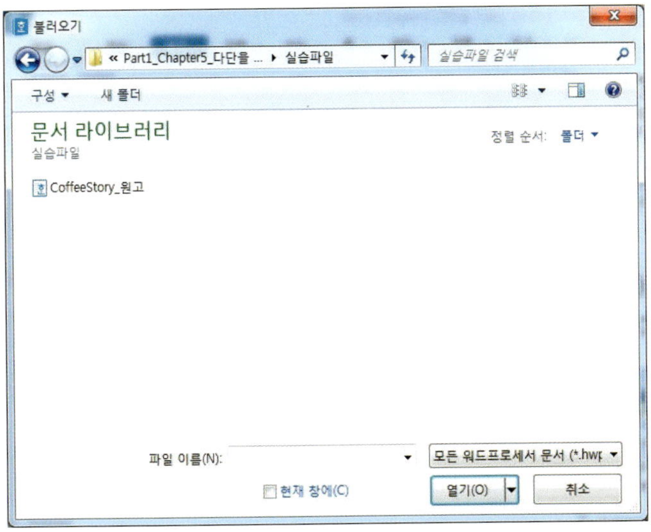

1.2. 편집용지 설정하기

① [편집용지] 대화상자를 열어 용지의 크기를 'A4(국배판)[210×297mm]'로 지정한다. [제본]은 '왼쪽'을 선택하고, 용지의 여백은 위쪽 '20mm', 아래쪽 '15mm', 왼쪽 '20mm', 오른쪽 '20mm', 머리말 '15mm', 꼬리말 '15mm', 제본 '0mm'로 지정한다.

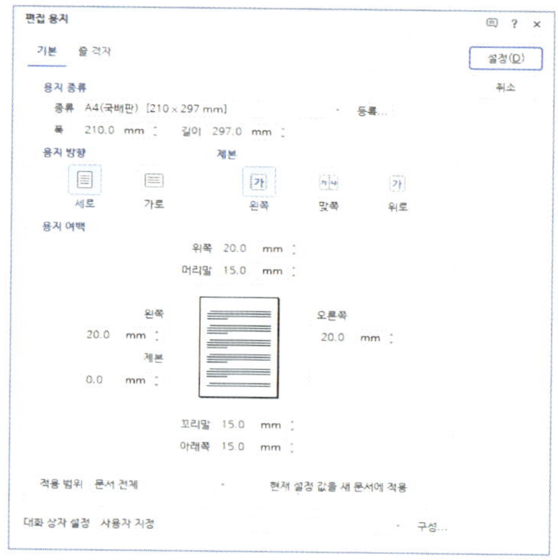

② 메뉴 [파일]-[다른 이름으로 저장하기](Alt+V)를 선택하고 'CoffeeStory_완성.hwp'로 저장한다.

1.3. 글자 모양 지정

① 단축키(Ctrl+A)를 눌러 문서 전체를 블록으로 지정한다.

② [글자 모양] 대화상자(Alt+L)를 열고 글꼴은 '한컴 윤고딕 230'을 선택하고 기준 크기는 '10pt'로 지정한다. 다시 [언어]를 '영문'으로 선택한 후 [상대 크기]를 '85%'로 지정하고 [설정]을 누른다.

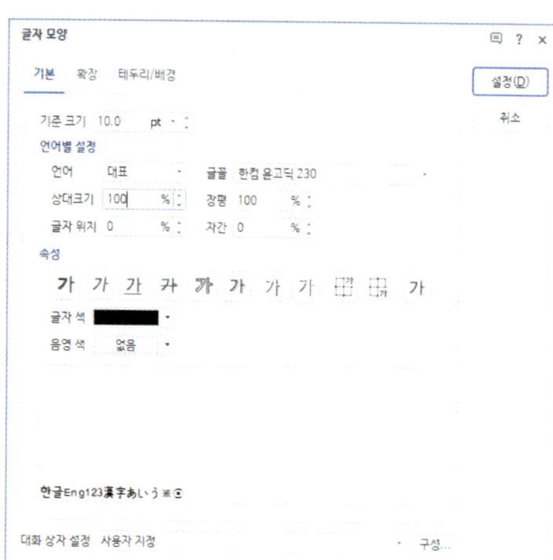

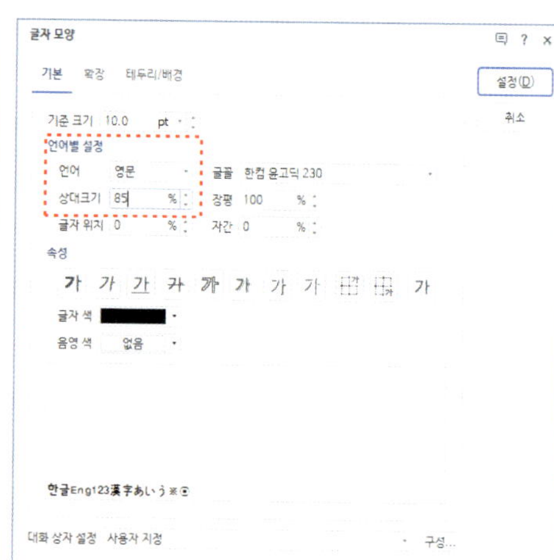

[글자 모양] 대화상자의 [상대 크기]

[글자 모양] 대화상자에서 [상대 크기]를 이용하면 언어별로 서로 다른 글자 크기를 지정할 수 있다. 한글과 영문, 한자 등을 섞어 쓸 때 언어별로 적당한 상대 크기를 정해 놓고 사용하면 글자의 크기와 모양을 고르게 표시할 수 있다.

③ 문서의 제목 글꼴을 두께 감이 있는 장식체 글꼴로 꾸며주면 문서가 훨씬 매력적으로 보인다. 제목 'coffee story' 문단을 블록으로 지정한 후 서식 도구 상자에서 [언어]를 '영문'으로 바꾸고, 'Stencil' 글꼴을 선택한다. 글자 크기는 '32pt'로 지정한 후 글자색은 '노랑 50% 어둡게'로 지정한다. [문단 모양] 대화상자(Alt+T)를 열어 '가운데 정렬'한 후 문단 위/아래 간격은 '30pt'로 지정한다.

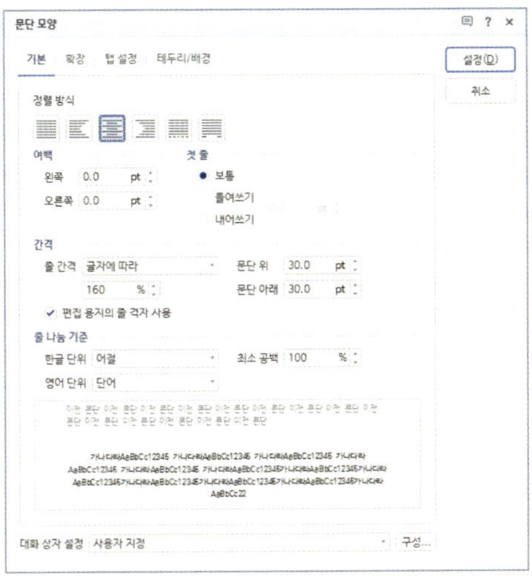

④ '잠깐도 쉬지 않는 … 마십니다.' 문단을 블록으로 지정한 후 글자 크기 '12pt', '기울임'으로 지정하고, [문단 모양] 대화상자를 열어 문단 왼쪽/오른쪽 여백을 각각 '30pt'로 한 후 '배분 정렬'한다. 문단 아래 간격을 '10pt' 넣어준다.

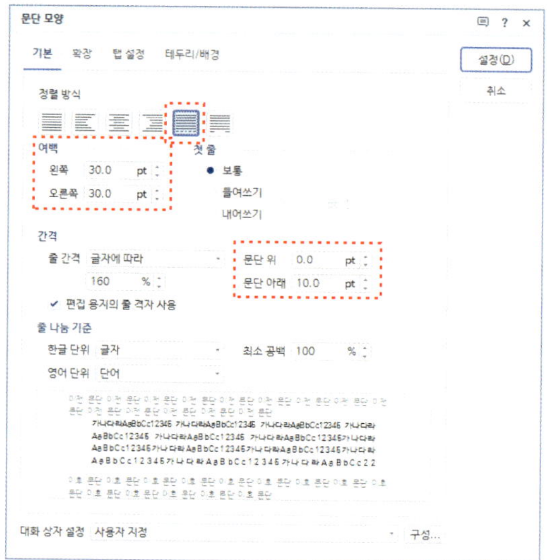

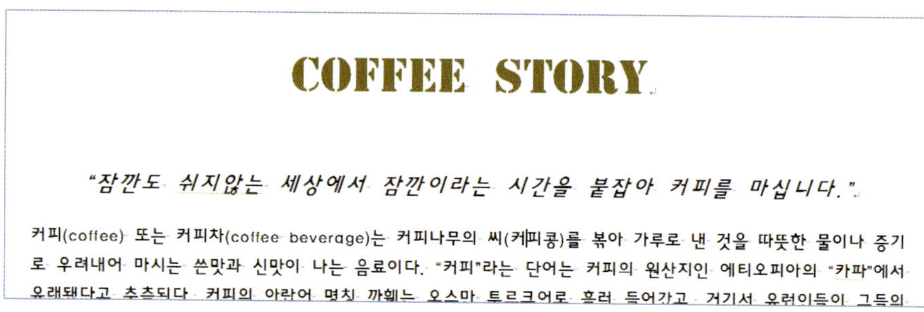

[문단 모양] 대화상자의 [배분 정렬과 나눔 정렬]

- 배분정렬( ) : 글자 수에 상관없이 양쪽 정렬을 하되, 글자 사이를 일정하게 띄우는 정렬 방식

이 것 은 배 분 정 렬 한 모 습 입 니 다 .

- 나눔정렬( ) : 글자 수에 상관없이 양쪽 정렬을 하되, 어절 사이를 일정하게 띄우는 정렬 방식

이것은 나눔정렬한 모습입니다.

⑤ '잠깐도 쉬지않는 ...'부터 '분나(Bunna)라고 부른다.'까지의 문단을 블록으로 지정한 후 [글자 모양] 대화상자(Alt+L)를 열어 글자 배경 색을 '노랑 50% 어둡게'로 하고, 글자색은 '흰색'으로 지정한다.

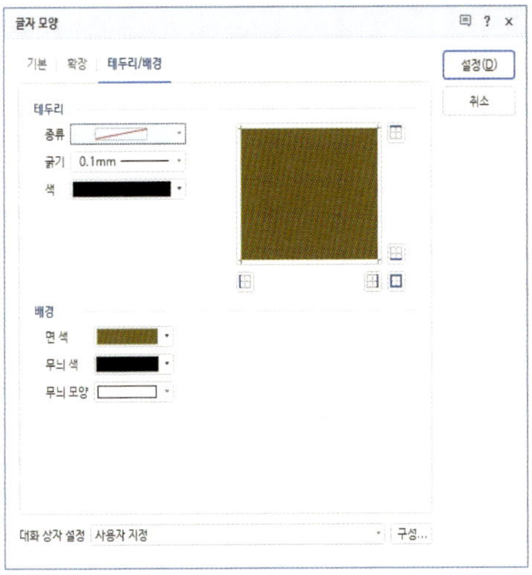

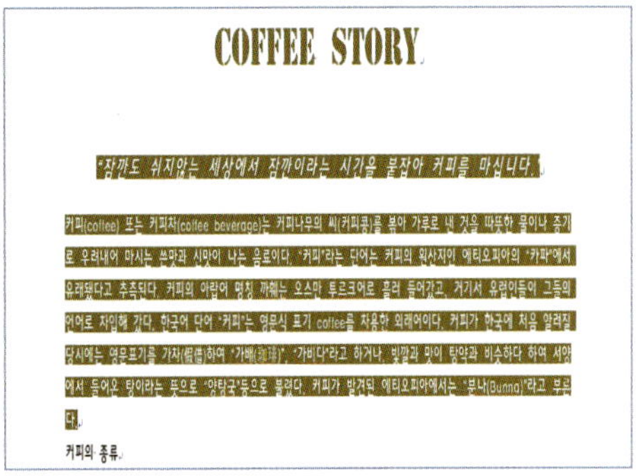

1.4. 스타일을 이용하여 문단 꾸미기

문서 내에 여러 번 나타나는 동일 수준의 문단들은 스타일 기능을 이용하여 글자 모양과 문단 모양을 일치시켜 전체적인 일관성을 유지하도록 한다.

① '커피의 종류'를 블록으로 지정한 후 '한컴 윤고딕 230', '14pt', '진하게'로 지정한다. 문단 모양(Alt+T)에서는 문단 위/아래 간격을 '10pt'로 지정한다.

② [서식]-[글머리표]-[글머리표 모양]을 선택한다.

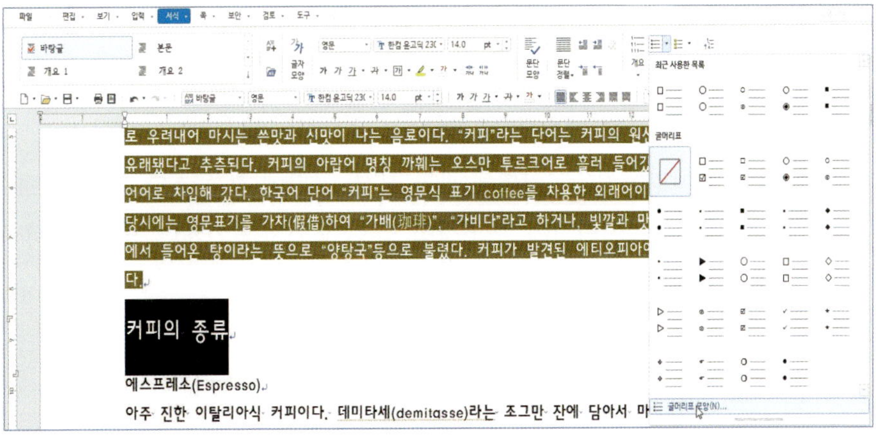

③ [글머리표 및 문단 번호] 대화상자가 열리면 [그림 글머리표] 탭을 선택하고 아래와 같은 글머리표 모양을 선택한다. 문단 앞에 그림 글머리표가 삽입된다.

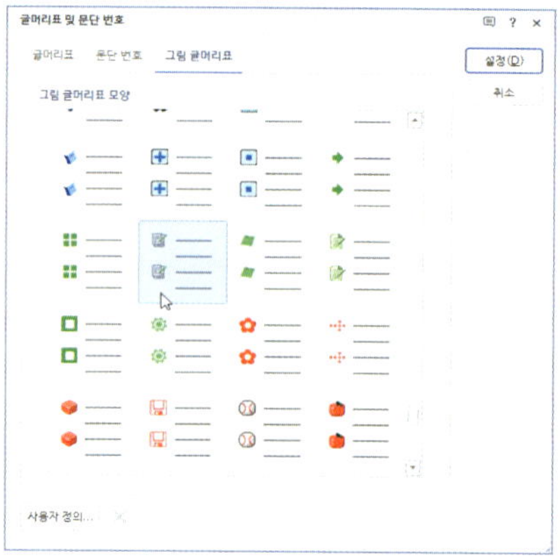

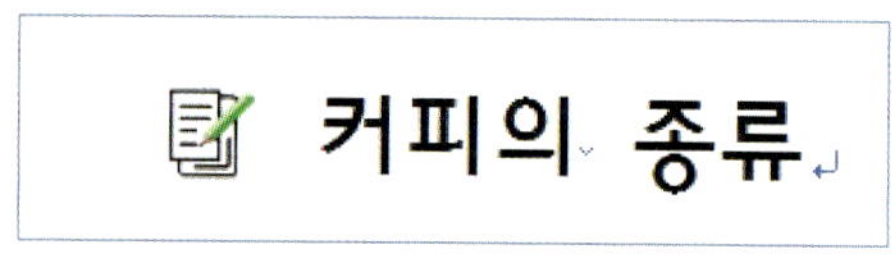

④ 해당 문단에 커서를 놓은 상태에서 기본 도구 상자 [서식] 중 스타일 그룹에 있는 [스타일 추가하기]( )를 누른다.

⑤ [스타일 추가하기] 대화상자가 열리면 [스타일 이름]란에 '그림 글머리표 문단'이라고 적고, [스타일 종류]는 '문단'을 선택한 후 [추가]를 누른다. 메뉴 [서식]의 스타일 목록을 보면 새로운 '그림 글머리표 문단' 스타일이 추가된다.

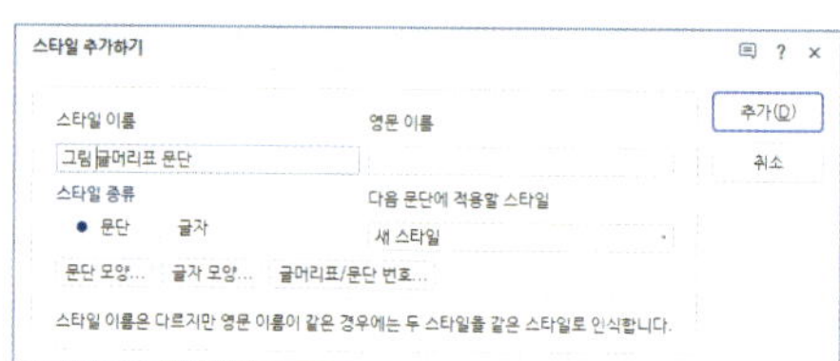

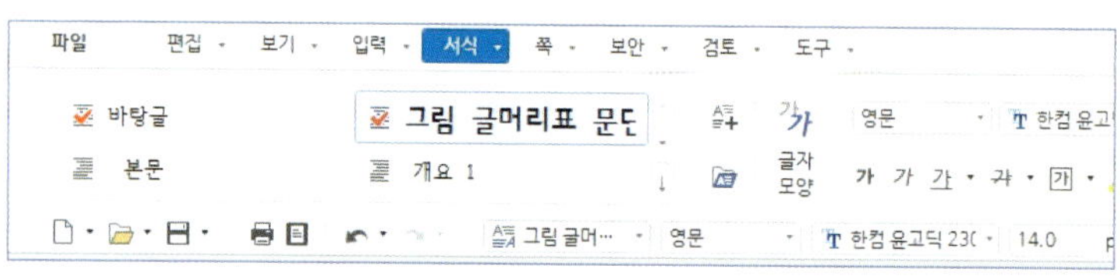

⑥ 이제 다음 페이지에 있는 '커피에 관한 상식' 문단에 같은 스타일을 적용해 보자. 스타일을 적용할 '커피에 관한 상식' 문단에 커서를 가져다 놓은 후 [서식]-[스타일] 목록에 있는 '그림 글머리표 문단'을 선택한다.

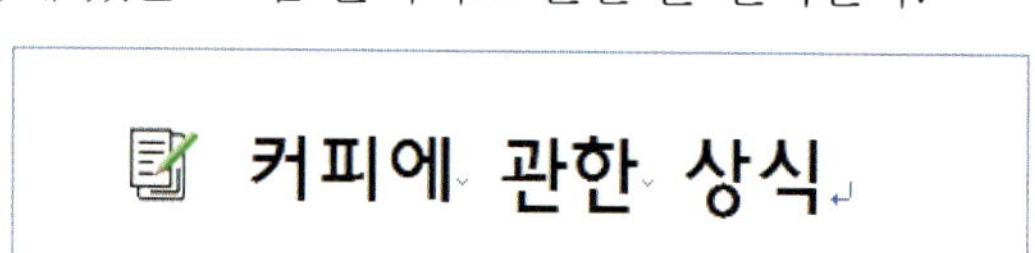

⑦ 문단 앞에 번호를 붙여서 관리해야 할 때도 스타일 기능을 이용하면 편리하다. '에스프레소(Espresso)' 문장을 블록 지정한다. [글자 모양]은 '12pt', '진하게', 글자색은 '하양 15% 어둡게'로 지정한다. [문단 모양]에서는 '왼쪽 정렬'하고, 문단 위/아래 간격에 '5pt'씩 지정하고, [확장] 탭을 열어 [번호 문단] - '1수준', '다음 문단과 함께'를 선택한다. [테두리/배경] 탭을 열어 배경 면 색을 '노랑 50% 어둡게'로 지정하되, '문단 여백 무시'를 선택한 후 문단 위쪽/아래쪽 '2mm' 간격을 넣어준다.

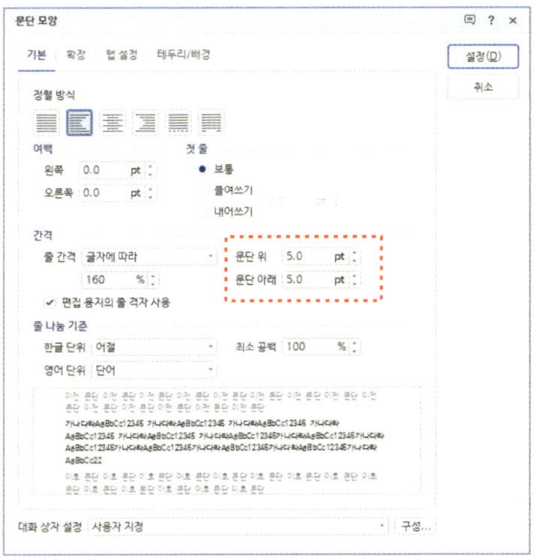

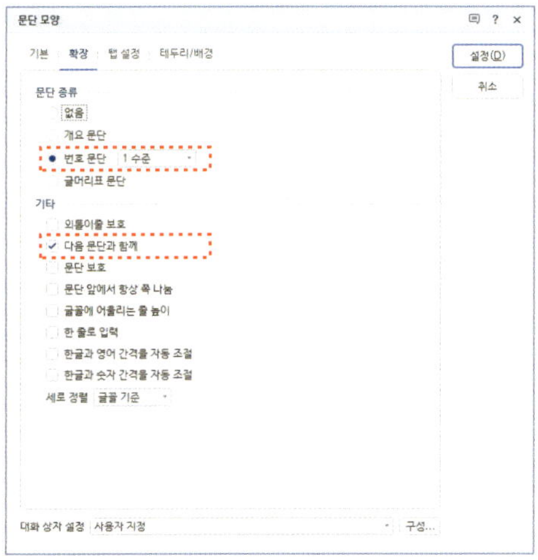

커피의 종류

1. 에스프레소(Espresso)

아주 진한 이탈리아식 커피이다. 데미타세(demitasse)라는 조그만 잔에 담아서 마셔야 제맛을 느낄 수 있다. 공기를 압축하여 짧은 순간에 커피를 추출하기 때문에 카페인의 양이 적고, 커피의 순수한 맛을 느낄 수 있다. 에스프레소(Espresso)의 영어식 표기 express 는 '빠르다'라는 의미로 사용된다.

[문단 모양 : 확장] – [다음 문단과 함께]

현재 문단이 쪽이나 단의 맨 마지막 줄에 오는 경우, 다음 문단의 첫 줄을 현재 쪽으로 끌어당기거나 현재 문단의 마지막 줄을 다음 쪽으로 넘겨, 두 개의 문단 사이에서 쪽이나 단이 나뉘지 않게 한다.

■ 제목에 사용

문서를 편집하다 보면 쪽(또는 단)의 마지막 줄에 제목만 남고 설명은 다음 쪽으로 넘어가는 경우가 생긴다. 이때 제목 문단을 [다음 문단과 함께]로 지정해 놓으면, 제목과 설명이 항상 같은 쪽/단에 놓이기 때문에 읽기 편한 문서를 만들 수 있다.

⑧ 커피 이름을 나타내는 다른 문단들에도 동일 글자 모양/문단 모양을 적용하기 위해서 현재 문단을 스타일로 추가해 보자. '1. 에스프레소' 문단에 커서를 가져다 놓은 후 기본 도구 상자 [서식]에서 [스타일 추가하기]( )를 누른다. [스타일 추가하기] 대화상자가 열리면 [스타일 이름]란에 '번호 문단'이라고 적고, [스타일 종류]는 '문단'을 선택한 후 [추가]를 누른다. [서식]의 스타일 목록에 '번호 문단' 스타일이 추가된다.

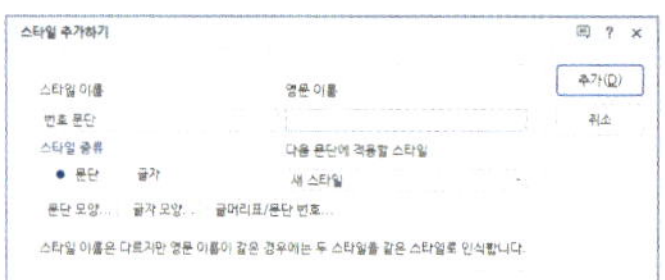

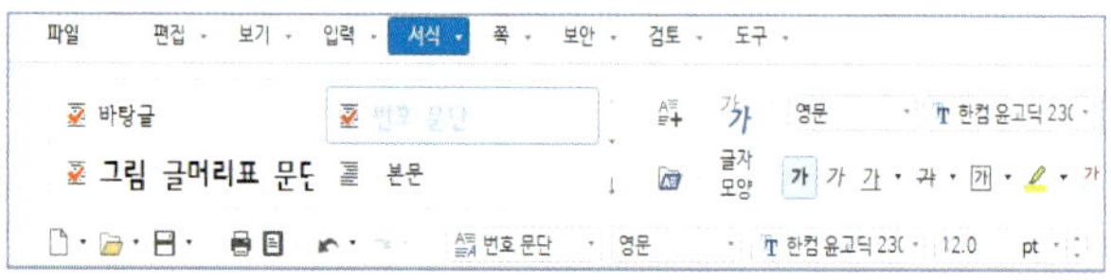

⑨ 이제 아래 그림과 같이 커피 이름들이 있는 문단마다 '번호 문단' 스타일을 적용하여 글자 모양/문단 모양을 동일하게 적용해 준다. 스타일을 적용할 때 해당 문단에 커서를 가져다 놓은 후 [스타일] 목록에 있는 '번호 문단'을 선택하거나 [스타일] 대화상자(F6)를 열어 단축키를 확인한 후 Ctrl + 2 키를 눌러 스타일을 적용해 본다.

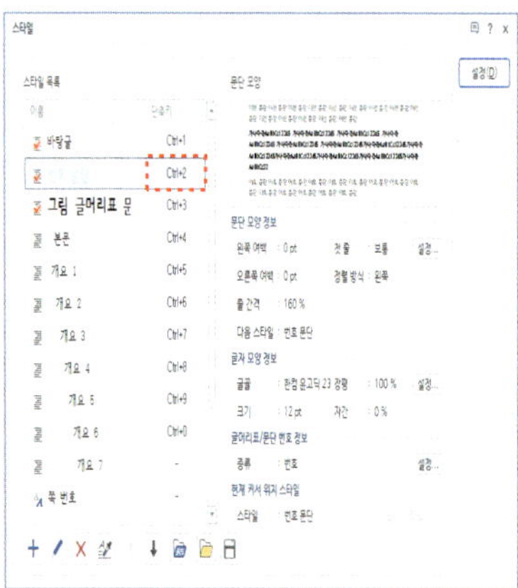

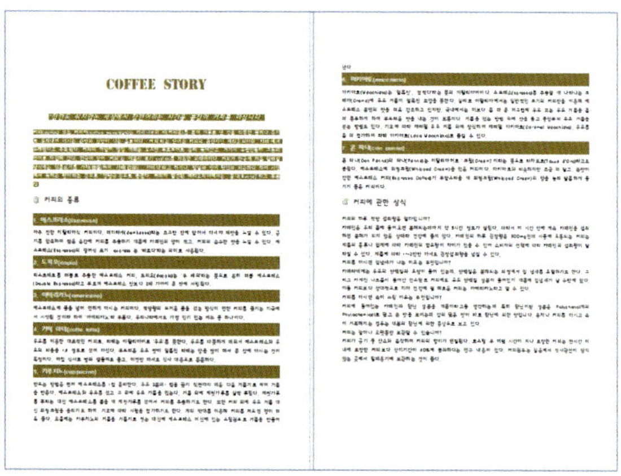

1.5. 배분 다단 이용하기

일반적으로 사용하는 [일반 다단]을 이용하면 문단의 글줄이 쪽에 꽉 차지 않는 경우, 왼쪽 단에는 글자들이 채워지는 데 오른쪽 단에는 글자들이 중간에서 끝나 보기 안좋을 때가 있다. 이런 경우 다단의 종류를 [배분 다단]으로 설정해 주면 마지막 쪽에서 보기 좋게 단의 높이가 맞춰지면서 문서를 깔끔하게 편집할 수 있다. 신문의 경우 쪽 기사(작은 기사)를 처리할 때에도 정해진 기사 줄을 배분 다단으로 처리하면 같은 줄 수만큼씩 단을 가로로 배열할 수 있다.

① '에스프레소'부터 '콘 파나'까지의 문단들을 모두 블록으로 지정한 후 [쪽]-[단]-[다단 설정]을 선택한다.

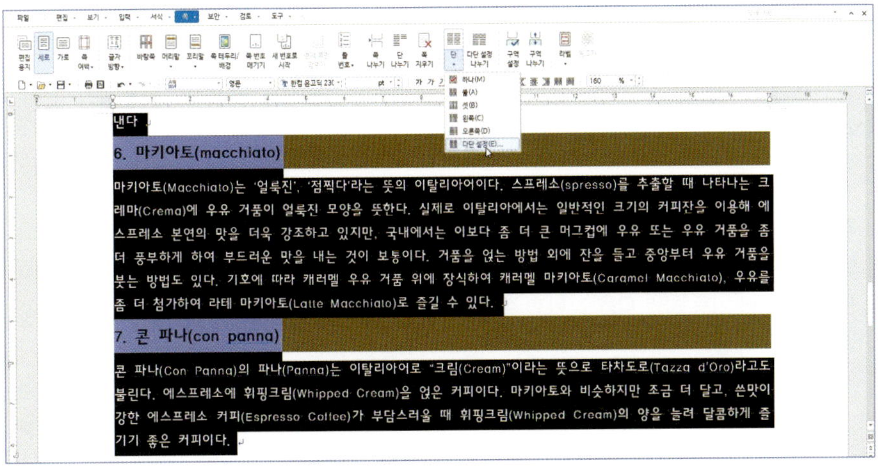

② [단 설정] 대화상자가 열리면 [단 개수]를 '2'로 하고 [단 종류]를 '배분 다단'으로 지정한다. [구분선 넣기]를 선택한 후 '점선'의 '0.25mm', '노랑 50% 어둡게'를 선택한다. '단 너비 동일하게'를 선택하고, [적용 범위]를 '선택된 문자열'로 지정한 후 [설정]을 누른다. 블록으로 지정된 문단들만 배분 다단으로 나누어지면서 2쪽 중간쯤에 보면 양쪽 단에 나란히 글줄이 끝나게 된다.

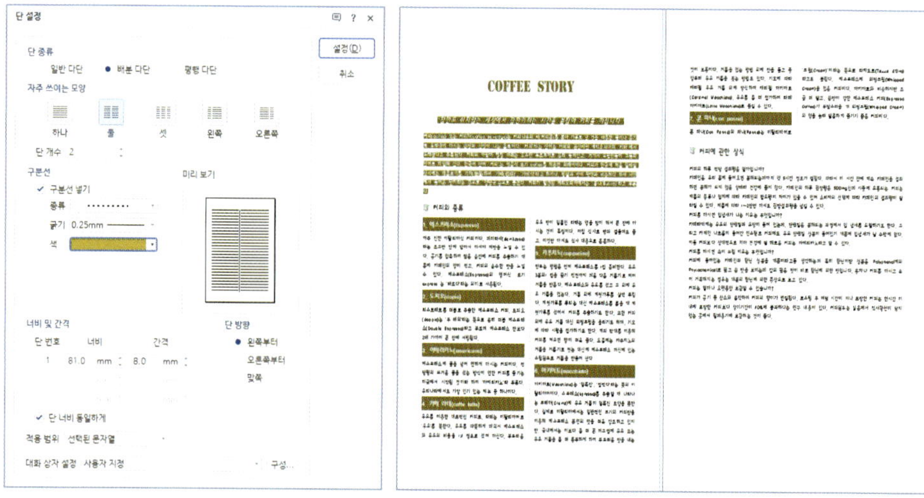

단 종류

각 단에 내용이 채워지는 방법에 따라 단 종류를 3가지로 나눌 수 있다. 단 종류는 단 개수가 '둘' 이상일 때에만 지정할 수 있다.

- 일반 다단

가장 기본적인 다단 편집으로, 한 단씩 차례로 내용을 가득 채운다. 한 단이 가득 차면 다음 단으로 내용이 넘어간다.

- 배분 다단

[배분 다단]으로 설정하면 마지막 쪽에서 각 단의 높이가 가능한 한 같아지도록 들어가는 내용의 양을 자동으로 조절한다. 단 한/글 2018에서는 마지막 쪽에서 글 줄이 페이지 전체를 채우지 못할 때 일반 다단을 선택해도 배분 다단과 같이 각 단의 끝 높이가 같아진다.

- 평행 다단

[평행 다단]으로 설정하면 하나의 단에서 내용이 다 채워지지 않더라도 다음 단으로 이동하여 내용을 입력할 수 있다. 사전 형식의 용어 설명집과 같이 제목과 설명이 번갈아 나열되는 형식의 문서에 주로 쓰인다.

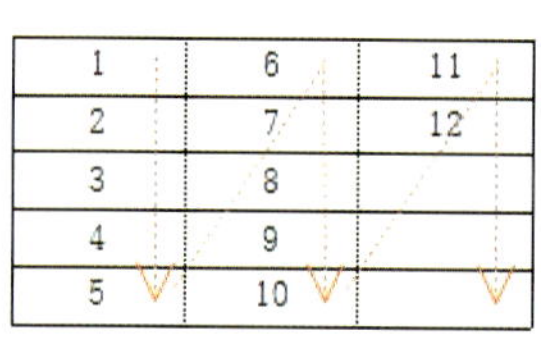

일반 다단

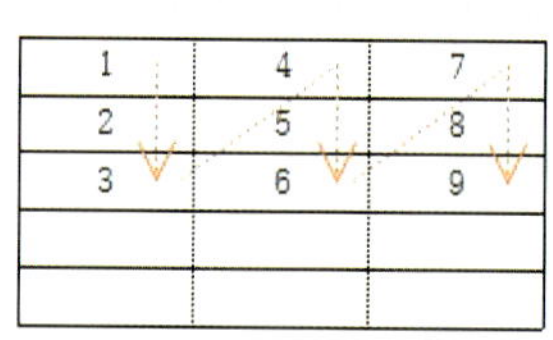

배분 다단

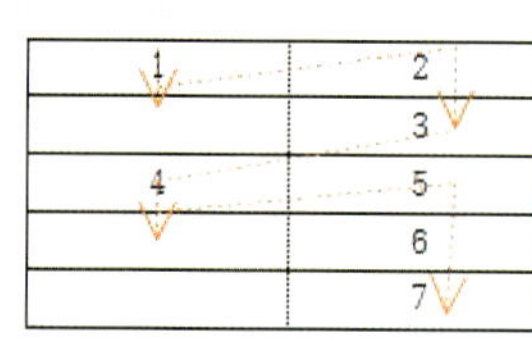

평행 다단

1.6. 평행 다단 이용하기

2쪽 하단에 있는 문단들을 보면 여러 개의 질문과 대답으로 이루어져 있는데 모두 한 단으로 구성되어 있어 질문과 답변이 한 눈에 파악되지 않는다. 이런 문단은 질문과 대답을 같은 높이로 하여 2단 구성하면 훨씬 읽기에 수월해진다. 글자의 양이 현저히 다른 문단에 대해 시작 높이를 같도록 맞추면서 왼쪽 단과 오른쪽 단에 번갈아 문단들을 배열하고자 할 때 사용하는 기능이 [평행 다단]이다.

① 2쪽 하단에 있는 '커피의 하루 적당 섭취량은 얼마입니까' 문단부터 끝까지를 블록으로 지정한 후 [쪽]-[단]-[다단 설정]을 선택한다.

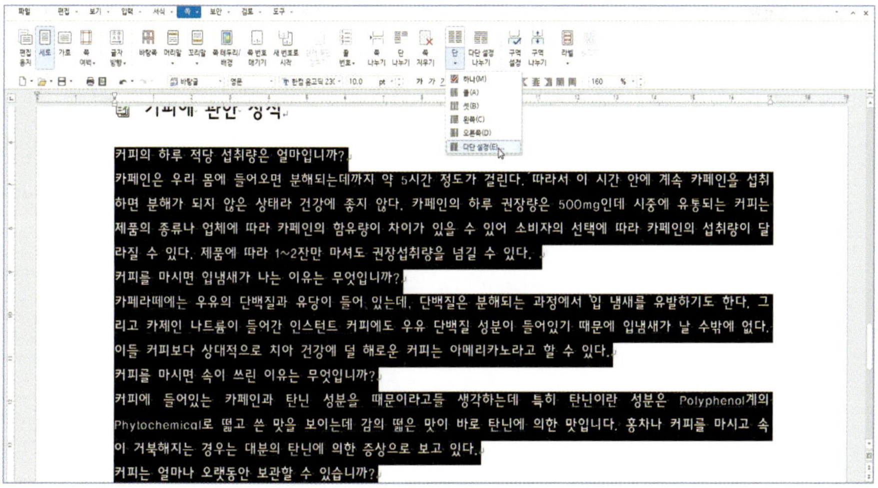

② [단 설정] 대화상자가 열리면 단 개수는 '2'로 지정한 후 [단 종류]를 '평행 다단'으로 선택한다. 양쪽 단의 너비를 다르게 지정하기 위해서 '단 너비 동일하게'를 해제한 후 1단의 [너비]를 '70mm', [간격]을 '8mm'로 설정해 준다. 자동으로 2단의 너비가 '92mm'로 바뀌게 된다. 적용 범위는 '선택된 문자열'로 하고 [설정]을 누른다.

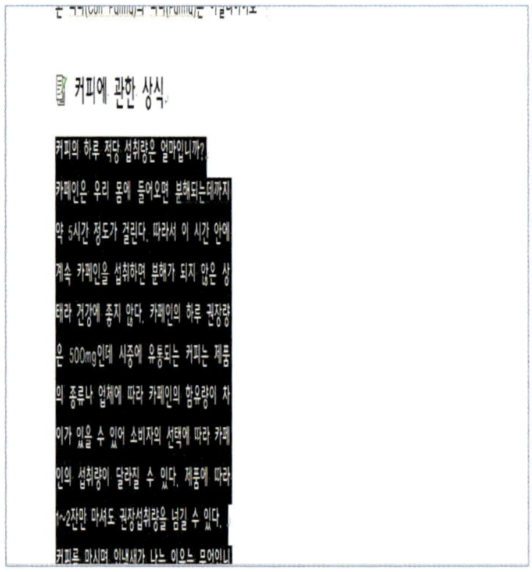

③ 두 개의 단으로 문단이 나뉘었지만 모든 문단이 1단에 있다. '커피의 하루 적당 섭취량은 얼마입니까?' 문단 끝에 커서를 둔다. [쪽]-[단 나누기](단축키 Ctrl+Shift+Enter↵)를 클릭하면 커서 이후에 있는 문단들이 오른쪽 단으로 넘어간다.

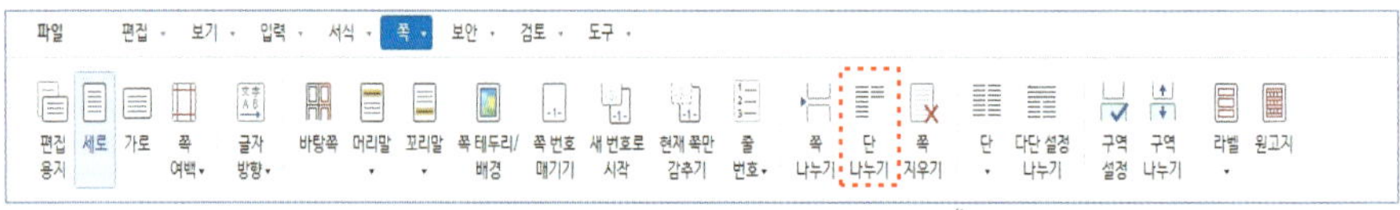

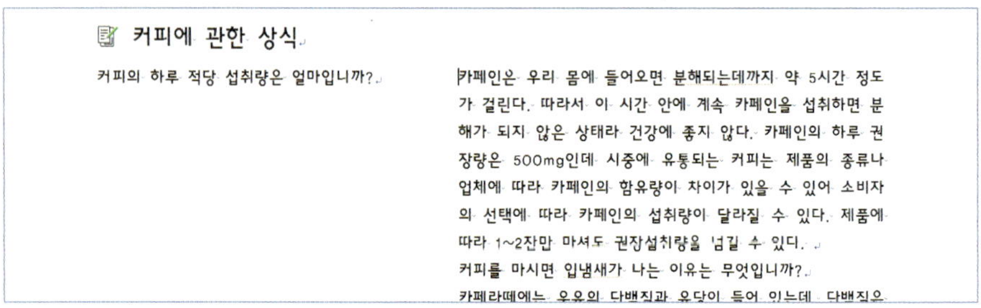

④ [단 나누기](단축키 Ctrl+Shift+Enter↵)를 이용하여 질문은 왼쪽 단에, 답변은 오른쪽 단에 배치한다.

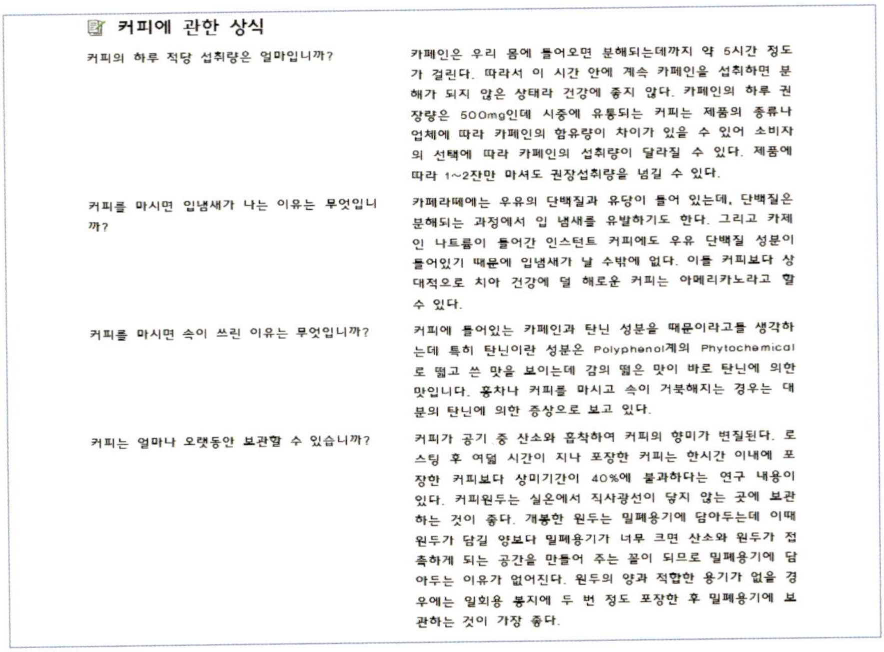

📝 **커피에 관한 상식**

커피의 하루 적당 섭취량은 얼마입니까?	카페인은 우리 몸에 들어오면 분해되는데까지 약 5시간 정도가 걸린다. 따라서 이 시간 안에 계속 카페인을 섭취하면 분해가 되지 않은 상태라 건강에 좋지 않다. 카페인의 하루 권장량은 500mg인데 시중에 유통되는 커피는 제품의 종류나 업체에 따라 카페인의 함유량이 차이가 있을 수 있어 소비자의 선택에 따라 카페인의 섭취량이 달라질 수 있다. 제품에 따라 1~2잔만 마셔도 권장섭취량을 넘길 수 있다.
커피를 마시면 입냄새가 나는 이유는 무엇입니까?	카페라떼에는 우유의 단백질과 유당이 들어 있는데, 단백질은 분해되는 과정에서 입 냄새를 유발하기도 한다. 그리고 카제인 나트륨이 들어간 인스턴트 커피에도 우유 단백질 성분이 들어있기 때문에 입냄새가 날 수밖에 없다. 이들 커피보다 상대적으로 치아 건강에 덜 해로운 커피는 아메리카노라고 할 수 있다.
커피를 마시면 속이 쓰린 이유는 무엇입니까?	커피에 들어있는 카페인과 탄닌 성분을 때문이라고들 생각하는데 특히 탄닌이란 성분은 Polyphenol계의 Phytochemical로 떫고 쓴 맛을 보이는데 감의 떫은 맛이 바로 탄닌에 의한 맛입니다. 홍차나 커피를 마시고 속이 거북해지는 경우는 대분의 탄닌에 의한 증상으로 보고 있다.
커피는 얼마나 오랫동안 보관할 수 있습니까?	커피가 공기 중 산소와 흡착하여 커피의 향미가 변질된다. 로스팅 후 여덟 시간이 지나 포장한 커피는 한시간 이내에 포장한 커피보다 상미기간이 40%에 불과하다는 연구 내용이 있다. 커피원두는 실온에서 직사광선이 닿지 않는 곳에 보관하는 것이 좋다. 개봉한 원두는 밀폐용기에 담아두는데 이때 원두가 담길 양보다 밀폐용기가 너무 크면 산소와 원두가 접촉하게 되는 공간을 만들어 주는 꼴이 되므로 밀폐용기에 담아두는 이유가 없어진다. 원두의 양과 적합한 용기가 없을 경우에는 일회용 봉지에 두 번 정도 포장한 후 밀폐용기에 보관하는 것이 가장 좋다.

1.7. 쪽 테두리 넣기

쪽 테두리/배경은 구역 단위로 만들 수 있다. 하나의 구역에는 [양쪽], [홀수 쪽], [짝수 쪽]의 3가지 종류의 쪽 테두리/배경을 만들 수 있으므로, 장이나 절마다 다른 배경을 만드는 작업을 쉽게 할 수 있다.

① 1쪽에 커서를 두고 [쪽]-[쪽 테두리/배경]을 선택한다.

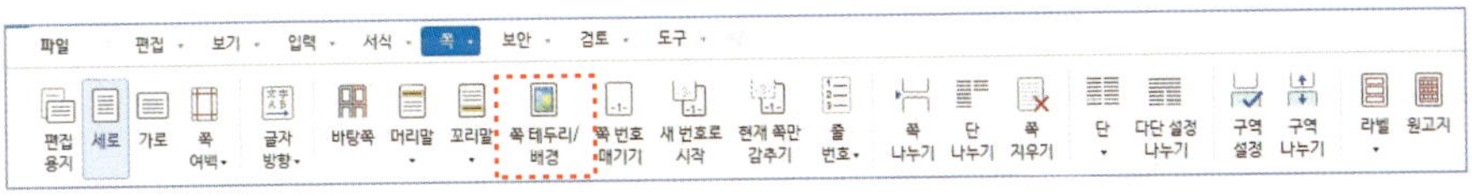

② [쪽 테두리/배경] 대화상자가 열리면 [테두리] 탭을 열고 [테두리/배경 종류]는 '양쪽', 테두리 종류는 '이중 실선', 굵기는 '0.5mm', 색은 '노랑 50% 어둡게'를 선택한 후 [미리 보기]에서 '모두'(▣)를 선택한다. [위치]는 '종이기준'을 선택하고 [간격]은 왼쪽/오른쪽/위쪽/아래쪽 모두 '7mm'로 지정한다. [적용 쪽]은 '모두', [적용 범위]는 '문서 전체'를 선택한 후 [설정]을 누른다.

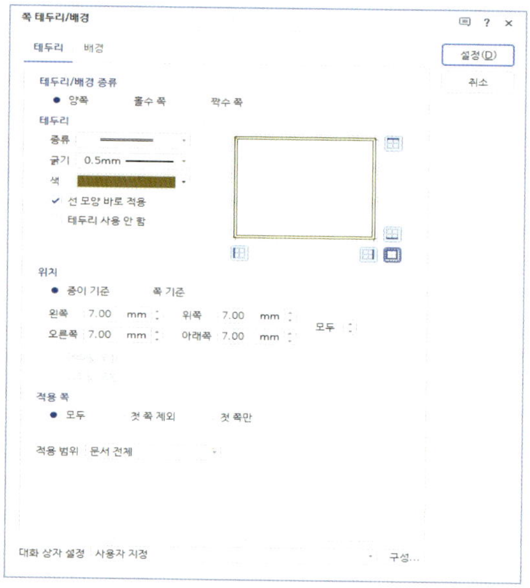

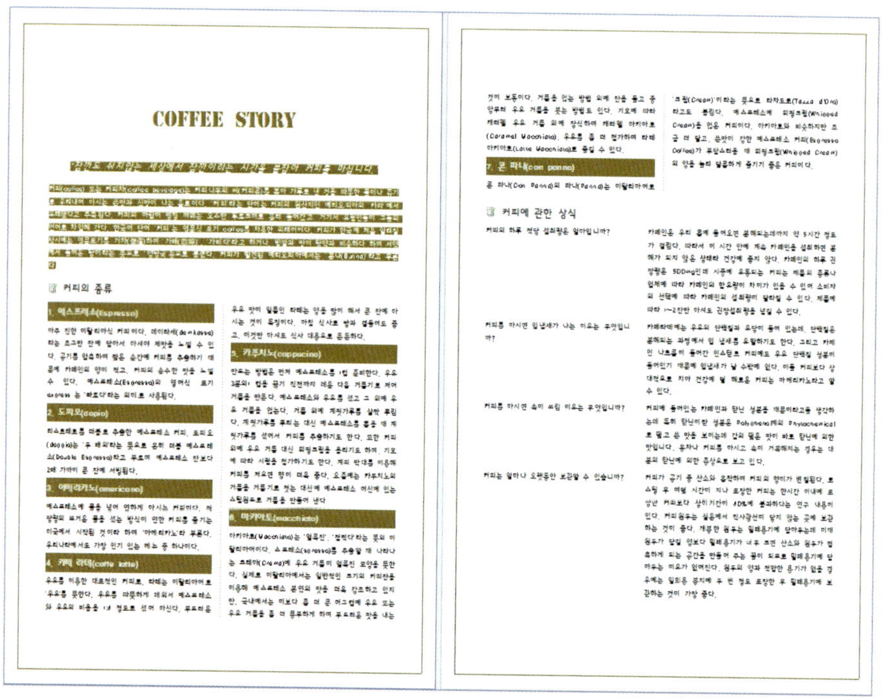

적용 쪽

한 구역 안에 '양쪽 테두리/배경'과 '홀수 쪽 테두리/배경'을 함께 만든 경우, 짝수 쪽에는 '양쪽 테두리/배경'이 나타나고 홀수 쪽에는 '홀수 쪽 테두리/배경'이 나타난다.

1.8. 문서에 배경 넣기

문서에 [쪽 테두리]와 [쪽 배경]을 넣을 때는 테두리와 배경 중에서 한 가지만 넣을 수도 있고, 2가지 효과를 동시에 지정할 수도 있다. 또한, 홀수 쪽에는 테두리를 넣고, 짝수 쪽에는 쪽 배경을 넣는 등 홀/짝수 쪽을 구분하여 서로 다른 효과를 지정할 수도 있다.

① 1쪽에 커서를 놓고 [쪽]-[쪽 테두리/배경]을 선택한다.

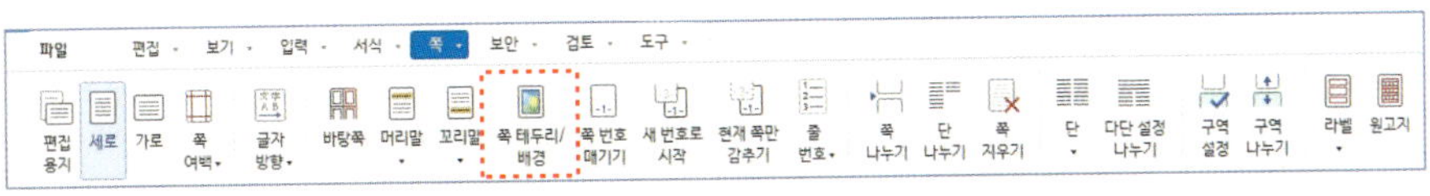

② [쪽 테두리/배경] 대화상자가 열리면 [배경] 탭을 열고 [테두리/배경 종류]는 '양쪽'을 선택한다. [채우기]는 '그림'을 선택하되, [그림 선택]( )을 눌러 [그림 넣기] 대화상자가 열리면 '커피이미지.jpg' 파일을 선택한다. [채우기 유형]은 '가운데 아래로'를 선택하고, [적용 쪽]은 '모두', [적용 범위]는 '문서 전체', [채울 영역]은 '테두리'를 선택하고 [설정]을 누른다.

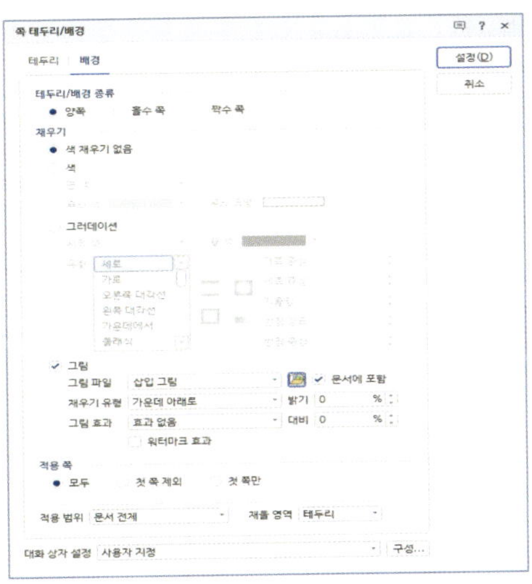

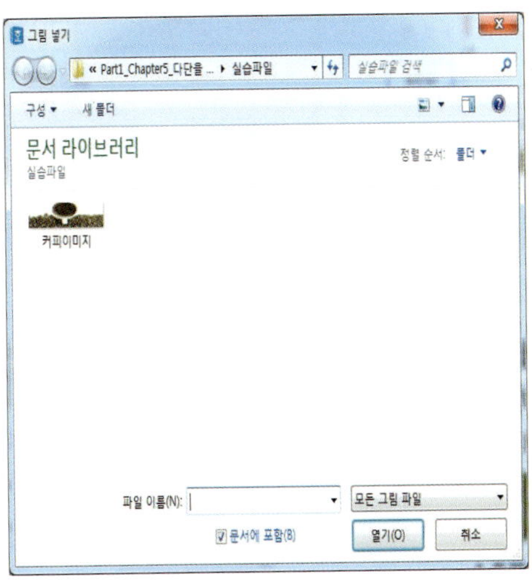

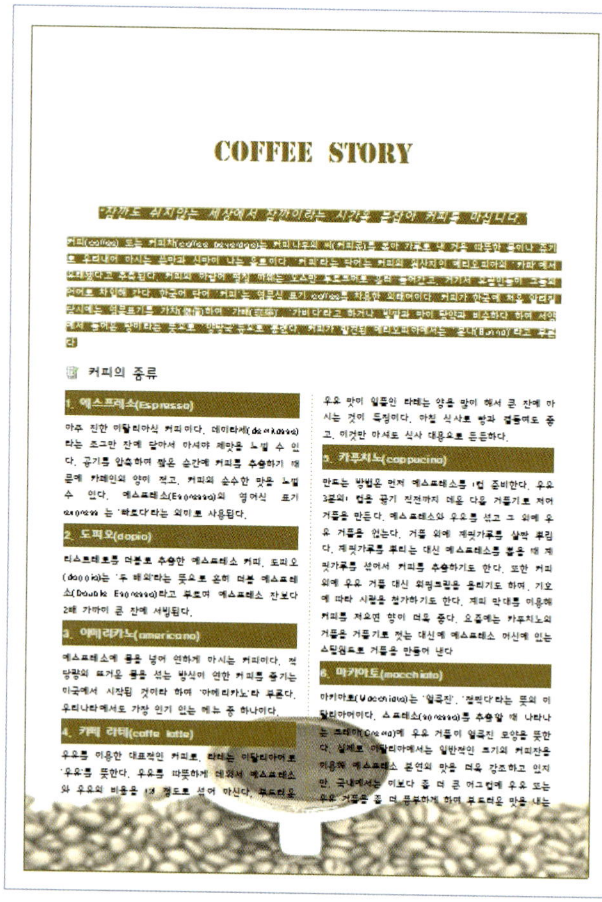

COFFEE STORY

"잠깐도 쉬지 않는 세상에서 잠깐이라는 시간을 붙잡아 커피를 마십니다."

[illegible]

커피의 종류

1. 에스프레소(Espresso)

아주 진한 이탈리아식 커피이다. 데미타세(demitasse)라는 조그만 잔에 담아서 마셔야 제맛을 느낄 수 있다. 공기를 압축하여 짧은 순간에 커피를 추출하기 때문에 카페인의 양이 적고, 커피의 순수한 맛을 느낄 수 있다. 에스프레소(Espresso)의 영어식 표기 express 는 '빠르다'라는 의미로 사용된다.

2. 도피오(dopio)

리스트레토를 더블로 추출한 에스프레소 커피. 도피오(doppio)는 '두 배의'라는 뜻으로 흔히 더블 에스프레소(Double Espresso)라고 부르며 에스프레소 잔보다 2배 가까이 큰 잔에 서빙된다.

3. 아메리카노(americano)

에스프레소에 물을 넣어 연하게 마시는 커피이다. 적당량의 뜨거운 물을 섞는 방식이 연한 커피를 즐기는 미국에서 시작된 것이라 하여 '아메리카노'라 부른다. 우리나라에서도 가장 인기 있는 메뉴 중 하나이다.

4. 카페 라테(caffe latte)

우유를 이용한 대표적인 커피로, 라테는 이탈리아어로 '우유'를 뜻한다. 우유를 따뜻하게 데워서 에스프레소와 우유의 비율을 1:3 정도로 섞어 마신다. 부드러운 우유 맛이 일품인 라테는 양을 많이 해서 큰 잔에 마시는 것이 특징이다. 아침 식사로 빵과 곁들여도 좋고, 이것만 마셔도 식사 대용으로 든든하다.

5. 카푸치노(cappucino)

만드는 방법은 먼저 에스프레소를 1컵 준비한다. 우유 3분의1 컵을 끓기 직전까지 데운 다음 거품기로 저어 거품을 만든다. 에스프레소와 우유를 섞고 그 위에 우유 거품을 얹는다. 거품 위에 계핏가루를 살짝 뿌린다. 계핏가루를 뿌리는 대신 에스프레소를 뽑을 때 계핏가루를 섞어서 커피를 추출하기도 한다. 또한 커피 위에 우유 거품 대신 휘핑크림을 올리기도 하며, 기호에 따라 시럽을 첨가하기도 한다. 계피 막대를 이용해 커피를 저으면 향이 더욱 좋다. 요즘에는 카푸치노의 거품을 거품기로 젓는 대신에 에스프레소 머신에 있는 스팀완드로 거품을 만들어 낸다

6. 마키아토(macchiato)

마키아토(Macchiato)는 '얼룩진', '점찍다'라는 뜻의 이탈리아어이다. 스프레소(espresso)를 추출할 때 나타나는 크레마(Crema)에 우유 거품이 얼룩진 모양을 뜻한다. 실제로 이탈리아에서는 일반적인 크기의 커피잔을 이용해 에스프레소 본연의 맛을 더욱 강조하고 있지만, 국내에서는 이보다 좀 더 큰 머그컵에 우유 또는 우유 거품을 좀 더 풍부하게 하여 부드러운 맛을 내는

[쪽 테두리/배경]과 [바탕쪽]과의 차이점

[쪽]-[쪽 테두리/배경]은 문서 전체 쪽에 공통으로 적용되는 테두리 모양과 배경 색, 배경 그림 등을 지정만 할 수 있는 기능이다. 이에 비해 [쪽]-[바탕쪽]은 글자 입력, 표 만들기, 그림 그리기 등 한 쪽(페이지) 분량 안에서 일반 편집 화면에서 작업할 수 있는 거의 모든 기능을 이용해 쪽 편집을 할 수 있다.

1.9. 미리 보기

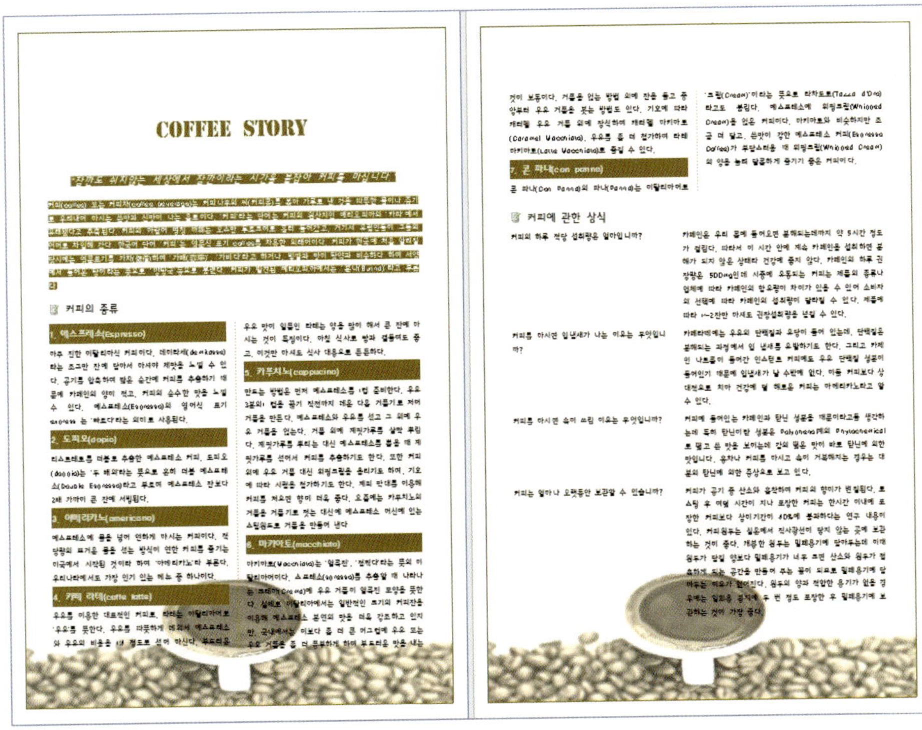

COFFEE STORY

커피의 종류

1. 에스프레소(Espresso)

2. 도피오(doppio)

3. 아메리카노(americano)

4. 카페 라떼(caffe latte)

5. 카푸치노(cappuccino)

6. 마키아토(macchiato)

7. 콘 파나(con panna)

커피에 관한 상식

2. 수식과 상용구를 이용한 문서작성

예제 2

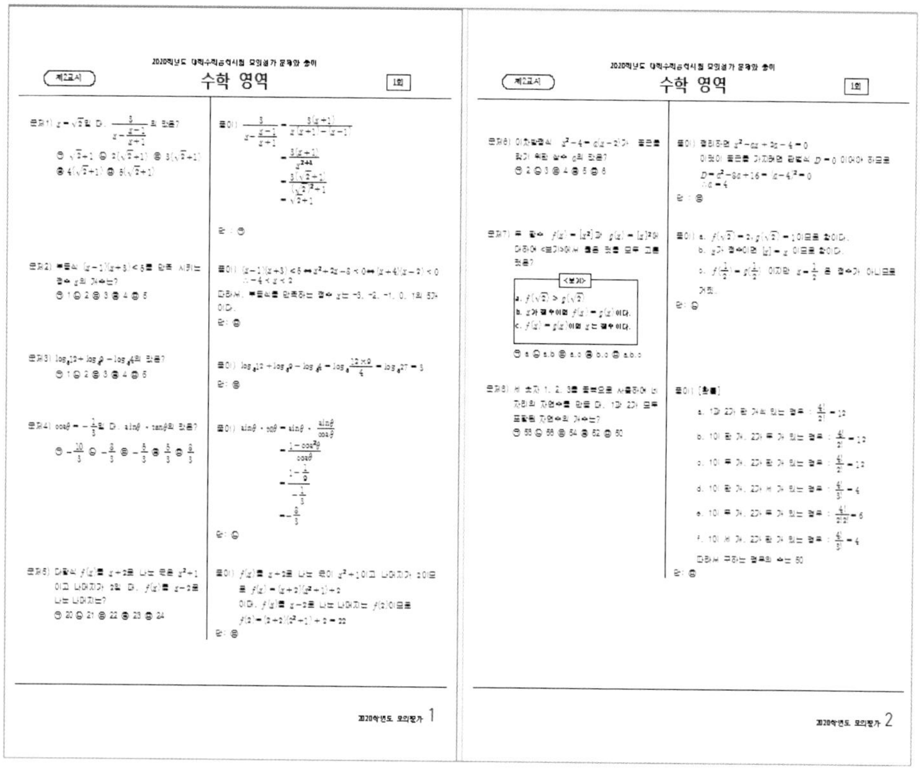

2.1. 새 문서 열기

① [파일]-[새 문서]를 열고 단축키 F7을 눌러 편집용지 설정을 아래와 같이 한다.

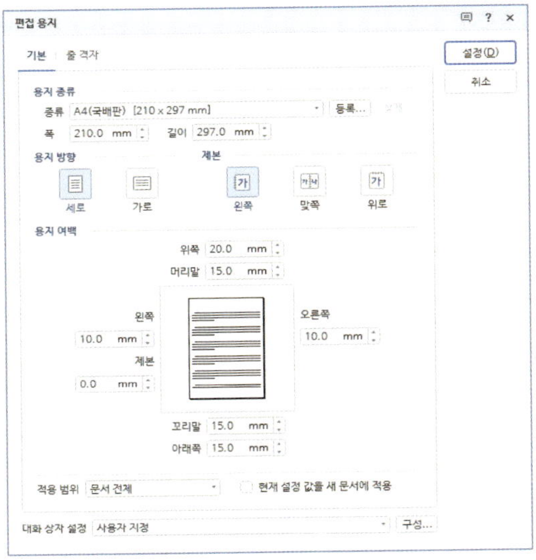

② 글자 모양은 '맑은 고딕', '10pt'로 지정한다.

③ 이 문서에는 수식을 많이 삽입하게 되는데 [보기]-[조판부호]를 선택하면 편집하는 동안 화면에 빨간색 글자로 조판부호들이 나타나 편집에 방해가 되기도 한다. [도구]-[환경 설정]-[기타]에서 '흔글 2002 방식으로 조판부호 표시'를 선택하여 조판부호가 기호(⊤)로 표시되게 한다.

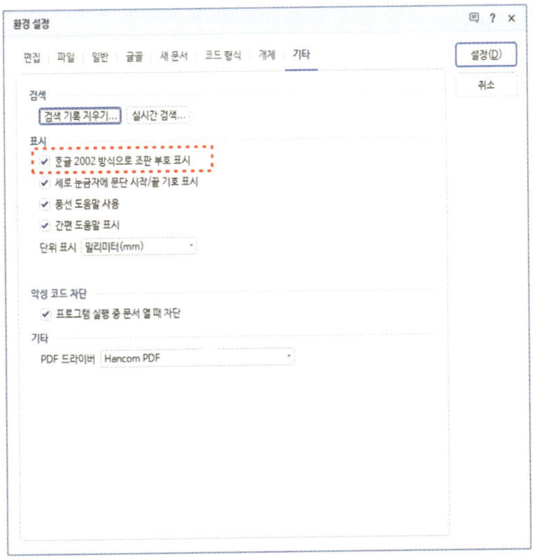

2.2. 머리말/꼬리말/쪽 테두리

① [쪽]-[머리말]-[머리말/꼬리말]을 선택하고, [머리말] / [양쪽]을 선택한 후 아래와 같이 머리말을 삽입한다.

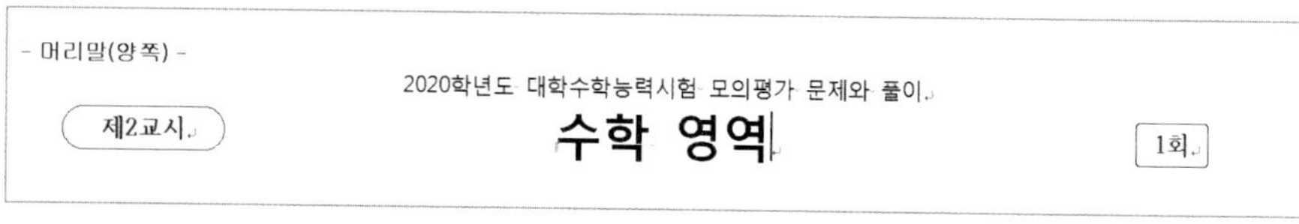

② [쪽]-[꼬리말]-[꼬리말/꼬리말]을 선택하고, [꼬리말]/[양쪽]을 선택한 후 아래와 같이 꼬리말을 삽입한다. 오른쪽 끝에 [머리말/꼬리말]-[상용구]-[현재 쪽 번호]를 이용하여 쪽 번호를 삽입한다.

③ [쪽]-[쪽 테두리/배경]을 선택하고 문서 전체에 아래와 같이 쪽 테두리를 적용한다.

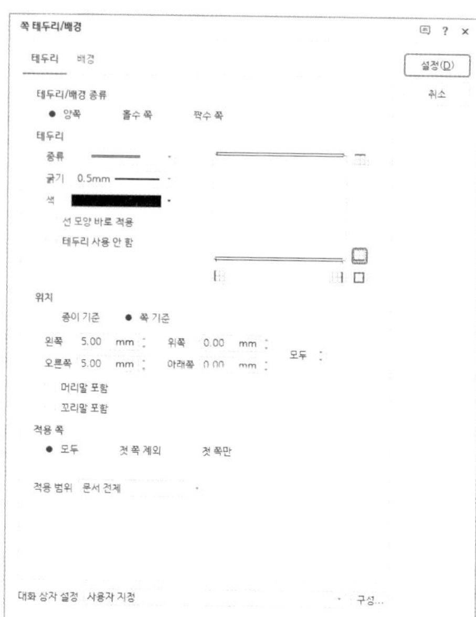

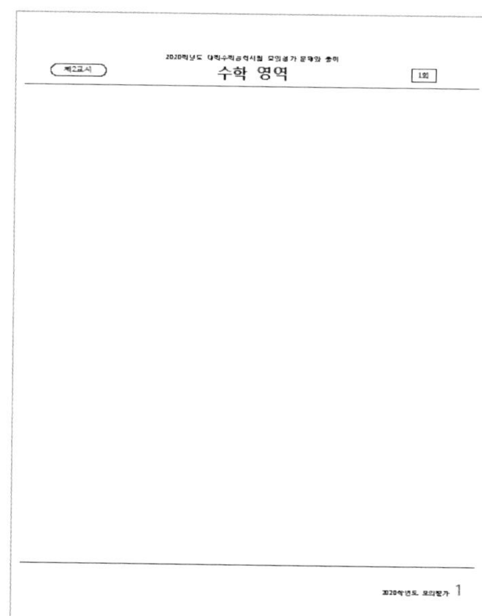

2.3. 평행 다단

수학문제지를 2단으로 편집하되, 문제와 풀이 과정을 양쪽 단에 나란히 배치하기 위해서 [평행 다단]으로 설정한다.

① 첫 번째 줄에 커서를 두고 [쪽]-[다단]-[다단 설정]을 선택한다. [단 설정] 대화상자가 열리면 [단 개수]는 '2', [단 종류]는 '평행 다단'으로 선택한다. [구분선]은 '실선'으로 넣어주고, [단 동일하게]를 해제한 후 1단의 너비는 '80mm', 2단의 너비는 '102mm'로 한다. 적용 범위는 [문서 전체]로 지정한 후 [설정]을 누른다.

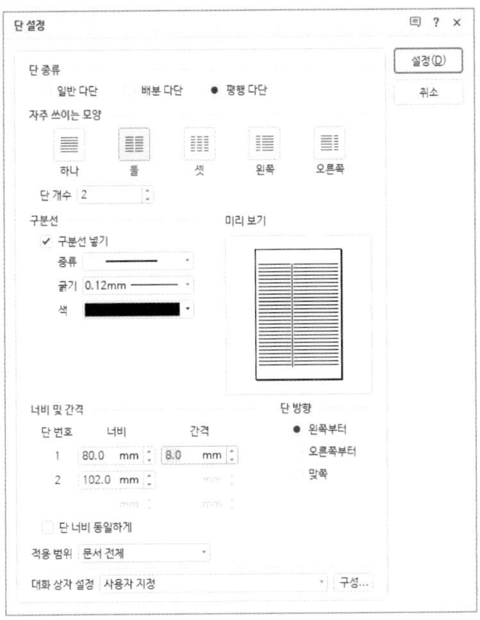

2.4. 문단 번호 붙이기

모든 문제 앞에는 문단 번호를 '문제 1)', '문제 2)', '문제 3)'으로 붙여보자. 이때 손으로 일일이 문제 번호를 입력하면 새로운 문제가 삽입될 때마다 아래 문제들의 번호를 수정해야 하는 번거로움이 생긴다. 정확하게 [문단 번호 사용자 지정]을 이용하여 원하는 모양으로 문단 번호를 설정해 본다.

① [서식]-[문단 번호]-[문단 번호 모양]을 선택한다.

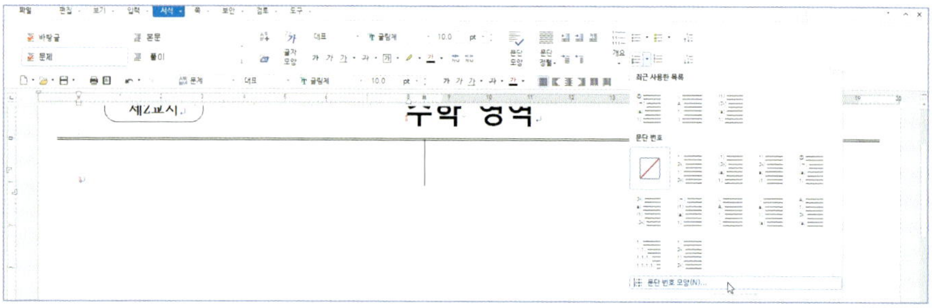

② [글머리표 및 문단 번호] 대화상자가 열리면 [문단 번호 모양] 목록에서 첫 번째 모양을 선택한 후 [사용자 정의] 단추를 누른다. [문단 번호 사용자 정의 모양] 대화상자가 열리면 [수준]에서 '1 수준'을 선택하고, [번호 서식]에 '문제 ^1)'을 삽입한다. [번호 모양]은 '1, 2, 3'을 선택하고 [설정]을 누른다.

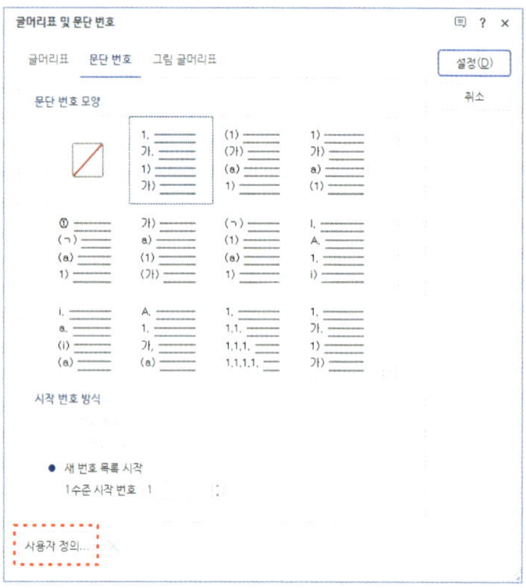

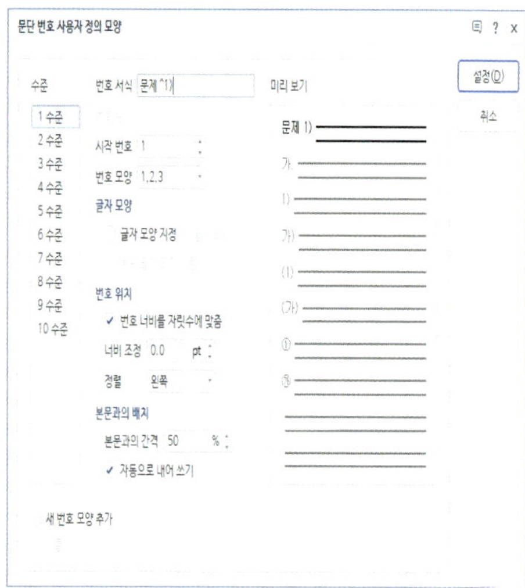

③ 문단 위에 약간의 여백이 생기도록 [문단 모양] 대화상자를 열어서 문단 위 간격을 '20pt'로 지정한다. [서식]-[스타일 추가하기]를 이용하여 '문제'라는 이름으로 스타일을 등록한다.

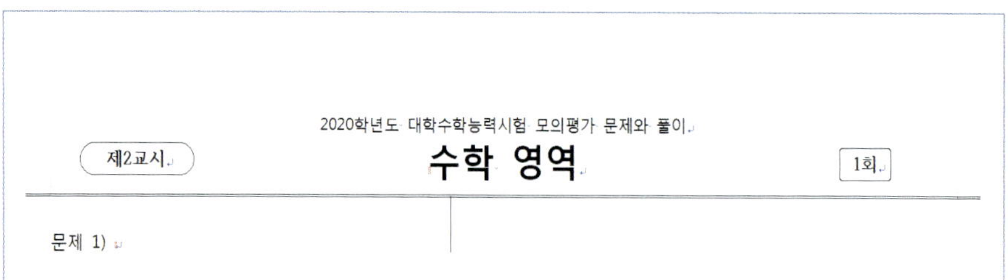

2.5. 수식 삽입

한/글의 수식 편집기(Equation Editor)는 편의성이 강화된 비주얼 에디팅(Visual Editing) 수식 입력 방식과 스크립트 수식 입력 방식을 모두 지원한다. 수식 편집기를 이용하면 간단한 산술식은 물론 복잡한 수식에 이르기까지 어떠한 수학식도 수식 템플릿 (Template)과 수식용 예약어를 이용하여 손쉽게 작성할 수 있다. 수식 편집기를 이용하여 작성한 수식을 본문에 삽입하려면 [수식] 도구 상자에서 [넣기] 아이콘(   )을 누르거나 Shift+Esc 키를 눌러 수식 편집 창을 닫으면 된다.

① 수식은 [입력]-[수식] 또는 단축키(Ctrl+N+M)를 이용한다.

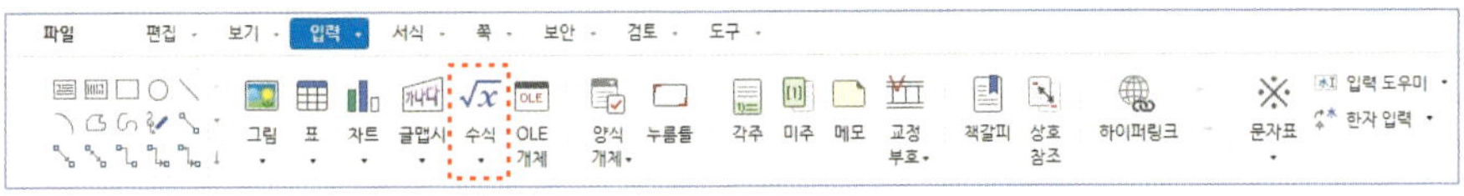

② [수식 편집기] 창이 열리면 [수식 도구 상자]에서 원하는 수식을 선택하여 아래와 같이 수식을 삽입한다. 만약 수식 스크립트가 익숙하다면 스크립트 입력창을 이용하여 수식을 입력해도 좋다.

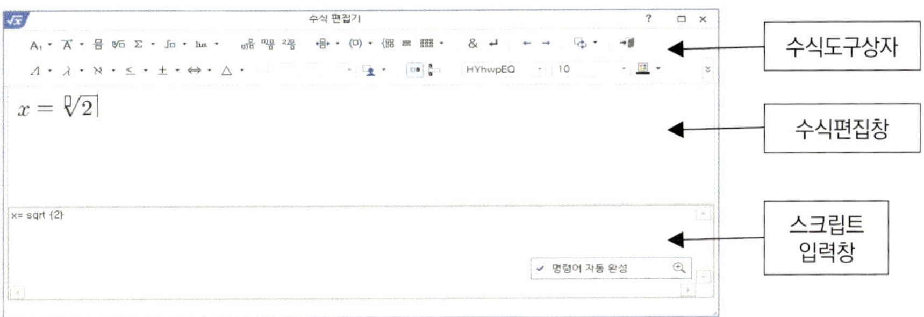

③ 수식과 수식 사이에 한글을 입력해야 한다면 [수식 편집기] 창을 닫고 본문에 한글을 적고 다시 [수식 편집기] 창을 열어 준다. 수식은 [수식 편집기] 창에서, 한글은 본문에서 작성하도록 한다. 때문에 [수식 편집기] 창을 열 때 단축키(Ctrl+N+M)를 이용하는 것이 편하다.

④ 수식 편집기와 본문을 오가면서 아래와 같이 첫 번째 문제를 입력한다.

문제1) $x=\sqrt{2}$ 일 때, $\dfrac{3}{x-\dfrac{x-1}{x+1}}$ 의 값은?

상용구의 종류

한/글의 상용구에는 글자 상용구와 본문 상용구의 두 가지 종류가 있다.

- 글자 상용구 : 말 그대로 글자(Text)만 등록할 수 있는 상용구이다. [상용구 등록]이나 [상용구 내용] 기능을 이용하면 글자 상용구를 추가하거나 편집할 수 있으며, 글자 상용구 파일(*.ido)로 상용구를 저장하거나 불러올 수 있다.
- 본문 상용구 : 글자, 표, 그림 등 한/글에서 사용하는 모든 내용을 서식 그대로 등록할 수 있는 상용구이다. [상용구 등록]을 실행해야만 상용구를 추가할 수 있으며, [상용구 내용]을 실행하면 나타나는 [상용구] 대화상자에서는 본문 상용구를 추가할 수 없다.
- 상용구 등록과 실행 : 메뉴 [입력]-[상용구]-[상용구 내용]에서 [상용구 추가하기]를 누른 후 [준말]에는 기억하기 쉬운 문자를, [본말]에는 입력하고자 하는 원래 문구를 삽입한다. 본문 편집 시 등록한 준말을 입력한 후 단축키(Alt + I)를 누르면 본말로 바뀌어 삽입된다.

2.7. 단 나누기

문제를 모두 입력했다면 이제 커서를 오른쪽 단으로 넘겨 풀이를 작성해 보자.

① [쪽]-[단 나누기]를 선택한다.

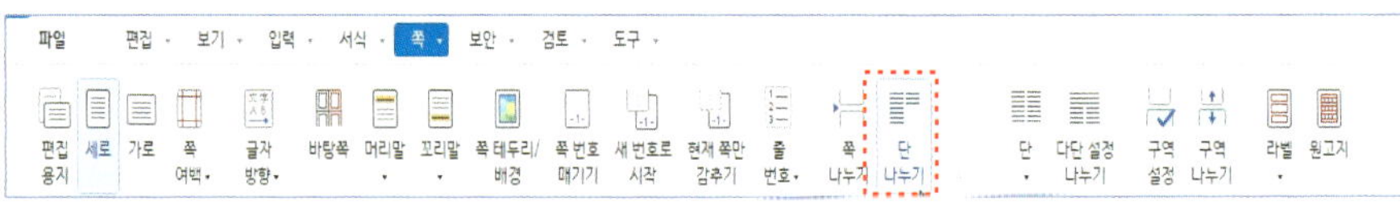

② 커서가 오른쪽 단으로 넘어가면서 '문제 2)'가 나타난다. [서식]-[문단 번호]를 해제한 후 다시 [글머리표 및 문단 번호] 대화상자가 열고 [문단 번호 모양] 목록에서 첫 번째 모양을 선택한 후 [사용자 정의] 단추를 누른다. [문단 번호 사용자 정의 모양] 대화상자가 열리면 [수준]에서 '1 수준'을 선택하고, [번호 서식]에 '풀이'라고 적고 [설정]을 누른다.

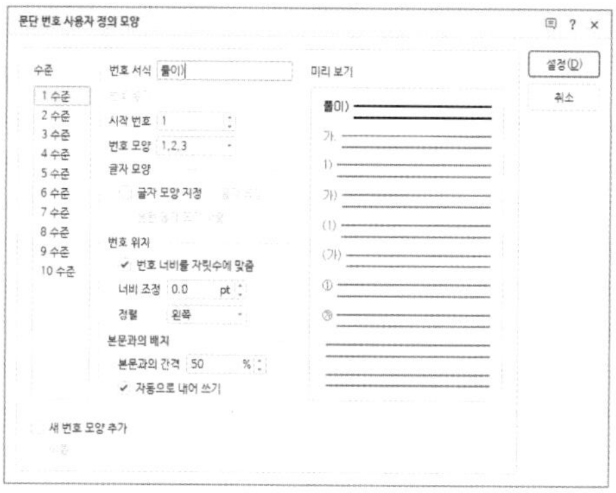

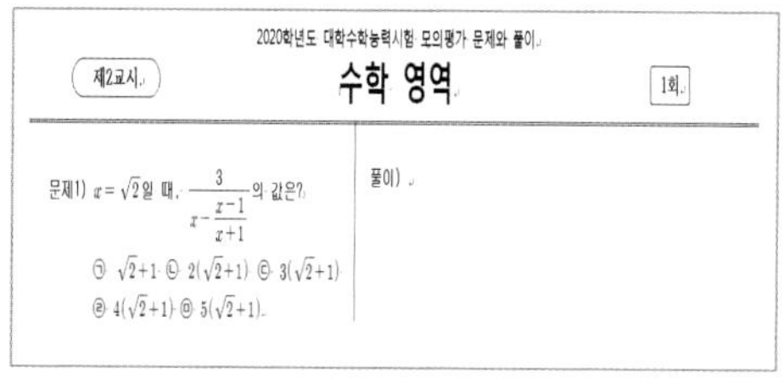

③ 이 문단 모양을 '풀이'라는 이름의 스타일로 추가한다.

④ 다시 [입력]-[수식] 또는 단축키(Ctrl+N+M)를 이용하여 풀이 과정의 수식을 아래와 같이 입력한다. 다음 줄로 넘길 때는 Enter↵를 누른다. 수식을 다 입력한 후 '=' 기호를 기준으로 아래 줄들을 왼쪽 정렬하려면 모든 '=' 앞에서 커서를 두고 수식 도구 상자에 있는 [줄 맞춤] 기호(&)를 클릭한다. 모든 풀이과정이 입력되었다면 수식 편집기를 닫는다. 다음 줄에 '답 : ㉠'이라고 적는다.

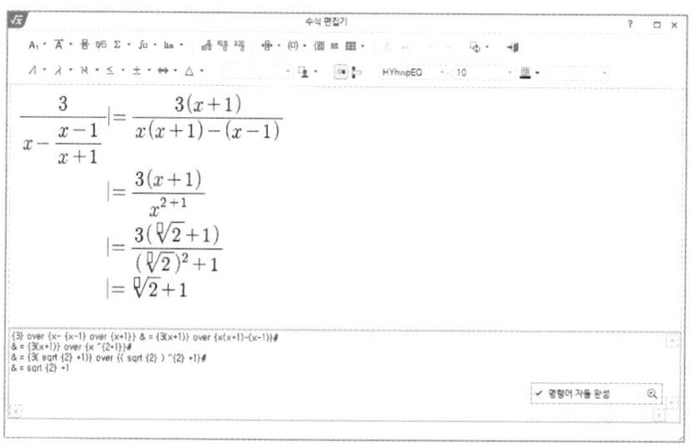

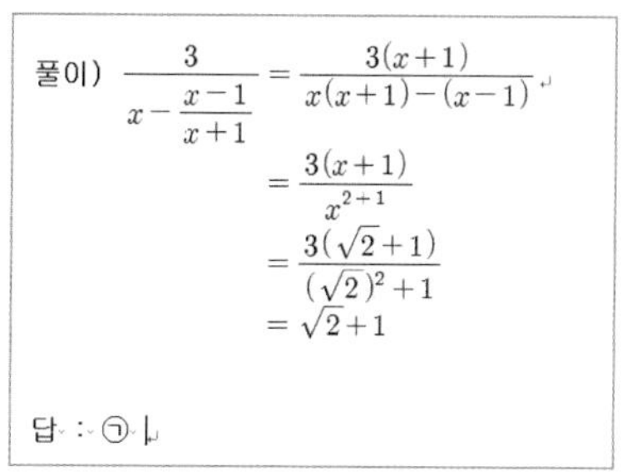

⑤ 문제 2)를 입력하려면 [쪽]-[단 나누기](Ctrl+Shift+Enter↵)를 해서 커서를 왼쪽 단으로 보내야 한다. 이런 방식으로 왼쪽 단과 오른쪽 단을 번갈아 가면서 문제와 풀이를 작성해 본다. 문제와 풀이를 입력할 때 '문제'와 '풀이' 스타일을 적절히 활용한다. (예제에 입력한 수식은 제공된 PDF 파일을 참고한다.)

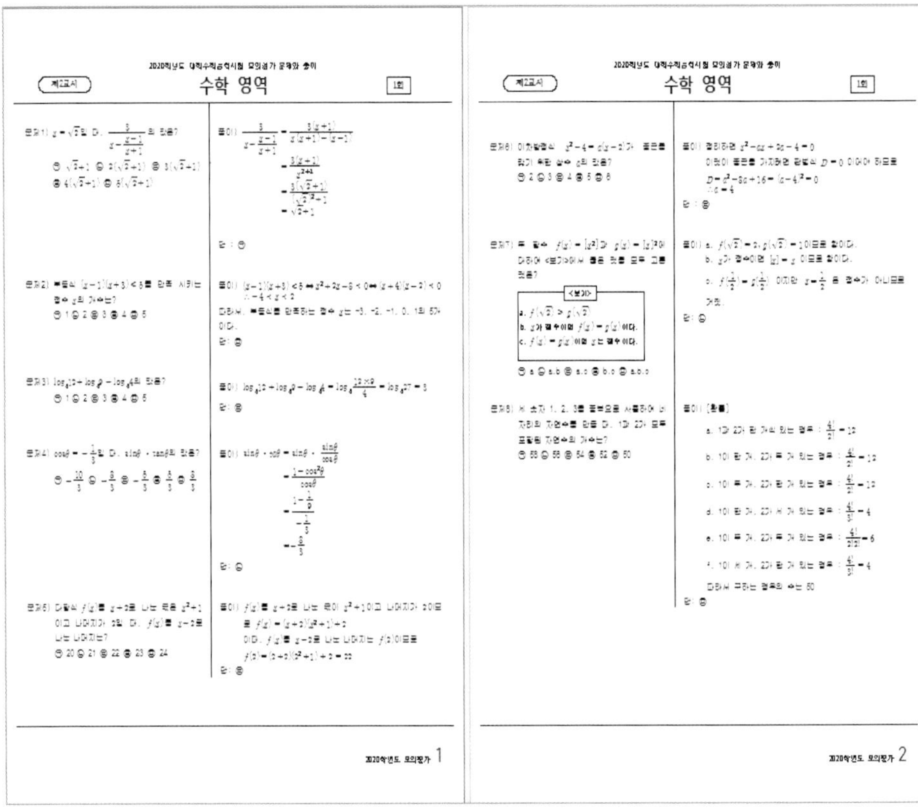
2020학년도 대학수학능력시험 모의평가 문제와 풀이

(제2교시) 수학 영역 [1회]

문제1) $x=\sqrt{2}$일 때, $\dfrac{3}{x-\dfrac{x-1}{x+1}}$의 값은?

㉠ $\sqrt{2}+1$ ㉡ $2(\sqrt{2}+1)$ ㉢ $3(\sqrt{2}+1)$ ㉣ $4(\sqrt{2}+1)$ ㉤ $5(\sqrt{2}+1)$

풀이) $\dfrac{3}{x-\dfrac{x-1}{x+1}}=\dfrac{3(x+1)}{x(x+1)-(x-1)}$
$=\dfrac{3(x+1)}{x^{2}+1}$
$=\dfrac{3(\sqrt{2}+1)}{(\sqrt{2})^{2}+1}$
$=\sqrt{2}+1$

답 : ㉠

문제2) 부등식 $(x-1)(x+3)<5$를 만족 시키는 정수 x의 개수는?

㉠ 1 ㉡ 2 ㉢ 3 ㉣ 4 ㉤ 5

풀이) $(x-1)(x+3)<5 \Leftrightarrow x^{2}+2x-8<0 \Leftrightarrow (x+4)(x-2)<0$
$\therefore -4<x<2$
따라서, 부등식을 만족하는 정수 x는 -3, -2, -1, 0, 1의 5개이다.

답 : ㉤

문제3) $\log_{3}12+\log_{3}9-\log_{3}4$의 값은?

㉠ 1 ㉡ 2 ㉢ 3 ㉣ 4 ㉤ 5

풀이) $\log_{3}12+\log_{3}9-\log_{3}4=\log_{3}\dfrac{12\times9}{4}=\log_{3}27=3$

답 : ㉢

문제4) $\cos\theta=-\dfrac{1}{3}$일 때, $\sin\theta\cdot\tan\theta$의 값은?

㉠ $-\dfrac{10}{3}$ ㉡ $-\dfrac{8}{3}$ ㉢ $-\dfrac{5}{3}$ ㉣ $\dfrac{5}{3}$ ㉤ $\dfrac{8}{3}$

풀이) $\sin\theta\cdot\tan\theta=\sin\theta\cdot\dfrac{\sin\theta}{\cos\theta}$
$=\dfrac{1-\cos^{2}\theta}{\cos\theta}$
$=\dfrac{1-\frac{1}{9}}{-\frac{1}{3}}$
$=-\dfrac{8}{3}$

답 : ㉡

문제5) 다항식 $f(x)$를 $x+2$로 나눈 몫은 $x^{2}+1$이고 나머지가 2일 때, $f(x)$를 $x-2$로 나눈 나머지는?

㉠ 20 ㉡ 21 ㉢ 22 ㉣ 23 ㉤ 24

풀이) $f(x)$를 $x+2$로 나눈 몫이 $x^{2}+1$이고 나머지가 2이므로 $f(x)=(x+2)(x^{2}+1)+2$
이다. $f(x)$를 $x-2$로 나눈 나머지는 $f(2)$이므로
$f(2)=(2+2)(2^{2}+1)+2=22$

답 : ㉢

2020학년도 모의평가 1

2020학년도 대학수학능력시험 모의평가 문제와 풀이

(제2교시) 수학 영역 [1회]

문제6) 이차방정식 $x^{2}-4=a(x-2)$가 중근을 갖기 위한 상수 a의 값은?

㉠ 2 ㉡ 3 ㉢ 4 ㉣ 5 ㉤ 6

풀이) 정리하면 $x^{2}-ax+2a-4=0$
이식이 중근을 가지려면 판별식 $D=0$ 이어야 하므로
$D=a^{2}-8a+16=(a-4)^{2}=0$
$\therefore a=4$

답 : ㉢

문제7) 두 함수 $f(x)=[x^{2}]$과 $g(x)=[x]^{2}$에 대하여 <보기>에서 옳은 것을 모두 고른 것은?

<보기>
a. $f(\sqrt{2})>g(\sqrt{2})$
b. x가 정수이면 $f(x)=g(x)$이다.
c. $f(x)=g(x)$이면 x는 정수이다.

㉠ a ㉡ a,b ㉢ a,c ㉣ b,c ㉤ a,b,c

풀이) a. $f(\sqrt{2})=2$, $g(\sqrt{2})=1$이므로 참이다.
b. x가 정수이면 $[x]=x$ 이므로 참이다.
c. $f(\frac{1}{2})=g(\frac{1}{2})$ 이지만 $x=\frac{1}{2}$ 은 정수가 아니므로 거짓.

답 : ㉡

문제8) 세 숫자 1, 2, 3를 중복으로 사용하여 네 자리의 자연수를 만들 때, 1과 2가 모두 포함된 자연수의 개수는?

㉠ 58 ㉡ 56 ㉢ 54 ㉣ 52 ㉤ 50

풀이) [확률]
a. 1과 2가 한 개씩 있는 경우 : $\dfrac{4!}{2!}=12$
b. 1이 한 개, 2가 두 개 있는 경우 : $\dfrac{4!}{2!}=12$
c. 1이 두 개, 2가 한 개 있는 경우 : $\dfrac{4!}{2!}=12$
d. 1이 한 개, 2가 세 개 있는 경우 : $\dfrac{4!}{3!}=4$
e. 1이 두 개, 2가 두 개 있는 경우 : $\dfrac{4!}{2!2!}=6$
f. 1이 세 개, 2가 한 개 있는 경우 : $\dfrac{4!}{3!}=4$
따라서 구하는 경우의 수는 50

답 : ㉤

2020학년도 모의평가 2

실습과제

[실습과제 완성본]

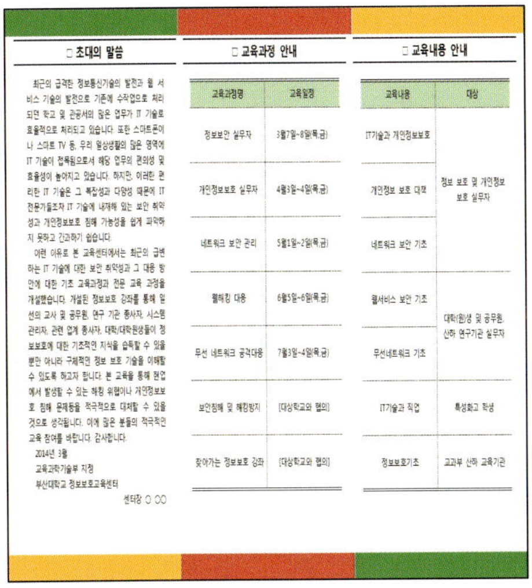

[편집 방법]

❶ 원고 파일('실습과제_원고.hwp')을 열고 [편집용지] 설정에서 [용지 종류]를 'A4'로 하고, [용지 방향]은 '가로', [제본]은 '한쪽'으로 하되 [용지 여백]은 위/아래/왼쪽/오른쪽 여백은 각각 '10mm'로 지정하고 머리말/꼬리말 여백은 모두 '5mm'로 설정한다.

❷ 문서를 총 2개의 구역으로 나눈 후 구역 1과 구역 2의 바탕쪽을 '양쪽'으로 만들되, 다음과 같이 [바탕쪽]에 사각형을 이용해 배경을 3개의 영역으로 만들어준다. 구역 2의 바탕쪽에 '부산대학교1.png' 그림 파일도 삽입한다.

❸ 본문 전체는 '3단'의 '평행 다단'으로 나눈 후 예제와 같이 [단 나누기](Ctrl+Shift+Enter↵)를 이용하여 각 단의 시작 높이를 맞춰준다.

❹ 각 문단의 글자 모양과 문단 모양은 임의로 정하되, 스타일 기능을 이용하여 빠르게 편집해 본다.

❺ 예제와 같이 '부산대학교2.png', '약도.png' 그림 파일을 삽입해 본다.

❻ 완성된 파일은 '실습과제_완성.hwp'로 저장한다.

❼ 리포트로 제출 시에는 양면 인쇄하여 인쇄물도 함께 제출한다.

Chapter 6 단행본 편집하기

본 장에서는 서론/본론/결론 또는 장/절/항으로 전개되는 단행본 편집을 할 때 필요한 여러 가지 기능들을 다루고자 한다. 이번 예제에서 다루는 기능들은 논문이나 리포트 또는 각종 문서편집에 있어 다양하게 활용될 수 있는 부분이므로 단계별 편집 방법을 정확하게 이해하여야 한다.

먼저 본문 편집에서는 원고가 몇 개의 장과 절 그리고 항으로 구성되어 있는지를 분석한 후 장과 절, 항에 맞는 제목 번호를 붙여준다. 제목 문단을 수준별로 나누고 문단 머리에 일련번호를 붙이는 것을 한글에서는 '개요번호'라고 한다. '개요번호'는 '문단 번호'와는 달리 하나의 문서 혹은 하나의 구역에서는 반드시 일련번호로 매겨진다. 이러한 개요 문단을 처리할 때도 [스타일] 기능을 함께 사용하면 빠르고 체계적으로 문서를 편집할 수 있다. 그리고 자동으로 붙여진 개요번호의 모양은 [개요번호 사용자지정]을 이용하여 사용자가 원하는 모양으로 바꿀 수 있다.

또한, 글의 전개 순서로 보아 본문의 내용 중에 넣기는 부담스러우나, 본문에서 인용한 자료의 출처를 밝히거나 본문에서 언급한 내용에 대한 보충 자료를 구체적으로 제시할 필요가 있을 때는 [각주]나 [미주]를 사용하는 것이 관례이다. 문서 작업을 하면서 용도에 맞게 [각주]나 [미주]를 넣는 [주석] 기능은 논문과 같은 형식의 문서작성에 필요한 중요한 기능이다.

마지막으로 제대로 책 한 권을 만들려면 앞에는 차례가 있어야 하고, 뒤에는 색인이 있어야 한다. 한/글은 제목 차례, 표 차례, 그림 차례, 수식 차례 등의 각종 차례와 색인 표시를 붙인 낱말들에 대하여 색인을 자동으로 만들어준다.

이번 예제를 통해 일련의 단행본 편집 과정을 따라 하면서 한 권의 책을 완벽하게 편집할 수 있게 도와주는 각종 기능을 익혀보자.

예제

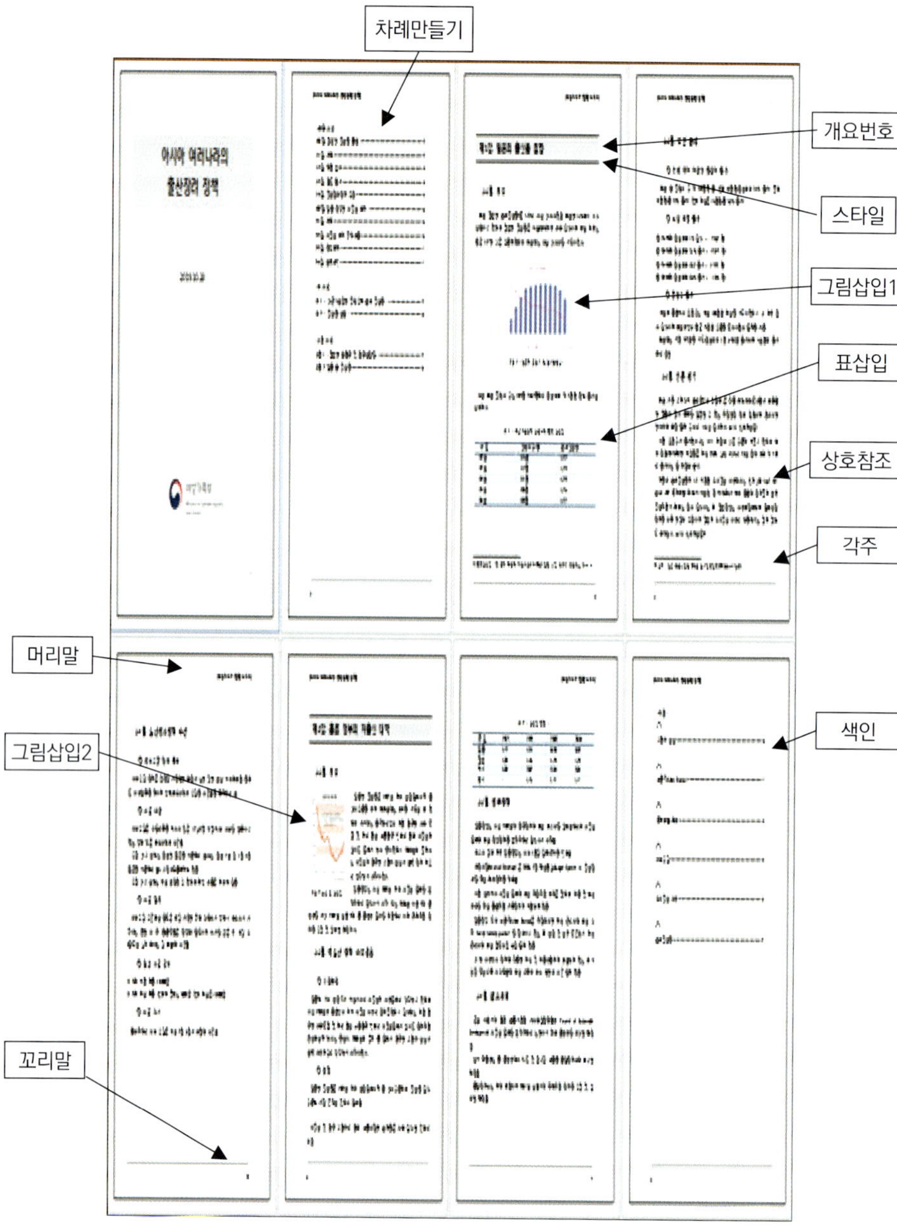

1. 편집용지 설정

이번 예제에서는 원고 파일을 불러들여 '46배판' 크기로 편집해 본다.

① 단축키(Alt +O)를 눌러 [불러오기] 대화상자를 연 후 파일 형식을 '모든 파일(*.*)'로 지정한 후 '단행본_원고.txt' 파일을 불러들인다.

② 편집용지 단축키(F7)를 눌러 [편집용지] 대화상자를 연다. [용지 종류]는 'B5(46배판 [182*257mm]'로 지정해 주고 [용지 방향]은 '세로', [제본]은 '맞쪽'으로 설정한다. [용지 여백]은 위쪽 '15mm', 아래쪽 '15mm', 안쪽 '20mm', 바깥쪽 '30mm', 머리말 '15mm', 꼬리말 '15mm'로 지정한 후 [설정]을 누른다.

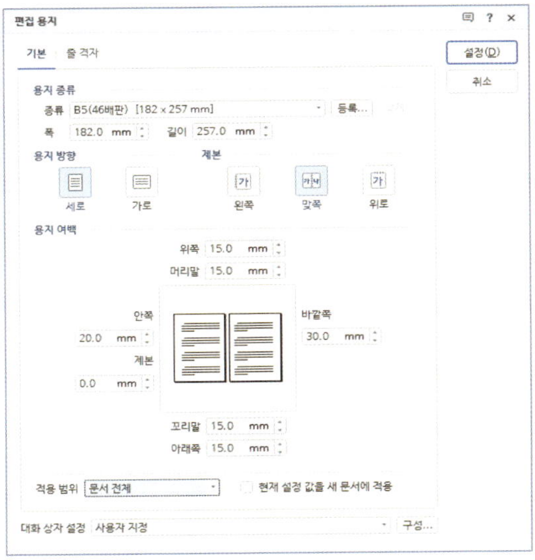

③ 편집용지가 설정된 파일은 메뉴 [파일]-[다른 이름으로 저장하기]를 이용하여 '단행본_완성.hwp'로 저장한다.

④ 기본 도구 상자 [보기]에서 화면에 나타나는 정보들에 대한 설정은 다음과 같이 선택해 준다.

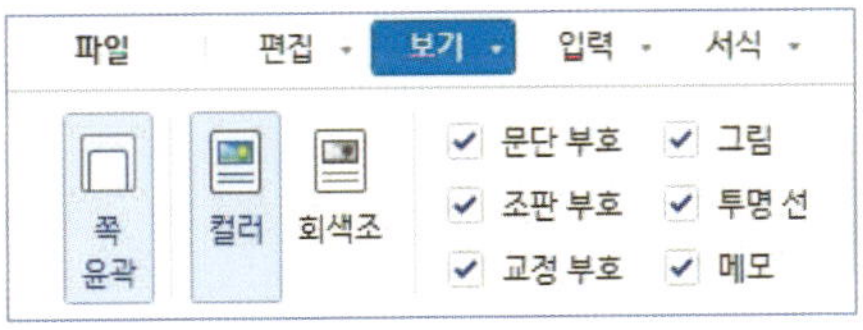

2. 본문 스타일 만들기

① 단축키 Ctrl + A를 눌러 전체 문단을 블록으로 지정한다.

② [글자 모양] 대화상자(Alt+L)에서 글자 모양을 '맑은고딕', '10.5pt', 장평 '100%'로 지정한다. 언어 '영문'을 선택한 후 [상대 크기]를 '85%'로 지정하면 본문의 모든 영문은 한글과 비교하여 살짝 작게 처리된다.

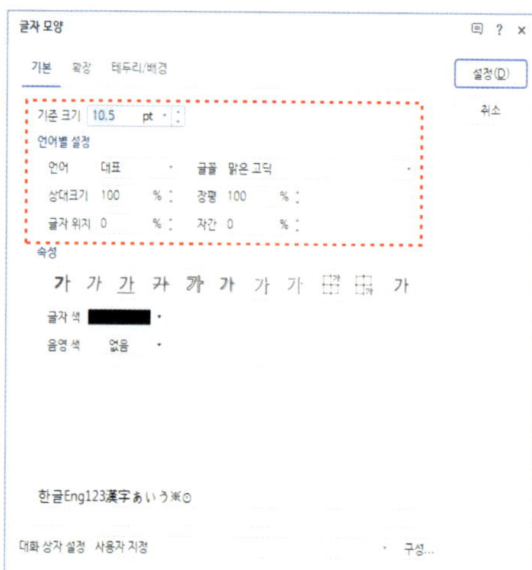

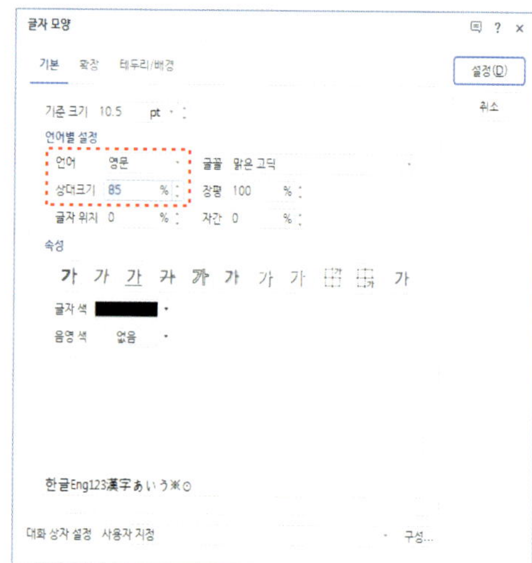

③ [문단 모양] 대화상자(Alt+T)에서는 [첫 줄] '들여쓰기', '10.5pt'로 지정하고, [확장] 탭을 열어 '외톨이줄 보호'를 선택한다.

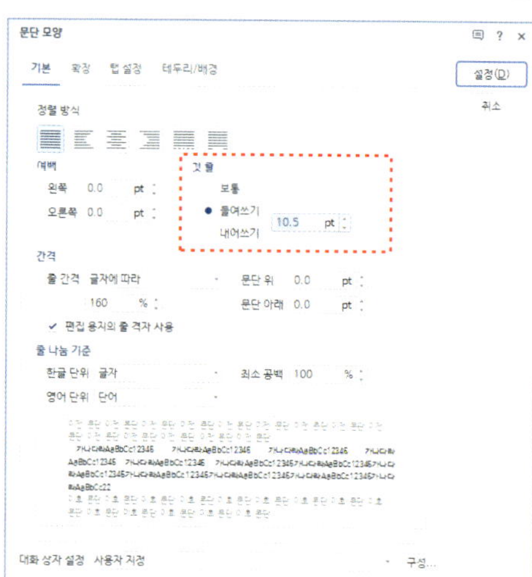

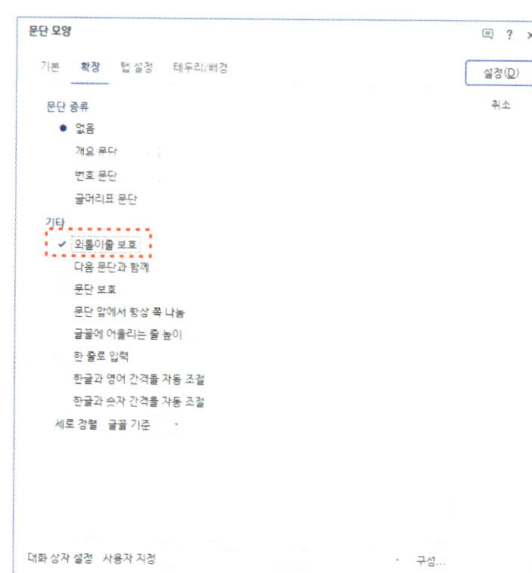

외톨이줄 보호

두 줄 이상으로 이루어진 문단의 첫 번째 줄이나 마지막 줄이 쪽 경계선에 걸려서 한 줄짜리 문단이 생길 때, 그 문단의 처음이나 끝에서 두 번째 줄을 끌어와서 한 줄만으로 된 문단이 생기는 것을 방지하는 기능이 [외톨이줄 보호]이다.

- 외톨이줄 보호와 문단 보호의 차이점

  [외톨이줄 보호]는 두 줄 이상으로 구성된 문단에서 한 줄만 앞쪽(앞 페이지) 또는 뒤쪽(뒤 페이지)에 인쇄되는 것을 막는 기능인 데 비하여, [문단 보호]는 문단의 내용 전체가 앞뒤 쪽(페이지)에 나뉘어 인쇄되는 것을 막는 기능이다. 따라서 문단 속성을 '문단 보호'로 지정해 놓으면 간혹 여러 줄로 구성된 하나의 문단이 앞쪽이나 뒤쪽으로 몰리면서 쪽 아래쪽에 예상보다 큰 공백이 생길 수 있다.

④ 전체 본문이 블록으로 설정된 상태에서 메뉴 [서식]-[스타일 추가하기]( )를 눌러 '본문'이라는 이름으로 스타일을 추가한다.

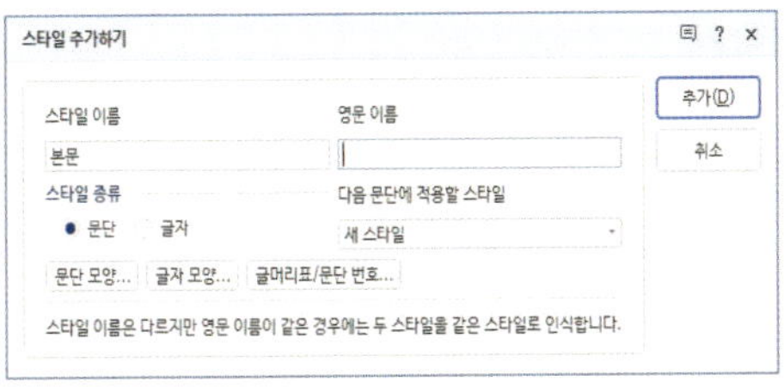

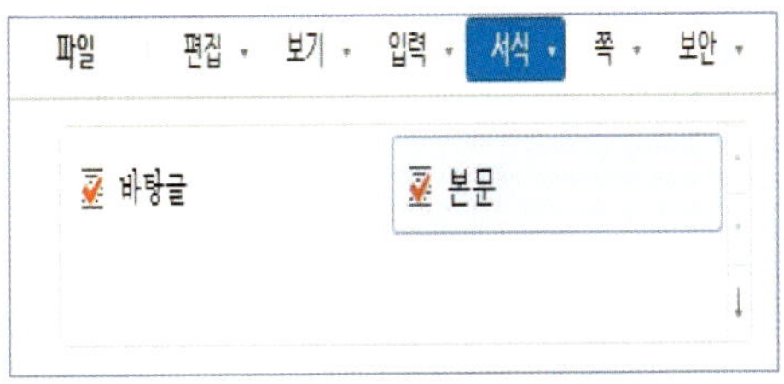

⑤ 이후로 본문의 글자 모양이나 문단 모양을 수정하고 싶다면 [스타일 편집]을 이용하여 [본문] 스타일의 글자 모양과 문단 모양을 각각 수정해 주면 된다.

바탕글 스타일

[새 문서]를 실행해 새로 만든 빈 문서의 문단은 처음에 [바탕글] 스타일로 지정되어 있다. 한/글에서 바탕글 스타일은 항상 존재하며 지울 수도 이름을 바꿀 수도 자리를 옮길 수도 없다. 하지만 필요하다면 바탕글 스타일 내용을 바꾸어 사용할 수는 있다.

바탕글 스타일은 '함초롬바탕체', '10pt', 장평 '100%', 자간 '0%'의 보통 모양의 '검은색' 글자 모양과 줄 간격 '160%', '양쪽 정렬', 왼쪽과 오른쪽 여백 '0', '기본 탭'의 문단 모양을 가지고 있다.

한/글을 실행할 때 읽어 들이는 기본 스타일은 \Program Files\Hnc\Office 2018\HOffice100\Shared\HwpTemplate\Doc\ko-KR\Normal.hwt 파일의 스타일이다.

3. 표지 꾸미기

① '아시아 여러 나라의 출산장려 정책'은 표지에 놓일 글줄이고, '1. 일본의 출산율 동향 및 출산장려 정책' 문단부터는 본문에 놓일 글줄이다. 따라서 '아시아 여러 나라의 출산장려 정책' 문단 뒤에 커서를 두고 [쪽]-[쪽 나누기](또는 단축키 Ctrl+Enter↵)를 누른다.

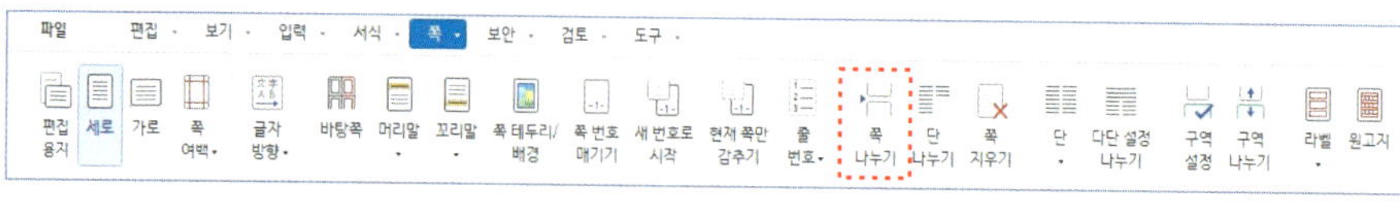

② 제목 '아시아 여러 나라의 출산장려 정책' 문단 중 '출산장려 정책' 앞에 커서를 두고 강제 개행 단축키 (Shift + Enter↵)를 눌러 2줄로 만든다.

③ 두 줄로 나뉜 '아시아 여러 나라의 출산장려 정책' 문단을 블록으로 지정한다.

④ 글자 모양(Alt+L) 모양은 '24pt', '진하게'로 지정한다.

⑤ 문단 모양(Alt+T)은 '가운데 정렬'하고, 문단 [위/아래 간격] '30pt'로 지정한다. [테두리/배경] 탭을 열어 문단의 [배경색]을 '회색'으로 지정하되, '문단 간격 무시'를 선택한 후 [간격]에서 위/아래를 '6mm'씩 넣어준다.

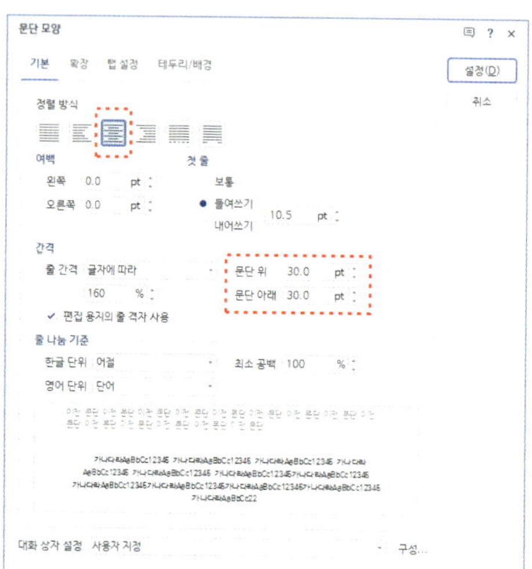

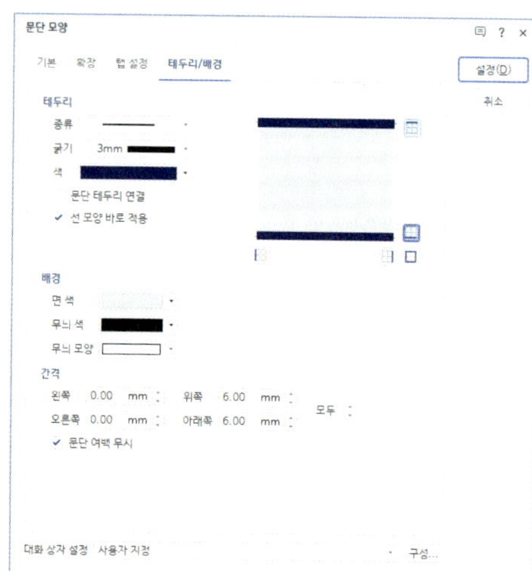

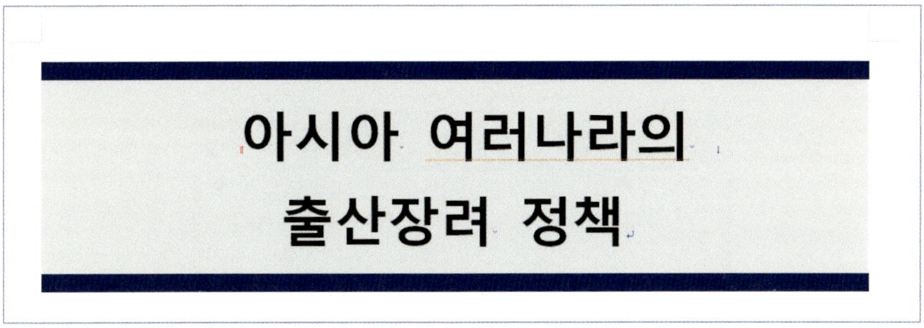

⑥ 제목 '아시아 여러 나라의 출산장려 정책' 뒤에서 엔터를 쳐 빈 줄을 하나 삽입한다. 이때 제목 문단의 속성이 그대로 적용되어 문단 배경색이 나타나게 되면 커서가 놓인 문단을 '바탕글' 스타일을 적용해 문단 서식을 지워준다.

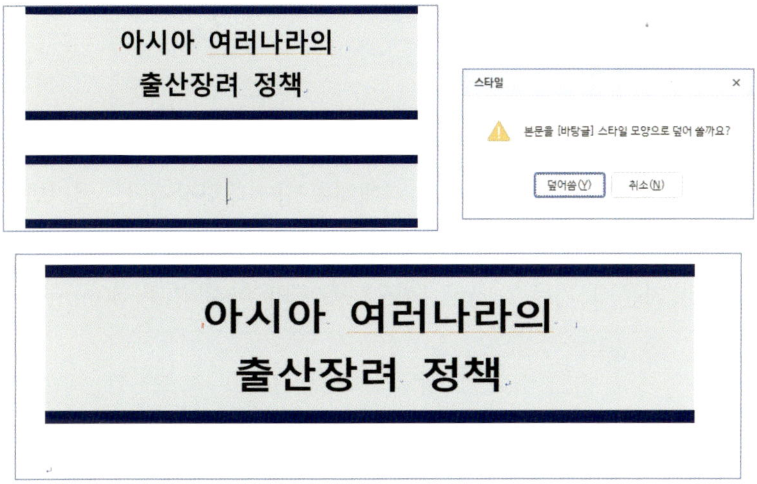

⑦ 빈 줄에는 현재 날짜를 적고, '맑은 고딕', '16pt', '진하게', '가운데 정렬'한 후, 문단 위 간격을 '50pt'로 지정한다.

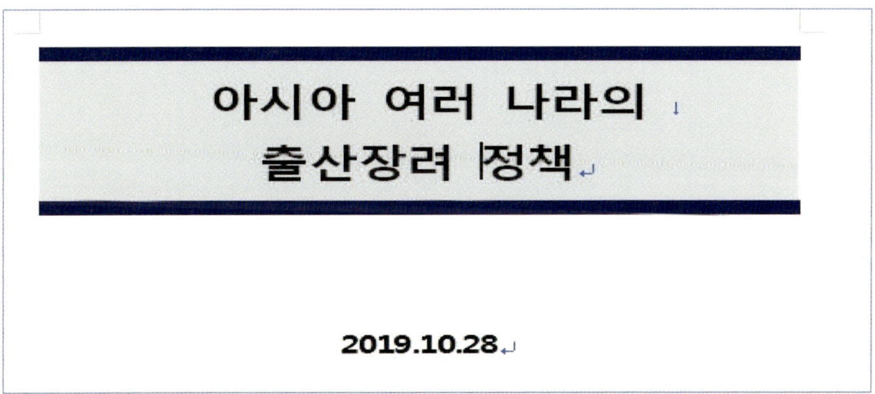

⑧ [입력]-[그림]을 선택한 후 [그림 넣기] 대화상자가 열리면 '여성가족부_로고.jpg' 파일을 선택한 후 [열기]를 누른다.

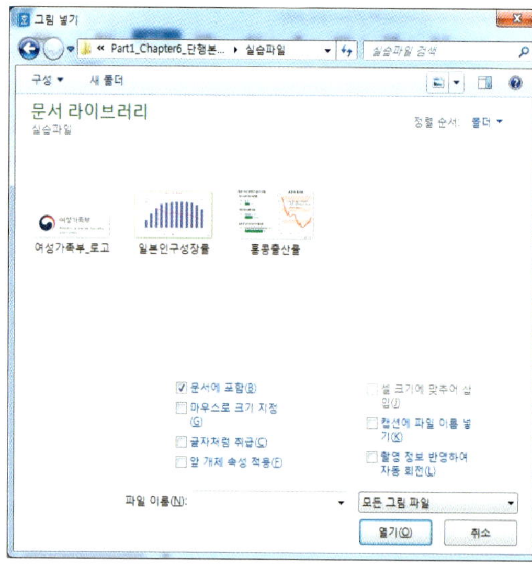

⑨ 삽입된 그림을 더블클릭하여 [개체속성] 대화상자가 열리면 [크기]를 '70×20mm'로 지정하고, [본문과의 배치]는 '자리차지', 그림의 위치는 [가로] '종이'의 '가운데' 기준 '0mm', [세로] '종이'의 '아래' 기준 '50mm'로 지정한다.

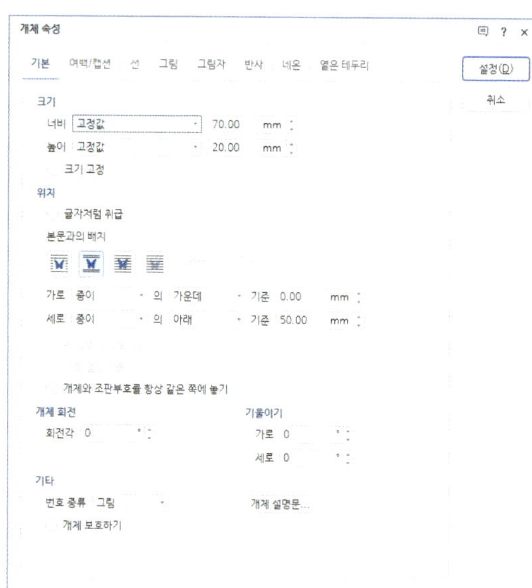

⑩ 1쪽 하단에 여성가족부 로고 그림이 삽입되었다.

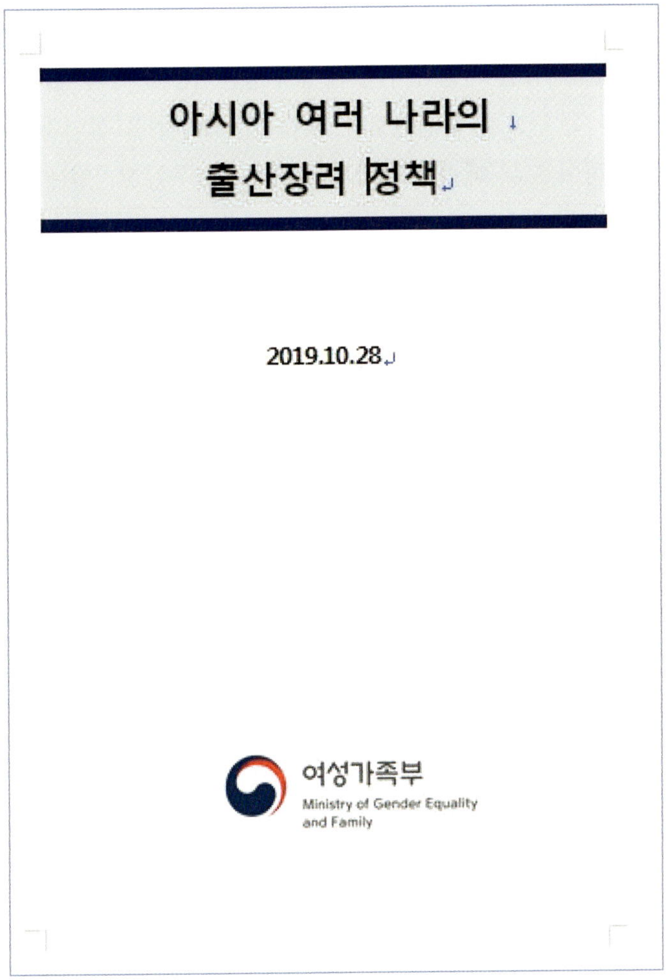

아시아 여러 나라의

출산장려 정책

2019.10.28

여성가족부

Ministry of Gender Equality and Family

4. 머리말/꼬리말

[머리말/꼬리말] 기능을 이용하여 매 페이지 상단에는 문서의 제목과 부제목을, 매 페이지 하단에는 쪽 번호를 삽입해보자. [머리말/꼬리말]을 삽입할 때 만들 위치를 '양쪽'으로 지정하여 모든 페이지의 같은 위치에 [머리말/꼬리말]을 삽입할 수도 있고, 또는 '짝수쪽'과 '홀수쪽'을 구분해서 각각 다른 위치에 삽입할 수도 있다. 본 예제에서는 문서를 [맞쪽]의 형태로 제본할 것이므로 '짝수쪽'과 '홀수쪽'을 구분해서 만들어 보자.

4.1. 머리말

① 페이지 1에 있는 제목에 커서를 가져다 놓고 기본 도구 상자 [쪽]-[머리말]-[머리말/꼬리말]을 선택한다. [머리말/꼬리말] 대화상자가 열리면 [종류]는 '머리말', [위치]는 '짝수 쪽'을 선택하고 [만들기]를 누른다.

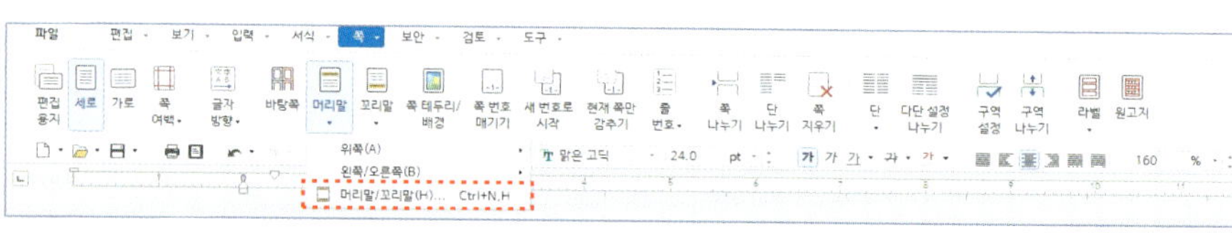

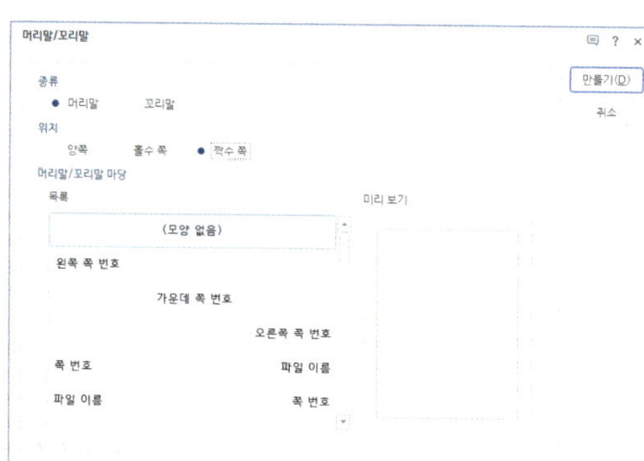

② '머리말(짝수 쪽)' 입력 화면이 나타나면 '[아시아 여러나라의 출산장려 정책]'이라고 적고, '맑은 고딕', '9pt', '진하게'로 지정하고 글자 배경색을 '회색'으로 넣어준다.

③ 처리된 머리말을 블록으로 지정한 후 '머리말'이라는 이름의 새 스타일로 추가한다.

④ [머리말/꼬리말] 도구 상자의 [닫기]( )를 누른다.

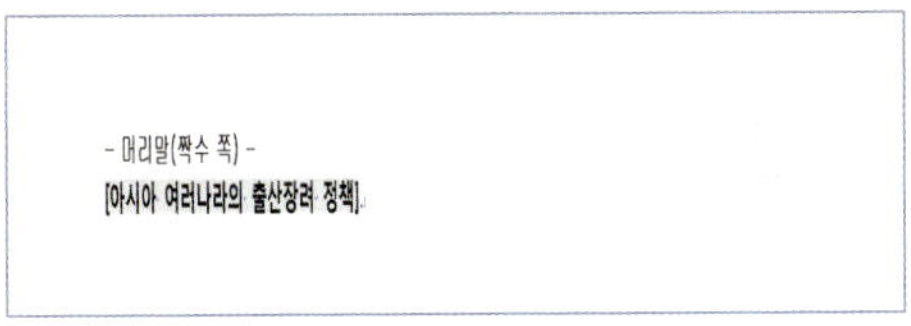

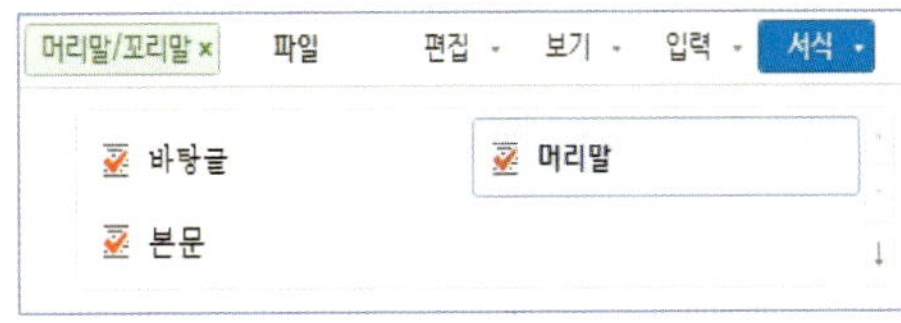

⑤ 모든 짝수 쪽에 머리말이 나타난다.

⑥ 같은 방법으로 [머리말/꼬리말]-[홀수 쪽]에는 '[여성가족부 연례 보고서]'라고 적고 '머리말' 스타일을 적용하되, '오른쪽 정렬'한다.

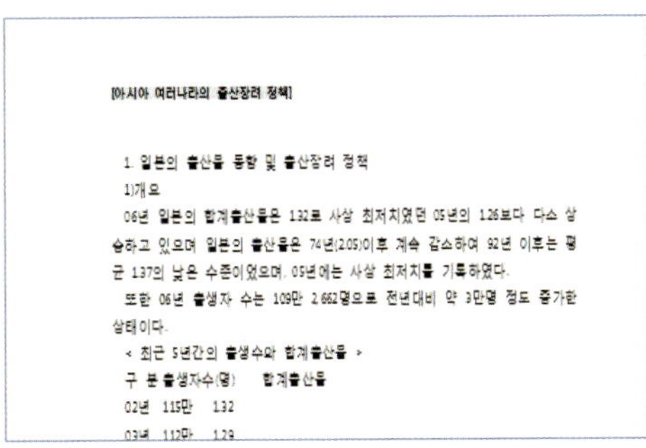

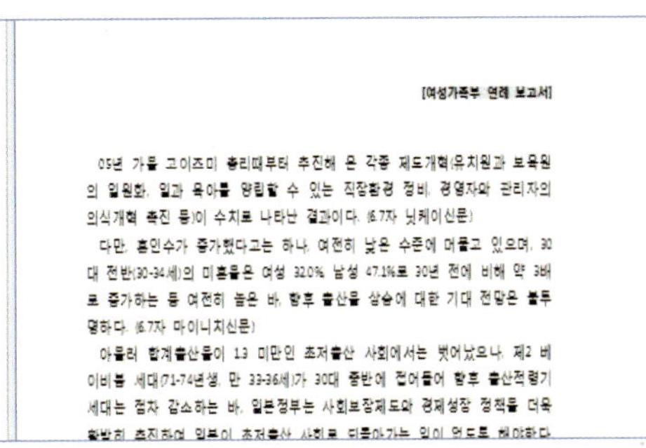

4.2. 꼬리말

① 1쪽에 커서를 놓고 기본 도구 상자 [쪽]-[꼬리말]-[머리말/꼬리말]을 선택한다. [머리말/꼬리말] 대화상자가 열리면 [종류]는 '꼬리말', 위치는 '짝수 쪽'을 선택하고 [만들기]를 누른다.

② '꼬리말(짝수 쪽)' 입력 화면이 나타나면 엔터를 쳐서 꼬리말을 두 줄로 만든다.

③ 첫 번째 줄에 커서를 놓고 메뉴 [입력]-[문단 띠](단축키 Ctrl+N+L)를 선택한다. 커서가 있던 위치에 문단 띠가 삽입된다.

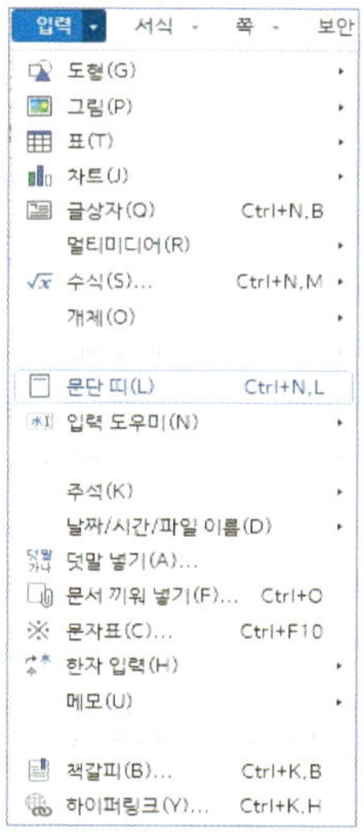

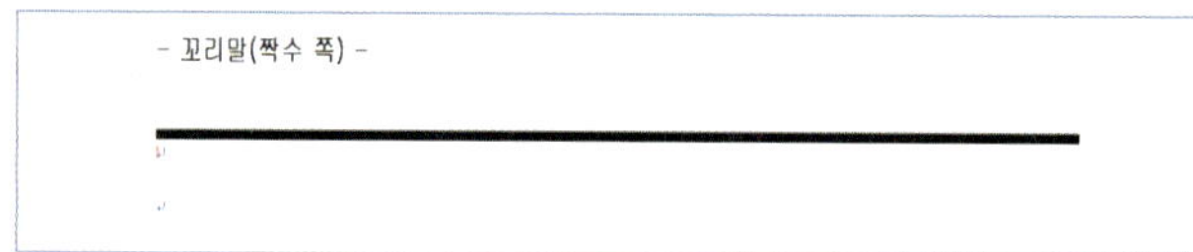

④ 두 번째 줄에 커서를 놓고 [머리말/꼬리말] 도구 상자의 [상용구] 목록에서 [쪽 번호 모양]-[1, 2, 3]을 선택한다. 삽입된 쪽 번호는 블록으로 지정한 후 '머리말' 스타일을 적용한다.

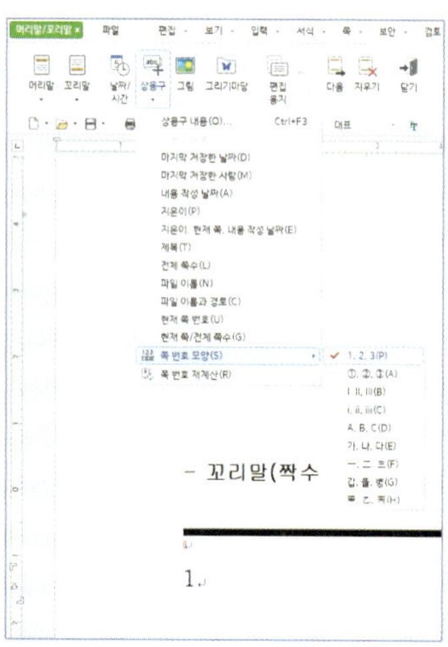

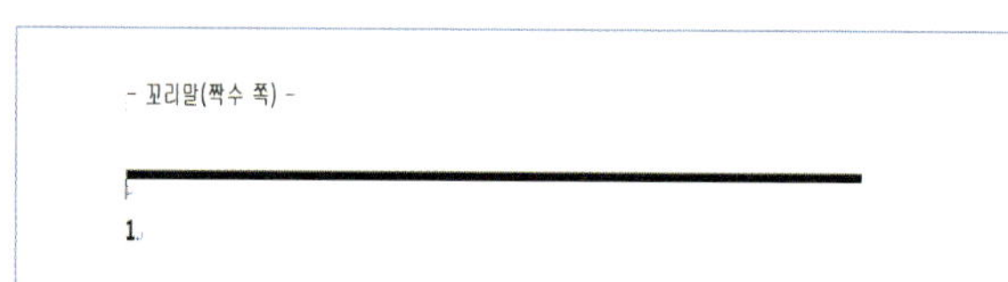

⑤ [머리말/꼬리말] 도구 상자의 [닫기]( )를 누른다. 모든 짝수 쪽 하단 왼쪽에 쪽 번호가 나타난다.

⑥ 같은 방법으로 [쪽]-[꼬리말]-[머리말/꼬리말]에서 [꼬리말]-[홀수 쪽]을 선택해서 문단 띠와 함께 페이지 오른쪽 아래에 아라비아 숫자 형태로 쪽 번호가 나타나게 하고, 쪽 번호는 '머리말' 스타일을 적용한다.

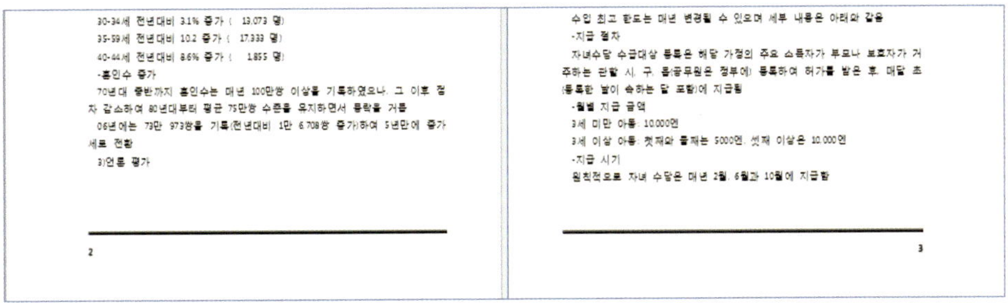

머리말/꼬리말 시작 위치

[머리말]/[꼬리말]은 커서가 있는 쪽에 삽입된다. 예를 들어 커서를 문서의 2쪽에 두고 [머리말] 또는 [꼬리말]을 삽입하면 2쪽부터 [머리말]/[꼬리말]을 삽입했으므로 1쪽엔 [머리말], [꼬리말] 내용이 보이지 않고, 2쪽부터 [머리말]/[꼬리말] 내용이 나타난다. 간혹 1쪽 끝부분에 커서를 두고 [머리말] 또는 [꼬리말]을 삽입할 경우 해당 조판부호가 있는 문단 앞에 새로운 문단이 삽입되면서 [머리말]/[꼬리말]의 조판부호가 다음 페이지로 넘어가면서 1쪽에는 [머리말]/[꼬리말]이 사라지게 된다.

따라서 모든 페이지에 [머리말]/[꼬리말]이 정확히 나타나게 하고 싶다면 [머리말]/[꼬리말]을 삽입하기 전에 1쪽의 첫 줄에 커서를 두고 삽입하는 것이 좋다.

4.3. 감추기

일반적으로 책이나 보고서, 논문과 같은 문서에서 표지가 되는 쪽에는 머리말, 꼬리말, 쪽 번호, 쪽 테두리/배경, 바탕쪽 등을 넣지 않는데 이런 경우 [감추기] 기능을 사용하면 된다. [감추기]는 머리말, 꼬리말, 쪽 번호, 쪽 테두리/배경, 바탕쪽 등이 들어 있는 문서에서 현재 커서가 있는 쪽에만 머리말, 꼬리말, 쪽 번호, 쪽 테두리, 문서 배경, 바탕쪽 등이 인쇄되지 않도록 지정하는 기능이다.

① 1쪽에 커서를 가져다 놓고 기본 도구 상자 [쪽]-[현재 쪽만 감추기](단축키 Ctrl+N+S)를 선택한다.

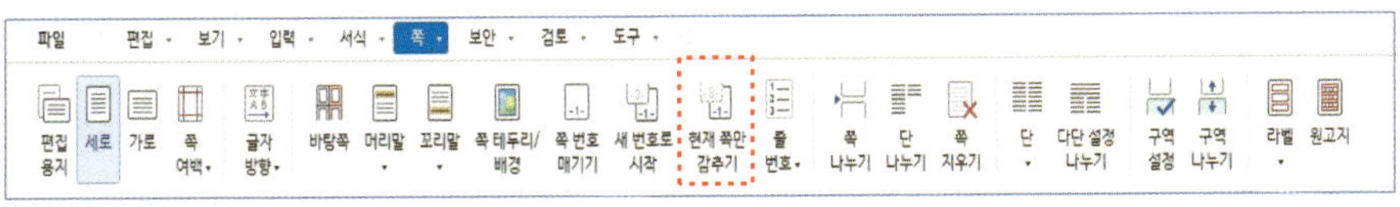

② [감추기] 대화상자에서 '머리말'과 '꼬리말'을 선택한 후 [설정]을 누른다. 1쪽에만 머리말과 꼬리말이 사라진다.

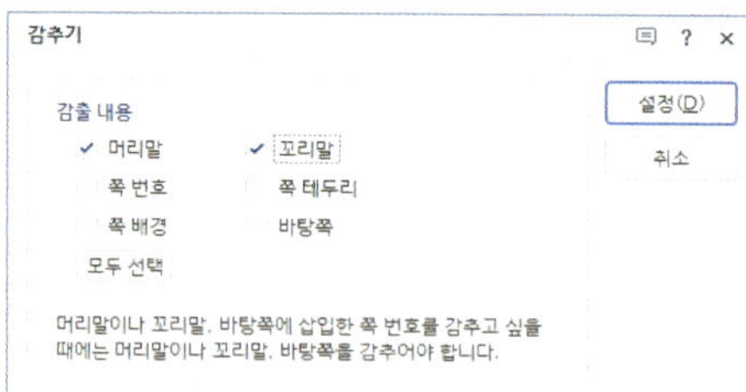

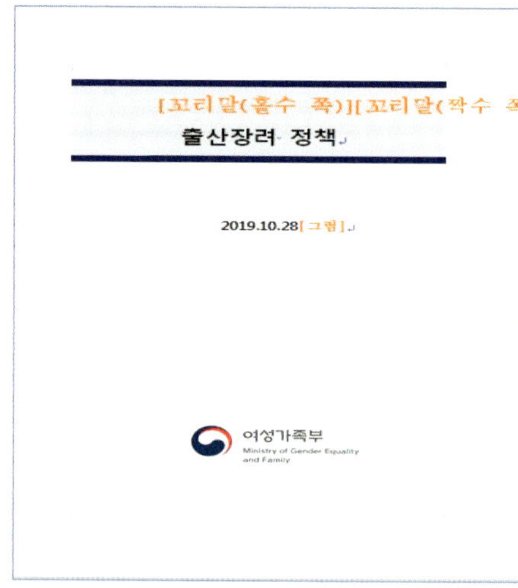

머리말/꼬리말 감추기

머리말이나 꼬리말을 넣은 문서에서 현재 커서가 있는 쪽에만 머리말이나 꼬리말이 인쇄되지 않도록 감춘다. 책이나 보고서, 논문과 같은 문서에서 주로 표지가 되는 쪽에만 머리말, 꼬리말 등을 인쇄하지 않으려 할 때 사용한다.

- 현재 쪽만 감추기

  [쪽]-[감추기]를 실행해 머리말, 꼬리말을 감추는 것은 이 기능을 실행한 쪽에 대하여만 감추는 것이다. 따라서 현재 쪽의 앞이나 뒷부분의 쪽에는 감추기로 지정한 머리말, 꼬리말이 모두 제대로 나온다.

- 첫 쪽에만 넣지 않음

  일반적으로 책의 첫 쪽은 표제지로 사용하거나 장 제목 등을 입력하기 때문에 머리말이나 꼬리말이 필요하지 않은 경우가 있다. 이때에는 문서의 첫 번째 쪽에 커서를 놓고 [쪽-구역 설정]을 실행해 [첫 쪽에 머리말/꼬리말 감추기]를 선택한다. 머리말이나 꼬리말을 만든 위치에 따라 첫 쪽이나 첫 번째 짝수 쪽, 또는 첫 번째 홀수 쪽에만 머리말/꼬리말이 나타나지 않도록 감춘다.

- 차이점

  [쪽]-[구역 설정]의 [첫 쪽에만 머리말/꼬리말 감추기]는 현재 커서 위치에 상관없이 현재 구역의 첫 쪽에만 머리말/꼬리말이 나타나지 않도록 감추는 것이다. 반면 [쪽]-[감추기]는 현재 커서가 있는 쪽의 머리말이나 꼬리말을 감추는 것이다.

- 감추기 취소

  [쪽]-[감추기]를 실행한 문단에 커서를 놓고 다시 한번 [쪽]-[감추기]를 실행한다. 머리말이나 꼬리말 중에서 현재 쪽만 감추기 한 내용이 선택되어 있다. 감추기를 취소할 내용의 선택을 해제하고 [설정]을 누른다.

5. 쪽 테두리 넣기

문서의 쪽마다 본문을 에워싸는 테두리를 넣어 문서를 보기 좋게 꾸며보자.

① [쪽]-[쪽 테두리/배경]을 선택한다.

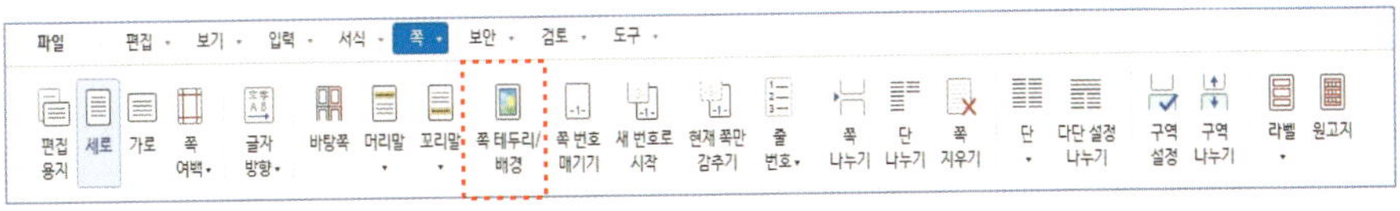

② [쪽 테두리/배경] 대화상자가 열리면 [종류]는 '양쪽', 테두리 [종류]는 '이중 실선', [굵기]는 '0.5mm', [색]은 '검정'을 선택한 후 [미리 보기]에서 '모두'를 선택한다. [위치]는 '종이 기준'으로 하고, [왼쪽/오른쪽/위쪽/아래쪽] 간격은 모두 '7mm'로 지정한 후 [설정]을 누른다.

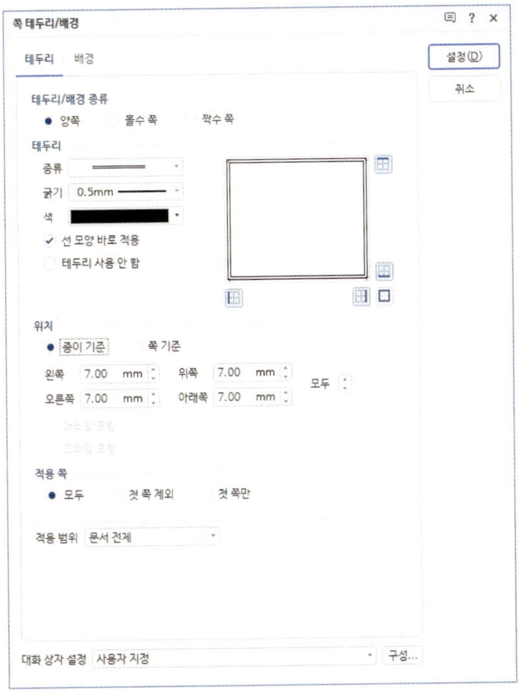

6. 스타일을 이용하여 개요 문단 정리하기

본문 속 제목 문단들에 대해 글자 속성과 문단 속성을 지정해 보자. 그런데 이때 제목 문단들을 일일이 수정하다 보면 같은 수준의 제목 문단 모양이 제각각 달라질 수 있고 편집하는 시간도 오래 걸리게 된다. 따라서 각 장과 절 그리고 항마다 일관성 있는 문단 모양을 유지하면서도 작업 시간을 단축하기 위해 스타일 기능을 사용해 본다.

제공된 예제 원고는 총 2개의 장(1. 일본의 출산율 동향 및 출산장려 정책, 2. 홍콩 정부의 저출산 정책)으로 구성되어 있다. 그리고 각 장은 다시 '1)'로 시작하는 절 수준과 '-'로 시작하는 항 수준 문단으로 이루어졌다. 이제 장과 절, 항마다 문단 모양을 다르게 꾸며주고, 개요 수준도 각각 지정해야 하므로 각 문단 모양을 스타일로 만들어 적용하려고 한다. 일단 스타일을 만들면 다른 문단에 적용하기도 쉬울 뿐 아니라 같은 스타일을 적용받고 있는 문단들을 한꺼번에 수정할 수 있어서 편집의 시간을 줄일 수 있다.

6.1. 개요 1수준 스타일 만들고 적용하기

① 개요 1수준에 해당하는 제목 '1. 일본의 출산율 동향 및 출산장려 정책' 문단을 블록으로 지정한 후 서식 도구 상자를 이용하여 글꼴 크기 '16p', '진하게'로 지정한다.

② [문단 모양] 대화상자(단축키(Alt+T))를 열고 [기본] 탭에서 문단 간격을 위, 아래 각각 '20pt'로 지정한다.

③ [테두리/배경] 탭을 열어 문단 테두리를 '굵고 얇은 이중선', '0.7mm', '검은색'으로 선택하여 문단 위와 아래에 넣어주고, 문단 배경색도 '회색'으로 지정한다. '문단 여백 무시'를 선택하고 위쪽과 아래쪽 '3mm'씩 간격을 넣어준다.

④ [문단 모양] 대화상자의 [확장] 탭을 연다. '장' 수준의 제목 문단 같은 경우 '문단 앞에서 항상 쪽 나눔'을 선택해 줌으로써 장 제목이 쪽의 중간쯤 위치하는 것을 사전에 막아줄 수 있다. 문단의 종류는 '개요 문단', '1수준'으로 지정해 준 후 [설정]을 누른다.

⑤ 문단의 종류를 '개요'로 지정하면 문단 앞에 자동으로 개요번호 '1.'이 붙는다. 자동으로 붙은 개요번호는 남기고 손으로 직접 입력한 '1.'은 지워준다.

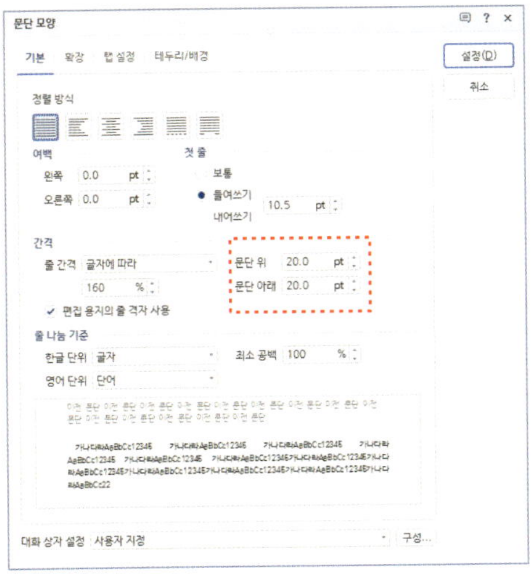

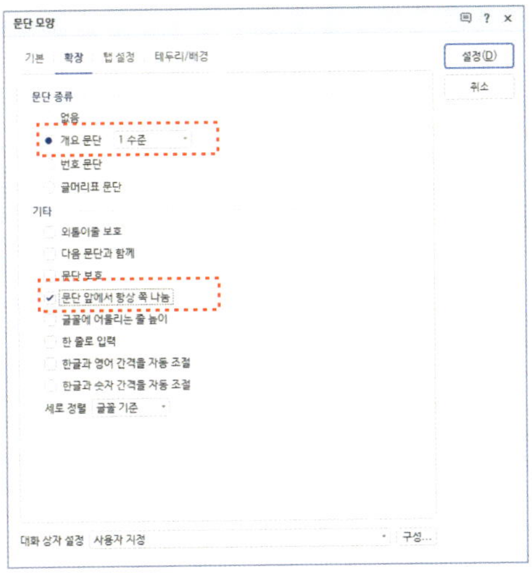

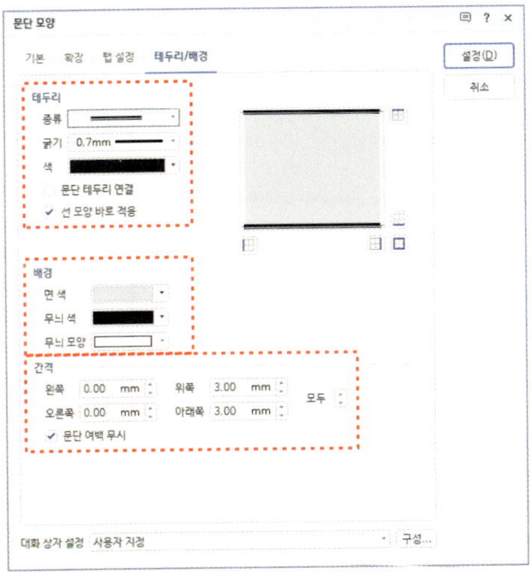

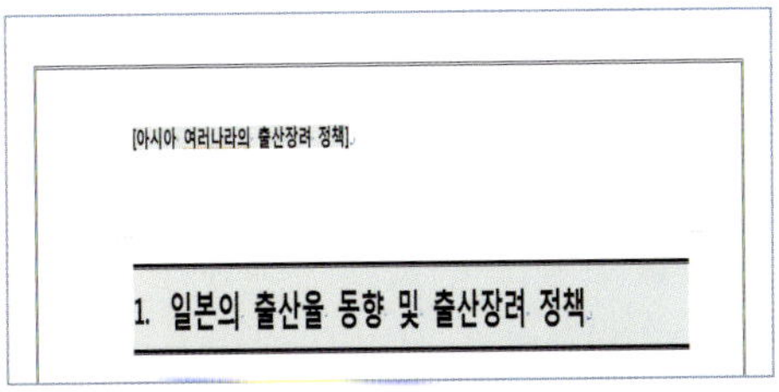

⑥ 꾸며준 문단의 모양을 스타일로 등록하기 위해 [서식]-[스타일]에서 [스타일 작업 창]을 선택한다. 화면 오른쪽에 [스타일] 창이 열린다.

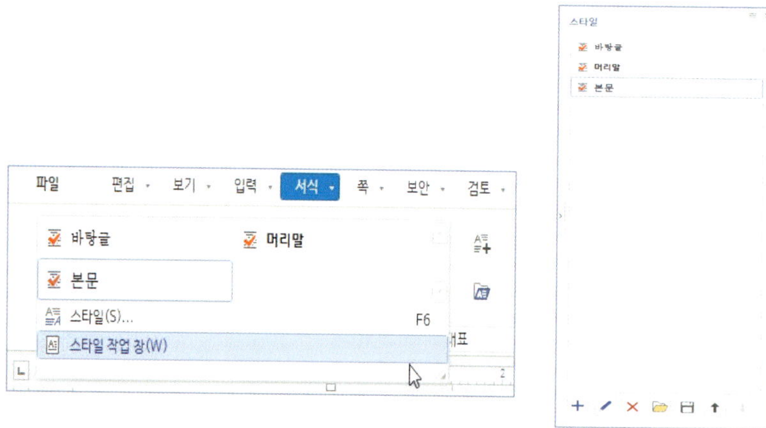

⑦ [스타일] 창 하단에 있는 [스타일 추가](+)를 눌러 [스타일 추가하기] 대화상자가 열리면 [스타일 이름]에 '개요 1수준'이라고 적고 [추가]를 누른다. [스타일] 창에 '개요 1수준' 스타일이 새롭게 만들어진다. 해당 문단에 커서를 두고 [스타일] 창에 있는 '개요 1수준' 스타일을 선택하여 문단과 스타일을 연결한다.

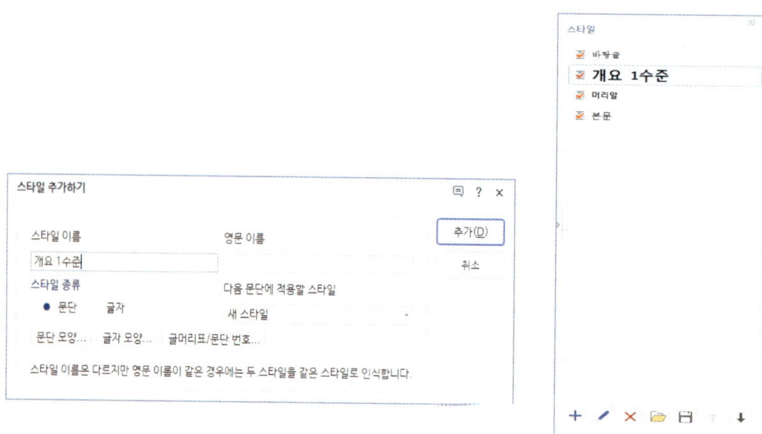

⑧ '2. 홍콩 정부의 저출산 대책' 문단에 커서를 두고 [스타일] 창에서 '개요 1수준'을 선택한다. 문단의 모양이 '개요 1수준' 스타일로 바뀌면서 새로운 쪽에 문단이 위치하고, 문단 앞에 개요번호 '2.'가 붙는다. 손으로 입력한 '2.'는 지워준다.

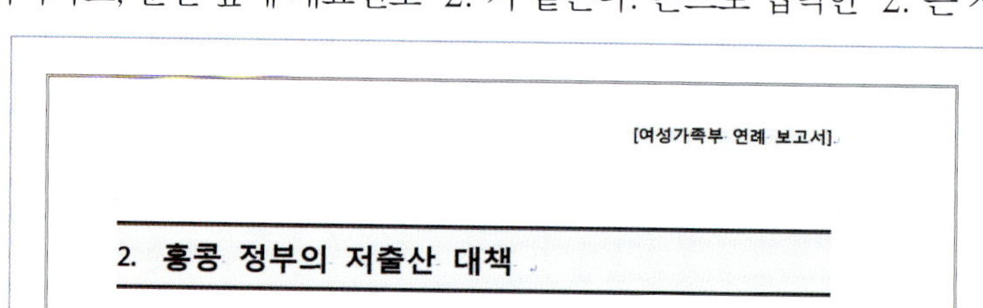

6.2. 개요 2수준 스타일 만들고 적용하기

본문에서 ‘1)’, ‘2)’로 시작되는 문단들을 개요 1수준보다는 한 단계 낮은 수준으로 개요번호를 붙이고 스타일로 만들어 적용해 본다.

① 2쪽에 있는 ‘1) 개요’ 문단을 블록으로 지정한 후 글자 크기 ‘14pt’, ‘진하게’로 지정한다.

② [문단 모양] 대화상자(Alt+T)를 열어 문단 위/아래 간격을 각각 ‘10pt’씩 넣어준다.

③ [문단 모양] 대화상자의 [확장] 탭을 열어 [문단 종류]를 ‘개요 문단’, ‘2수준’으로 지정한다. [기타]에서 ‘외톨이줄 보호’는 해제하고, ‘다음 문단과 함께’를 선택한다. 이는 중간 수준의 제목 문단들이 쪽이나 단의 제일 끝에 혼자 놓이지 않도록 해 주는 기능이다. [설정]을 누른다.

④ 문단의 종류를 개요 2수준으로 지정했기 때문에 문단 앞에 개요번호가 ‘1.1’로 나타난다. 손으로 입력한 ‘1)’은 지워준다.

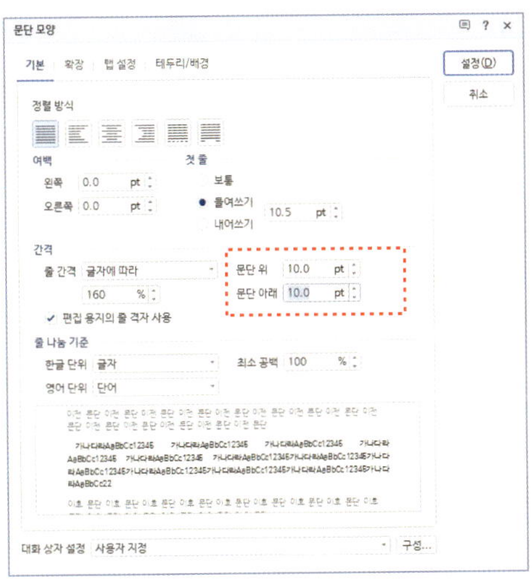

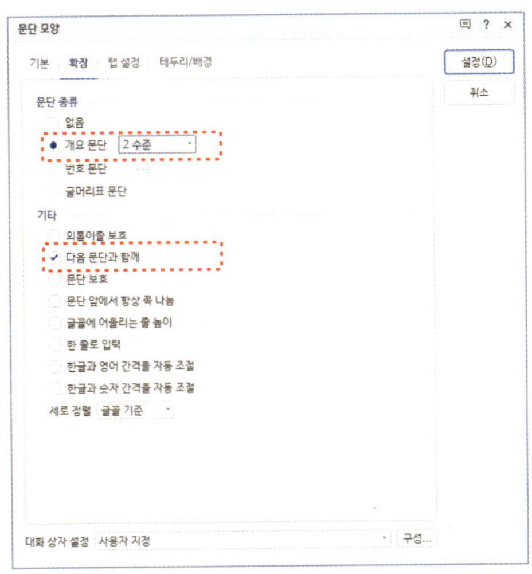

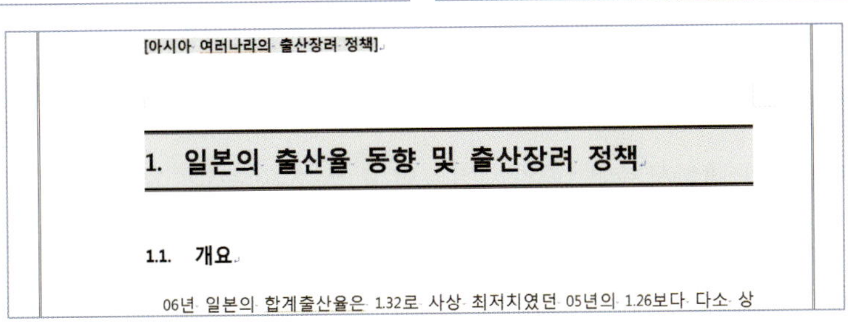

⑤ [스타일] 창에서 [스타일 추가](+)를 눌러 '개요 2수준' 스타일로 추가한다. 이때 [스타일] 창 하단에 있는 [스타일 아래로](↓)를 눌러 스타일 순서를 본문의 제목 순서와 같게 맞춰준다.

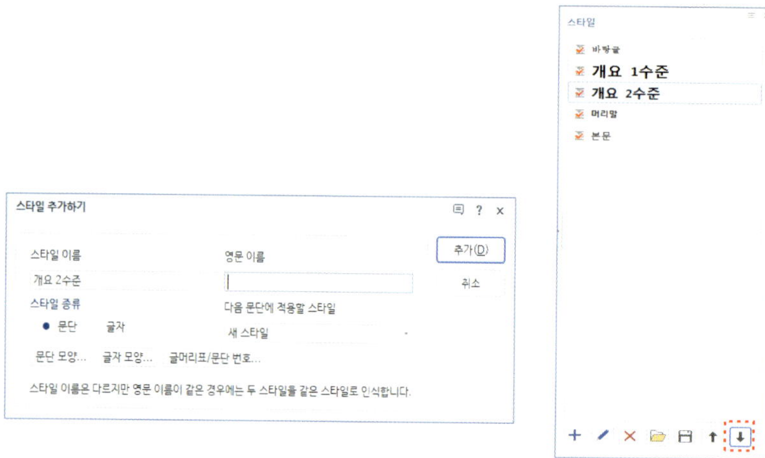

⑥ 문서에서 개요 2수준에 해당하는 문단들, 즉 문단 앞에 '1)', '2)', '3)' 등의 번호로 시작되는 문단들에 커서를 가져다 놓고 [스타일] 창에 있는 '개요 2수준' 스타일을 선택하여 적용한다.

⑦ 각 문단 앞에 손으로 입력한 개요번호 '1)', '2)', '3)' 등은 지워준다.

6.3. 개요 3수준 스타일 만들고 적용하기

문서에서 '-'로 시작되는 문단들은 개요 3수준으로 스타일을 만들고 적용해 보자.

① '- 셋째 아이 이상의 출산이 증가'를 블록으로 지정한 후 글자 크기를 '12pt', '진하게'로 지정한다. 문단 모양 대화상자(Alt+T)에서는 문단 위, 아래에 '5pt'씩 간격을 지정한다.

② [문단 모양] 대화상자의 [확장] 탭을 열어 문단 [종류]는 '개요문단', '3수준'을 선택하고, '다음 문단과 함께'를 선택함과 동시에 제목이 두 줄이 되는 것을 막기 위해 '한 줄로 입력'을 선택한 후 [설정]을 누른다.

③ 문단 앞에 개요 3수준의 개요번호 '1.2.1.'이 붙는다. 손으로 입력한 '-'은 지워준다.

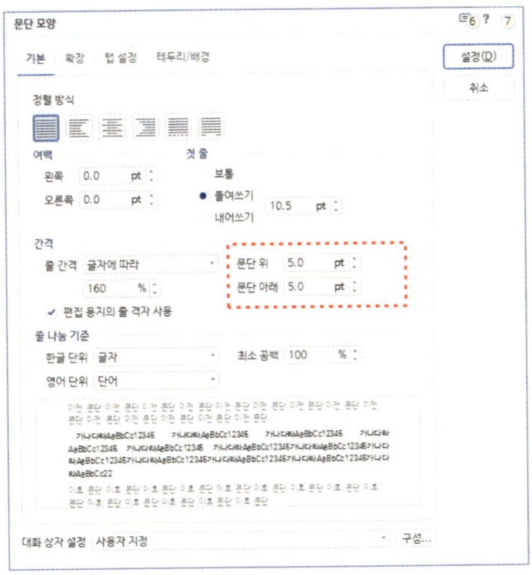

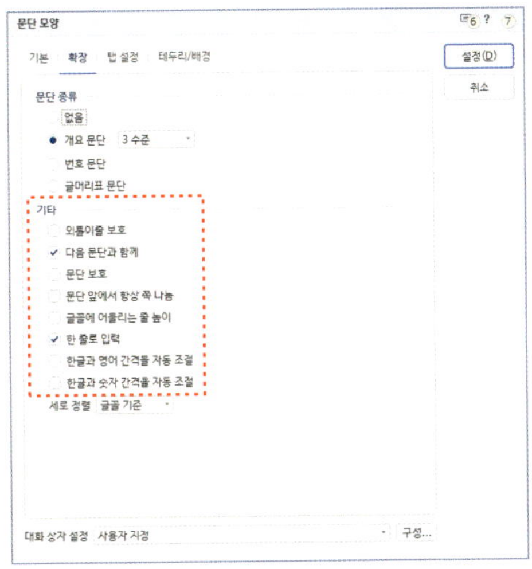

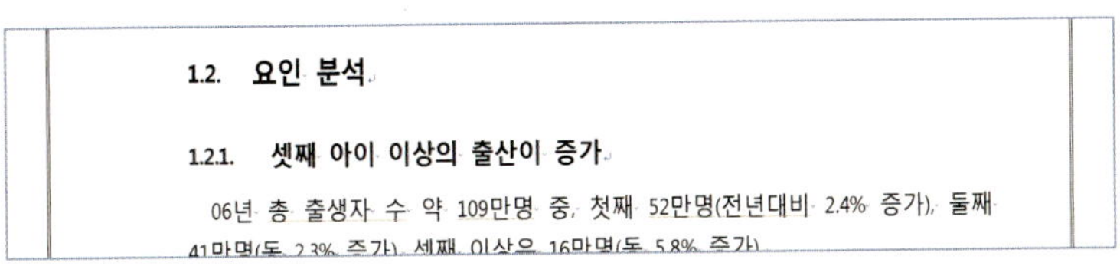

④ [스타일]-[스타일 추가](+)를 눌러 '개요 3수준' 스타일로 추가한다. [스타일] 창 하단에 있는 [스타일 아래로](↓)를 눌러 스타일 순서를 '개요 2수준' 아래로 내려준다.

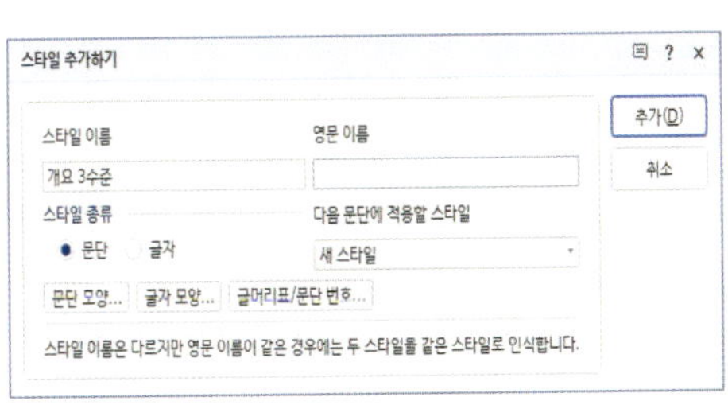

⑤ 본문에서 '-'로 시작되는 문단들에 커서를 놓고 '개요 3수준' 스타일을 연결한다. 문단들 앞에 손으로 입력한 기호 '-'는 지워준다.

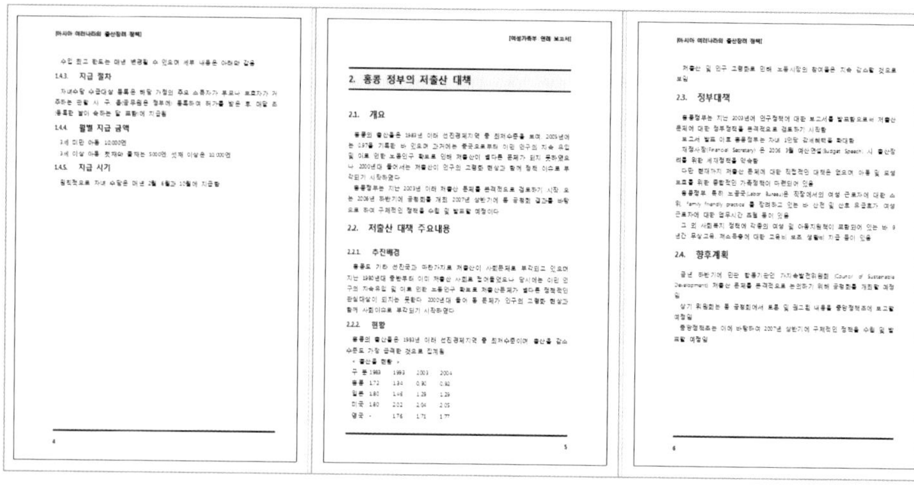

스타일 적용하는 3가지 방법

① 기본 도구 상자 [서식]의 [스타일] 목록에서 원하는 스타일을 선택한다.

② [스타일] 작업 창을 열어 원하는 스타일을 선택한다.

③ [스타일] 대화상자에 나타나는 단축키를 이용해 쉽게 스타일을 적용할 수 있다. [스타일] 대화상자 (단축키 F6)에서 스타일 목록을 보면 [바탕글] 스타일을 Ctrl+1로 해서 차례대로 10개의 번호를 갖게 된다. Ctrl과 함께 해당 스타일의 번호를 누르면 그 번호에 해당하는 스타일이 곧바로 적용된다.

7. 개요번호 모양 사용자지정

스타일을 만들면서 각 문단에 개요 수준을 지정했기 때문에 제목이 되는 문단 머리에는 자동 개요번호가 붙는다. 본 예제에서 문단들은 그 수준에 따라 '1.', '1.1', '1.1.1'의 개요번호가 자동 적용되었다. 개요번호 모양은 언제든지 원하는 형태로 수정할 수 있다.

7.1. [개요번호 사용자 정의 모양] 대화상자

① 커서를 '1. 일본의 출산율 동향 및 출산장려 정책' 문단에 놓는다.

② [서식]-[개요]를 선택하면 다양한 개요번호 모양과 사용자 정의 모양이 나타난다. 하나의 번호 모양을 선택하면 최대 10수준까지 자동으로 번호가 매겨진다. 이때 수준별 개요번호 모양을 다시 구성하고 싶다면 [서식]-[개요]-[개요번호 모양]을 선택한다.

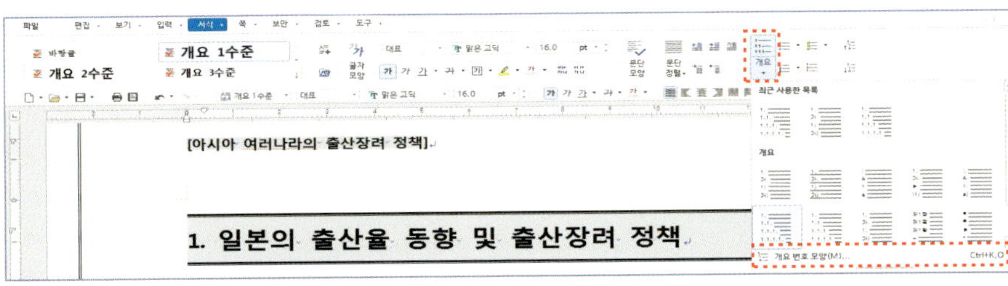

③ [개요번호 모양] 대화상자가 열리면 첫 번째에 있는 개요번호를 선택한 다음 [사용자 정의]를 누른다.

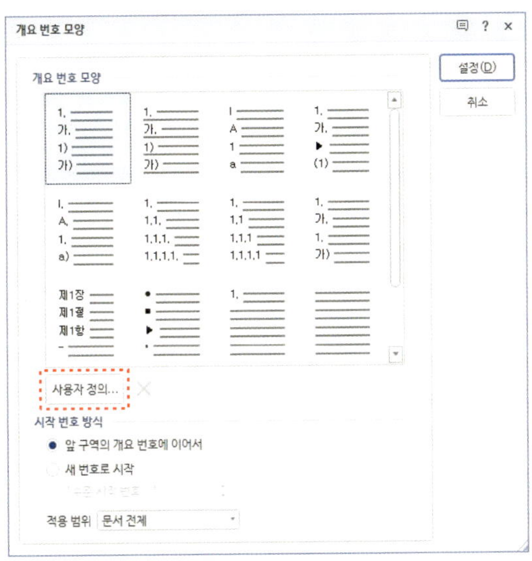

④ [개요번호 사용자 정의 모양] 대화상자가 열리는데 개요 수준별로 [번호 서식]과 [번호 모양]을 이용하여 원하는 형태의 개요번호 모양을 만들어 낼 수 있다.

7.2. 개요 1수준 모양

① [개요번호 사용자 정의 모양] 대화상자의 [수준]에서 '1 수준'을 선택한다.

② [번호 서식]에 ^1.이 나타난다. [번호 서식]을 '제^1장.'으로 수정한다. 여기서 ^1은 개요 1수준의 번호들이 나타나는 위치를 의미하며 ^1 앞뒤에 붙이고 싶은 글자나 기호들을 삽입한다.

③ [번호 모양]을 이용하여 다양한 개요번호 모양을 지정할 수 있는데 여기서는 아라비아 숫자 '1, 2, 3'을 선택한다.

④ [번호 위치]에서는 [너비 조정]을 '10pt'로 지정하고 [정렬]을 '오른쪽'으로 지정하여 개요번호를 한 글자 정도 안으로 들여쓰기한다.

⑤ [미리 보기] 영역에서 개요 1수준 번호 모양을 미리 확인할 수 있다.

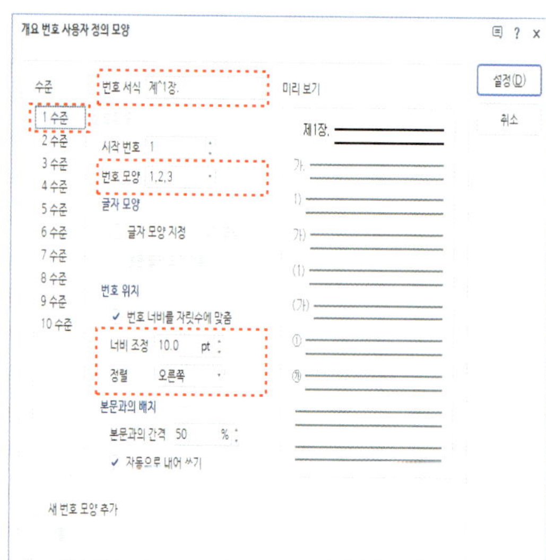

7.4 개요 2수준 모양

① [수준]에서 '2수준'을 선택한다. [번호 서식]에 ^2.가 나타난다. [번호 서식]을 '^2절.'로 수정한다. ^2가 위치한 곳에 개요 2수준의 번호가 나타나고 그 뒤에 '절.'이라는 글자가 붙게 된다. 이때 만약 개요 1수준의 번호도 같이 표시하고 싶다면 '^2' 앞에 커서를 두고 [번호 넣기] 항목에서 '1수준'을 선택한다. 또는 '^2' 앞에 커서를 두고 직접 '^1'을 입력해도 된다. [번호 서식]에 '^1^2절.'이라고 나타난다. 개요 1수준 번호와 개요 2수준 번호를 구분하기 위한 구분자 '-'를 ^1과 ^2 사이에 넣는다. [번호 서식]은 '^1-^2절.'이 된다.

② [번호 모양]은 아라비아 숫자 '1, 2, 3'을 선택한다.

③ 이때 1수준 개요번호보다 2수준 개요번호를 조금 더 안쪽으로 들여 쓰고 싶다면 [번호 위치]의 [너비 조정]을 '20pt'로 지정하고, [정렬]을 '오른쪽'으로 선택한다. [미리 보기] 영역에서 적용될 2수준의 개요번호 모양을 확인한다.

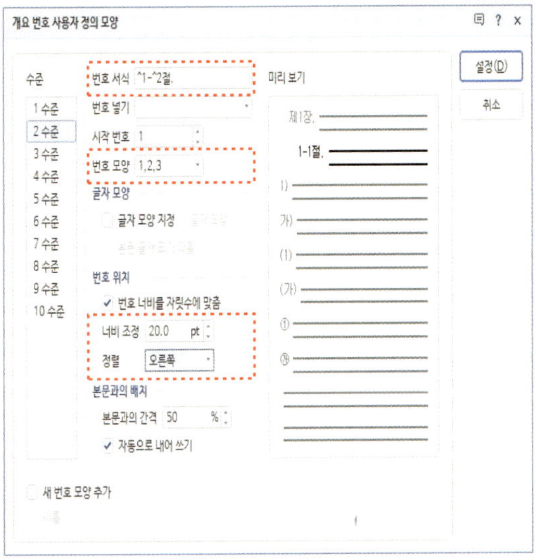

7.4. 개요 3수준 모양

① [수준]에서 '3수준'을 선택한다. [번호 서식]에 '^3)'이 나타난다. 이때 3수준 제목 머리에는 번호 대신 글머리 표를 붙이려고 한다. 그런 경우 [번호 서식]에 있는 글자들을 모두 지워준다. 그리고서 Ctrl + F10을 눌러 [문자표] 창이 열리면 [훈글(HNC) 문자표]-[전각 기호(일반)]에서 '◎' 모양을 선택하고 [넣기]를 누른다.

② 2수준 개요번호보다 한 글자 정도 더 들여 쓰고 싶다면 [너비 조정] '30pt', [정렬] '오른쪽'을 선택한다.

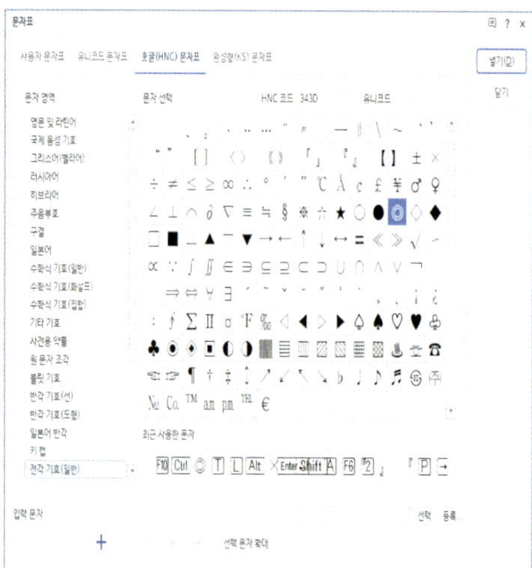

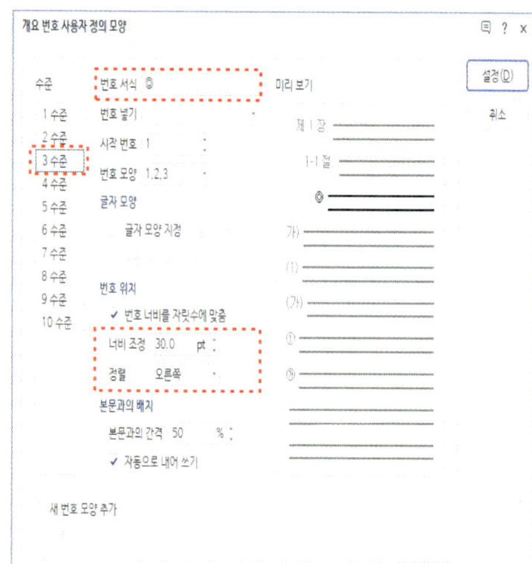

7.5. 새 번호 모양 추가

새롭게 지정한 개요번호 모양을 나중에 만들 다른 문서에도 적용하고 싶다면 개요번호 모양을 저장할 수 있다.

① [개요번호 사용자 정의 모양] 대화상자 하단에 있는 [새 번호 모양 추가]를 선택한 후 [이름]에 '단행본_개요번호'라고 적고 [설정]을 누른다.

② [개요번호 모양] 목록 맨 마지막에 새로 만든 '단행본_개요번호' 모양이 나타난다. [설정]을 누른다.

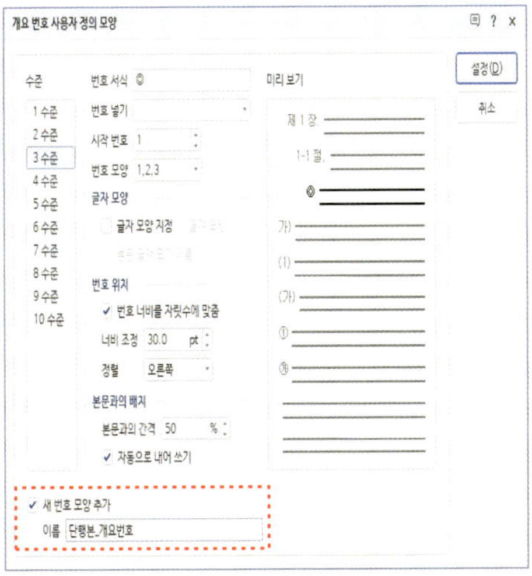

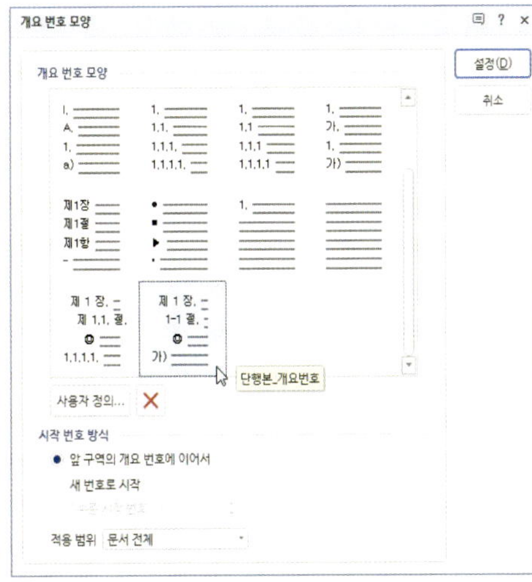

③ 각 문단의 개요 수준에 맞춰 '단행본_개요번호' 모양이 적용되었다.

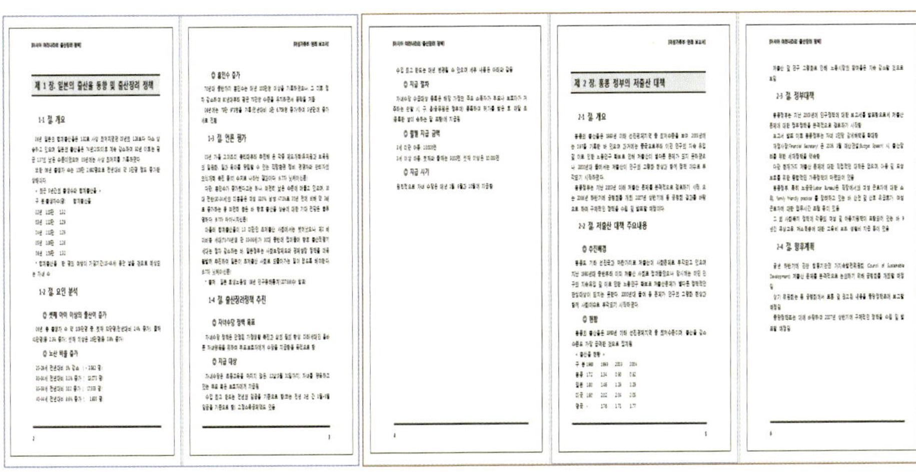

8. 문단 번호/글머리표 삽입

8.1. 문단 번호 삽입

개요 문단과는 달리 단순히 엔터로 구분되는 개조식 문단에서 문단 간의 순서상 의미가 있다고 판단될 때에는 문단 앞에 번호를 붙여줄 수 있는데 이때 사용하는 기능이 '문단 번호'이다.

이 문서의 2쪽 '◎ 노산 비율 증가' 밑에 몇 개의 개조식 문단들이 있는데, 이 경우 문단 앞에 번호를 붙여주고 싶다고 해서 문단 앞에 번호를 일일이 손으로 입력하는 것은 옳지 않다. 처음엔 번호가 순서에 맞게 붙여졌다 할지라도 새로운 문단이 삽입되거나 삭제될 때마다 문단 번호를 수정해야 하므로 시간상 비효율적이고 번호가 잘못 붙여지는 오류도 발생할 수 있다. 따라서 문단 앞에 번호를 붙일 때는 반드시 [문단 번호] 기능을 이용하도록 한다.

① 2쪽 '◎ 노산 비율 증가' 아래에 있는 4개의 문단을 블록으로 지정한다.

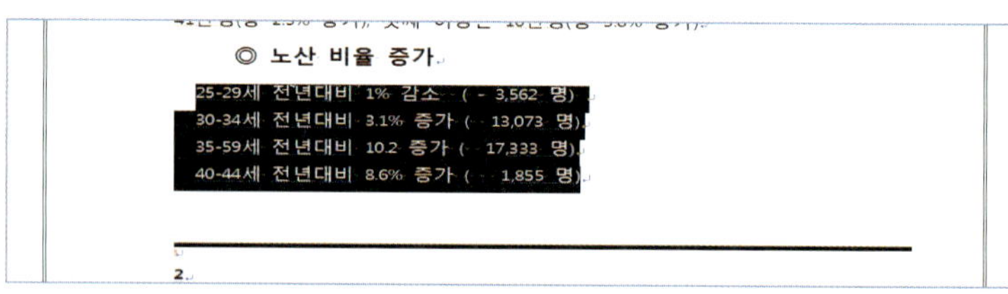

② [문단 모양] 대화상자(Alt+T)의 [확장] 탭을 열고 [문단 종류]를 '번호 문단', '1 수준'으로 선택한다. (또는 [서식]-[문단 번호]( )을 누른다.)

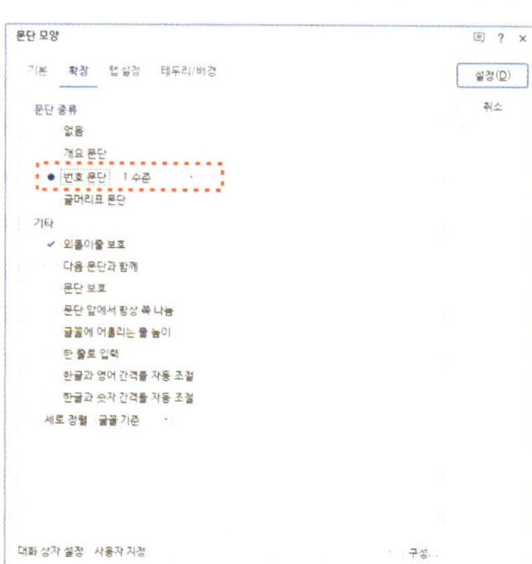

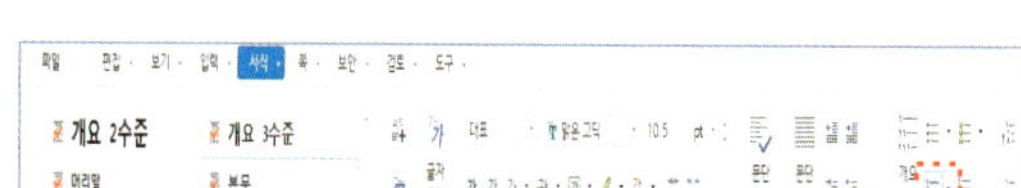

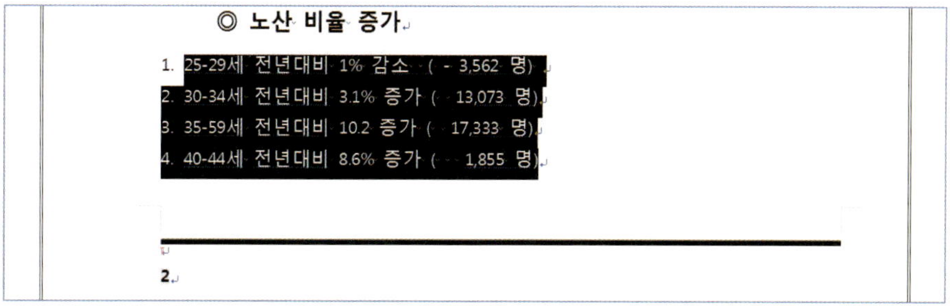

③ 문단 번호의 모양을 바꾸려면 [서식]-[문단 번호]의 [문단 번호 모양] 목록에서 1 수준이 원문자 ①로 시작되는 모양을 선택한다. 문단 앞에 자동으로 원문자 형태의 문단 번호가 붙는다.

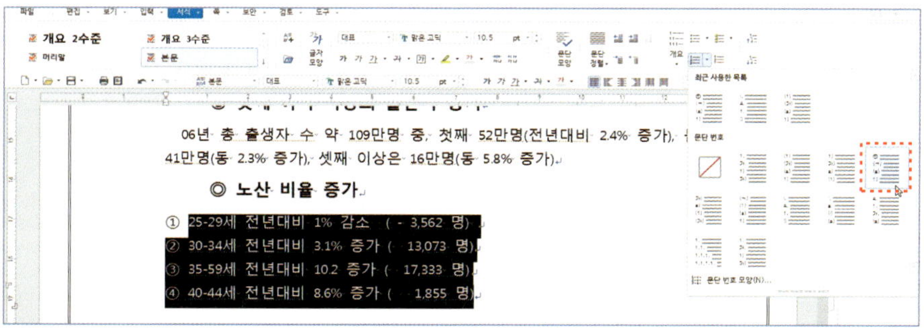

개요 번호와 문단 번호의 차이점

[개요번호]와 [문단번호]는 각각 7수준까지 번호를 매겨 주고, 번호를 매긴 문장의 순서가 바뀌면 번호도 자동으로 바뀐다.

[개요번호]는 구역 단위로 모양을 바꿀 수 있다. 한 구역 안에서는 같은 개요번호 모양만을 가지며, 앞 개요번호에 이어지는 번호를 가져야 한다.

하지만 [문단번호]는 문단마다 서로 다른 번호 모양을 가질 수 있고, 시작 번호도 마음대로 정의할 수 있다.

또한, 문단 종류를 [개요문단]으로 지정하면 차례를 만들 때 [개요문단 모으기]를 통해 차례를 만들어낼 수 있으나 [번호문단]으로 지정하면 차례를 만들 수 없다.

8.2. 글머리표 삽입

① 4쪽 '◎ 월별 지급 금액' 아래 있는 2개의 문단은 [문단 모양] 대화상자(Alt+T)의 [확장] 탭에서 [문단 종류]를 '글머리표 문단'으로 지정한다. 또는 [서식]-[글머리표]( )를 누른다. 글머리표의 모양을 바꾸고 싶다면 [서식]-[글머리표] 목록에서 원하는 모양을 선택한다.

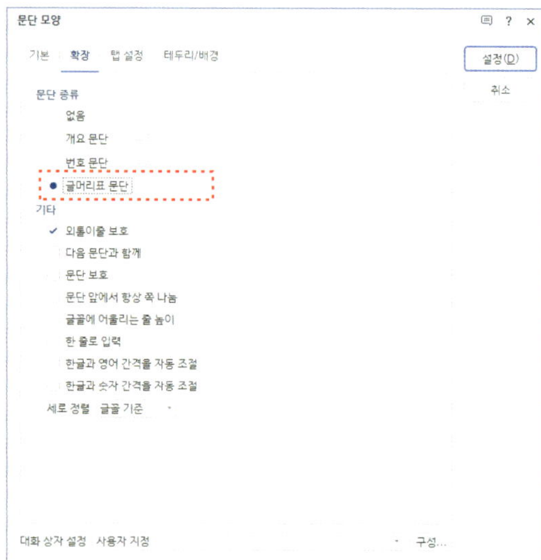

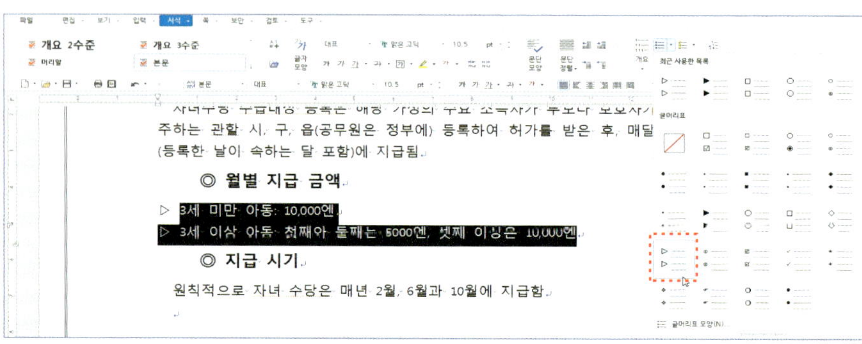

② 이런 작업이 처음에는 번거롭게 느껴질 수 있으나 문단 앞에 붙는 번호나 특수기호는 반드시 문단 번호 혹은 글머리표를 이용하여 자동으로 삽입해야 한다. 그래야만 문단이 삽입되거나 삭제될 때 또는 다른 형태의 문단 번호를 붙이고자 할 때 빠르고 정확하게 처리할 수 있다. 문단 번호도 [문단 번호/글머리표] 대화상자를 통해 다단계 수준을 지정할 수 있으며, [문단 번호 사용자 정의 모양]을 이용해서 사용자가 원하는 모양으로 번호를 붙일 수 있다.

9. 표 삽입

문서 내에 삽입된 문자열들을 보기 좋게 표로 바꾸어보자.

9.1. 문자열을 표로 바꾸기

① 2쪽 '1-1절. 개요' 하단에 탭이 삽입된 6줄의 문단들을 블록으로 지정한다.

② 메뉴 [입력]-[표]-[문자열을 표로]를 선택한다.

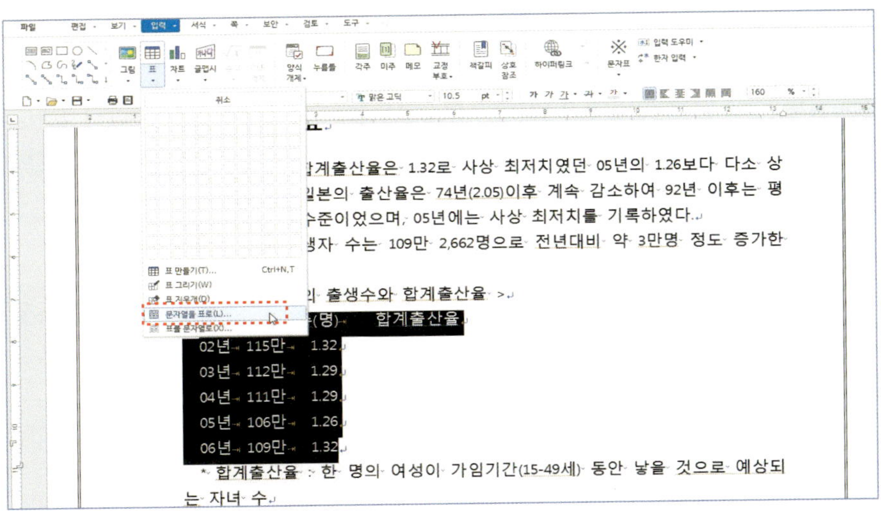

③ [문자열을 표로] 대화상자가 열리면 [분리 방법 지정]을 누르고 '탭'을 선택한 후 [설정]을 누른다.

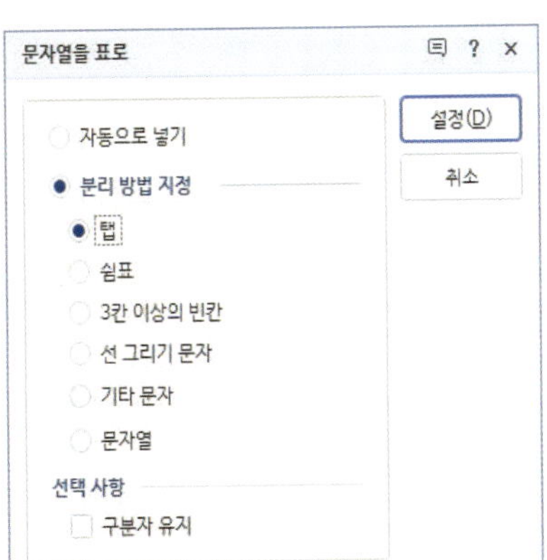

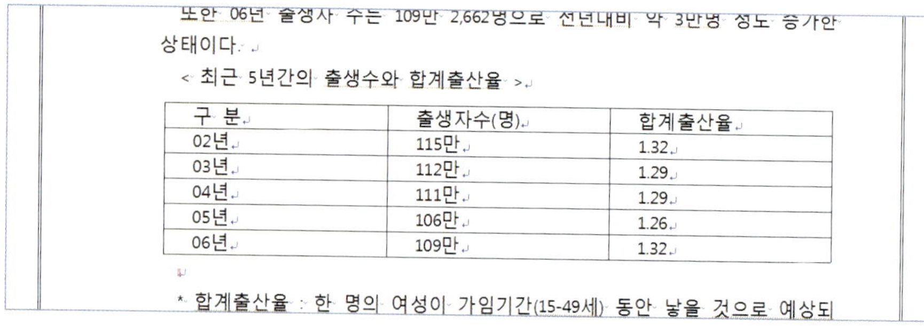

또한 06년 출생자 수는 109만 2,662명으로 전년대비 약 3만명 정도 증가한 상태이다.

< 최근 5년간의 출생수와 합계출산율 >

구 분	출생자수(명)	합계출산율
02년	115만	1.32
03년	112만	1.29
04년	111만	1.29
05년	106만	1.26
06년	109만	1.32

* 합계출산율 : 한 명의 여성이 가임기간(15-49세) 동안 낳을 것으로 예상되

9.2. 표 마당

[표 마당]에는 다양한 형태의 테두리/배경 모양을 적용한 표 서식이 들어 있다. [표 마당]을 이용하면 원하는 표 모양을 지정하여 표를 꾸미거나 이미 만들어진 표의 모양을 쉽고 빠르게 바꿀 수 있다.

① 표 테두리를 마우스로 클릭한 후 메뉴 [표]-[표 디자인]에서 [표 마당] 목록을 펼쳐본다. [표 마당 목록]에서 '밝은 스타일1 – 파란 색조'를 선택한다.

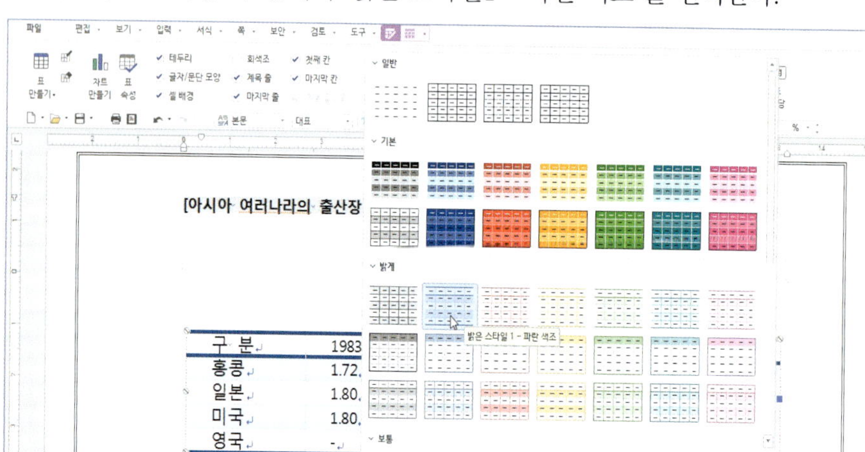

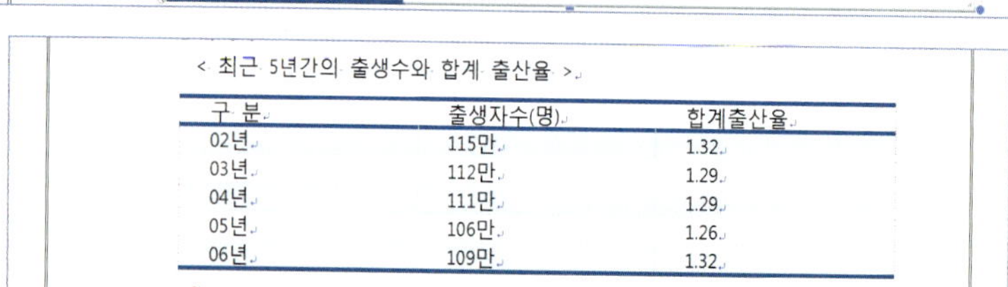

< 최근 5년간의 출생수와 합계 출산율 >

구 분	출생자수(명)	합계출산율
02년	115만	1.32
03년	112만	1.29
04년	111만	1.29
05년	106만	1.26
06년	109만	1.32

9.3. 표 속성

① 표 전체를 블록으로 지정한 후 마우스의 오른쪽 단추를 눌러 단축 메뉴 중 [표/셀 속성]을 선택한다. (혹은 단축키 P를 눌러도 된다.)

② [기본] 탭에서 [본문과의 배치]는 '자리차지'로 지정하고, 위치는 [가로] '문단'의 '가운데' 기준 '0mm', [세로] '문단'의 '위' 기준 '0mm'로 지정한다.

③ [여백/캡션] 탭을 열어 [바깥 여백]에서 위쪽과 아래쪽에 각각 '5mm'씩 여백을 준다.

④ [표] 탭을 열어 [쪽 경계에서] '나뉘지 않음'을 선택해 주어 표가 쪽 경계에 의해 나뉘지 않도록 한다. [설정]을 누른다.

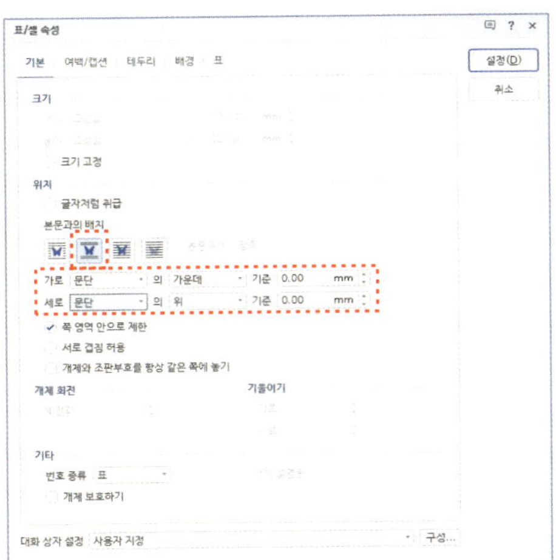

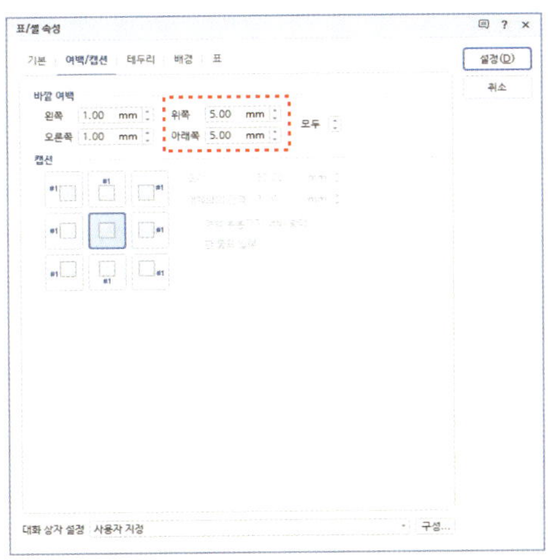

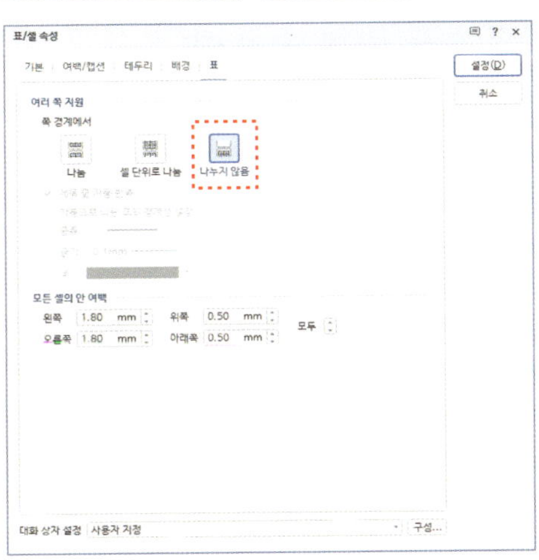

9.4. 표 캡션 넣기

① 표 바로 위에 있는 문단 '〈최근 5년간의 출생수와 합계출산율〉'을 오려두기(Ctrl+X)한다.

② 표 테두리를 클릭한 후 마우스 오른쪽 단추를 눌러 단축 메뉴 중 [캡션 넣기]를 선택한다.

③ '표 1'로 캡션 번호가 삽입되면 붙여넣기(Ctrl+V)를 이용하여 '표1 〈 최근 5년간의 출생수와 합계출산율 〉'로 캡션을 달아준다.

④ 삽입된 캡션은 '맑은 고딕', '9pt,' '가운데 정렬'한 후 '캡션'이라는 이름으로 새 스타일을 추가해 준다.

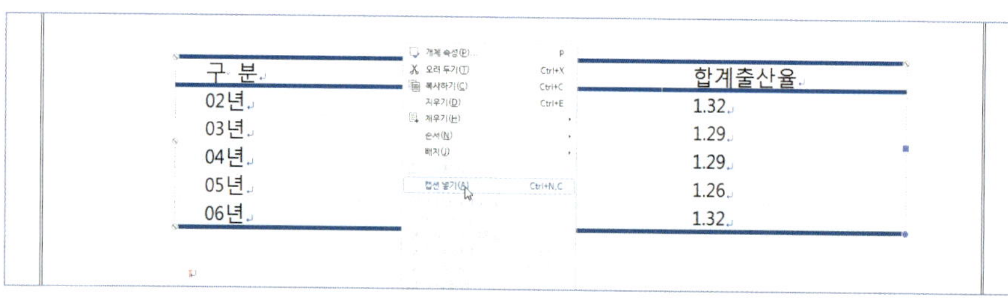

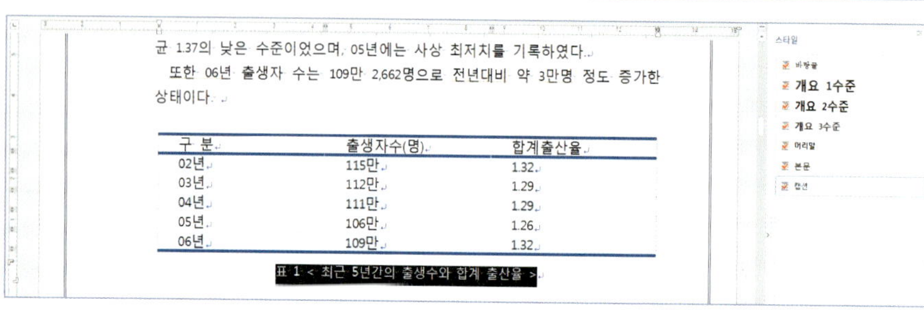

9.5. 표 캡션 위치 바꾸기

일반적으로 그림은 개체의 아래쪽에, 표는 개체의 위쪽에 캡션을 삽입한다. 표의 캡션 위치를 바꾸는 방법은 다음과 같다.

① 표 테두리를 더블클릭하여 [표/셀 속성] 대화상자가 열리면 [여백/캡션] 탭을 열고 캡션의 위치를 '위'로 지정하고 [설정]을 누른다.

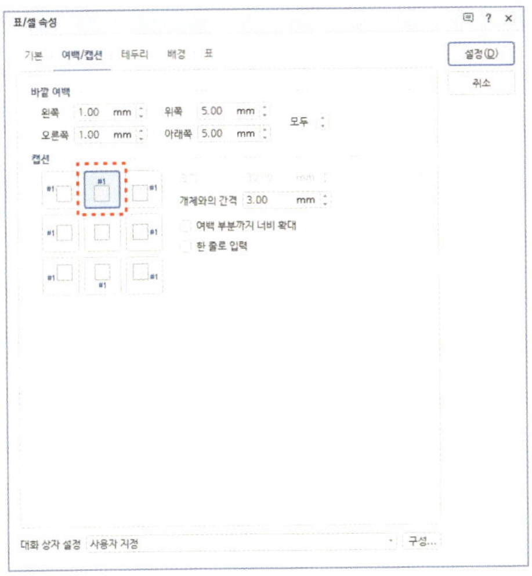

표 1 < 최근 5년간의 출생수와 합계 출산율 >

구 분	출생자수(명)	합계출산율
02년	115만	1.32
03년	112만	1.29
04년	111만	1.29
05년	106만	1.26
06년	109만	1.32

② 같은 방법으로 5쪽에 있는 '〈출산율 현황〉' 아래 있는 문자열들도 아래 그림과 같이 표로 꾸미고 캡션을 넣어본다.

표 2 < 출산율 현황 >

구 분	1983	1993	2003	2004
홍콩	1.72	1.34	0.90	0.92
일본	1.80	1.46	1.29	1.29
미국	1.80	2.02	2.04	2.05
영국	-	1.76	1.71	1.77

10. 그림 삽입

문서에 그림을 삽입할 때에는 주변 문단들과 어울림을 고려하여 그림의 배치와 위치 및 개체의 각종 속성을 지정해야 한다. 또한, 그림 캡션을 넣는 방법도 정확하게 익혀본다.

10.1. 그림1 삽입

① '1-1절. 개요' 하단 첫 번째 문단 아래에 그림을 삽입할 공간을 만들기 위해 빈 엔터를 삽입한다.

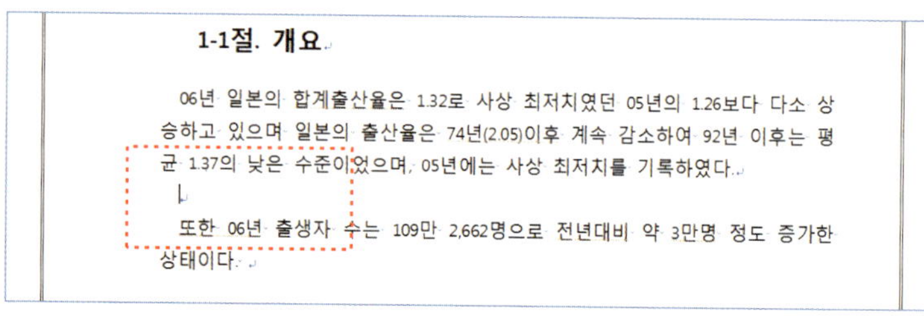

② 메뉴 [입력]-[그림] 또는 단축키 Ctrl + N + I를 눌러 [그림 넣기] 대화상자를 열고 '일본인구성장률.jpg' 파일을 선택한다. 대화상자 하단에 있는 옵션 중 [문서에 포함]을 선택하고 [열기]를 누른다.

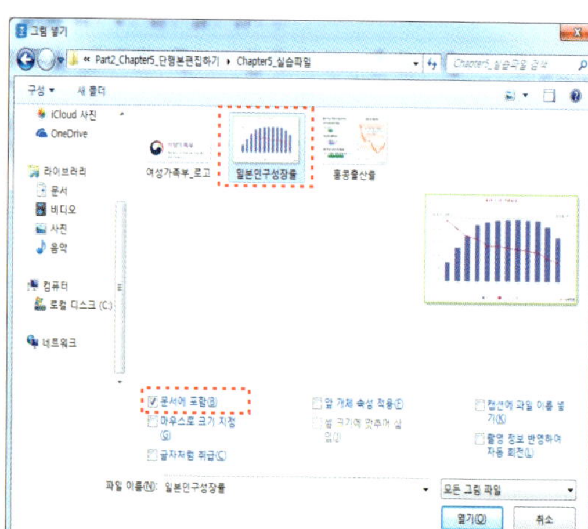

③ 삽입된 그림을 더블클릭하여 [개체속성] 대화상자를 연다. 그림의 크기는 '80×40mm'로 하고, 본문과의 배치는 '자리차지'로 한다. 그림의 위치는 [가로] '문단'의 '가운데' 기준 '0mm', [세로] '문단'의 '위' 기준 '0mm'로 지정한다.

④ [여백/캡션] 탭에서는 [바깥 여백]을 위쪽 '5mm', 아래쪽 '5mm'로 지정한다. [설정]을 누른다.

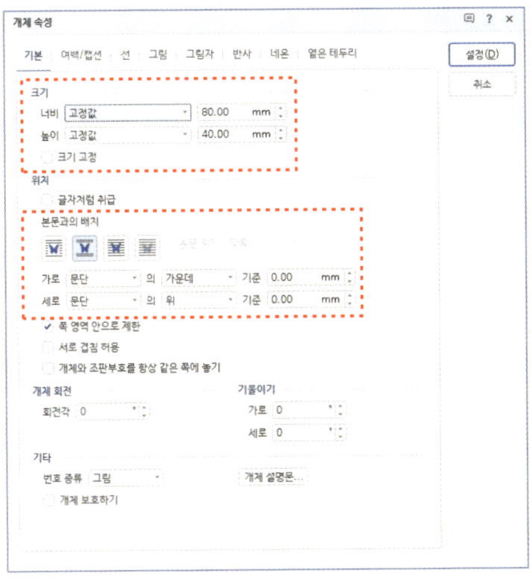

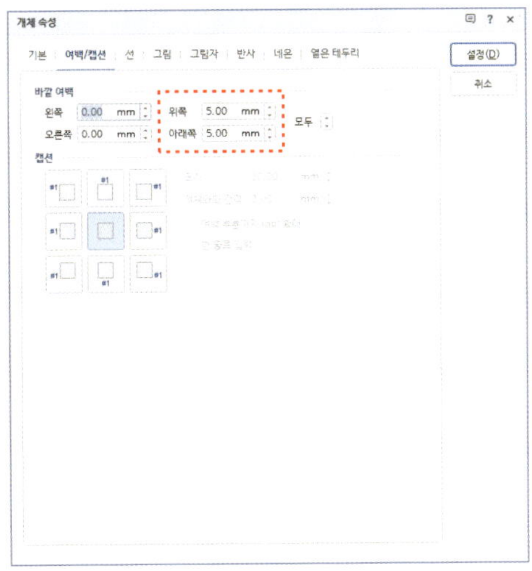

10.2. 그림 캡션 넣기

① 그림을 선택한 후 마우스 오른쪽 단추를 눌러 단축 메뉴 중 '캡션 넣기'를 선택한다. '그림 2'로 그림 번호가 붙는다. 그림 번호 뒤에 '〈일본의 총인구 및 인구성장률〉'이라고 적는다. 삽입된 캡션을 스타일 목록에서 '캡션' 스타일로 적용한다.

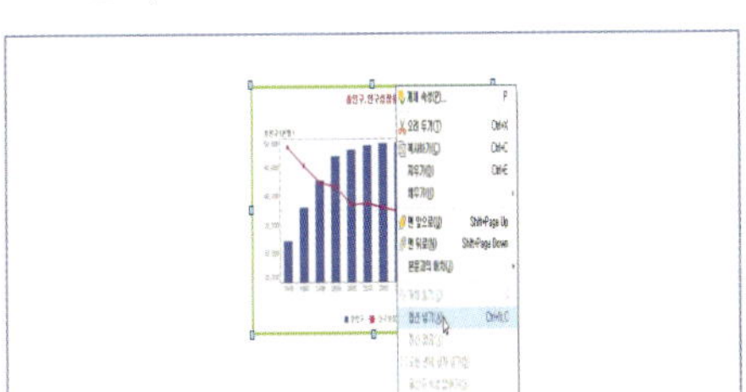

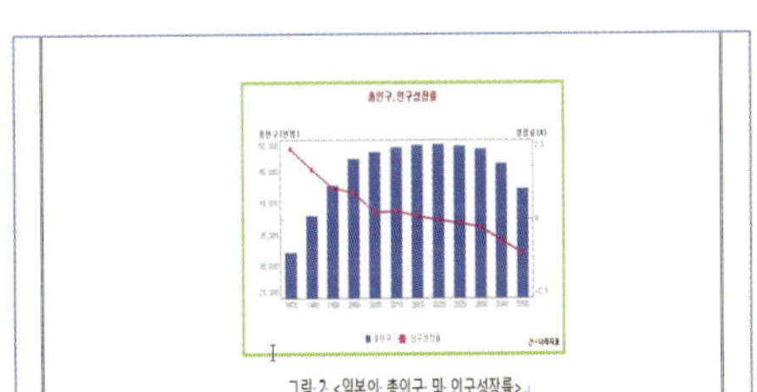

10.3. 그림 번호 없애기

방금 삽입한 그림이 본문에 처음 삽입한 그림인 것 같은데 그림 번호가 '2'로 붙어 의아해할 수 있다. 사실 그림 번호가 '2'로 붙은 이유는 1쪽에 삽입한 여성가족부 로고 때문이다. 한/글에서는 삽입되는 모든 그림, 표 또는 수식에 대해 각각 일련의 개체 번호를 붙여준다. 따라서 배경으로 쓰였거나 굳이 차례에 나올 만큼 중요도가 있지 않은 개체에 대해서는 개체 번호를 없애주는 것이 좋다. 만약 개체 번호 없애는 작업이 귀찮다고 해서 임의로 그림이나 표 번호를 손으로 슬쩍 수정해 버리면 이후에 삽입되는 모든 개체에 대해서 개체 번호들을 일일이 수정해야 할 뿐 아니라 차례를 만들었을 때 필요치 않은 개체들까지 모두 차례에 나타나게 되므로 문서의 정확도가 떨어지게 된다.

① 1쪽에 있는 여성가족부 로고 그림을 더블클릭하여 [개체속성] 대화상자를 연다.

② [개체속성] 대화상자 하단에 있는 [번호 종류]를 '없음'으로 바꾸고 [설정]을 누른다.

③ 3쪽에 있던 '〈일본의 총인구 및 인구성장률〉' 그림의 번호가 '1'로 바뀐다.

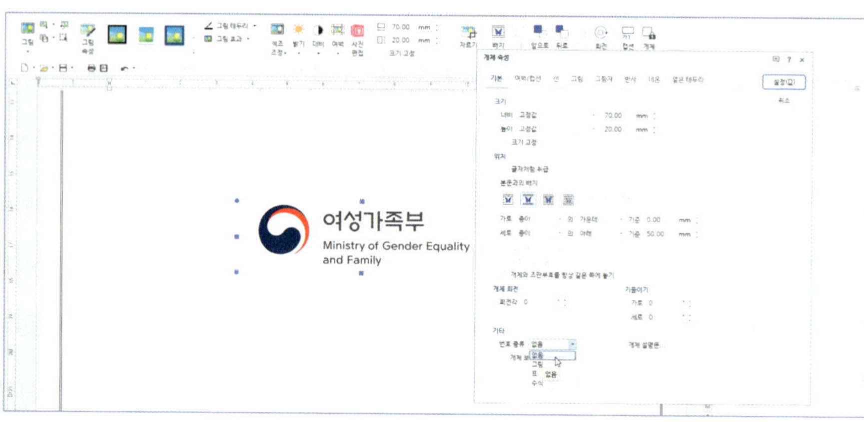

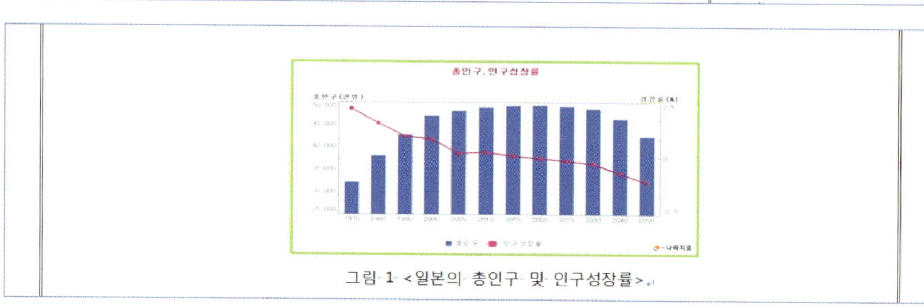

[개체 속성]-[기타]-[번호 종류]

선택한 개체에 '그림', '표', '수식' 가운데 어떤 종류의 번호를 매길 것인지 설정한다. '없음'을 선택하면 해당 개체에 번호를 매기지 않으며 [차례]에도 삽입되지 않는다.

10.4. 그림2 삽입

① 이번에는 '2-1절. 개요' 아래 첫 번째 문단 '홍콩의 출산율은'으로 시작되는 곳에 커서를 놓는다. 그림을 삽입하기 전에 커서의 위치는 삽입될 그림의 위치에 상당히 영향을 끼치므로 반드시 삽입하려고 하는 곳에 커서를 두고 그림을 삽입하는 습관을 지닌다.

② 메뉴 [입력]-[그림](단축키 Ctrl+N+I)을 이용하여 '홍콩출산률.jpg' 파일을 삽입한다.

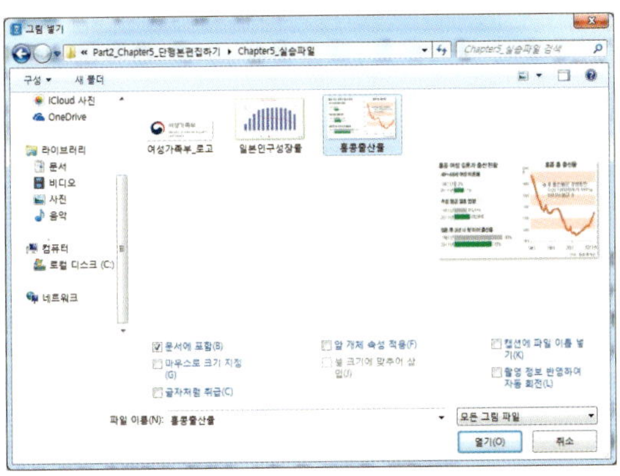

③ [개체속성] 대화상자 [그림] 탭에서 [그림 자르기] 중 왼쪽 '50mm'로 지정하여 불필요한 부분을 삭제한다.

④ [개체속성] 대화상자 [기본] 탭에서 그림의 [크기]는 '40×40mm', [본문과의 배치]는 '어울림', [위치]는 가로 '문단'의 '왼쪽' 기준 '0mm', 세로 '문단'의 '오른쪽' 기준 '0mm'로 한다.

⑤ [개체속성] 대화상자 [여백/캡션] 탭에서는 [바깥 여백] 중 오른쪽과 아래쪽에 각각 '5mm'씩 여백을 넣어준다.

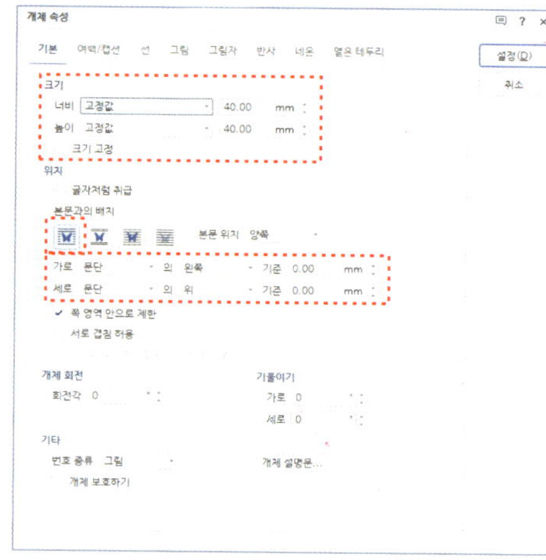

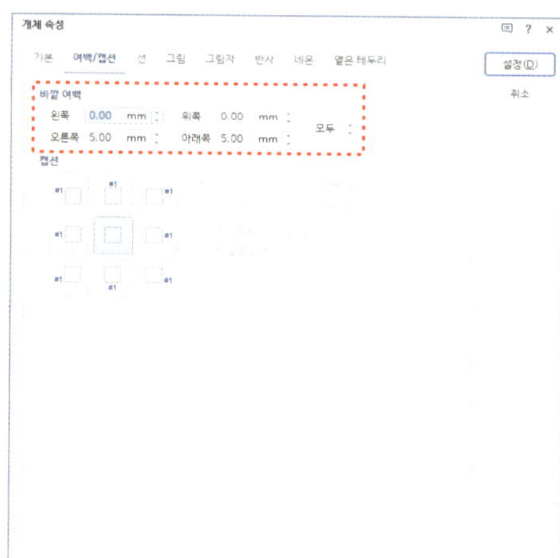

그림을 자르는 3가지 방법

- 대화상자에서 그림 자르기

  그림을 선택한 후 [개체속성]-[그림] 탭을 연다. [그림] 탭의 [그림 자르기]에서 그림의 상하, 좌우를 얼마만큼 자를 것인지를 결정하여 잘라낼 값을 직접 입력하여 그림 자르기를 실행할 수 있다.

- [그림] 도구 상자의 자르기 기능 이용하기

  그림 탭에서 [자르기] 아이콘( )을 누르면 그림 테두리에 최대 8개의 경계선 종류가 나타나고, 경계선 가까이에 마우스 포인터를 갖다 대면 마우스 포인터의 모양이 바뀐다. 그때 마우스 왼쪽 단추를 누른 상태에서 그림의 안쪽으로 마우스를 끈다. 필요한 부분이 알맞게 잘렸을 때 마우스 왼쪽 단추를 놓으면 된다.

- Shift 키를 이용하여 그림 자르기

  잘라낼 그림을 선택한 다음 그림 주위의 조절점에 마우스 포인터를 놓고 〈Shift〉를 누르면 마우스 포인터의 모양이 칼 모양으로 바뀐다. 마우스의 왼쪽 단추를 누른 채 그림의 안쪽으로 마우스를 끌면 마우스를 끈 길이만큼 그림이 잘린다. 그림을 자를 때에는 〈Shift〉를 계속 누르고 있어야 한다. 그림을 자르는 도중에 〈Shift〉를 놓아 버리면 그림이 잘리지 않고 마우스를 끈만큼 크기가 조절된다.

⑥ [캡션 넣기]를 이용하여 '그림2. 〈홍콩 총 출산율〉'이라는 캡션을 달아준 후 '캡션' 스타일(Ctrl+7)을 적용한다. 만약 캡션이 두 줄로 처리된다면 [개체속성]-[여백/캡션] 탭에서 [캡션] 영역 중 '한 줄로 입력'을 선택한다.

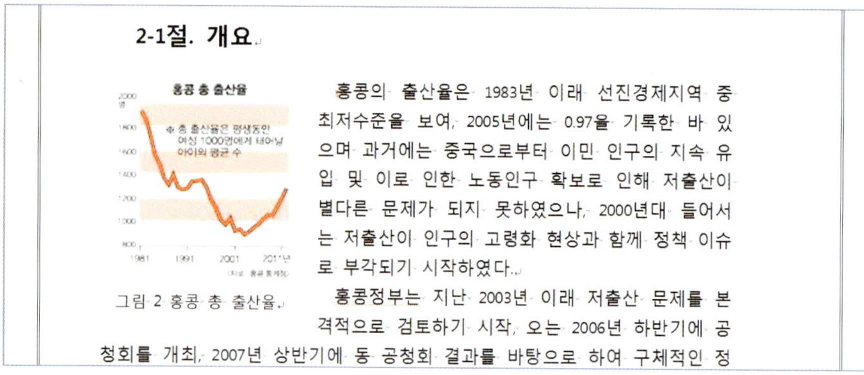

2-1절. 개요

홍콩 총 출산율

그림 2 홍콩 총 출산율

홍콩의 출산율은 1983년 이래 선진경제지역 중 최저수준을 보여, 2005년에는 0.97을 기록한 바 있으며 과거에는 중국으로부터 이민 인구의 지속 유입 및 이로 인한 노동인구 확보로 인해 저출산이 별다른 문제가 되지 못하였으나, 2000년대 들어서는 저출산이 인구의 고령화 현상과 함께 정책 이슈로 부각되기 시작하였다.

홍콩정부는 지난 2003년 이래 저출산 문제를 본격적으로 검토하기 시작, 오는 2006년 하반기에 공청회를 개최, 2007년 상반기에 동 공청회 결과를 바탕으로 하여 구체적인 정

11. 주석 삽입

본문에서 인용한 자료의 출처를 밝히거나 본문에서 언급한 내용에 대한 보충 설명을 구체적으로 제시할 필요가 있을 때는 [주석]을 사용한다. 용도에 맞는 주석 삽입은 단행본 편집이나 리포트 작성에 있어 반드시 익혀두어야 하는 기능이다.

주석은 크게 '각주'와 '미주'로 나눈다. '각주'는 각주 번호가 들어 있는 본문 쪽(페이지)의 아래에 각주 내용이 놓이고, '미주'는 미주 번호가 들어 있는 본문 쪽(페이지)과는 상관없이 그 장(chapter)이나 문서 전체를 끝맺고 난 맨 뒷부분에 놓인다.

각주의 장점은 각주 내용이 본문과 같은 쪽에 있어서 손쉽게 각주 내용을 참고할 수 있다는 것이며, 미주의 장점은 미주 내용을 한곳에서 정리할 수 있으므로 편리하다.

한/글에서는 '각주'와 '미주' 처리 방법이 거의 같으며, '각주'로 단 주석을 '미주'로, '미주'로 단 주석을 '각주'로 바꿀 수 있다. 본 예제에서는 각주만 처리한다.

11.1. 각주 달기

각주를 달면 각주 번호를 매긴 본문 쪽(페이지)의 아래에 각주 내용이 놓인다. 각주 번호의 종류나 내용을 배열하는 방법 등은 [입력-주석-각주/미주 모양]에서 지정할 수 있다.

① [찾기] 단축키(Ctrl+F)를 눌러 찾을 내용에 '합계출산율'을 적고 [다음 찾기]를 눌러 합계출산율에 대한 설명이 적힌 문단을 찾는다.

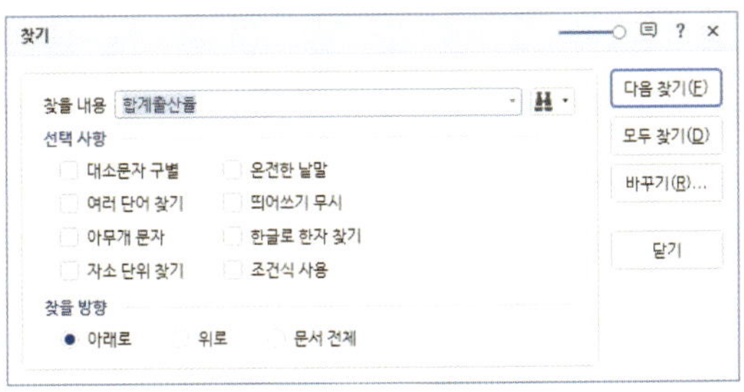

② 해당 문단을 블록으로 지정한 후 [오려 두기](Ctrl+X)한다.

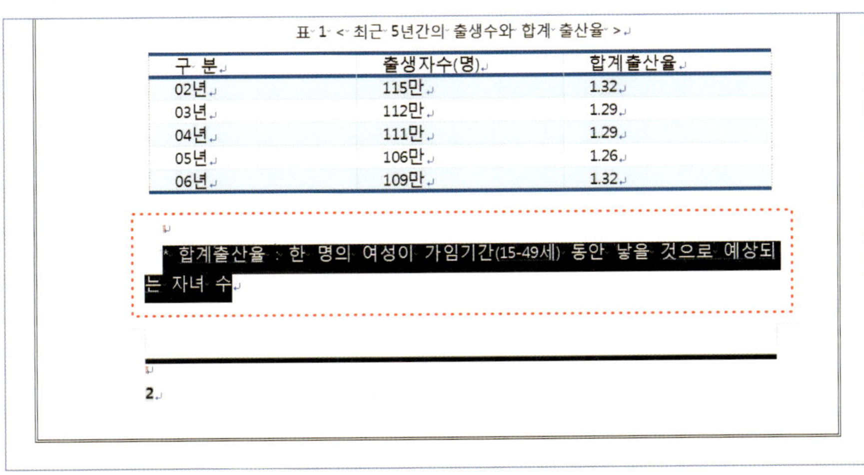
표 1 < 최근 5년간의 출생수와 합계 출산율 >

구 분	출생자수(명)	합계출산율
02년	115만	1.32
03년	112만	1.29
04년	111만	1.29
05년	106만	1.26
06년	109만	1.32

* 합계출산율 : 한 명의 여성이 가임기간(15-49세) 동안 낳을 것으로 예상되는 자녀 수

2.

③ '1-1절. 개요' 아래 있는 '합계출산율'이라는 단어 뒤에 커서를 가져다 놓는다.

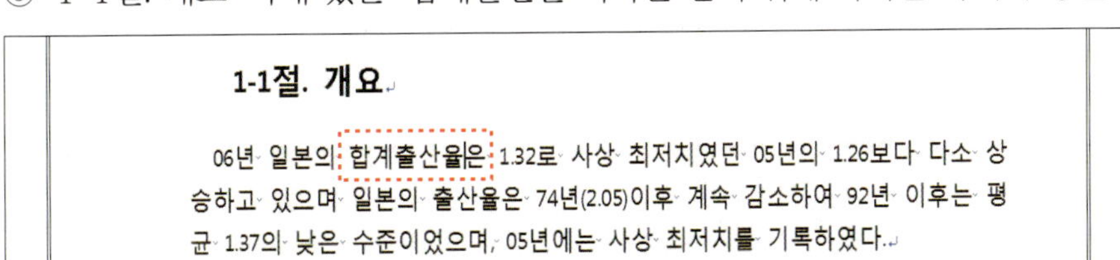

④ 메뉴 [입력]-[각주]를 선택한다.

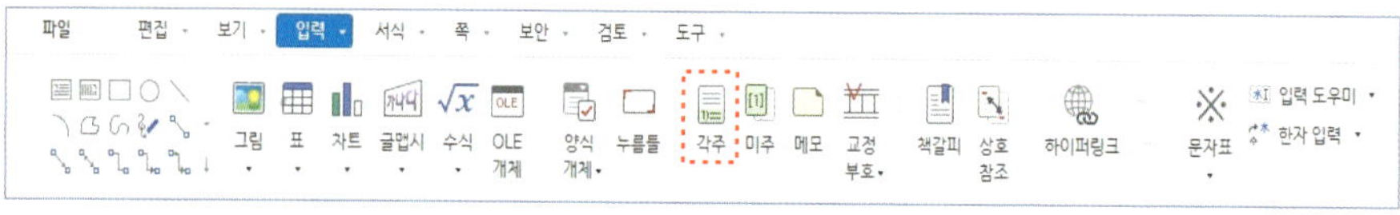

⑤ 커서가 있던 위치에 '각주 번호'가 매겨지고, 페이지 하단에 각주 내용을 입력할 수 있는 각주 입력란이 생긴다.

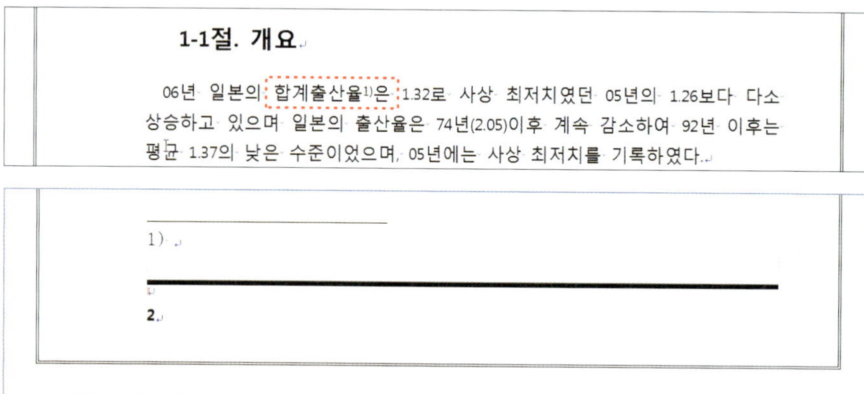

1-1절. 개요

06년 일본의 합계출산율1)은 1.32로 사상 최저치였던 05년의 1.26보다 다소 상승하고 있으며 일본의 출산율은 74년(2.05)이후 계속 감소하여 92년 이후는 평균 1.37의 낮은 수준이었으며, 05년에는 사상 최저치를 기록하였다.

1)

2

⑥ 각주 내용으로 오려두었던 문단을 [붙여넣기](Ctrl+V)한다. 각주도 '캡션'스타일을 적용하되, '왼쪽 정렬'한다.

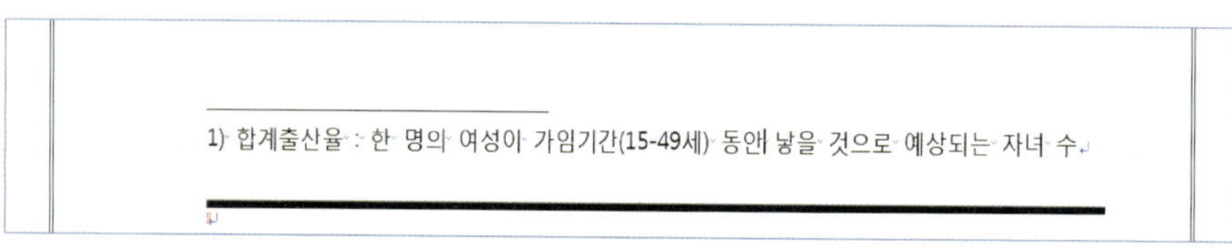

1) 합계출산율 : 한 명의 여성이 가임기간(15-49세) 동안 낳을 것으로 예상되는 자녀 수.

⑦ 같은 방법으로 3쪽 하단에 있는 '* 출처 : 일본 후생노동성….' 문단도 아래와 같은 위치에 각주로 삽입한다.

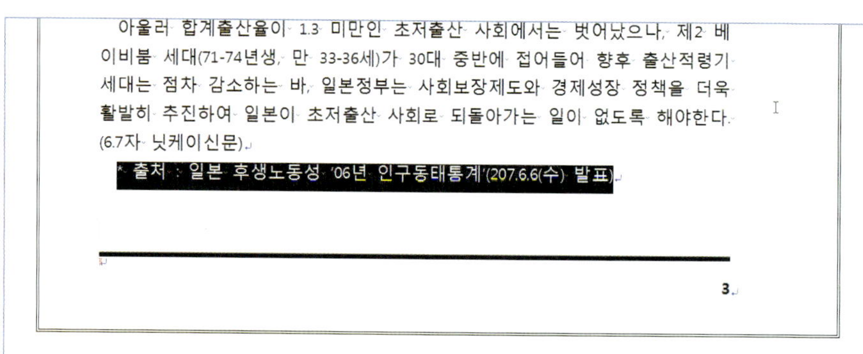

아울러 합계출산율이 1.3 미만인 초저출산 사회에서는 벗어났으나, 제2 베이비붐 세대(71-74년생, 만 33-36세)가 30대 중반에 접어들어 향후 출산적령기 세대는 점차 감소하는 바, 일본정부는 사회보장제도와 경제성장 정책을 더욱 활발히 추진하여 일본이 초저출산 사회로 되돌아가는 일이 없도록 해야한다. (6.7자 닛케이신문)

* 출처 : 일본 후생노동성 '06년 인구동태통계'(207.6.6(수) 발표)

3

아울러 합계출산율이 1.3 미만인 초저출산 사회에서는 벗어났으나, 제2 베이비붐 세대(71-74년생, 만 33-36세)가 30대 중반에 접어들어 향후 출산적령기 세대는 점차 감소하는 바, 일본정부는 사회보장제도와 경제성장 정책을 더욱 활발히 추진하여 일본이 초저출산 사회로 되돌아가는 일이 없도록 해야한다. (6.7자 닛케이신문)[2)]

2) 출처 : 일본 후생노동성 '06년 인구동태통계'(207.6.6(수) 발표).

3

참고문헌 표기 방법

참고문헌은 즉시 찾아볼 수 있도록 상세하고 정확하게 붙여야 한다. 즉 독자가 쉽게 찾을 수 있도록 원사료 또는 논문의 필자, 제목, 수록지, 연도, 페이지(쪽, 면) 등을 상세히 기록한다. 귀중본일 때는 소장처를 기재할 필요도 있으며, 같은 책일 경우에도 간행연도에 따라 내용이 다를 경우에는 판본도 밝혀 둔다.

- APA 양식의 참고문헌 표기 방법

APA 양식(APA style, APA 스타일)은 미국심리학회(American Psychological Association: APA)가 정한 문헌 작성 양식이다. 주로 사회과학 분야(심리학, 교육학 등)에서 많이 사용하며, 일부 자연과학 분야(생물학, 식물학, 지구과학)에서도 사용한다.

① 논문의 경우 : 저자명(발행년). 논문명. 학술지명, 권(호), 논문수록면수.

예) 조태진(1996). 절리암반의 역학적 특성 분석을 위한 역해석 모델 개발. 한국암반공학회지: 터널과 지하공간, 6(1), 19-29.

② 저서의 경우 : 저자명(발행년). 서명 (역할다른저자) (판차). 발행지: 발행사.

예) 김선양, 김신일, 김지자, 손직수, 이돈희(1984). 韓國社會와 教育. 서울: 교육과학사.

③ 원사료의 경우 : 예)《世宗實錄》卷1, 世宗 1年 5月 甲寅條.

④ 신문, 잡지의 경우 : 예) 《동아일보》, 1925년 5월 30일자.

- 관례

각주 내용의 글자 크기는 본문보다 보통 2포인트 작게 지정하지만, 최소한 8포인트보다 작아서는 안 된다. 미주 내용의 글자 크기는 본문 글자보다 작되, 각주보다는 커야 한다. 본문에 다는 각주 번호는 아라비아 숫자를 사용하며, 반드시 위 첨자 형식을 사용한다. 각주나 미주 내용을 이끄는 번호는 괄호 없이 각주 내용과 같은 크기의 활자를 사용하는 것이 일반적이다. 각주의 번호는 (1), (2)를 쓰기도 하고 * 표시를 쓰기도 하는데, 대개는 1), 2), 3) 등으로 쓰는 것이 일반적이다.

더 자세한 내용은 부산대학교 도서관 참고문헌 작성법 페이지 참고
(https://lib.pusan.ac.kr/research/thesis-guide/guide-reference/)

12. 상호참조

다른 쪽의 내용이나 그림, 표 등을 현재의 본문에서 항상 참조할 수 있도록 그 위치를 표시해 주는 기능을 상호참조라고 한다. 문서를 편집하다 보면 이런 참조 대상들(본문의 내용, 그림, 표 등)의 위치가 바뀔 수 있다. 상호참조를 이용하면 이러한 경우에 쉽게 참조 번호를 한 번에 다시 만들어 줄 수 있다. 예를 들면 '15쪽 그림 3 참조'와 같은 형식의 표기를 할 때, 실제 내용에 해당하는 곳을 대상으로 지정하여 참조를 만들면, 대상 부분의 쪽 수가 달라지거나, 그림 번호가 달라져도 [입력-상호참조-만들기]만 다시 해 준다면 바뀐 쪽 수나 그림 번호 등을 한/글에서 다시 계산하여 반영해 주게 된다.

이 기능은 특히 한/글을 이용하여 논문이나 보고서, 책 등을 만드는 사용자들을 위하여 마련된 고급 기능이다.

① 3쪽 하단에 있는 '아울러 합계출산율이... 벗어났으나' 뒤에 커서를 놓고 '(p. 표 참조)'라고 적는다. 이때 참조시키려고 하는 대상이 놓인 페이지 번호나 개체 번호는 언제든지 바뀔 수 있으므로 직접 손으로 적지 말고 상호참조 기능을 이용하여 정확한 정보를 삽입해야 한다. 여기서는 상호참조 기능을 이용하여 해당 개체의 페이지 번호를 넣어보려고 한다.

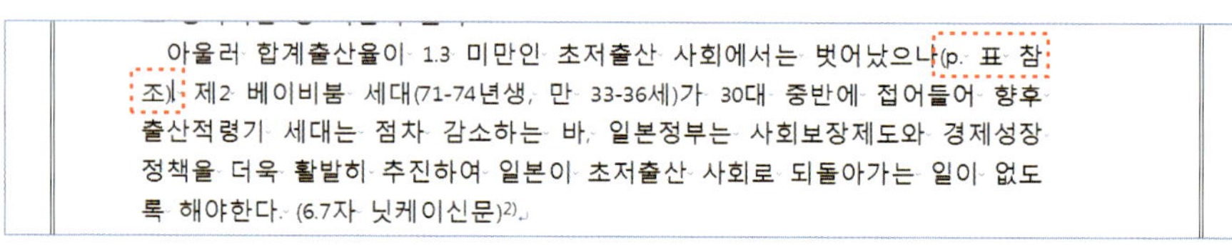
아울러 합계출산율이 1.3 미만인 초저출산 사회에서는 벗어났으나(p. 표 참조), 제2 베이비붐 세대(71-74년생, 만 33-36세)가 30대 중반에 접어들어 향후 출산적령기 세대는 점차 감소하는 바, 일본정부는 사회보장제도와 경제성장 정책을 더욱 활발히 추진하여 일본이 초저출산 사회로 되돌아가는 일이 없도록 해야한다. (6.7자 닛케이신문)2)

② 'p. ' 뒤에 커서를 놓는다.

③ 메뉴 [입력]-[상호참조]를 선택한다.

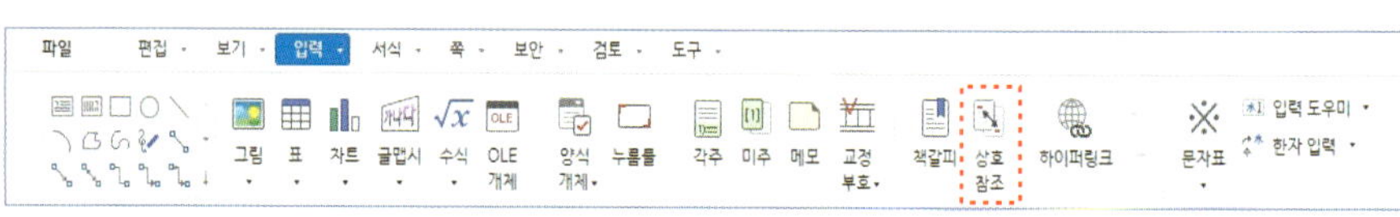

④ [상호참조] 대화상자가 열리면 [참조 대상 종류]에서 '표'를 선택한다. [현재 문서]에 삽입된 표들이 [참조 대상 선택] 목록에 모두 나타난다. 이때 삽입하고 싶은 표를 선택한다. 여기서는 '표 1(최근 5년간의 출생수와 합계 출산율)'을 선택한다.

⑤ [참조 내용]에서는 '표가 있는 쪽 번호'를 선택하고 [넣기]를 누른다. 본문 'p.' 뒤에 표1이 위치한 페이지 번호가 자동으로 삽입된다.

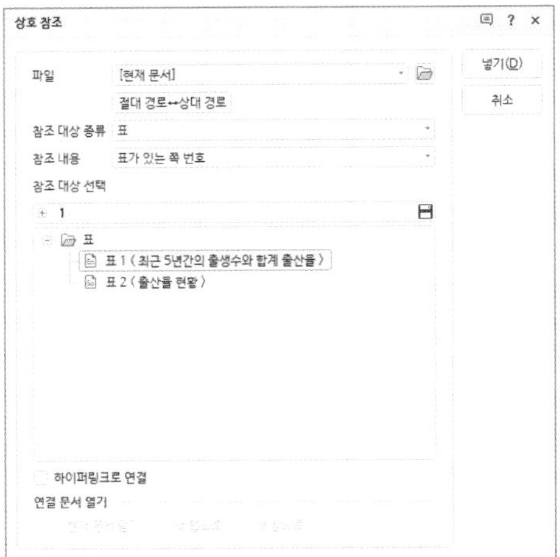

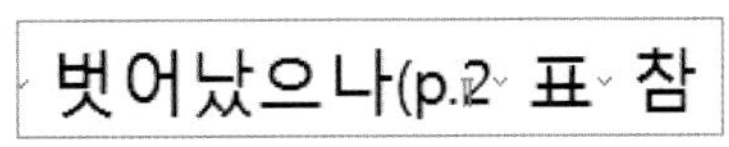

⑥ 이번에는 상호참조를 이용하여 표 번호를 넣어보자. '표'라는 글자 뒤에 커서를 놓고 같은 방법으로 상호참조를 삽입하되, 이번에는 [참조 내용]에서 '표 번호'를 선택한다. '표' 뒤에 표 번호가 자동으로 삽입된다.

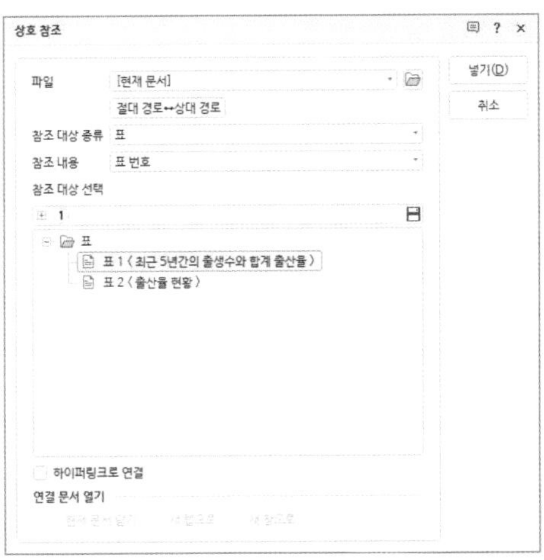

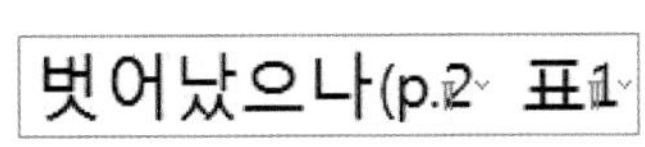

상호참조 변경 시점과 하이퍼링크

문서가 수정되어 쪽 번호가 바뀌거나 개체 번호가 바뀌는 경우 문서가 저장되는 시점에서 상호참조로 삽입된 번호들도 다시 계산되어 반영된다. 또한, 상호참조에 하이퍼링크를 연결하면 해당 참조 위치로 간편하게 이동할 수 있다. 상호참조에 연결된 하이퍼링크는 일반적인 하이퍼링크와는 달리 내부적으로만 하이퍼링크 속성을 가지고 있을 뿐, 현재 커서 위치의 글자 속성을 그대로 따르게 된다.

13. 차례 만들기

'차례'는 본문의 제목, 표, 그림, 수식 등이 들어 있는 줄을 한곳에 모아, 줄마다 본문 중에서 어느 쪽에 위치하는지 쪽 번호를 붙여주는 것으로 [차례 만들기]는 단행본이나 논문 작성 등에 꼭 필요한 기능이다.

차례를 만드는 방법은 ① [개요 수준 모으기], ② [스타일 모으기], ③ [차례 코드 모으기] 등이 있다. 문서의 제목들을 개요 문단으로 설정한 경우에는 [개요 수준 모으기]로, 제목들에 스타일을 적용한 경우에는 [스타일 모으기]로, 차례에 넣고자 하는 문단들에 메뉴 [도구]-[제목 차례]-[제목 차례 표시] 혹은 단축키(Ctrl+K+T)를 이용하여 일일이 제목 차례 표시를 한 경우에는 [차례 코드 모으기]로 선택한다.

본 예제에서는 각 제목 문단마다 개요 수준을 지정하고, 스타일로 등록했기 때문에 '개요 수준 모으기'나 '스타일 모으기' 방법을 이용할 수 있는데, 여기서는 '개요 수준 모으기'로 설명한다.

13.1. 차례 만들기

① 표지와 본문 사이 2쪽에 차례를 만들려고 한다. 2쪽 첫 줄 '제1장. 일본의 출산율 동향 및 출산장려 정책' 문단 앞에 커서를 놓고 메뉴 [쪽]-[쪽 나누기](또는 단축키 Ctrl+Enter↵)를 선택한다. 표지와 본문 사이에 새로운 페이지가 만들어지나 개요1 수준의 문단 속성이 적용된 빈 엔터가 생긴다. 해당 문단에 커서를 두고 '바탕글' 스타일을 적용하면 문단 서식이 지워지면서 빈 엔터로 바뀐다.

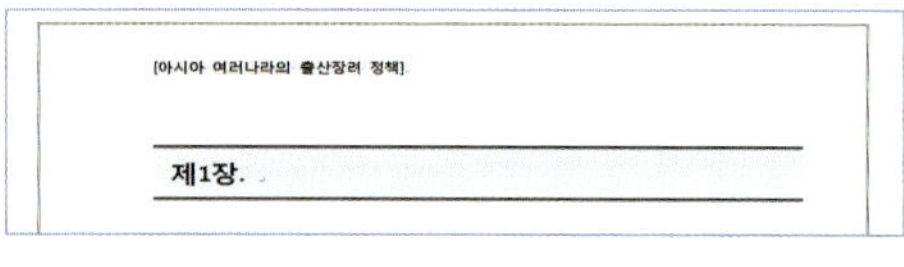

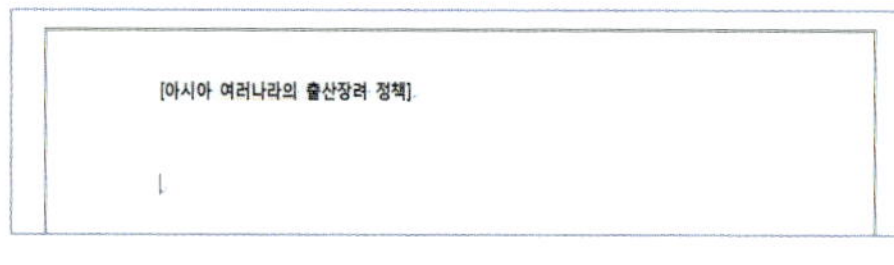

② 메뉴 [도구]-[제목 차례]-[차례 만들기]를 선택한다.

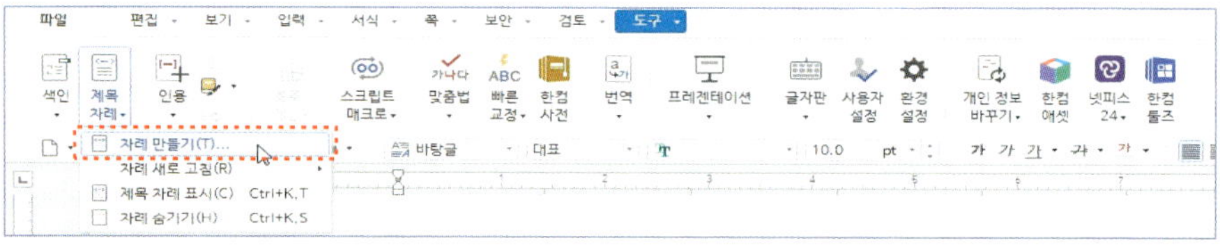

③ [차례 만들기] 대화상자가 열린다. [차례 형식]은 '필드로 넣기'를 선택한다.

④ [만들 차례]에서는 [제목 차례]를 선택한다. 제목 차례를 만드는 방법은 3가지가 있는데 [개요 문단으로 모으기]를 선택하고 [개요 수준]은 '2수준'까지로 설정한다.

⑤ 문서 내에 표와 그림을 삽입하고 캡션을 달아주었으므로 [표 차례]와 [그림 차례]도 선택해 준다. [수식 차례]는 선택을 해제한다. ([만들 차례]에서 표 차례, 그림 차례, 수식 차례 등을 선택하면, 비록 해당 항목이 없을 때도 해당 개체의 틀 번호가 차례 내용으로 나타나게 되므로 해당 사항이 없는 경우는 반드시 선택 해제하는 것이 좋다.)

⑥ 탭 모양에서는 [오른쪽 탭]을 선택한 후 [채울 모양]에는 '점선'을 선택한다.

⑦ [만들 위치]에 '현재 문서의 커서 위치'를 선택하고 [하이퍼링크 만들기]는 해제한 후 [만들기]를 누른다. 2쪽에 차례가 만들어진다.

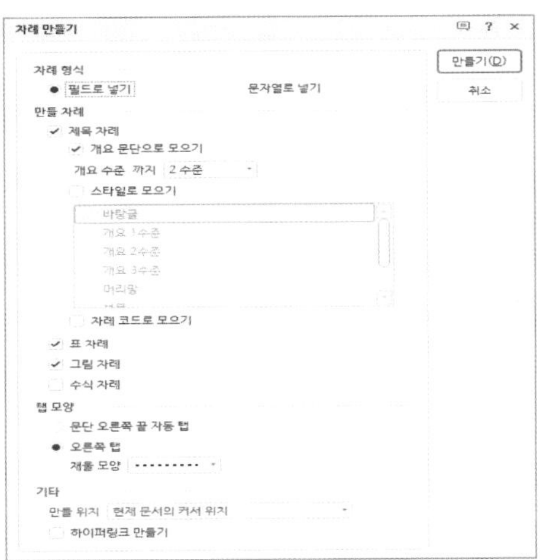

차례 형식

- 필드로 넣기
  차례 필드를 사용하여 차례 영역을 만든다. 이 항목을 선택하면 [차례 새로 고침] 기능을 사용할 수 있다. 필드를 사용하여 생성되는 차례의 위치는 [현재 문서의 커서 위치] 또는 [현재 문서의 새 구역]으로 지정할 수 있다. 필드란 특정 작업을 자동으로 수행하도록 지시하는 코드 집합이다.

- 문자열로 넣기
  문자열로 된 차례를 만들기 때문에 목차나 페이지 번호가 수정될 때마다 차례를 새로 만들어야 한다.

13.2. 차례 새로 고침

차례 필드로 만들어진 차례 항목을 추가하거나 삭제한 경우 차례를 빠르게 [새로 고침]할 수 있다.

① 1쪽에 있는 '제1장. 일본의 출산율 동향 및 출산장려 정책'이라는 제목을 '제1장. 일본의 출산율 동향'이라고 수정한다.

② 2쪽에 삽입된 차례에 수정된 사항을 반영하려면 2쪽 차례 부분에 커서를 두고 메뉴 [도구]-[제목 차례]-[차례 새로 고침]에서 '차례 새로 고침'을 선택한다.

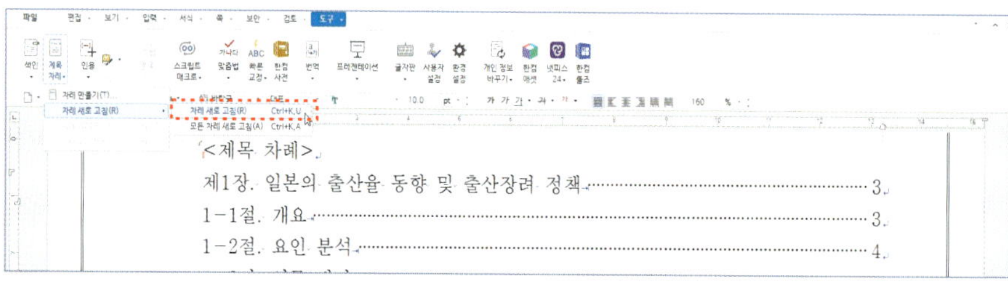

차례 새로 고침

- 차례 새로 고침 : 선택된 차례 필드를 업데이트한다.
- 모든 차례 새로 고침 : 문서에 포함된 모든 차례 필드를 업데이트한다.

③ 수정된 사항이 바로 차례에 반영된다.

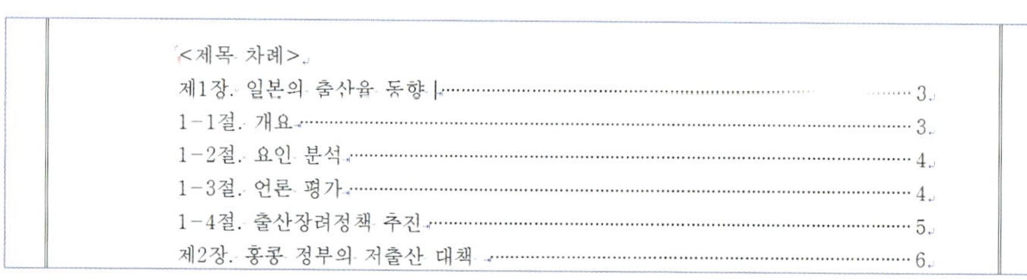

[차례 새로 고침] 메뉴가 비활성화되는 경우

차례 필드가 아닌 문자열로 차례를 만들면 [차례 새로 고침] 기능을 수행할 수 없다. [차례 새로 고침] 기능을 사용하려면 차례를 만들 때 반드시 [차례 형식]에서 [필드로 넣기] 항목을 선택해야 한다.

14. 색인 만들기

색인(index)이란 책이나 학술서, 연구 재료가 될 서적의 내용 중에서 중요한 항목, 술어, 인명, 지명 등을 뽑아 본문 어느 쪽에 있는지 쉽게 찾아볼 수 있도록 쪽 번호와 함께 별도로 배열하여 놓은 목록이다.

차례가 개요 문단, 스타일 또는 차례 표시 달기 등의 선행 작업을 필요로 했던 것과 같이 색인 만들기 역시 먼저 본문에서 원하는 단어에 색인 표시를 붙여준 후에 [도구]-[색인]-[색인 만들기]를 실행해야 한다.

14.1. 색인 표시

① 메뉴 [편집]-[찾기] 또는 단축키(Ctrl+F)를 눌러 [찾기] 대화상자를 열고 '고령화 현상'이라는 단어를 찾는다.

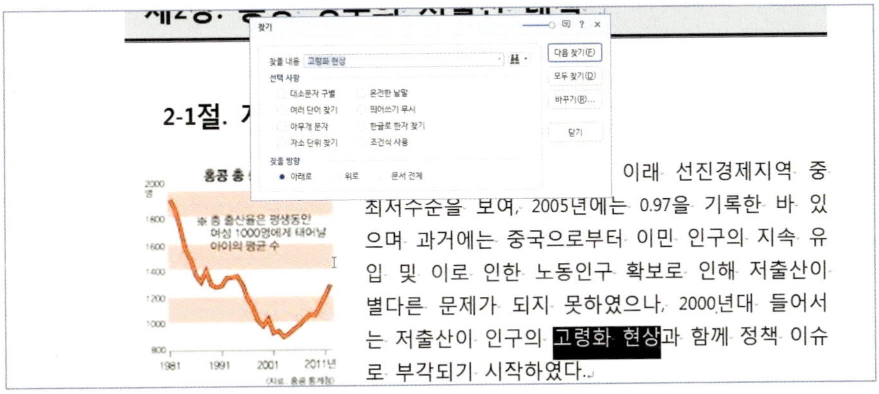

② '고령화 현상'이라는 단어를 블록으로 지정한 후 메뉴 [도구]-[색인]-[색인 표시](단축키 Ctrl+K+I)를 선택한다.

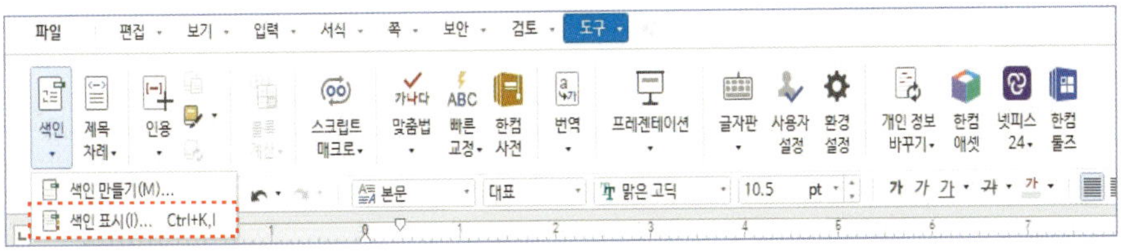

③ [찾아보기 표시] 대화상자가 열리면 [첫 번째 낱말]에 '고령화 현상'이 나타난다. [넣기]를 누르면 본문 단어에 '색인 표시' 조판부호가 붙는다. 같은 방법으로 임의의 5~6개 단어에 색인 표시를 붙여준다.

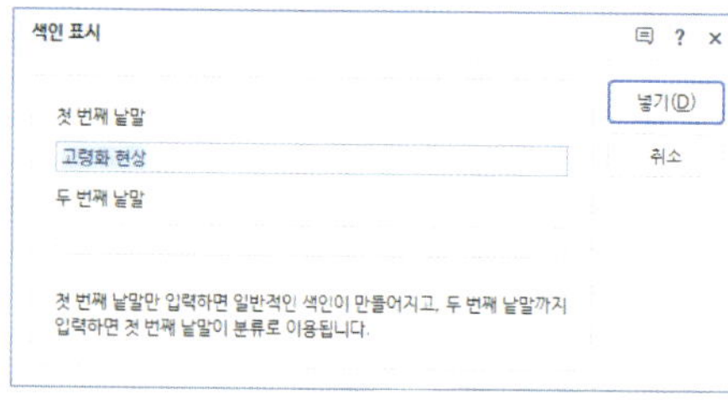

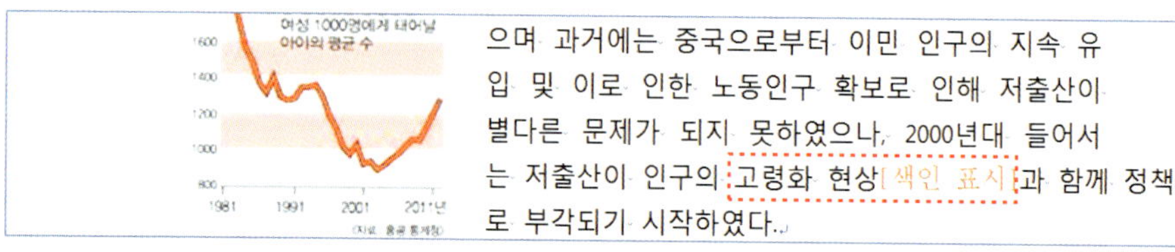

찾아보기 단어를 한 단계 또는 두 단계로 표시

■ 한 단계 찾아보기

찾아볼 낱말들을 직접 가나다순으로 나열하여, 그 낱말이 놓여 있는 본문의 쪽 번호를 붙여 놓은 것이다. 한 단계 찾아보기를 만들려면, [색인 표시] 대화상자에서 [첫 번째 낱말]에는 해당 낱말을 입력하고, [두 번째 낱말]은 비워 둔다.

- 장점: 찾고자 하는 낱말을 가나다 순서로 찾으면 그 낱말이 있는지 없는지를 쉽게 알 수 있다.
- 단점: 서로 연관성 있는 낱말이 가나다 순서에 의하여 여기저기 흩어져 있다는 단점이 있다.

■ 두 단계 찾아보기

일단 모든 찾아볼 낱말에 대하여 그 낱말이 속한 상위 개념(범주)을 표제어로 입력하여, 이 표제어를 가나다순으로 정돈하고 다시 표제어별로 찾아볼 낱말들을 쪽 번호와 함께 나열해 놓은 것이다. 두 단계 찾아보기를 만들려면, [첫 번째 낱말]에는 해당 낱말이 속한 표제어를 입력하고, [두 번째 낱말]에서는 해당하는 낱말 자체를 입력한다.

- 장점: 연관성이 있는 낱말을 같은 첫 번째 낱말에 묶어서 한곳에 모을 수 있다.
- 단점: 찾고자 하는 낱말을 바로 가나다 순서로 찾는 것이 아니라 그 낱말이 어디에 속하는 기능인지 생각하여 그 낱말이 속해 있는 낱말을 가나다 순서로 찾아야 한다는 단점이 있다.

14.2. 색인 만들기

① 필요한 모든 단어에 색인 표시를 붙였다면 문서 맨 끝 글자에 커서를 두고 [쪽 나누기](Ctrl+Enter↵)로 새로운 페이지를 만들어 준 후 마지막 페이지에 색인을 삽입해보자. 맨 마지막 페이지 상단에 '〈색인〉'이라고 적는다.

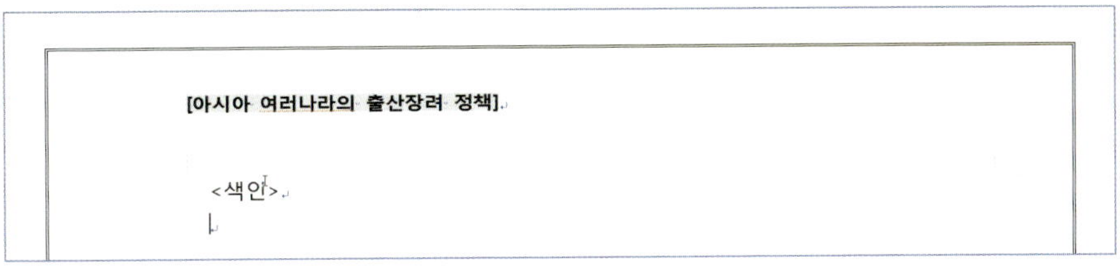

② 메뉴 [도구]-[색인]-[색인 만들기]를 선택한다.

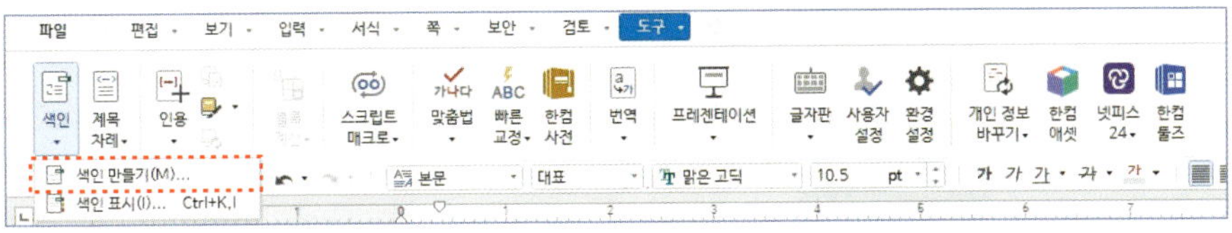

③ [차례 만들기]와 달리 [색인 만들기]는 메뉴를 선택하는 순간 [빈 문서 1]이라는 새 탭이 열리면서 별도의 파일로 색인이 만들어진다.

④ 이때 [빈 문서1]에 삽입된 색인을 [오려두기](Ctrl+X)하여 원래 문서의 맨 마지막 페이지에 [붙이기](Ctrl+V)한다.

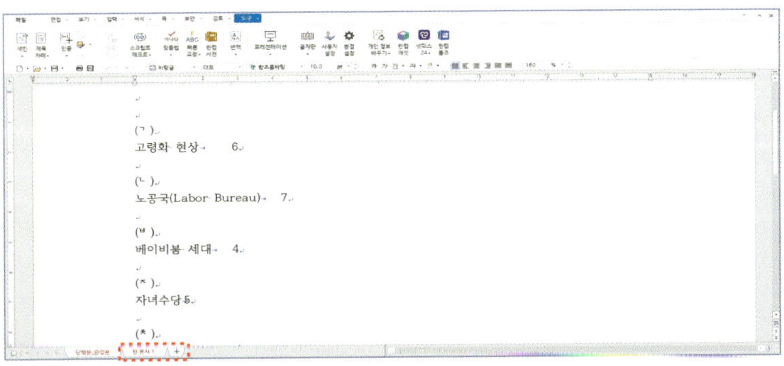

색인 만들 때 주의 사항

빈칸 '이야기'와 빈칸이 포함된 ' 이야기', '이야기 '는 모두 별개의 낱말로 간주한다. 색인 표시를 입력할 때는 시작 부분과 끝부분에 실수로 빈칸이 들어가지 않도록 주의해야 한다.

15. 탭 설정

차례와 색인을 보면 단어와 쪽 번호 사이에 탭(⇥)이 삽입되어 있다. 탭(Tab)은 한꺼번에 일정한 거리로 본문을 띄울 때 사용한다. 탭은 여러 개의 항목을 세로로 가지런히 나열해 입력할 때 사용하면 편리한 기능이다. 탭은 일반적으로 '40pt'를 기본 길이로 하지만 언제든지 조정할 수 있다.

① 차례에 삽입된 모든 문단을 블록으로 지정한 후 '본문' 스타일을 적용한다.

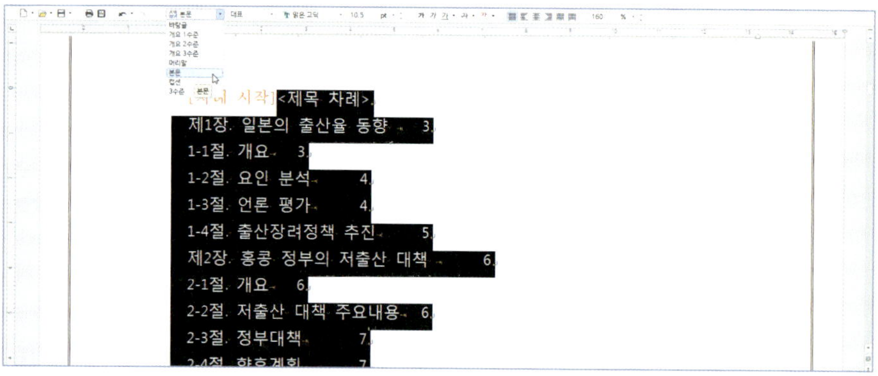

② 탭은 문단의 속성이므로 [문단 모양] 대화상자(Alt+T)를 열어 [탭 설정] 탭을 연다.

③ [탭 종류]는 '오른쪽', [채울 모양]은 '점선', [탭 위치]를 '12cm'로 지정한다. (단위가 'pt'로 되어있으면 마우스로 단위를 클릭하여 'cm'로 바꾼다.) [추가]를 누르면 [탭 목록]에 새로 만든 탭이 추가된다. [설정]을 누르면 탭 설정이 본문에 적용된다.

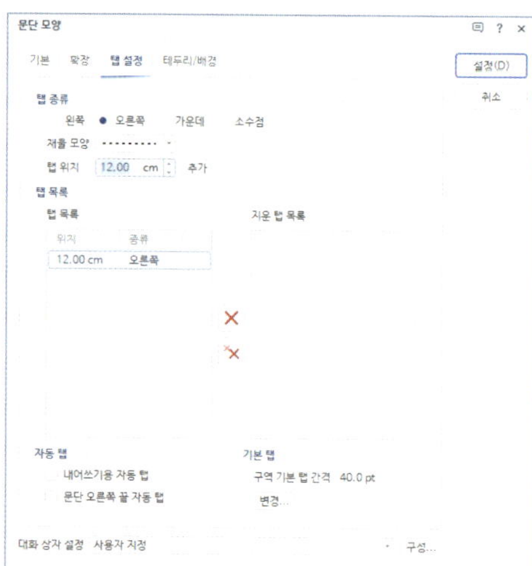

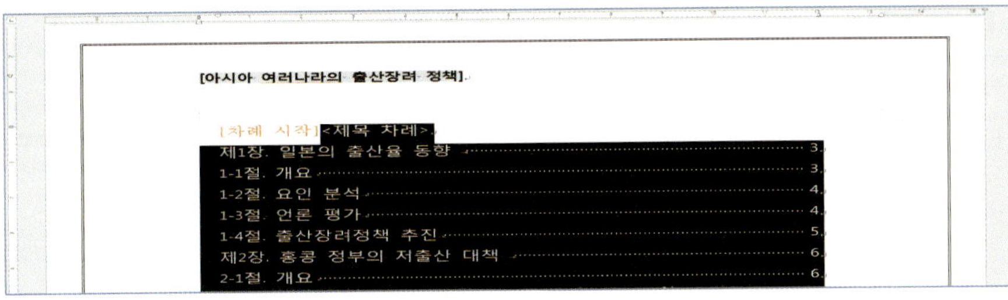

④ 같은 방법으로 〈색인〉 문단들도 '본문' 스타일을 적용한 후 가로 눈금자 기준으로 '12cm' 지점에 탭이 놓이도록 설정한다.

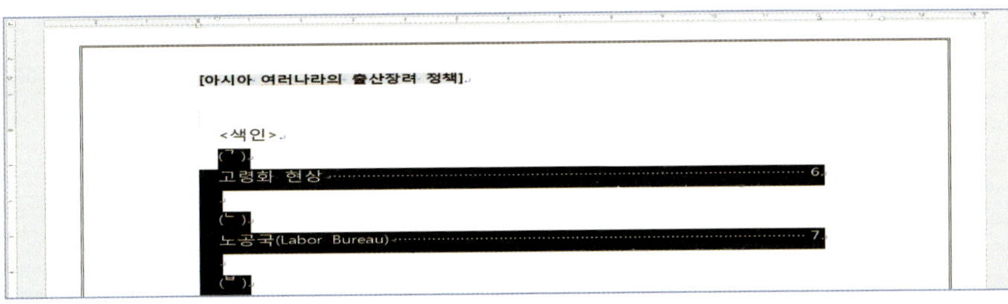

가로 눈금자를 이용하여 탭 설정

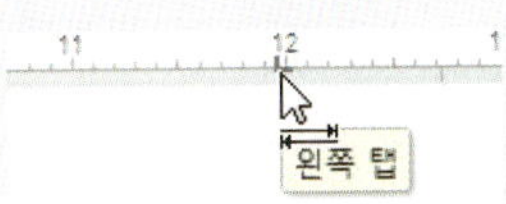

① [가로 눈금자] 위의 눈금 선에 마우스 포인터를 가져다 놓고 마우스 왼쪽 단추를 한 번 누른다. 왼쪽 정렬 탭이 하나 추가된다.

② 추가한 왼쪽 탭 표시 위에 마우스 포인터를 놓고 오른쪽으로 마우스를 끌어 탭의 위치를 바꾼다.

③ 탭 종류를 바꾸려면 가로 눈금자에 있는 '탭 종류 변경' 아이콘(ㄴ)을 마우스로 누른다. '왼쪽 탭→오른쪽 탭→가운데 탭→소수점 탭'의 순서로 탭 종류가 바뀌어 나타난다. 원하는 탭 종류가 나타나면, 가로 눈금자의 눈금 선 위로 마우스 포인터를 옮겨 마우스 왼쪽 단추를 한 번 누른다.

④ 현재 위치에 선택한 탭 종류가 추가된다.

■ 기본 탭

한/글에는 기본적으로 40pt(영문 8자) 간격으로 '왼쪽 탭'이 설정되어 있다. 이 기본 탭은 가로 눈금자의 눈금선 아래쪽에 표시되어 있으며, 사용자가 새로운 탭을 넣으면 추가한 탭의 왼쪽에 있는 기본 탭은 모두 사라진다. [기본 탭 간격]은 구역의 속성이므로, 문단마다 다르게 줄 수는 없다. 기본 탭은 [쪽-구역 설정]을 실행해 [기본 탭 간격]을 바꿀 수 있지만, 기본 탭을 지울 수는 없다.

■ 탭 종류

탭 설정	표시	설명
왼쪽 탭	ㄴ	왼쪽 정렬 탭을 설정하면 그 위치에 있는 낱말의 왼쪽 시작 부분을 가지런하게 맞춥니다.
오른쪽 탭	┘	오른쪽 정렬 탭을 설정하면 그 위치에 있는 낱말의 오른쪽 끝 부분을 가지런하게 맞춥니다.
가운데 탭	┴	가운데 정렬 탭을 설정하면 그 위치에 있는 낱말의 가운데 부분을 가지런하게 맞춥니다.
소수점 탭	┴.	소수점 정렬 탭을 설정하면 그 위치에 있는 숫자의 소수점 부분을 가지런하게 맞춥니다.

16. 미리 보기

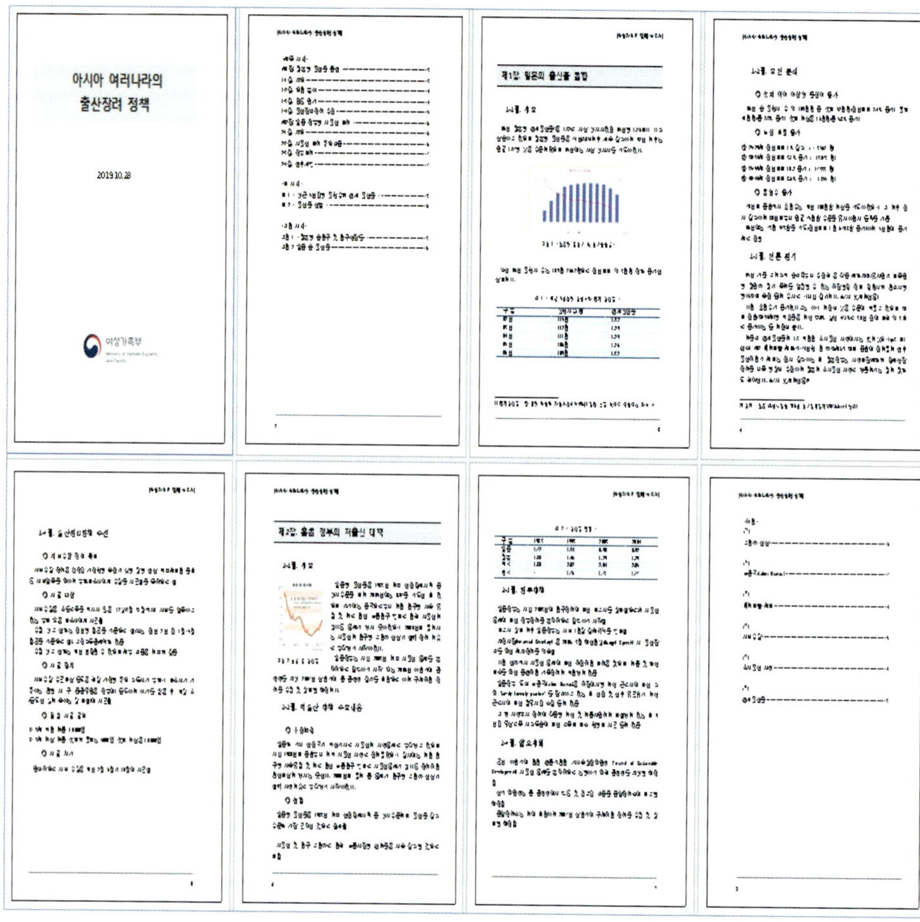

실습과제

[실습과제 완성본]

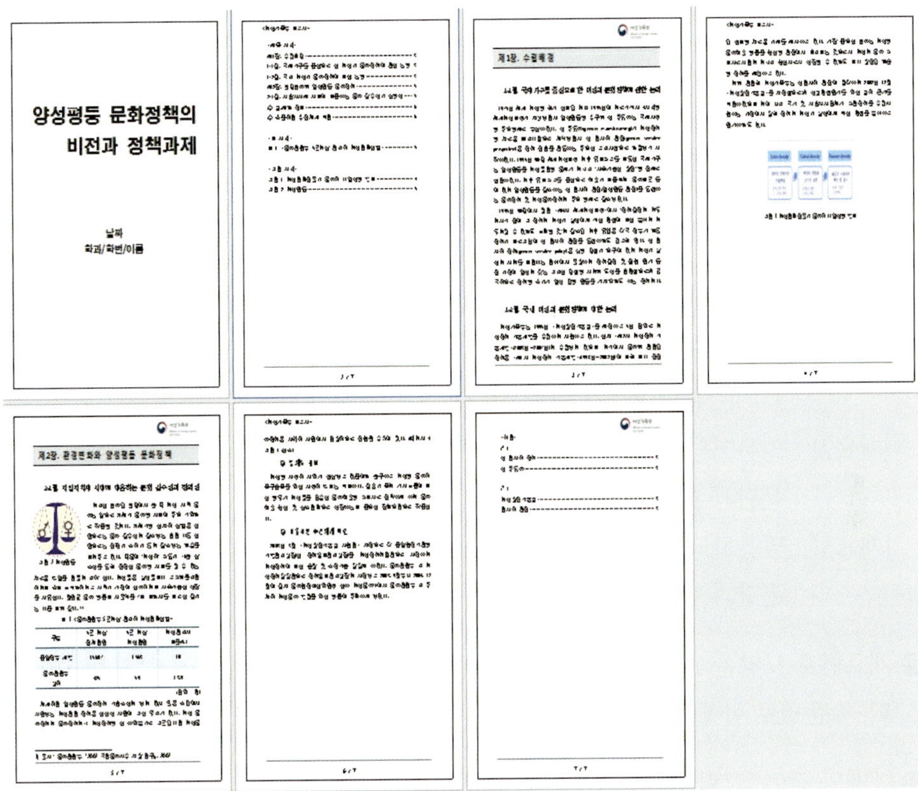

제공된 '실습예제_완성본.pdf' 파일을 참고하여 단행본 편집을 실습해 본다.

[편집 방법]

❶ '실습과제_원고.txt' 파일을 불러온 후 '단행본_과제.hwp'로 저장한다.

❷ 편집용지 설정은 '신국판'으로 하고 [제본]은 '맞 쪽', [여백]은 위/아래 '10mm', 안쪽/바깥쪽 '20mm', 머리말/꼬리말 '10mm'로 적용한다.

❸ 모든 쪽에 이중 실선으로 쪽 테두리를 종이 가장자리로부터 '7mm' 안쪽에 넣어준다.

❹ 머리말을 삽입하되, 짝수 쪽에는 문단 왼쪽 끝에 '여성가족부 보고서'라고 적고, 홀수 쪽에는 문단 오른쪽 끝에 여성가족부 로고를 삽입한다.

❺ 꼬리말을 삽입하되, 문단 띠를 삽입하고 그 아래에 현재 쪽 번호와 전체 쪽 번호가 모두 나오도록 하되, 쪽 번호의 모양은 아라비아 숫자로 지정한다.

❻ 1쪽에는 머리말과 꼬리말을 감춘다.

❼ 전체 문단은 '맑은고딕', '10.5pt', '첫줄 들여쓰기 10pt', '외톨이 줄 보호' 처리를 한 후 [본문] 스타일로 추가한다.

❽ 1쪽 표지를 예제와 같이 꾸며준다.

❾ 개요 문단들은 [개요1], [개요2], [개요3] 스타일로 만든 후 정리한다.

[개요1] : 맑은고딕 16pt, 문단 위/아래 간격-20pt, 문단 테두리, 문단 종류 개요 1수준, 문단앞에서 항상 쪽나눔

[개요2] : 맑은고딕 12pt, 문단 위/아래 간격-10pt, 문단 종류 개요 2수준, 다음 문단과 함께

[개요3] : 맑은고딕 11pt, 문단 위/아래 간격-5pt, 문단 종류 : 개요 3수준, 다음 문단과 함께

❿ 개요번호 모양은 1수준은 '제1장', 2수준은 '1-1절.', 3수준은 '◎' 형식으로 붙이되, 수준별로 한 글자씩 들여 쓴다.

⓫ 예제와 같이 '그림 1'과 '그림 2'를 삽입하고 그림 캡션을 달아준다.

⓬ 5쪽의 '문화관광부 5급이상 관리직 여성인력현황' 아래 있는 문자열들은 표로 바꾼 후 표 마당을 이용하여 보기 좋게 표를 꾸며본다. 표 캡션을 예제와 같이 달아준다.

⓭ '출처 : 문화관광부, 『2002 국민문화지수 개발 연구』, 2002' 문장을 찾아 각주로 처리한다.

⓮ 2쪽에 차례를, 7쪽엔 색인을 삽입한다. (단 색인에 나오는 단어들은 임의로 4~5개 정도 삽입한다.)

⓯ 차례/색인의 문단 모양은 '본문' 스타일을 적용하되, [탭 설정]은 탭 위치 '10cm', '오른쪽 탭', '점선 채우기'한다.

PART 2

마이크로소프트 오피스의 활용

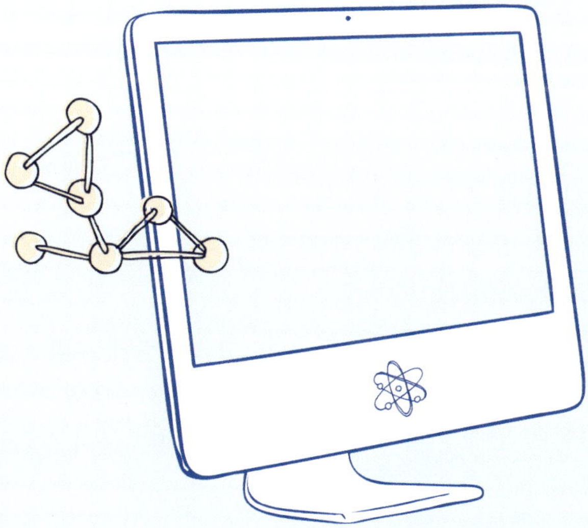

PART 2.
마이크로소프트 오피스의 활용

PART 2에서는 워드프로세서 중 전 세계적으로 가장 많이 이용되고 있는 마이크로소프트사의 워드를 이용하여 문서를 작성해 보고자 한다. 마이크로소프트 워드는 다른 마이크로소프트 제품과의 호환이 뛰어나고 윈도우 환경에서 빠르게 실행되며 세계 표준 워드프로세서라는 점에서 다른 워드프로세서들보다 우위에 있다. 그러므로 마이크로소프트사에서 만든 워드로 문서를 작성해 보면서 한/글 프로그램과의 장. 단점을 비교해 볼 필요가 있다.

우리는 이미 앞 장에서 한/글을 이용하여 워드프로세서 자체에 대해 충분히 이해하였고 문서 작성에 필요한 기능들과 속성들을 자세히 다루어 보았다. 따라서 워드를 다루는 데는 큰 어려움이 없을 것이다. 왜냐하면, 마이크로소프트 워드 또한 워드프로세서 프로그램이라는 점에서 한/글과 크게 다르지 않기 때문이다. 문서를 작성하는 데 있어 처리해야 하는 순서, 필요한 기능, 입력해야 할 속성값들이 대동소이하며 이는 다른 워드프로세서를 다루게 될 때도 마찬가지이다.

워드 2016의 새로워진 기능은 다음과 같다.

① 공동 작업 : 사용 중인 장치와 관계없이 문서에서 다른 사람과 동시에 작업할 수 있다.
② 간편해진 공유 : 리본 메뉴에서 공유 단추를 클릭하기만 하면 Office 문서를 손쉽게 바로 공유할 수 있다. 지정된 문서에 대한 액세스 권한이 있는 사용자와 이 문서에서 현재 작업 중인 사용자를 확인하고, 소유하고 있는 모든 문서에 대한 개별 작성 권한을 변경할 수 있다.
③ 실시간 입력 : 문서에서 다른 사용자와 공동 작업하는 동안 다른 사용자가 작업 중인 부분을 확인하고 편집하는 내용을 즉시 볼 수 있다.
④ 개선된 버전 기록 : 다른 사용자와 공동 작업하면서 편집하는 동안 문서의 이전 초안 및 이전 스냅숏을 다시 참조할 수 있다.
⑤ Window 10에서 더욱 효과적으로 사용 : Office Mobile 앱을 사용해 보고 이동 중 생산성을 위해 최적화된 기능을 직접 경험해 보자. 모든 Windows 10 장치에서는 Office Mobile 앱을 사용하여 언제 어디서나 고화질로 효과적인 문서 작업을 할 수 있다.

자 그러면 새롭게 바뀐 워드 2016을 이용하여 문서 작업을 시작해 보자.

Chapter 1 워드 2016 보고서 작성하기

이번 장에서는 한/글을 다루면서 예제로 사용했던 보고서 원고를 가지고 워드 2016을 이용해서 문서 편집을 하려고 한다. 같은 예제를 다룸으로써 두 프로그램 간의 공통점과 차이점을 비교해 보면서 좀 더 구체적으로 워드프로세서를 이해해 보도록 하자. 이런 프로그램 간의 비교와 활용 작업이 더 나아가서는 문서 작성 프로그램 자체를 이해하는 데 도움이 될 것이다.

이 장에서 익혀야 할 내용은 다음과 같다.

첫째, 워드 2016의 기본 인터페이스를 이해한다.

둘째, 글자, 단락, 페이지 모양을 설정하는 방법을 한/글과 비교해 본다.

셋째, 문서 서식과 스타일을 이용해서 쉽고 빠르게 문서를 편집해 본다.

넷째, 문단 번호와 글머리표 기호 삽입 방법을 익힌다.

다섯째, 페이지 전체를 꾸며주는 머리글/바닥글, 테두리 기능, 워터마크, 테마 기능들을 알아본다.

예제

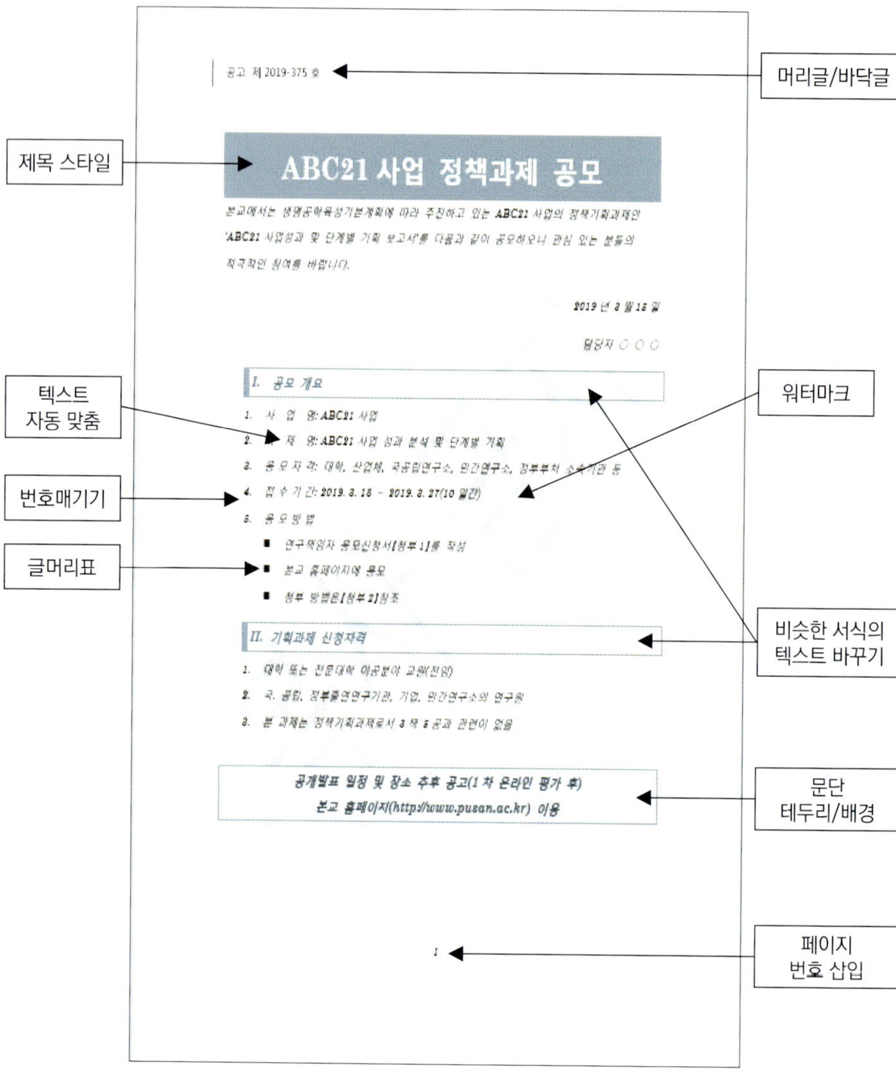

공고 제2019-375 호
ABC21 사업 정책과제 공모
I. 공모 개요
II. 기획과제 신청자격
머리글/바닥글
제목 스타일
텍스트
자동 맞춤
번호매기기
글머리표
워터마크
비슷한 서식의
텍스트 바꾸기
문단
테두리/배경
페이지
번호 삽입

1. 워드 2016 화면구성

[시작]-[모든 프로그램]-[Microsoft Office 2016]-[Word 2016]을 선택하면 워드 2016 프로그램이 실행된다. 워드 2016의 화면구성은 아래와 같다.

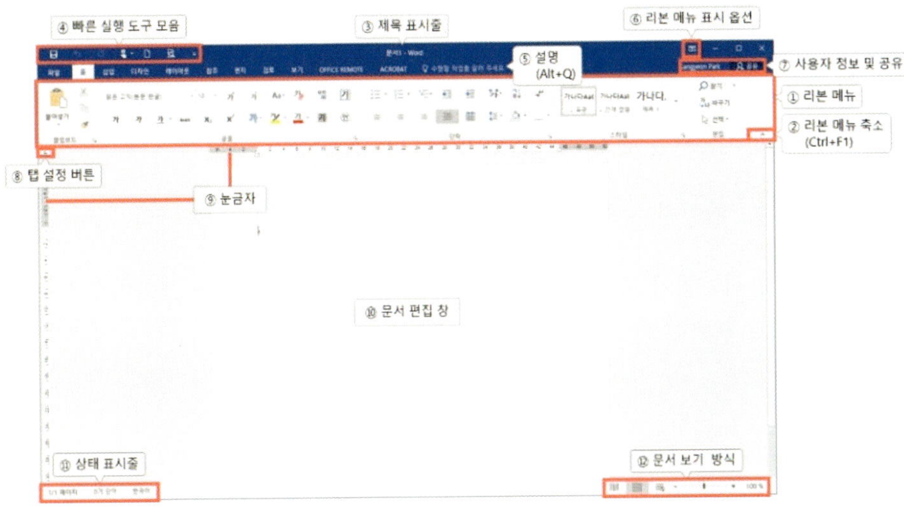

❶ 리본 메뉴 : 메뉴를 리본처럼 펼쳐서 사용자의 접근을 수월하게 하였으며, 이러한 모양의 사용자 인터페이스를 User Fluent Interface라 부르는데 이는 워드 2007 버전부터 적용되었다.

❷ 리본 메뉴 축소 : 리본 메뉴를 접었다 폈다 할 수 있으며, 이를 통해 문서 편집 창을 넓게 사용할 수 있다. 단축키(Ctrl + F1)로 조정할 수 있다.

❸ 제목 표시 줄 : 현재 문서의 제목을 표시한다.

❹ 빠른 실행 도구 모음 : 자주 사용하는 도구를 사용자가 직접 설정하여 추가하거나 삭제할 수 있다.

❺ 설명 : 작업 중 필요한 내용을 입력하면 관련된 도움말이 표시된다.

❻ 리본 메뉴 표시 옵션 : 리본 메뉴를 '리본 메뉴 자동 숨기기', '탭 표시', '탭 및 명령 표시' 등으로 설정할 수 있다.

❼ 사용자 정보 및 공유 : 오피스 2013 버전부터 로그인된 OneDrive 사용자의 계정 정보가 나타난다. 이 클라우드 서비스를 이용하면 인터넷이 연결된 곳이면 어디서든 문서 관리가 가능해진다.

❽ 탭 설정 버튼 : 클릭할 때마다 왼쪽 탭, 가운데 탭, 오른쪽 탭, 소수점 탭, 첫줄 들여쓰기, 내어쓰기 등으로 전환된다.

❾ 눈금자 : 가로, 세로 눈금자가 나타난다.

❿ 문서 편집 창 : 문서를 편집하는 영역이다.

⓫ 상태 표시줄 : 페이지 위치, 단어 수, 입력 언어 등의 정보가 나타난다.

⓬ 문서 보기 방식 : 읽기 모드, 인쇄 모양, 웹 모양, 문서 확대/축소 슬라이드 등이 나타난다. 문서 보기의 기본 설정은 인쇄 모양으로 되어있다.

2. 파일 불러와서 저장하기

2.1. 열기

① 워드 2016을 실행하면 Back Stage 화면이 열린다. 주요 서식 파일에서 [새 문서]를 선택할 수도 있고, 필요에 따라 다른 워드 서식 문서를 이용할 수도 있다.

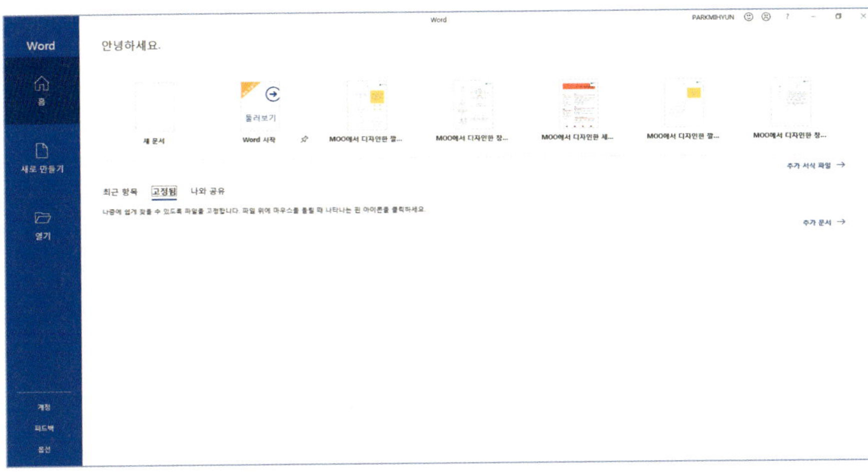

② 만약 워드를 시작할 때 바로 [새 문서] 화면으로 열리게 하려면 [옵션]-[일반]-[시작 옵션] 중 '이 응용 프로그램을 시작할 때 시작 화면 표시'를 해제한다.

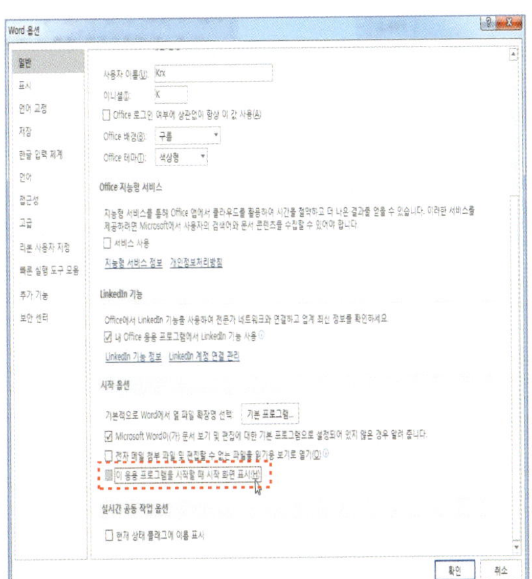

③ 원고를 불러오려면 [파일]-[열기]를 클릭한 후 [찾아보기]를 눌러 [열기] 대화상자를 연다. [파일 형식]을 '모든 파일'로 지정한 후 '공고문_원고.txt' 파일을 선택하고 [열기]를 클릭한다.

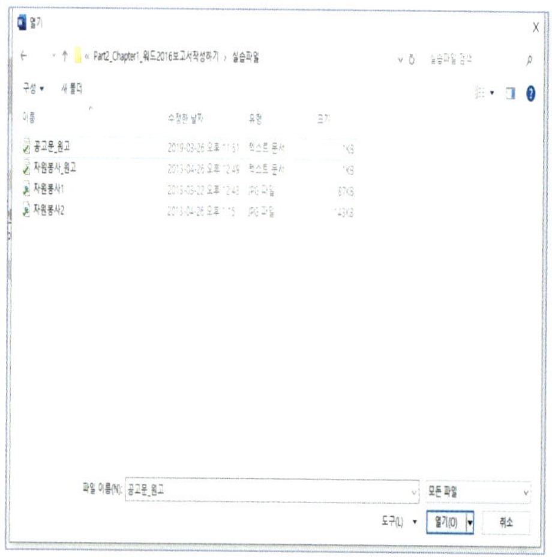

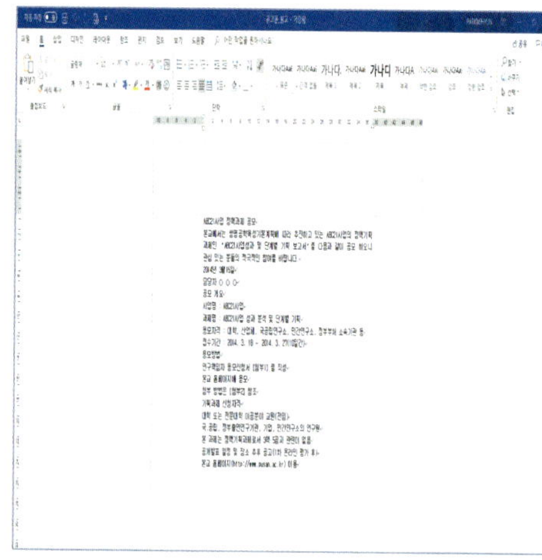

2.2. 다른 이름으로 저장

① [파일]-[다른 이름으로 저장]을 선택한 후 [파일 형식]을 'Word 문서'로 지정하고, 파일 이름을 '공고문_완성'으로 입력한 후 [저장]을 클릭한다. 이렇게 저장된 문서는 '공고문_완성.docx'로 저장된다.

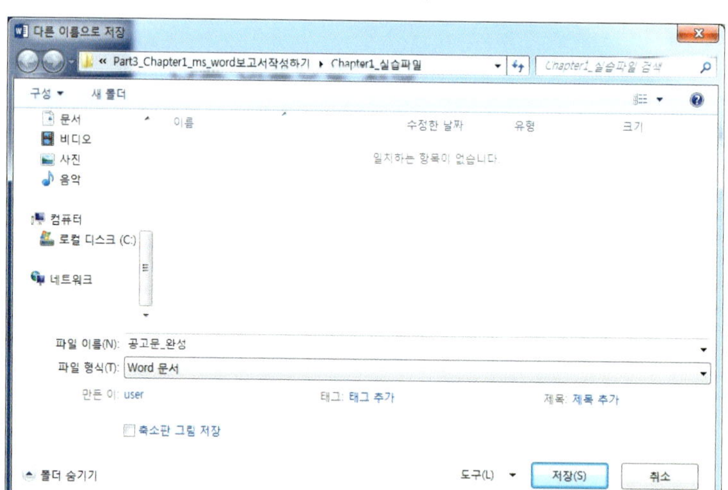

Word 97-2003버전으로 문서 저장하기

2007 이후 버전부터 워드 문서에는 '*.docx'라는 확장자가 붙는다. 만약 2003 이전 버전에서도 열리도록 문서를 저장하고자 할 때는 [파일 형식]을 'Word 97-2003 문서'로 선택하면 된다. 이때는 확장자 '.doc'가 붙는다.

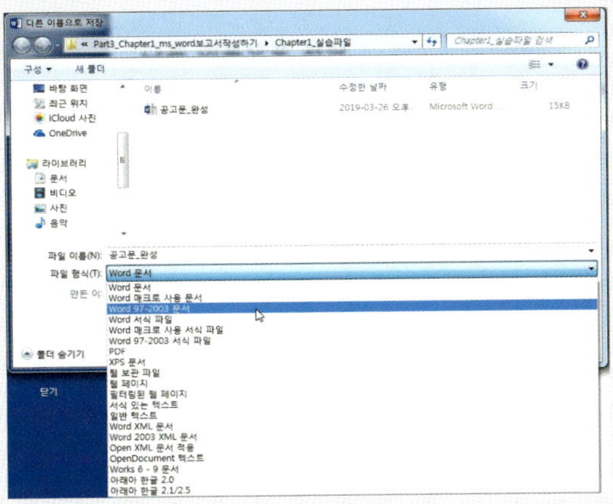

2.3. 글꼴 포함하여 저장

① 만약 시스템 글꼴이 아닌 별도의 글꼴을 사용할 경우 메뉴 [파일]-[옵션]-[저장] 탭을 열고 [파일의 글꼴 포함]을 선택하고 [확인]을 누른다.

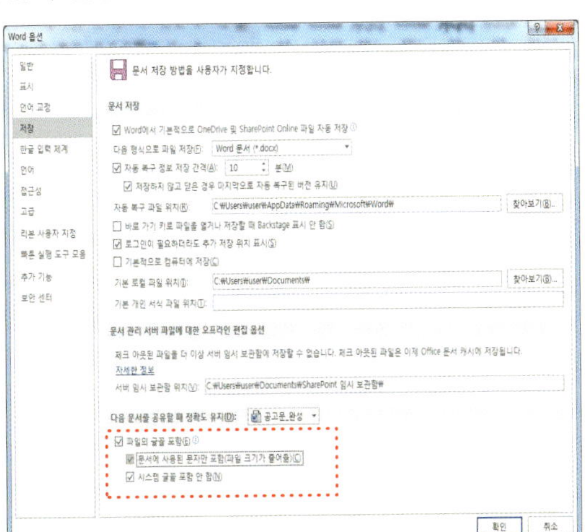

3. 빠른 실행 도구 모음 설정

자주 사용하는 명령을 번거롭게 매번 찾을 필요 없이 빠른 실행 도구 모음에 추가하여 놓으면 더욱 쉽게 이용할 수 있다.

① 화면 상단 왼쪽에 있는 [빠른 실행 도구 사용자 지정] 단추( )를 클릭한다. 일반적으로 많이 사용하는 기능들이 목록으로 나타나는데 그 중 '열기'를 선택한다.

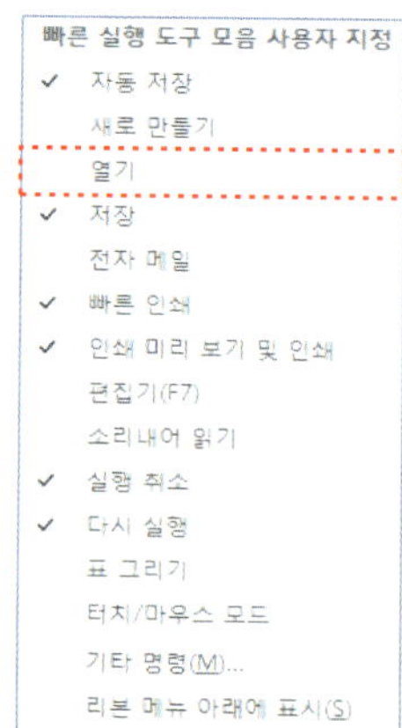

② 화면 상단 빠른 실행 도구에 [열기] 아이콘이 생성되면서 이후에는 이 아이콘( )을 클릭하여 [열기] 화면으로 이동할 수 있다.

③ [빠른 실행 도구 모음 사용자 지정]에서 [기타 명령]을 선택하면 더 많은 메뉴를 빠른 실행 도구 모음에 추가할 수 있다.

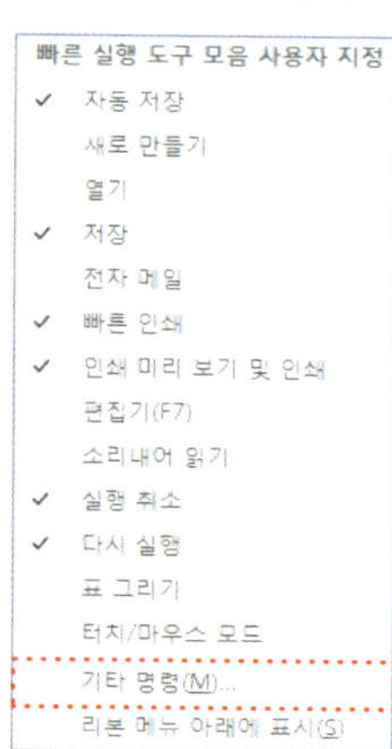

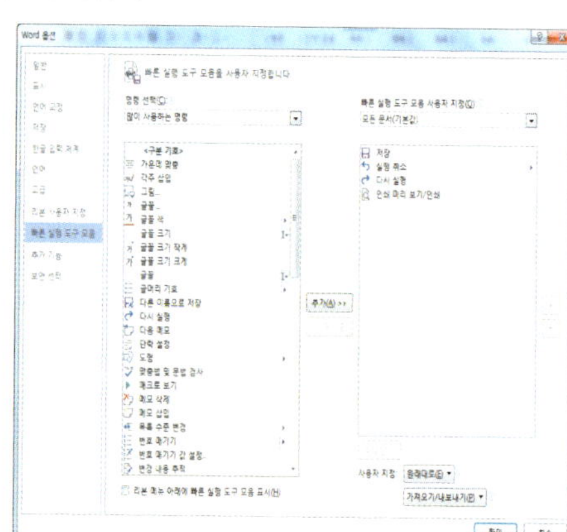

4. 페이지 설정

워드 2016에서는 [레이아웃] 도구 모음을 이용하면 간단하게 페이지 설정을 할 수 있다.

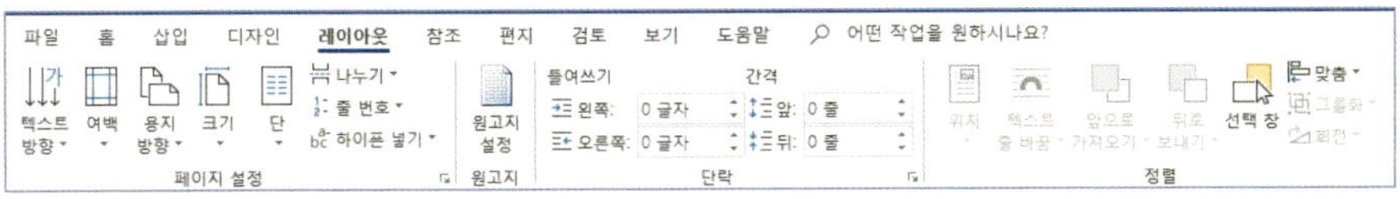

① [레이아웃] 탭에서 [크기]를 클릭한 후 'A4'를 선택한다. 다시 [여백]을 클릭하여 'Office 2003 기본값'을 선택한다. 용지의 여백은 위쪽 '3.5cm', 아래쪽 '3cm', 왼쪽 '3cm', 오른쪽 '3cm'로 자동 설정된다.

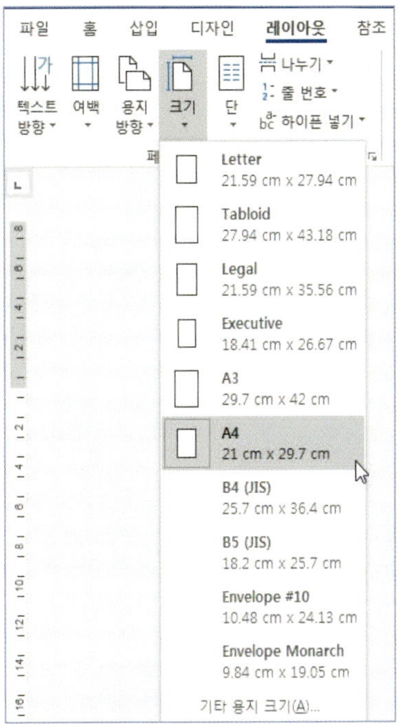

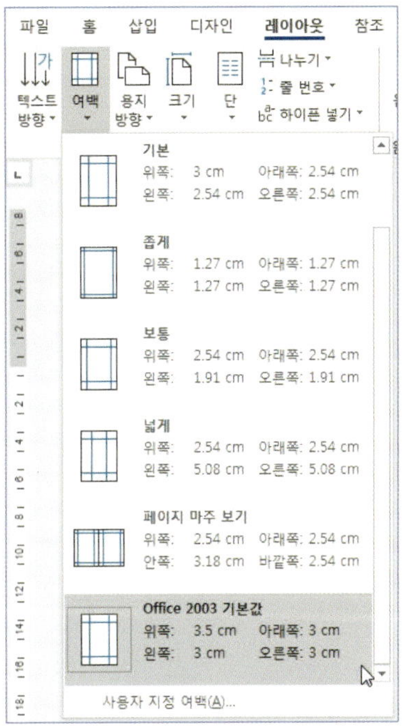

5. 스타일을 이용하여 문단 꾸미기

워드 2016은 다양한 문서 서식을 제공함으로써 사용자가 스타일을 선택하는 것만으로도 마치 전문가 수준의 문서 편집이 가능하게 되었다. 문서 서식과 스타일을 이용하여 얼마나 쉽고 빠르게 문서를 편집할 수 있는지 경험해 보자.

① [디자인] 탭의 [스타일 모음]에서 자세히 버튼( )을 클릭한 후 목록에서 '팬시' 스타일을 선택한다. 전체 문서의 글꼴과 단락 속성이 '음영' 스타일을 선택한다.

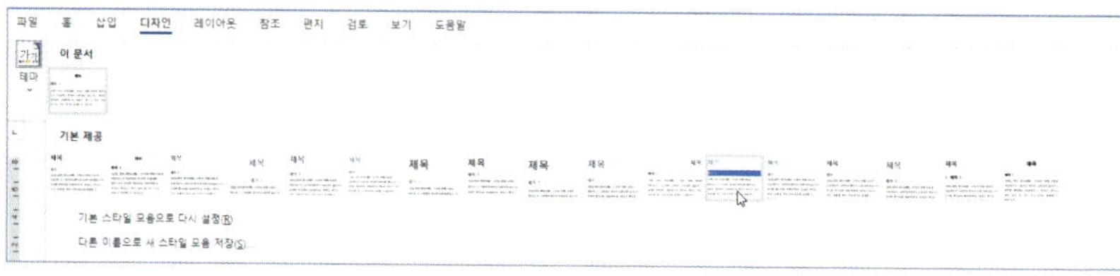

② [홈]에서 스타일 그룹을 보면 '음영' 스타일에서 제공하는 효과들을 더 자세히 볼 수 있다.

③ 전체 선택 단축키(Ctrl+A)를 누른 후 [홈]-[스타일] 목록에서 '표준'을 선택한다.

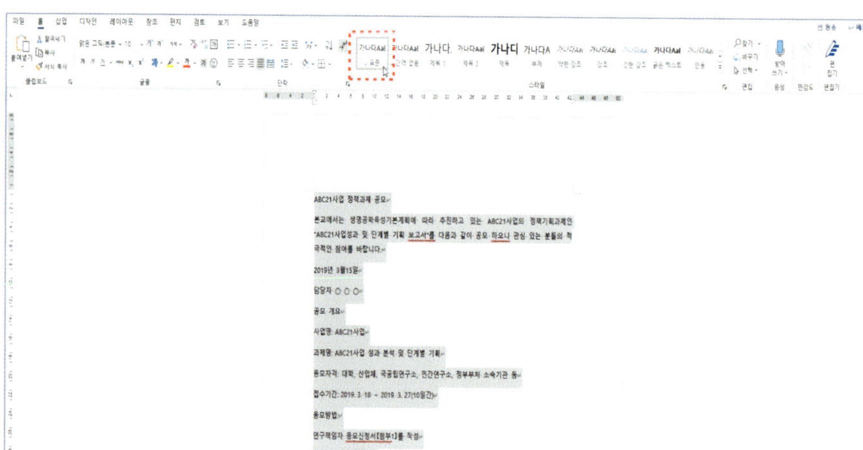

④ 첫 번째 문단 'ABC21 사업 정책과제 공모'을 블록으로 지정한 후 [스타일] 목록에서 '제목1' 스타일을 선택한다. [글꼴]에서 크기를 '24pt', '굵게'로 지정하고 '가운데정렬'한다.

⑤ '2019년 3월 15일'과 '담당자 OOO' 문단은 '오른쪽' 정렬한다.

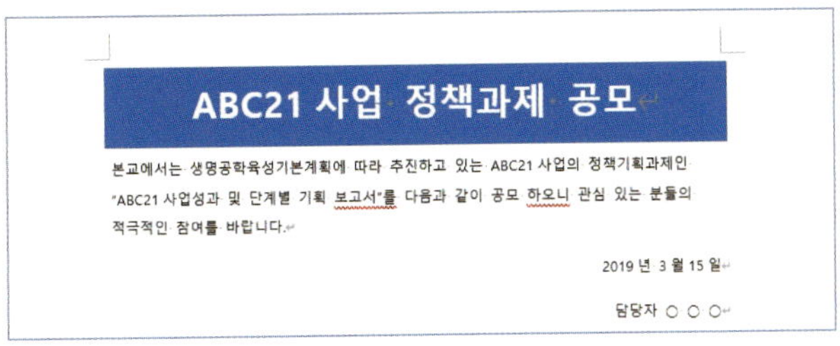

ABC21 사업 정책과제 공모

본교에서는 생명공학육성기본계획에 따라 추진하고 있는 ABC21 사업의 정책기획과제인 "ABC21 사업성과 및 단계별 기획 보고서"를 다음과 같이 공모 하오니 관심 있는 분들의 적극적인 참여를 바랍니다.

2019 년 3 월 15 일

담당자 ○ ○ ○

⑥ '공모 개요'와 '기획과제 신청자격' 문단을 Ctrl키를 누른 상태에서 동시에 블록으로 지정한다. 스타일 목록에서 '제목 2' 스타일을 선택한다.

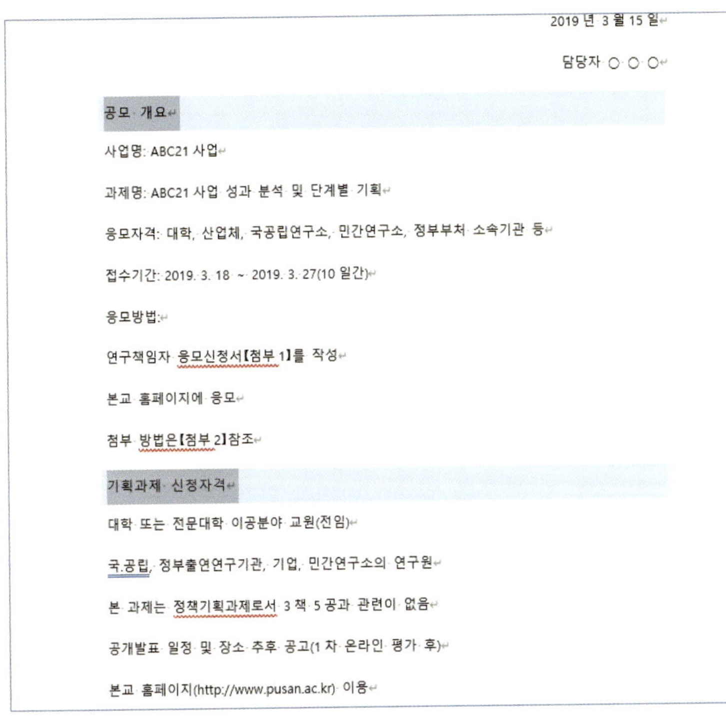

2019 년 3 월 15 일

담당자 ○ ○ ○

공모 개요

사업명: ABC21 사업

과제명: ABC21 사업 성과 분석 및 단계별 기획

응모자격: 대학, 산업체, 국공립연구소, 민간연구소, 정부부처 소속기관 등

접수기간: 2019. 3. 18 ~ 2019. 3. 27(10 일간)

응모방법:

연구책임자 응모신청서【첨부 1】를 작성

본교 홈페이지에 응모

첨부 방법은【첨부 2】참조

기획과제 신청자격

대학 또는 전문대학 이공분야 교원(전임)

국.공립, 정부출연연구기관, 기업, 민간연구소의 연구원

본 과제는 정책기획과제로서 3 책 5 공과 관련이 없음

공개발표 일정 및 장소 추후 공고(1 차 온라인 평가 후)

본교 홈페이지(http://www.pusan.ac.kr) 이용

⑦ 마지막 문단 '공개발표 일정 ~ 본교 홈페이지 이용'은 '강한 인용' 스타일을 적용한 후 '가운데' 정렬한다.

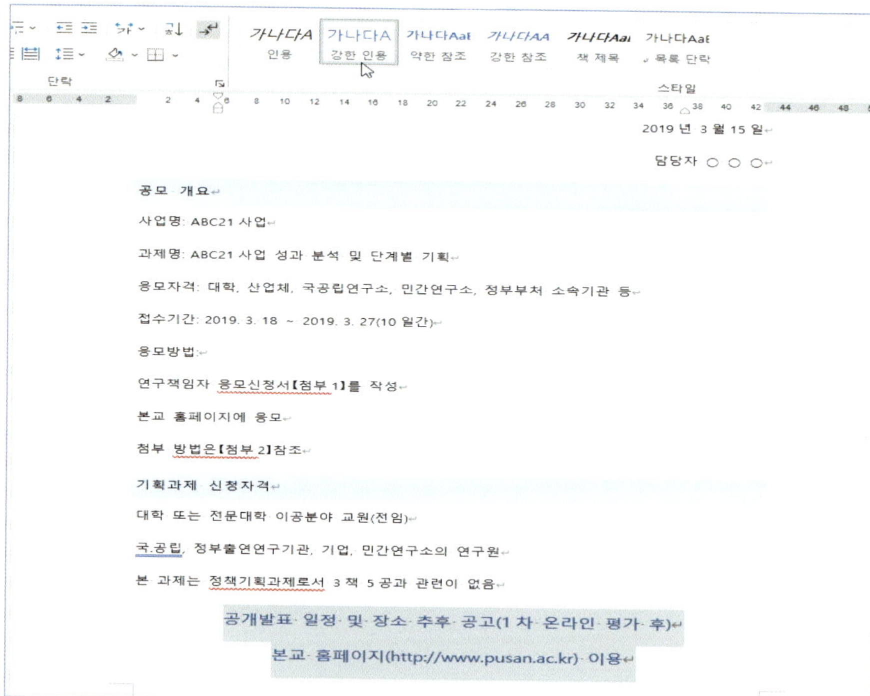

6. 번호 매기기와 글머리 기호

단락 앞에 번호나 글머리 기호를 붙이는 방법은 다음과 같다.

6.1. 번호 매기기

① '공모 개요' 아래에 있는 5개의 단락을 블록으로 지정한다. [홈]-[단락]-[번호 매기기](☰)를 눌러 번호 목록 중에서 아라비아 숫자 형태(1. 2. 3. ...)의 번호를 선택한다. 단락 앞에 자동으로 번호가 매겨진다.

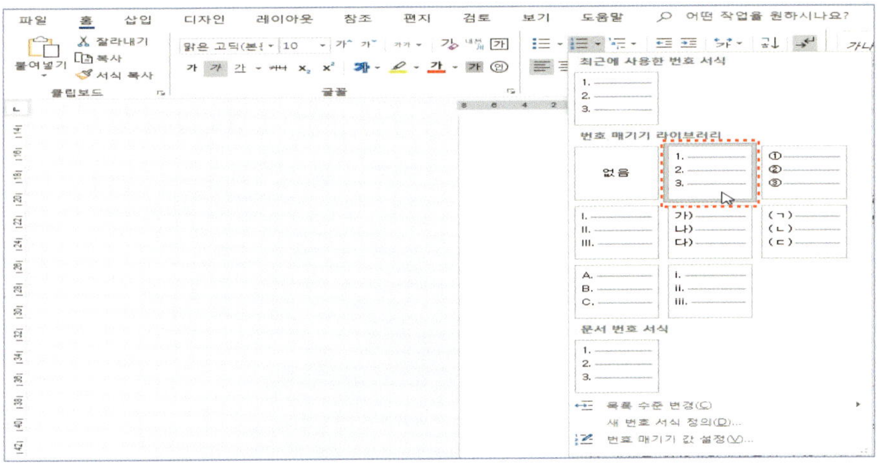

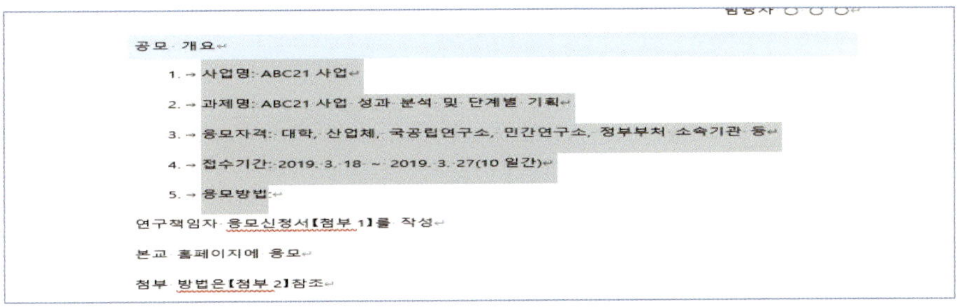

6.2. 글머리 기호

① '응모방법' 아래 있는 3개의 단락을 블록으로 지정한 후 [홈]-[단락]-[글머리 기호](☰)를 눌러 나타나는 글머리 기호 목록 중에서 ■모양의 글머리 기호를 선택한다. [홈]-[단락]-[들여쓰기](☰) 단추를 누르면 단락을 오른쪽으로 들여쓰기 할 수 있다.

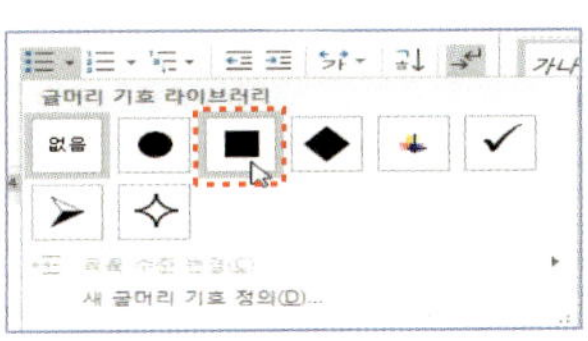

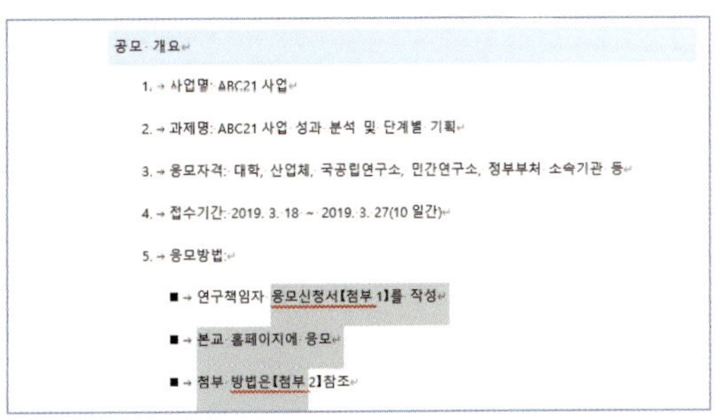

② '기획과제 신청자격' 아래 3개의 단락을 블록으로 지정한 후 [홈]-[단락]-[번호 매기기]를 이용하여 단락 번호를 매겨준다. 만약 이때 앞 단락에 이어서 단락 번호가 6, 7, 8번으로 매겨질 수도 있다. 그런 경우에는 단락 번호 옆에 나타나는 자동 고침 옵션( )을 눌러 '번호 새로 매기기'를 선택하면 다시 번호를 1, 2, 3으로 바꿀 수 있다.

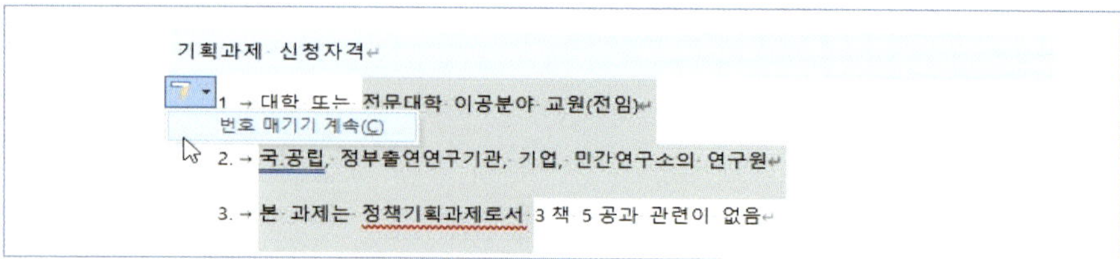

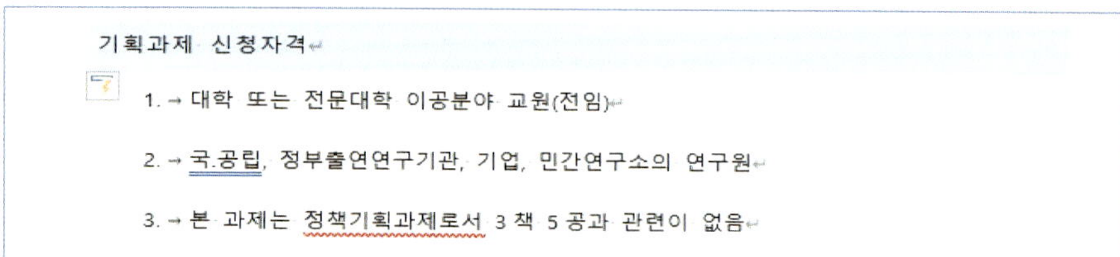

목록 들여쓰기

번호나 글머리 기호를 붙인 단락들을 블록으로 지정하고 마우스의 오른쪽 단추를 눌러 단축 메뉴 중 [목록 들여쓰기]를 선택하면 들여쓰기 간격을 좀 더 정확하게 조정할 수 있다.

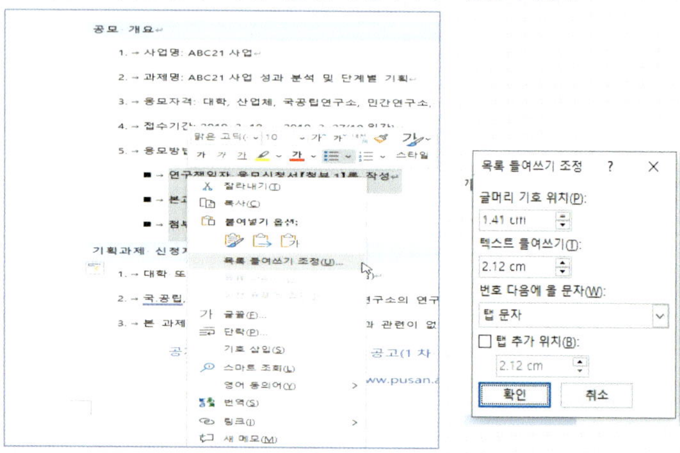

- 글머리 기호 위치 : 번호나 글머리 기호가 시작되는 위치
- 텍스트 들여쓰기 : 번호나 글머리 기호가 붙은 문장이 두 줄 이상이 되었을 때 두 번째 줄의 첫 글자가 시작되는 위치
- 번호 다음에 올 문자 : 번호나 글머리 기호 다음에 나오는 첫 글자와의 사이에 탭 문자, 공백 혹은 없음을 이용하여 사이를 벌릴 수 있다.

6.3. 서식이 비슷한 텍스트 선택

워드에서는 서식이 비슷한 단락을 한꺼번에 선택하여 다른 모양으로 바꾸어 줄 수 있다.

① '공모 개요' 문단에 커서를 가져다 놓는다.

② [홈]-[편집]-[선택]에서 '서식이 비슷한 텍스트 선택'을 클릭한다. '공모 개요' 문단과 '기획과제 신청자격' 문단이 동시에 선택된다.

③ [홈]-[단락]-[번호 매기기](☰) 단추를 눌러 로마자 형태의 번호를 선택한다. 두 문단 앞에 동시에 문단 번호가 로마자 형태로 바뀐다.

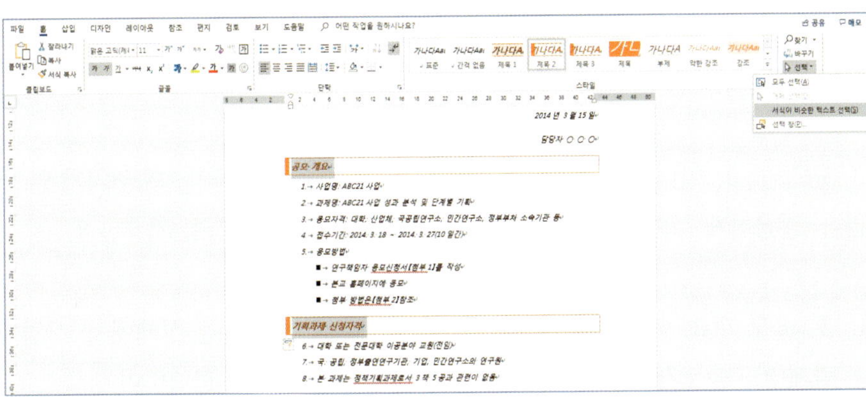

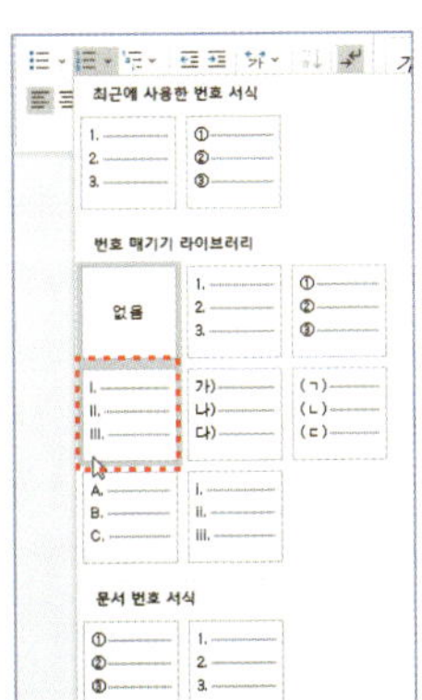

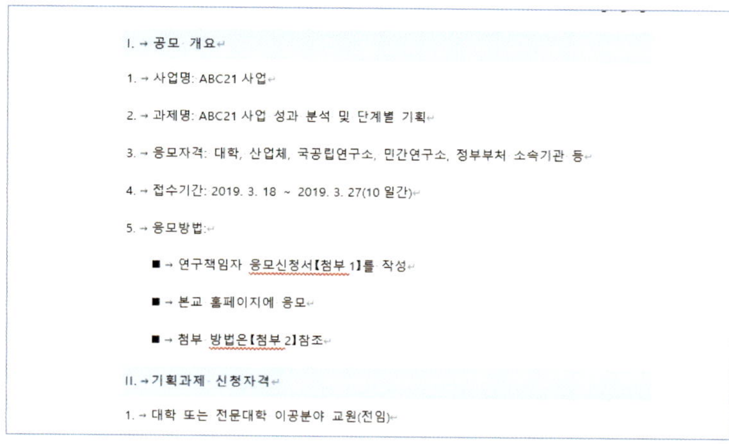

6.4. 텍스트 자동 맞춤

'Ⅰ. 공모 개요' 아래 있는 5개의 문단을 보면 글자 수가 달라 ' : '의 위치가 일정하지 않다. 깔끔하게 ':'의 위치를 맞추려면 텍스트 자동 맞춤 기능을 적용한다.

① 'Ⅰ. 공모 개요' 아래 있는 5개의 문단에 대해 Ctrl 키를 누른 상태에서 '사업명', '과제명', '응모자격', '접수기간', '응모방법'을 각각 더블 클릭하여 블록으로 지정한다.

② [홈]-[단락]-[문자 모양]( )-[텍스트 자동 맞춤]을 선택한다.

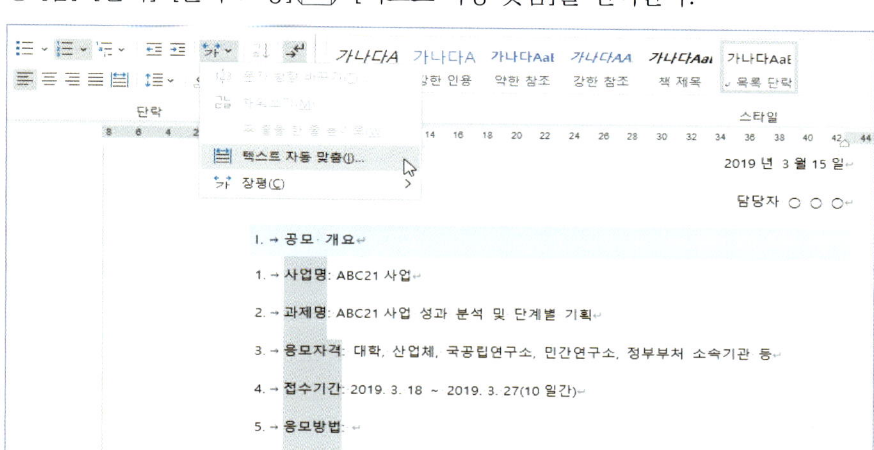

③ [텍스트 자동 맞춤] 대화상자가 열리면 '새 텍스트 너비'에 '5글자'를 삽입하고 [확인]을 누른다.

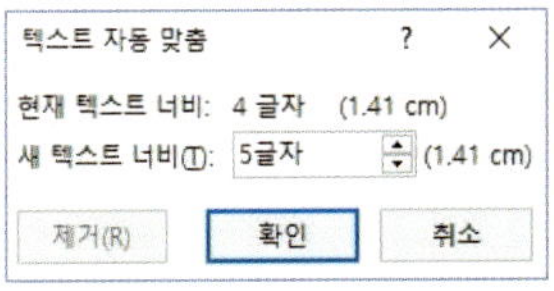

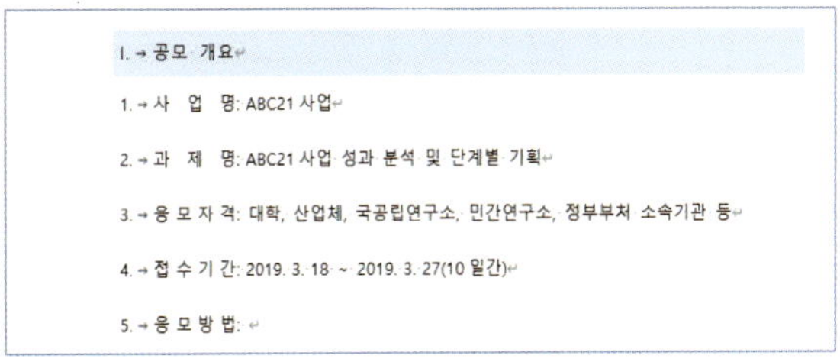

7. 머리글/바닥글/페이지번호

보고서나 리포트의 경우 일반적으로 문서의 상단에 머리글을 이용하여 문서의 제목이나 작성자 혹은 작성일을 삽입하고, 문서의 하단에는 페이지 번호를 삽입한다. [머리글]/[바닥글], [페이지 번호] 기능을 이용하여 문서에 필요한 정보를 삽입해 보자.

7.1. 머리글 삽입

① 커서를 문단 제목 'ABC21 사업 정책과제 공모' 문단에 가져다 놓는다.

② [삽입] 탭에서 [머리글]을 선택한다. 기본 제공되는 머리글 목록 중 '사이드라인'을 선택한다.

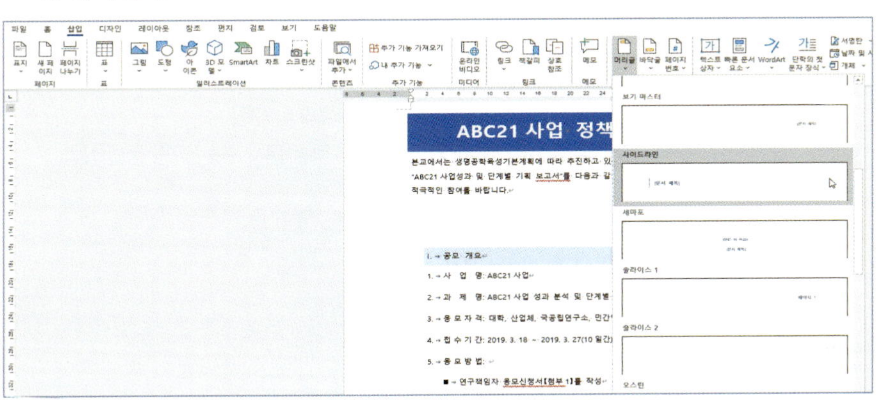

③ [머리글] 편집 창이 열리면 [제목] 탭을 클릭한 후 '공고 제2019-12'라고 적는다.

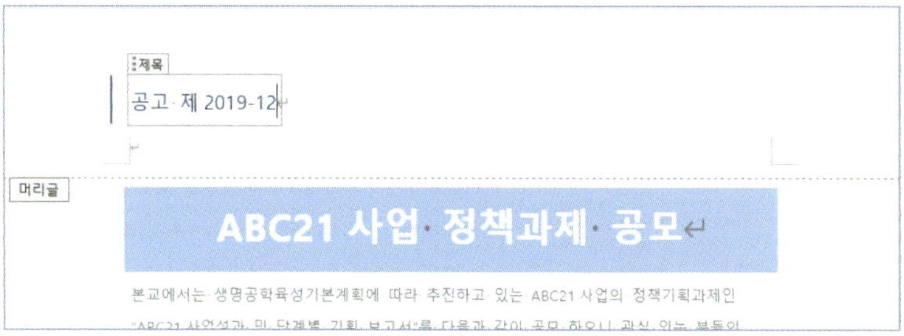

④ 머리글 삽입을 마치려면 [머리글/바닥글] 도구에서 [닫기]를 선택한다.

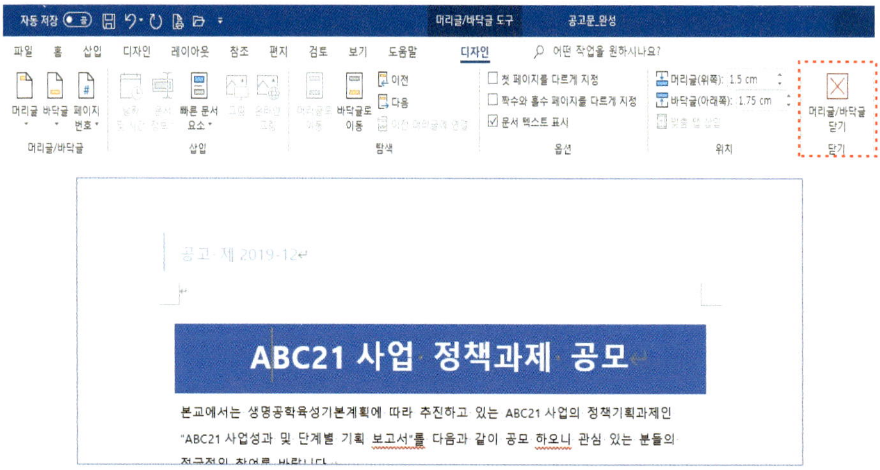

[머리글/바닥글] 도구의 [디자인] 탭

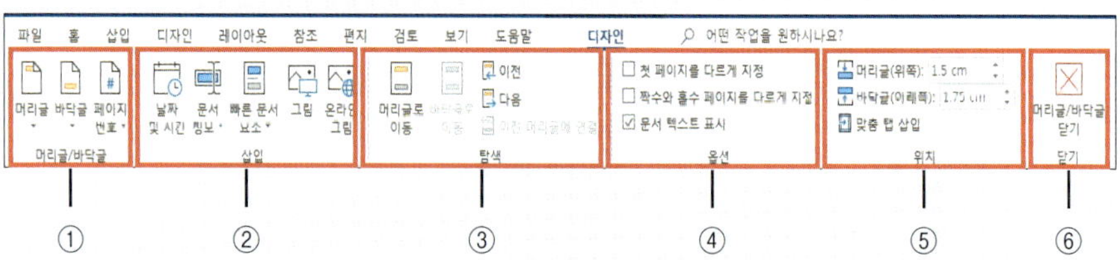

[머리글/바닥글] 그룹 : 머리글/바닥글, 페이지 번호를 삽입, 삭제 및 편집.

[삽입] 그룹 : 머리글/바닥글 영역에 날짜 및 시간, 문서 정보, 빠른 문서 요소, 그림 등을 삽입.

[탐색] 그룹 : 머리글/바닥글 사이를 이동.

[옵션] 그룹 : 머리글/바닥글에서 선택할 수 있는 다양한 옵션을 제공.

[위치] 그룹 : 머리글/바닥글의 영역 여백을 지정.

[닫기] 그룹 : 머리글/바닥글 영역을 닫고 본문 영역으로 돌아감.

8. 워터마크와 테마

8.1. 워터마크 삽입

워터마크는 문서 뒤에 배치되는 텍스트나 그림으로, 초안, 대외비 등의 문서 상태를 표시하거나 문서에 브랜드 로고를 표시하여 문서를 장식할 수 있다.

① [디자인]-[페이지 배경]-[워터마크]에서 '복사금지 1'을 선택한다.

② 문서 뒤에 '복사금지'라고 대각선의 흐린 글씨가 나타나는 것을 볼 수 있다.

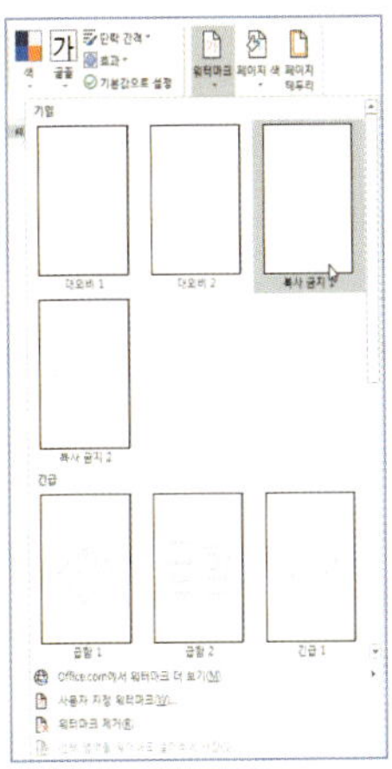

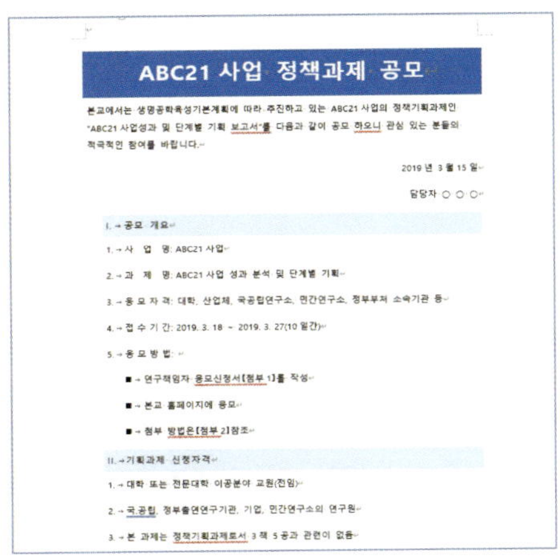

8.2. 테마 바꾸기

완성된 문서의 전체적인 이미지를 바꾸고 싶을 때는 문서의 테마를 이용한다. 문서 테마는 문서에서 사용되는 고유한 색, 글꼴, 효과의 집합이라고 볼 수 있는데, 테마는 Office 프로그램에서 공유되므로 모든 Office 문서를 통일된 모양으로 만들 수 있다.

① [디자인]-[테마]를 선택하면 워드 2016에서 제공하는 다양한 테마 갤러리를 볼 수 있다. 마우스를 테마 이름 위에 한 번씩 올려놓으면 문서의 전체적인 이미지가 바뀌는 것을 볼 수 있다.

② 기본 테마 중 '그물'을 선택하면 전체적으로 문서의 이미지를 회색 톤으로 바꿀 수 있다.

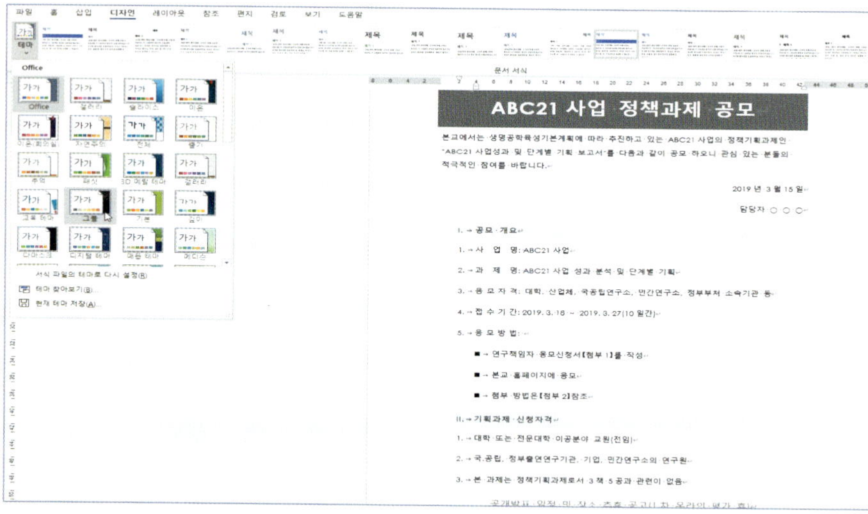

9. 미리 보기

[빠른 실행 도구 모음]에서 [인쇄 미리 보기 및 인쇄]( )를 클릭하여 완성된 파일의 모습을 확인할 수 있다.

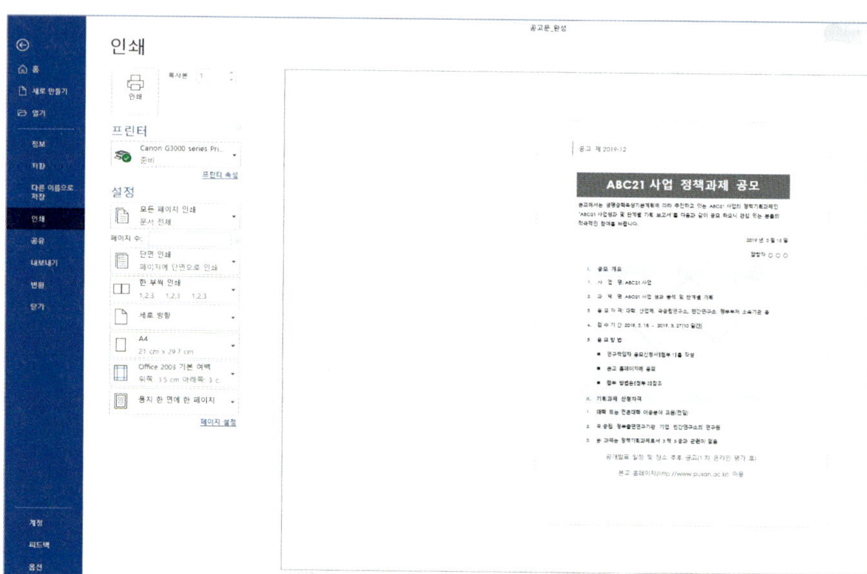

실습과제

[실습과제 완성본]

청소년 자원봉사활동은 봉사학습[SERVICE LEARNING]입니다.

태종대 환경정화 활동

봉사자 모집

자원봉사란 문자가 뜻하는 그대로 해석하면 '스스로 원해서 받들고 섬긴다'는 의미가 담겨 있는 한자말입니다. 자원봉사활동의 정신을 볼런터리즘이라 하는데 이 말의 본래 의미는 인간이 가지고 있는 자유의지를 나타내는 것입니다. 따라서, 자원봉사란 인간을 사랑하는 마음을 가진 사람이 누구의 강요를 받아서가 아니라 자기 스스로 결정해서 남을 위해 또는 내가 사는 지역사회의 복지를 위해 자신의 정신적 육체적 자원을 바탕으로 어떤 계획을 가지고 대가를 바라지 않으면서 일정한 기간 동안 지속적으로 무보수로 행하는 활동입니다.

참가내용

① 참가일시: 2014년 3월 22일 (토) 10시 ~ 13시

② 참가내용: 자원봉사기초 교육 및 태종대 감지해변 환경정화 활동

③ 참가대상: 중학생 이상 청소년

참가시 주의사항

◆ 봉사활동을 마칠 때까지 있어야 봉사시간 3시간 인증됨

◆ 봉사신청자는 별도 연락이 가지 않더라도 봉사당일에 감지해변으로 참여하면 됩니다.

◆ 긴급 연락을 위해 1365 사이트 개인정보 핸드폰 연락처를 반드시 기입 바람

그림과 원고 참조 사이트: 청소년 자원봉사 센터(http://www.dovol.net)

[편집방법]

❶ '자원봉사_원고.txt' 파일을 연 후 워드 문서('자원봉사완성.docx')로 저장한다.

❷ 페이지 레이아웃 설정에서 크기는 'A4', 여백은 'Office 2003 기본값'으로 지정한다.

❸ [디자인]-[문서 서식]에서 '음영' 스타일을 선택한다.

❹ 문서 전체를 블록으로 지정한 후 [홈]-[스타일]에서 '표준'스타일로 지정한다.

❺ 나머지 문단들은 [홈]-[스타일]에서 제공한 스타일들을 이용하여 적당히 예제와 같이 꾸며본다.

❻ '참가내용' 아래 있는 문단들 앞에 문단 번호를 삽입한다.

❼ '참가시 주의사항' 아래 있는 문단들 앞에는 글머리 기호를 삽입한다.

❽ 제목 아래 있는 '자원봉사란..' 단락의 첫글자 '자'를 크게 확대한다. ([삽입]-[단락의 첫문자 장식] 이용)

❾ '자원봉사1.jpg'와 '자원봉사2.jpg'를 예제와 같이 삽입한다.

❿ 워터마크와 페이지 테두리를 넣어준다.

⓫ [디자인]-[테마]에서 적당한 테마를 선택한다.

Chapter 2 워드 2016 단행본 편집하기

앞 장에서 워드의 스타일 기능과 갤러리 기능을 활용하여 쉽고 빠르게 문서를 정리하는 방법을 다루어보았다. 이번 장에서는 서론/본론/결론 또는 장/절/항으로 구분되는 단행본 편집에 필요한 여러 가지 기능들을 다루고자 한다.

우리는 이미 PART 1에서 한/글을 이용하여 단행본 편집을 다루어보았다. 따라서 이번 예제를 통해 단행본 편집을 하다 보면 한/글과 워드가 크게 다르지 않다는 것을 알 수 있을 것이다. 한/글이나 워드 모두 워드프로세서이기 때문에 텍스트를 보기 좋게 꾸며주고 문서의 배경을 깔끔하게 정리하기 위해 사용해야 하는 기능이나 옵션값은 비슷하기 때문이다. 한/글에서와 마찬가지로 워드를 이용한 단행본 편집에서도 스타일 기능을 이용하여 본문의 글꼴을 지정하고, 문단 제목들을 정리해 주고, 그림과 표의 캡션을 달아주고, 주석 기능을 이용하여 부연설명을 달아주며, 목차와 색인을 만들어 주는 일련의 과정들을 진행하게 된다. 이때 한/글과 동일한 순서에 의해 비슷한 기능들을 활용하여 편집한다고 생각하면 워드를 처음 접해볼지라도 능숙하게 문서편집을 할 수 있다. 이번 단행본 편집 과정을 통해 단순히 워드의 기능을 익히는데 그치는 것이 아니라 한/글과 기능상의 차이도 비교해 보면서 워드프로세서 전반에 대한 이해를 넓혀보도록 한다.

예제

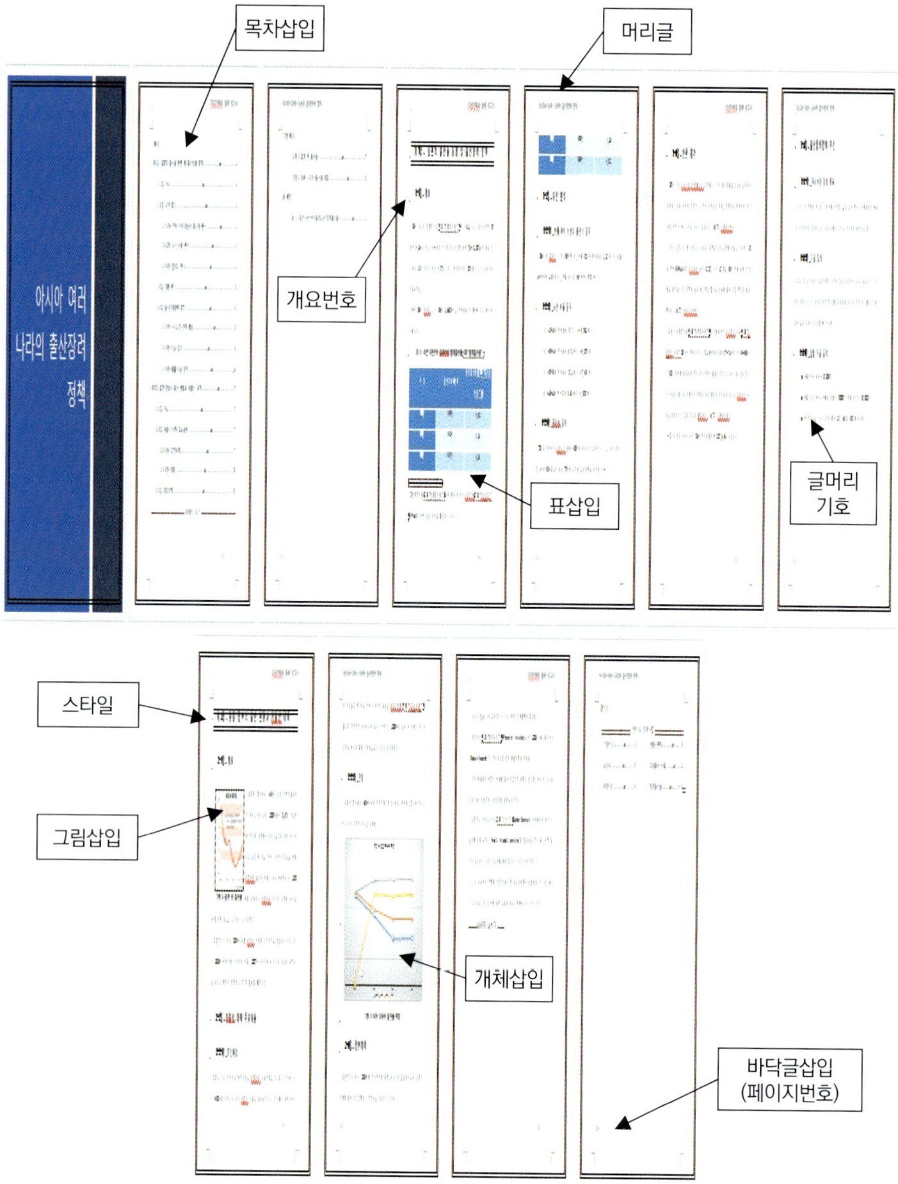
목차삽입
머리글
아시아 여러 나라의 출산장려 정책
개요번호
표삽입
글머리 기호
스타일
그림삽입
개체삽입
바닥글삽입 (페이지번호)

1. 페이지 설정

텍스트 파일로 된 원고를 불러온 후 워드를 이용하여 단행본 편집을 시작해 보자.

① [파일]-[열기]를 이용하여 '단행본_원고.txt' 파일을 불러온다.

② [레이아웃] 탭을 열어 [크기]를 'B5'로 선택한다.

③ [여백]-[사용자지정 여백]을 선택한 후 [페이지 설정] 대화상자가 열리면 [여백] 탭을 열어 위쪽 '3cm', 아래쪽 '2cm', 왼쪽 '3cm', 오른쪽 '3cm' 여백을 지정한다.

④ [레이아웃] 탭에서는 머리글 '1.5cm', 바닥글 '1.5cm' 여백을 설정한 후 [확인]을 누른다.

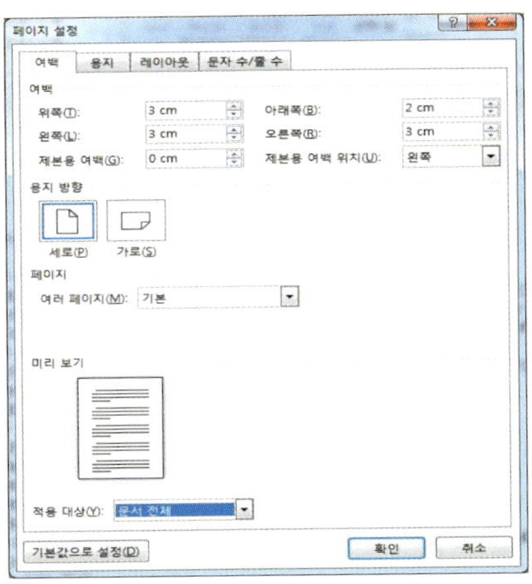

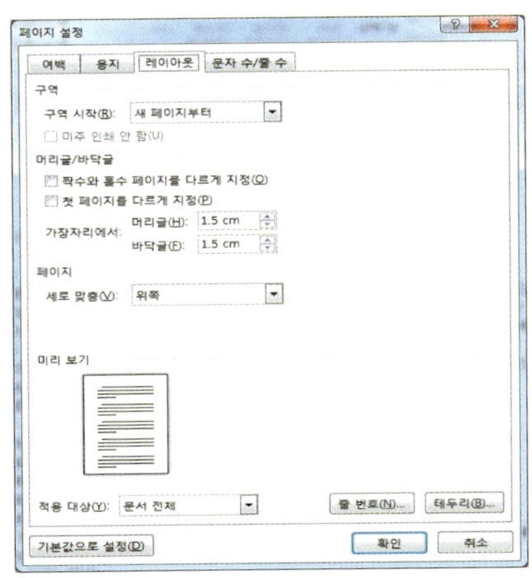

⑤ [파일]-[다른 이름으로 저장]에서 '단행본_완성.docx' 파일로 저장한다. (파일 형식을 'Word 문서(*.docx)'로 선택한다.)

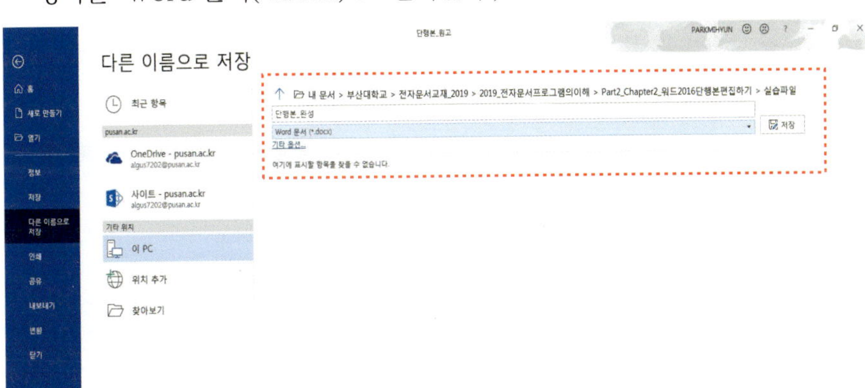

2. 전체 글꼴 바꾸기

2.1. 본문 글꼴 지정하기

① 전체 선택 단축키(Ctrl+A)를 눌러 모든 문단을 블록으로 지정한다.

② [홈]-[글꼴]에서 [글꼴] 그룹명 옆에 있는 작은 화살표 모양의 [글꼴 설정] 버튼(⧉)을 누르면 [글꼴] 대화상자가 열린다. 한글 글꼴은 '맑은 고딕', '10.5pt', 장평 '90%'로 지정한다.

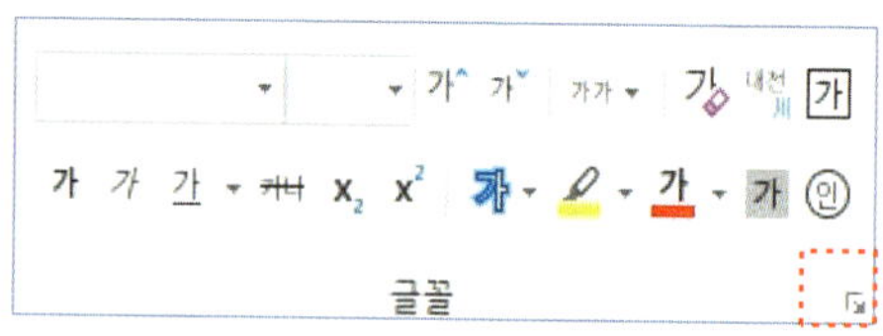

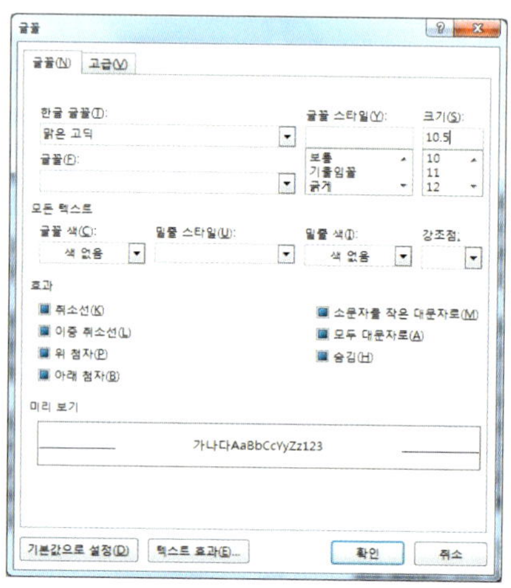

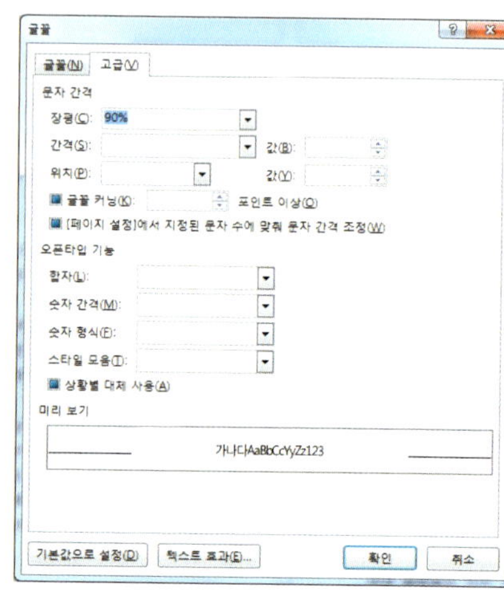

③ [홈]-[단락]에서 [단락] 대화상자를 연다. [들여쓰기 및 간격] 탭에서는 '양쪽 맞춤', '첫 줄 - 1글자' 들여쓰기를 선택하고, [줄 간격]은 '1.5줄'을 선택한다. [줄 및 페이지 나누기] 탭에서는 '단락의 첫 줄이나 마지막 줄 분리 방지'를 선택한다. [한글 입력 체계] 탭을 열어 '한글 단어 잘림 허용'을 선택한 후 [확인]을 누른다.

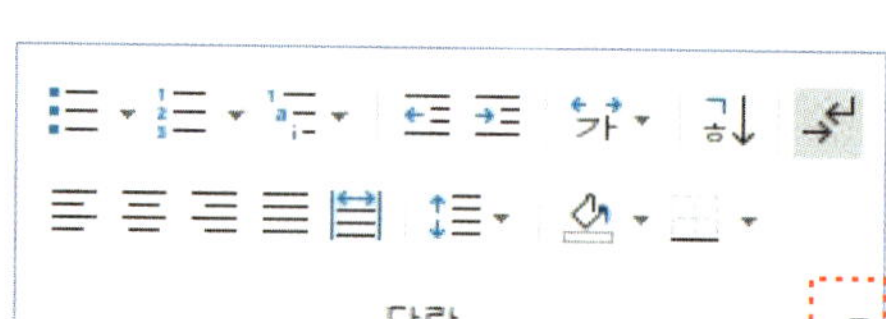

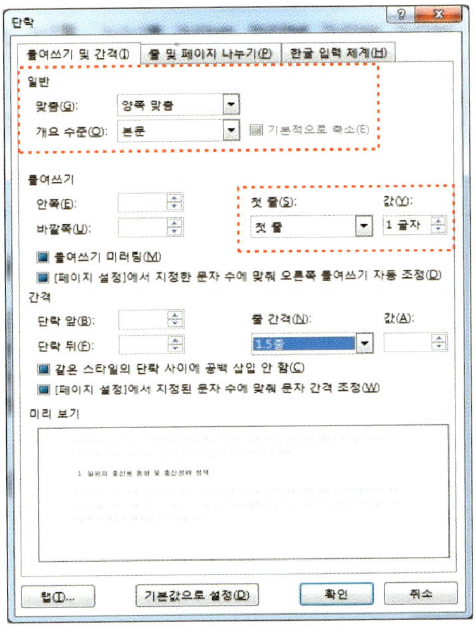

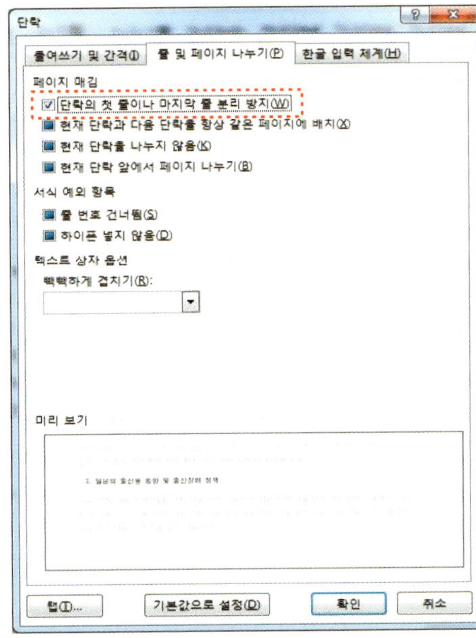

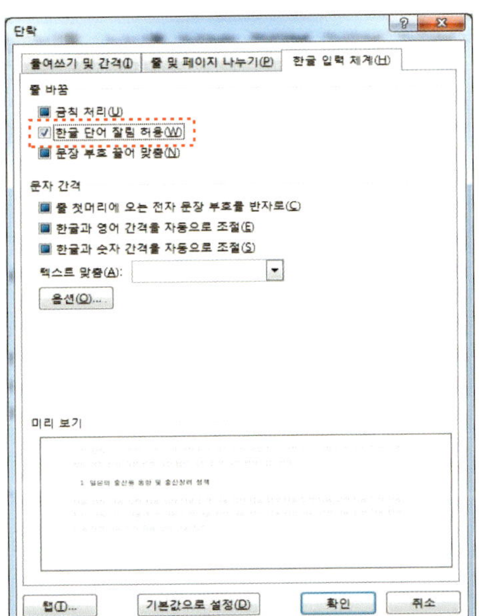

한/글에서 [문단]-[확장]-[기타]의 기능과 같은 워드의 [단락]-[줄 및 페이지 나누기]

- 한/글의 '외톨이 줄 보호' → 워드의 '단락의 첫 줄이나 마지막 줄 분리 방지'
- 한/글의 '다음 문단과 함께' → 워드의 '현재 단락과 다음 단락을 항상 같은 페이지에 배치'
- 한/글의 '문단 보호' → 워드의 '현재 단락을 나누지 않음'
- 한/글의 '문단 앞에서 항상 쪽 나눔' → 워드의 '현재 단락 앞에서 페이지 나누기'

2.2. 본문 스타일 등록

① 전체 본문을 블록으로 지정한 후 [홈]-[스타일]에서 [스타일](⧉)을 눌러 목록을 연다.

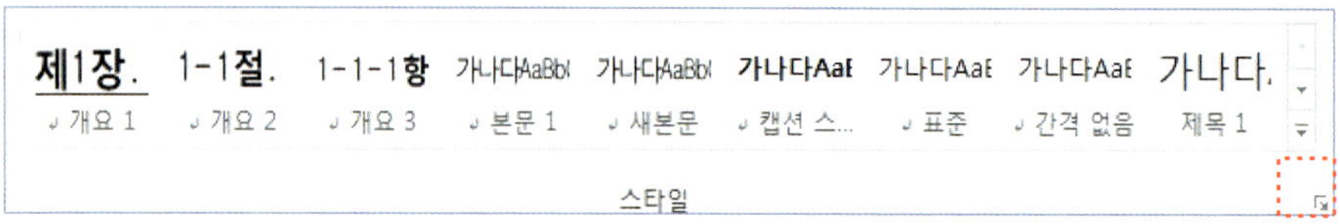

② [새 스타일] 아이콘( )을 눌러 [스타일 만들기] 대화상자가 열리면 [이름]에 '새 본문'이라 적고 [확인]을 누른다. 스타일 목록에 '새 본문' 스타일이 등록된 것을 확인할 수 있다.

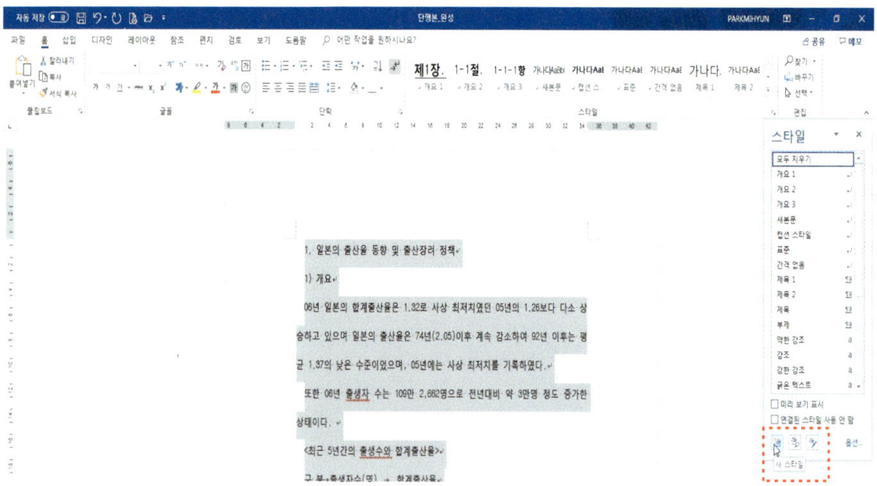

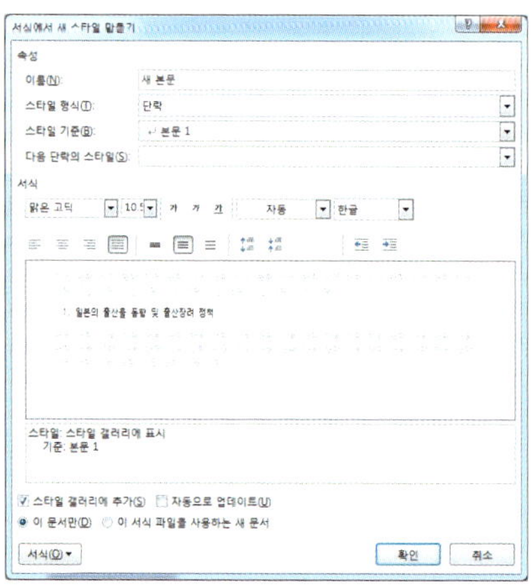

③ 본문의 모양을 바꾸고 싶다면 스타일 목록에서 [새 본문] 옆에 있는 펼침 단추(▾)를 눌러 [수정]을 선택하여 스타일의 글꼴과 단락 모양을 수정할 수 있다.

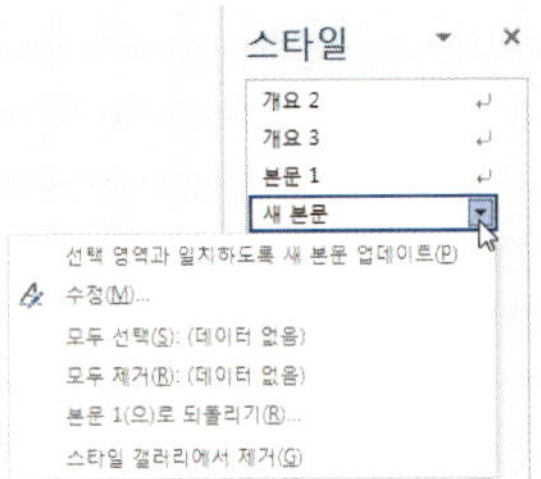

3. 스타일을 이용하여 개요 문단 정리하기

본문 사이에 있는 제목 문단들 앞에 개요 번호를 붙여가면서 정리를 하되, 같은 모양의 문단이 여러 번 반복될 경우 스타일 기능을 이용하면 쉽게 문서를 정리할 수 있다.

3.1. 개요1 수준 스타일 만들고 적용하기

① 개요1 수준에 해당하는 제목 '1. 일본의 출산율 동향 및 출산장려 정책'을 블록으로 지정한 후 글꼴 '16p', '굵게'로 지정한다.

② [단락]에서 [개요 수준]은 '수준 1'로 지정하고 단락 앞. 뒤 [간격]을 각각 '2줄(24pt)'씩 지정한다. [줄 간격]은 '최소'로 지정한다.

③ [줄 및 페이지 나누기] 탭을 열고 '현재 단락 앞에서 페이지 나누기'를 선택한다. 단락의 설정이 끝나면 [확인]을 누른다.

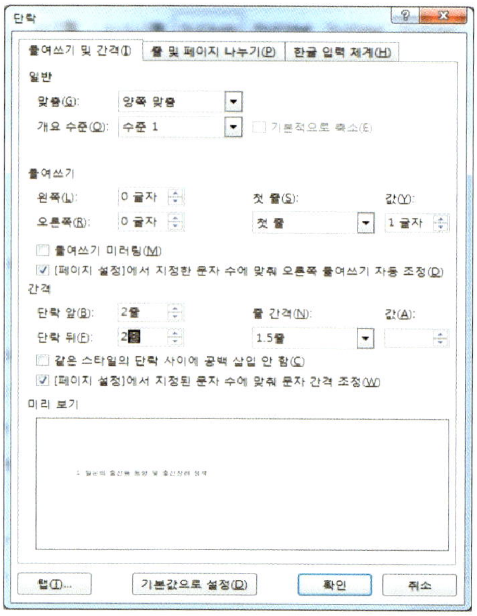

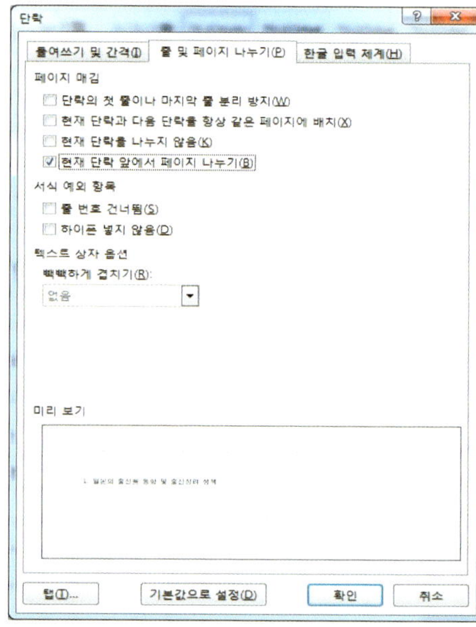

④ [단락]- [테두리 및 음영]에서 [테두리] 탭을 열고 두 줄 선의 테두리를 단락 위와 아래에 넣어준다. 이때 적용 대상을 '단락'으로 지정해야 단락 전체에 테두리를 넣을 수 있다. [옵션]을 눌러 [텍스트와의 간격]에서 위쪽과 아래쪽에 각각 '10pt'씩 간격을 넣어준다.

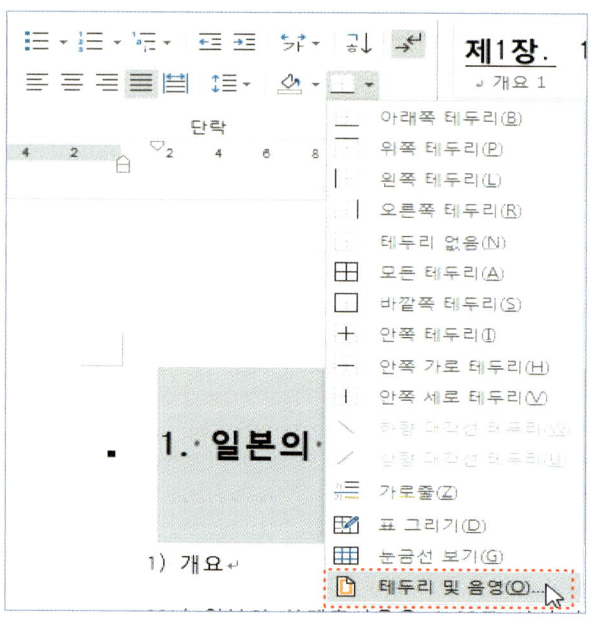

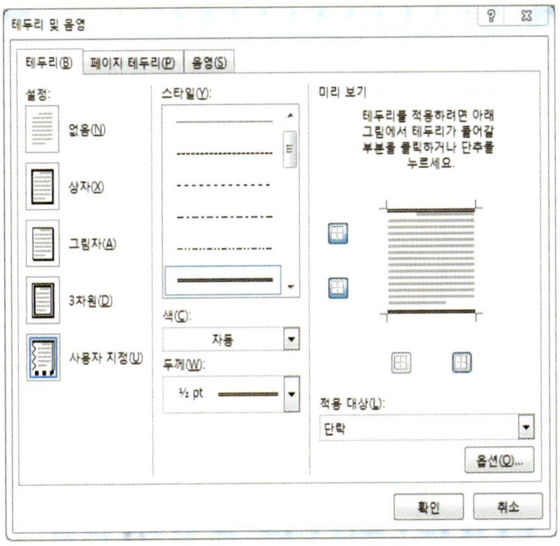

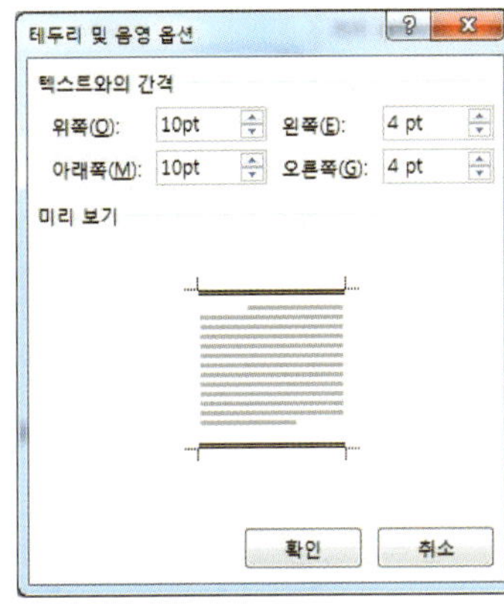

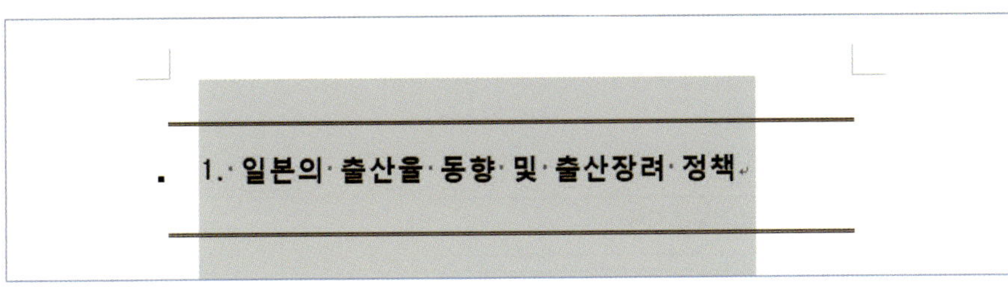

⑤ 문단을 스타일로 등록하려면 [홈] 탭 [스타일] 그룹에서 스타일 목록을 열고 [새 스타일] 아이콘( )을 눌러 [서식에서 새 스타일 만들기] 대화상자가 열리면 [이름]에 '개요 1'이라고 적고 [확인]을 누른다.

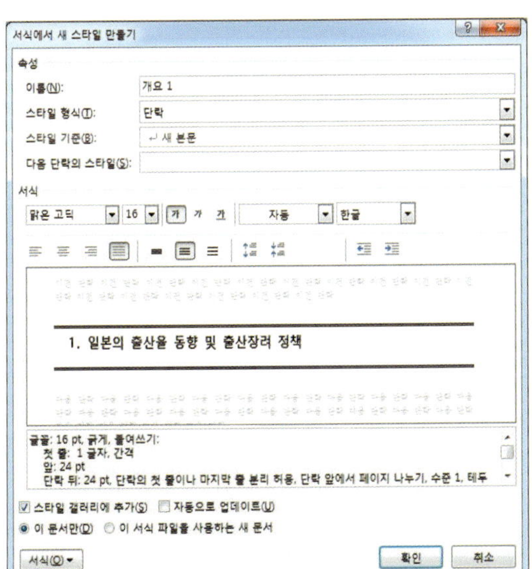

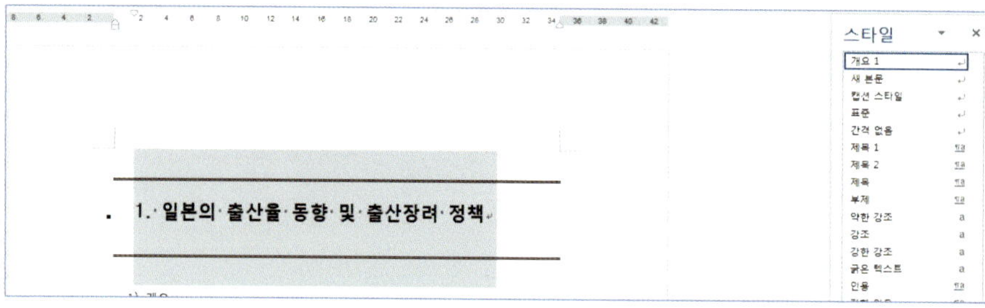

⑥ '2. 홍콩 정부의 저출산 대책' 문단에 '개요 1' 스타일을 적용하려면 해당 문단에 커서를 두고 스타일 목록에서 '개요 1' 스타일을 클릭한다.

⑦ 단락 모양이 '개요 1' 스타일로 바뀌면서 새로운 페이지 상단에 문단이 위치하게 된다.

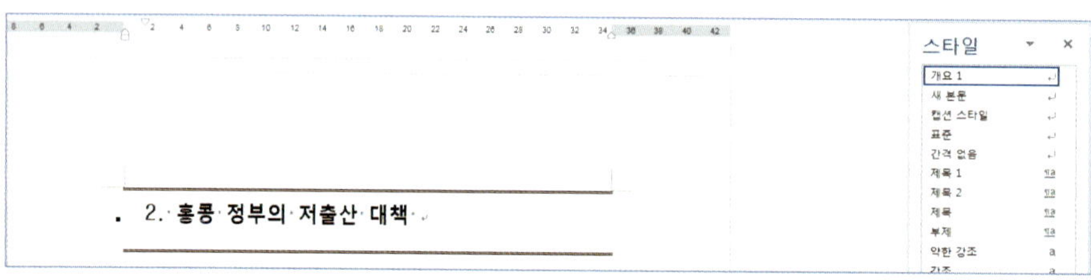

스타일에 단축키 설정하기

워드에서도 스타일에 단축키를 설정하여 쉽게 사용할 수 있다.

① '개요 1' 스타일의 펼침 단추(▼)를 눌러 [수정]을 클릭한다.
② [스타일 수정] 대화상자가 열리면 [서식]을 눌러 [바로 가기 키]를 선택한다.
③ [새 바로 가기 키]에 커서를 두고 Ctrl과 1을 누른다.
④ [지정]을 클릭하면 [현재 키]에 'Ctrl + 1'이 등록된다. [닫기]를 누른다.

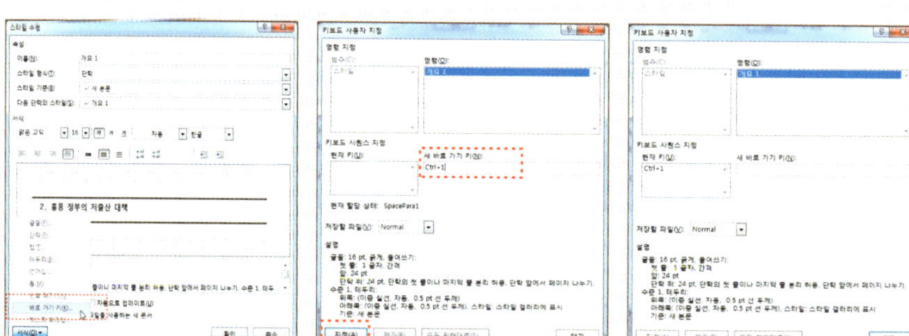

⑤ 이후에 '개요 1' 스타일을 다른 문단에 지정할 때에는 해당 문단에 커서를 두고 Ctrl+ 1을 눌러 스타일을 적용하면 된다.

3.2. 개요 2 수준 스타일 만들고 적용하기

문서에서 '1)', '2)'로 시작되는 문단들은 개요 1수준보다는 한 단계 낮은 수준으로 스타일을 만들고 적용해 본다.

① '1) 개요' 문단을 블록으로 지정한 후 글꼴 '14pt', '굵게'로 지정한다.

② [단락] 대화상자를 열어 [개요 수준]은 '수준 2'로 지정하고, 단락 앞. 뒤 간격을 각각 '1줄(12pt)'로 한다.

③ [단락] 대화상자의 [줄 및 페이지 나누기] 탭을 열어 '현재 단락과 다음 단락을 항상 같은 페이지에 배치'를 선택한 후 [확인]을 누른다.

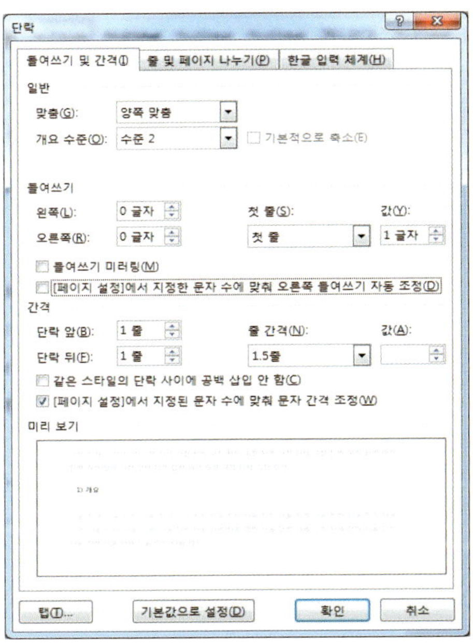

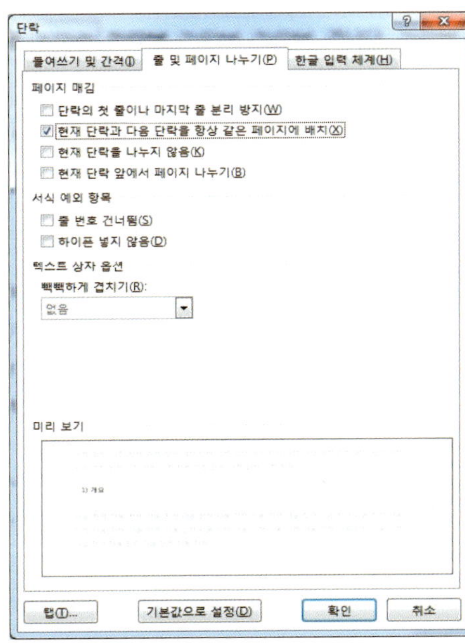

④ 스타일 목록을 열어 [이름]을 '개요 2'로 하고 [바로 가기 키]를 'Ctrl + 2'로 지정한다.

⑤ 스타일 목록에 '개요 2' 스타일이 추가된다.

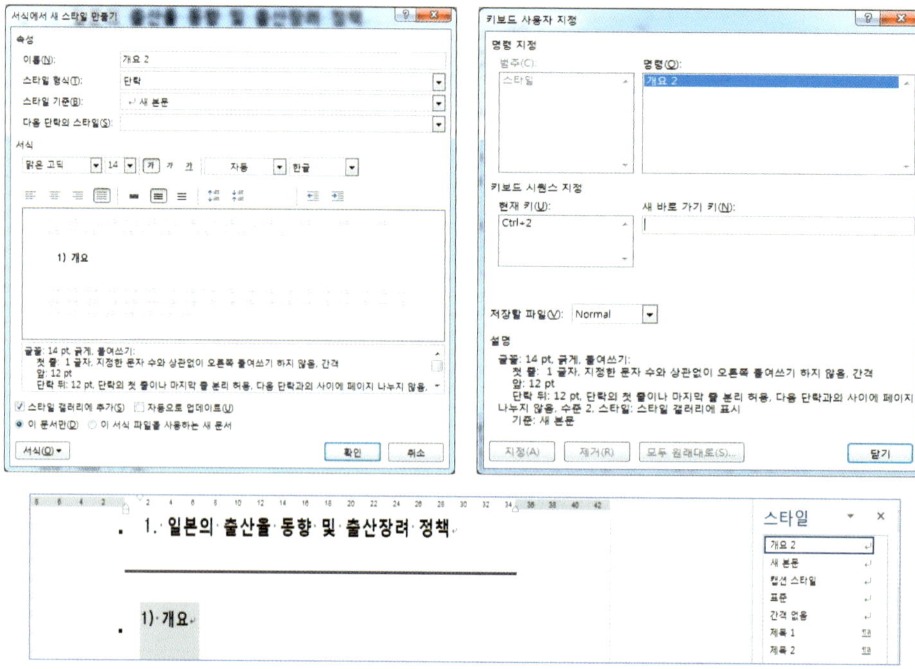

⑥ 문단 앞에 '1)', '2)', '3)'이 붙은 문단마다 단축키 (Ctrl+2)를 눌러 '개요 2' 스타일을 적용한다.

3.3. 개요 3 수준 스타일 만들고 적용하기

문서에서 '-'로 시작되는 문단들은 개요 2 수준보다는 한 단계 낮은 수준으로 스타일을 만들고 적용해 보자.

① '-셋째 아이 이상의 출산이 증가'를 블록으로 지정한 후 글자 모양을 '12pt', '굵게'로 지정한다. [단락] 대화상자를 열어 [개요 수준]을 '수준 3'으로 지정하고 단락 앞 [간격]만 '1줄'로 지정한다.

② [단락]-[줄 및 페이지 나누기] 탭을 열어 '현재 단락과 다음 단락을 항상 같은 페이지에 배치'를 선택한 후 [확인]을 누른다.

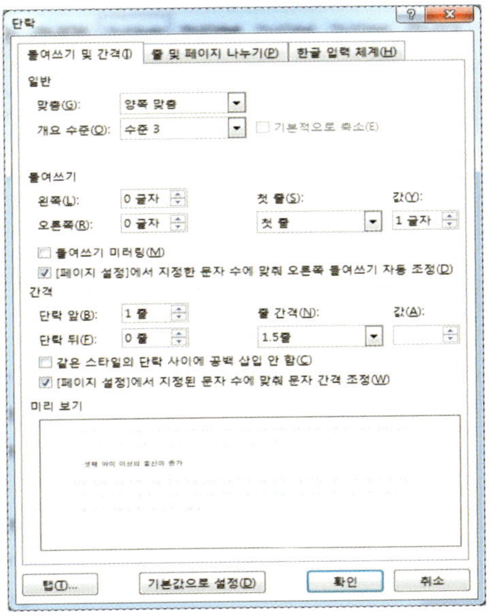

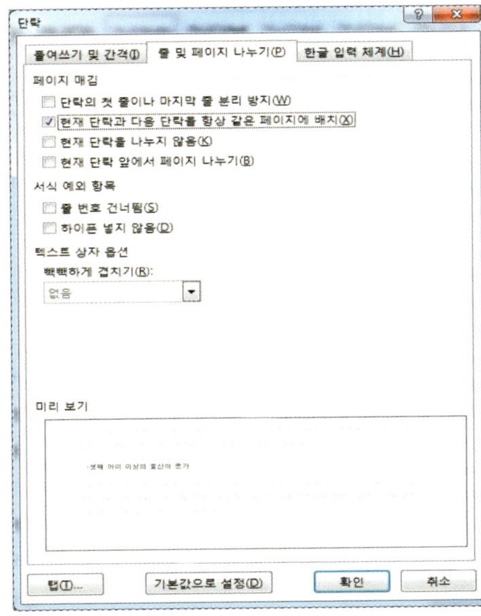

③ 스타일 목록에 '개요 3'으로 새롭게 스타일을 추가하되, 단축키를 Ctrl+3으로 지정한다.

④ '-'로 시작되는 문단마다 '개요 3' 스타일을 적용한다.

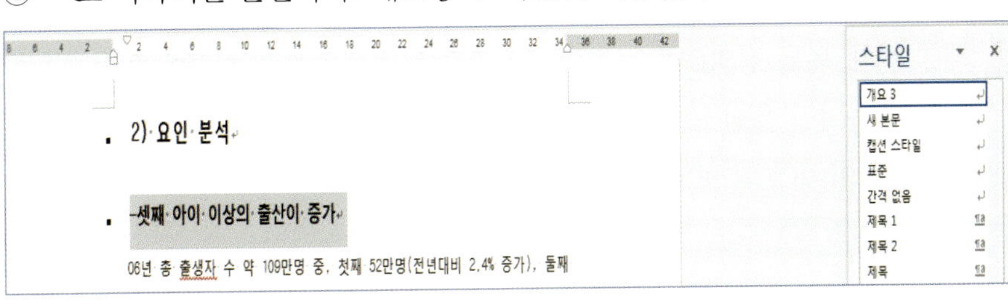

4. 개요 번호 모양 지정

제목 문단들을 [단락] 대화상자에서 각각 [개요 수준]을 지정해 주었다. 이제 개요 문단들 앞에 수준별로 다단계 번호를 붙여보자.

① 커서를 '1. 일본의 출산율 동향 및 출산장려 정책' 문단에 가져다 놓는다.

② [홈]-[단락] 그룹에서 [다단계 목록]-[새 다단계 목록 정의]를 선택한다.

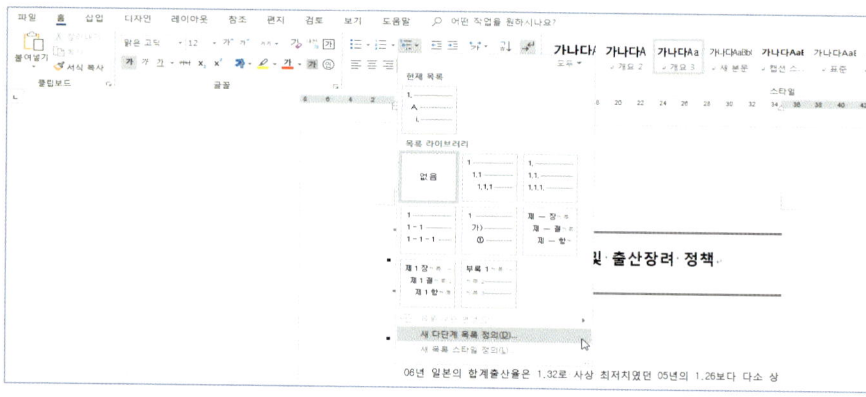

③ [새 다단계 목록 정의] 대화상자가 열리면 먼저 대화상자 하단에 있는 [자세히]를 눌러 숨겨진 옵션 목록을 펼쳐놓는다. 수준별로 [번호 서식]과 [번호 스타일]을 이용하여 번호의 모양을 꾸며줄 수 있다.

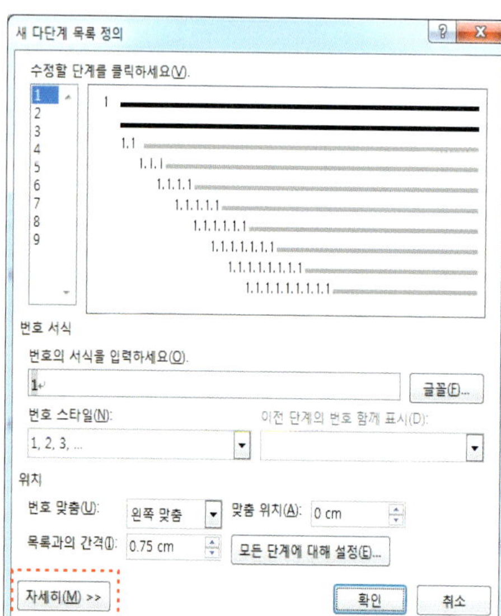

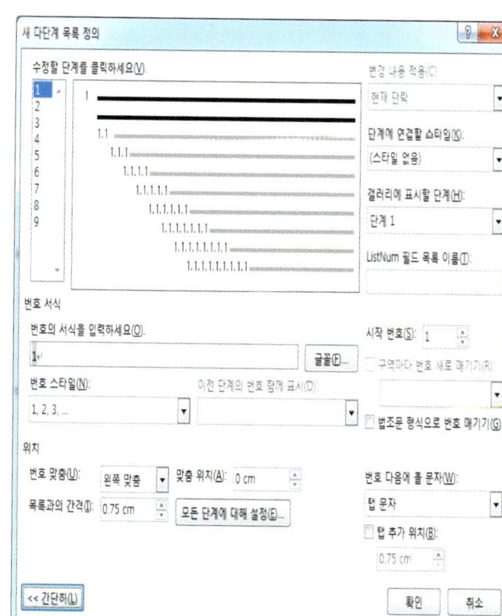

④ 먼저 수정할 단계에서 '1'을 선택한다.

⑤ [번호 서식]에 입력된 글자들을 모두 지워준다.

⑥ [번호 서식]에 '제'라고 적고 [번호 스타일]에서 아라비아 형태의 숫자 '1, 2, 3….'을 선택한다. 그 뒤에 '장.'을 입력한다. 그러면 '제1장.'이라고 입력되는데 1의 위치에 개요 1수준 번호들이 차례로 나타나게 된다.

⑦ [번호 위치]에는 [번호 맞춤]을 '왼쪽 맞춤'으로 하고 [맞춤 위치] '0cm', [목록과의 간격] '0cm'로 지정한다. [번호 다음에 올 문자]는 '공백'으로 지정한다. 만약 [번호 다음에 올 문자]를 '탭'으로 지정하면 개요 번호와 제목 사이에 탭이 삽입되어 간격이 너무 벌어질 수 있다.

⑧ 이번 예제처럼 마이크로소프트 워드에서 제공하는 기본 '제목' 스타일을 사용하지 않고 사용자 임의의 개요 스타일을 추가해서 사용했다면 [단계에 연결할 스타일]에 수준별로 스타일을 연결하는 것도 잊지 말자. 1 단계에서는 [단계에 연결할 스타일]에 '개요 1' 스타일과 연결해 준다.

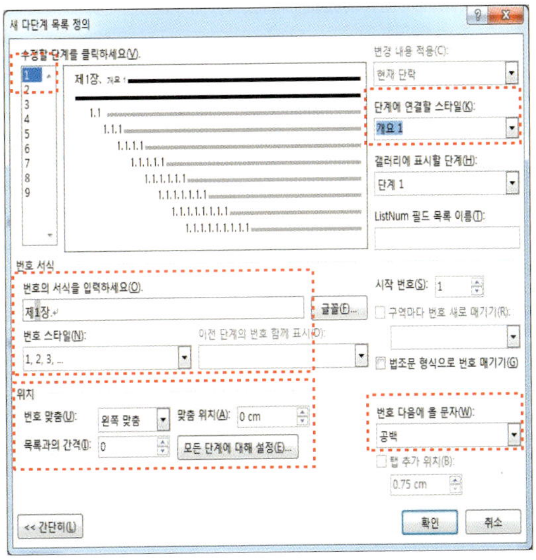

⑨ 수정할 단계에서 '2'를 선택한다.

⑩ [번호 서식]에 입력된 글자들을 모두 지워준다. [이전 단계의 번호 함께 표시]에서 '단계 1'을 선택한 후 그 뒤에 대시('-')를 입력하고, 번호 스타일에서 아라비

아 형태의 숫자 '1, 2, 3….'을 선택하면 현재 단계 번호가 입력된다. 뒤에 '절.'을 삽입한다. 번호 서식에 '1-1절.'로 입력되는데 앞에 있는 1은 1수준 번호를, 뒤에 있는 1은 2수준 번호를 의미한다.

⑪ [번호 위치]에는 [번호 맞춤]을 '왼쪽 맞춤'으로 하고 [맞춤 위치] '0cm', [목록과의 간격] '0cm'로 지정한다. [번호 다음에 올 문자]는 '공백'으로 지정한다. [단계에 연결할 스타일]은 '개요 2'를 선택해 준다.

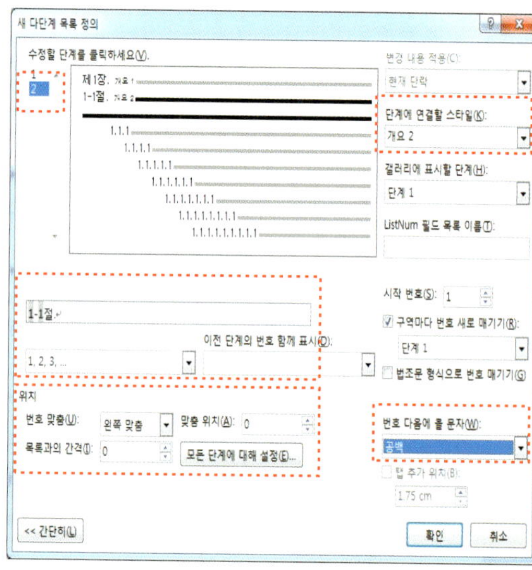

⑫ 수정할 단계에서 '3'을 선택한다.

⑬ [번호 서식]에 입력된 글자들을 모두 지워준다. [이전 단계의 번호 함께 표시]에서 '단계 1'을 선택한 후 대시('-')를 입력하고, 다시 [이전 단계의 번호 함께 표시]에서 '단계 2'를 선택한 후 대시('-')를 입력한다. 끝으로 번호 스타일에서 아라비아 형태의 숫자 '1, 2, 3….'을 선택하면 현재 단계 번호가 입력된다. 뒤에 '항.'을 삽입한다. 번호 서식에 '1-1-1항.'으로 입력되는데 앞에 있는 1은 1수준 번호를, 가운데 있는 1은 2수준 번호를, 끝에 있는 1은 3수준 번호를 의미한다.

⑭ [번호 위치]에는 [번호 맞춤]을 '왼쪽 맞춤'으로 하고 [맞춤 위치] '0cm', [목록과의 간격] '0cm'로 지정한다. [번호 다음에 올 문자]는 '공백'으로 지정하고 [단계에 연결할 스타일]은 '개요 3'을 선택한다.

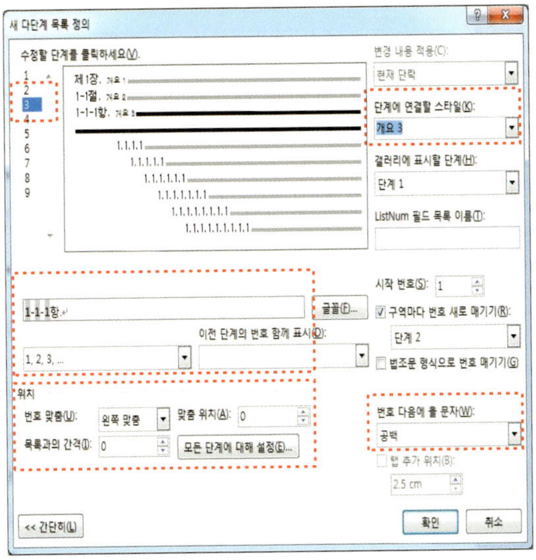

⑮ 이때 만약 수준별로 한 글자씩 들여쓰기하고 싶다면 [모든 단계에 대해 설정]을 눌러 [모든 단계에 대해 설정] 창에서 [각 단계의 추가 들여쓰기 위치]에 '1글자'로 설정한 후 [확인]을 누른다.

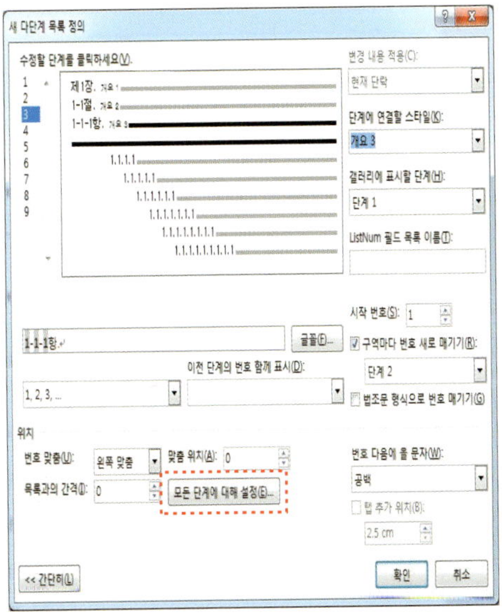

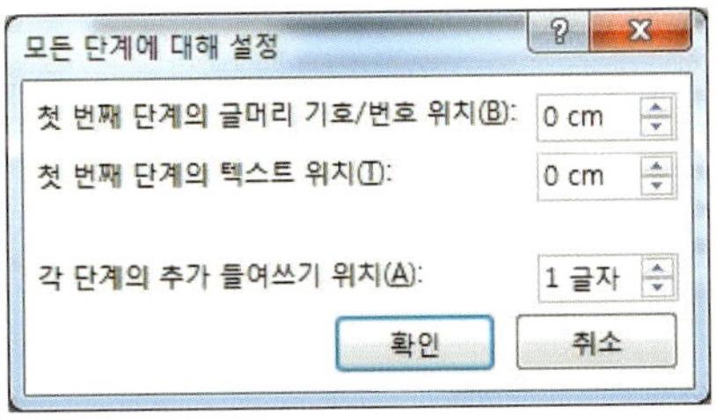

⑯ 본문을 보면 개요 수준별로 다단계 번호가 매겨진 것을 확인할 수 있다. 개요 번호를 클릭했을 때 블록으로 지정되면 자동으로 번호가 매겨진 것이고, 블록으로 지정되지 않는다면 손으로 직접 입력한 것이다. 손으로 입력한 번호들은 모두 지워준다.

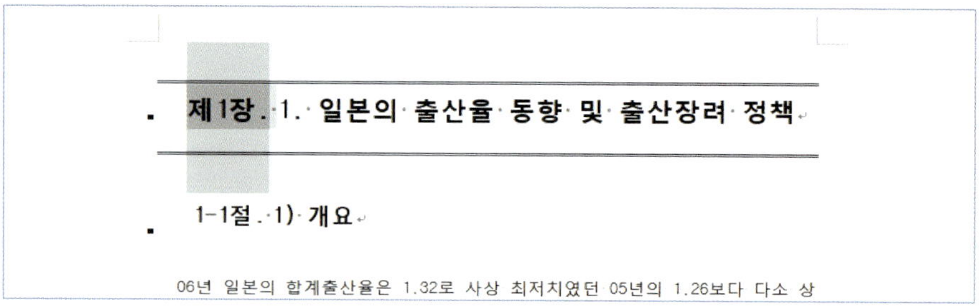

5. 문단 번호 삽입

다단계 번호와는 달리 단순히 몇 개의 문단 앞에 문단 번호를 매기고 싶다면 [홈]-[단락]-[번호 매기기]를 이용한다.

① '1-2-2항. 노산 비율 증가' 아래에 있는 4개의 문단을 블록으로 지정한다.

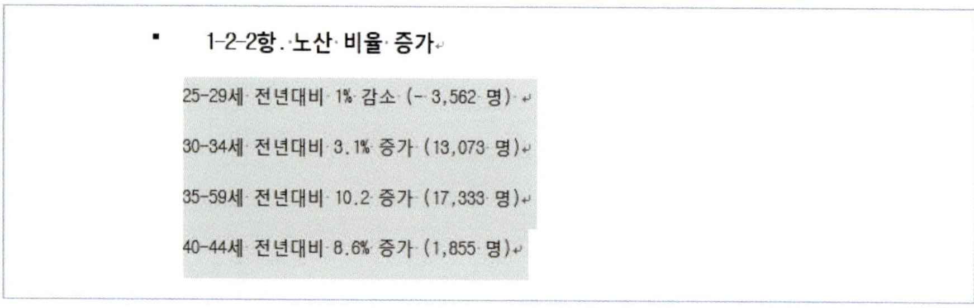

② [홈]-[단락] 그룹의 [번호 매기기]에서 원문자 형태의 번호를 선택한다. 문단 앞에 원문자의 문단 번호가 매겨진다.

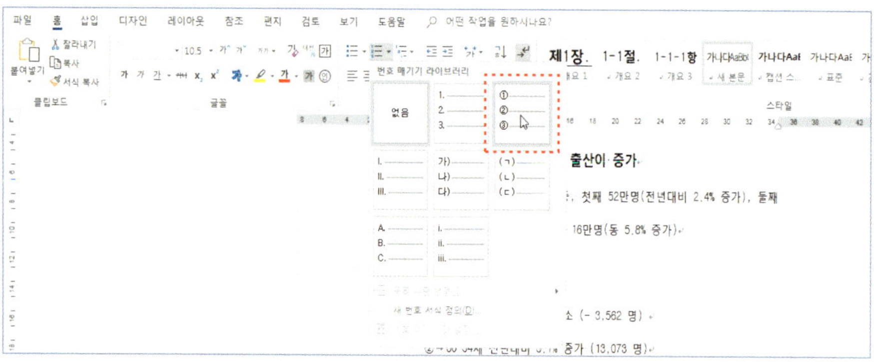

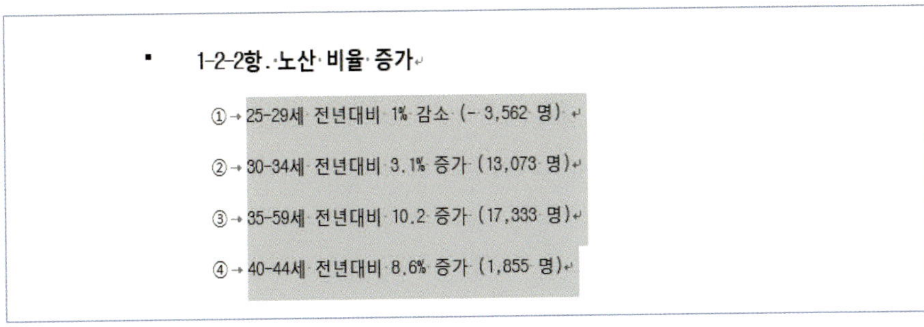

6. 글머리 기호 삽입

문단 번호와 같은 방법으로 문단 앞에 글머리 기호도 붙여본다.

① '1-4-3항. 월별 지급 금액' 아래 있는 3개의 문단을 블록으로 지정한 후 [홈]-[단락] 그룹에서 [글머리 기호]를 선택한 후 다이아몬드(◆) 모양의 글머리 기호를 선택한다.

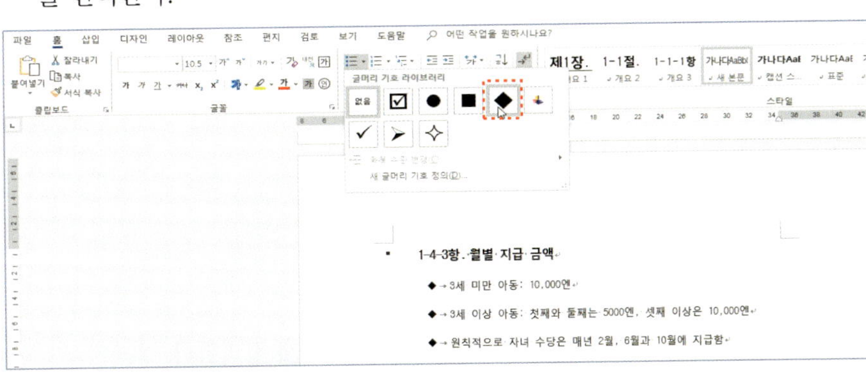

새 글머리 기호 정의

[새 글머리 기호 정의]를 이용하면 사용자가 원하는 모양의 기호로 글머리 기호를 붙일 수 있다.

① [홈]-[단락]-[글머리 기호]-[새 글머리 기호 정의]를 선택한다. [새 글머리 기호 정의] 대화상자에서 [기호]를 누른다.

② [글꼴]을 'Wingdings'로 지정하고, 기호 중에 손 모양('☞')을 선택한 후 [확인]을 누른다.

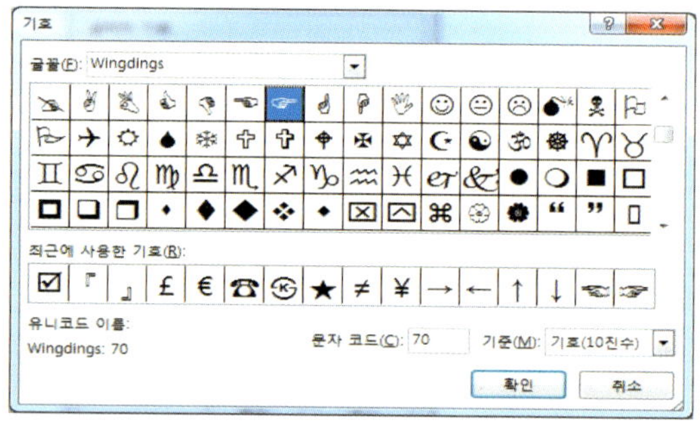

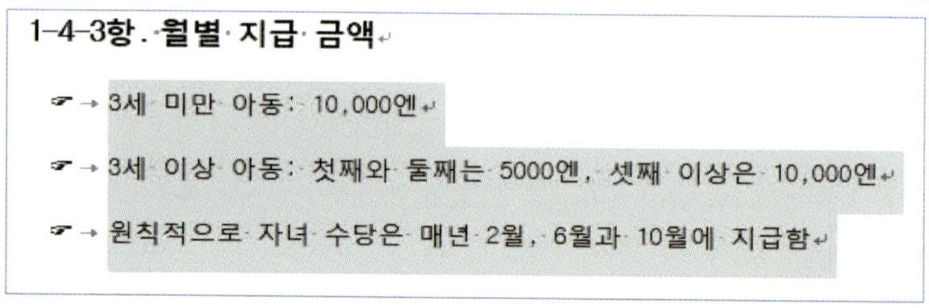

7. 표 삽입

문서 내에 삽입된 텍스트들을 표로 변환하여 보기 좋게 정리한다.

7.1. 문자열을 표로 바꾸기

① 1쪽 '1-1절. 개요' 하단에 탭이 삽입된 문자열들을 블록으로 지정한다.

② [삽입] 탭 [표]-[텍스트를 표로 변환]을 선택한다.

③ [텍스트를 표로 변환] 대화상자가 열리면 [텍스트 구분 기호]를 '탭'으로 선택하고 [확인]을 누른다.

④ 블록으로 지정되었던 텍스트들이 표로 변환된다.

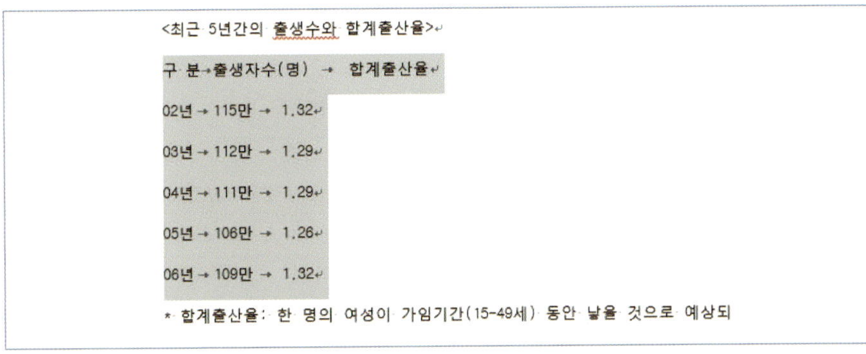

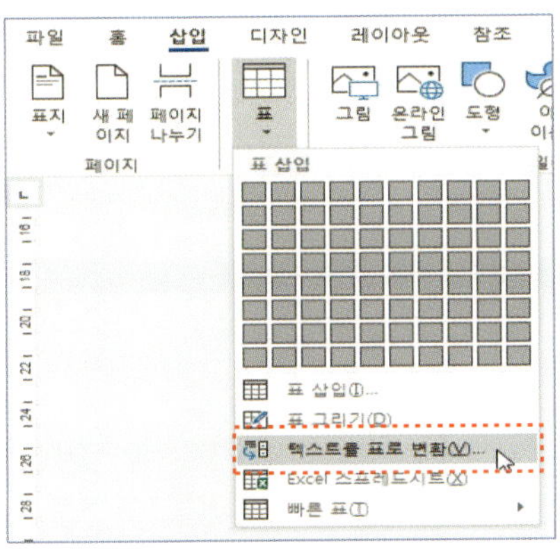

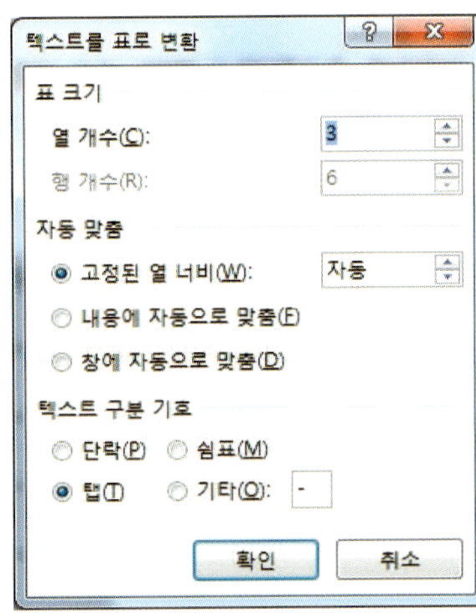

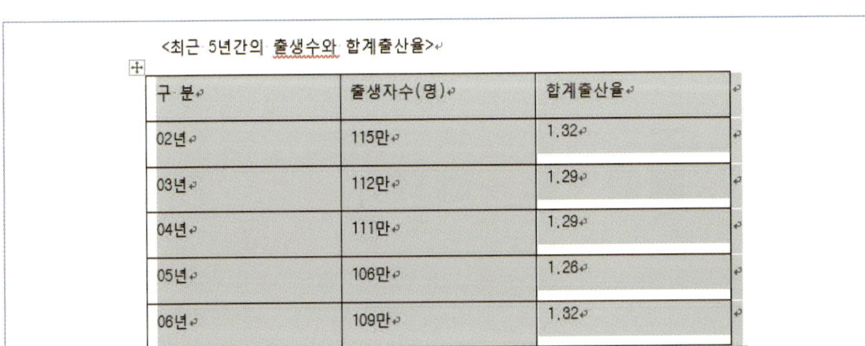

7.2. 표 디자인

① 표 왼쪽 위에 보이는 [표 선택](⊞)을 더블클릭하면 표 전체가 선택되면서 [표 도구]가 열린다.

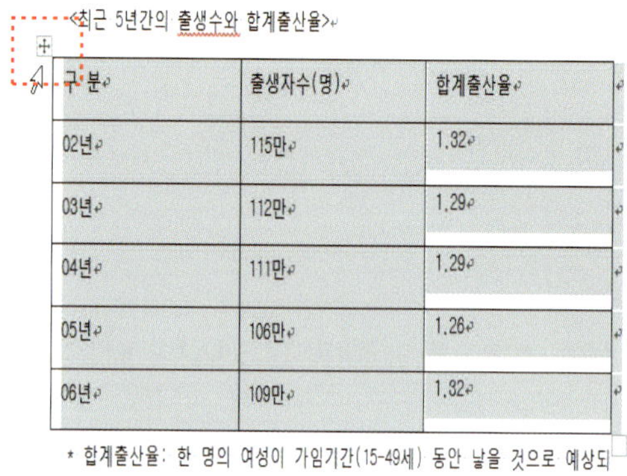
<최근 5년간의 출생수와 합계출산율>

구 분	출생자수(명)	합계출산율
02년	115만	1.32
03년	112만	1.29
04년	111만	1.29
05년	106만	1.26
06년	109만	1.32

* 합계출산율: 한 명의 여성이 가임기간(15-49세) 동안 낳을 것으로 예상되

② [표] 도구의 [디자인]-[표 스타일 옵션]에서 '머리글 행', '줄무늬 행', '첫째 열'을 선택한 후 [표 스타일]을 열어 [눈금 표 5 어둡게 - 강조색 1] 스타일을 선택한다.

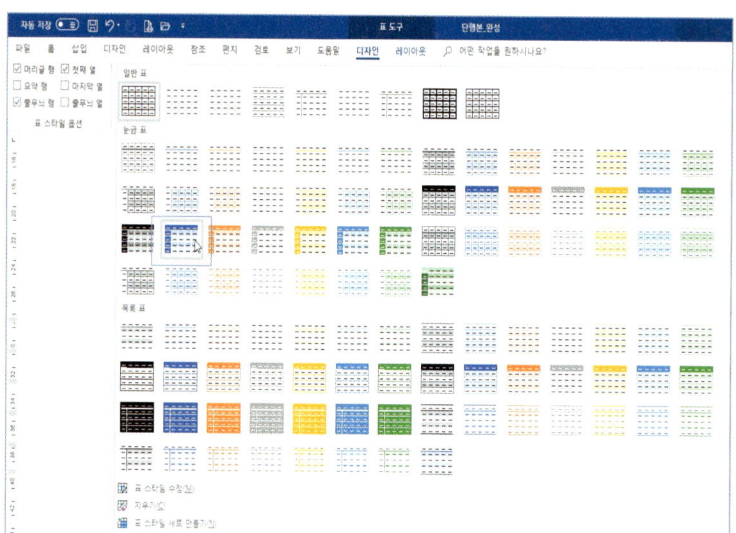

③ [표 도구]-[레이아웃] 탭을 열어 [맞춤] 그룹에서 글자의 위치를 '정 가운데'로 선택한다.

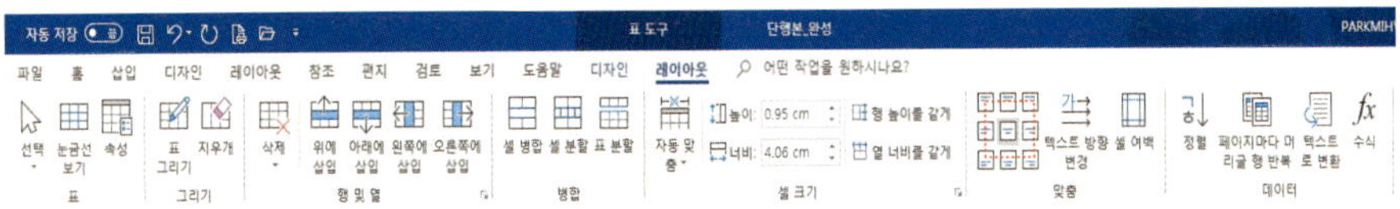

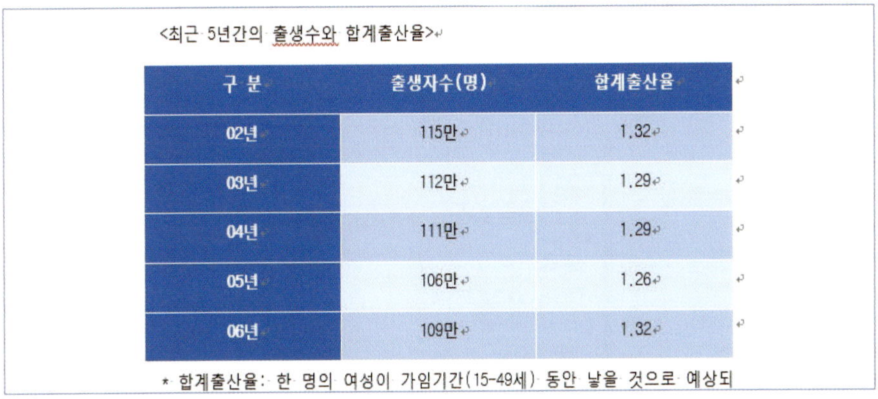

<최근 5년간의 출생수와 합계출산율>

구 분	출생자수(명)	합계출산율
02년	115만	1.32
03년	112만	1.29
04년	111만	1.29
05년	106만	1.26
06년	109만	1.32

* 합계출산율: 한 명의 여성이 가임기간(15-49세) 동안 낳을 것으로 예상되

7.3. 표 캡션 삽입

① 표 바로 위에 있는 문단 '〈최근 5년간의 출생수와 합계출산율〉' 을 [잘라내기](Ctrl+X)한다.

② [표 선택](⊞)을 클릭한 후 마우스 오른쪽 단추를 눌러 단축 메뉴 중 [캡션 삽입]을 선택한다.

③ [캡션] 대화상자가 열리면 [레이블]을 '표'로 선택하고 ,'표1' 뒤에 '〈최근 5년간의 출생수와 합계출산율〉'을 [붙여넣기](Ctrl+V)한다. 캡션의 [위치]는 '선택한 항목 위'로 설정한 후 [확인]을 누른다.

④ 삽입된 캡션은 '9pt', '가운데 정렬' 한 후 '새 캡션'이라는 이름으로 새롭게 스타일을 추가해 준다.

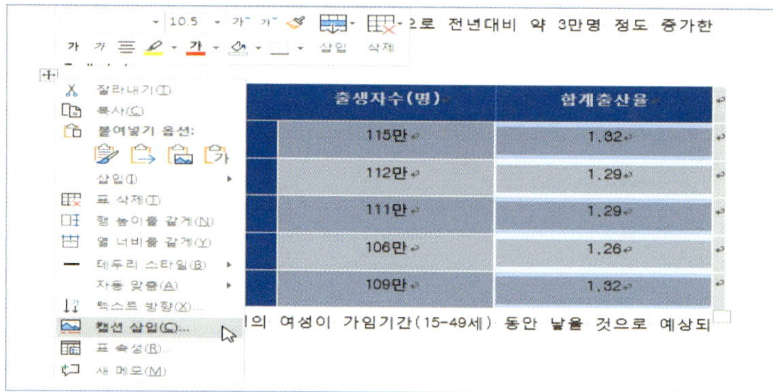

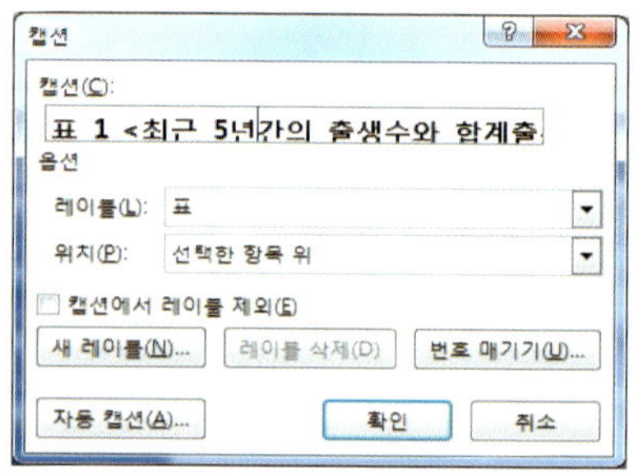

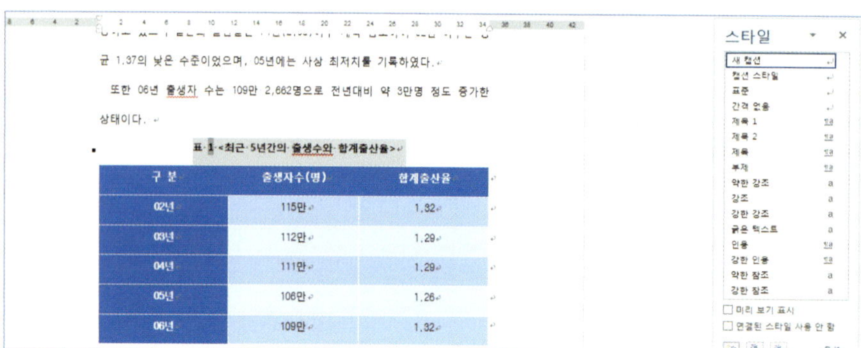

표에 행/열 추가하기

표에 행이나 열을 추가하고 싶을 때는 행과 행 사이에 혹은 열과 열 사이에 마우스 포인터를 위치시킨다. 이때 [셀 삽입] 버튼(⊕)이 나타나는데 이 [셀 삽입] 버튼(⊕)을 클릭하면 행 또는 열을 추가할 수 있다.

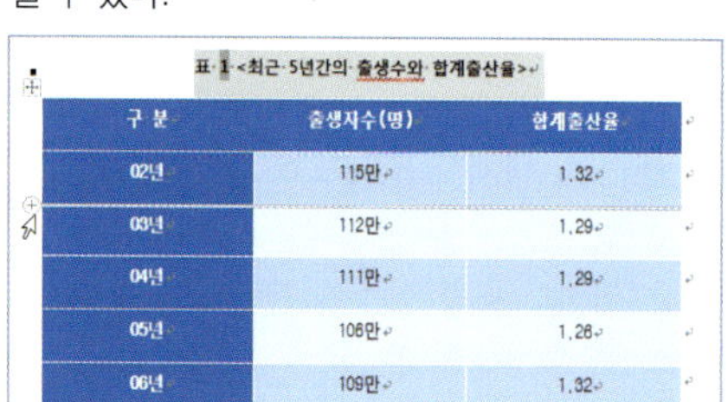

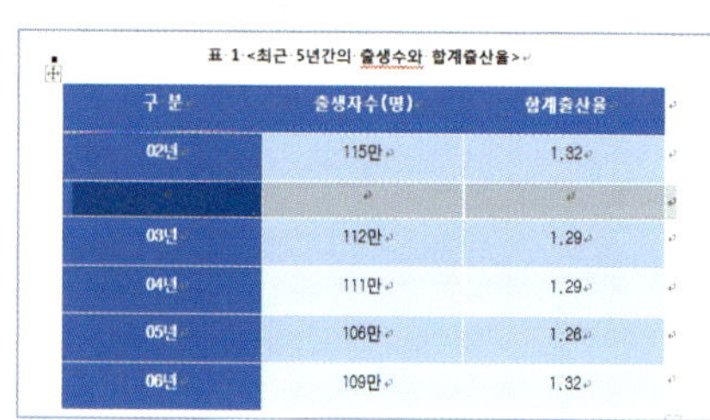

8. 그림 삽입

[그림 삽입]을 이용하여 문서에 그림도 삽입해 본다.

8.1. 그림 삽입

① '2-1절. 개요' 아래 '홍콩의 출산율은….' 문단 앞에 커서를 놓는다.

② [삽입] 탭 [그림]을 선택한 후 [그림 삽입] 대화상자가 열리면 '홍콩 출산율.jpg' 파일을 선택한 후 [삽입]을 누른다.

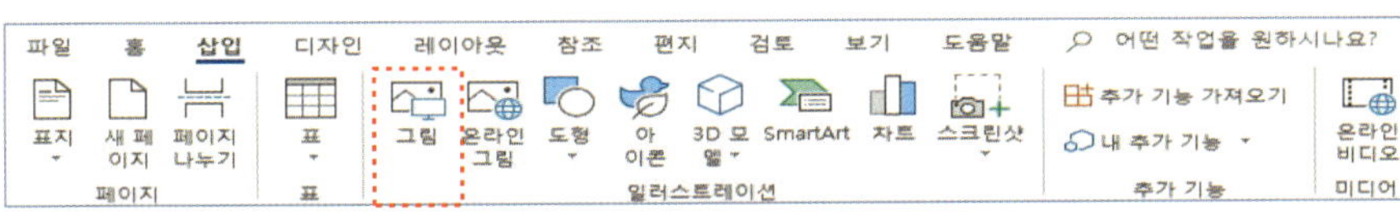

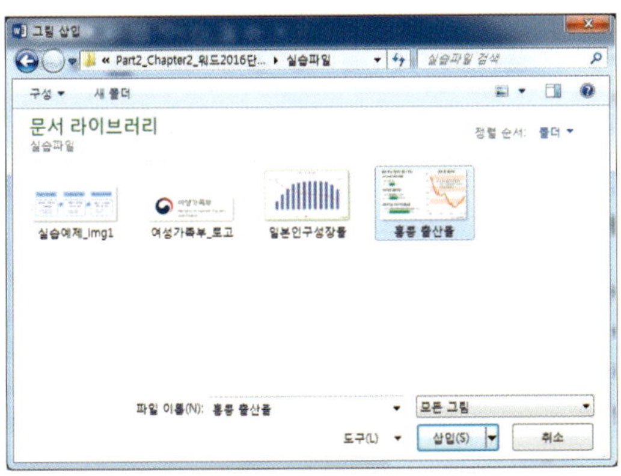

8.2. 그림 자르기

① 삽입된 그림을 클릭하면 [그림 도구]가 열린다. [서식] 탭에서 [자르기] 아이콘을 누른다.

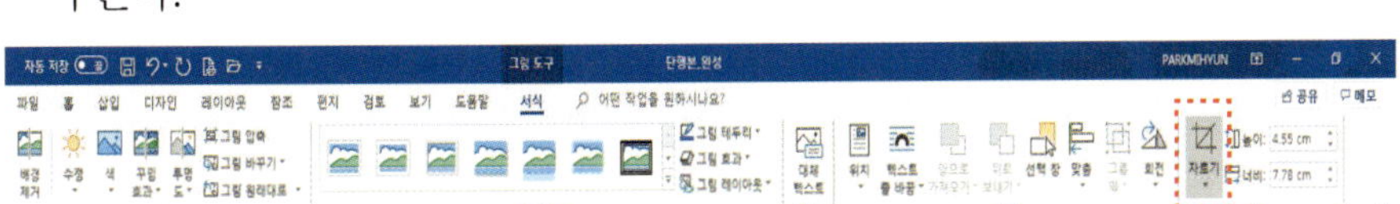

② 그림 테두리에 자르기 조절 핸들이 나타나면 오른쪽 조절 핸들에 마우스 포인터를 맞춘 후 마우스를 클릭한 채로 왼쪽으로 끌어 '홍콩 총 출산율' 부분을 잘라준다.

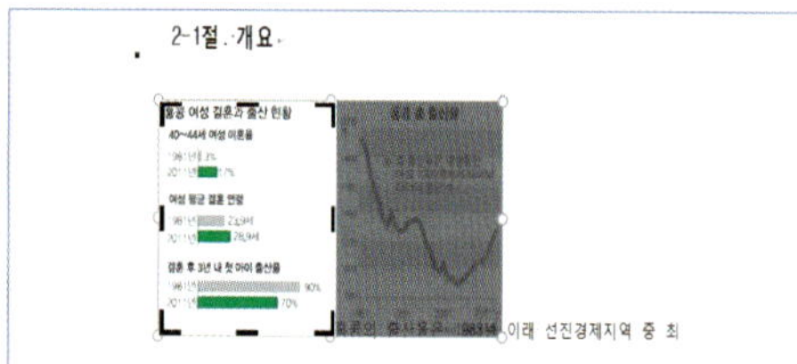

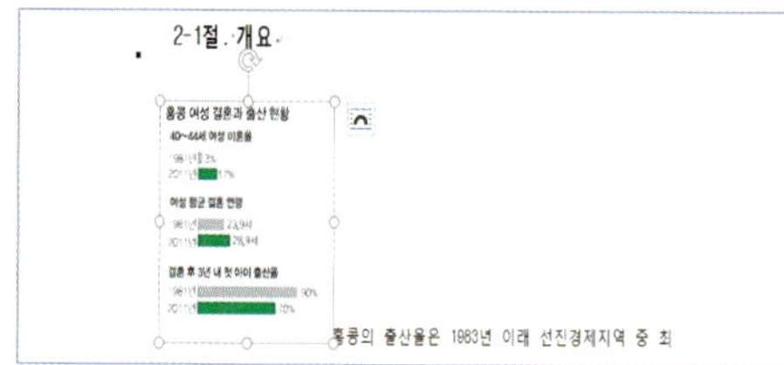

8.3. 그림 테두리

① 그림을 선택한 상태에서 [그림 도구]-[그림 스타일]-[그림 테두리]에서 두께 '1pt'의 검은색 실선을 선택한다.

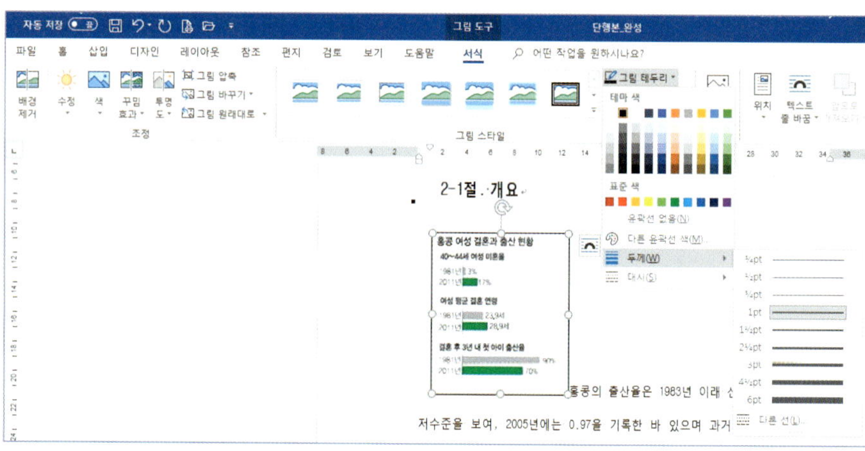

8.4. 텍스트 줄 바꿈

① 삽입된 그림을 본문의 글자 옆에 나란히 배치하기 위해서 [그림 도구]-[정렬] 그룹에서 [텍스트 줄바꿈]을 '정사각형'으로 선택한다.

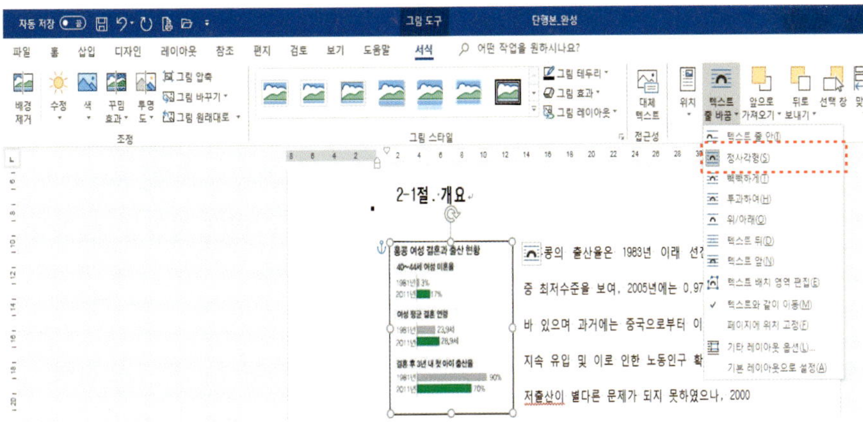

8.5. 그림 캡션 삽입

① 그림을 선택한 후 마우스의 오른쪽 단추를 눌러 단축 메뉴 중 [캡션 삽입]을 선택한다.

② [캡션] 대화상자에서 [레이블]을 '그림'으로 선택한 후 [위치]는 '선택한 항목 아래'를 선택한 후 [확인]을 누른다.

③ '그림 1'로 붙은 캡션 옆에 '홍콩의 출산율'이라고 적는다.

④ 삽입된 캡션에 '새 캡션' 스타일을 적용한다.

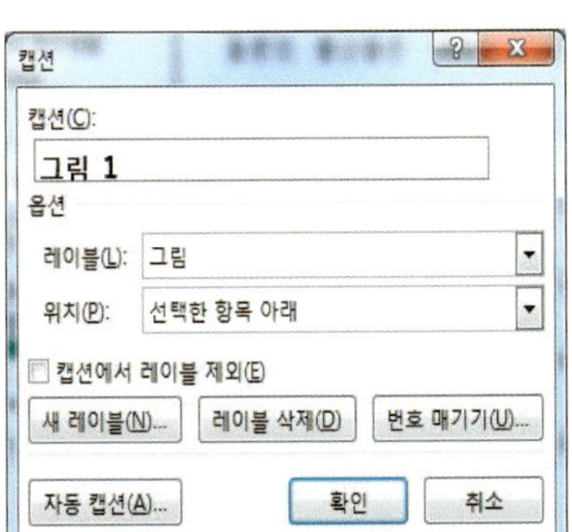

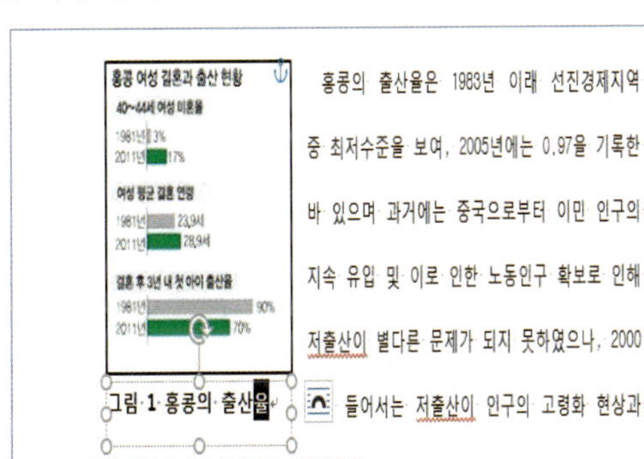

9. 개체 삽입

'개체(Object)'란 윈도우 응용프로그램이 만들어낸 결과물이라 할 수 있다. 즉, 워드와 같이 문서를 작성하는 프로그램에서는 워드 문서가 개체가 되고, 음악을 만드는 프로그램에서는 음악 파일이 개체가 된다. 개체는 글자, 그림(정지영상, 동영상), 소리, 차트, 수식, 표 등 매우 다양하다.

'개체 연결과 포함 (OLE : Object Linking & Embedding)' 기능은 윈도우에서 각각의 응용프로그램들이 생산한 각양각색의 자료들을 독립적으로 사용하는 것이 아니라, 각각의 자료들을 서로 유기적으로 연결하여 문서에 삽입하는 것이다. 예를 들어, 워드 문서에 도표나 수식, 그림 등을 포함하고 필요에 따라서는 음향 자료나 음성 자료를 함께 문서에 포함할 수 있다. 이와 반대로 음악 전용 프로그램에서 음악 자료에 필요한 설명문을 문서편집 전용 프로그램을 이용해서 만든 다음, 그 자료를 그대로 음악 자료에 포함할 수도 있다. [개체 연결과 포함] 기능을 잘 이용하면 문서편집과 함께 다양한 응용프로그램을 이용함으로써 훨씬 더 효율적이고 입체적인 문서를 작성할 수 있다.

① '2-3절. 정부 대책' 위에 빈 줄을 하나 삽입한다.

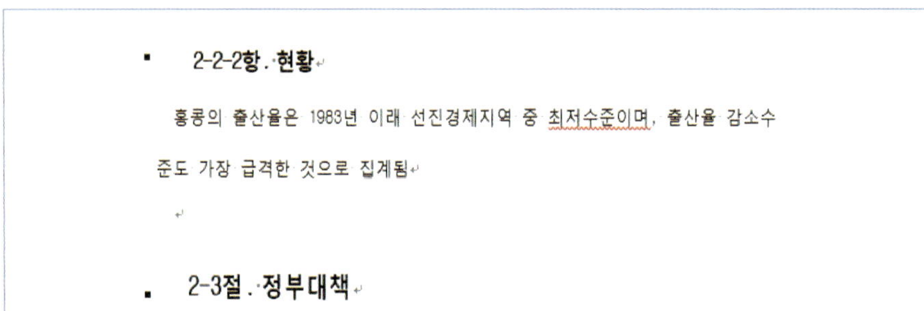
2-2-2항. 현황

홍콩의 출산율은 1983년 이래 선진경제지역 중 최저수준이며, 출산율 감소수준도 가장 급격한 것으로 집계됨

2-3절. 정부대책

② [삽입] 탭의 [텍스트] 그룹에서 [개체]-[개체]를 선택한다.

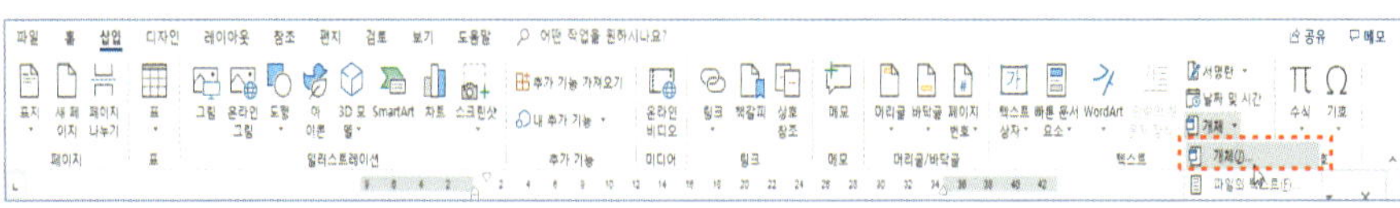

③ [개체] 대화상자에서 [파일로부터 만들기]를 선택한 후 [찾아보기]를 누른다.

④ [찾아보기] 창이 열리면 엑셀 파일 '차트1.xlsx'을 선택한다.

⑤ [개체] 대화상자에서 [파일에 연결]을 선택한 후 [확인]을 클릭한다.

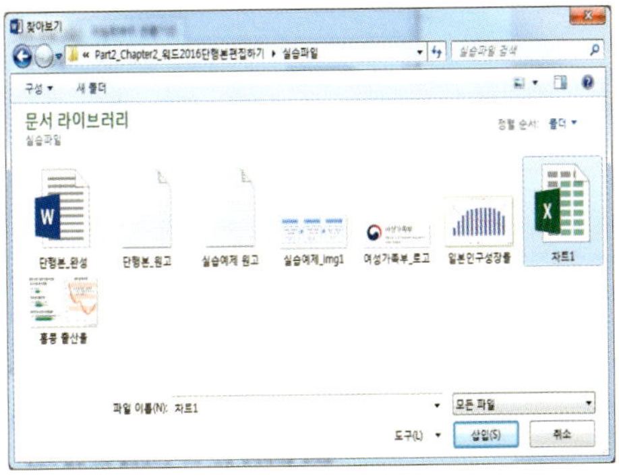

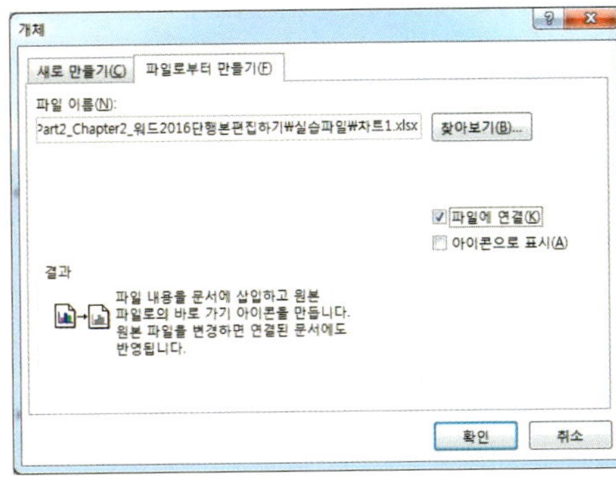

⑥ 삽입된 차트의 왼쪽 조절 핸들을 이용하여 적당히 크기를 줄여준다.

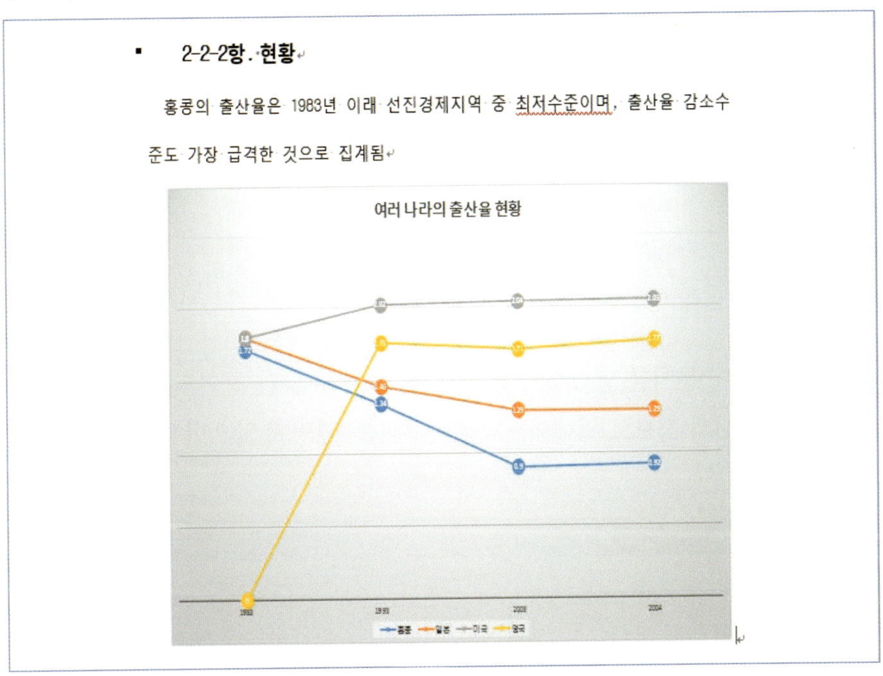

⑦ 엑셀파일 '차트1.xlsx'의 [sheet1]을 열고, 영국의 '1983년' 자료를 '1.5'로 수정한 후 [저장하기](🖫)를 눌러보자. 해당 엑셀 파일의 [Chart1] 탭에 놓인 차트의 그래프가 변경된다. 또한, 워드에 삽입된 차트에도 변경 사항을 반영하고 싶다면 워드 내에 삽입된 차트를 선택한 상태에서 마우스 오른쪽 단추를 눌러 [연결 업데이트]를 클릭한다.

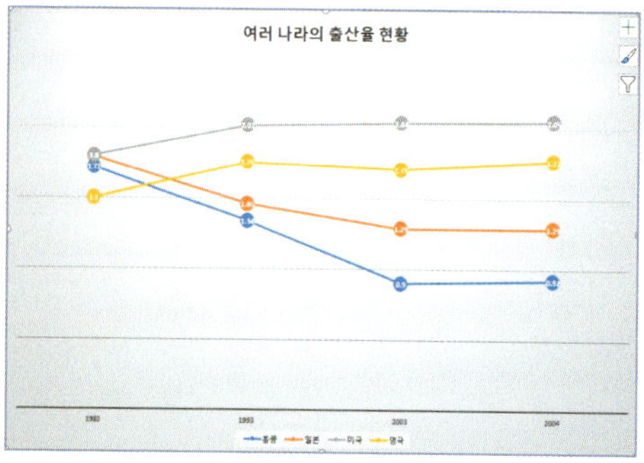

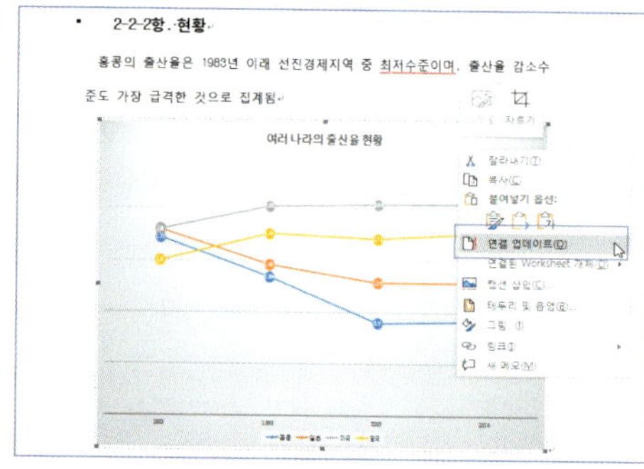

⑧ 삽입된 차트는 '그림 2 출산율 현황'으로 캡션을 넣어준다.

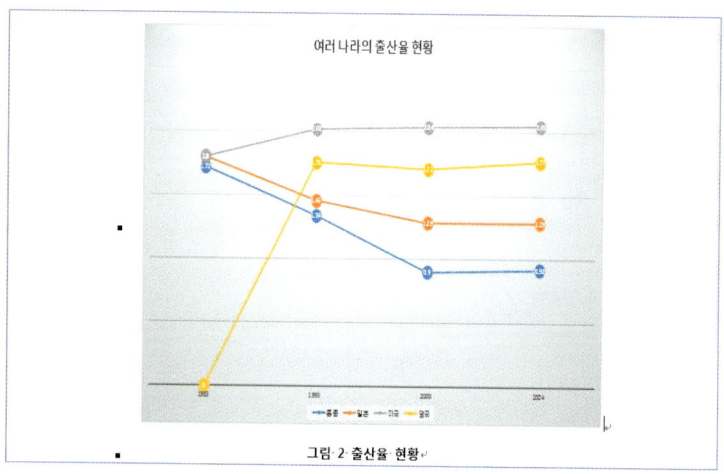

⑨ 이후에 워드 문서를 닫았다가 열면 아래와 같은 알림 창이 나타나는데 삽입된 개체를 최신의 정보로 업데이트하려면 [예]를, 그렇지 않으면 [아니요]를 선택하면 된다.

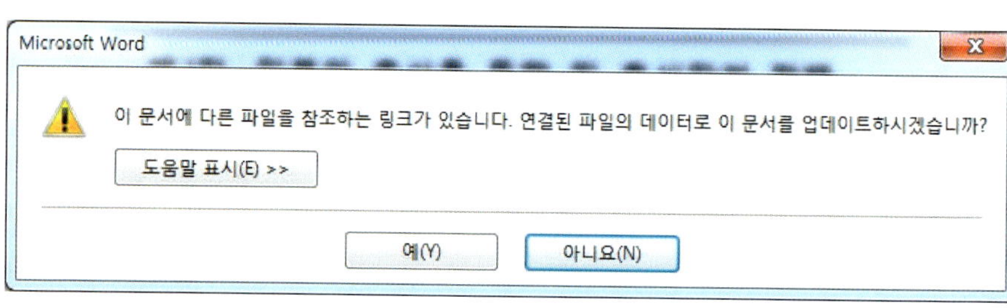

[개체]-[새로 만들기]

워드 프로그램에서 엑셀 프로그램을 실행시켜 데이터를 삽입하고 차트를 만들 수 있다.
[삽입]-[개체]를 선택한 후 [개체] 대화상자에서 [새로 만들기] 탭을 연다.
[개체 유형]에서 'Microsoft Excel 97-2003 워크시트'를 선택한 후 [확인]을 누른다.
워드 문서 내에서 엑셀 프로그램이 연동되어 실행되는 것을 볼 수 있다.

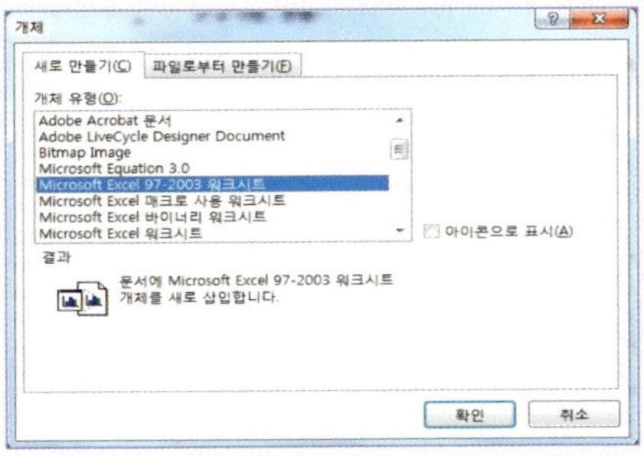

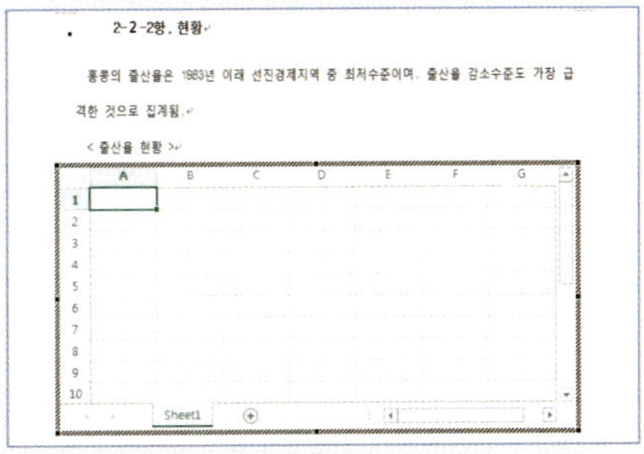

만약 [개체] 삽입할 때 [복사하기](Ctrl+C)한 후 [붙여넣기](Ctrl+V)하면서 [붙여넣기] 옵션에서 [원본 서식 유지 및 데이터 연결] 아이콘( )을 선택하면 원본 데이터와 연결할 수 있다.

10. 주석 삽입

한/글과 마찬가지로 다른 출판물에서 인용한 자료의 출처를 밝히거나 본문에서 언급한 내용에 대한 보충 자료를 구체적으로 제시할 필요가 있을 때는 주석(각주/미주)을 사용하면 된다. 워드에서도 용도에 맞는 주석 삽입은 단행본이나 리포트 작성에 있어 필요한 중요한 기능이므로 정확하게 익혀본다.

① [탐색] 단축키(Ctrl+F)를 눌러 [탐색] 창이 열리면 입력 칸에 '합계출산율'이라고 적어보자. 본문에 있는 모든 '합계출산율'이라는 단어들이 반전되어 나타난다. 이때 '*합계 출산율 : 한 명의 여성이….'라는 문단을 [잘라내기](Ctrl+X)한다.

② '1-1절. 개요' 바로 아래 있는 '합계출산율'이라는 단어 뒤에 커서를 가져다 놓는다.

③ [참조] 탭에서 [각주삽입]을 선택한다. '합계출산율' 단어에는 각주 번호가 붙고, 페이지 하단에 각주삽입 영역이 생긴다. 잘라냈던 문장을 [붙여넣기](Ctrl+V) 하고, '캡션스타일'을 적용하되 '왼쪽 정렬'한다.

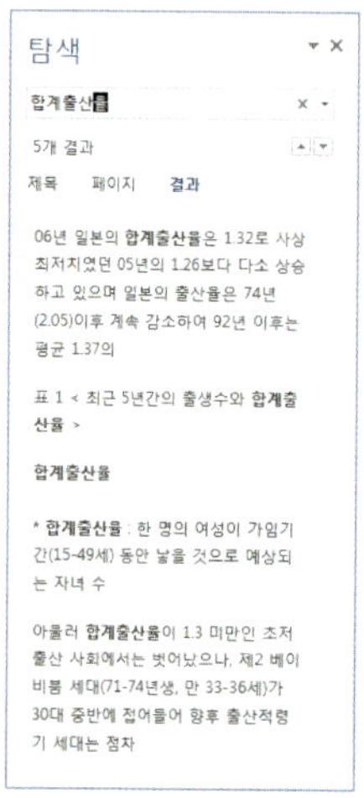

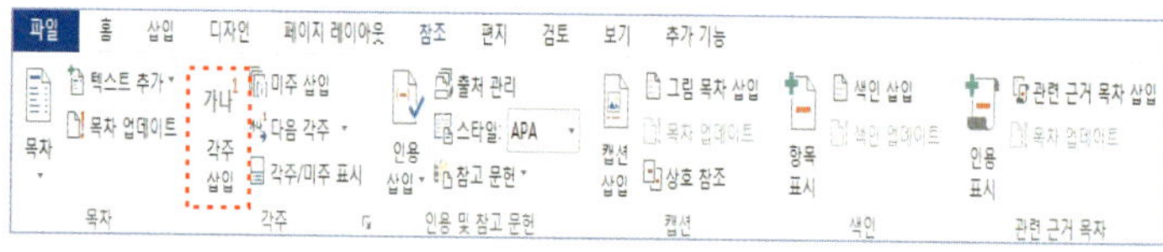

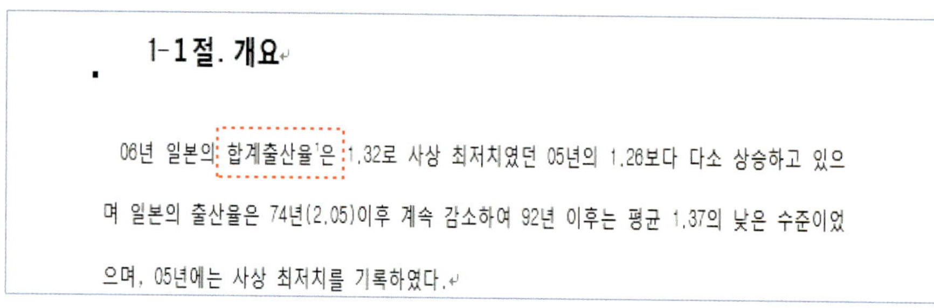

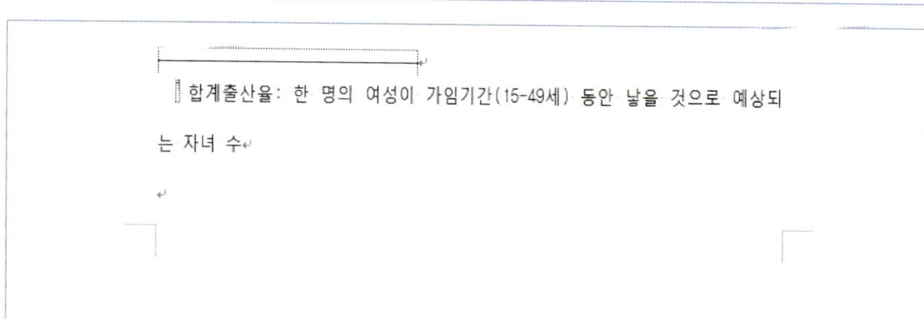

11. 목차/색인 만들기

보고서나 단행본, 논문 작성 시 본문의 제목, 표, 그림, 수식 등이 몇 페이지에 있는지를 한눈에 알아볼 수 있도록 정리해 주는 기능이 목차이다. 워드에서 목차를 만들어 보고 한/글에서의 [차례]와 비교해 보자.

11.1. 목차 만들기

① '제1장. 일본의 출산율 동향' 문단 앞에 커서를 두고 [페이지 나누기](Ctrl+Enter↵)를 한다.

② [홈]-[단락] 그룹에서 [편집 기호 표시/숨기기] 아이콘( )을 눌러 편집 기호를 보이게 한다.

③ '페이지 나누기' 앞에 커서를 가져다 놓는다. (만약 빈 줄에 '개요 1' 스타일이 적용되어 있다면 스타일 목록에서 '새 본문' 스타일을 선택해 준다. 적용되어 있던 단락 서식이 사라지고 빈 엔터만 남게 된다.)

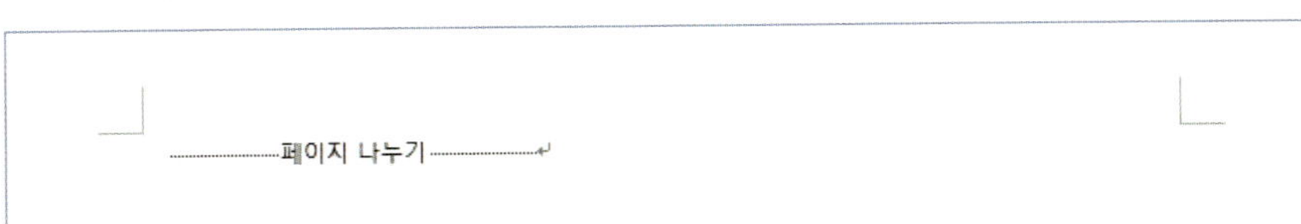

④ 1쪽 첫 줄에 [목차]라고 적고 엔터를 친다. [참조]-[목차]-[사용자 지정 목차]를 선택한다.

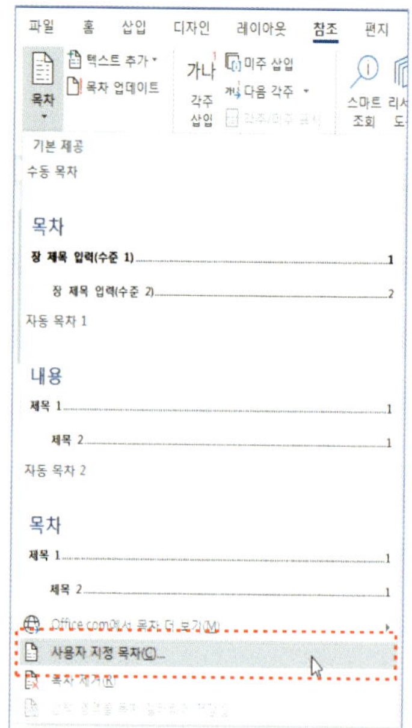

⑤ [목차] 대화상자에서 '페이지 번호 표시', '페이지 번호를 오른쪽에 맞춤'을 선택한 후 [탭 채움선]을 '점선'으로 선택한다. [수준 표시]는 '2' 수준까지만 나오게 한다.

⑥ [옵션]을 눌러 [사용 가능한 스타일]과 [목차 수준]을 아래 그림과 같이 맞춰주고 [확인]을 누르면 본문에 목차가 삽입된다.

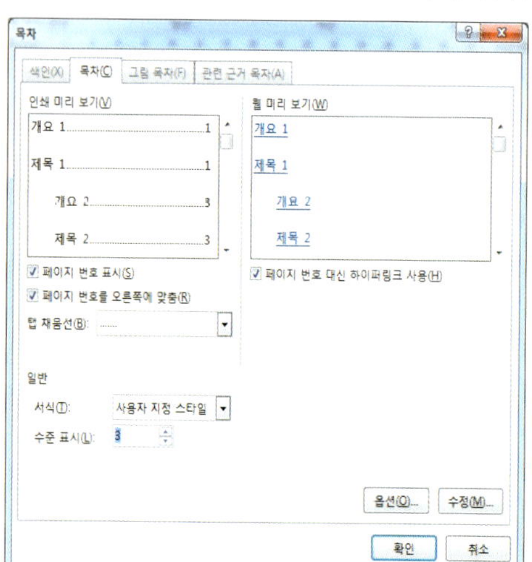

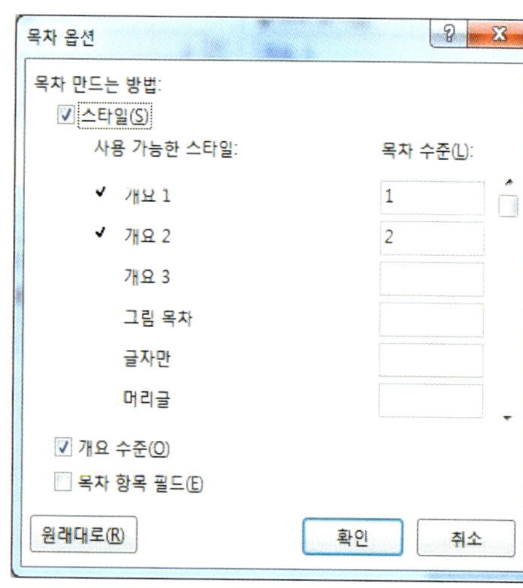

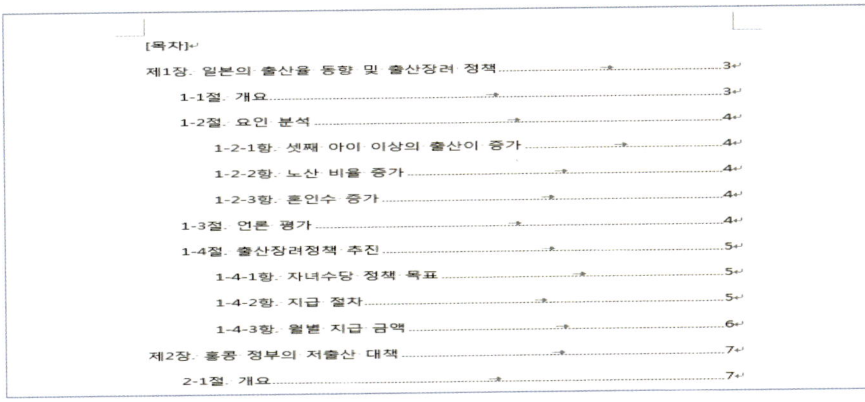

⑦ 그림 목차를 만들기 위해서는 '[그림 목차]'라고 적고 [참조]-[그림 목차삽입]을 이용하되, [캡션 레이블]을 '그림'으로 선택한 후 [확인]을 누른다.

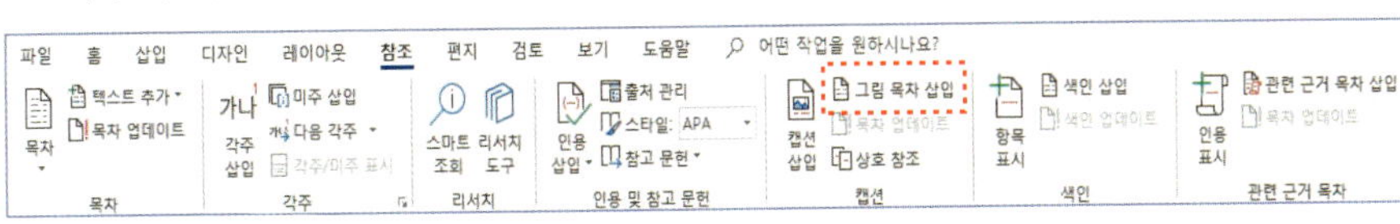

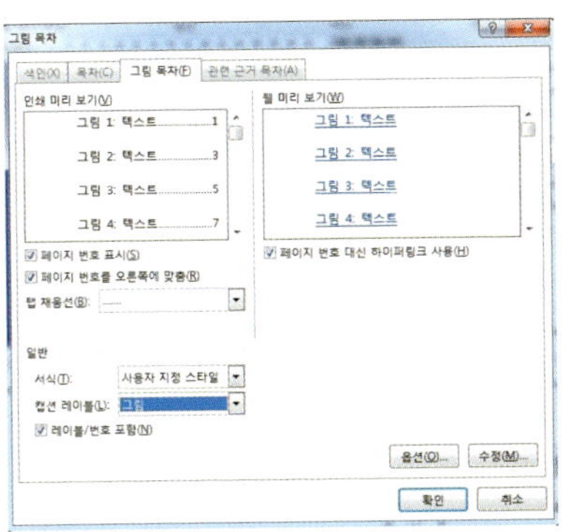

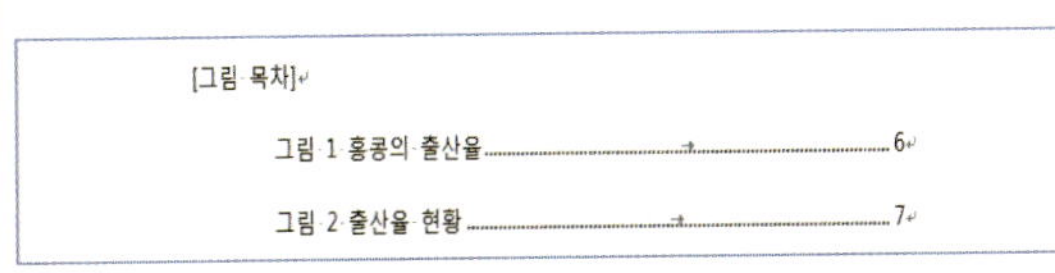

⑧ 표 목차를 만들기 위해서는 '[표 목차]'라고 적고 [참조]-[그림 목차삽입]을 이용하되, [캡션 레이블]을 '표'로 선택한 후 [확인]을 누른다.

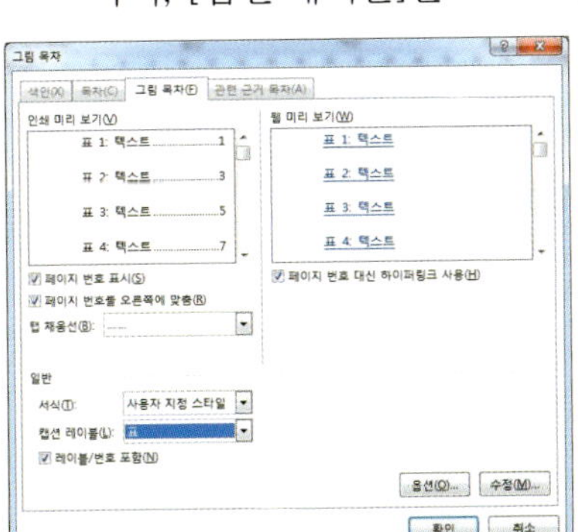

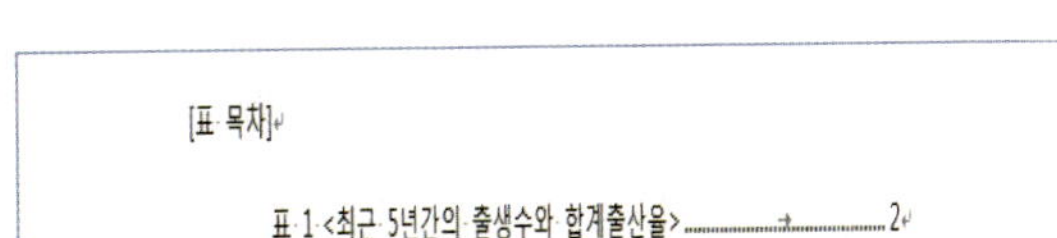

11.2. 목차 수정하기

〈목차〉를 만든 후에 본문의 페이지 번호가 바뀌거나 본문의 제목이 바뀌면 삽입된 목차의 내용도 수정해야 한다. 워드에서는 [필드 업데이트]라는 기능을 이용하여 쉽게 목차를 수정할 수 있다.

① '1-4-1항. 자녀수당 정책 목표' 문단이 필요 없다고 가정하고 해당 문단을 삭제한다.

② 수정된 사항을 목차에도 반영하려면 목차 부분을 클릭한 후 마우스 오른쪽 단추를 눌러 단축 메뉴에서 [필드 업데이트]를 선택한다. [목차 업데이트] 창에서 '목차 전체 업데이트'를 선택하고 [확인]을 누른다. 만약 문서의 페이지 번호만 바뀌었다면 '페이지 번호만 업데이트'를 선택한다.

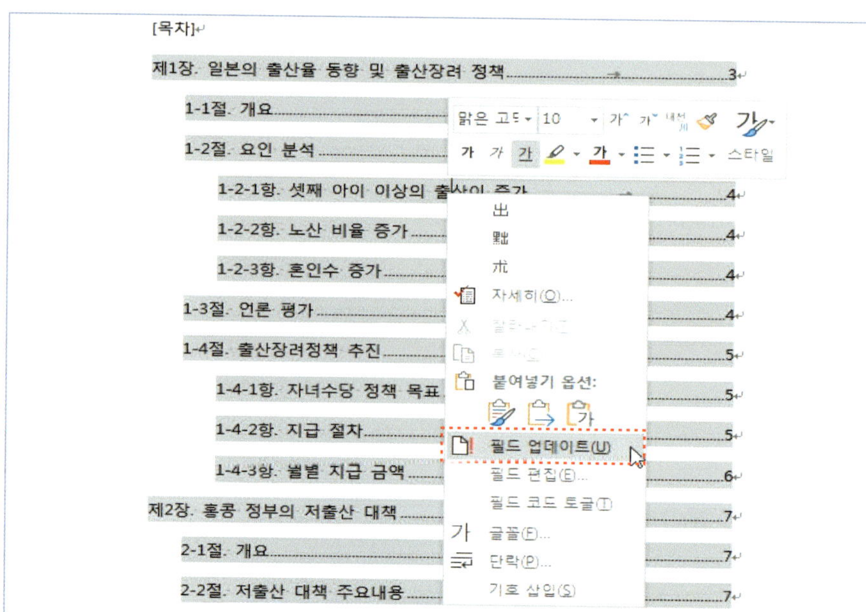

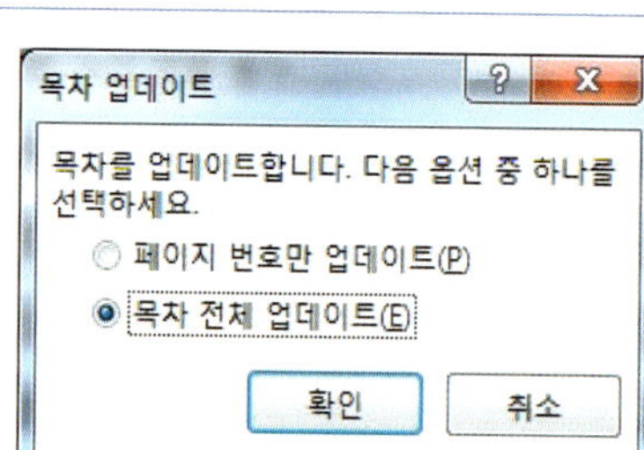

③ 목차에 수정된 사항이 반영된다.

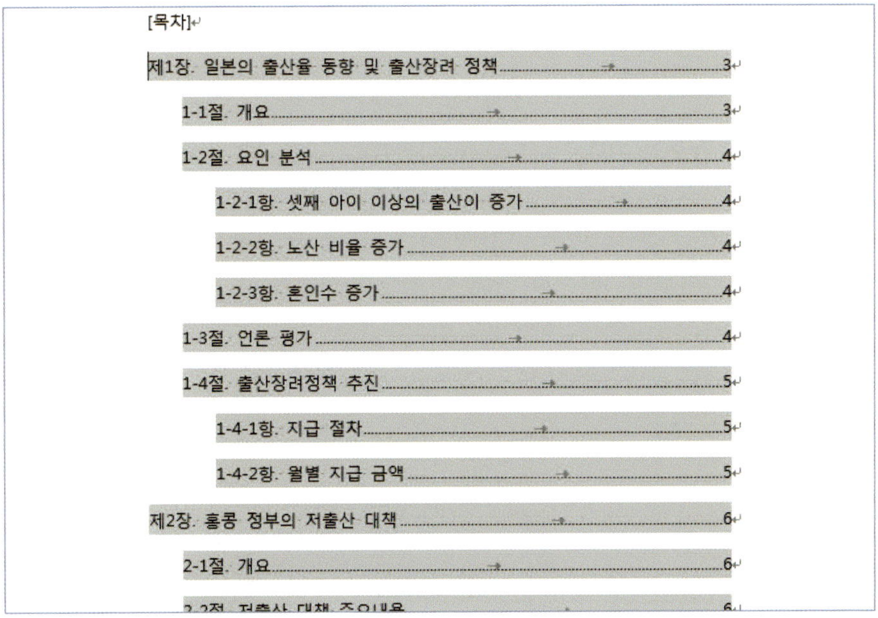
[목차]

11.3. 색인 만들기

본문에 삽입된 중요 단어들이 몇 페이지에 놓여있는지를 한눈에 알아볼 수 있도록 정리해 주는 기능으로 워드에서도 한/글과 마찬가지로 [색인] 기능을 제공한다.

① [탐색] 단축키 Ctrl+F를 눌러 '초저출산 사회'를 검색한다.

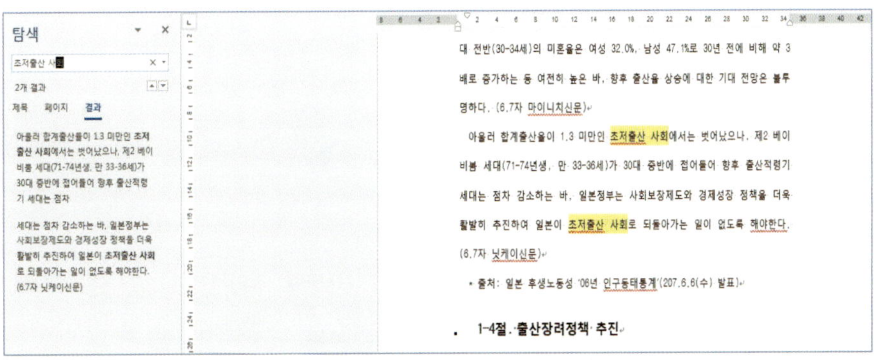

② 첫 번째로 나오는 '초저출산 사회'를 블록으로 지정한 후 [참조]-[항목 표시]를 선택한다.

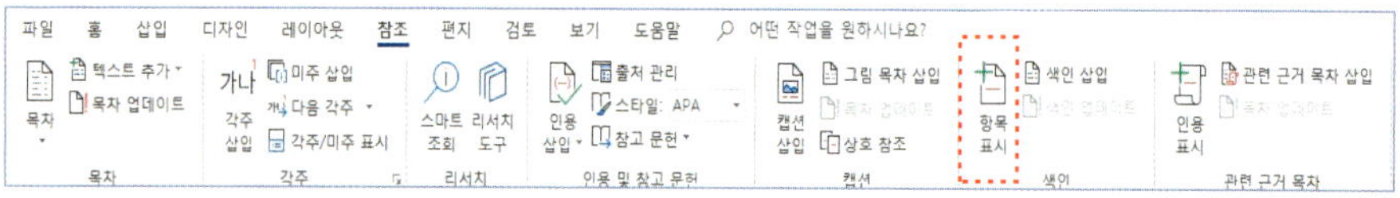

③ [색인 항목 표시] 창이 열리고 [주 항목]에 블록으로 지정했던 '초저출산 사회'라는 단어가 나타난다. [표시]를 누르면 본문의 해당 단어 옆에 색인 편집 기호가 나타난다.

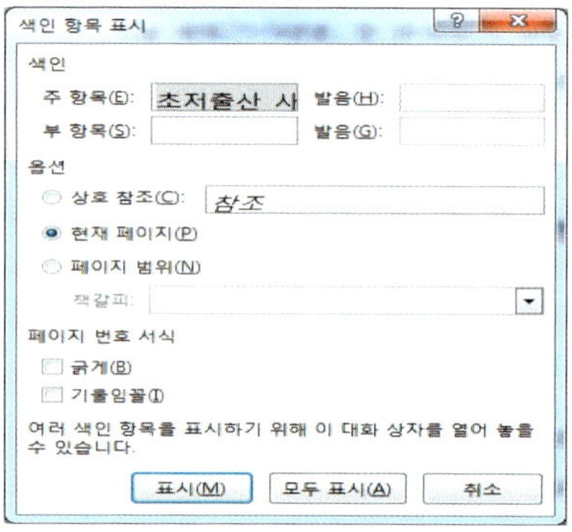

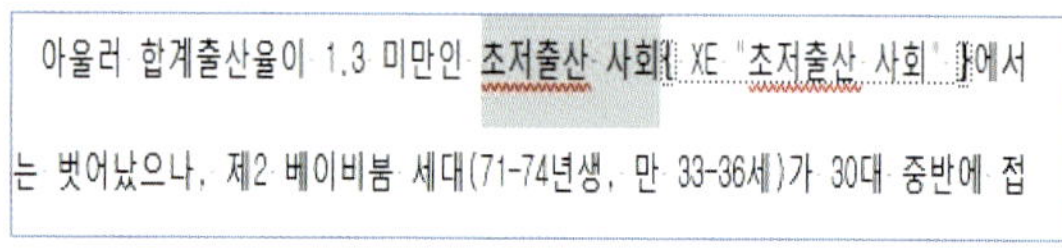

④ 같은 방법으로 본문의 중요 단어들을 임의로 선택해서 모두 [색인 항목 표시]를 달아준다.

⑤ 문서의 맨 뒤에 새로운 페이지를 삽입한 후 '[색인]'이라고 적는다.

⑥ [참조]-[색인]-[색인 삽입]을 선택한다.

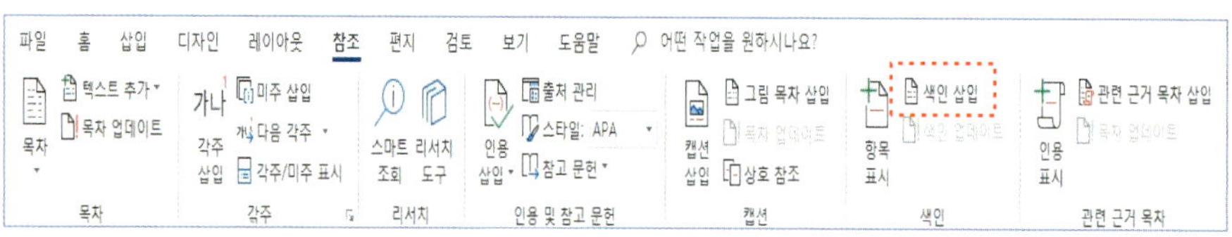

⑦ [색인] 대화상자가 열리면 [페이지 번호를 오른쪽에 맞춤]을 선택하고, [탭 채움선]을 점선으로 지정한다. [단 개수]를 '2'로 하면 2단의 색인이 삽입된다. [확인]을 누르면 커서가 놓인 곳에 색인이 삽입된다.

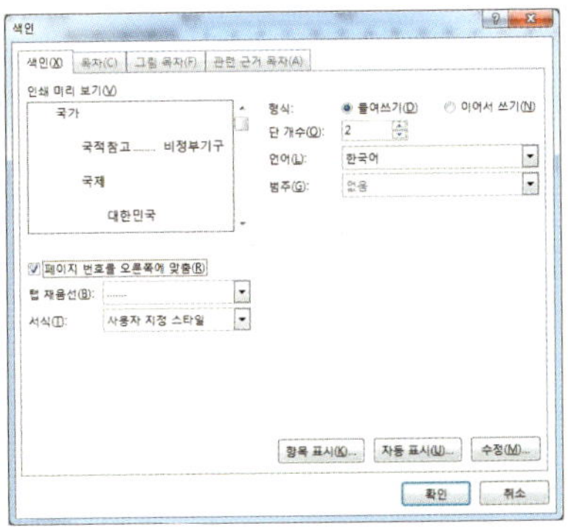

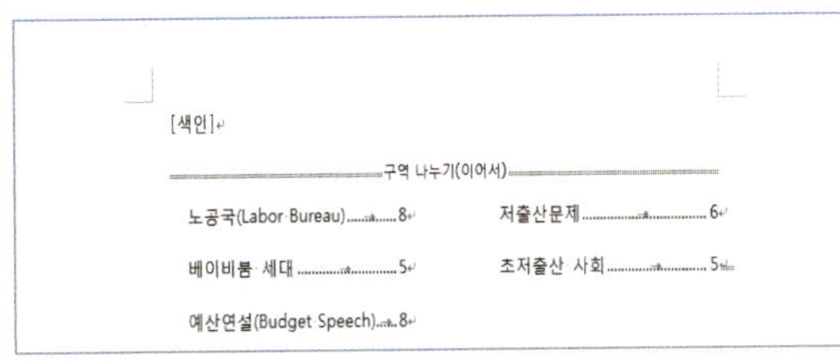

12. 표지 꾸미기

① 페이지 1에 커서를 놓는다. [삽입]-[표지]의 기본 제공 갤러리에서 '눈금' 모양을 선택한다.

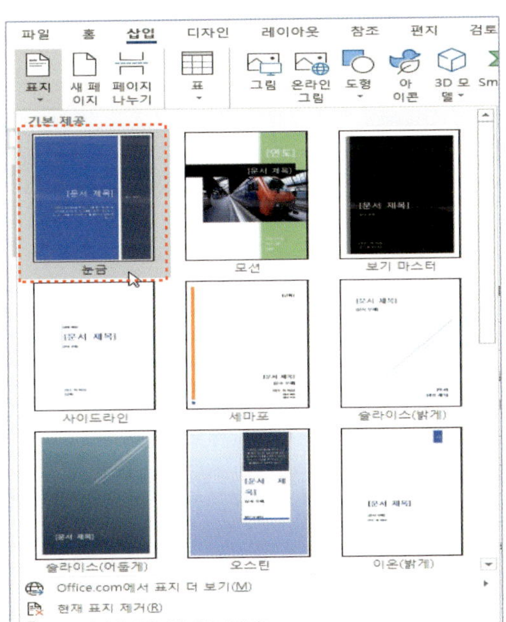

② 삽입된 표지의 제목란에 '아시아 여러 나라의 출산장려 정책'이라고 적는다. [부제목]과 [요약]은 해당 레이블 태그를 클릭해서 지워준다. 글꼴은 '맑은고딕체', '48pt', '굵게'로 지정한다.

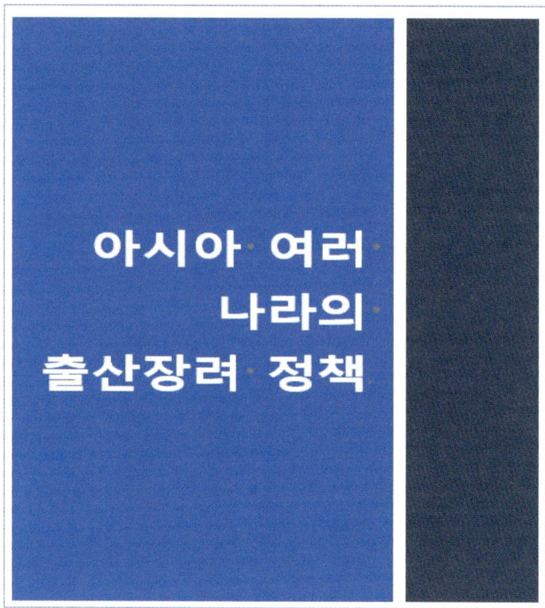

13. 머리글/바닥글 삽입

워드에서도 [머리글/바닥글] 혹은 [페이지 번호] 기능을 이용하여 문서의 정보를 페이지 상단이나 하단에 삽입할 수 있다.

13.1. 머리글 삽입

① 2쪽에 커서를 가져다 놓고 [삽입]-[머리글]-[머리글 편집]을 선택한다.

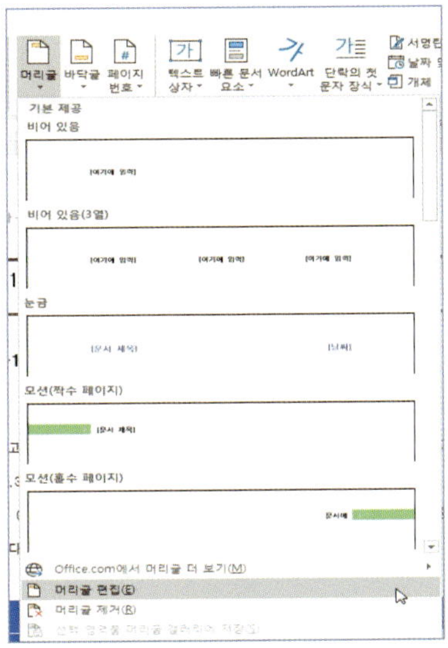

② [머리글/바닥글] 도구에서 [옵션] 그룹의 [짝수와 홀수 페이지를 다르게 지정]을 선택한다.

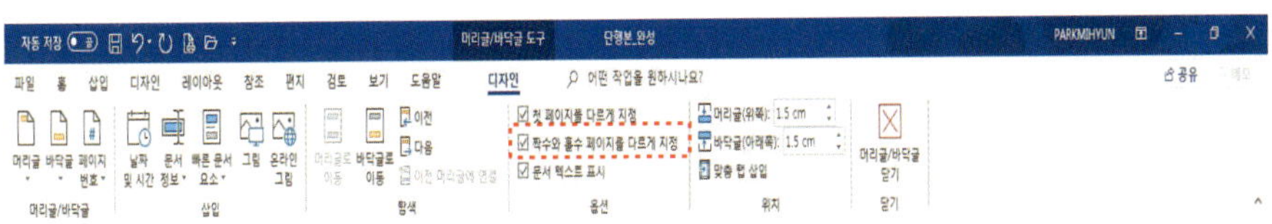

③ [짝수 페이지 머리글] 영역에 '[아시아 여러 나라의 출산장려 정책]'이라고 적고, 스타일 목록에서 '새 캡션' 스타일을 적용하되 '왼쪽 정렬'한다. [홀수 페이지 머리글] 영역에는 '[여성가족부 월례보고서]'라고 적고, 스타일 목록에서 '새 캡션' 스타일을 적용하되 '오른쪽 정렬'한다.

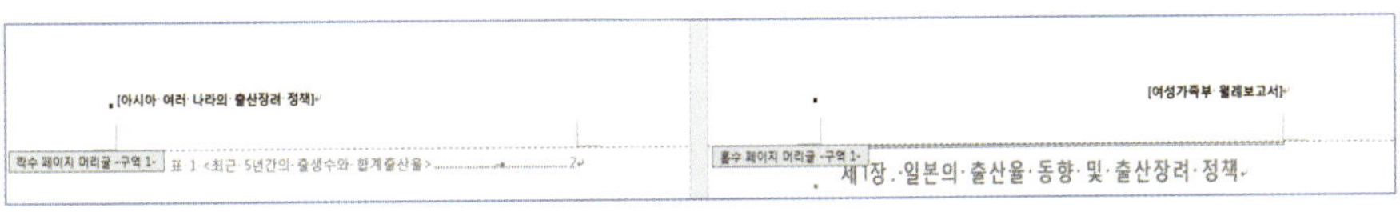

④ 머리글 편집이 끝나면 [머리글/바닥글] 도구 상자에서 [머리글/바닥글 닫기]를 누른다.

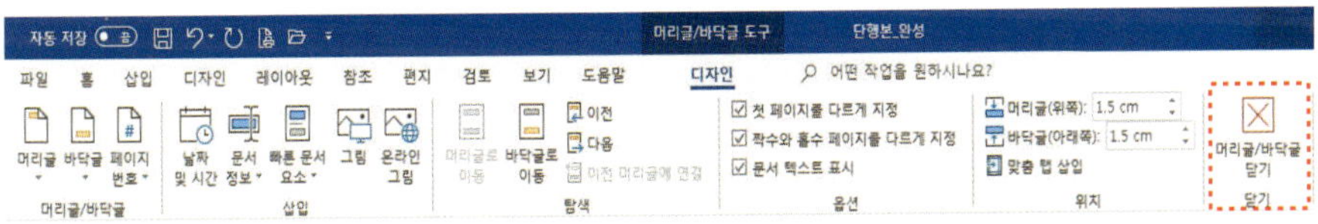

13.2. 바닥글 삽입

① 2쪽에 커서를 두고 [삽입]-[바닥글]-[바닥글 편집]을 선택한다.

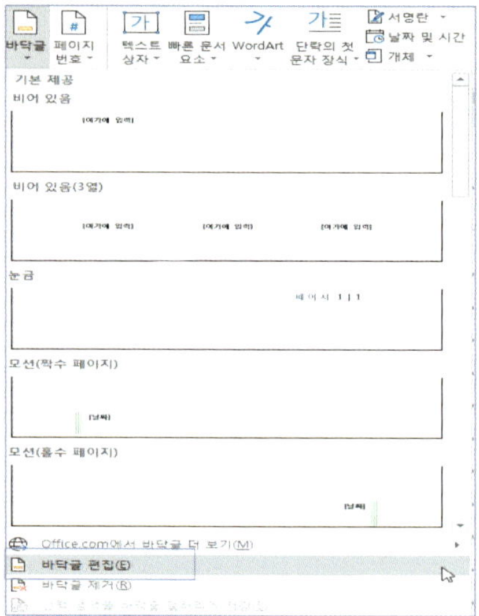

② [짝수 페이지 바닥글] 영역에 커서를 두고 [머리글/바닥글] 도구의 [페이지 번호]에서 [현재 위치]를 선택하고 목록에서 '굵게 표시된 번호'를 선택한다. [현재 페이지 번호 / 전체페이지 수]가 표시되면 '왼쪽 정렬'한다. 같은 방법으로 홀수 페이지 바닥글에도 [현재 페이지 번호] / [전체 페이지 수]가 나타나도록 하고, '오른쪽 정렬'한다.

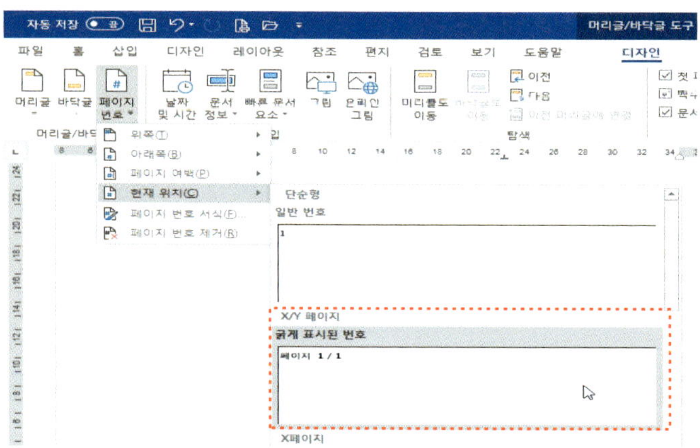

③ 이때 표지를 제외하고 첫 페이지를 '2'로 시작하게 하려면 [머리글/바닥글 도구]-[페이지 번호]-[페이지 번호 서식]을 선택한다. [페이지 번호 서식] 대화상자가 열리면 [시작 번호]를 '2'로 지정하고 [확인]을 누른다.

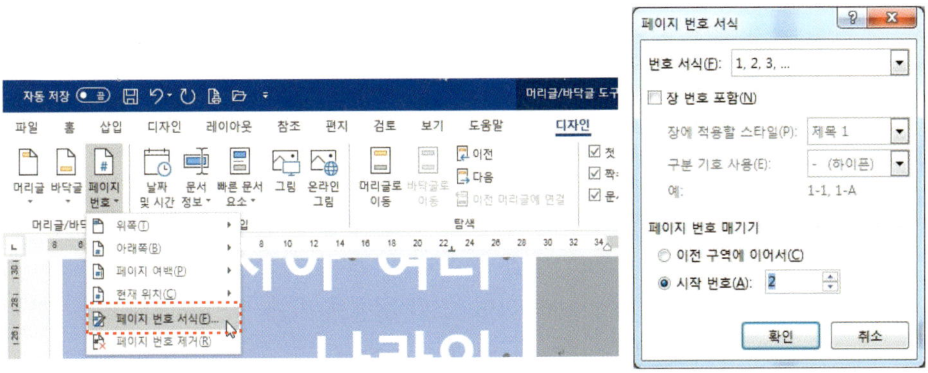

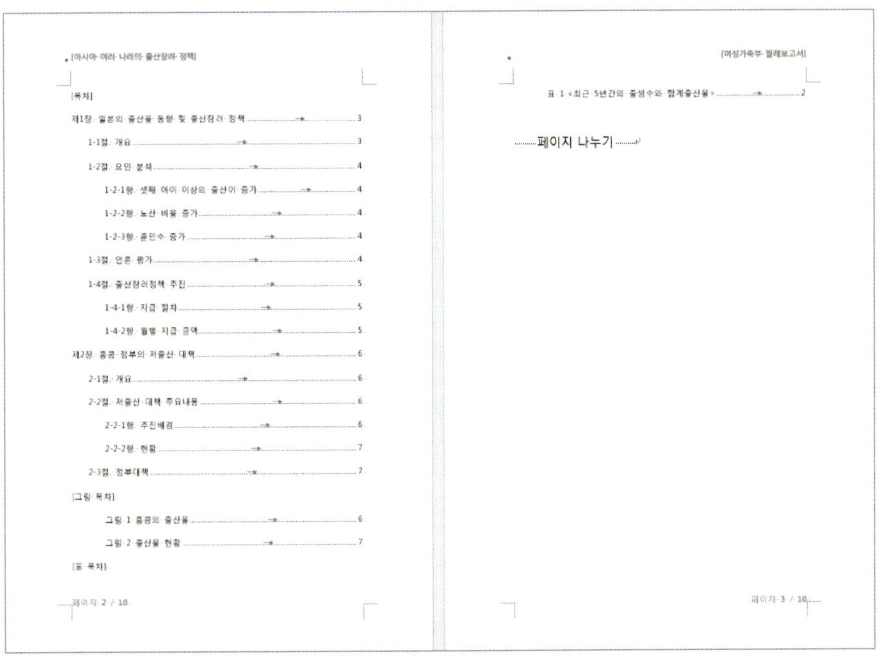

14. 페이지 테두리

문서에 테두리를 넣어주면 전체적으로 깔끔한 인상을 줄 수 있다.

① [디자인]-[페이지 테두리]를 선택한다.

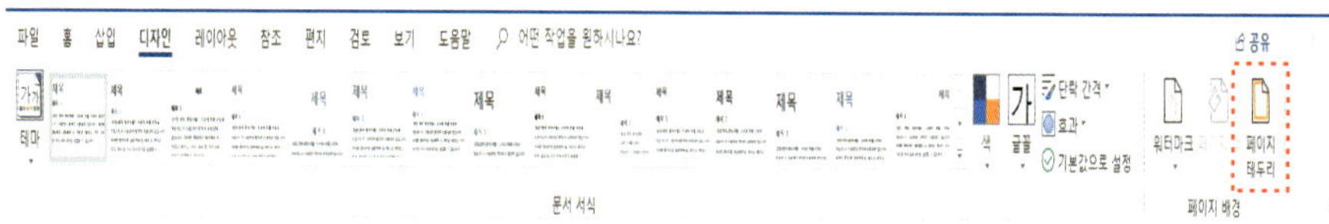

② [테두리 및 음영] 대화상자가 열리면 [스타일]에서 이중 실선을 선택하고, [적용 대상]을 '문서 전체'로 지정한 후 [확인]을 누른다.

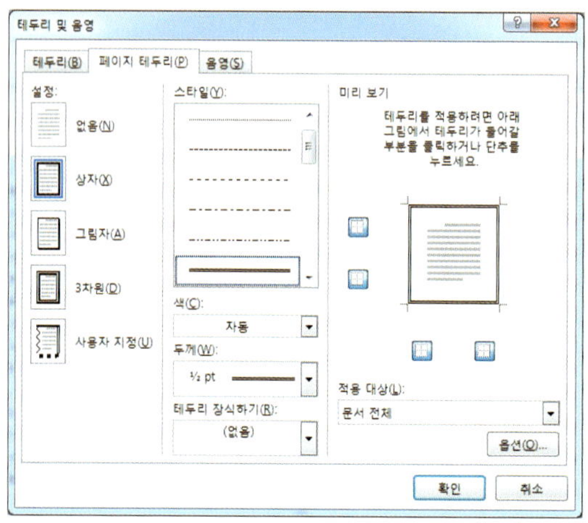

③ 표지, 머리글/바닥글, 페이지 테두리 등을 삽입하여 목차나 색인의 페이지 번호가 달라진 경우 Ctrl+A를 눌러 문서 전체를 블록으로 지정한 후 마우스의 오른쪽 버튼을 눌러 단축 메뉴 중 [필드 업데이트]를 실행해서 페이지 번호를 수정한다.

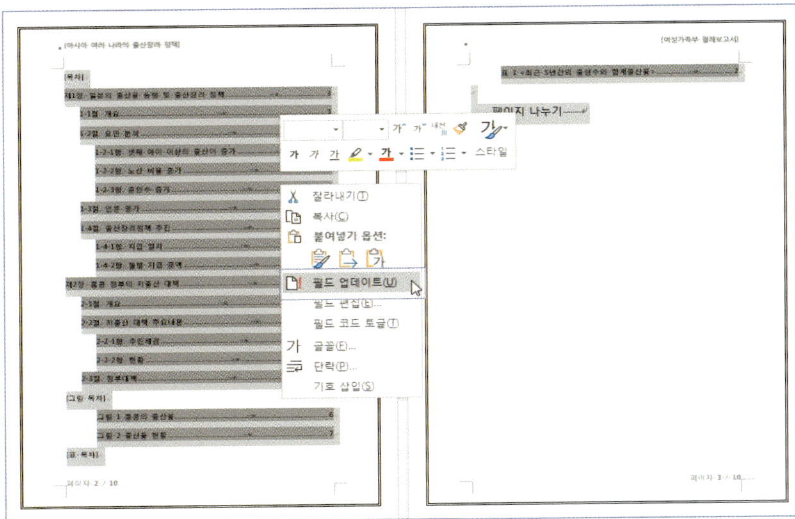

15. 미리 보기

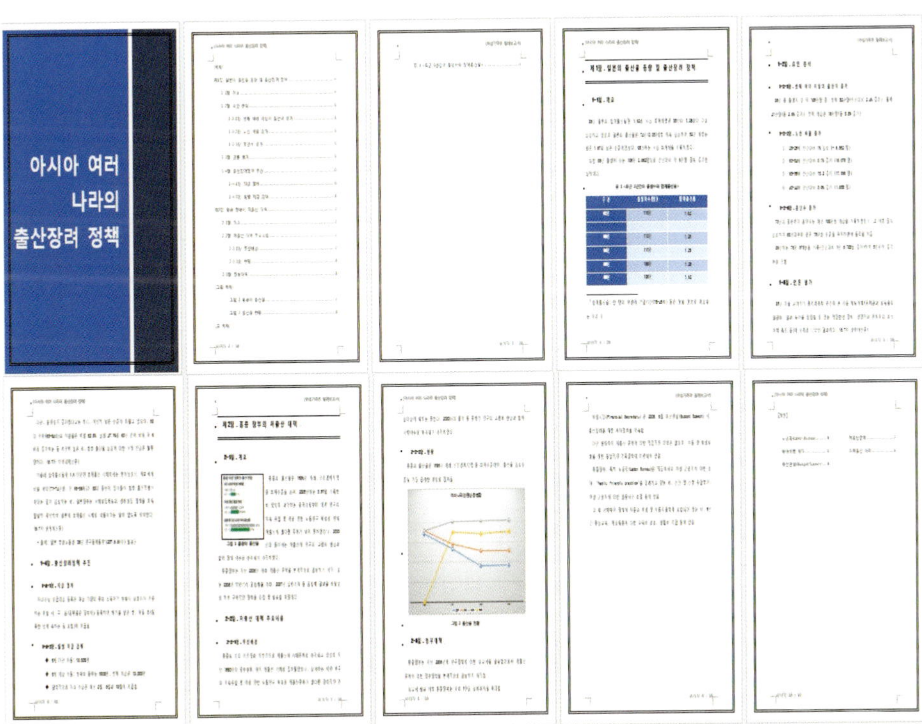

실습과제

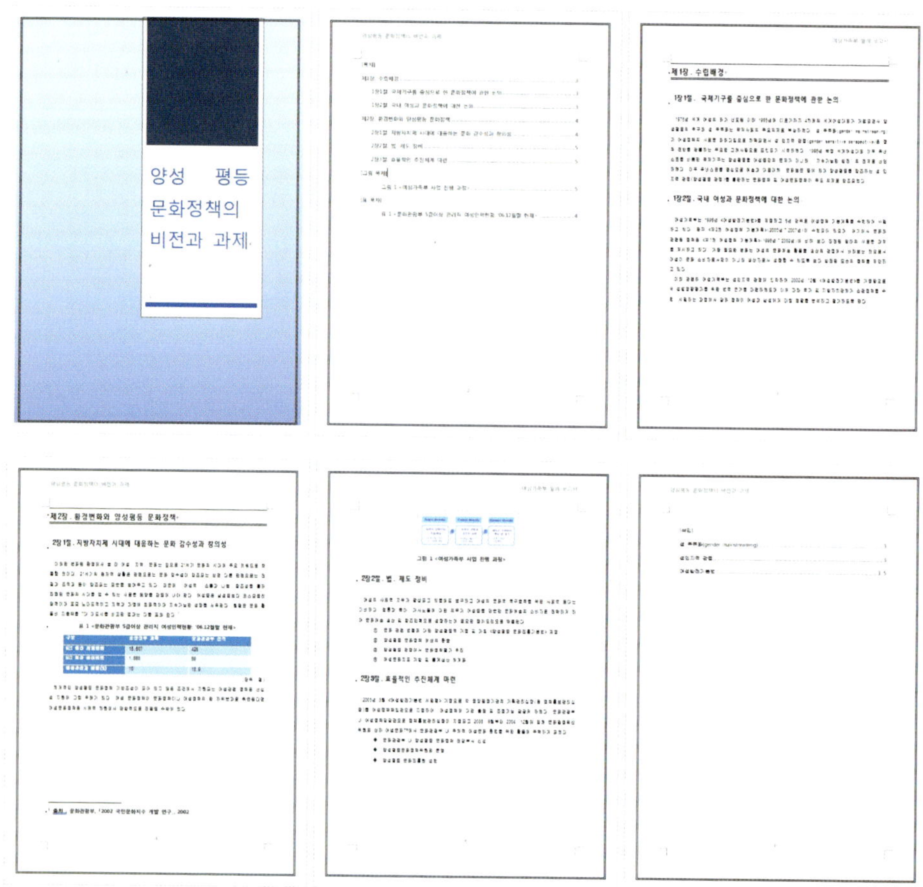

❶ 페이지 크기는 'A4'로 하고 [여백]은 'Office2003 기본값'으로 적용한다.

❷ [다른 이름으로 저장]을 이용하여 '이름학번_과제.docx'로 저장한다.

❸ 아래 [스타일 가져오기] 탭을 이용하여 '단행본_완성.docx'파일에서 만든 '새 본문', '개요 1', '개요 2', '개요 3', '새 캡션' 스타일을 가져온다.

❹ 전체 본문은 '새 본문' 스타일을 적용하고, 각 제목 문단들은 수준에 맞게 '개요 1', '개요 2', '개요 3' 스타일을 적용한다.

❺ [새 다단계 목록 정의]를 이용하여 개요 번호를 수준별로 '제1장.', '1장1절.'의 형식으로 붙여본다.

> **제1장. 수립배경**
>
> **1장1절. 국제기구를 중심으로 한 문화정책에 관한 논의**

❻ '2장2절. 법제도 정비' 문단 아래 4개의 문단 앞에는 문단 번호를 붙이되, 원문자 형태로 붙여준다.

> **2장2절. 법.제도 정비**
>
> 여성의 사회적 지위가 향상되고 있음에도 불구하고 여성의 문화적 욕구충족을 위한 사회적 토대는 미비하다. 결혼과 육아, 가사노동에 대한 의무가 여성들을 단순한 문화예술의 소비자로 전락하게 하여 문화예술 생산 및 창조인력으로 성장하는데 중요한 장애요인으로 작용한다.
>
> ① 문화 관련 법령에 대한 양성평등적 개정 및 가칭 <양성평등 문화진흥기본법> 제정
> ② 양성평등 문화정책 예산의 확충
> ③ 양성평등 관점에서 문화정책평가 추진
> ④ 여성문화지표 개발 및 통계생산 체계화

❼ '2장3절. 효율적인 추진체계 마련' 문단 아래 3개의 문단 앞에는 글머리표(◆)를 붙인다.

> **2장3절. 효율적인 추진체계 마련**
>
> 2003년 3월 <여성발전기본법 시행령> 개정으로 각 중앙행정기관의 기획관리실장(현 정책홍보관리실장)을 여성정책책임관으로 지정하여, 여성정책에 대한 총괄 및 조정기능 담당케 하였다. 문화관광부 내 여성정책담당관으로 정책홍보관리실장이 지정되고 2003. 9월부터 2004. 12월에 걸쳐 문화행정혁신위원회 산하 여성문화TF에서 문화관광부 내 주체적 여성문화 확립을 위한 활동에 주력하게 되었다.
>
> ◆ 문화관광부 내 양성평등 문화정책 전담부서 신설
> ◆ 양성평등문화정책위원회 운영
> ◆ 양성평등 문화진흥원 설립

❽ '2장1절' 문단 아래 있는 문자열들은 표로 바꾸어 준다. 캡션을 예제와 같이 삽입한다.

표 1 <문화관광부 5급이상 관리직 여성인력현황: '06.12월말 현재>

구분	중앙정부 계획	문화관광부 실적
5급 이상 전체인원	15,607	425
5급 이상 여성인원	1,563	59
여성관리자 비율(%)	10	13.9

(단위: 명)

❾ '그림1'도 예제와 같이 삽입하고 캡션을 삽입해 준다.

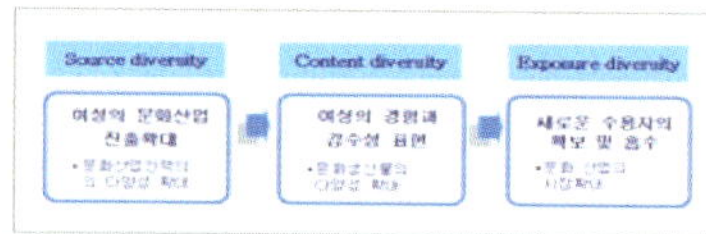

그림 1 <여성가족부 사업 진행 과정>

❿ '출처 : 문화관광부, 『2002 국민문화지수 개발 연구』, 2002.' 문장을 찾아 각주로 처리한다.

1 출처 : 문화관광부, 『2002 국민문화지수 개발 연구』, 2002.

⓫ 1페이지는 예제와 같이 문서의 표지로 꾸며준다.

⓬ 2페이지에 차례를, 8페이지엔 색인을 삽입한다. (단 색인에 나오는 단어들은 임의로 5개를 선택한다.)

[목차]

[그림 목차]

[표 목차]

[색인]

⓭ 짝수 페이지와 홀수 페이지를 구분하여 머리글을 삽입한다.

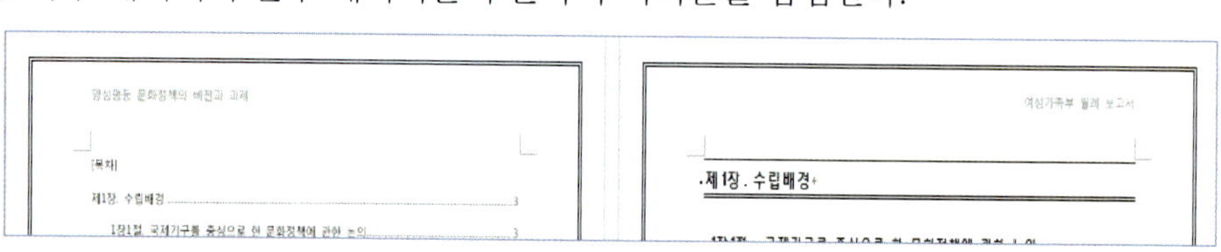

⓮ 2페이지 이후부터 페이지 하단 가운데에 페이지 번호를 삽입한다.

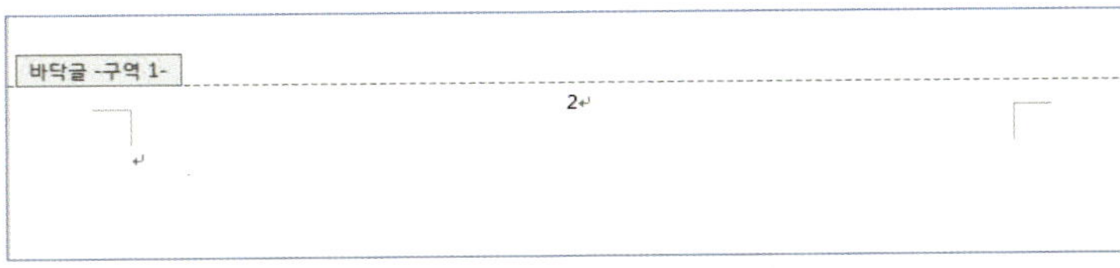

워드에서 스타일 가져오기

스타일을 사용하여 만든 문서가 있다면 새로 작성하는 문서에서 기존 문서의 스타일을 가져와서 사용할 수 있다.

■ 처리 방법

① 스타일 목록 창에서 [스타일 관리] 아이콘()을 누른다. [스타일 관리] 대화상자가 열리면 [가져오기/내보내기]를 누른다.

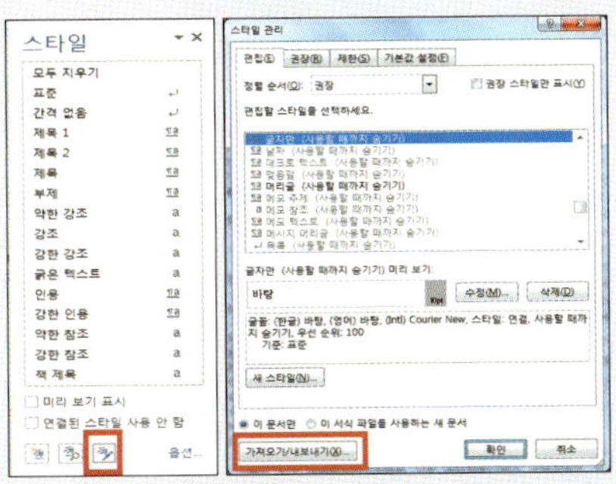

② [구성 도우미] 창이 열리면 왼쪽 [원본]에서 [파일 닫기]를 누르고 다시 [파일 열기]를 누른다. [열기] 창이 열리면 파일의 종류를 '모든 파일'로 한 뒤 '단행본_완성.docx' 파일을 선택한다.

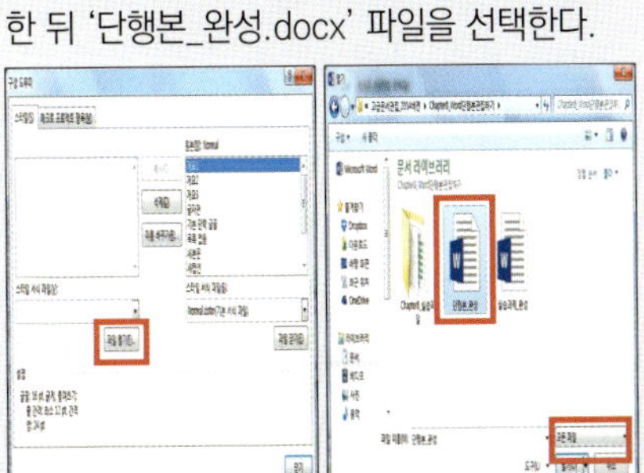

③ [원본 : 단행본_완성]에서 가져오고자 하는 스타일들을 Ctrl 키를 눌러 동시에 선택하고 [복사]를 누르면 [대상]에 스타일이 복사된다.

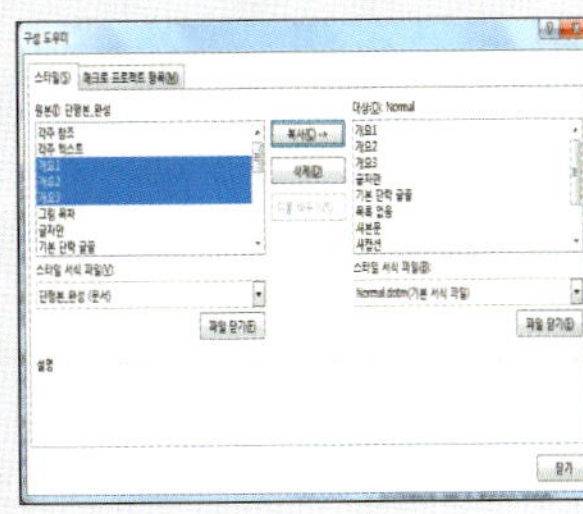

④ 이번에는 오른쪽 원본에서 대상으로 가져오고 싶은 스타일을 다시 한번 Ctrl 키와 함께 선택한 후 [복사]를 눌러 왼쪽 [대상 : 실습과제_완성]으로 가져온 후 [닫기]를 누른다.

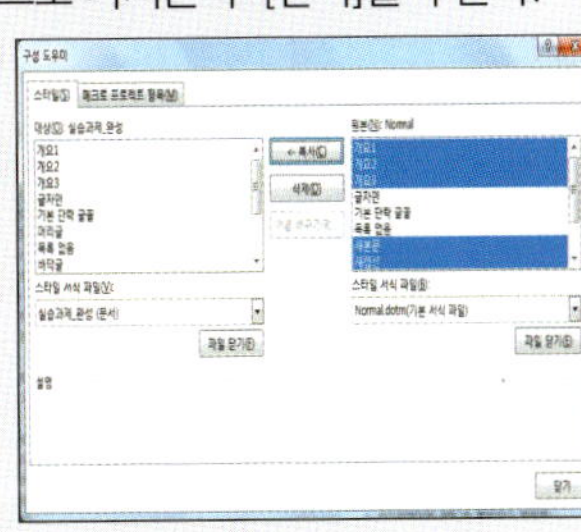

⑤ 스타일 목록에 원하는 스타일들이 가져와 진다.

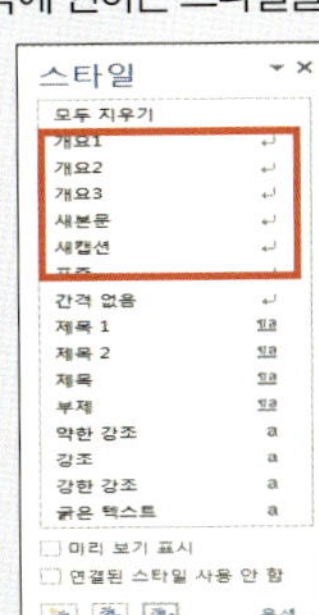

Chapter 3 편지 병합 및 문서검토

이번 장에서는 문서 작업을 할 때 필요한 부가적인 기능들을 다루어 보고자 한다.

먼저 여러 사람에게 동일한 내용의 편지를 보내야 하는 상황이라고 가정해 보자. 편지의 내용은 같은데 이름과 주소만 달리해야 할 경우, 이름과 주소를 일일이 수정해가면서 문서를 출력해야 한다면 작업 시간도 오래 걸릴 뿐 아니라 이름이나 주소가 중복되는 오류를 범하기 쉽다. 이런 경우 이름이나 주소 등을 데이터 파일로 따로 작성한 후 워드프로세서에서 서식 파일과 데이터 파일을 결합해서 수십 혹은 수백 통의 문서를 한꺼번에 출력해 주는 기능을 제공하는데, 이런 기능을 [편지병합 또는 메일머지]라고 부른다. 이러한 자동화 도구를 활용할 줄 안다면 대량의 데이터에 대해서 작업의 시간을 줄일 뿐 아니라 정확한 문서 작업을 처리할 수 있게 된다.

두 번째로는 문서를 작성한 후 제삼자에게 검토를 의뢰하는 경우, 검토자가 원본을 바로 수정을 해 버리면 어느 부분이 수정되었는지 알 수 없어 당황스러울 때가 있다. 이런 경우 [변경 내용 추적] 기능을 통해 수정한 부분들이 문서에 표시되고, 선택적으로 수정 사항을 원본에 적용할 수 있는 기능이 있다. [변경 내용 추적] 도구를 통해 공동 작업 혹은 문서의 협업에 대해 이해해 보자.

마지막으로 문서 보호 기능을 이용하여 문서 전체에 암호를 설정하거나 문서편집을 제한하는 방법에 대해 알아본다.

예제

〈편지 병합의 예〉

〈변경 내용 추적의 예〉

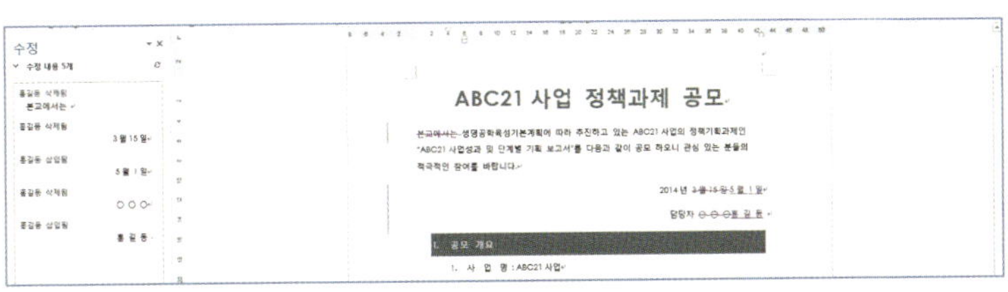

〈 문서 편집 제한의 예 〉

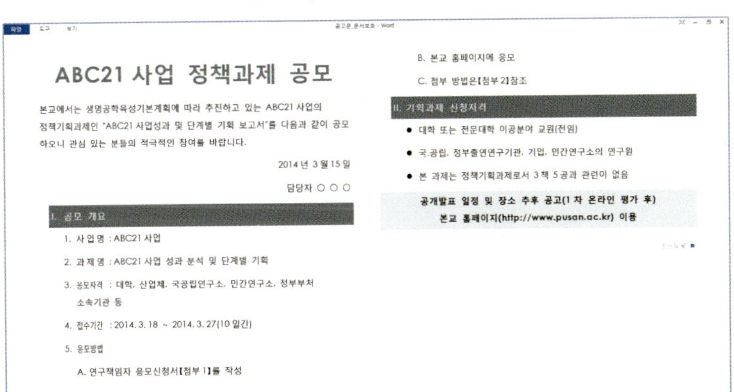

1. 편지병합 기능을 활용하여 수료증 인쇄하기

편지병합 기능은 대량의 데이터 파일과 서식 파일을 연결하여 일괄적으로 문서를 출력해 주는 기능으로 단순 반복 작업을 빠르고 정확하게 처리하는 데 도움을 준다.

① [파일]-[열기]를 이용하여 '교육수료증.docx'파일을 불러온다.

② [편지]-[편지병합 시작]에서 [편지]를 선택한다.

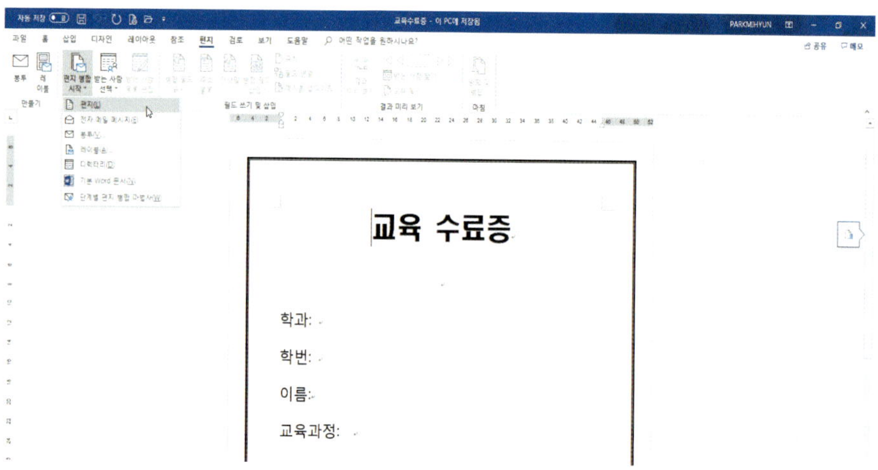

③ [편지]-[받는 사람 선택]에서 [기존 목록 사용]을 선택한 후 [데이터 원본 선택] 대화상자가 열리면 '수료자명단.xls' 파일을 선택한다.

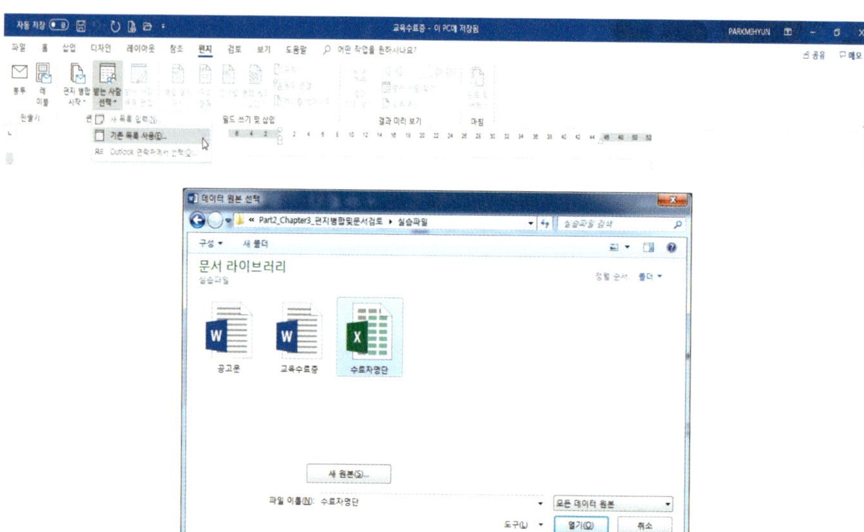

④ [테이블 선택] 대화상자가 열리면 데이터가 들어있는 [Sheet1$] 테이블을 선택하고 [확인]을 누른다.

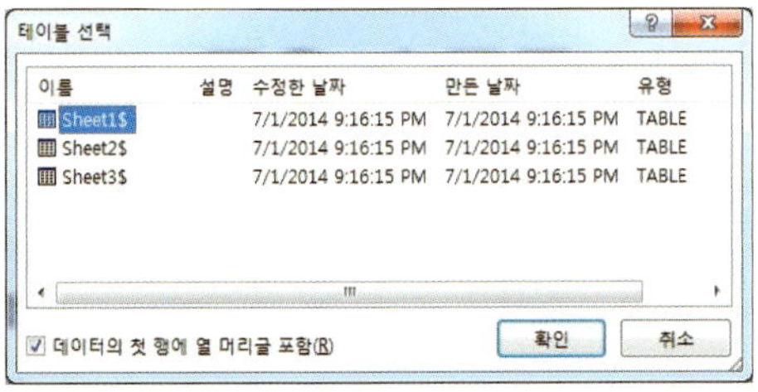

⑤ 교육자 명단 중 수료증을 받게 될 사람들을 선택하려면 [편지]-[받는 사람 목록 편집]을 선택한다.

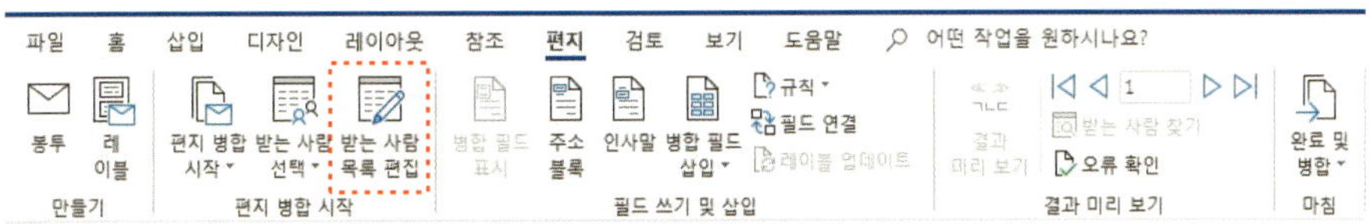

⑥ [편지병합 받는 사람]에서 [정렬]을 선택하고, [첫째 기준]을 '이름', '오름차순'으로 지정하고 [확인]을 누른다. 받을 사람 목록이 '가나다' 순으로 정렬된 것을 볼 수 있다.

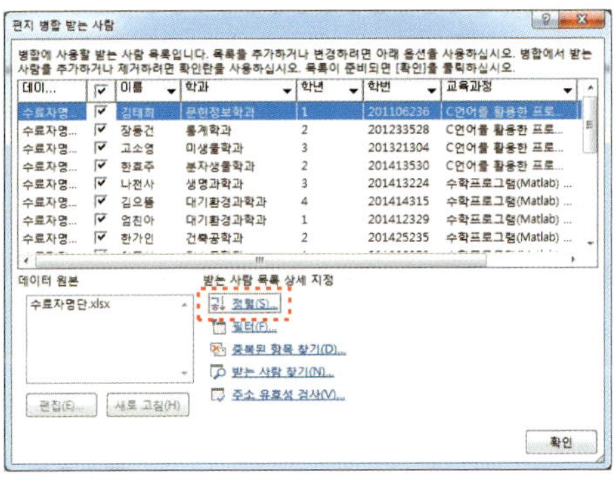

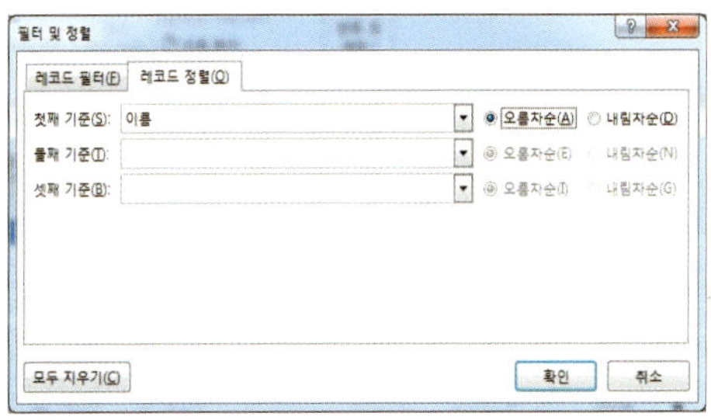

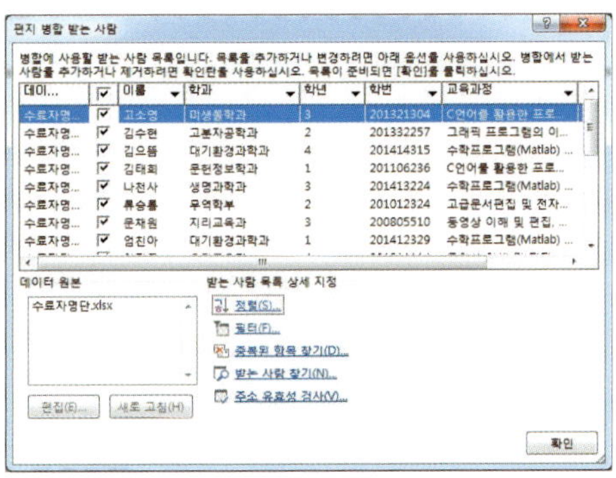

⑦ 이번에는 받는 사람 목록에서 1학년 학생만 추출해 보자. [필터]를 선택한다. [필드]에서 '학년'을 선택하고 [비교]는 '같음', [비교값]은 '1'로 지정한 후 [확인]을 누른다.

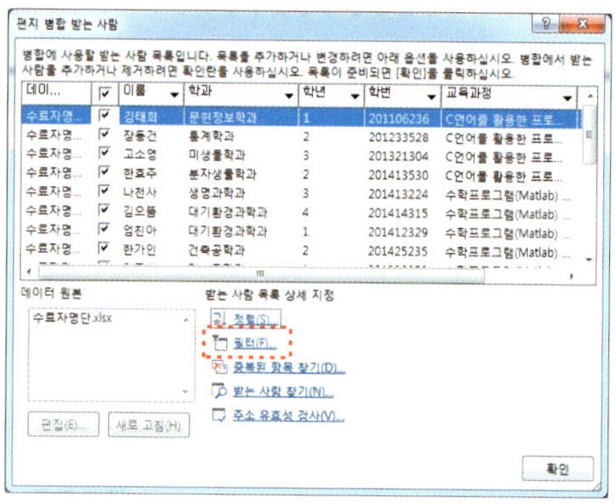

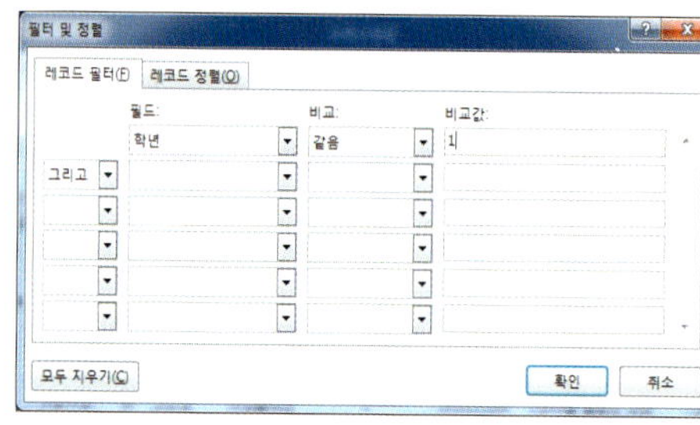

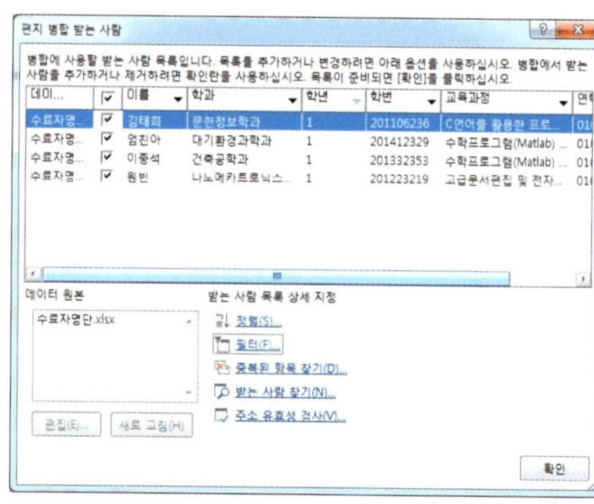

⑧ 필터를 해제하고 싶다면 [모두 지우기]를 선택하고 [확인]을 누른다.

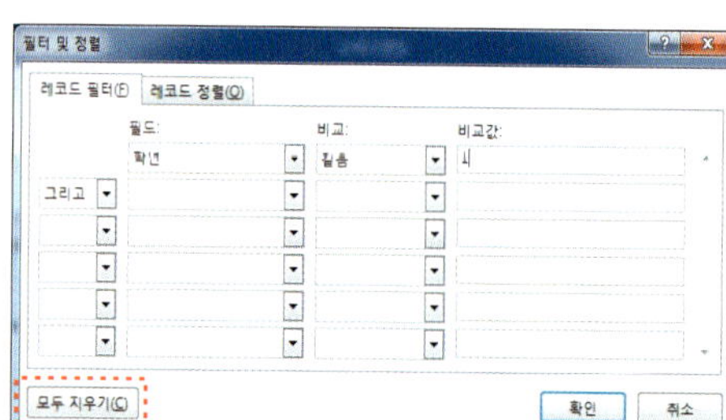

⑨ 문서에 병합할 필드를 삽입해보자. 본문 '학과 : ' 뒤에 커서를 두고 [편지]-[병합 필드 삽입]에서 '학과'를 선택하면 해당 위치에 '《학과》'필드가 삽입된다. 같은 방법으로 아래 그림과 같이 '《학번》', '《이름》', '《교육과정》' 필드를 삽입한다.

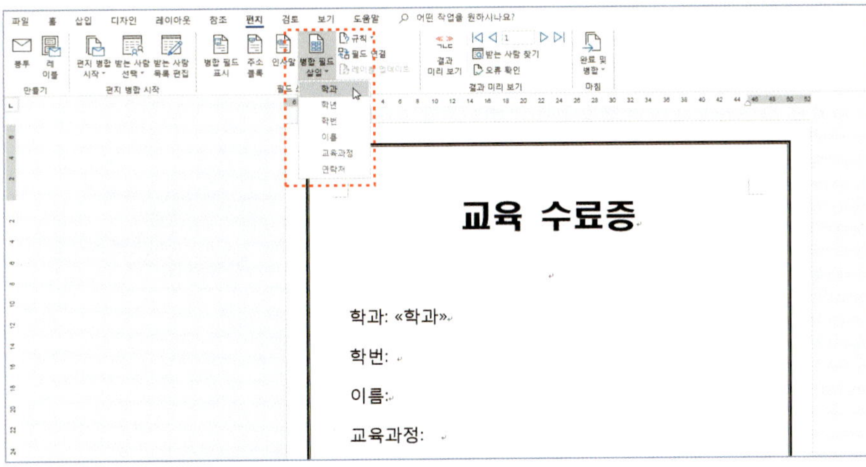

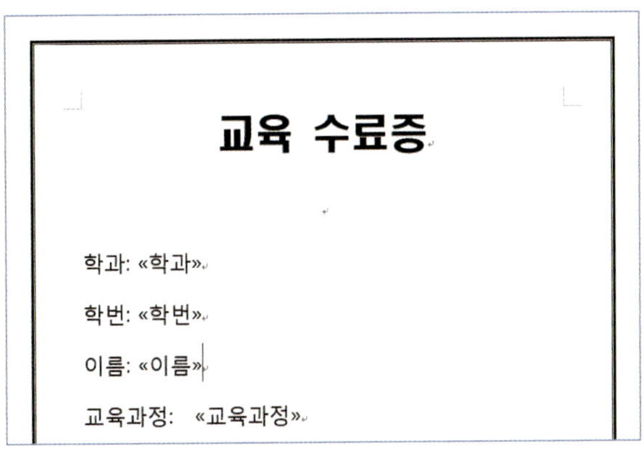

⑩ 필드 삽입 결과를 미리 확인하려면 [편지]-[결과 미리 보기]를 클릭한다. [이전 레코드](◁)와 [다음 레코드](▷)을 눌러가면서 정확하게 필드 값이 입력되었는지 확인한다.

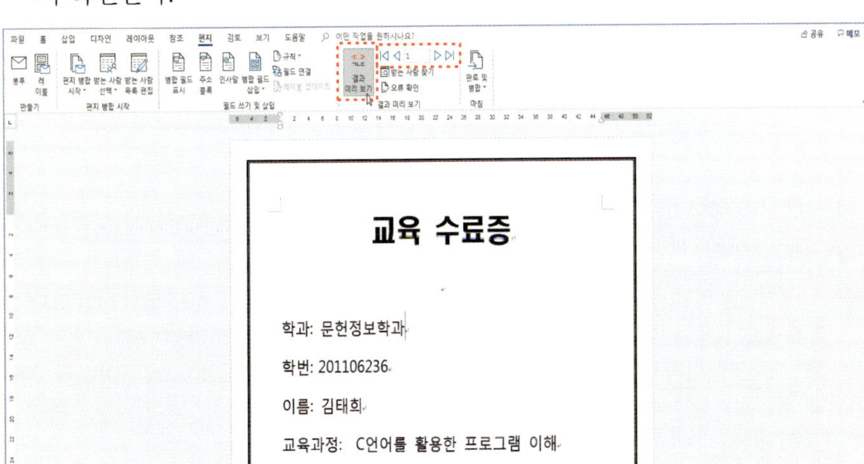

⑪ 필드 삽입이 완료되면 결과를 문서로 저장할 것인지 인쇄할 것인지를 결정해야 한다. [편지]-[마침]-[완료 및 병합]에서 '개별 문서 편집'을 선택한 후 [새 문서로 병합]에서 '모두'를 선택한 후 [확인]을 누른다.

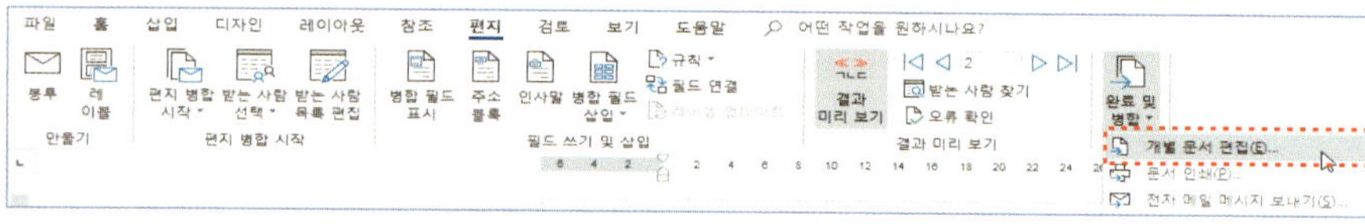

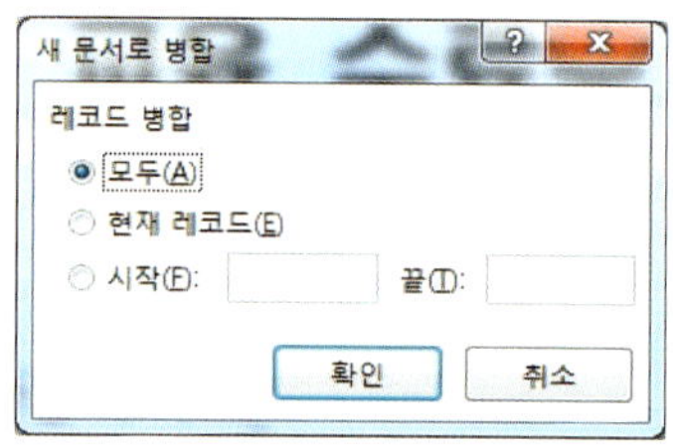

⑫ 서식과 데이터가 결합된 새로운 문서 '편지 1.docx'파일이 열린다. [보기]-[여러 페이지]를 선택하면 여러 페이지를 동시에 볼 수 있다.

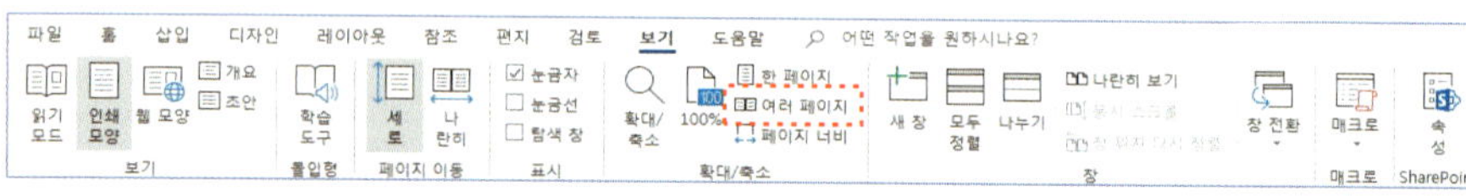

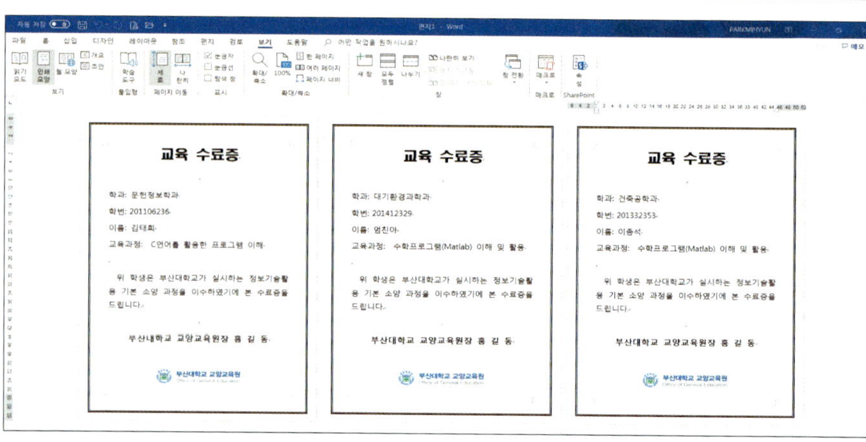

한/글에서의 메일 머지

▪ 사용방법

① [도구]-[메일 머지]-[메일 머지 만들기]를 통해 데이터 파일과 연결한다. 한/글에서 메일 머지에 쓸 수 있는 데이터 파일에는 윈도우의 주소록과 Outlook 주소록, 한/글 파일(*.hwp), DBF 파일(*.dbf)뿐만 아니라 한/셀 파일(*.cell), 넥셀 파일(*.nxl)이나 엑셀 파일(*.xls) 등이 있다. (주의! 엑셀 파일 중 *.xlsx 파일과는 연결할 수 없다.)

② [도구]-[메일 머지]-[메일 머지 표시 달기]를 통해 필드 값을 연결한다.

2. 문서검토

다른 사람이 작성한 문서를 교정 혹은 검토하는 경우 수정된 부분이 표시되어 원 작성자가 수정 사항에 대해 문서에 적용할지를 선택할 수 있도록 도와주는 기능이 [검토] 기능이다.

2.1. 변경 내용 추적

① 누군가가 작성한 공고문을 넘겨받아 수정 사항을 검토한다고 가정해 보자. [파일]-[열기]를 이용하여 '공고문.docx' 파일을 불러온다.

② 이때 바로 문서를 수정해 버리면 어느 부분이 수정되었는지 알 수 없게 된다. 따라서 수정 사항이 기록으로 남도록 변경 내용을 표시하려면 [검토] 탭에서 [추적] 그룹 [변경 내용 추적]을 선택한다.

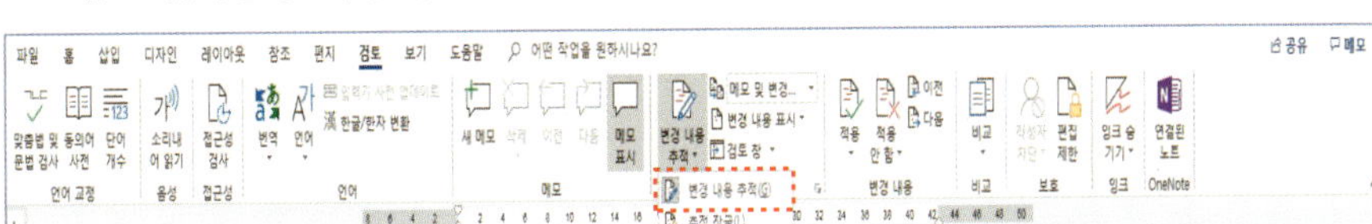

③ 수정한 사람의 이름을 수정한 부분에 표시하려면 [추적] 대화상자를 열고 [사용자 이름 변경]을 눌러 [사용자 이름]을 '홍길동'으로 변경해 본다. ([고급 옵션]을 이용하여 사용자별로 수정된 사항에 대해 색상을 달리 표시할 수도 있다.)

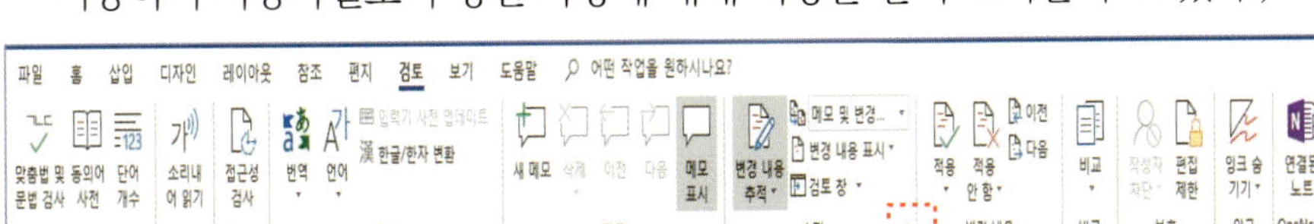

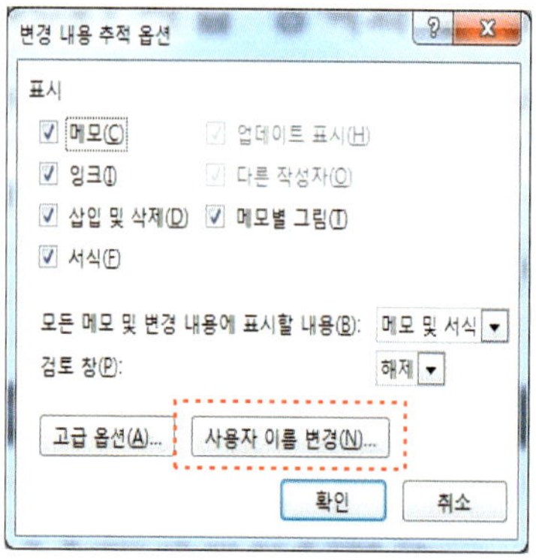

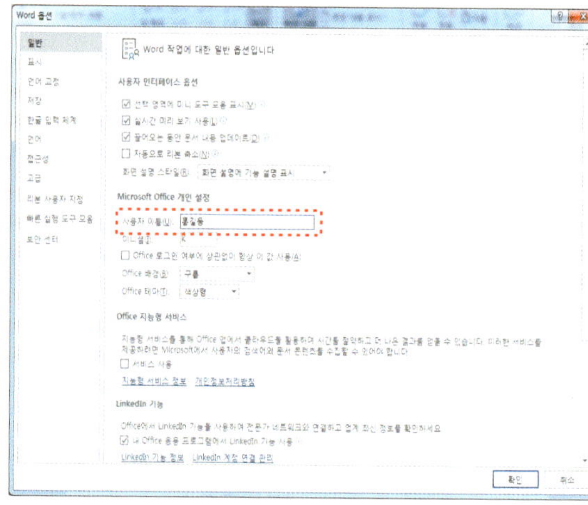

④ 작업 창 왼쪽에 [수정] 창이 열리고 수정된 사항 목록이 나타나게 된다.

⑤ 먼저 본문 첫 줄의 '본교에서는'이라는 단어를 블록으로 지정한 후 Delete 키를 눌러 삭제해 본다. 문서에서 글자가 바로 삭제되는 것이 아니라 삭제되었다는 표시와 함께 누가 삭제했는지가 나타난다.

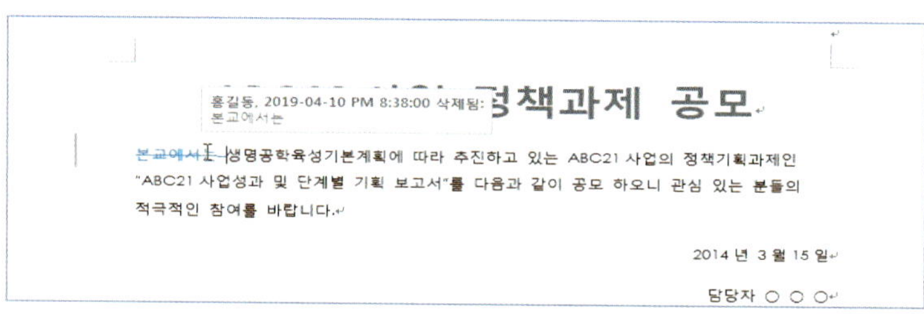

⑥ 문서 내의 글자들을 아래와 같이 임의로 삽입/삭제, 서식 변경 등을 시도해 본다.

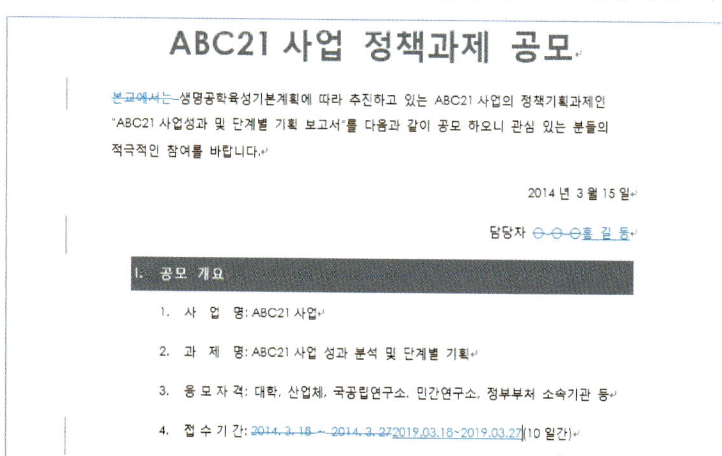

2.2. 변경 내용 적용/적용 안 함

① 검토자가 수정한 문서를 저장한 후 다시 작성자에게 전달하였다고 가정해 보자. 문서 작성자는 검토되어온 사항들을 하나씩 훑으면서 선택적으로 문서에 적용할 수 있다.

② 검토 내용을 반영하기 위해서 문서 첫 부분에 커서를 두고 [검토]-[변경 내용] 그룹에서 [다음]( )을 누른다. 첫 번째 검토 내용이 블록으로 지정된다. 이때 이 부분을 본문에 반영하려면 [적용]( )을 누른다. 그림과 같이 수정된 사항이 본문에 적용되고 다음번 수정 사항이 블록으로 지정된다. 반영하고 싶지 않은 내용은 [적용 안 함]( )을 누른다.

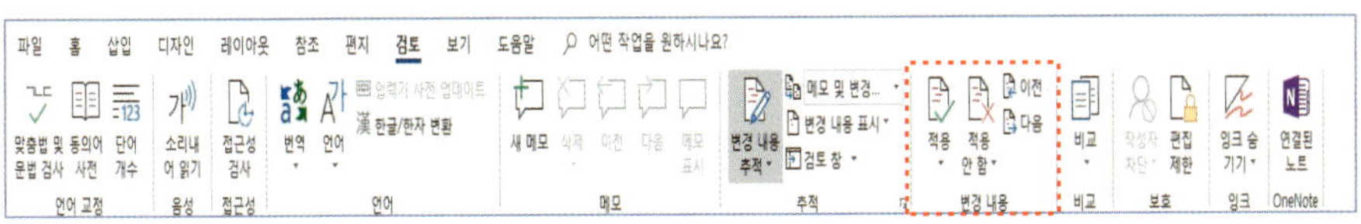

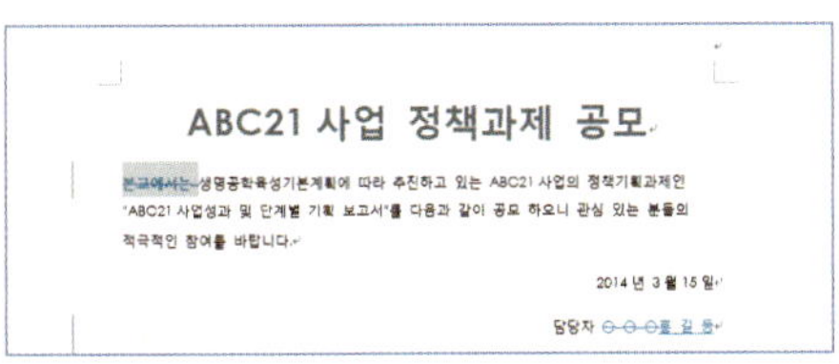

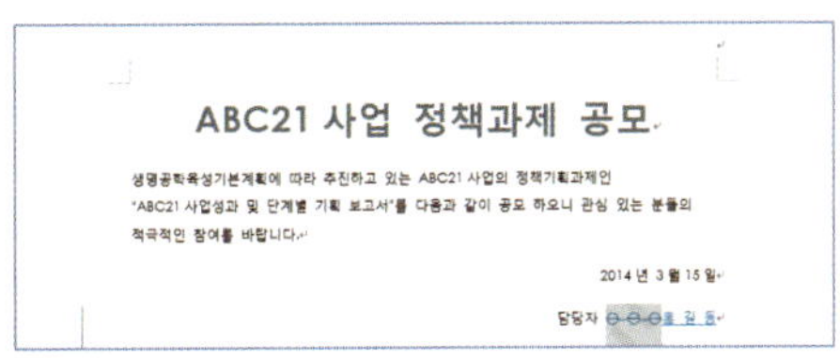

③ 변경 내용 검토가 끝나면 아래와 같은 문자창이 뜬다. [확인]을 눌러 적용을 마친다.

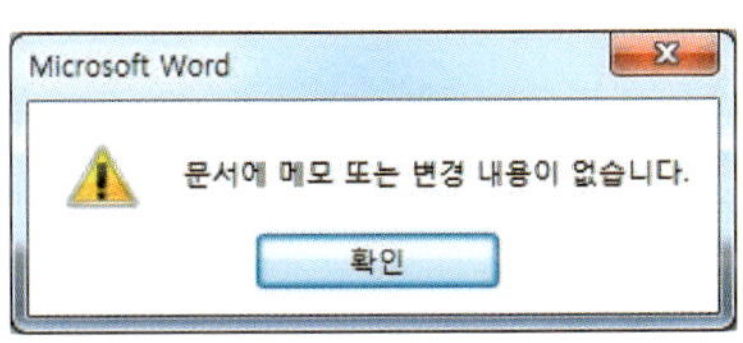

④ 수정 사항에 대한 검토가 끝났으면 [검토]-[추적]-[변경 내용 추적]을 해제한다. [변경 내용 추적]을 해제하면 본문을 수정해도 이제는 변경 내용이 표시되지 않는다.

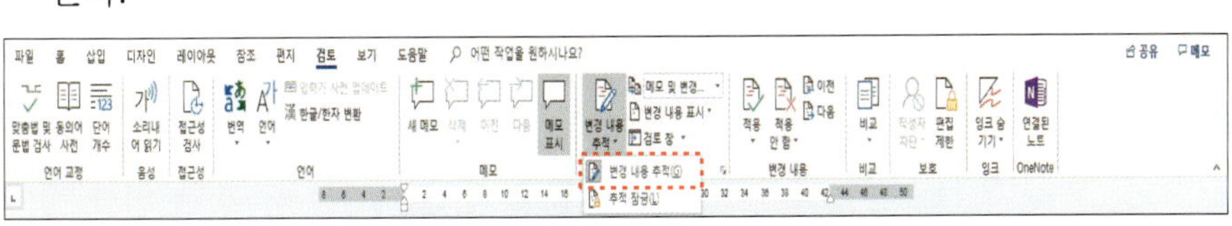

⑤ 검토가 끝난 문서를 '공고문_검토.docx' 파일로 저장한다.

3. 문서 비교

① 원본과 수정된 문서를 비교해 보고 싶다면 [검토]-[비교]에서 [비교]를 누른다.

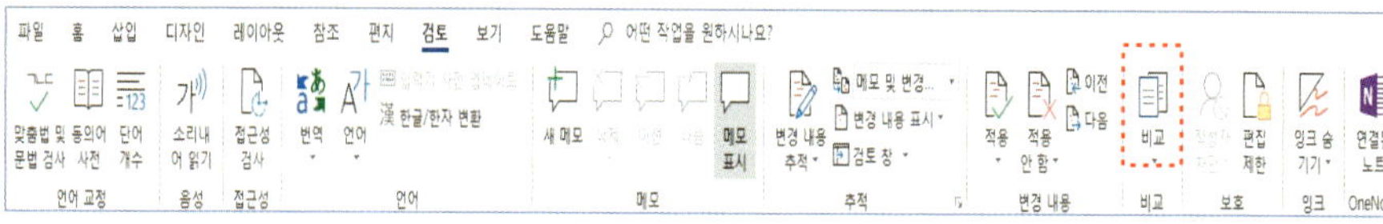

② [문서 비교] 대화상자가 열리면 [원본 문서]에는 '공고문.docx' 파일을, [수정한 문서]에는 '공고문_검토.docx' 파일을 연결한다. 이때 [자세히]를 누르면 비교에 필요한 세부 옵션을 지정할 수 있다.

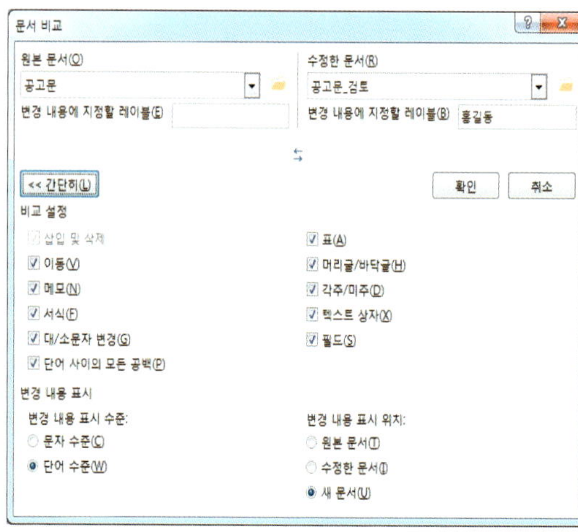

③ [확인]을 누르면 아래와 같이 원본 문서와 수정한 문서의 비교 문서가 작성된다. 만약 비교 중인 문서만 열린다면 [검토]-[비교]-[원본 문서 표시]-[모두 표시]를 선택한다.

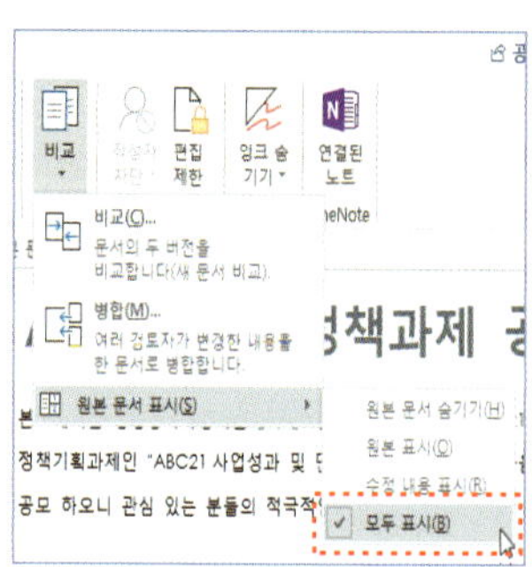

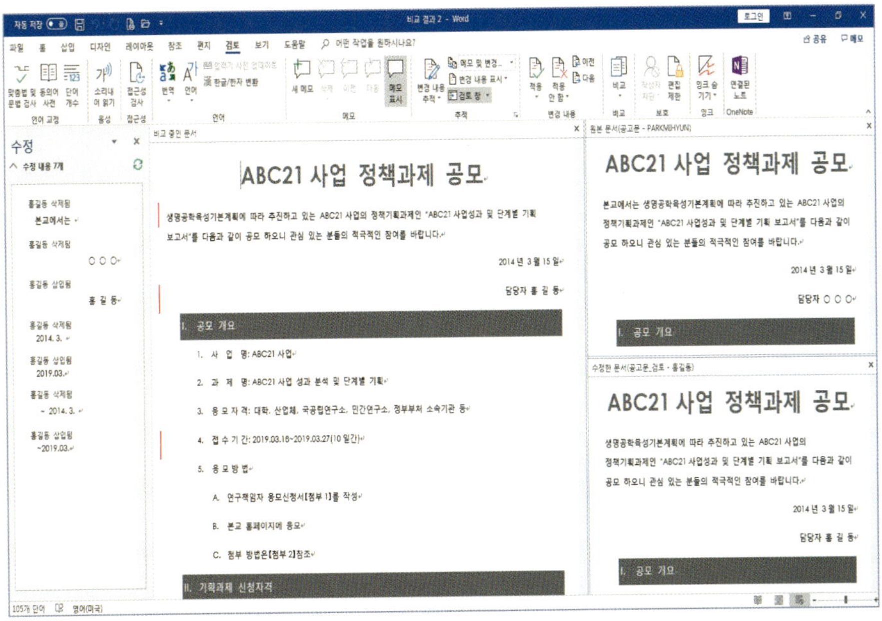

한/글을 이용한 문서검토

한/글에서는 [검토] 탭을 통해 문서의 [문서 이력 관리]/[문서 비교]/[변경내용추적]/[변경 내용 보기]/[최종본 및 변경 내용]/[적용/적용 안 함] 등을 처리할 수 있다.

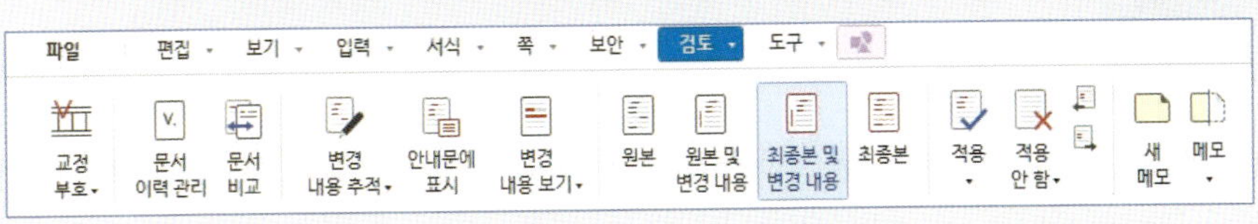

4. 문서 보호

4.1. 암호로 문서 보호

① [파일]-[정보]-[문서 보호]-[암호 설정]을 선택한다.

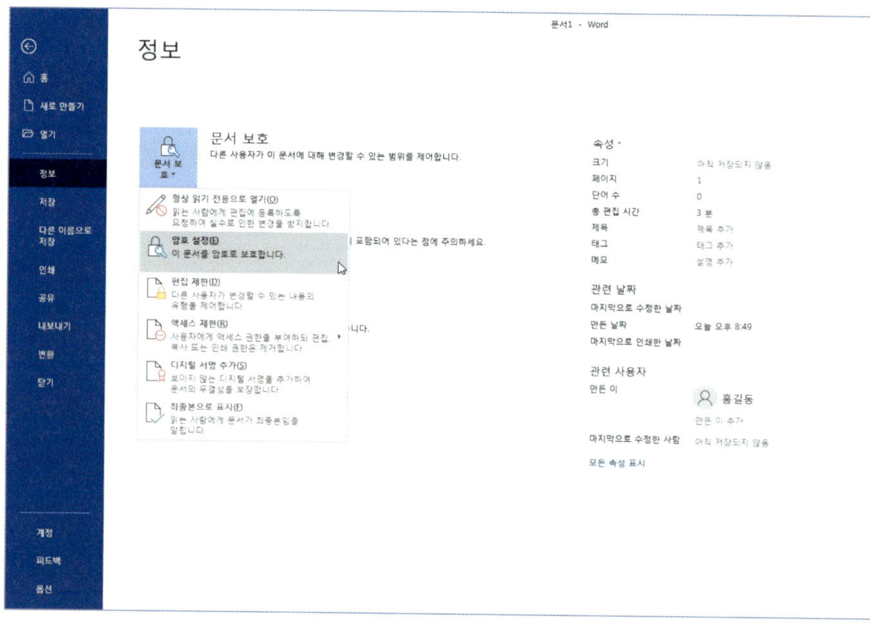

② [문서 암호화] 창이 열리면 암호를 '1111'로 입력하고 [확인]을 누른다. 다시 [암호 확인] 창이 열리면 같은 암호로 한 번 더 입력하고 [확인]을 누른다.

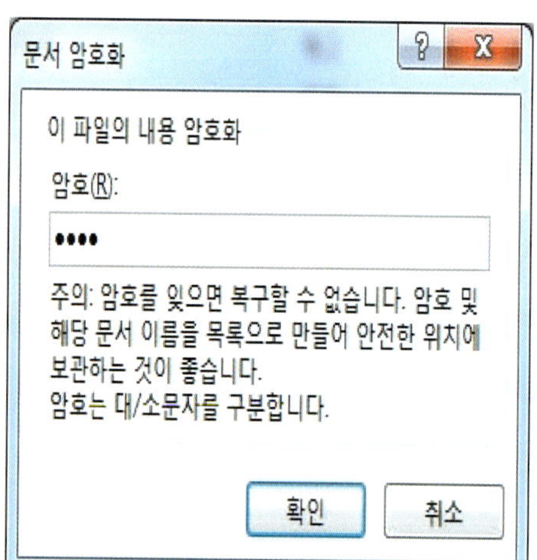

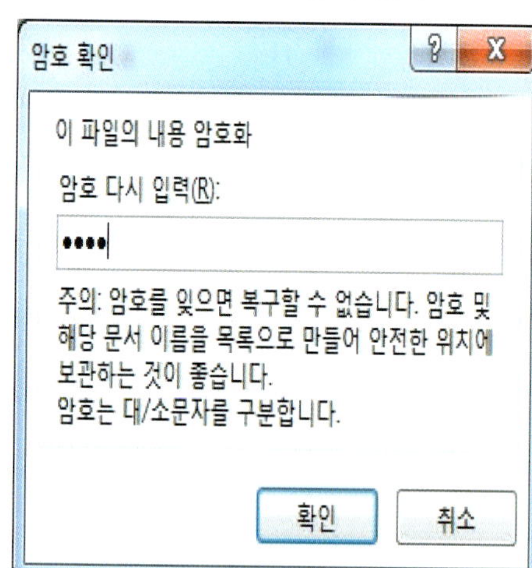

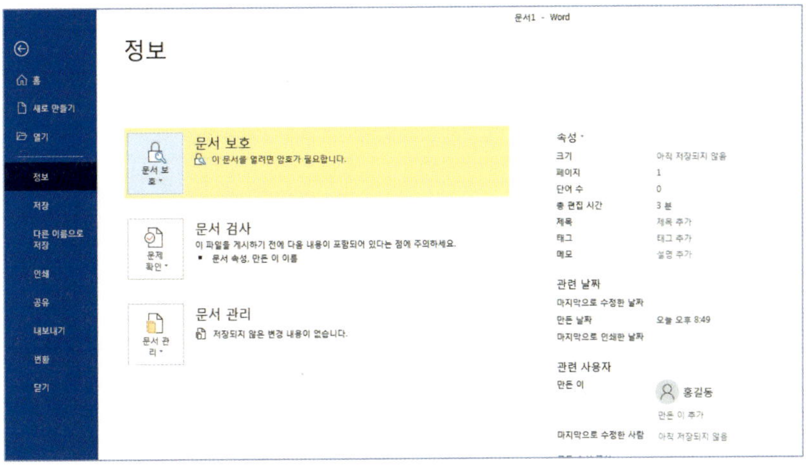

③ 설정된 문서의 암호를 지우려면 [문서 암호화] 창에서 암호를 지우고 [확인]을 누르면 된다.

4.2. 편집 제한

문서의 열기는 허용하되, 문서의 수정은 할 수 없도록 하려면 편집 제한을 설정해 준다.

① [파일]-[정보]-[문서 보호]에서 [편집 제한]을 선택한다.

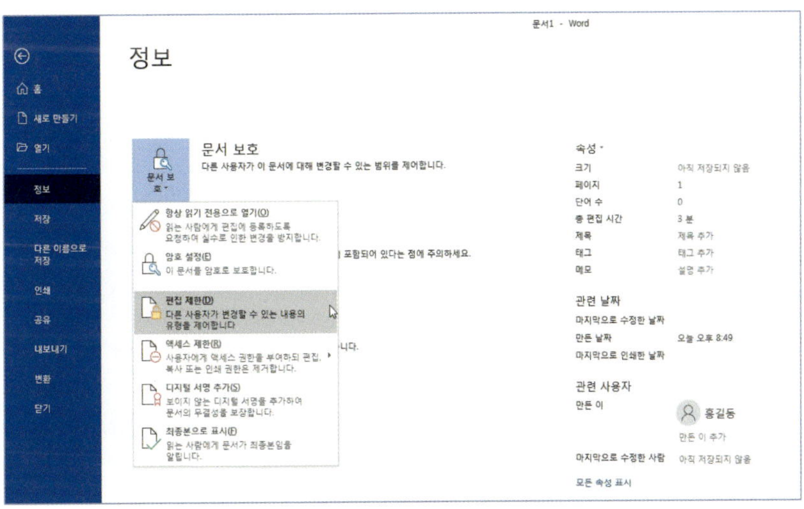

② 화면 오른쪽에 열린 [편집 제한] 창에서 '2. 편집 제한' 항목의 '읽기 전용(내용 변경 불가)'을 선택한 후 창 하단에 있는 '예. 문서 보호를 적용합니다.'를 선택한다.

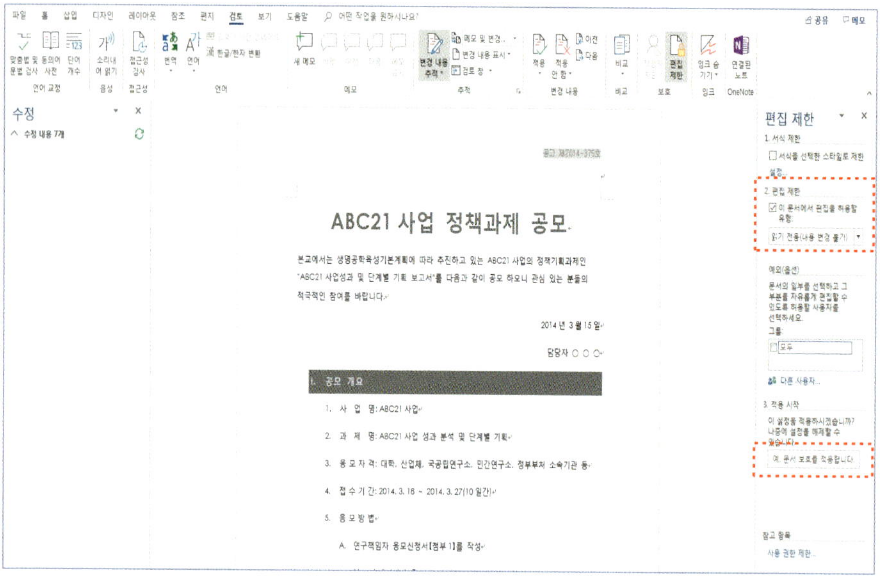

③ [문서 보호 적용] 대화상자가 열리면 [새 암호 입력]에 '1111'을 넣어준다. 다시 [암호 확인]에 같은 암호로 입력하고 [확인]을 누른다.

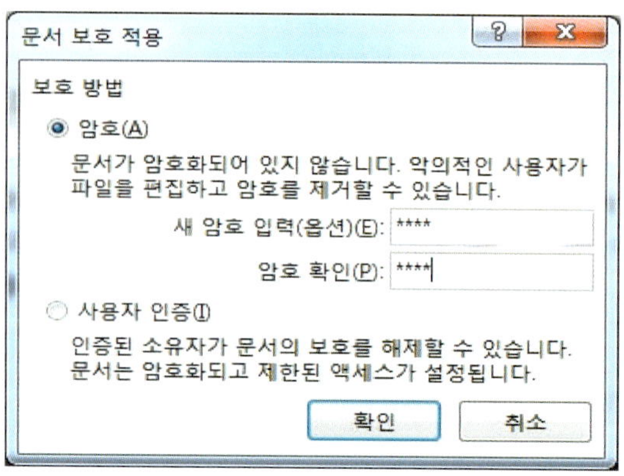

④ 이제 문서의 글자를 삭제하거나 추가하려고 하면 [편집 제한] 창이 오른쪽에 열리면서 문서가 편집할 수 없도록 보호되었다는 메시지가 나타난다.

⑤ 문서편집 보호를 해제하려면 화면 오른쪽 [편집 제한] 창 하단의 [보호 중지]를 누른 후 [암호]를 입력해 준다.

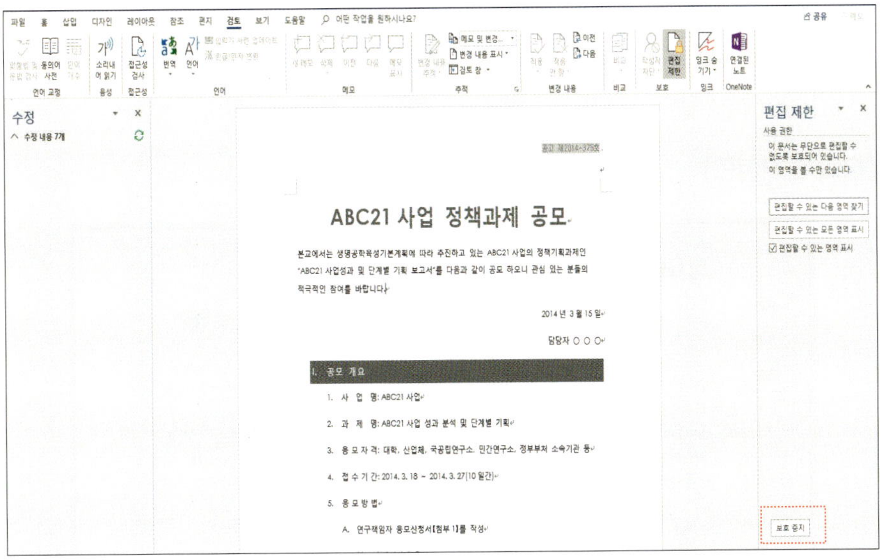
ABC21 사업 정책과제 공모
편집 제한

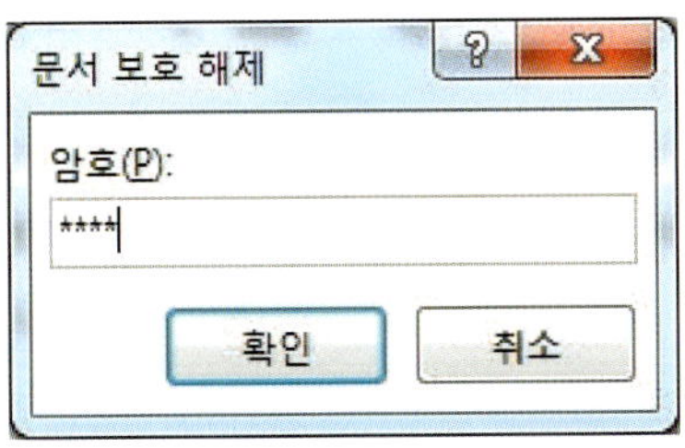
문서 보호 해제
암호(P):
확인
취소

실습과제

[실습과제 완성본]

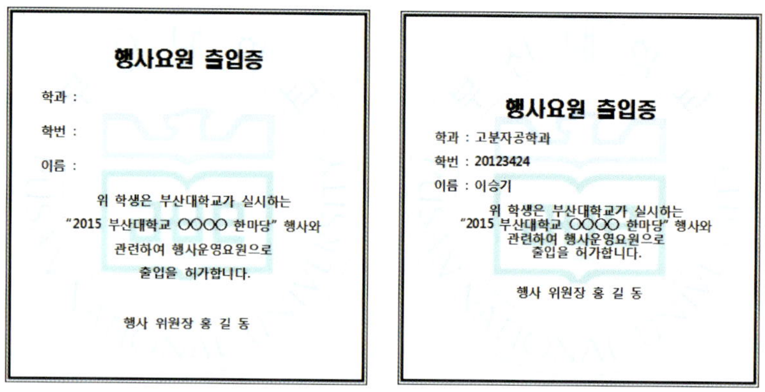

❶ 이번 과제는 한/글 프로그램의 메일 머지 기능을 이용하여 작업해 본다.

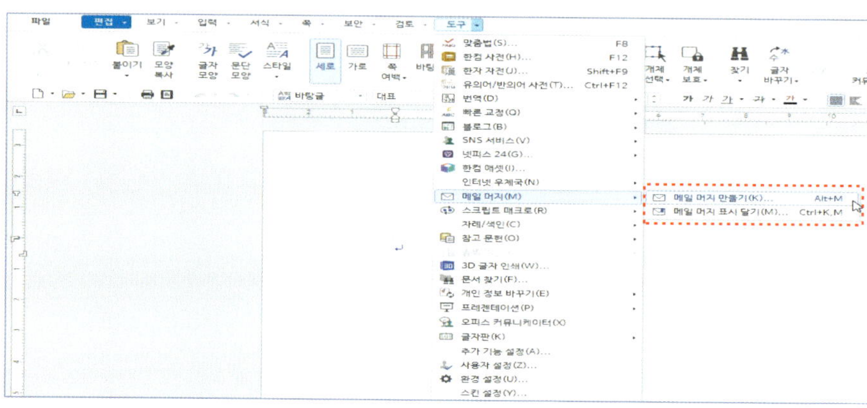

❷ 편집용지 설정은 'A4'로 하되, '100*100mm' 크기의 [글 상자]를 이용하여 '행사요원 출입증' 문서를 작성한다.

❸ [글 상자] 안에는 '부산대학교_로고.png' 그림 파일을 배경으로 넣어주되, 투명도를 80% 정도 낮추어준다.

❹ 제공된 '학생명단.xls' 파일과 결합하여 오른쪽 그림과 같이 메일 머지를 만들고 화면으로 인쇄하여 확인한다.

❺ 완성된 문서에 열기 암호를 '111111'로 설정해 본다.

Chapter 4 온라인 오피스를 이용한 협업

'클라우드'라는 IT 용어가 이제는 일반 사용자에게 낯선 용어가 아니다. PC나 모바일을 통해 포털서비스 업체나 특정 회사의 홈페이지에서 제공하는 웹하드를 사용해 본 사람이라면 클라우드 서비스에 대한 대충의 이해를 하고 있기 때문이다. 이전에는 웹 호스팅이라는 개념으로 인터넷상에서 이메일 서비스나 홈페이지 서비스를 받던 것에서 클라우드 서비스가 제공됨으로 훨씬 더 광범위한 범위에서 다양한 서비스의 활용이 가능해졌다. 클라우드 서비스를 이용하여 개인적으로는 이메일 서비스뿐 아니라 웹 드라이브 서비스나 온라인 오피스 서비스 또는 사물 인터넷 서비스 등을 받을 수 있으며 기업에서는 엄청난 시설 투자를 하지 않더라도 최소한의 사용료만 지불함으로써 IT 인프라 시스템을 구축할 수 있게 되었다.

클라우드 서비스의 저변 확대로 인해 문서작성 즉 오피스프로그램 시장에도 큰 변화가 시작되었다. 이전에는 모든 오피스 사용자들은 비싼 오피스프로그램을 구매해서 자신의 PC에 설치해야지만 문서를 작성할 수 있었다. 그것도 업체들이 패키지 형식으로 여러 개의 프로그램을 묶어서 팔기 때문에 울며 겨자 먹기 식으로 비싼 가격에 구매해야 할 뿐 아니라 복잡한 절차를 거쳐 모든 프로그램을 컴퓨터에 설치해야만 했었다. 또한, 주기적으로 프로그램 버전 관리를 위하여 상위 버전의 프로그램을 재구매 했어야 했다. 하지만 클라우드 서비스에서 제공하는 온라인 오피스를 이용하면 이 모든 복잡한 과정을 생략할 수 있다. 온라인 오피스(또는 '웹 오피스')는 인터넷을 통해 프로그램 설치 없이 바로 사용할 수 있는 오피스프로그램을 뜻한다. 인터넷 저변 확대와 모바일 기기의 사용 증대로 온라인 오피스 사용자층이 늘어나면서 기존 오피스프로그램 시대는 이제 쇠퇴기를 맞이한 듯 보인다. 이제는 인터넷 클라우드 기반하에 제공되는 무료 웹 형태의 오피스프로그램이 성장기를 맞이하고 있으며 구글뿐 아니라 마이크로소프트사, 네이버 모두 온라인 오피스 사업에 주력하고 있다. 이는 어떤 장소에서든 또는 어떠한 기기로든 문서를 작성하고, 수정하고 다른 이들과 공유함으로써 더욱 빠르게 업무 처리와 의사결정을 진행하려고 하는 현대 사회의 필요를 반영한 결과라고 할 수 있다.

이번 장에서는 클라우드 서비스의 개념과 다양한 클라우드 서비스 등을 이해하고 대표적인 온라인 오피스 제품을 이용하여 간단한 문서를 작성해 봄으로써 온라인 오피스에 대한 이해를 돕고자 한다.

1. 클라우드 서비스의 이해

클라우드라는 IT 용어는 이제 일반 인터넷 사용자에게 친숙한 용어가 되었다. 네이버나 구글, 아마존 등 인터넷 포털서비스 업체의 웹하드를 사용해 본 사람이라면 클라우드 서비스에 대해 한 번쯤은 들어보았을 것이기 때문이다.

그러나 컴퓨터 전문가가 아닌 일반인들은 웹하드 서비스를 클라우드 서비스와 동일한 것으로 여기는 경우가 많다. 웹하드는 클라우드 서비스의 하나이며 실제로 클라우드(cloud) 서비스는 인터넷을 기반으로 하는 다양한 소프트웨어 서비스의 총칭이라고 볼 수 있다. 실제 클라우드 서비스는 SaaS(Software as a Service: 다양한 소프트웨어를 제공하는 방식), PaaS(Platform as a Service: 소프트웨어를 개발하는 환경 기반을 제공하는 방식), IaaS(Infrastructure as a Service: 서버 장비, 네트워크 장비 등 IT 인프라 구성을 가상현실에서 제공하는 방식)로 나눌 수 있는데 여기서는 주로 SaaS 위주의 서비스만 언급하기로 한다.

〈사진 한겨레〉

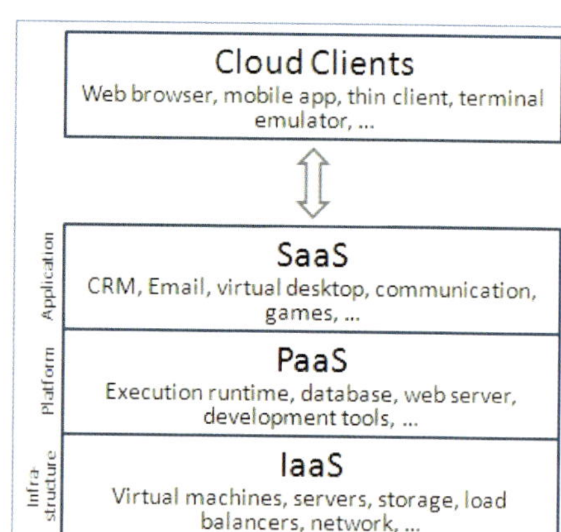

〈사진 Wikipedia〉

1.1. 클라우드 서비스

1 이메일 서비스

대표적인 이메일 서비스로는 구글의 Gmail이나 마이크로소프트의 Window Live Mail 그리고 국내의 각종 포털 메일 등을 들 수 있다. 구글의 예를 들어보면 구글 사이트에서 구글 계정을 만들면 Gmail이라는 이메일을 사용할 수 있다. 또한, 캘린더, 지도, 번역, 웹 앨범, 구글톡 등 다양한 부가적 서비스도 이용할 수 있다.

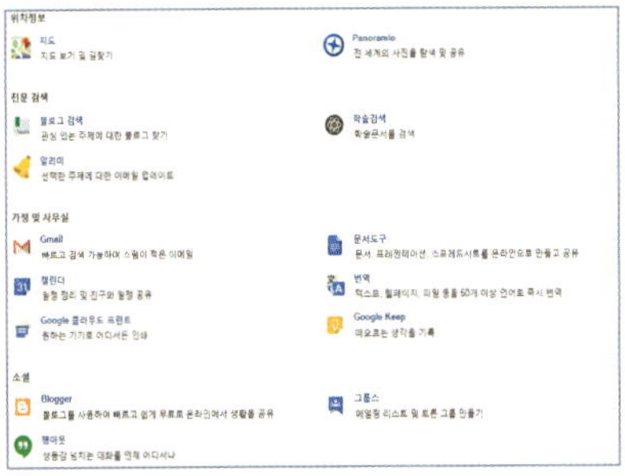

〈구글의 다양한 서비스〉

2 웹하드 서비스

자신의 문서나 사진 또는 동영상 등을 자신의 PC뿐 아니라 웹 서버에 업로드하여 언제 어디서나 다운로드하여 볼 수 있도록 해 주는 서비스이다. 초기에는 개인적인 자료만 업로드하는 용도로 사용했으나 현재는 여러 명이 문서를 공유하고 동시 작업할 수 있는 환경을 제공해줌으로써 업무의 효율성을 높이는 데 주로 사용되고 있다.

대표적인 웹하드 서비스로는 애플의 iCloud, 구글의 GoogleDrive, 마이크로소프트사의 One Drive, 아마존의 Cloud Drive, 네이버의 nDrive, Dropbox등을 들 수 있다.

3 온라인 오피스

오피스프로그램을 PC에 설치하지 않고도 클라우드 서비스에 접속하여 바로 문서 작업을 할 수 있고, 만들어진 문서를 바로 이메일로 전송할 수 있다. 온라인 오피스를 이용하면 오피스프로그램을 무료로 사용할 수 있고, 설치에 대한 부담이 없으며 버전 관리를 하지 않아도 된다는 큰 이점을 누릴 수 있다.

대표적인 온라인 오피스로 구글의 문서 도구, 마이크로소프트사의 오피스365, 네이버 오피스 등이 있다.

4 기타 서비스

그 외에도 현재 스마트폰 동기화 서비스, 내비게이션 서비스, 전자책 서비스 및 사물인터넷 클라우드 등 다양한 서비스를 제공하고 있으며, 그 활용 방안은 무궁무진하다.

1.2. 클라우드 서비스의 장·단점

1 클라우드 서비스의 장점

클라우드 서비스의 가장 큰 장점은 초기 비용이 필요 없다는 것이다. 인터넷만 연결되면 클라우드 상의 모든 서비스는 무료로 이용할 수 있다. 다만, 용량 증설이나 기업형 서비스의 경우 월 단위의 사용료를 내야 한다. 둘째는 고성능의 컴퓨터가 필요 없다. 프로그램을 자신의 컴퓨터나 모바일 기기 등에 설치하는 것이 아니므로 대규모, 대용량의 데이터 작업도 클라우드 상에서 처리할 수 있다. 셋째로는 소프트웨어 버전 관리가 필요 없다. 개인적으로 버전 관리를 하지 않아도 클라우드 서비스 제공 업체 측에서 해당 프로그램들의 버전을 관리해 주므로 항상 최신의 프로그램을 사용할 수 있다.

2 클라우드 서비스의 단점

클라우드 서비스의 최대의 단점은 반드시 인터넷에 접속해야만 서비스를 이용할 수 있다는 것이다. 네트워크 환경이 열악한 지역이거나 인터넷 접속이 불가능한 경우 클라우드 서비스를 전혀 사용할 수 없게 된다. 둘째로는 개인정보가 유출될 가능성이 있다. 해킹으로 서버가 공격받으면 의도치 않게 개인 또는 기관의 중요 정보가 노출될 수 있다. 또한, 재해에 의해서건 해킹에 의해서건 자료가 손상된다면 미리 백업해 놓지 않았으면 데이터를 복구할 수 없게 된다. 셋째로는 개인적인 필요에 의한 새로운 소프트웨어를 제공 받을 수 없다. 클라우드 서비스 업체에서 제공하는 소프트웨어들만 사용할 수 있다는 제약이 따르므로 사용자 필요에 의한 소프트웨어의 선택은 불가능하다.

2. 구글 문서 도구

클라우드 서비스를 이용한 온라인 오피스 서비스 분야에서의 초기 개척자로 구글을 들 수 있다. 검색 엔진으로 시작한 구글은 2006년 구글 독스(Docs)라는 이름으로 워드 문서와 스프레드시트, 프레젠테이션 문서까지 작성할 수 있는 프로그램을 출시하였으며 여러 번의 개명을 거쳐 현재는 구글 문서라는 명칭으로 오피스 서비스를 제공하고 있다. 구글 문서 도구는 WYSIWYG 방식으로 작성한 문서를 어디에서나 확인 또는 인쇄할 수 있으며, 지원하는 문서의 포맷도 마이크로 워드(.doc), 서식 있는 텍스트(.rtf), 오픈 도큐먼트(.odt), PDF(.pdf), 텍스트(.txt), HTML(.html) 등 다양하다.

2.1. 구글 로그인

① 'http://www.google.com'으로 접속한다. 화면 오른쪽 상단에 있는 [로그인]을 누른다. 구글 계정이 있다면 로그인 화면에서 아이디와 패스워드를 입력하고, 만약 계정이 없다면 로그인 화면 하단의 [가입하기]를 눌러 기본적인 개인정보를 입력하고 새로운 계정을 만든다.

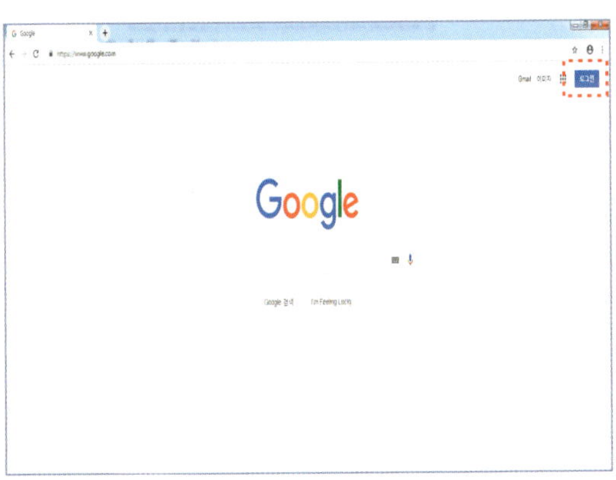

2.2. 구글 문서

① 로그인된 화면 상단에서 앱 버튼(▦)을 누르면 구글에서 제공하는 다양한 서비스 목록을 볼 수 있다. 목록 하단에 있는 [더 보기]를 누르면 숨겨진 서비스 목록들이 나타나는데 그중에서 [문서]를 선택한다.

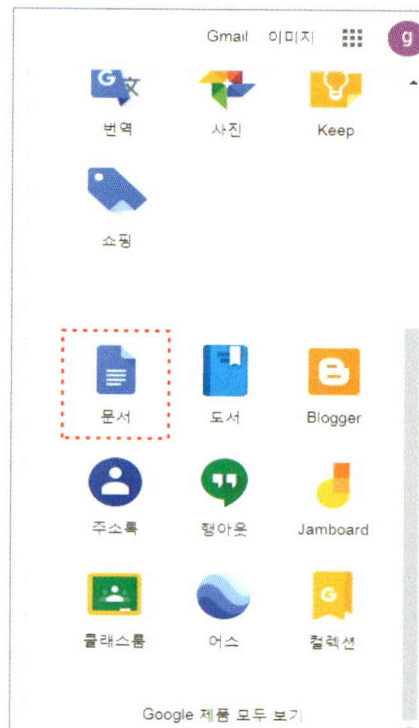

② 구글 문서 서비스가 시작된다. 왼쪽 상단에 있는 메뉴 버튼(☰)을 누르면 구글 문서에서 제공하는 [문서], [스프레드시트], [프레젠테이션], [설문지] 서비스로 이동할 수 있다. 새로운 문서 작업을 위해서 [새 문서 시작](+)을 누른다.

③ 구글 문서 화면의 인터페이스는 마이크로소프트 오피스 워드의 구버전(2007 이전 버전)의 화면과 유사하다.

④ [파일]-[열기]-[업로드]를 이용하여 PC에 있는 '공고문_완성.docx' 파일을 불러온다. 메뉴들을 이용하여 문서를 수정해 본다. 작업 중인 문서는 별도의 저장 버튼을 누르지 않아도 자동으로 구글 드라이브에 저장된다.

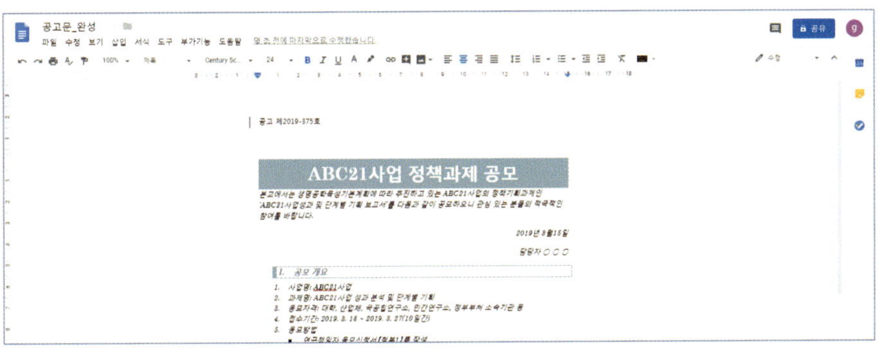

⑤ 화면 오른쪽 상단에 있는 [공유]를 누르면 이메일을 이용하여 다른 사용자에게 문서를 공유할 수 있는 링크를 보낼 수 있다.

⑥ 상대편 사용자에게 아래와 같은 공유 링크 메일이 보내진다. 상대편 사용자가 메일 본문에 있는 [문서에서 열기]를 클릭하면 브라우저에 구글 문서가 열리면서 온라인 협업을 할 수 있게 된다.

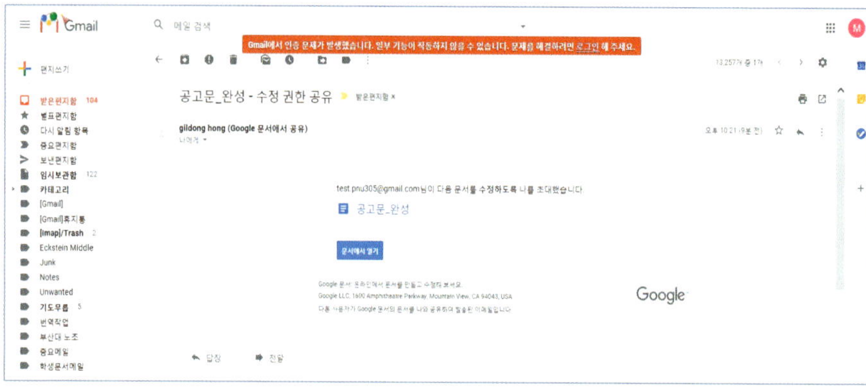

⑦ 아래는 여러 명의 사용자가 문서 작업을 동시에 진행하는 화면이다. 화면 상단에는 현재 이 문서를 공유하고 있는 사용자들에 대한 정보가 나타나고, 화면 오른쪽에 채팅 창을 띄워놓으면 문서 작업 중에 대화도 할 수 있다. 또한, 다른 사용자가 문서의 어느 부분을 수정하고 있는지 색상으로 표시해 주므로 실시간 확인이 가능하다.

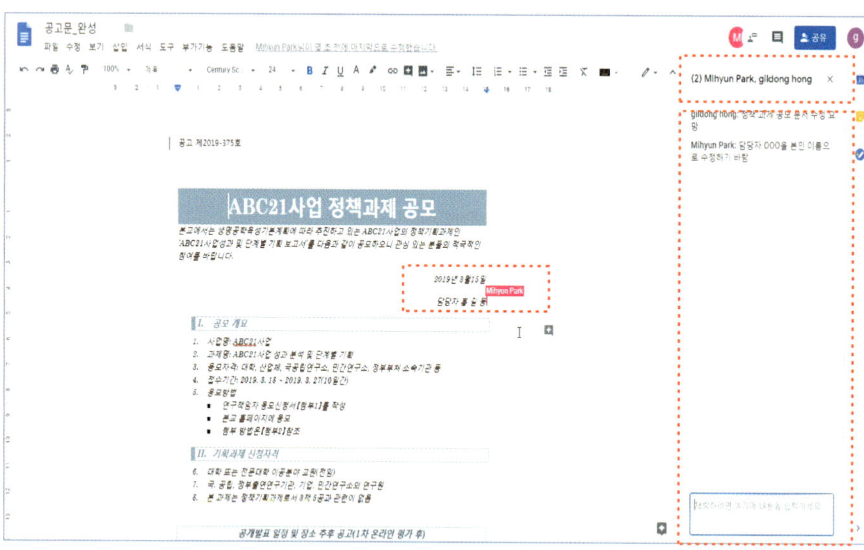

2.3. 구글 문서 서비스의 장·단점

구글 문서 서비스의 장점은 대부분의 온라인 오피스의 장점과 같다.

① 인터넷 환경만 조성되면 언제, 어디서나 문서작성, 편집, 배포, 공유를 할 수 있다.
② 실시간 협업이 가능하다.
③ 공유할 문서의 공개 범위, 사용자별 권한 설정이 쉽다.
④ 실시간 저장 및 백업이 빠르다.

반면 다음과 같은 단점도 가지고 있다.
① 용량이 큰 워크시트나 문서를 가져오면 급격히 속도가 저하되면서 편집 작업이 어려워진다.
② 워드, 스프레드시트, 프레젠테이션 서비스에서 오피스365처럼 다양한 기능을 제공하지 않는다.
③ 구글 문서의 인터페이스가 낯설어 작업에 어려움을 겪는 사용자가 많다.

3. 오피스365 시작하기

마이크로소프트사는 오피스프로그램의 선두 주자였지만 온라인 오피스에서는 구글에 밀리는 듯한 모습이었다. 그러나 최근에는 구글에 대항하여 상당히 공격적인 마케팅과 서비스를 제공하고 있다.

마이크로소프트에서 출시한 온라인 오피스 제품인 오피스365는 최근 Microsoft사와 계약을 맺은 학교의 학생들에게 정품 오피스를 무료로 이용할 수 있도록 서비스를 제공하고 있다. 인증 절차를 거친 학생들은 개인 소유의 PC 또는 노트북에 5대, 모바일 디바이스에 5대까지 정품 오피스를 설치하여 이용할 수 있다. 또한, 클라우드 스토리지인 One Drive를 1TB까지 사용할 수 있다.

사용하기에 앞서 부산대학교 학생임을 확인하기 위해 학교도메인의 전자메일계정(예: ID계정@pusan.ac.kr)을 가지고 있어야 하며, 학교도메인의 전자메일계정 발급은 부산대학교 웹메일시스템(http://webmail.pusan.ac.kr)에서 회원가입을 하면 된다.

① 부산대학교 도메인의 전자메일계정을 발급받았다면 인터넷 브라우저를 열고 http://www.office.com/getoffice365 사이트에 접속한다. 아래와 같은 화면이 나타나면 본인의 학교 이메일 계정 주소를 입력한 후 [시작] 버튼을 누른다.

② 아래와 같은 창이 나타나면 '학생입니다.'를 선택한다.

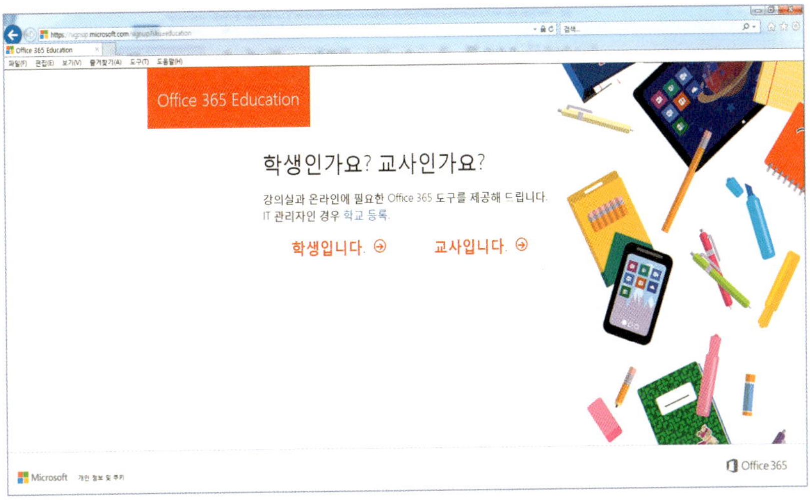

③ 다음과 같이 계정 생성 화면이 나타난다. 성과 이름, 암호를 입력한다. 이때 암호는 대문자 및 소문자, 숫자, 다음 기호(! @ # $ % ^ & * - _ + = [ ] | \ : ' , . ? / ` ~ "( ) ;)를 조합한 8~16자 길이여야 한다. 그리고 본인의 학교 메일 계정으로 온 오피스365 알림 메일에 적힌 등록코드를 입력한다. 개인정보처리에 관한 사항들에 동의한 후 [시작] 버튼을 클릭한다. [추가 사용자 초대] 창이 열리면 [건너뛰기]를 클릭한다.

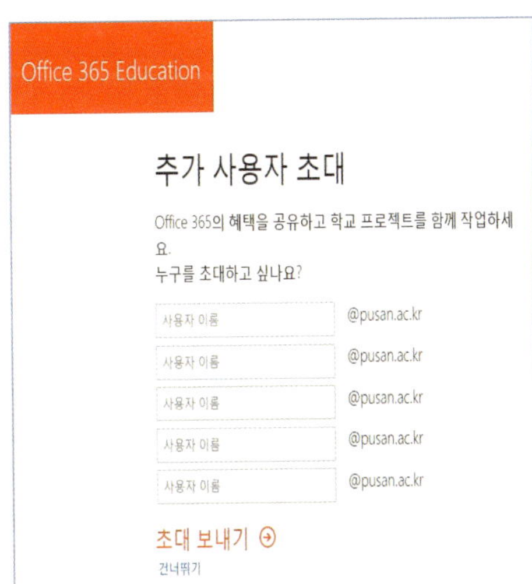

④ 마지막 단계로 [계정에 대한 액세스 권한 유지] 창이 열리면 인증 전화번호나 인증 전자 메일을 등록하고 [마침]을 누른다.

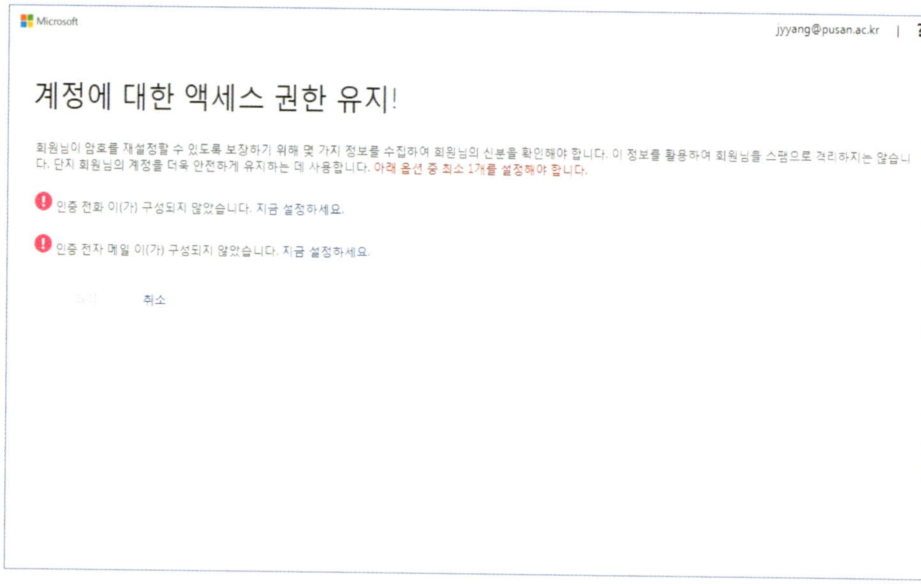

⑤ 모든 계정 생성 작업이 마무리되면 다음과 같이 오피스365 기본 화면이 나타난다.

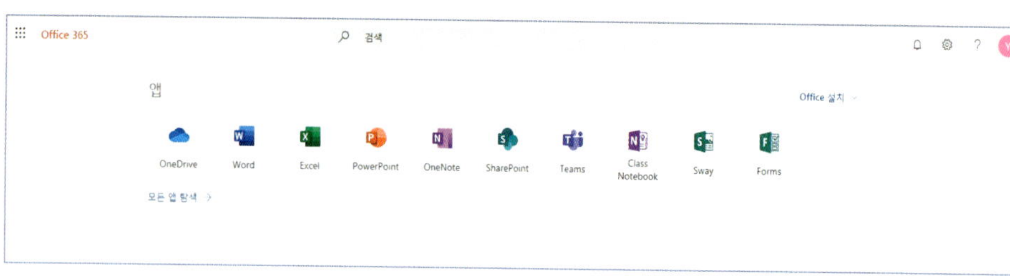

4. One Drive 사용하기

4.1. One Drive 화면 구성

오피스365 앱 중에서 가장 기본이 되는 것은 파일 저장소인 One Drive다. 오피스365를 처음 사용할 경우 [저장하기] 메뉴가 보이지 않아서 당황하는 사용자들이 많다. 오피스365는 클라우드 기반의 웹 오피스이므로 작성하는 문서는 자동으로 One Drive에 저장되고, 인터넷이 연결된 곳이면 어디서나 One Drive에 저장된 본인의 문서를 관리할 수 있다. 따라서 오피스365를 이용한 파일 작성 및 관리를 위해서는 One Drive 사용법을 정확하게 익혀야 한다. One Drive( ) 아이콘을 눌러 해당 서비스 화면으로 이동한다. One Drive의 기본 화면은 아래와 같다.

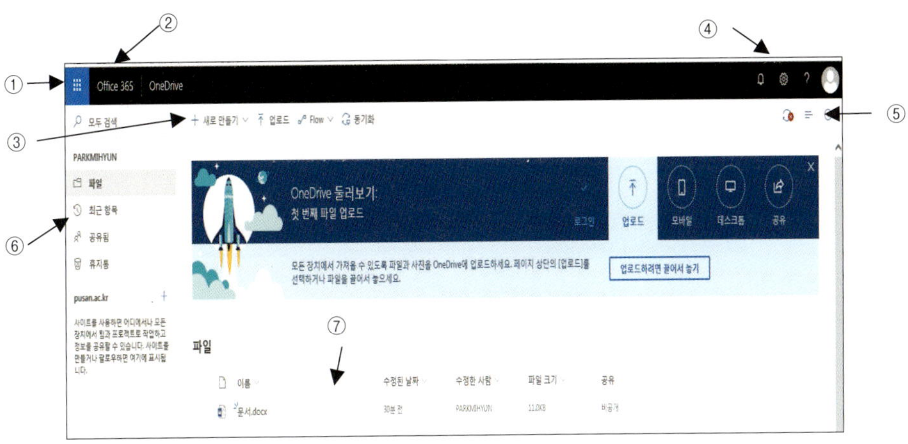

① 앱 시작 관리자 : Office 365에서 제공하는 다른 앱들을 선택 및 실행할 수 있다.

② 오피스365 홈 버튼 : 작업 중 오피스365 처음 화면으로 이동할 수 있다.

③ 작업 메뉴 : 기본적인 오피스365 앱을 이용하여 새로운 문서를 만들 수도 있고, PC에 있는 파일을 One Drive에 업로드할 수도 있다. One Drive를 PC에 동기화하는 것도 가능하다.

④ 새로 수신되는 메일, 일정 등을 확인할 수 있는 알림 창과 Office 365 설정 화면으로의 전환, 도움말 서비스, 계정 정보 확인 및 로그 아웃을 할 수 있다.

⑤ 보기 형식 : 화면 보기 형식을 목록, 압축 목록, 타일 형태 또는 파일 탐색기 모양으로 변경할 수 있다.

⑥ 탐색기 창 : One Drive에 기본으로 설정된 윈도우 탐색기와 같은 역할을 한다. 최근 항목과 공유된 항목으로의 이동을 도와준다.

⑦ 작업 창 : One Drive에서 작성된 문서, Upload 된 파일과 폴더 목록이 나타난다.

4.2. 폴더 만들기

문서들을 목적에 맞게 분류하고 관리하기 위해서 폴더 기능은 매우 중요하다. 용도에 맞는 이름으로 폴더를 만들어 보자.

① 화면 상단 [새로 만들기] - [폴더]를 선택한다.

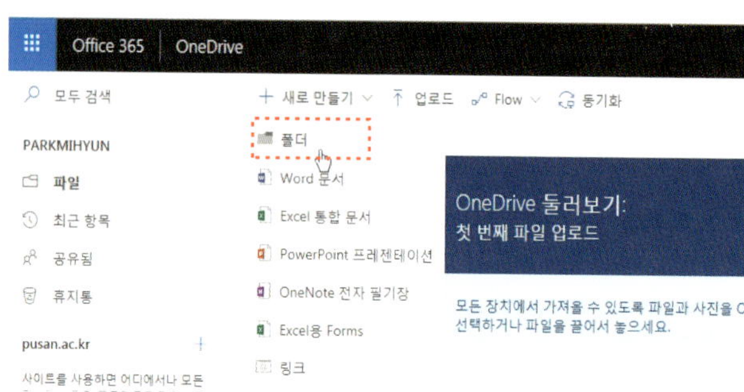

② [폴더] 창이 열리면 폴더 이름을 '전자문서의이해'라고 적고 [만들기] 단추를 클릭한다.

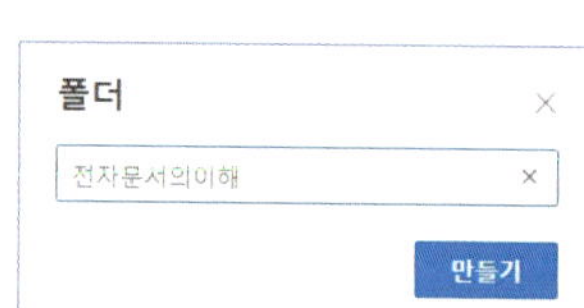

③ 아래 그림과 같이 새로운 폴더가 만들어진다.

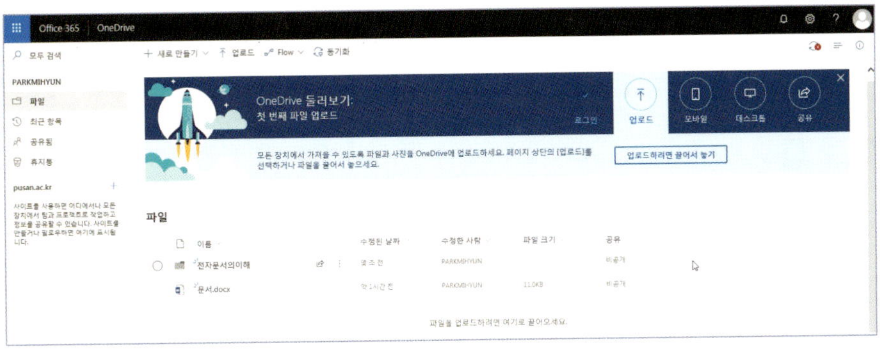

4.3. PC에서 파일 업로드

PC에 보관하고 있는 자료들을 오피스365를 이용하여 편집하거나 공유하기 위해서는 먼저 문서를 One Drive에 옮겨 놓아야 한다.

① 먼저 One Drive에 만들어진 '전자문서의이해' 폴더를 더블클릭하여 해당 폴더 안으로 들어간다.

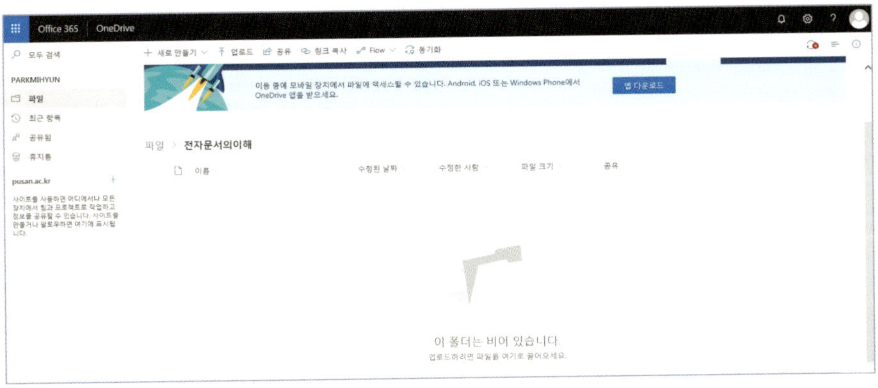

② 이 폴더 안에 외부 파일을 가져오는 방법은 두 가지가 있다. 첫 번째 방법은 메뉴 상단에 있는 [업로드] 단추를 선택한다. [업로드할 파일 선택] 창이 열리면 PC에서 업로드할 문서를 찾아 선택한다. 업로드할 파일이 여러 개일 경우 Shift 키를 누른 상태에서 여러 개의 파일을 동시에 선택한다. '공고문_완성.docx' 파일을 선택한 후 [열기] 단추를 누른다. 선택된 파일이 One Drive에 업로드된다.

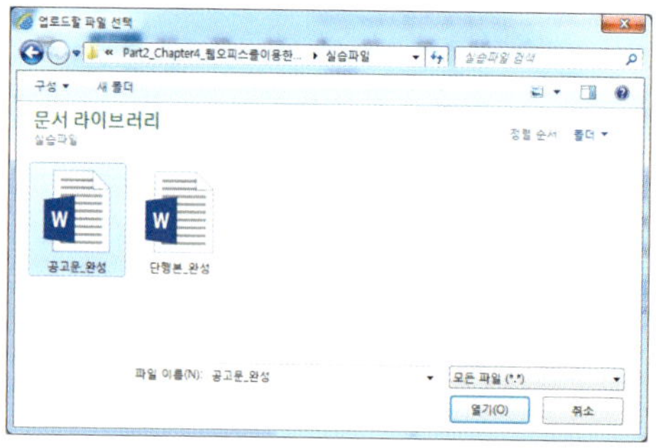 

③ 파일 업로드하는 두 번째 방법은 파일을 One Drive 화면에 끌어다 놓는 방법이다. 먼저 One Drive 화면과 파일 탐색기 창을 동시에 열어 놓는다. 그런 다음 탐색기에 있는 파일을 마우스로 드래그하여 One Drive 화면에 끌어다 놓으면 된다. '단행본_완성.jpg' 파일을 끌어다가 One Drive에 업로드한다.

 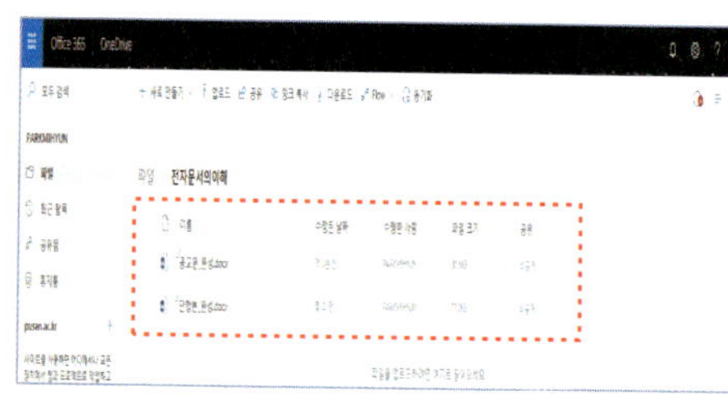

5. 워드 온라인을 이용하여 문서편집

5.1. 워드 온라인 시작하기

① One Drive 앱을 사용하던 중 다른 앱으로 이동하려면 화면 상단에 있는 앱 시작 관리자버튼(▦)을 누른다. 열린 앱 목록 중에서 워드(Word)를 선택한다.

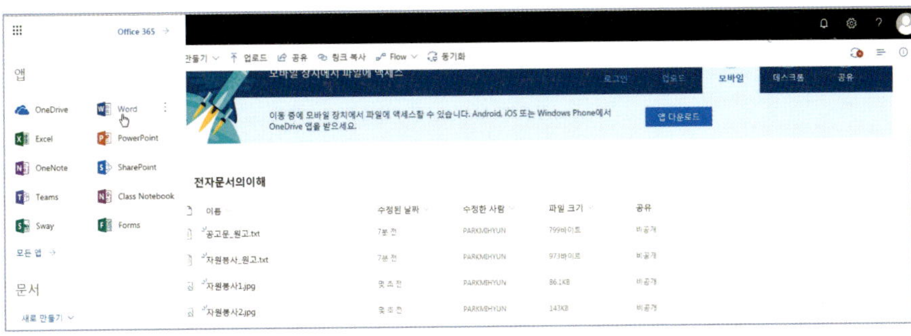

② 'Word Online' 초기 화면이 열린다.

❶ '새 문서가 저장되는 위치: ☁ One Drive' : 워드 온라인에서 작성하는 모든 문서는 One Drive에 저장된다.

❷ 서식 파일 : 마이크로소프트 워드에서는 다양한 서식 파일을 제공하기 때문에 이력서, 자기소개서, 브로슈어 등 전문가 수준의 문서를 쉽게 만들 수 있다. '추가 서식 파일' 단추를 누르면 더 다양한 서식 파일을 불러올 수 있다.

❸ 업로드 및 열기 : PC에 있는 파일을 업로드 및 열기 할 수 있다.

5.2. 워드 온라인 화면 구성

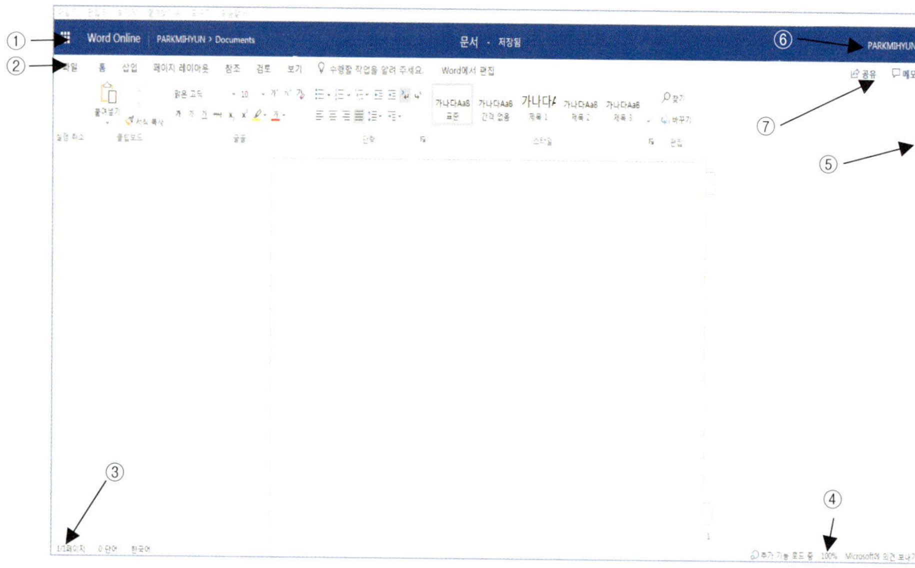

① 앱 시작 관리자 버튼 : 오피스365에서 제공하는 다른 앱(One Drive, Excel, PowerPoint 등)으로 이동한다.

② 리본 메뉴 : 기존 메뉴 바를 없애고 그 자리에 아이콘들의 모음인 리본을 가져다 놓았다. 리본은 몇 개의 탭으로 구성되며, 각각의 탭은 유사한 기능끼리 묶어놓은 그룹들로 구성된다.

- Fluent UI : 오피스365의 사용자 인터페이스는 Microsoft Office Fluent UI(사용자 인터페이스)를 사용한다. 2007 Microsoft Office 시스템에 처음 도입된 Fluent UI는 사용자가 Office 응용프로그램에서 제공하는 모든 기능을 더욱 쉽게 찾아 사용하며 작업 영역을 간결하게 유지하기 위한 것이다.
- [파일] 탭 : 2007 이전 버전에서 메뉴 [파일]에 있던 기능들로써 새로 만들기, 열기, 다른 이름으로 저장, 인쇄 등 문서 작업의 기본이 되는 기능들을 묶어놓은 탭이다.

③ 상태 표시줄 : 페이지 번호, 단어 수, 언어 정보 등을 나타내며 마우스 오른쪽 단추를 눌러 상태 표시줄 사용자 지정을 할 수 있다.

④ 화면 확대/축소 배율 : 0~200%까지 화면을 확대/축소할 수 있다.

⑤ 리본 메뉴 축소 : 화면이 좁아 불편할 경우 리본 메뉴를 축소하여 탭 이름만 표시할 수 있다.

⑥ 사용자 계정 : Office에 로그인한 사용자 계정의 이름을 볼 수 있다.

⑦ 공유와 메모 : 파일을 공유하거나 메모를 작성 및 편집할 수 있다.

5.3. 열기

① 메뉴 [파일]-[열기]를 선택한 후 One Drive의 [전자문서의이해] 폴더 안에 있는 '공모_완성.docx' 파일을 불러온다.

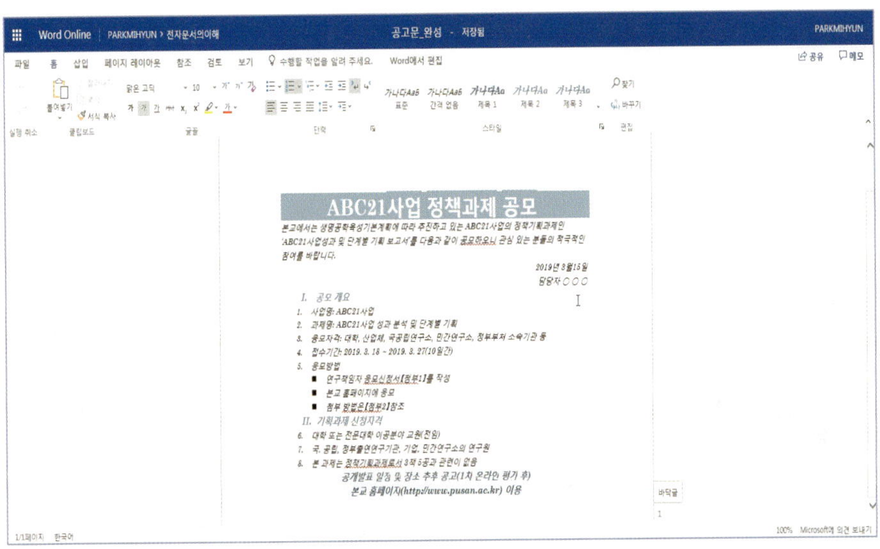

5.4. 다른 이름으로 저장

불러온 문서의 복사본을 온라인에 저장하거나 파일의 이름을 바꿀 때는 메뉴 [파일]-[다른 이름으로 저장]을 선택한다. 이 문서를 컴퓨터에 PDF 파일이나 ODT 파일 형태로 다운로드하는 것도 가능하다.

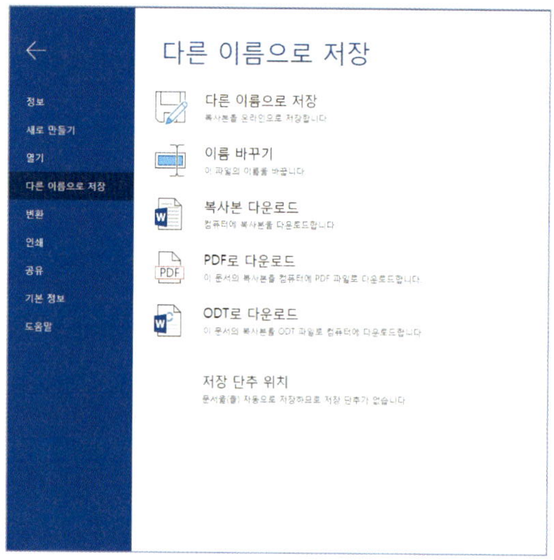

① [이름 바꾸기] 메뉴를 선택한 후 [이름 바꾸기] 창에서 파일 이름을 '공고문_웹편집'이라고 적고 [확인]을 누른다.

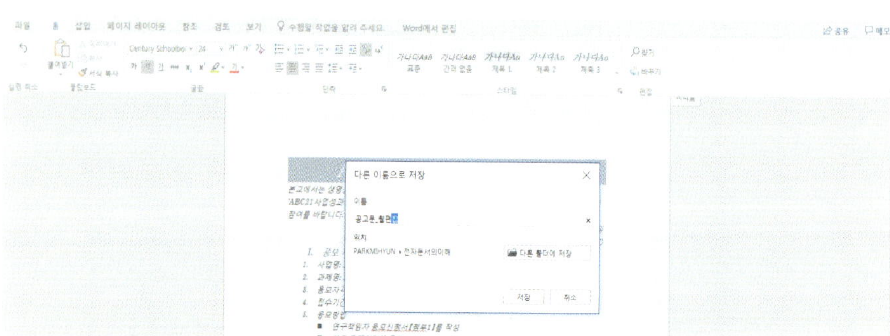

② 또는 화면 상단의 제목을 클릭하고 바로 파일 이름을 '공고문_웹편집'이라고 수정한다.

5.5. 공유

One Drive에 있는 문서나 워드 365로 작업 중인 문서를 다른 사용자와 공유할 수 있다. 다른 사용자와 문서를 공유하는 방법은 두 가지가 있는데, 첫 번째는 문서의 링크를 공유하는 방법이고, 두 번째는 이메일로 링크를 보내는 방법이다.

① 첫 번째 링크 주소를 복사하여 공유하는 방법은 다음과 같다. 워드 온라인 화면 오른쪽 상단에 있는 [공유] 버튼을 클릭한다.

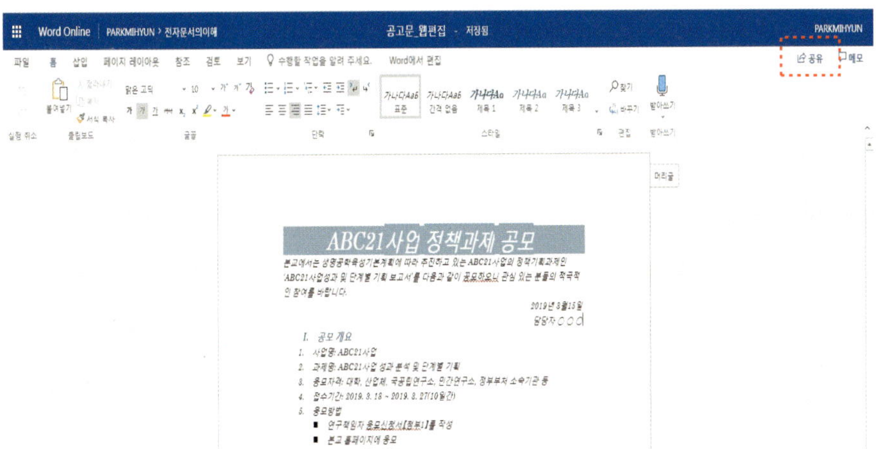

② [링크 보내기] 창이 열리면 하단에 있는 [링크 복사]를 누른다. 링크할 주소를 복사한 후 공유 대상이 되는 사람이 이용할 수 있도록 게시판이나 블로그, 메시지로 보내준다.

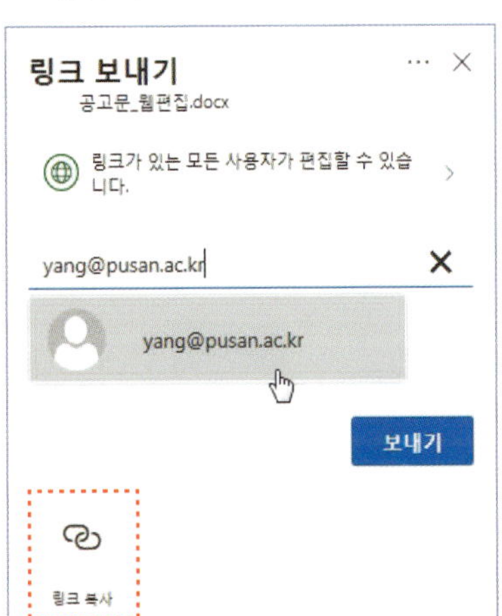

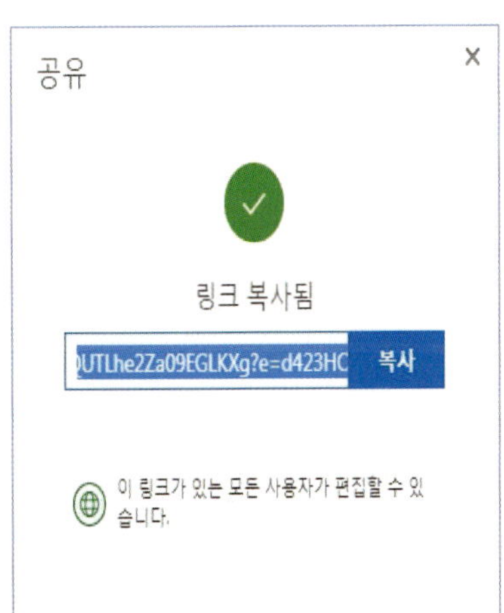

③ 두 번째 방법은 이메일로 공유하려는 사용자를 개별 등록할 수 있다. 다시 한번 화면 상단에 있는 [공유]를 클릭한다.

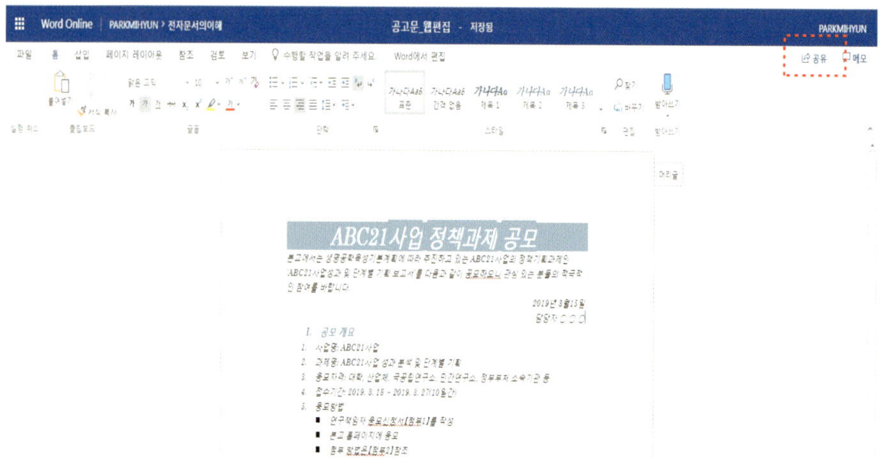

④ [링크 보내기] 창이 열리면 공유하려는 사용자의 이메일 주소를 입력한다. 이때 추가 설정을 원하면 '링크가 있는 모든 사용자가 편집할 수 있습니다.'라는 메시지를 클릭하여 [링크 설정] 창을 연다. [사용자의 범위], [편집 허용], [만료 날짜 설정], [다운로드 차단] 여부 등을 설정한다. 설정이 완료되면 [적용]을 누른다.

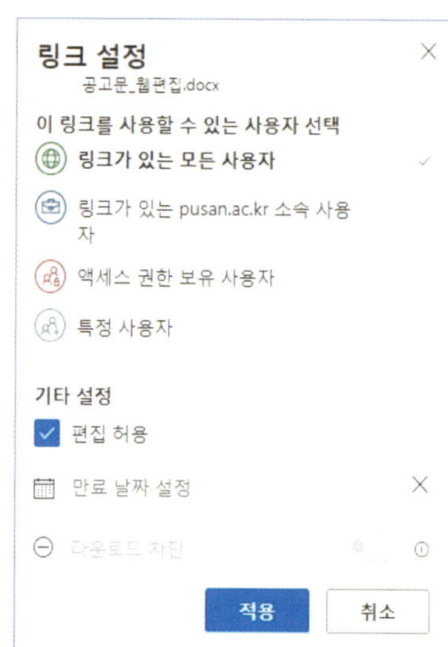

⑤ [링크 보내기] 창에서 [보내기]를 클릭하면 아래와 같은 '링크 보냄' 알림 창이 뜨고, 입력한 상대편 사용자의 메일 주소로 문서가 공유되었다는 메일이 전송된다.

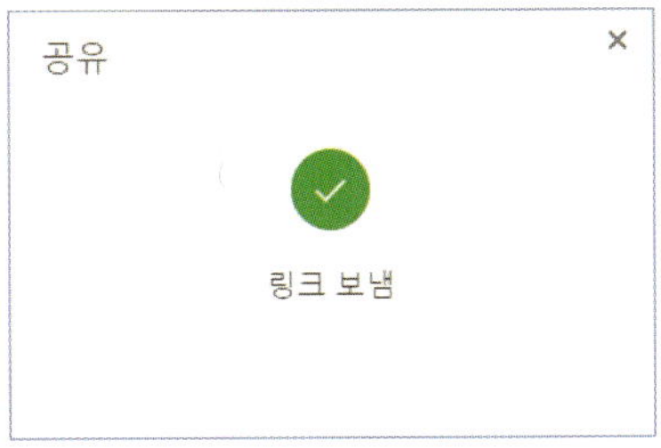

⑥ 공유를 받는 상대편 사용자의 이메일에는 다음과 같은 메일이 수신된다. [열기]를 누르면 문서의 내용을 확인하고 편집할 수 있다.

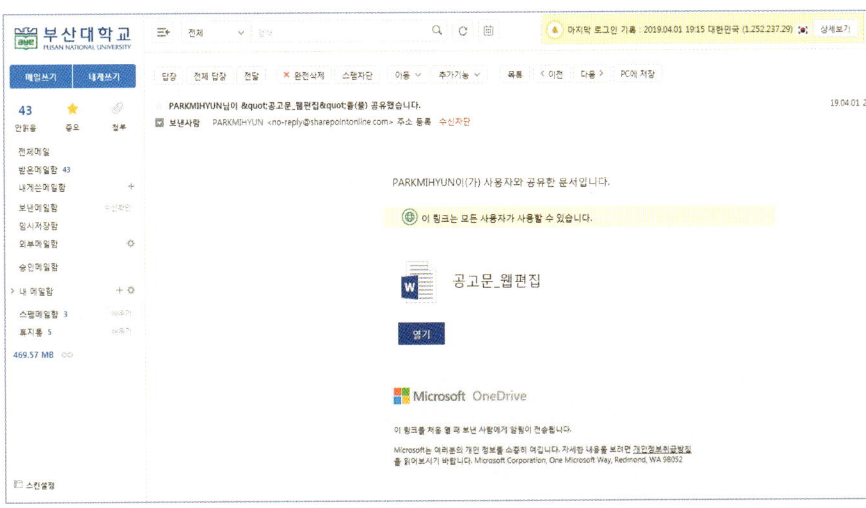

5.6. 공동 작업

오피스365를 이용하면 문서를 공유하는 것뿐 아니라 여러 사용자가 실시간으로 하나의 문서를 동시에 편집할 수 있다.

① 워드 온라인 화면 상단에 있는 [공유] 버튼을 눌러 [링크 보내기] 창이 열리면 이번에도 여러 명의 사용자에게 링크를 보낸다.

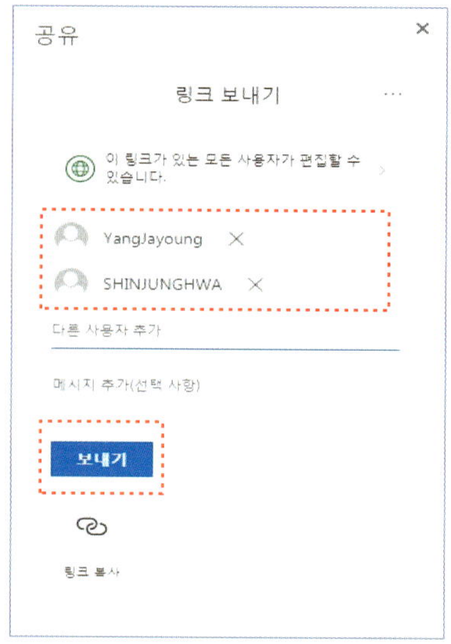

② 상대편 사용자 YangJayoung의 이메일에 문서가 공유되었다는 메일이 도착한다.

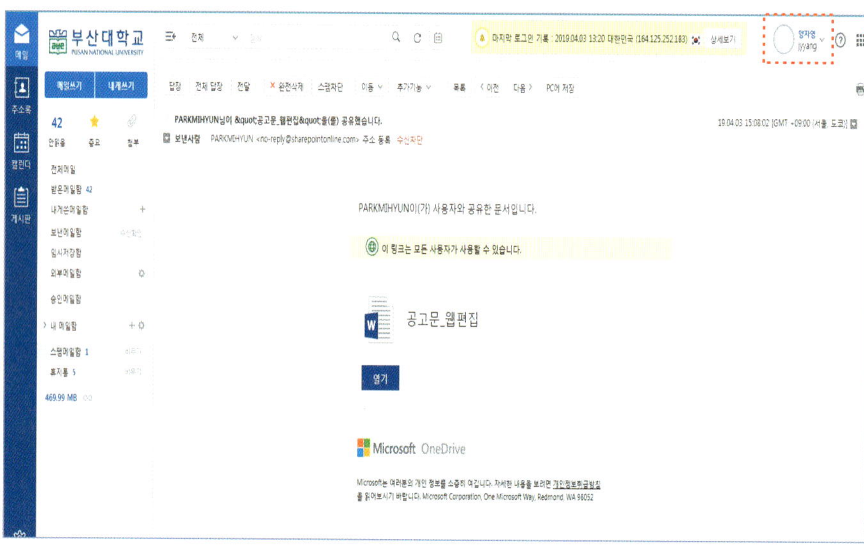

③ 메일을 열어 [열기]를 클릭하면 아래와 같이 워드 온라인의 공유된 문서가 열린다. 화면 상단에 'PARKMIHYUN 사용자님도 편집 중입니다'라는 표시와 함께 PARKMIHYUN 사용자가 현재 어느 부분을 수정하고 있는지가 문서 중앙에 빨간색으로 나타난다.

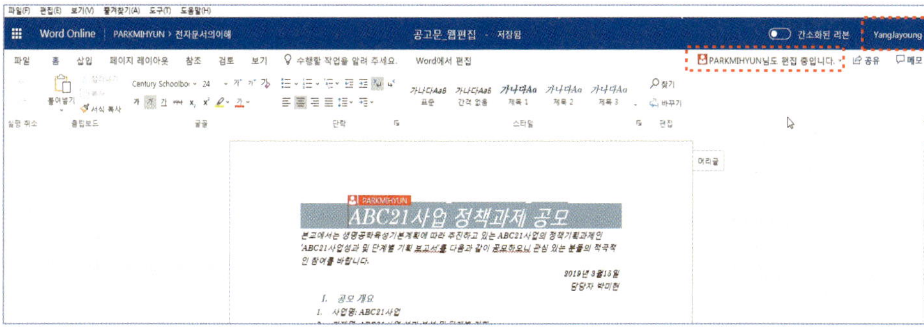

④ 또 다른 사용자 SHINJUNGHWA 사용자도 아래와 같이 링크 메일을 받게 된다.

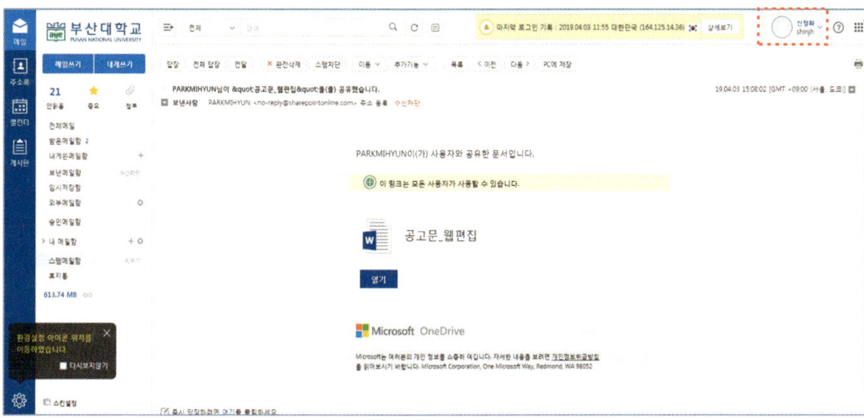

⑤ 그리고 [열기]를 클릭하면 워드 온라인의 공유된 문서가 열리면서 '다른 사용자 2명이 현재 작업 중입니다.'라는 메시지가 오른쪽 상단에 표시된다. 그리고 상대편 사용자들이 문서를 수정하면 색깔별로 구분되므로 각자 어느 부분을 수정하고 있는지 알 수 있다.

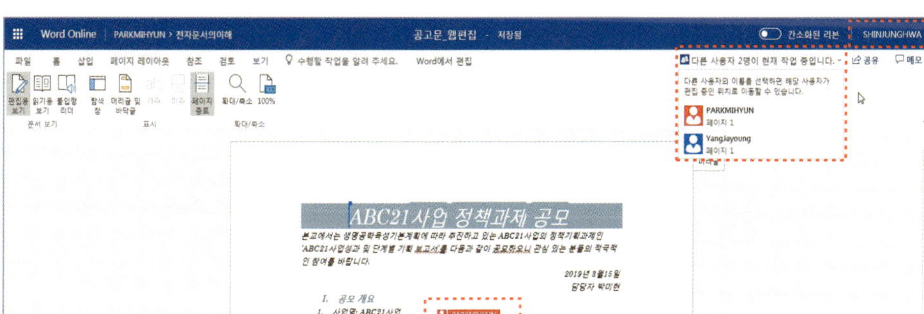

⑥ 워드 온라인은 별다른 저장 버튼 없이도 수정하는 내용이 One Drive에 실시간으로 저장되므로 공유하고 있는 문서의 수정 내용을 바로 확인할 수 있다.

5.7. 메모 보내기

문서 공동 작업 중에 상대편 사용자에게 메모를 보낼 수도 있다.

① PARKMIHYUN 사용자의 워드 온라인 화면 메뉴 중 [검토]-[새 메모]를 선택한다.

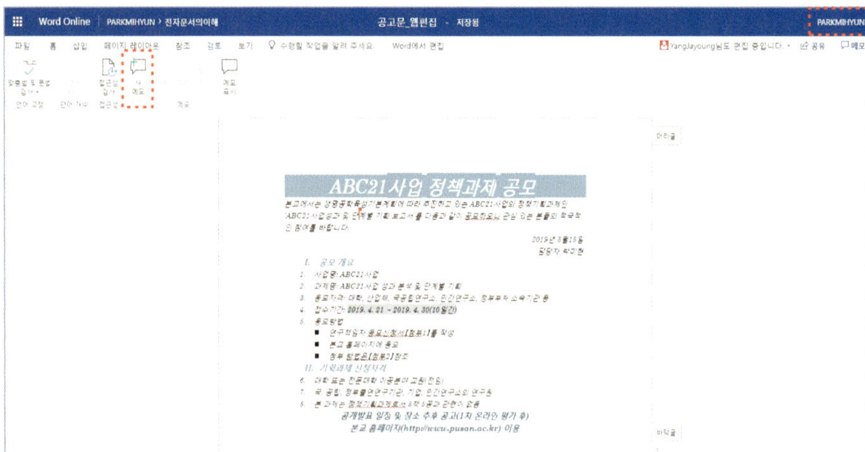

② 오른쪽에 [메모] 창이 열리면 메모 입력 창에 '날짜가 잘 못 수정된 것 같습니다.'라고 적고 게시 버튼(➢)을 누른다.

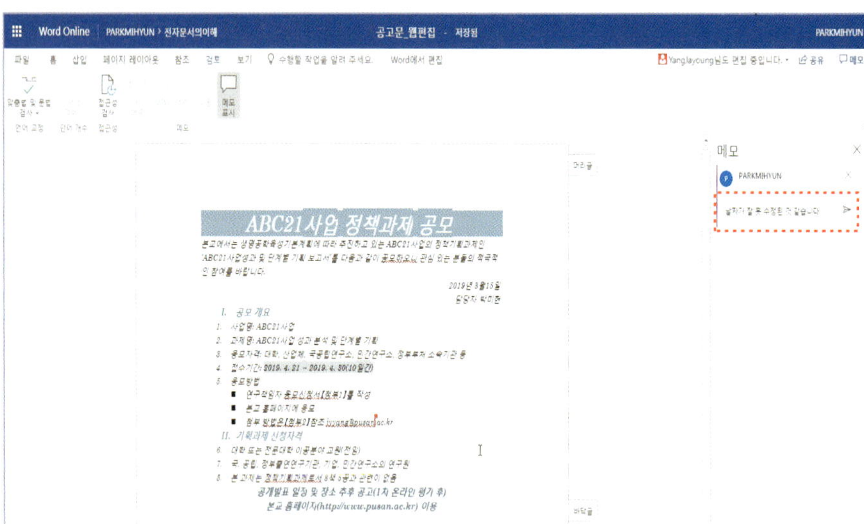

③ 그러면 YangJayoung 사용자의 화면에는 작은 메모 모양의 버튼(🗨)이 보이는데 이 버튼에 마우스를 올리면 '이 메모를 보려면 클릭하세요'라는 메시지가 나

타난다. 이 버튼을 클릭하면 화면 오른쪽에 메모 창이 뜨면서 상대편 사용자가 보낸 메시지 내용을 확인할 수 있다.

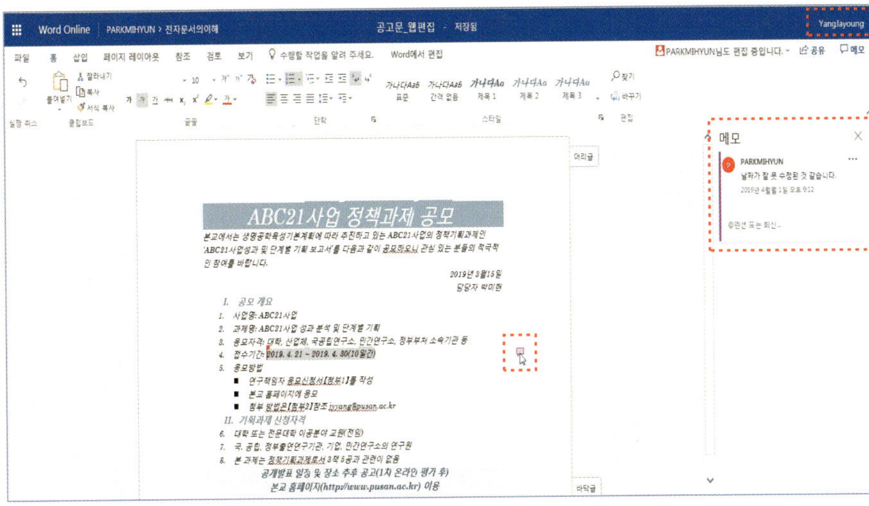

5.8. 공유 해제

문서에 설정된 공유는 One Drive에서 해제할 수 있다.

① One Drive 앱으로 이동한 후 공유된 문서 항목의 오른쪽 끝에 있는 [공유]를 클릭한다.

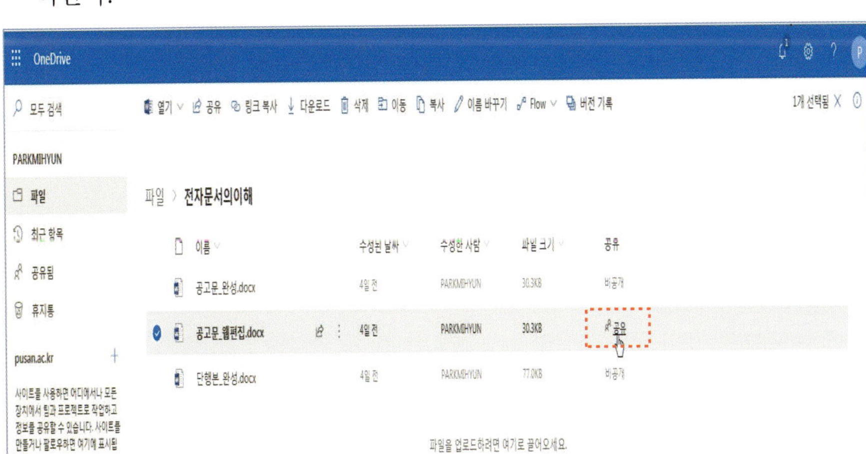

② 오른쪽에 열린 [액세스 관리] 창에서 [공유 중지]를 선택한다.

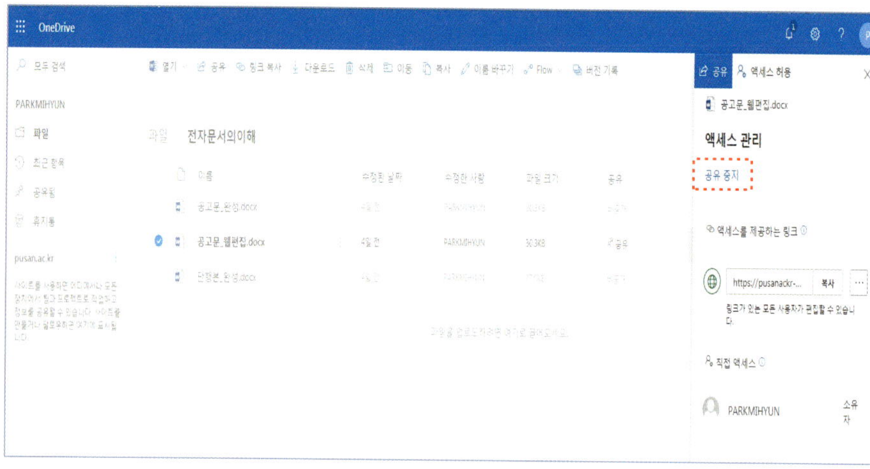

③ "공유를 중지할까요?"라는 알림 창이 뜨면 [공유 중지]를 선택한다.

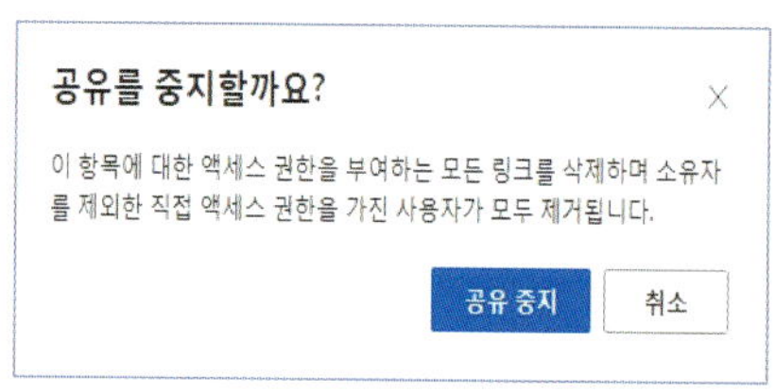

④ 해당 문서가 '비공개'로 전환된다.

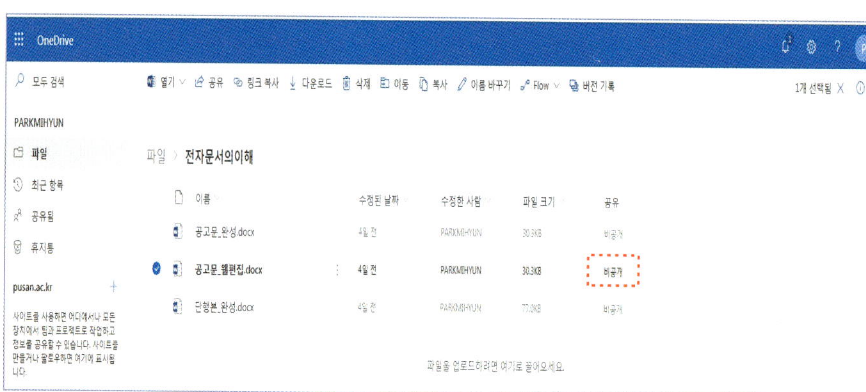

6. Teams 앱으로 채팅하기

Teams 앱을 사용하면 오피스365의 다른 서비스(플래너, 원노트, 아웃룩 일정)와 정보를 공유할 수 있어서 편리하고, 대화 창을 이용하여 무제한 파일 공유가 가능하며, 무기한 히스토리를 관리할 수 있다.

① Microsoft Teams 앱으로 이동한 후 [팀 만들기] 버튼을 클릭한다.

② [팀 선택] 창이 열리면 [수업]을 선택한다.

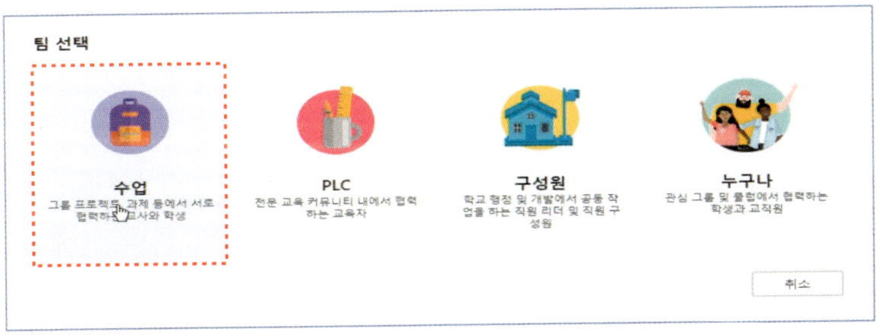

③ [팀 만들기] 창이 열리면 이름을 '전자문서의이해'라고 적고 [다음]을 누른다.

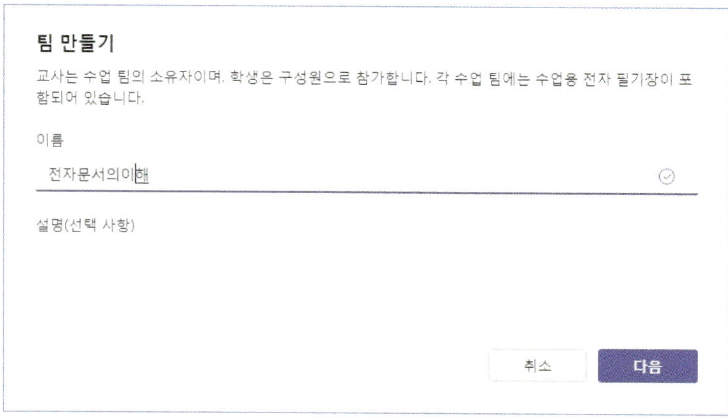

④ 추가하고자 하는 팀원의 이메일 주소를 적고 [추가]를 누른다.

⑤ [대화] 버튼을 누르면 화면 하단에 채팅 창이 열린다. 각자의 대화 창에 메시지를 적고 게시 버튼(➢)을 누르거나 엔터를 치면 상대편 화면에 메시지가 나타난다.

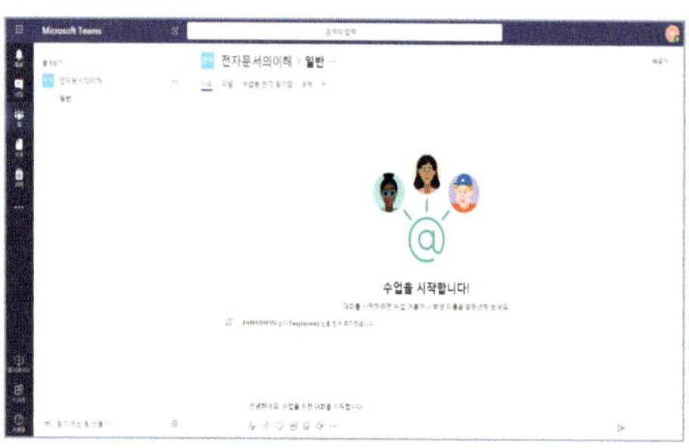

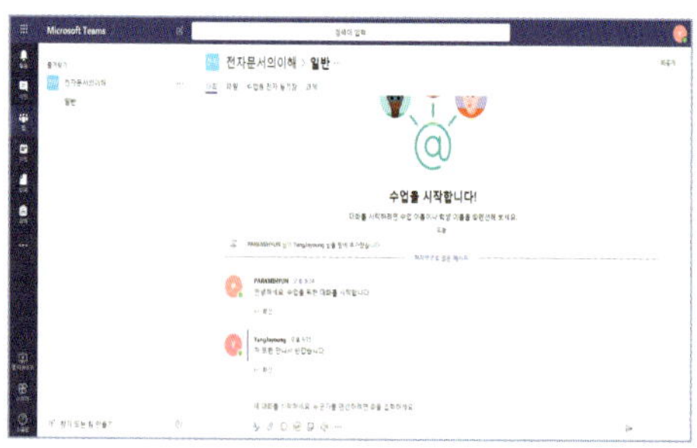

PART 3

데이터의 시각화

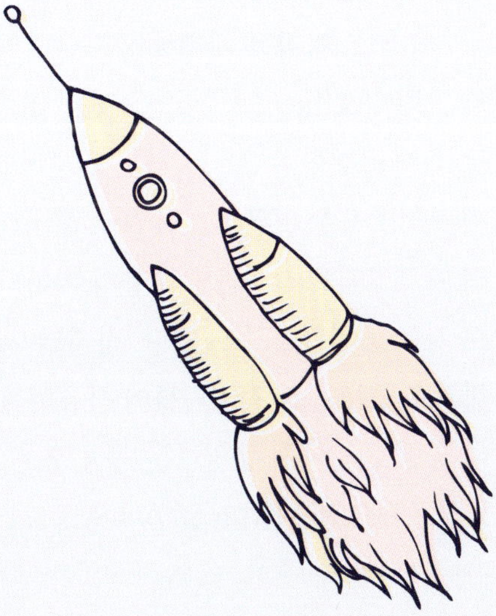

PART 3.
데이터의 시각화

우리 속담에 백 번 듣는 것보다 한번 보는 것이 낫다는 말이 있다. 이 속담은 문서편집에서도 적용될 수 있다. 전달하고자 하는 정보를 백 마디 말로 길게 설명하는 것보다 그림으로 한번 보여주는 것이 훨씬 효과적일 때가 많다. 이때 정보를 그림으로 보여주는 작업을 데이터 시각화라고 한다. 데이터 시각화(data visualization)는 정보를 쉽게 이해할 수 있도록 시각적으로 표현하는 방법을 의미한다. 쉽게 말해서 전달하고자 하는 정보를 텍스트로만 표현하면 읽는 사람 관점에서는 쉽게 이해되지 않을뿐더러 숨겨진 의미를 파악하기도 어렵다. 이런 경우 도표(graph)라는 수단을 통해 정보를 명확하고 효과적으로 표현하면 의미 전달도 쉬울뿐더러 데이터의 추이를 분석하여 미래지향적 의사결정에도 도움을 줄 수 있다.

이상적인 데이터 시각화란 단지 이쁘고 화려하게 문서를 도식화하는 것이 아니라 전달하고자 하는 데이터의 의미를 명확하게 표현함으로써, 문서를 받아보는 이로 하여금 데이터에 집중하게 하고 그 내포된 의미를 파악할 수 있도록 만들어야 한다. 그런데 이런 데이터 시각화 작업을 기존의 사무용 문서 도구를 이용해서 처음부터 끝까지 작성하는 것은 결코 쉬운 일이 아니다. 그래서 최근 다양한 데이터 시각화 도구들이 출시되고 있는데 이런 도구들을 이용하면 좀 더 쉽고 빠르게 시각화 문서를 만들어 낼 수 있다.

데이터 시각화를 지원하는 도구로 마이크로소프트의 엑셀(Excel)이나 구글의 데이터 스튜디오(https://datastudio.google.com/) 등을 이용하면 수치 데이터를 차트로 쉽게 표현할 수 있다. 또한, 전문적인 프로그래밍 언어인 파이썬(python), 피에이치피(PHP), 또는 오픈소스인 프로세싱(Processing)이나 R 프로그래밍 등을 이용하여 직접 프로그램을 작성하면 대량의 데이터 중에서 원하는 자료만 추출/변형하여 시각적으로 자료를 처리할 수도 있다. 하지만 이런 방법들은 좀 더 전문적인 지식과 기술이 필요하므로 초보 문서 작성자들이 사용하기에는 어려움이 따른다. 이 때문에 최근에는 정부나 공공 기관에서 운영하는 공공 통계 사이트(국가통계 포털(http://www.kosis.kr), 한국콘텐츠진흥원(http://www.kocca.kr), 통계청(http://kostat.go.kr), 한국갤럽

(http://www.gallup.co.kr)) 등을 이용하면 빅데이터 분석을 이용해 시각화 처리된 자료를 쉽게 찾을 수도 있고, 간단하게 시각화 작업을 할 수도 있다.

본 교재에서는 누구나 쉽게 사용할 수 있는 시각적 도구로써 한/글 프로그램에서 제공하는 차트 기능과 마이크로소프트 엑셀 프로그램을 이용해서 간단한 수치 자료의 차트화를 실습해 보고, 통계 사이트에서 무료로 제공하는 시각화 프로그램들을 이용해서 여러 가지 도표를 문서에 포함하는 작업을 해 보려고 한다.

이번 장을 통해 데이터 시각화의 중요성을 깨닫고 보다 효율적으로 데이터를 도식화하는 방법에 대해서도 배워보도록 한다.

Chapter 1 데이터 시각화란?

데이터 시각화는 정량적 정보를 그래프의 형태로 표시하는 것이다. 즉, 데이터 시각화는 크고 작은 데이터 집합을 이해하기 쉽게 간단한 시각적인 형태로 바꾸는 것이다. 데이터 시각화는 일상생활에서 놀라울 정도로 흔하게 사용되고 있다. 도로 교통 표지판, 상/하향 에스컬레이터 표시 그리고 남녀화장실 표시 등도 간단한 데이터 시각화의 예라고 할 수 있다. 텍스트로 '남자 화장실' 또는 '여자 화장실'이라고 적으면 글을 읽을 줄 아는 사람, 특히 한글을 읽을 수 있는 사람만 알아볼 수 있지만, 그림으로 표현하면 글을 모르는 사람도 정확하게 그 의미를 파악할 수 있다. 이러한 복수의 시각화 및 정보 이미지의 조합을 흔히 인포그래픽(Infographics)이라고도 부른다.

도로 표지판

상향 에스컬레이터

남/여 화장실 표시판

데이터 시각화는 정보가 담고 있는 의미를 빠르게 전달할 수 있다는 장점도 있지만, 그 정보 속에 내포된 숨은 사실과 추세를 발견하는 데도 도움을 준다. 꺾은 선 그래프는 시간 경과에 따른 변화를 표시할 수 있으며, 막대 그래프는 동일 시간대에서의 데이터의 양을 관찰하고 비교하는 데 유용하다. 원그래프는 전체 부분에서 각 요소가 차지하는 양을 쉽게 파악할 수 있으며, 분산형 그래프는 데이터의 경향이나 현상을 확인하기에 좋다. 위도/경도 또는 우편 번호 등 지리적 정보가 있는 경우 지도를 이용하여 데이터를 시각적으로 표현하는 것도 가능하다.

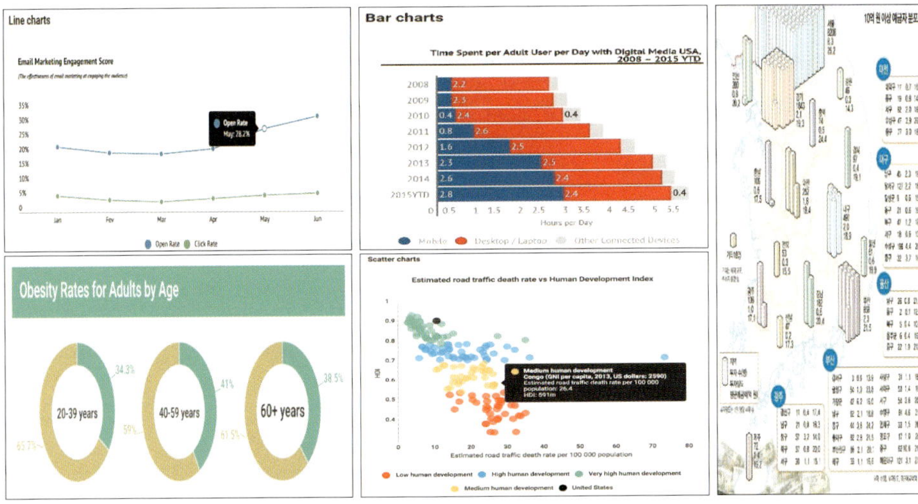

출처: https://support.infogram.com/hc/en-us/articles/360003506414-Data-Visualization-Basics

따라서 데이터 시각화 작업을 하기 위해서는 소스가 되는 정보를 최대한 단순화 시킨 후 올바른 그래프의 형태를 선택하는 것이 중요하다.

데이터 시각화 작업을 해야 하는 이유를 다음과 같이 정리할 수 있다.

① 데이터를 더욱 쉽게 이해하고 기억할 수 있다.
② 정보 속에 숨겨진 사실, 특이사항 및 동향을 파악할 수 있다.
③ 데이터 상호 간의 관계와 패턴을 표현할 수 있다.
④ 문서를 받아보는 책임자가 더 나은 의사결정을 할 수 있도록 도울 수 있다.

1. 빅데이터 시대의 데이터 리터러시란?

본래 리터러시(Literacy)는 읽고(Reading), 쓰고(wRiting), 산술 계산(aRithmatic)을 할 수 있는 능력을 의미하기 때문에 3R이라고 표현해 왔다. 그러므로 19세기까지만 해도 일반 대중이 아닌 특권 계층에서만 리터러시 능력을 취득할 수 있었다. 그러나 차츰 그 의미가 확대되어 이제는 단지 언어를 읽고 쓰는 능력에서 더 나아가 변화하는 사회에서의 적응 및 대처하는 능력을 의미하게 되었다.

현대에는 '리터러시' 앞에 '데이터'를 붙여 '데이터 리터러시'라는 말을 사용하곤 한다. 데이터 리터러시(Data Literacy)는 데이터를 읽고 그 안에 숨겨진 의미를 파악하는 데이터 해독능력을 말한다. 다양한 매체를 통해 쏟아지는 데이터 홍수 속에서 데이터 리터러시 역량은 4차 산업혁명을 앞둔 현대인이 갖추어야 하는 필수 생존 능력이라고 할 수 있다.

데이터 리터러시의 좀 더 정확한 의미는 데이터에 숨겨진 의미를 파악하는 데이터 해석 능력뿐 아니라 데이터를 목적에 맞게 활용하는 데이터 활용 능력도 내포한다. 즉, 빅데이터 시대에 데이터 리터러시는 자료수집 역량, 관리 역량, 가공 및 분석 역량, 시각화 역량, 기획 역량 등 다양한 데이터 활용 능력을 말한다.

최근에는 이러한 데이터 리터러시 능력을 얼마만큼 활용하느냐에 따라 기업의 운명이 달라지는 예를 흔히 볼 수 있다. 2018년 미국의 경제 전문지 〈포브스(Forbes)〉 선정 세계 부자 10대 안에 들어오는 기업들에 아마존 창업자 '제프 베저스(Jeff Bezos)', 마이크로소프트 창업자 '빌 게이츠(Bill Gates)', 페이스북 창업자 '마크 저커버그(Mark Zuckerberg)' 등 데이터를 주로 다루는 IT 기업의 총수들이 대거 포함된 것만 보아도 그 증거가 충분하다.

그런데 이 중에서 특히 주목할 만한 기업이 바로 패스트패션의 선두 주자라고 할 수 있는 세계 최대 의류 회사 '자라(ZARA)'이다. 자라(ZARA) CEO '아만시오 오르테가(Amancio Oretega)'는 2018년 〈포브스〉 선정 세계 최대 부자 6위를 차지하였다. 또한, 자라의 모기업인 인디텍스는 2017년 1분기 순이익 6억 5,400만 유로를 기록하면서 전년 동기 대비 18%나 상승시켰다. 자라가 의류업체임에도 불구하고 이처럼 놀라운 실적을 기록할 수 있었던 그 배경에는 빅데이터 시대에 누구에게나 필요한 역량, 데이터 리터러시(Data Literacy)라 불리는 데이터 활용 역량이 기업 전반에 깔려있었다. 인디텍스의 회장 '파블로 아일라(Pablo Isla)'는 성공의 요인을 묻는 인터뷰에서 "자라에는 스타 디자이너도 없고 스타 비즈니스맨도 없다. 이것저것 보스 대신 각자가 데이터를 참고하여 권한과 책임을 지고 일한다. 우리에겐 고객과 시장에서 얻은 데이터가 있고, 이를 기반으로 고객이 흥미를 느낄 수 있는 패션 아이템을 제공할 뿐이다"라고 대답했다. 자라는 재고 관리를 위해 판매 데이터를 활용하되 소비자의 관점에서 이를 분석하고, 매일 분석된 정보를 실시간으로 디자인, 주문, 생산에 반영한다는 것이다. 이러한 자라의 데이터 리터러시 역량이 자라의 획기적 성공을 가져다준 주된 요인이 되었다.

2. 데이터 시각화의 역사

데이터 시각화의 역사를 살펴보자. 지도는 수천 년 전부터 사용되어왔지만, 다이어그램은 수백 년 전부터 사용되기 시작했으며, 숫자를 도표로 표현하는 방식은 비교적 최근의 업적이다. 스코틀랜드의 공학자이자 경제학자인 윌리엄 플레이페어(William Playfair)가 1786년 발명한 막대 도표는 수량 정보를 시각적으로 보여준 최초의 것이었다. 15년이 지난 1801년 그는 처음으로 파이 도표와 면적 도표를 소개했고 오늘날까지 가장 흔하게 사용되고 있다.

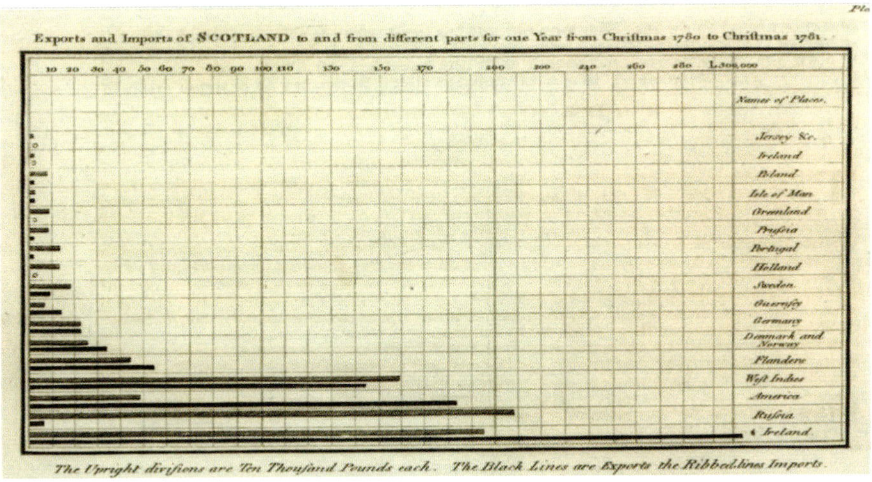

플레이페어가 작성한 1786년부터 1781년까지 스코틀랜드의 수출입 비교

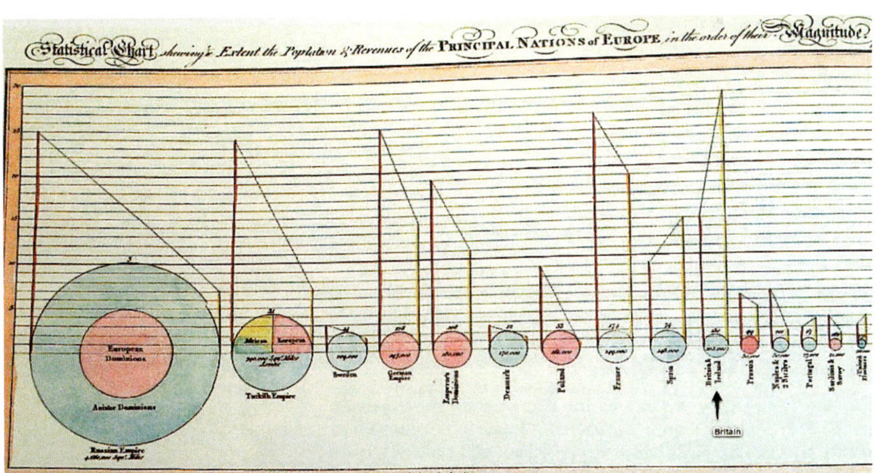

플레이페어가 그린 다양한 다이어그램

"*정·재계 주요 인사들은 사소한 부분에 관심을 쏟을 여력이 없다. 이런 도표들이 성가시고 피곤하게 세부 사항을 점검하는 수고를 덜어주고 정보를 명확히 전달할 수 있도록 도움이 되길 바란다.*"라고 말한 그의 글에서도 알 수 있듯이 플레이페어는 정보를 정확하면서도 이해하기 쉽고 간편하게 전달하기 위해 큰 노력을 들인 것을 볼 수 있다.

역사적으로 길이 남을만한 데이터 시각화의 대표적인 예로는 1869년 찰스 조셉 미나드(Charles Joeseph Minard)가 그린 '생키 도해(Sankey diagram)'를 들 수 있다. 프랑스의 토목공학자 찰스 미나드는 1812년 나폴레옹이 모스크바로 진군할 당시 그 전쟁이 패배할 수밖에 없었던 이유를 네 가지 변수로 설명하기 위해 2차원 그래프를 만들었다. 네 가지 변수는 군대의 진군 방향, 부대가 지나간 지역의 지형, 기아와 부상으로 사망한 군대의 규모 그리고 추운 기온이었다. 현재의 기준으로 보면 통계 그래프로써 부족한 면이 있지만, 이 지도는 기온에 따른 프랑스 군대 규모의 감소 상황을 그 어떤 설명보다도 명확하게 이해시킨다.

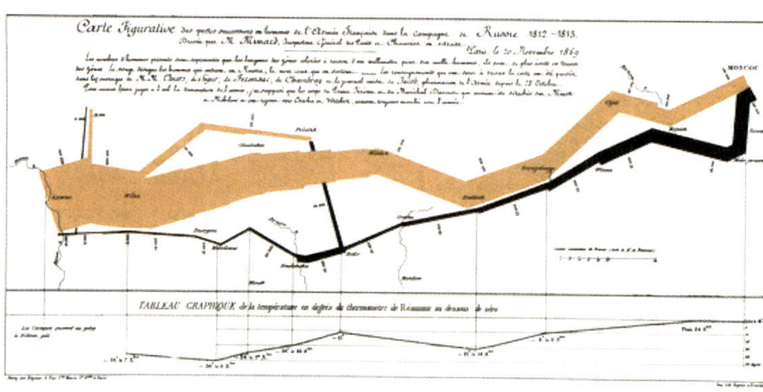

찰스 조셉 미나드의 생키 도해

미나드가 그린 그래프는 통계학적 용어로 '생키 도해(Sankey diagram)'라고 부른다. 생키 도해는 흐름도(flow diagram)의 일종으로 화살표의 너비로 데이터의 양을 비율적으로 보여준다. 이를 처음 발견한 Matthew Henry Phineas Riall Sankey의 이름을 따서 생키 도해(Sankey diagram)라고 한다. 미나드의 그래프는 데이터 시각화의 가장 유명한 사례로 손꼽힌다.

데이터 시각화의 또 다른 대표적인 예로 나이팅게일의 '장미 도표(Rose diagram)'를 들 수 있다. 우리가 알고 있는 백의의 천사 '플로렌스 나이팅게일(Florence

Nightingale)'은 사실 알고 보면 통계의 천재였다. 1854년 크림전쟁에 참여했던 나이팅게일은 환자 대부분이 전쟁의 부상 때문이 아닌, 전염병 때문에 죽는다는 사실을 발견했다. 나이팅게일은 먼저 통계 작성기준을 세워 기록체계를 통일했다. 기준에 따라 입원, 부상, 질병, 사망 등의 내용을 매일 상세히 작성했다. 이 기록을 토대로 영국 정부에 크림전쟁의 상황을 전하고 야전병원의 위생을 개선해야 한다고 주장했다. 일목요연하게 정리된 나이팅게일의 보고서를 본 영국 정부는 야전병원의 위생을 개선하기 시작했다. 화장실과 하수도를 청소하고 환기 시스템을 설치했으며, 병실 청결에 필요한 비품을 공급했다. 위생 사업을 시작한 지 한 달이 지나자 야전병원의 사망률이 급격히 떨어지면서 42%에 달하던 환자의 사망률이 2%까지 낮아졌다. 당시 사람들은 질병의 원인이 무엇이며, 깨끗해지면 왜 사망자가 줄어드는지 알지 못했다. 하지만 나이팅게일이 제시한 보고서는 깨끗한 위생이 사람을 살린다는 증거가 되어 수많은 사람을 설득할 수 있었다.

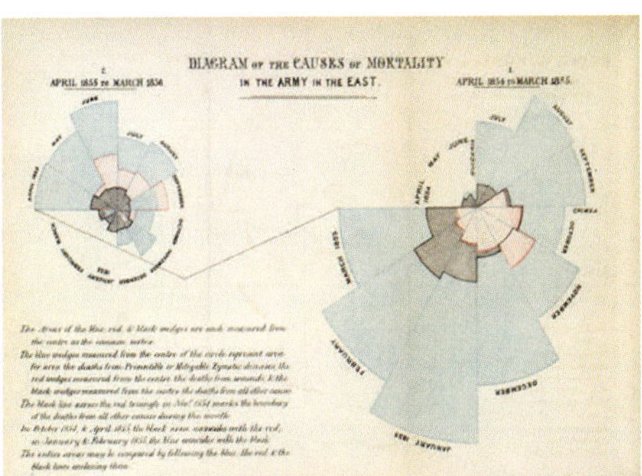

나이팅게일의 장미 도표

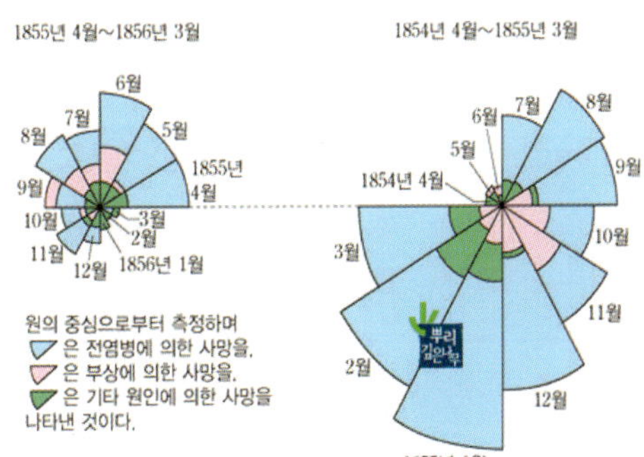

한글로 재해석한 장미도표

나이팅게일은 복잡한 숫자들이 나열된 통계 자료를 사람들이 잘 이해하지 못한다는 사실을 깨달았다. 그래서 통계를 이해하기 쉽게 그림(도표)으로 보여줬다. 나이팅게일의 장미 도표는 위에서 설명한 찰스 미나드가 그린 생키 도해와 함께 19세기 최고의 통계 그래픽으로 칭송받고 있다.

찰스 미나드나 나이팅게일의 시대가 죽음의 원인조차 제대로 알지 못하는 '정보의 무지 시대'였다면 지금은 넘쳐나는 데이터를 주체하지 못하는 '정보의 과잉 시대'라는 차이점은 있지만, 여전히 사람들은 복잡한 숫자 통계 자료를 잘 이해하지 못한다는 사실은 변함이 없다. 그러므로 플레이페어 이후로도 많은 사람에 의해 좀 더 이해하기 쉽게 정보를 표현하는 방법에 관한 끊임없는 연구는 계속되고 있다.

3. 데이터 시각화의 다양한 예제

몇 년 전까지만 해도 수치 데이터를 도표로 나타내는 대표적인 도구로 마이크로소프트(Microsoft)사의 엑셀(Excel) 프로그램을 많이 사용했었다. 엑셀 프로그램은 많은 양의 데이터를 표 형태로 정리하기 쉽고, 함수를 이용하면 새로운 값을 빠르게 계산해 낼 수 있으며, 그래프 기능들을 이용하여 효율적으로 데이터를 표현할 수 있다는 장점이 있다.

엑셀에서는 다양한 모양의 그래프를 제공한다. 시간 경과에 따른 변화를 표시하는 꺾은 선 그래프, 동일 시간대에서의 데이터의 양을 관찰하고 비교하는 데 유용한 막대 그래프, 전체 부분에서 각 요소가 차지하는 양을 쉽게 파악할 수 있는 원그래프, 데이터의 경향이나 현상을 확인하는데 사용하는 분산형 그래프 등을 제공하며, 특히 엑셀 2016 버전부터는 국가/지역, 구/군/시, 우편 번호 등 지리적 정보가 있는 경우 지도를 이용하여 데이터를 시각적으로 표현하는 것도 가능해졌다.

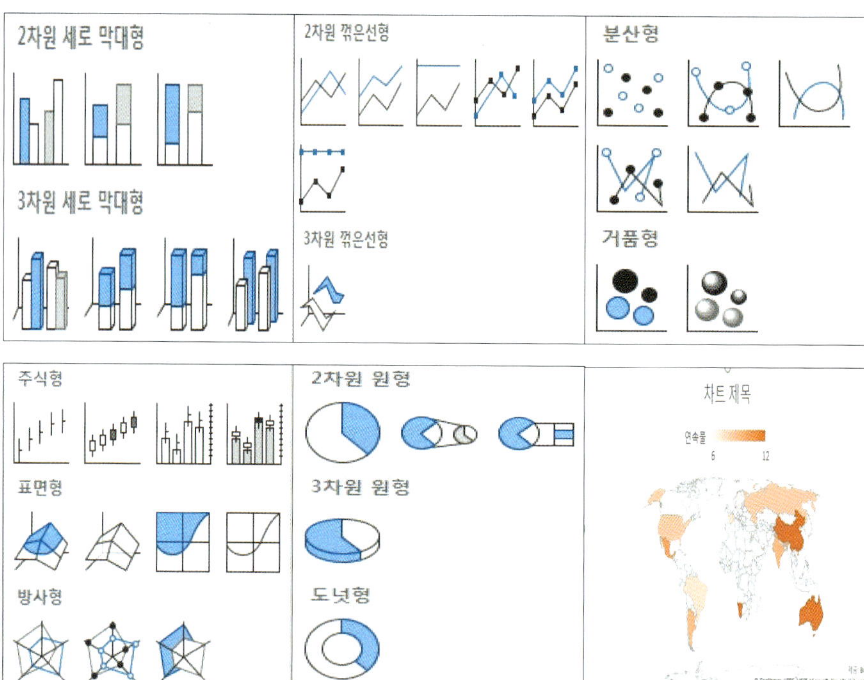

최근에는 통계학 오픈소스인 R 프로그래밍을 직접 작성하여 데이터를 시각화하는 방법도 많이 사용하고 있다. R에서 제공하는 기본 그래프를 이용하면 산점도(plot) 그래프, 막대(bar) 그래프, 원(pie)그래프, 상자 그래프(box plot) 등의 그래프를 쉽게 그릴 수도 있고, ggplot과 같은 패키지를 이용하면 훨씬 전문가다운 그래프를 그려낼 수도 있다. 특히 '워드 클라우드(word cloud)'라는 패키지를 이용하면 단어들의 빈도수를 구름 모양의 형태로 표현하는 것도 간단하게 처리할 수 있다.

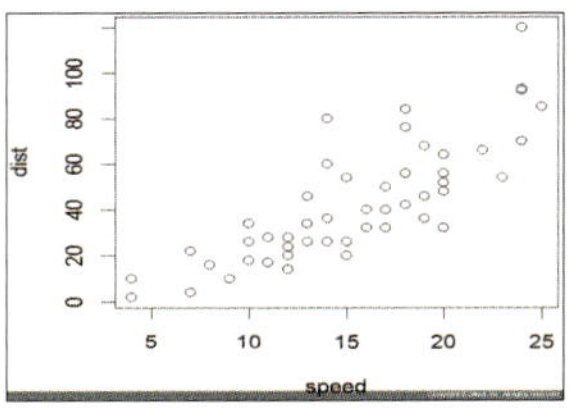

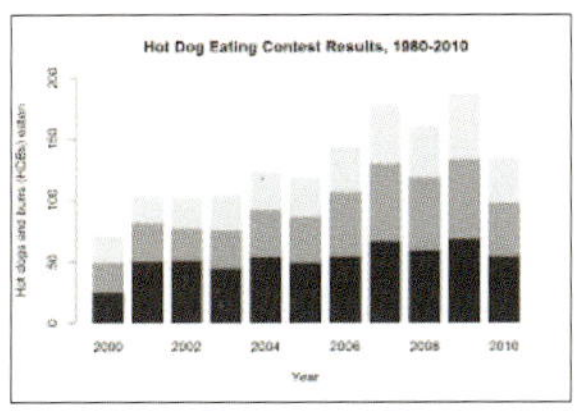

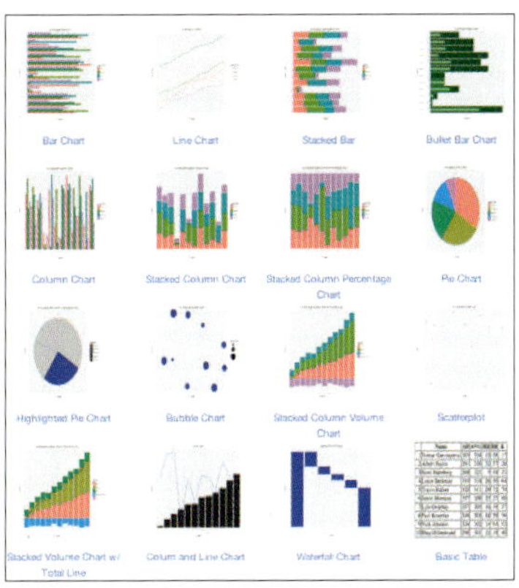

최근에는 방대한 데이터에서 중요한 정보를 선택해 시각적 효과를 극대화 시키는 작업을 데이터 저널리즘(Data Journalism)이라고 지칭하기도 한다. 특히 신문이나 방송 혹은 정부 기관과 같은 곳에서 빅데이터들을 간단하고 이해하기 쉽게 표현하려고 하는 다양한 시도들을 모색하고 있다. 아래 예시는 버락 오바마 대통령 재임 시절 백악관에서 작성된 미국의 2016년도 예산을 정부 프로그램 맥락에 맞도록 시각적으로 분류한 것이다. 이전까지의 미국 정부 예산안은 이해하기 어렵기로 악명이 높았으나, 아주 기본적인 트리맵 차트로 표현한 2016년도 예산안은 납세자들에게 그들의 세금이 어떻게 쓰이는지 명확하게 이해시키기에 충분했다.

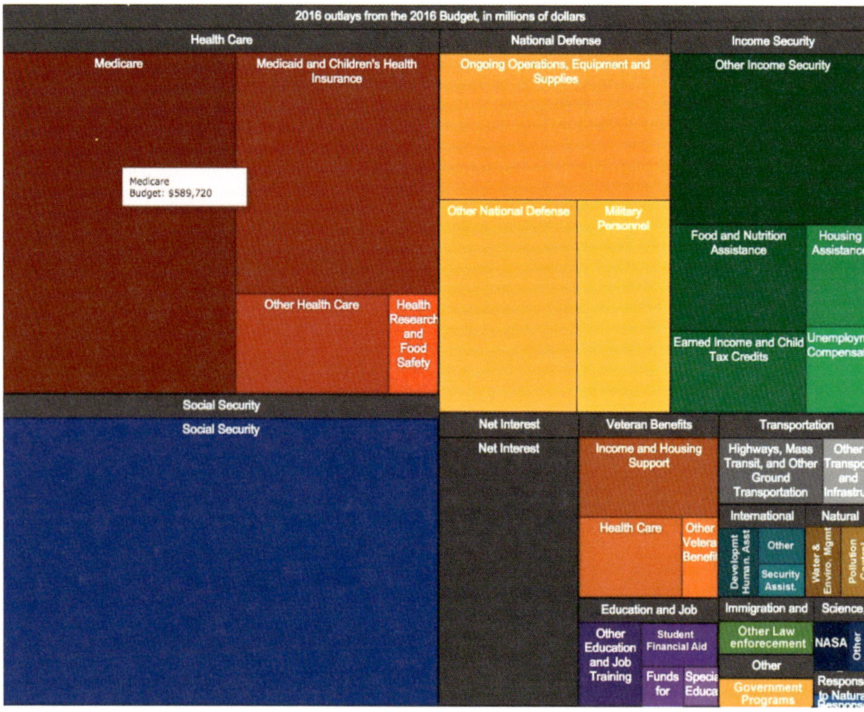

미국 관리예산실에서 작성한 2016년도 미국정부 예산안

데이터 시각화의 다양한 시도 중에 체르노프 페이스(Chernoff face) 그래프는 다차원 통계 데이터를 시각화하는 대표적인 방법의 하나이다. 체르노프 페이스는 사람의 얼굴 이미지로 다변량 데이터를 표현하는 것인데, 얼굴의 가로 너비, 세로 높이, 눈, 코, 입 등의 길이를 기준으로 변수의 크기를 표현한다. 사실 체르노프 페이스 그래프를 보면 한 번에 여러 변수에 대한 표현은 가능하지만 그게 어떤 의미인지 정확하게 해석하기는 쉽지 않다. 그러므로 체르노프 페이스는 사실 분석보다는 흥미가 주 목적이라고 할 수 있다.

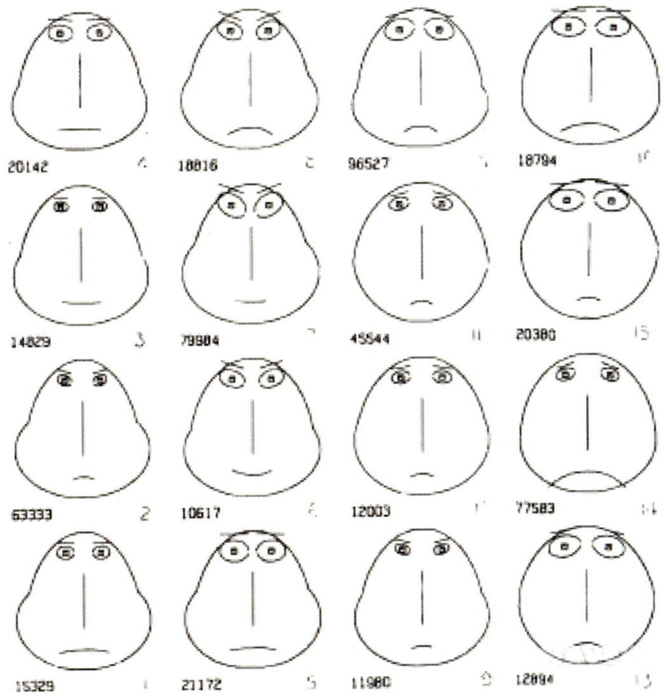

체르노프 페이스 그래프

소셜 네트워크(SNS)에 올라오는 수많은 댓글과 같이 텍스트 파일로 된 정보 속에서 핵심 키워드를 찾아내고자 할 때는 워드 클라우드(word cloud) 그래프를 이용하는 방법도 있다. 워드 클라우드는 단어의 빈도를 계산해서 시각적으로 표현하는 기법이다. 많이 나오는 단어는 중앙에 크게 표시하고, 반대로 적게 나오는 단어는 주변 가장자리에 작게 표시함으로써 한 눈에 문서의 핵심 키워드를 파악할 수 있다.

워드 클라우드(word cloud)는 태그 구름(tag cloud)이라고도 부른다. 태그는 원래 옷이나 물건에 가격이나 취급 방법 등을 설명하기 위해 붙이는 꼬리표인데 웹 페이지나 소셜네트워크서비스에서는 콘텐츠를 설명하기 위해 붙이는 키워드를 태그라고 부른다. 태그 구름은 웹 사이트에서 태그의 중요도를 글자 크기나 색깔로 표시한다.

표현하려는 정보의 성격에 따라 문서 구름(text cloud)과 데이터 구름(data cloud)으로 구분할 수 있는데, 문서 구름이 문서에 포함된 단어를 시각적으로 표현한 것이라면 데이터 구름은 단어 대신에 숫자 정보를 크기와 색깔로 표현한 것을 말한다. 예를 들어 인구수에 따라 국가명의 크기나 색을 달리하면 아래 오른쪽과 같은 데이터 구름을 만들어 낼 수 있다.

문서 구름

데이터 구름

이처럼 데이터를 시각적으로 표현하는 방법은 무궁무진하다. 따라서 남들이 만든 혹은, 유행하는 그래프를 무작정 따라서 만들 것이 아니라 어떤 형태의 데이터 그래프가 자신이 가지고 있는 정보를 더 이해하기 쉽게 만들 수 있을지, 본인이 작성한 문서를 읽을 상대에게 어떤 메시지를 주고 싶은지를 먼저 고민해야 할 것이다.

Chapter 2 오피스프로그램을 활용한 데이터 시각화

1. 한/글에서 차트 그리기

한/글의 차트는 자료의 변화를 한 눈에 알아보기 쉽게 데이터를 그래프 형식으로 바꾸는 기능이다. [입력]-[차트]를 선택하면 가로 막대형, 세로 막대형, 꺾은선/영역형, 원형, 분산형 등 다양한 차트를 만들 수 있다. 특히 한/글 2018부터는 [차트 디자인] 탭을 이용하여 차트의 종류, 레이아웃, 및 구성요소를 빠르게 변경할 수 있다. 또한, 차트에 다양한 효과를 적용할 수 있도록 차트의 기능이 한층 강화되었다. 단, 한/글 2018 버전으로 생성한 차트는 하위 버전 한/글에서 불러오는 경우 차트가 OLE 개체로 표시되며 편집할 수 없다.

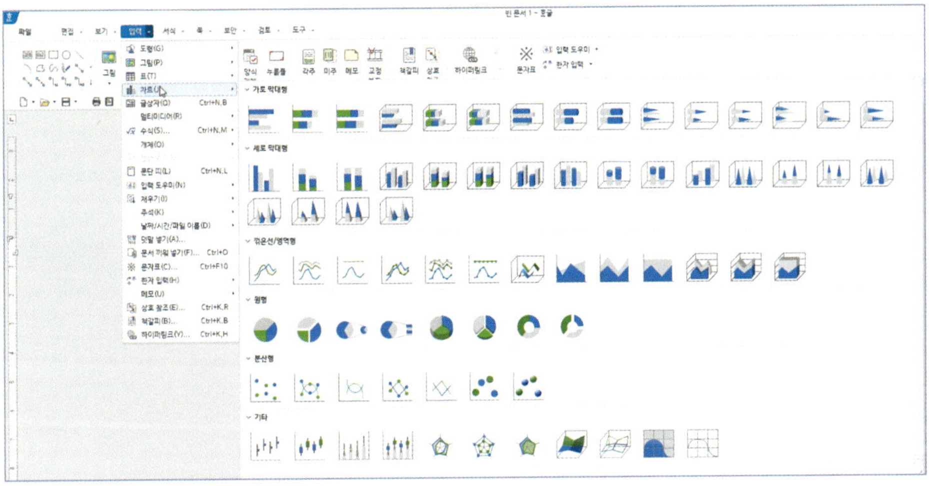

1.1. 차트 만들기

① 제공된 "2019년 고용 동향.hwp" 파일을 연다. 2019년 고용 동향에 대한 설명들이 글줄과 숫자로만 표시되어 있어 정확한 메시지가 눈에 잘 안 들어오는 걸 느낄 수 있다.

② 아래와 같이 제공된 표에서 제목줄과 2015~2019년도'15세 이상 인구', '경제활동인구' 자료를 블록으로 지정한다.

분류	2015	2016	2017	2018	2019
15세이상인구(천명)	43239	43606	43931	44182	44504
경제활동인구(천명)	27153	27418	27748	27895	28186
취업자(천명)	26178	26409	26725	26822	27123
실업자(천명)	976	1009	1023	1073	1063

③ [입력]-[차트]-[표식이 있는 꺾은선형]를 선택한다.

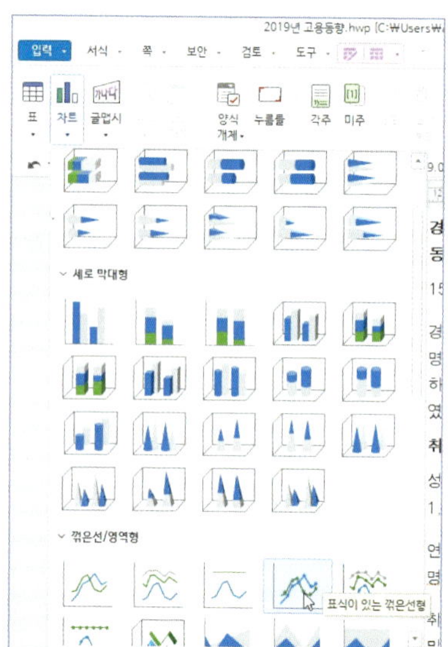

④ [차트 데이터 편집] 대화상자가 열리고 블록으로 지정했던 데이터들이 편집 창에 입력된다. 닫기(×)를 누르면 본문에 차트가 삽입된다.

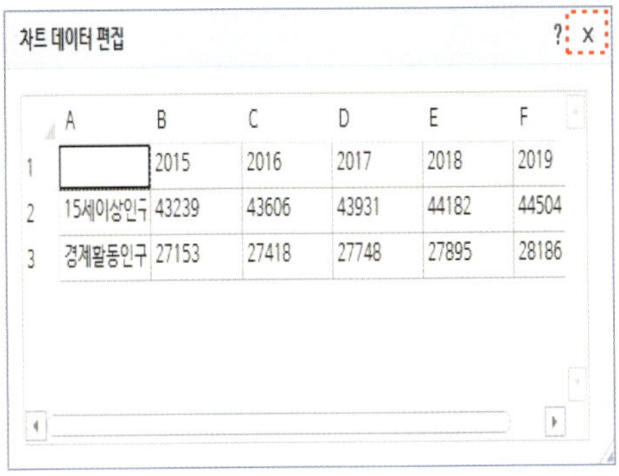

차트 데이터 편집

	A	B	C	D	E	F
1		2015	2016	2017	2018	2019
2	15세이상인구	43239	43606	43931	44182	44504
3	경제활동인구	27153	27418	27748	27895	28186

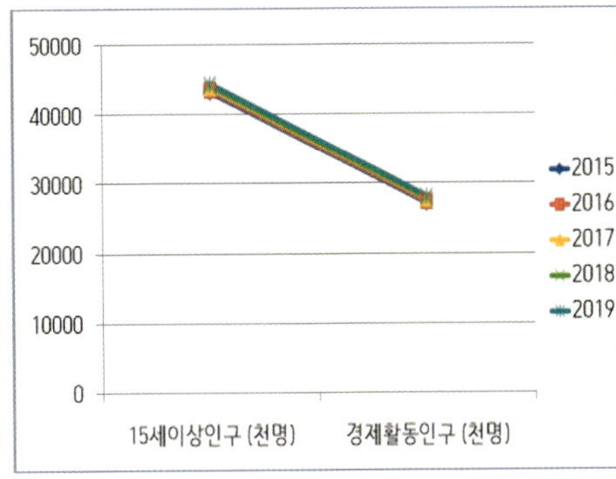

1.2. 차트 수정하기

① [차트 디자인] 도구에서 [줄/칸 전환]을 선택한다. 차트에서 행/열이 바뀌게 된다.

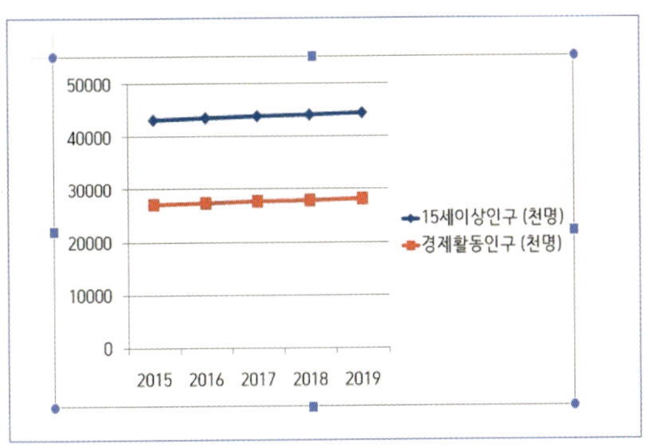

② [차트 디자인] - [차트 구성 추가]에서 [범례]를 '아래쪽'으로 선택하면 차트의 범례를 아래로 옮길 수 있다.

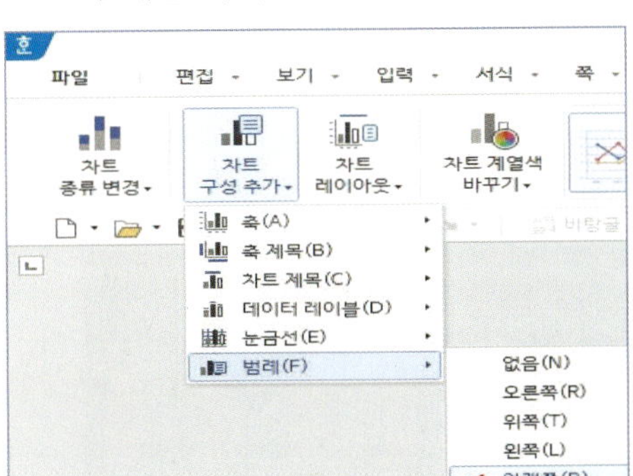

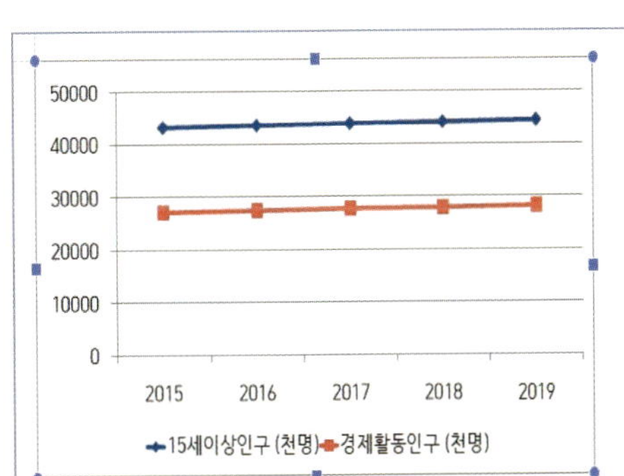

③ [차트 디자인] - [차트 구성 추가]에서 [데이터 레이블]를 '표시'로 선택하면 각 표식에 해당 데이터가 숫자로 나타난다.

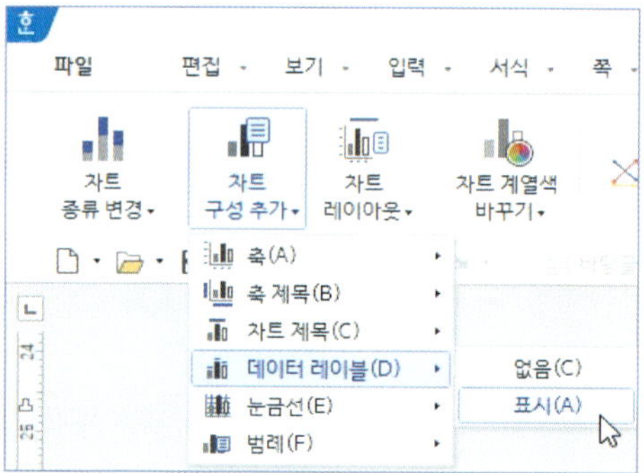

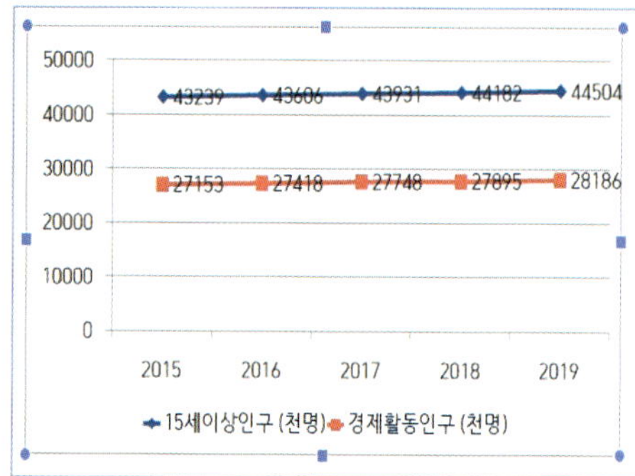

④ [차트 디자인] - [스타일]에서 [스타일9]를 선택하면 배경이 검은색으로 처리된 차트로 바꿀 수 있다.

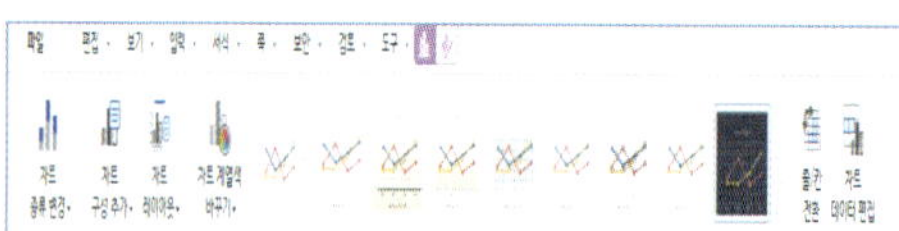

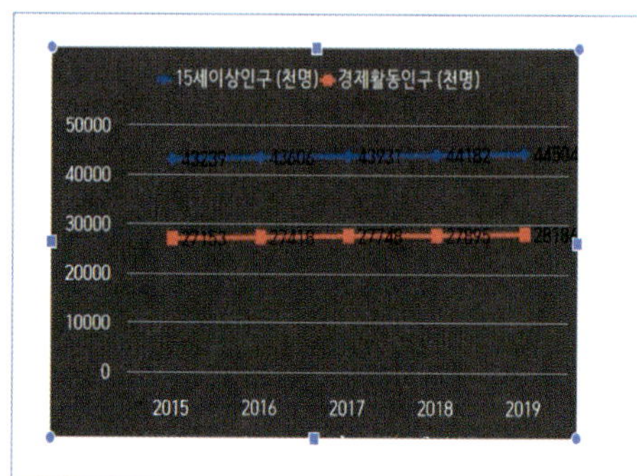

⑤ [차트 디자인] - [차트 종류 변경]에서 언제든지 다른 모양의 차트로 바꿀 수 있다.

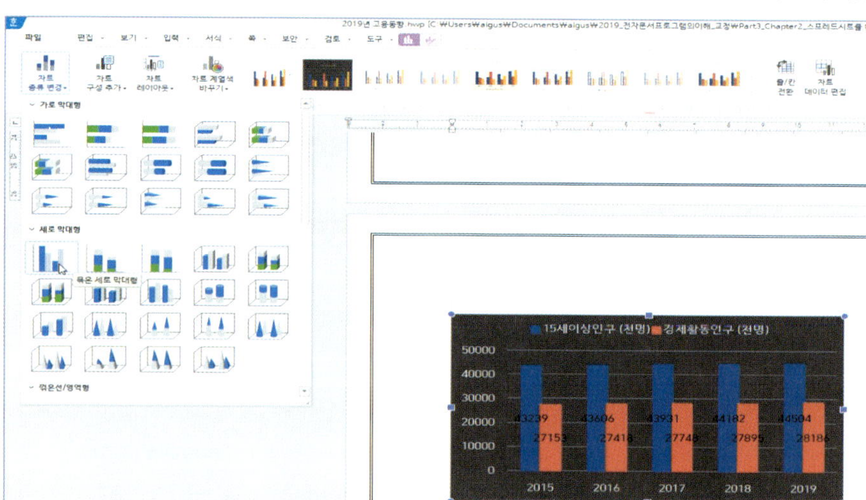

⑥ 이번에는 [차트 서식] 도구를 열어서 계열의 색상과 데이터 레이블 글자의 색상을 다양하게 바꾸어 보도록 한다.

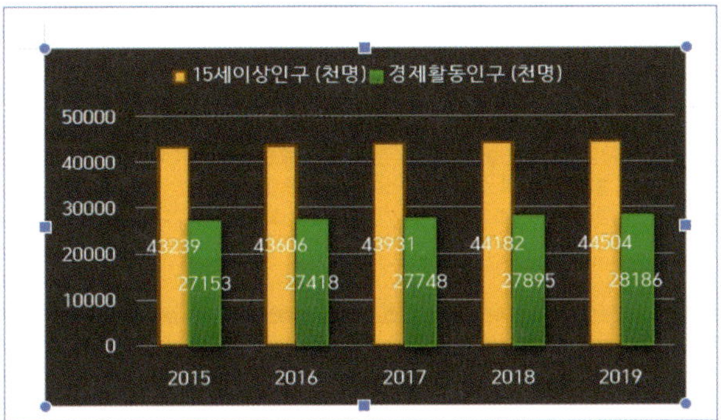

⑦ 만들어진 차트는 본문의 적당한 위치에 삽입하고, 개체속성(단축키 P)을 아래와 같이 지정한다.

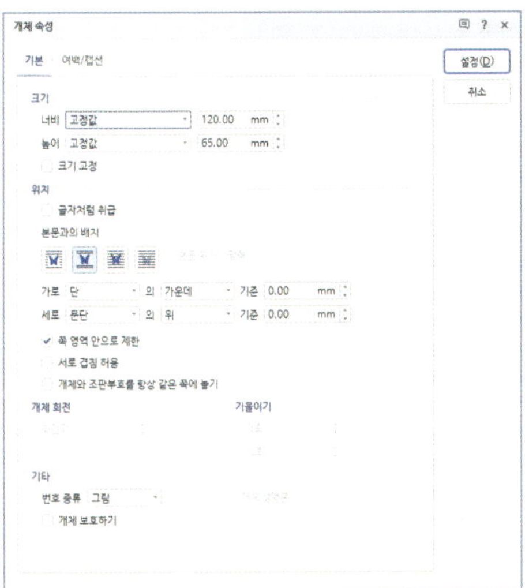

2019년 고용 동향

<개 황>

2019년 연간 고용 동향을 살펴보면, 경제활동 인구는 2,818만 6천 명으로 전년 대비 29만 1천 명(1.0%) 증가하였고, 경제활동참가율은 63.3%로 전년 대비 0.2%p 상승하였다. 또한, 취업자는 2,712만 3천 명으로 전년 대비 30만 1천 명(1.1%) 증가하였으며, 15세 이상 고용률은 60.9%로 전년 대비 0.2%p 상승하였다. 실업자는 106만 3천 명으로 전년 대비 1만 명(-0.9%) 감소하였으며, 실업률은 3.8%로 전년과 같다.

■ **경제활동인구는 2,818만 6천 명으로 전년 대비 29만 1천 명(1.0%) 증가하였고, 경제활동참가율은 63.3%로 전년 대비 0.2%p 상승하였다.**

① 15세 이상 인구는 4,450만 4천 명으로 전년 대비 32만 2천 명(0.7%) 증가하였다.

② 경제활동인구 및 경제활동참가율 증감을 성별로 살펴보면 남자는 경제활동인구(1,608만 명)가 전년 대비 8만 7천 명(0.5%) 증가하였고, 경제활동참가율(73.5%)은 0.2%p 하락하였다. 여자는 경제활동인구(1,208만 7천 명)가 전년 대비 20만 4천 명 (1.7%) 증가하였고, 경제활동참가율(53.5%)은 0.6%p 상승하였다.

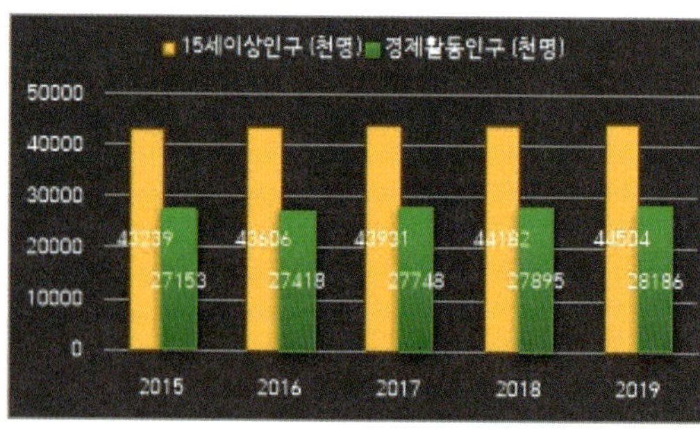

■ **취업자는 2,712만 3천 명으로 전년 대비 30만 1천 명(1.1%) 증가하였다.**

① 성별로는 남자가 1,546만 3천 명으로 전년 대비 9만 1천 명(0.6%) 증가하였고, 여자는 1,166만 명으로 21만 명(1.8%) 증가하였다.

② 연령계층별로는 60세 이상에서 37만 7천 명, 50대에서 9만 8천 명, 20대에서 4만 8천 명 각각 증가하였으나, 40대에서 16만 2천 명, 30대에서 5만 3천 명 각각 감소하였다.

③ 취업자 증감을 산업별로 살펴보면, 보건업 및 사회복지서비스업(16만 명, 7.8%), 숙박

2. 엑셀에서 차트 만들어 워드에 삽입하기

워드에도 삽입 메뉴에 [차트]를 제공하기 때문에 차트를 삽입할 수 있다. 단, 워드로만 차트를 추가할 수 없고 엑셀의 도움이 필요하다. 다시 말해 워드에서는 엑셀과 연동하여 차트를 삽입하게 되어있다. 따라서 일반적으로는 엑셀 프로그램을 실행하여 표 데이터를 차트로 바꾸고, 완성된 차트를 워드 문서에 삽입하는 방식으로 처리한다.

2.1. 엑셀에서 차트 만들기

① 엑셀 프로그램을 실행한 후 제공된 "대학교_학생수_시도_2019년기준.xlsx"파일을 불러온다.

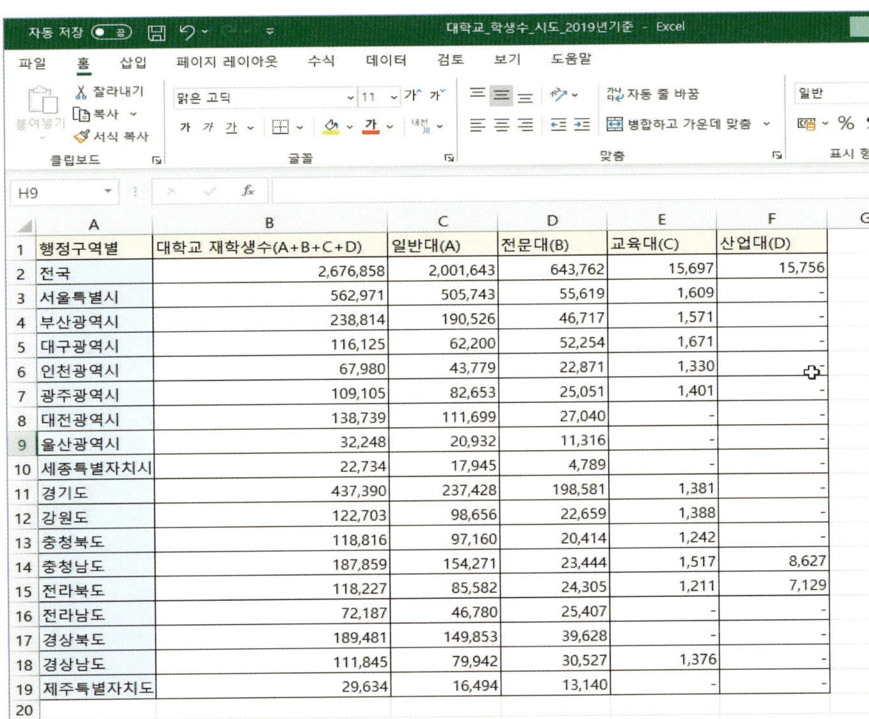

	A	B	C	D	E	F
1	행정구역별	대학교 재학생수(A+B+C+D)	일반대(A)	전문대(B)	교육대(C)	산업대(D)
2	전국	2,676,858	2,001,643	643,762	15,697	15,756
3	서울특별시	562,971	505,743	55,619	1,609	-
4	부산광역시	238,814	190,526	46,717	1,571	-
5	대구광역시	116,125	62,200	52,254	1,671	-
6	인천광역시	67,980	43,779	22,871	1,330	-
7	광주광역시	109,105	82,653	25,051	1,401	-
8	대전광역시	138,739	111,699	27,040	-	-
9	울산광역시	32,248	20,932	11,316	-	-
10	세종특별자치시	22,734	17,945	4,789	-	-
11	경기도	437,390	237,428	198,581	1,381	-
12	강원도	122,703	98,656	22,659	1,388	-
13	충청북도	118,816	97,160	20,414	1,242	-
14	충청남도	187,859	154,271	23,444	1,517	8,627
15	전라북도	118,227	85,582	24,305	1,211	7,129
16	전라남도	72,187	46,780	25,407	-	-
17	경상북도	189,481	149,853	39,628	-	-
18	경상남도	111,845	79,942	30,527	1,376	-
19	제주특별자치도	29,634	16,494	13,140	-	-

② 차트로 내보낼 데이터인 행정구역과 전국을 제외한 대학교 재학생수를 블록으로 지정한다. 비연속적인 데이터들을 블록으로 지정할 때는 Ctrl 키를 누른 상태에서 마우스로 원하는 데이터들만 선택하면 된다.

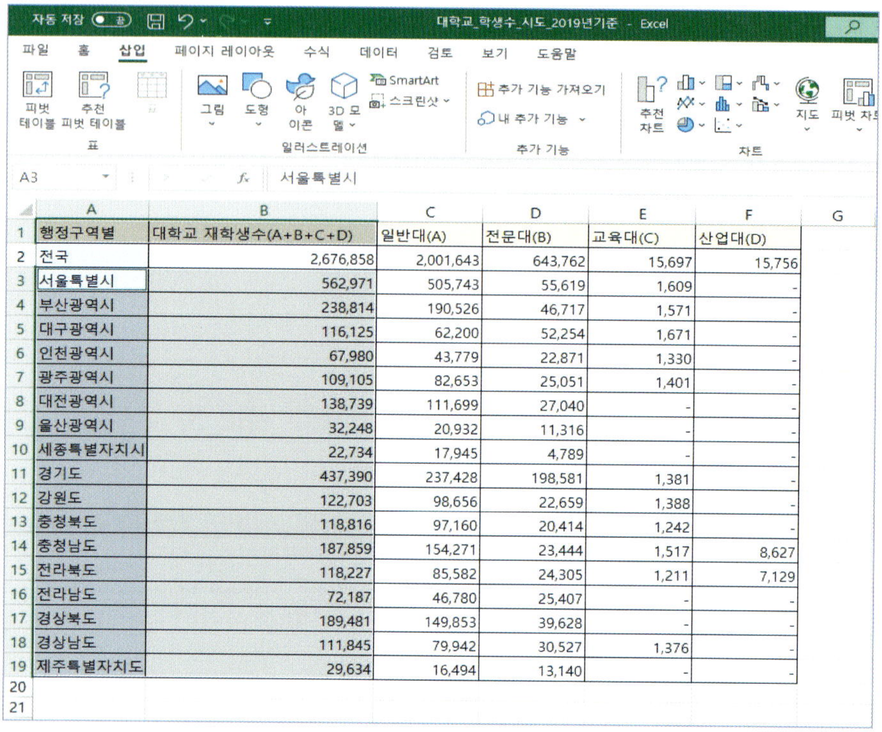

	A	B	C	D	E	F
1	행정구역별	대학교 재학생수(A+B+C+D)	일반대(A)	전문대(B)	교육대(C)	산업대(D)
2	전국	2,676,858	2,001,643	643,762	15,697	15,756
3	서울특별시	562,971	505,743	55,619	1,609	-
4	부산광역시	238,814	190,526	46,717	1,571	-
5	대구광역시	116,125	62,200	52,254	1,671	-
6	인천광역시	67,980	43,779	22,871	1,330	-
7	광주광역시	109,105	82,653	25,051	1,401	-
8	대전광역시	138,739	111,699	27,040	-	-
9	울산광역시	32,248	20,932	11,316	-	-
10	세종특별자치시	22,734	17,945	4,789	-	-
11	경기도	437,390	237,428	198,581	1,381	-
12	강원도	122,703	98,656	22,659	1,388	-
13	충청북도	118,816	97,160	20,414	1,242	-
14	충청남도	187,859	154,271	23,444	1,517	8,627
15	전라북도	118,227	85,582	24,305	1,211	7,129
16	전라남도	72,187	46,780	25,407	-	-
17	경상북도	189,481	149,853	39,628	-	-
18	경상남도	111,845	79,942	30,527	1,376	-
19	제주특별자치도	29,634	16,494	13,140	-	-

③ 메뉴 [삽입]-[차트]에서 '묶은 세로 막대형' 그래프를 선택한다. 블록으로 지정했던 데이터들을 이용한 막대형 그래프가 같은 시트(Sheet)내에 삽입된다.

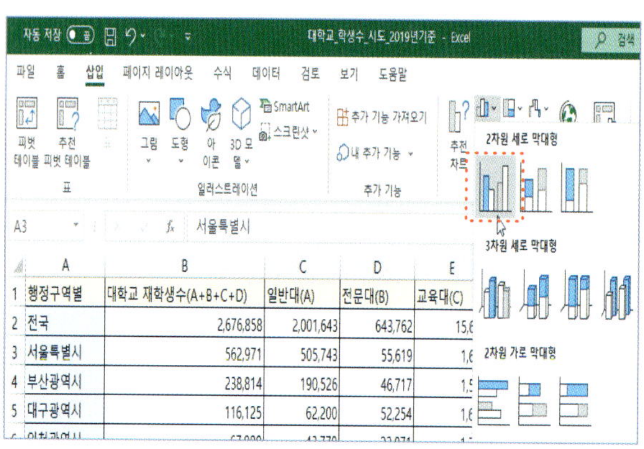

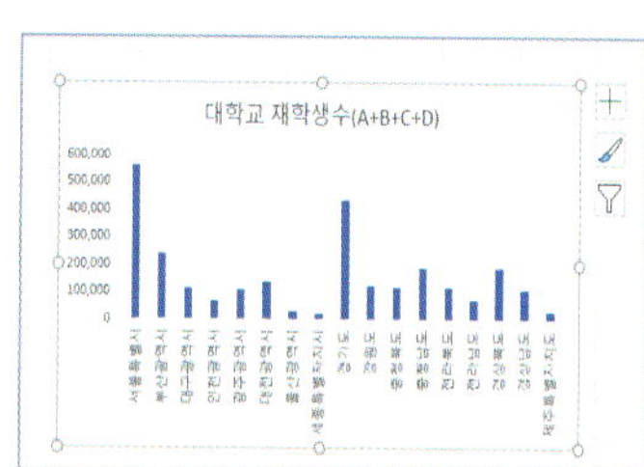

④ [차트 디자인]-[차트 요소 추가]를 이용하면 차트의 세부적인 요소를 추가하거나 변경할 수 있다. [데이터 레이블]-[바깥쪽 끝에]를 선택해 본다. 차트의 각 계열별 숫자 값이 막대 그래프 바깥쪽 끝에 나타난다.

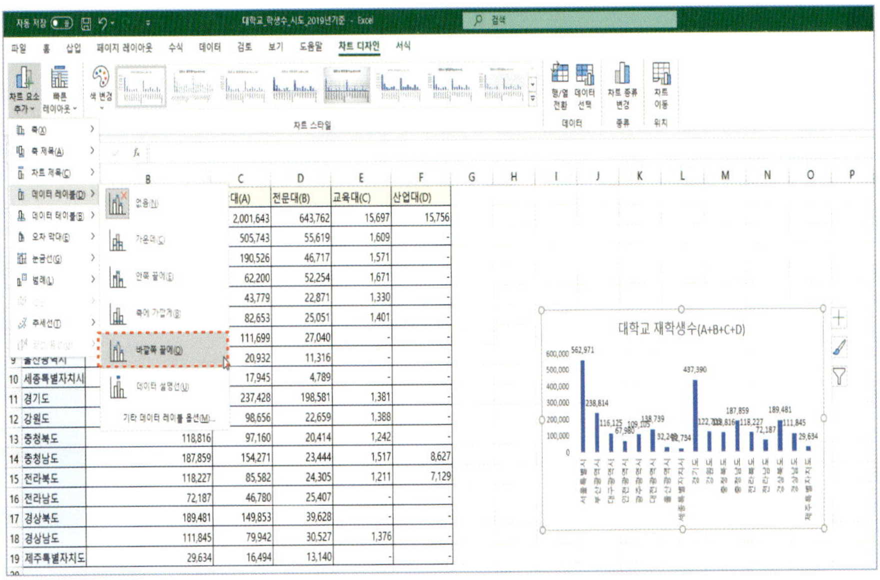

⑤ [차트 디자인]-[차트 스타일]을 이용하면 차트의 전체적인 구성을 제공된 갤러리 모양을 선택함으로써 빠르게 변경할 수 있다. [스타일14]를 선택한 후 [색 변경]을 이용하여 원하는 색상으로 바꾸어 본다.

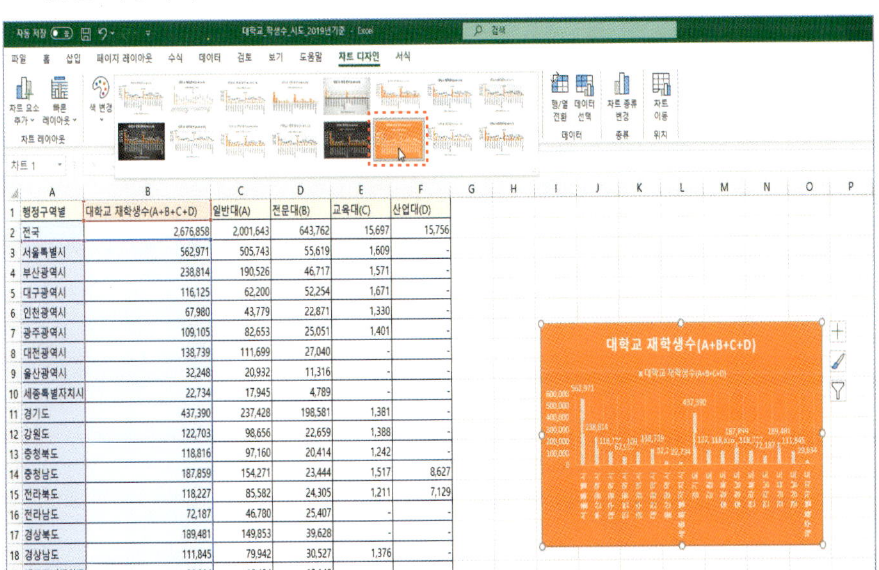

⑥ [차트 디자인]-[차트 종류 변경]을 이용하면 차트의 종류를 변경할 수 있다. 차트의 종류를 [트리맵]으로 바꾼다. [색 변경]과 [차트 스타일]을 이용하여 원하는 형태로 바꾸어 본다.

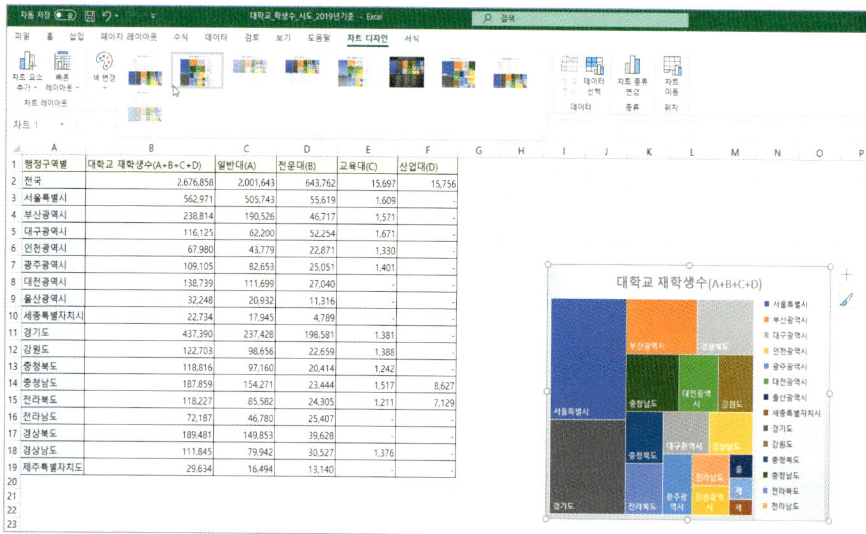

트리맵(Treemap)

트리맵 차트는 그룹화된 용어 또는 개념 등을 상대적 크기를 표시하는 데 적합하다. 색상을 사용하여 항목을 그룹화하여 더 큰 전체로 표시한다.

⑦ 완성된 차트를 선택한 후 [차트 디자인]-[차트 이동]을 선택한다. [차트 이동] 창이 열리면 '새 시트'를 선택하고, 시트 이름을 'Chart1' 지정한 후 [확인]을 누른다.

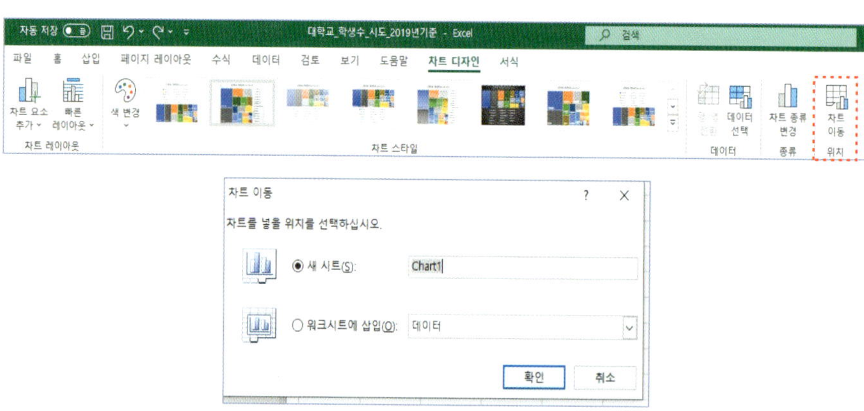

⑧ 새로운 시트 'Chart1'에 트리맵 형식의 차트가 옮겨진다.

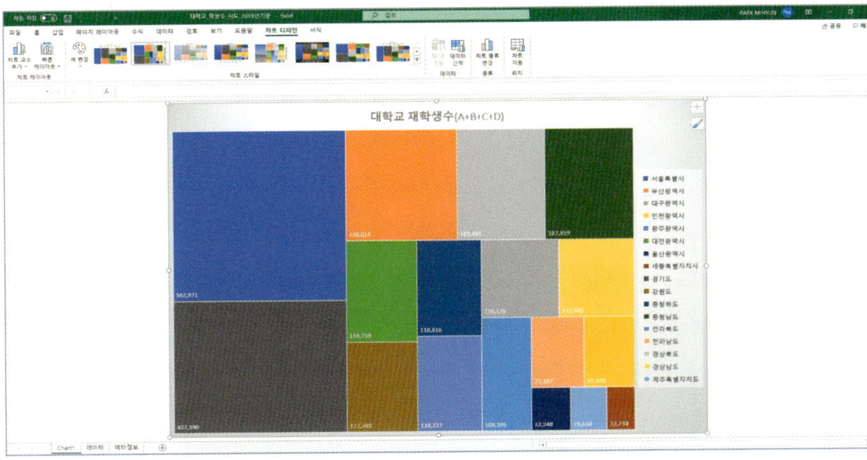

⑨ 'Chart 1' 시트를 열어놓은 상태에서 [파일]-[저장]을 누른 후 엑셀 프로그램을 종료한다.

⑩ 이제 엑셀에서 만든 차트를 워드 문서에 삽입해 보자. 워드 프로그램을 실행시키고, 제공된 워드 문서 '대학교 학생수 비교.docx'파일을 연다.

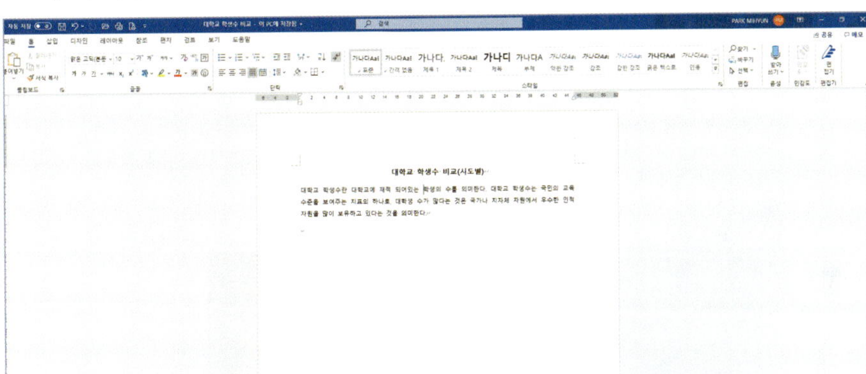

⑪ 커서를 맨 아랫줄에 두고 [삽입]-[개체]-[개체]를 선택한다.

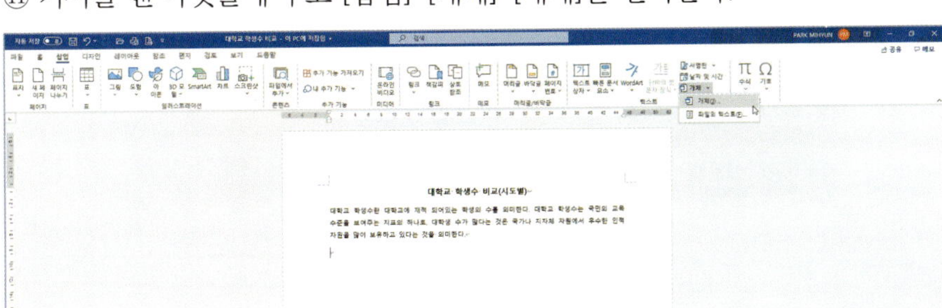

⑫ [개체] 창이 열리면 [파일로부터 만들기] 탭을 선택하고, [찾아보기] 버튼을 누른 후 차트가 삽입된 [대학교_학생수_시도_2019기준.xlsx' 파일을 선택한다. [파일에 연결]을 선택한 후 [확인]을 누른다. (이때 반드시 엑셀 프로그램은 종료되어있어야 한다. 엑셀 파일이 열린 상태에서 개체를 삽입하면 삽입이 안 되는 경우가 있다.)

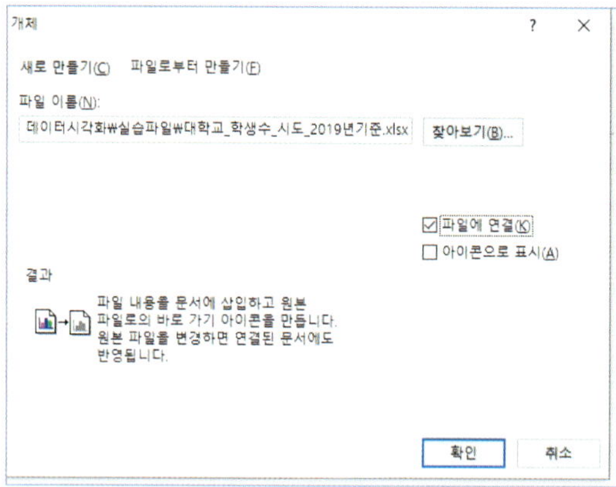

⑬ 차트가 워드 문서에 삽입된다. 이때, 삽입된 차트의 왼쪽 조절점을 마우스로 움직여서 적당히 크기를 조절한다.

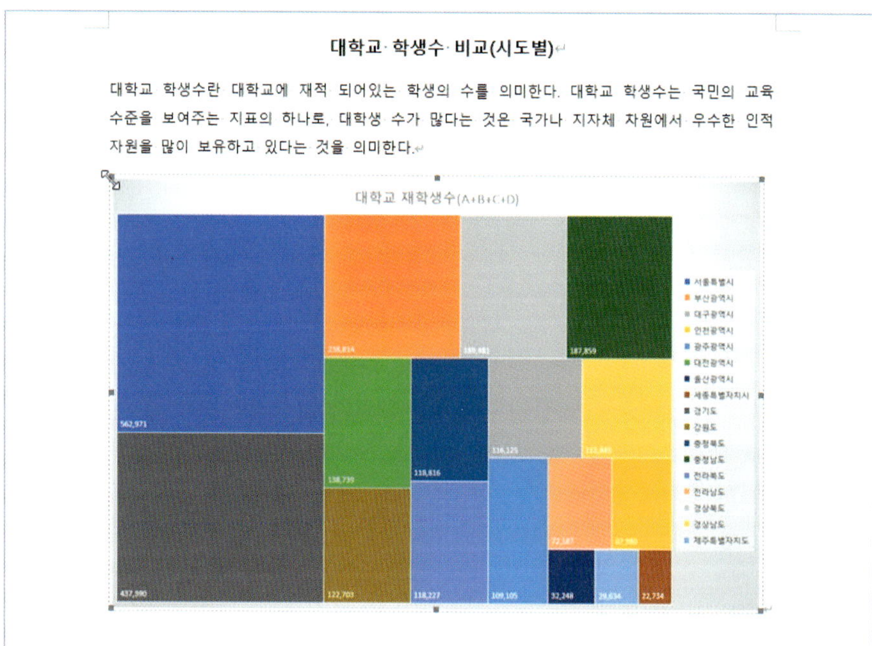

⑭ 엑셀 프로그램에서 차트의 모양을 막대형 그래프로 수정한 후, 워드에서 차트를 선택한 후 마우스 오른쪽 단추를 눌러 나오는 단축 메뉴 중 [연결 업데이트]를 선택하면 바로 수정된 차트를 워드에 반영할 수 있다.

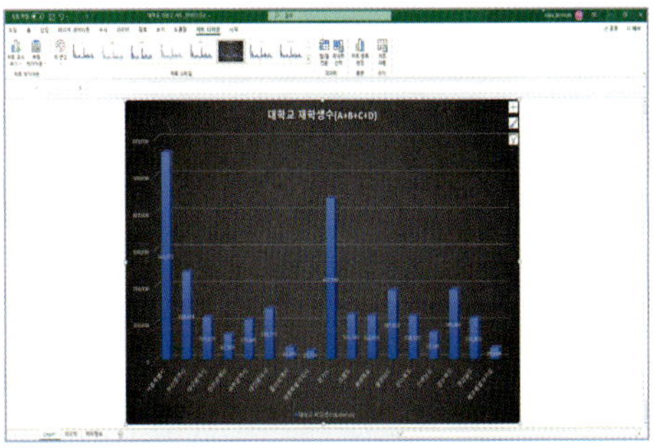

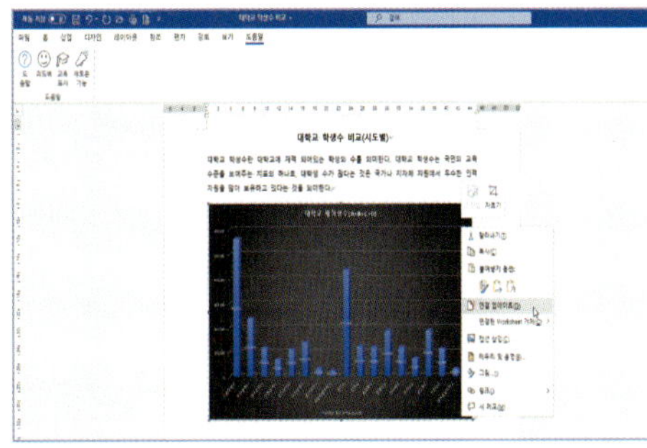

개체(Object)

사용 중인 워드 버전에 따라 다양 한 개체 (예: PDF 파일, Excel 차트 또는 PowerPoint 프레젠테이션)를 워드 문서에 삽입하거나 포함할 수 있다. 개체를 삽입하려면 [삽입] 탭에서 [개체]를 클릭한다.

■ 포함된 개체 및 연결된 개체

포함된 개체는 워드 파일의 일부가 되며 삽입된 후에는 더이상 원본 파일에 연결되지 않는다. 따라서 원본 파일을 수정하면 워드에 삽입된 개체는 업데이트되지 않는다.

반면, [파일에 연결]을 선택하면 연결된 데이터는 원본 파일에 저장된다. 워드 파일은 원본 파일의 위치만 저장한다. 따라서 원본 데이터를 수정하면, 워드 문서를 열 때마다 연결된 개체를 업데이트 할 수 있다. 파일 크기를 고려해야 하는 경우 연결된 개체를 사용한다.

Chapter 3 공공데이터 포털을 활용한 데이터 시각화

공공데이터 포털은 공공기관이 생성 또는 취득하여 관리하는 공공데이터를 일반인들에게 제공하는 통합 온라인창구이다. 이러한 포털사이트들에서는 파일데이터(xlsx, csv, txt 등), 오픈API, 차트 등 다양한 방식으로 공공데이터를 제공해 주기 때문에, 누구라도 쉽고 빠르게 검색을 통해 원하는 공공데이터를 원하는 형식으로 얻을 수 있다.

아래는 대한민국 정부와 산하 연구기관이 공동으로 운영하는 대표적인 공공데이터 포털사이트들이다.

공공데이터포털(http://www.data.go.kr)

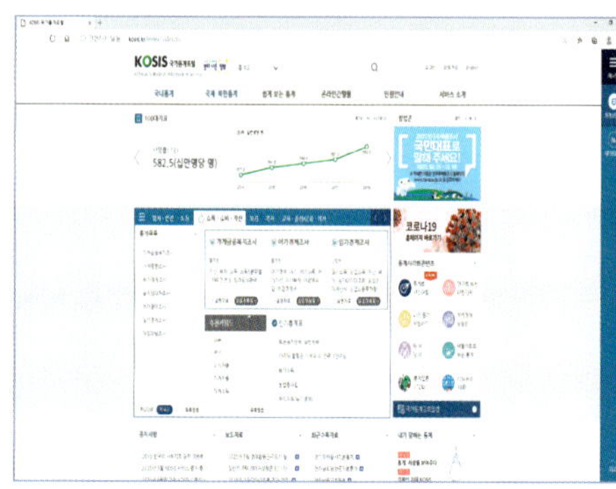

국가통계포털(http://www.kosis.kr)

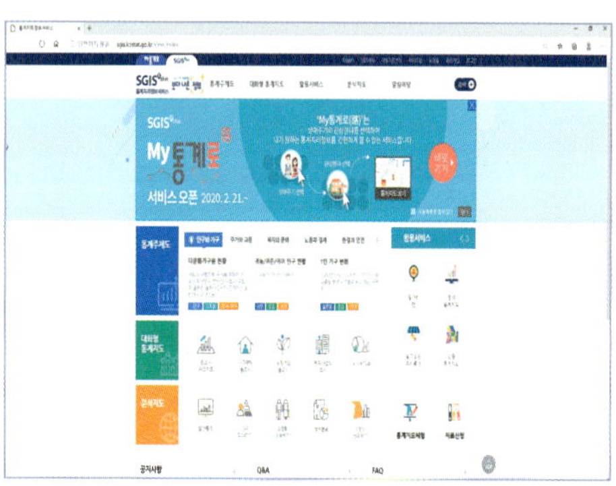

통계지리정보서비스(http://sgis.kostat.go.kr)

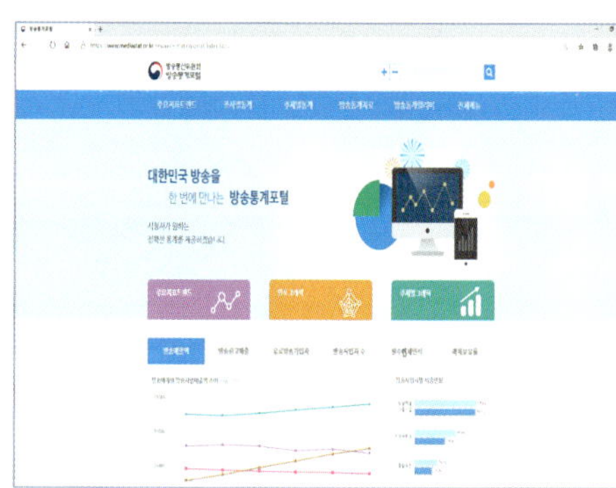

방송통계포털(http://www.medistat.or.kr)

본 교재에서는 국가통계 포털과 통계지리정보서비스 사이트를 이용하여 원하는 자료를 찾아 빠르게 시각화하는 방법을 알아보고자 한다.

1. 국가통계 포털 이용하기

1.1. 국가통계 포털 소개

국가통계 포털(KOSIS, Korean Statistical Information Service)은 국내·국제·북한의 주요 통계를 한곳에 모아 이용자가 원하는 통계를 한 번에 찾을 수 있도록 통계청이 제공하는 One-Stop 통계 서비스이다. 현재 300여 개 기관이 작성하는 경제·사회·환경에 관한 1,000여 종의 국가승인통계를 수록하고 있으며, 국제금융·경제에 관한 IMF, World bank, OECD 등의 최신 통계도 제공하고 있다. 쉽고 편리한 검색기능, 일반인들도 쉽게 이해할 수 있는 다양한 콘텐츠 및 통계설명자료 서비스를 통해 이용자가 원하는 통계자료를 쉽고 빠르고 정확하게 찾아보실 수 있다.

국가통계 포털(KOSIS)에서 제공하는 주요 서비스는 아래와 같다.

1.2. 국가통계 포털에서 시각화 콘텐츠 이용하기

① 인터넷 브라우저를 열고 국가통계포털(https://kosis.kr)로 접속한다.

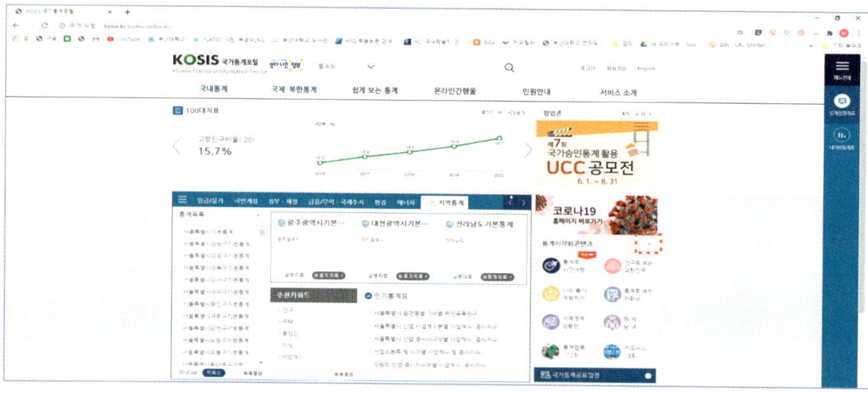

② 화면 오른쪽에 보이는 [통계시각화콘텐츠]에서 [더보기](+)를 선택한다.

③ 펼쳐진 메뉴에서 [인구로 보는 대한민국]을 선택하고, [숫자로 보는 인구]를 선택한다.

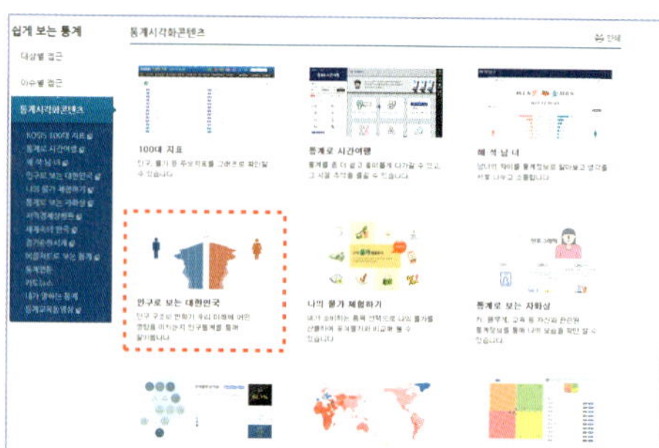

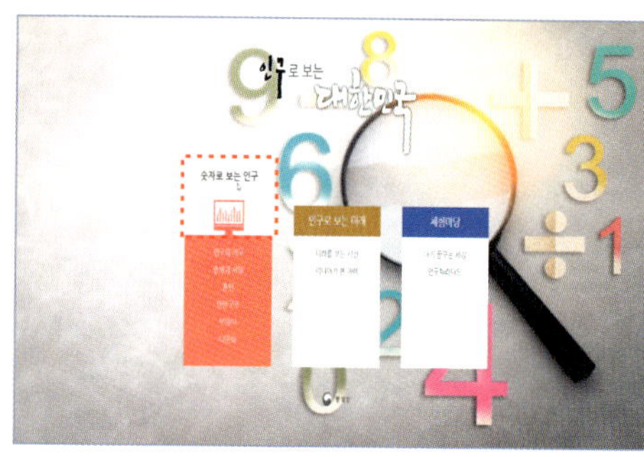

④ [인구과 가구]/[출생과 사망]/[혼인]/[연령구조]/[부양비]/[다문화] 탭을 각각 선택하면 잘 정리된 다양한 정보를 차트와 표의 형태로 볼 수 있다.

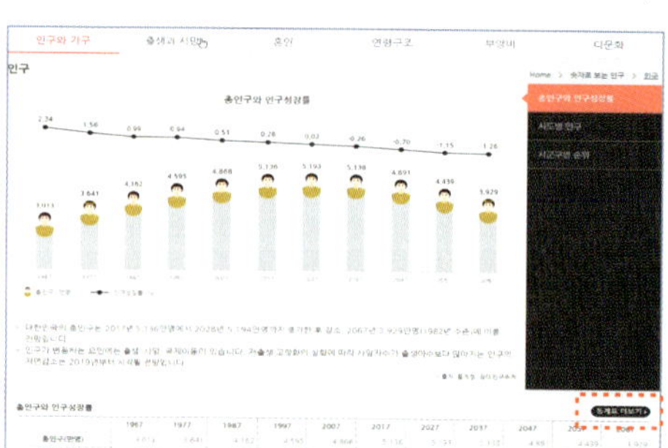

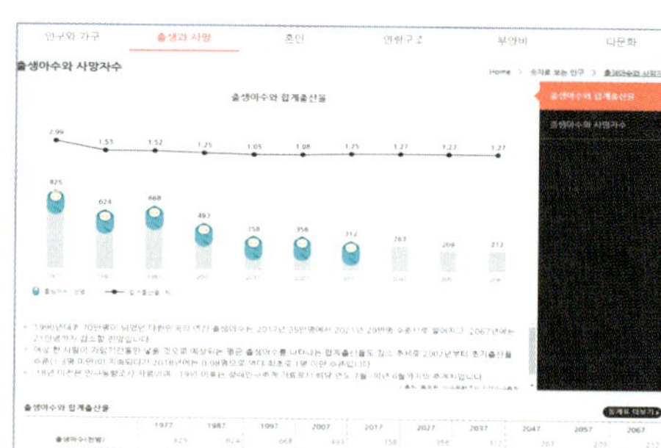

⑤ 화면 하단에 있는 [통계 더보기] 버튼을 누르면 더 상세한 통계표를 조회할 수 있다.

⑥ 조회된 통계표에서 다운로드() 버튼을 눌러 자료를 다운로드 받을 수 있다. 파일의 형태는 EXCEL, CSV, TXT, SDMD의 형태 중 하나를 선택할 수 있고, 오름차순/내림차순으로 재정렬하여 다운 받을 수 있다. 아래 그림과 같이 선택한 후 [다운로드] 버튼을 누른다.

⑦ 다운로드 된 자료를 엑셀 프로그램으로 열어서 원하는 대로 재편집할 수 있다.

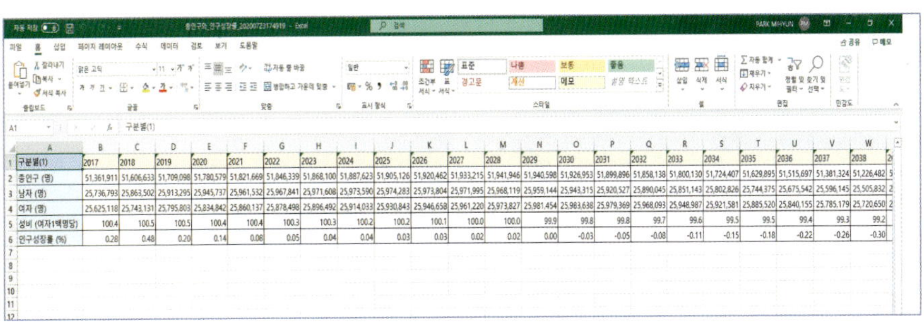

1.3. 자료를 차트로 저장하기

논문이나 리포트를 작성할 때 특정 분야의 통계자료가 필요하다면 국가통계 포털 주메뉴에서 [국내통계]/[국제·북한통계] 등을 이용해서 원하는 자료를 얻을 수 있다. 부산시에 사는 인구를 구별로 정리한 자료를 찾아 그래프로 그려보자.

① 국가통계 포털의 주메뉴 중에서 [국내통계]-[인구]-[주민등록인구현황]-[행정구역(시군구)별 주민등록세대수]를 선택한다.

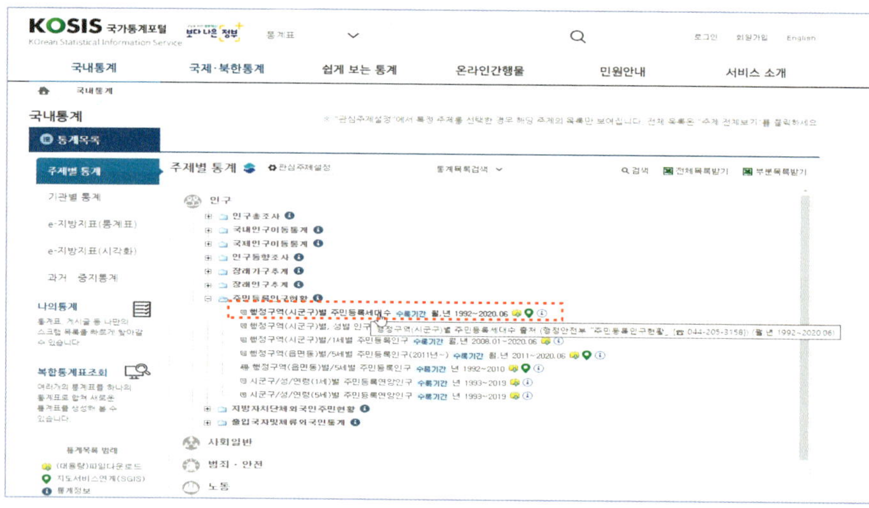

② 아래와 같이 전국의 행정구역별 주민등록세대수가 모두 표시된다. 이 중에서 원하는 일부 자료만 선택하려면 [일괄설정] 버튼을 누른다.

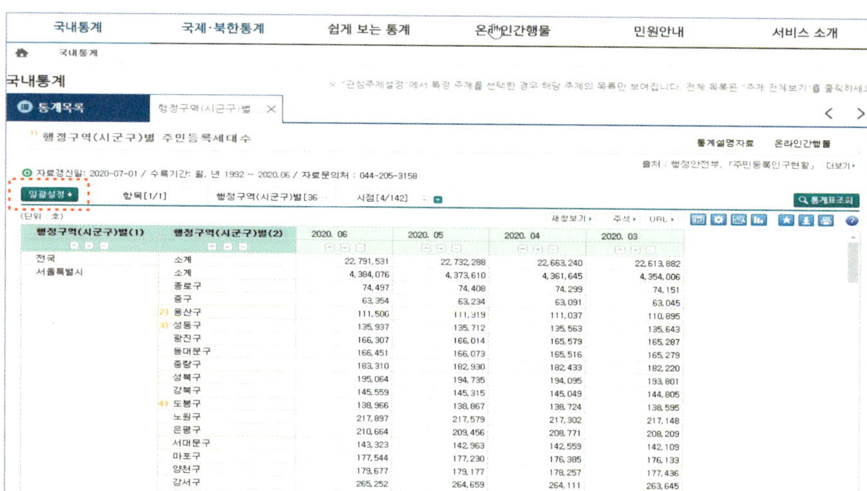

③ [일괄설정]에서 [행정구역(시군구)별] 항목에서는 '부산광역시'에 속하는 지역들만 선택하고, [시점] 항목에서는 [년]을 선택한 후 '2019'년만 선택한다.

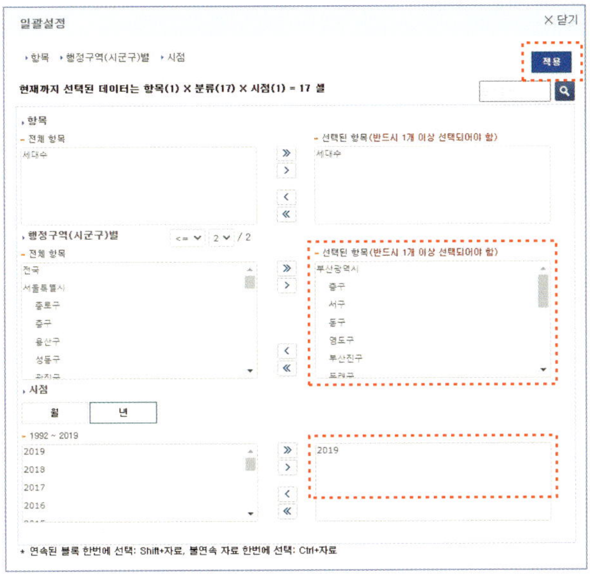

④ 선택이 완료된 후 [적용] 버튼을 누르면 부산 지역의 행정구별 주민등록세대수만 추출된 통계표를 볼 수 있다. [행정구역[시군구]별] 항목명 아래 버튼을 이용하여 행정구 이름별 가나다순/가나다역순으로 자료를 정렬할 수 있다. 년도 [2019] 아래 있는 버튼을 누르면 새대수를 기준으로 오름차순/내림차순으로 정렬할 수 있다.

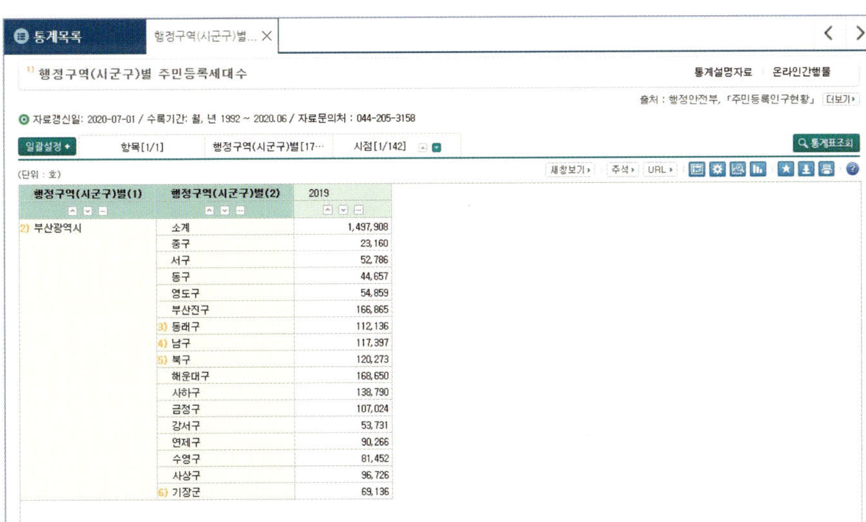

⑤ [차트( )] 버튼을 누르면 막대 그래프 형태로 자료를 시각화할 수 있다.

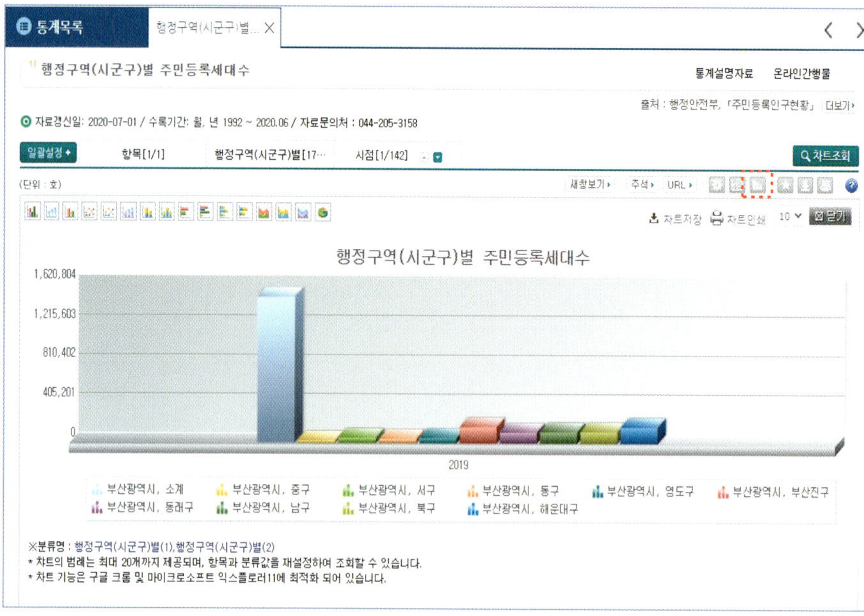

⑥ 이때 만약 '부산광역시, 소계' 값이 다른 항목들에 비해 너무 커서 차트에서 제외하고 싶다면 [일괄설정]에서 '부산광역시'를 제외하고 다시 차트를 만들어준다. [조회 카운트]를 '20'으로 하면 부산시 행정구가 모두 나타나게 할 수 있다.

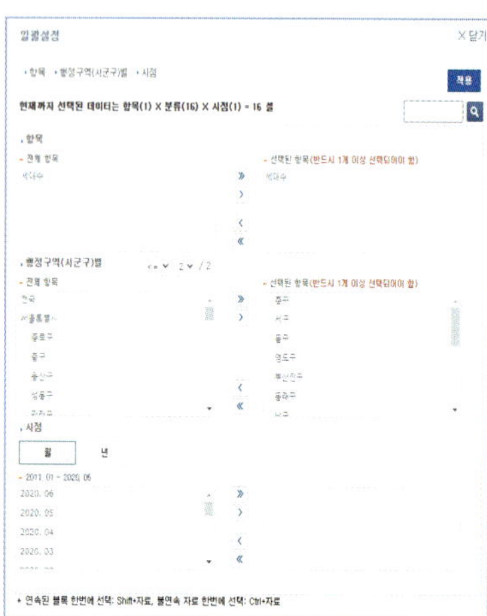

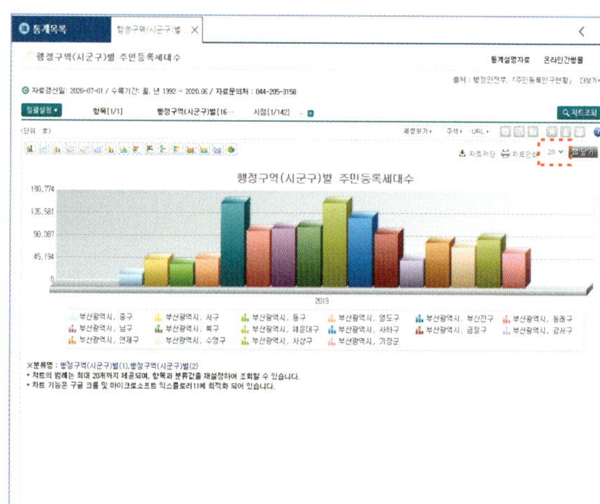

⑦ 차트의 종류를 선택하면 쉽게 차트의 형태를 다른 모양으로 바꿀 수 있다.

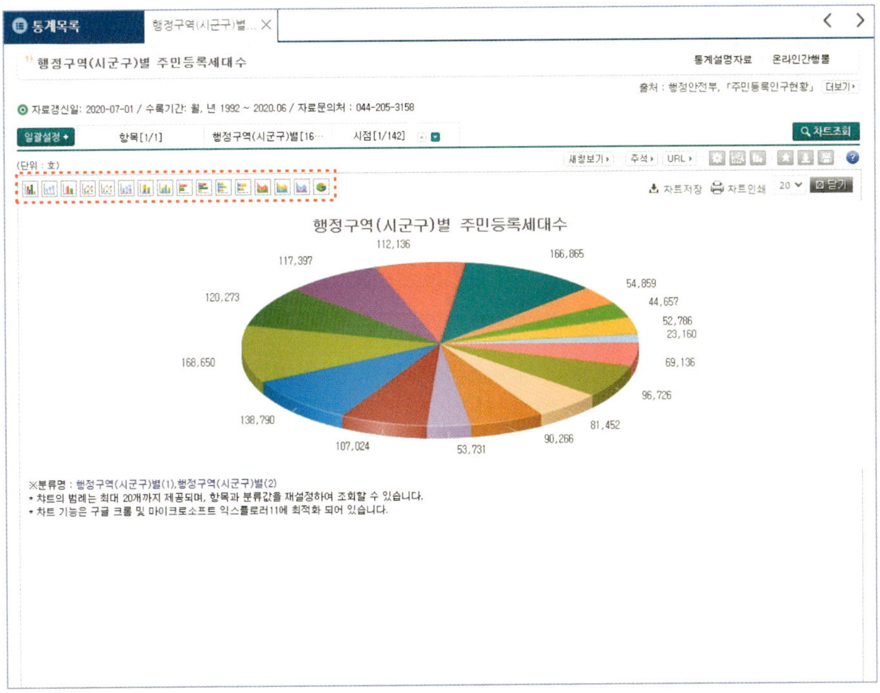

⑧ 완성된 차트는 바로 인쇄할 수도 있고, 그림 파일(.jpg)로 저장할 수도 있다.

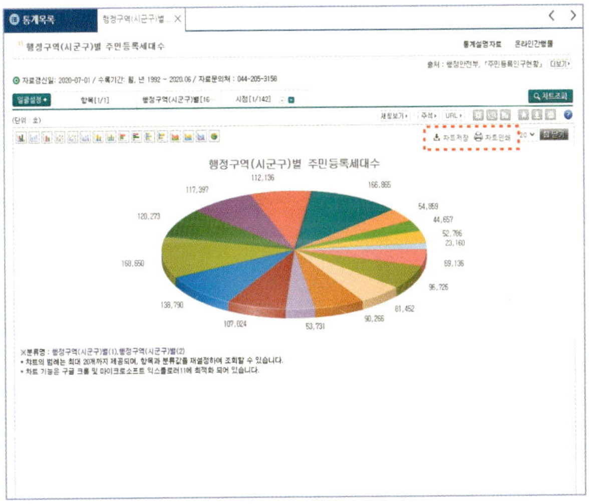

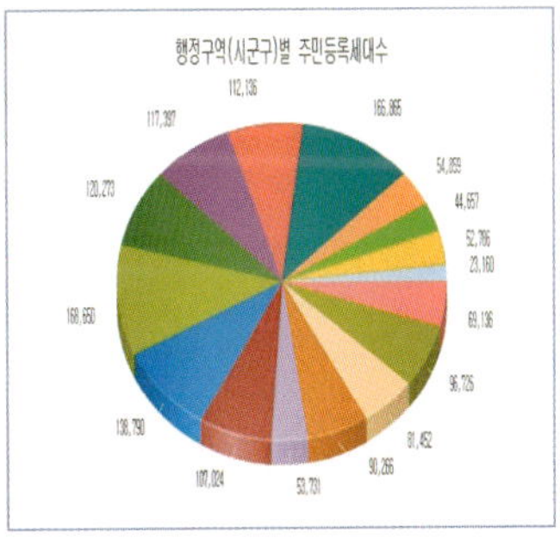

2. 통계지리정보서비스 이용하기

2.1. 통계지리정보서비스 소개

통계지리정보서비스(SGIS Plus)는 SGIS(Statistical Geographic Information Service)를 기반으로 개방, 공유, 소통, 참여가 가능한 개방형 플랫폼으로, 사용자에게 통계정보와 지리정보를 융·복합하여 새로운 서비스를 만들 수 있는 서비스를 지원한다. 또한, 포털 서비스를 통해 사용자가 직접 플랫폼에서 제공하는 다양한 인터랙티브맵, 통계주제도 등의 다양한 서비스를 이용할 수 있다.

2.2. 'My통계로' 지리 정보 찾기

① 인터넷 브라우저를 열고 통계지리정보서비스(https://sgis.kostat.go.kr/)로 접속한다. 상단 메뉴에서 [My통계로] 탭을 선택한다.

② 화면 가운데 있는 [관심지역 변경하기]를 클릭하여 관심 지역을 부산광역시 - 금정구 - 장전1동으로 지정하고 [확인]을 누른다.

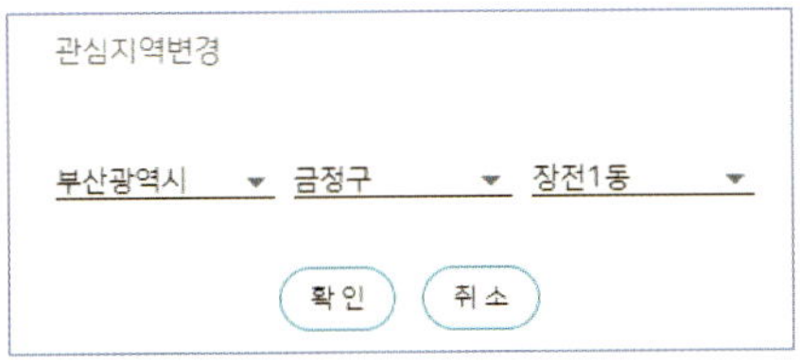

③ 화면 왼쪽의 [나]에서는 "청년"을 선택하고, [관심분야]에서는 "먹거리"를 선택한다. [카탈로그]에서는 "개업현황:휴게음식점(커피숍)"을 선택한 후 [지도로 확인해요]를 누른다.

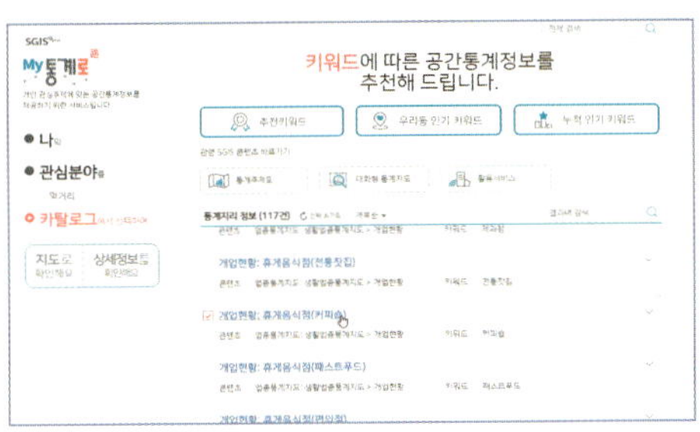

④ 부산대학교 인근에 위치한 커피숍의 분포도를 한 눈에 볼 수 있다.

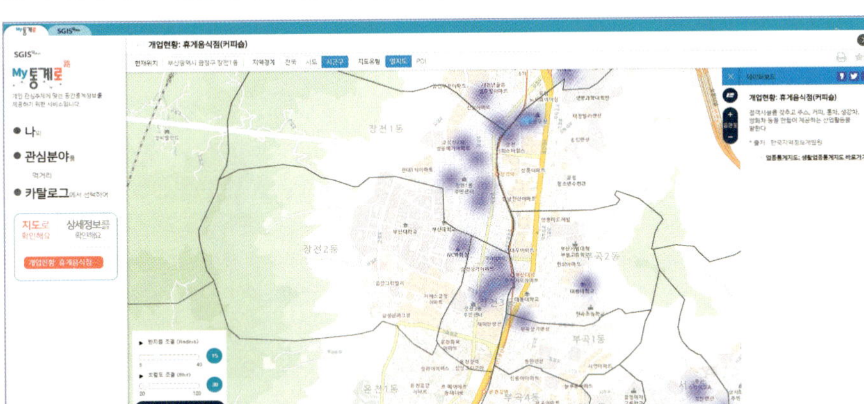

⑤ 화면 오른쪽 상단에 있는 버튼들을 이용하여 화면을 확대/축소하거나 위성 사진으로 확인해 볼 수도 있다.

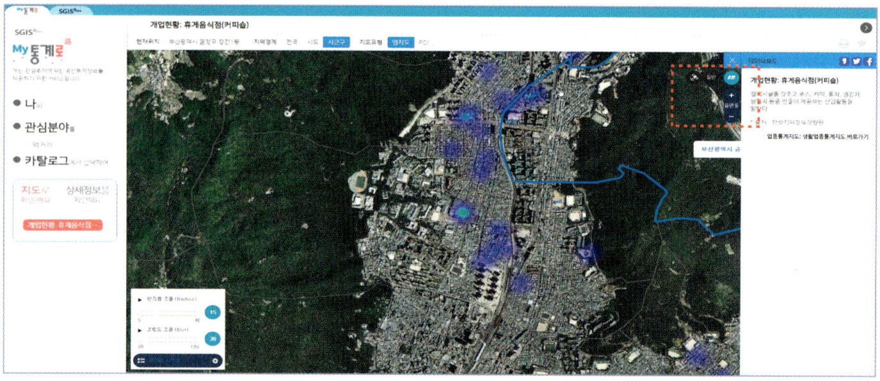

⑥ 화면 왼쪽 하단에 있는 버튼들을 이용하여 반경을 조정할 수도 있고, 흐림도를 조절할 수도 있다.

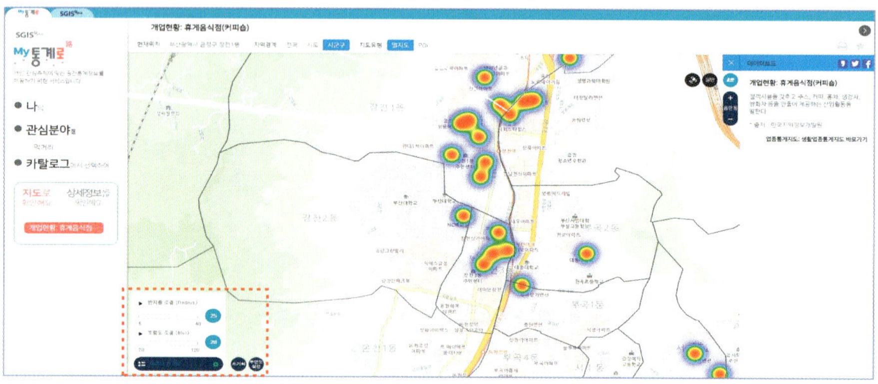

⑦ 화면 오른쪽에 열린 [데이터보드]에서 "업종통계지도:생활업종통계지도 바로가기] 버튼을 클릭한다.

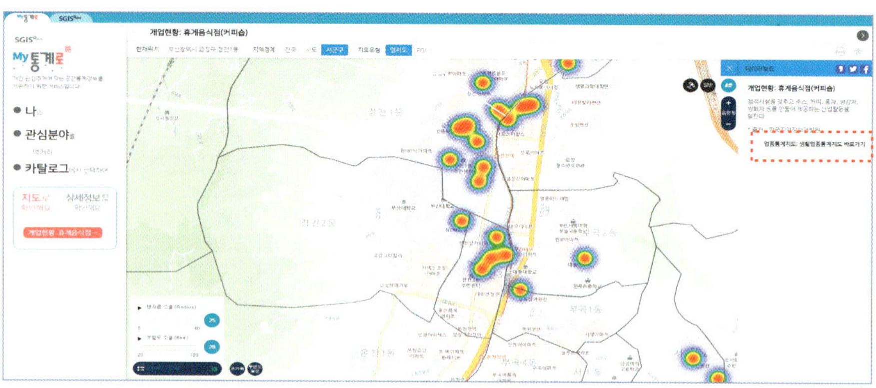

⑧ 데이터보드에 보다 상세한 업종별 분류 목록과 시계열별 데이터조회 그래프가 나타난다.

⑨ 화면 오른쪽 상단에 있는 [보고서 보기( )]를 누르면 조회된 정보들에 대한 간략한 보고서가 생성된다. 생성된 보고서는 PDF 파일로 내려받을 수도 있고, 바로 인쇄도 가능하다.

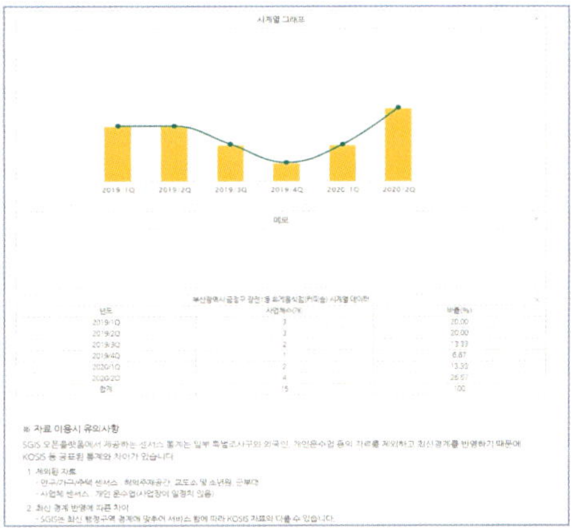

2.3. 원하는 자료를 지도로 나타내기

지역으로 구분되는 정보의 경우 막대 그래프나 꺾은선 그래프로 표현하는 것보다 지도에 지역별로 구분하여 표시하면 훨씬 더 시각적으로 보기 좋게 정보를 전달할 수 있다. 통계지리정보서비스의 데이터들은 주로 지리정보를 가져와서 지도에 표시해 주기 때문에 쉽게 이용할 수 있다.

① 통계지리정보서비스(https://sgis.kostat.go.kr/) 홈페이지에서 [SGIS Plus] 탭을 선택한다. 메인 메뉴의 [통계주제도]-[인구와가구]를 선택한다.

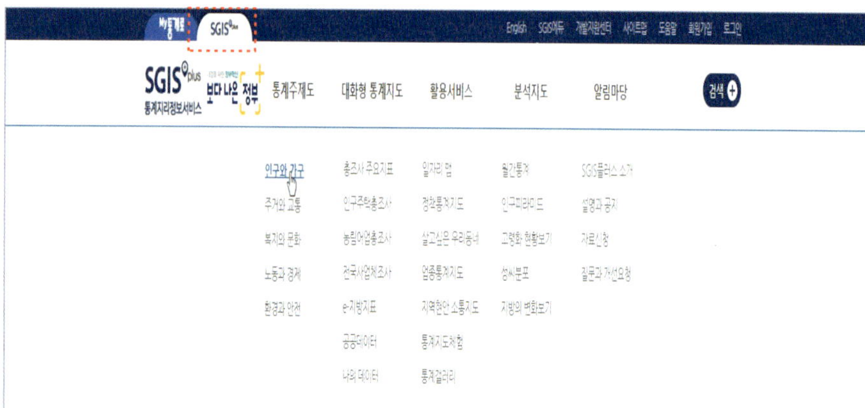

② [인구와가구 주제도 목록]에서 '여자인구 대비 남자인구 비율'을 선택한다. 전국 지도에 지역별로 '여자인구 대비 남자인구 비율'이 색상으로 표시된다.

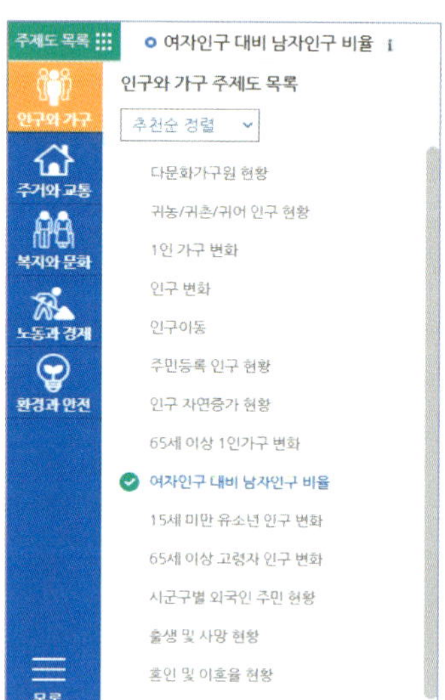

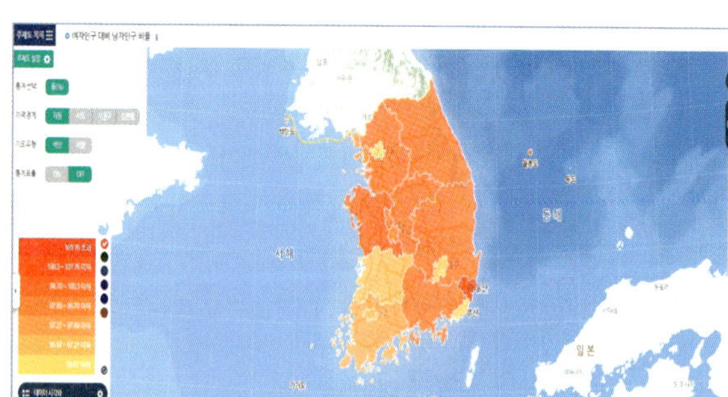

③ [주제도 설정]-[지역경계]을 이용해서 지역 구분을 [시도/시군구/읍면동]으로 세분화할 수 있다.

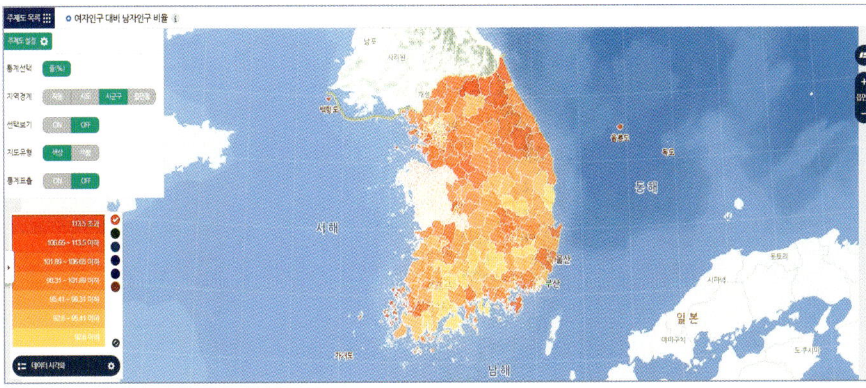

④ [주제도 설정]-[지도유형]을 이용해서 지도유형을 [색상] 또는 [버블]로 나타낼 수 있다. 지도 유형을 버블로 바꾸고, 통계표출을 'ON'으로 해 본다.

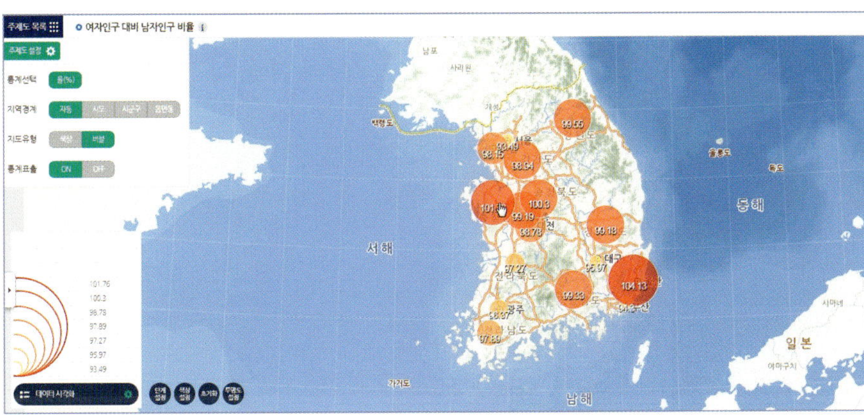

⑤ 화면 오른쪽 상단에 있는 [지도 이미지 다운로드( )]를 누르면 완성된 지도 차트를 그림 파일(.png)로 저장할 수 있다.

⑥ 화면 오른쪽 상단에 있는 [보고서 보기(🗎)]를 누르면 조회된 정보들에 대한 간략한 보고서가 생성된다. 생성된 보고서는 PDF 파일로 내려받을 수도 있고, 바로 인쇄도 가능하다.

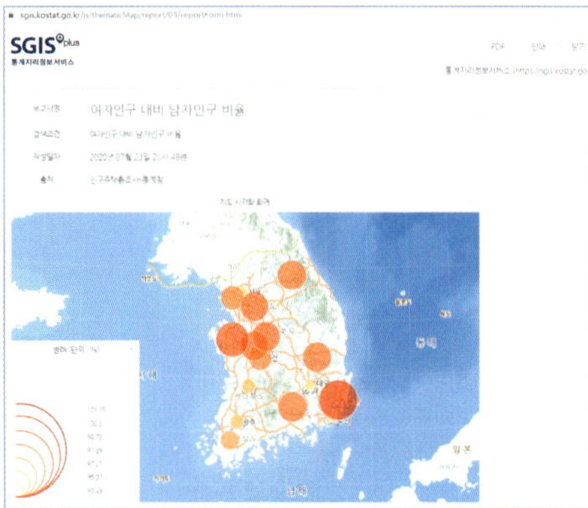

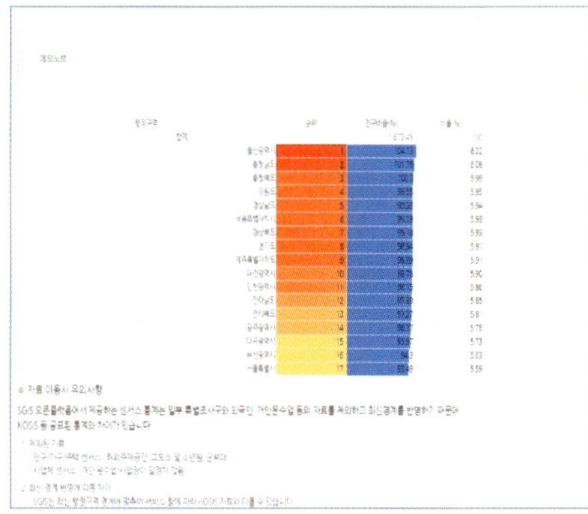

PART 4

PDF를 이용한 전자출판

PART 4.
PDF를 이용한 전자출판

이번 장에서는 Adobe Acrobat DC를 이용한 전자출판에 대해 다루어보려고 한다.

Adobe Acrobat DC는 다양한 툴이 포함되어 있어 기업과 지식 근로자가 PDF 문서를 안전하고 일관성 있게 작성, 편집, 인쇄, 관리, 주석 달기, 검토, 서명할 수 있는 솔루션이다. PDF는 문서의 표준 포맷으로 공공기관, 기업, 교육 기관, 의료 기관에서 주로 사용된다. 예를 들어 프레젠테이션, 입력 가능한 PDF 양식, 디자인 레이아웃 등을 작업하여 어디에서나 모든 사용자와 PDF 문서를 공유할 수 있다.

Acrobat DC를 사용하면 데스크톱과 모바일 기기에서 원하는 문서를 만들 수 있다. Adobe Document Cloud PDF 서비스를 사용하면 PDF 파일을 작성하고 내보내거나 문서를 저장하고, 파일을 보낸 다음 추적하고, 전자서명을 수집할 수도 있다. 데스크톱용 Acrobat Reader에서는 누구나 PDF를 읽고 인쇄 및 서명할 수 있다. 다양한 유형의 문서를 손쉽게 변환할 수도 있는데 Microsoft Word, PowerPoint, Excel은 물론 웹 사이트도 가능하다. 손쉽게 오·탈자 수정, 글꼴 변경, 이미지 변경 및 추가 작업을 할 수 있으며, PDF에서 페이지 삭제, 삽입, 추출 등 쉽게 페이지를 관리할 수 있다. 또한, PDF에서 보이는 순으로 페이지 순서를 변경할 수도 있다.

단일 PDF 파일에서 모두의 피드백과 승인을 수집하여 문서를 빠르게 검토할 수 있다. 법적으로 유효한 문서를 만들 수 있는데 문서 일부를 수정하거나 암호로 문서를 보호할 수 있다. 텍스트 추가 및 제거를 통한 PDF 편집이 가능하고 편집 시 Acrobat이 기존 서식에 맞게 처리한다. 또한, 스캔한 문서를 편집할 수도 있다. 양식을 작성하고 빠르게 서명할 수 있는데 프로필 정보를 클릭하여 페이지로 드래그하면 된다. 간단하게 클릭하고 서명하고 보내기만 하면 되므로 문서의 인쇄, 팩스 또는 당일 배송 서비스를 이용할 필요가 없다. 중요하거나 큰 문서를 안전하게 보내고 추적할 수 있으며 수신자가 파일을 보거나 다운로드할 때 알림을 받을 수 있다.

Android 또는 iPhone에서 문서에 주석 달기, 다른 소스 파일에서 PDF 만들기, PDF에서 페이지 구성하기, PDF 내보내기 등의 작업이 가능하다. iPad를 사용하면 어디에서나 이 모든 기능을 수행하고 PDF를 편집할 수 있다. Acrobat DC를 사용하면 Acrobat 툴과 Adobe Document Cloud 서비스를 사용하여 전문적인 문서를 제작할 수 있고, 어디에서나 협업할 수 있다.[1)]

1) https://helpx.adobe.com/kr/acrobat/how-to/what-is-acrobat-dc.html 사이트 참조

Chapter 1 PDF를 활용한 전자출판

이제까지 우리는 다양한 프로그램들을 이용하여 문서를 작성해 보았다. 일반적으로 문서는 본인이 스스로 읽기 위함이 아니라 다른 사람에게 보여주기 위한 목적으로 만든다. 본인의 생각이나 중요한 정보를 타인에게 잘 전달하고 이해시키기 위해 시간과 정성을 들여 문서를 만든다. 이렇게 만들어진 문서를 다른 사람에게 보내려고 하는 시점에서 우리는 다시 문서의 송수신에 관한 여러 가지 문제점에 봉착하게 된다. 만들어진 문서를 타인에게 보내는 경우 일일이 종이에 인쇄해서 보내자니 종이가 낭비될 뿐 아니라 멀리 떨어져 있는 사람에게 전달하려면 수일 또는 수개월의 시간이 걸릴 수 있다. 반대로 이메일이나 파일 전송 프로그램을 이용해서 보내려고 하니 상대편 컴퓨터에 동일의 응용프로그램이나 글꼴이 설치되어 있지 않다면 정확하게 문서의 내용을 확인할 수 없게 된다. 설령 문서를 상대편이 받았다고 하더라도 악의적인 문서 도용에 대한 위험을 피할 길이 없다. 또한, 문서 관리상 5년 혹은 10년 이상 문서를 보관하려면 문서 작성 프로그램까지 해마다 막대한 라이선스 비용을 지불하면서 유지해야 하므로 만만찮은 유지보수비용이 들게 된다. 이러한 여러 가지 문제점을 보완할 수 있도록 개발된 문서의 형식이 바로 PDF 문서이다. PDF(Portable Document Format)는 미국 어도비 시스템스(Adobe Systems)에서 만든 문서파일 유형(포맷)으로 마이크로소프트 윈도우, 애플 맥, 유닉스, 구글 안드로이드 등 거의 모든 운영체제에서 읽거나 인쇄할 수 있으며 원본 문서의 글꼴, 이미지, 그래픽, 문서 형태 등이 그대로 유지되기 때문에 인쇄용으로 이용하기에도 적합하다. 또 온라인 및 오프라인 환경에서도 쉽게 문서를 공유할 수 있으면서도 보안성이 높아 공공기관, 연구소 등에서 자료를 배포할 때 많이 사용한다. PDF 작성 프로그램인 '아크로뱃(Acrobat)'은 유료지만 뷰어 프로그램인 '아크로뱃 리더(acrobat reader)'는 무료이므로 인터넷을 통해 누구나 쉽게 내려받아 이용할 수 있다.

PDF 프로그램의 장점은 다음과 같다.

① PDF로 변환된 문서를 보기 위해서는 PDF Reader라는 프로그램이 필요하다. 그러나 PDF Reader는 인터넷에서 무료로 내려받을 수 있어서 문서를 읽기 위해 해당 문서를 작성한 프로그램을 별도로 설치해야 하는 불편함이 없다. Adobe

Reader, CutePDF, 알PDF 등 다양한 무료 프로그램들을 인터넷에서 구할 수 있으며, 대부분의 문서 작성 프로그램들도 PDF로 문서 변환하는 옵션을 제공한다.

② 인쇄된 문서처럼 완성된 형태의 문서를 보여주기 때문에 프로그램 버전이 맞지 않거나 플랫폼이 달라 문서가 깨지는 경우가 발생하지 않는다.

③ 문서의 결합이 가능하다. 만약 프로젝트 보고서를 작성하는데 제안서는 워드로, 비용은 엑셀로, 그리고 행사 내용은 파워포인트를 이용해서 각기 다른 문서로 작성했다고 가정해 보자. 그리고 이 문서들을 담당자에게 메일로 보내야 한다면 첨부 파일이 너무 많아져 수신자에게 혼돈을 줄 수 있다. 올바른 순서대로 정확하게 정보를 전달하기 원한다면 각기 다른 프로그램으로 만든 문서들이라도 작성자가 의도한 순서에 의해 하나의 PDF 문서로 결합할 수 있다.

④ 종이 출력의 단점을 보완할 수 있다. 문서를 종이 형태로 보관하면 사용자가 일일이 내용을 검색하기 힘들 뿐 아니라 정보를 재사용할 수 없다는 것이다. 하지만 문서를 PDF 형태로 변환하면 문서 보관의 어려움도 해결할 수 있으며 책갈피와 링크 기능을 이용하여 여러 페이지에 흩어져 있는 정보를 쉽게 탐색할 수 있다. 또한, 문서 내의 정보를 스프레드시트로 내보내서 분석하거나 데이터 시스템으로 가져올 수 있어 정보를 재활용할 수 있다.

⑤ 문서의 보안을 유지할 수 있다. 파일 형태로 문서를 배포할 경우 악의적으로 문서가 도용될 위험에 노출될 수 있다. 이런 경우 암호 및 권한을 적용하면 PDF 문서를 열고 검토하고 편집 및 인쇄할 수 있는 사용자를 제어할 수 있다. 만약 인증이 필요하다면 디지털 서명을 적용할 수도 있다. 다시 말해 민감한 정보를 보다 안전하게 공유할 수 있다.

이 장에서는 이미 작성된 문서를 PDF 파일로 변환하는 다양한 방법들에 대해서 배워보도록 한다.

1. 워드 2016에서 PDF 작성하기

1.1. Acrobat 리본을 이용하여 PDF 변환

① Adobe Acrobat을 설치하면 마이크로소프트 오피스 프로그램의 상단 메뉴에 Acrobat 리본이 나타난다.

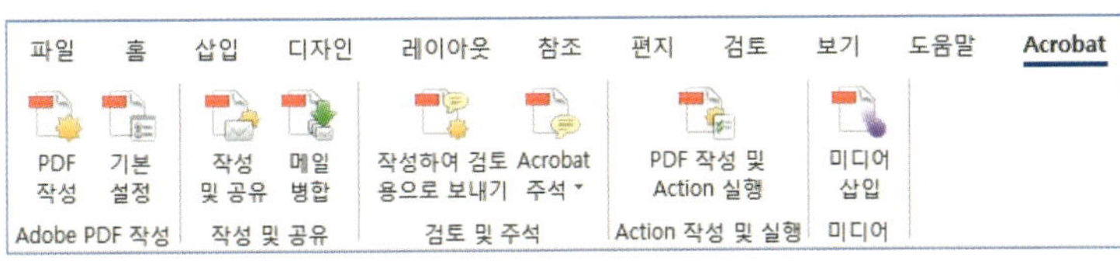

② 워드 2016을 실행시킨 후 '공고문_완성.docx' 파일을 불러온다.

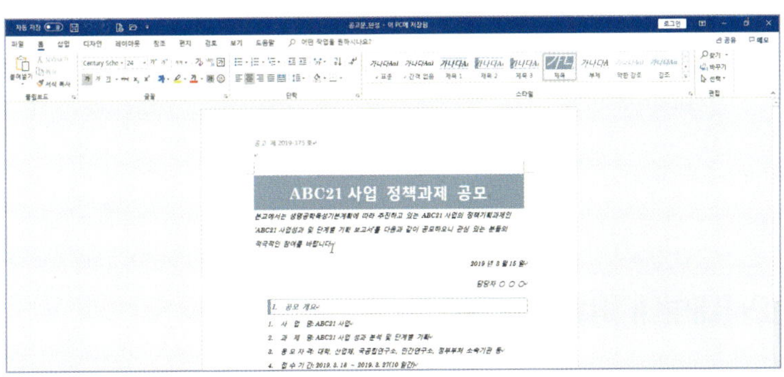

③ Acrobat 리본에서 [PDF 작성]을 선택한다. [Adobe PDF 파일을 다른 이름으로 저장] 대화상자가 열리면 [파일 이름]에 '공고문_PDF'라고 적고, [파일 형식]은 'PDF files'를 선택한 후 [저장]을 누른다. 잠시 [Adobe PDF 변환 중….]이라는 알림 창이 보였다가 Acrobat Pro DC가 열리면서 PDF로 변환된 문서가 나타난다.

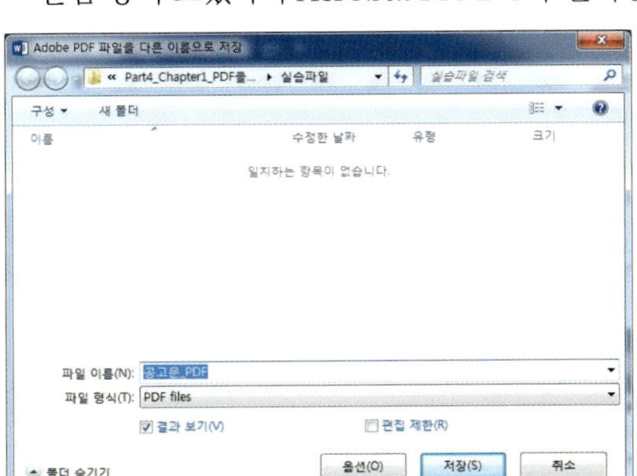

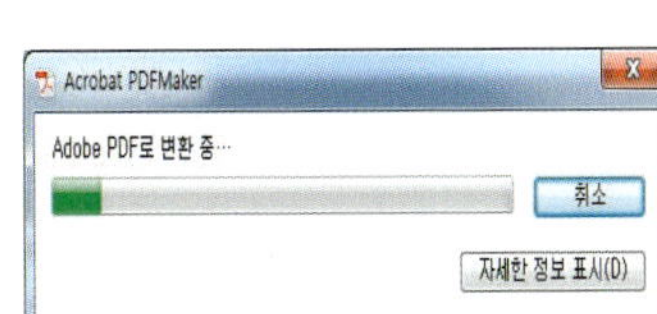

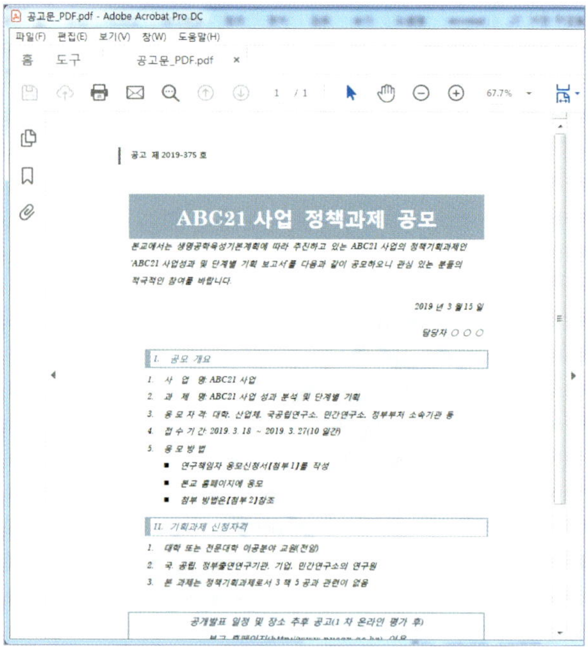

1.2. 워드의 [내보내기]를 이용하여 PDF 변환하기

Adobe Acrobat이 설치되어 있지 않아도 워드 자체에서 제공하는 PDF 변환 기능을 이용하여 PDF 문서를 생성할 수 있다.

① 워드 2016의 [파일]-[내보내기]에서 [PDF/XPS 문서 만들기]을 클릭한다.

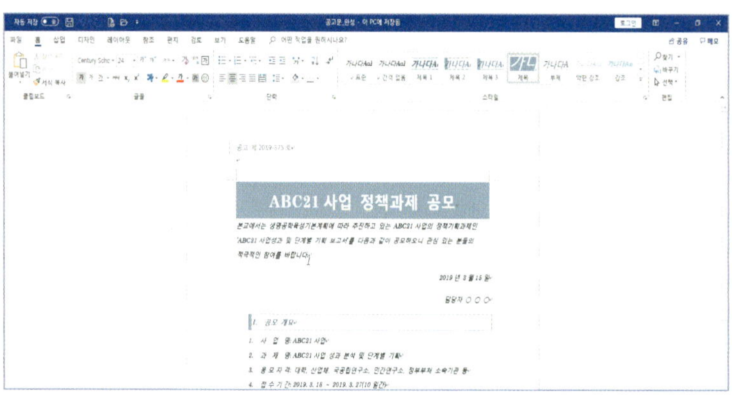

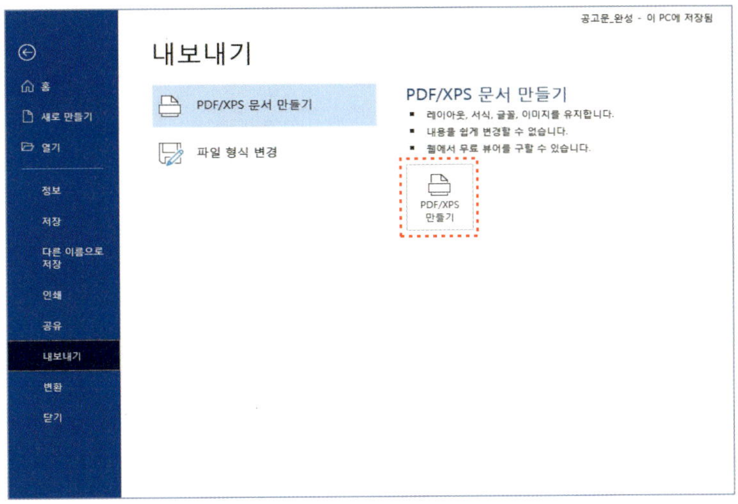

② [PDF 또는 XPS로 게시] 창이 열린다. 저장할 경로를 선택한 후 파일 이름에 '공고문_PDF'라고 적고, 파일 형식은 'PDF'로 지정한다. 이때 [옵션]을 누르면 PDF 변환에 따른 다양한 설정을 할 수 있다. 만약 PDF 문서에 암호를 걸고 싶다면 [옵션] 창에 [암호로 문서 보호]를 선택한 후 [확인]을 누른다.

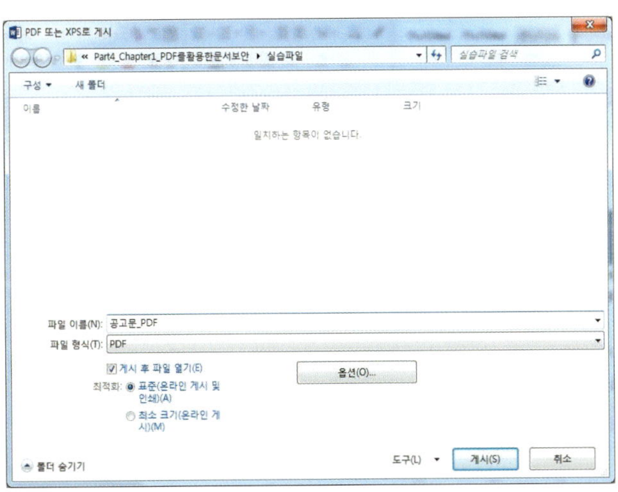

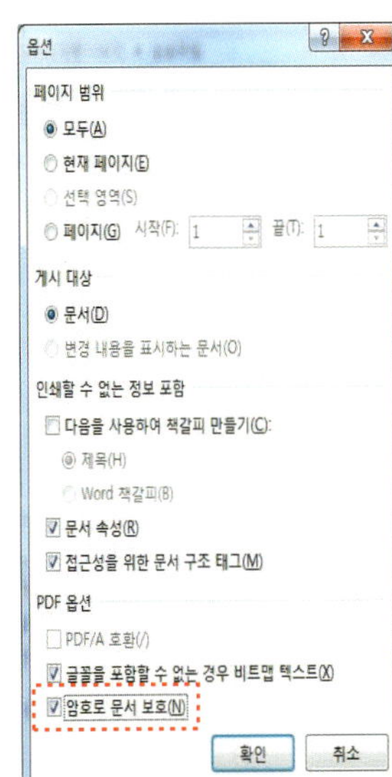

③ [PDF 문서 암호화] 창이 열리면 [암호]에 '111111'이라고 적는다. [암호 다시 입력]에 동일 암호로 한 번 더 입력해 준 후 [확인]을 누른다.

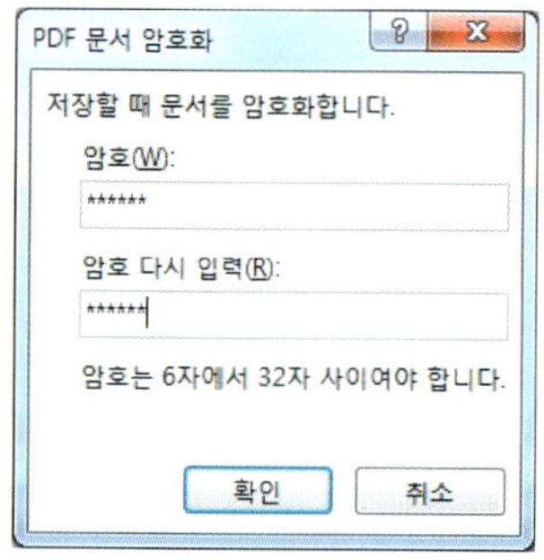

④ Adobe Acrobat DC가 열리면서 열기 암호를 물어본다. 정확한 암호('111111')를 입력하면 PDF 파일로 변환된 문서를 볼 수 있다.

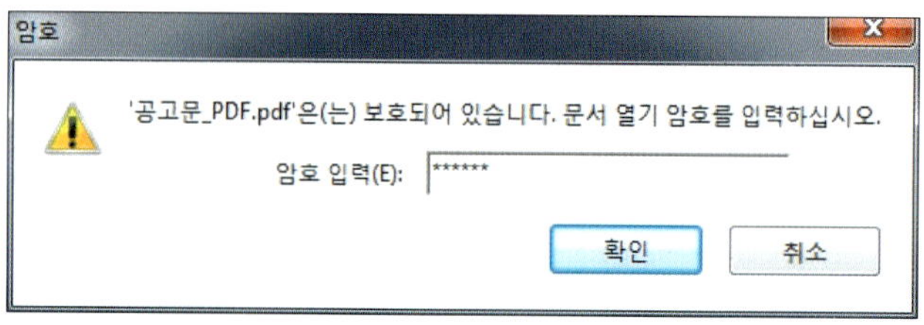

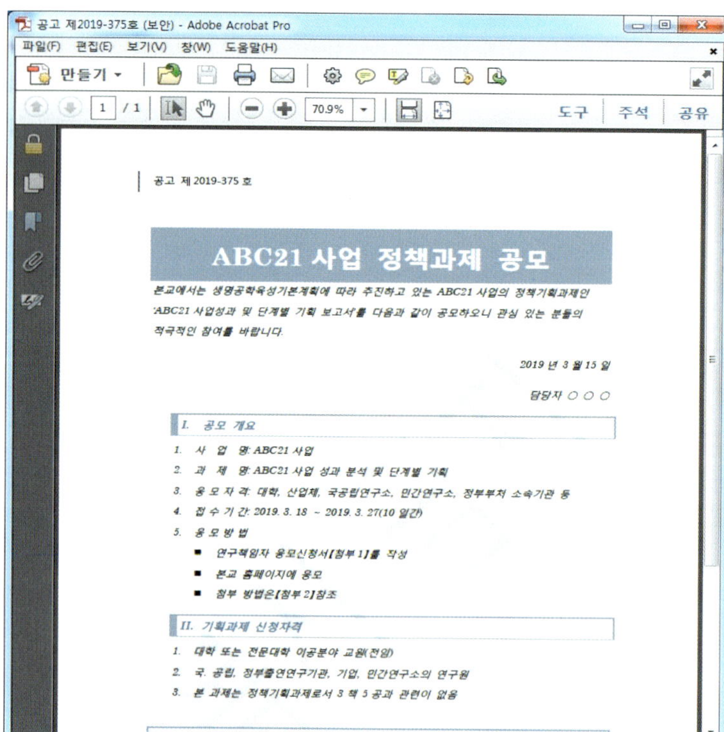

1.3. 인쇄를 이용하여 PDF 변환

Word 문서를 PDF로 변환하기 전에 [Adobe PDF 설정]을 통해 다양한 옵션을 설정한 후 [인쇄]를 이용하여 PDF로 변환할 수 있다.

① 메뉴 [파일]-[인쇄] 화면을 열고 [프린터] 종류를 'Adobe PDF'로 지정한 후 [프린트 속성]을 클릭한다.

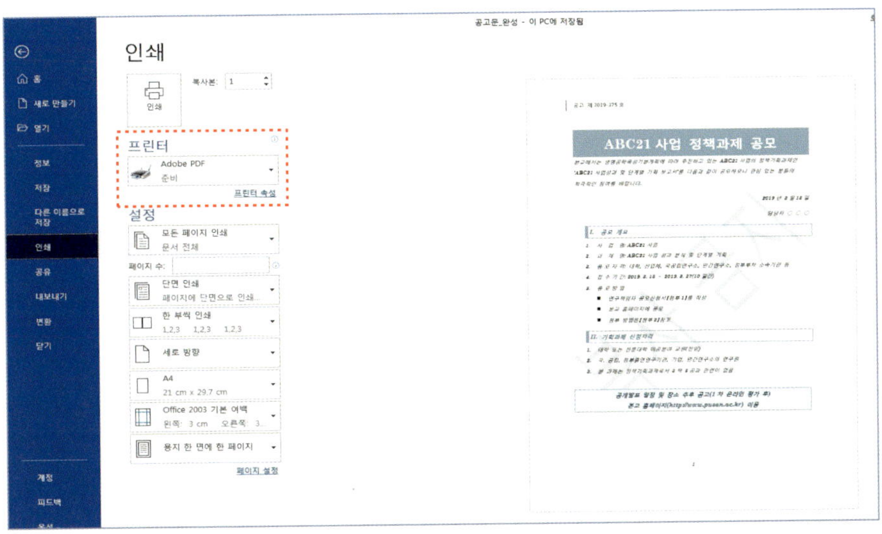

② [Adobe PDF 문서 속성]-[Adobe PDF 설정] 옵션은 다음과 같다.

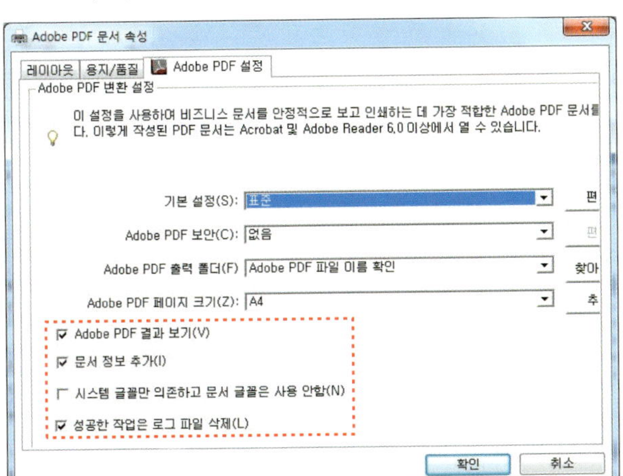

☑ [Adobe PDF 결과보기] : PDF 문서가 생성되면 자동으로 Acrobat을 실행시켜 결과를 화면에 보여준다.

☑ [문서 정보 추가]: PDF에 사용자 이름과 문서 정보를 추가한다.

☑ [시스템 글꼴만 의존하고 문서 글꼴은 사용 안 함] : 이 상자를 선택하면 PDF 작성 시 사용 가능한 시스템 글꼴만 의존하게 된다. 컴퓨터에 설치되어 있지 않은 글꼴이 문서에 포함된 경우 해당 글꼴은 PDF에서 누락 된다. 이 상자의 선택을 해제하면 PDF 작성 시 시스템 글꼴과 포함된 문서 글꼴에 의존하게 된다. 이 프로세스는 다른 옵션보다 시간이 오래 걸리며, 드문 경우이기는 하지만 컴퓨터에 포함된 문서 글꼴이 설치되어 있지 않았을 때 유용하다.

☑ [성공한 작업은 로그 파일 삭제] : PDF 작성에 성공한 후 해당 로그 파일('PDF 파일이름.log')을 삭제한다.

③ PDF 파일에 보안 설정을 다시 하려면 [Adobe PDF 보안]을 '각 파일에 대한 보안 재확인'으로 선택한 후 [편집]을 누른다.

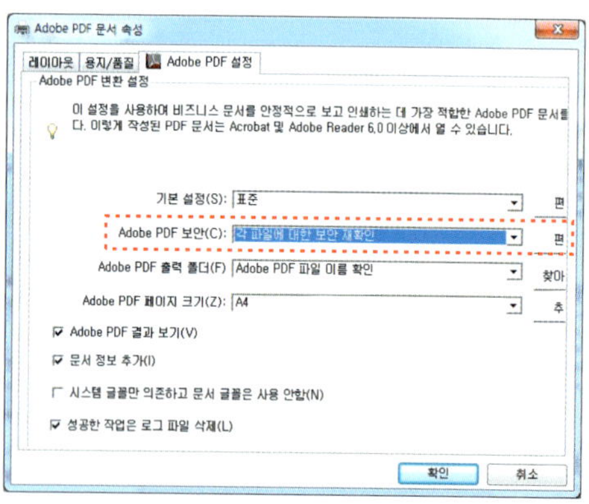

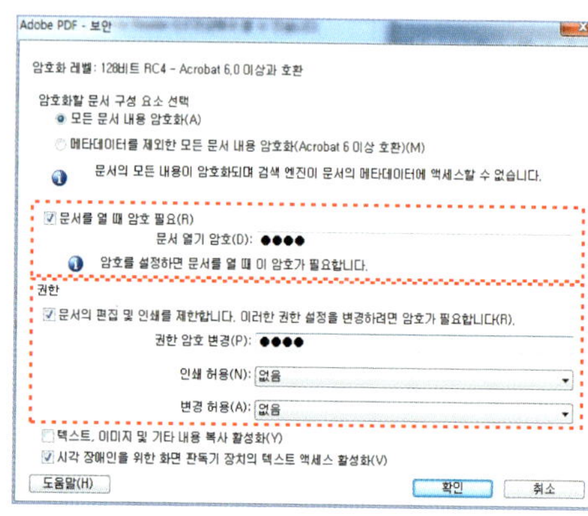

☑ [암호화 레벨] : 암호로 보호된 문서를 열기 위한 호환성을 설정한다.

☑ [문서를 열 때 암호 필요] : 문서를 열 때 특정 암호를 입력하도록 지정한다.

☑ [권한] : 문서를 편집 및 인쇄할 특정 암호를 입력하도록 지정한다.

[인쇄허용] : 문서를 인쇄하지 못하게 하거나 저해상도(150dpi)로 인쇄하거나 고해상도로 인쇄하도록 선택할 수 있다.

[변경 허용] : 페이지 작업, 양식 필드 채우기 작업 등 PDF 문서의 편집 등을 제한할 수 있다.

☑ [텍스트, 이미지 및 기타내용 복사 활성화] : PDF 문서의 내용, 그림, 기타 사항을 복사할 수 있다.

☑ [시각장애인을 위한 화면 판독기 장치의 텍스트 액세스 활성화] : 시각장애인이 화면 판독기를 사용해서 문서를 읽을 수 있도록 지원한다.

2. 한/글 2018에서 PDF 작성하기

국내에서 가장 많이 사용되고 있는 워드프로세서는 한글과컴퓨터사에서 나온 ᄒᆞᆫ글 시리즈이다. 그러나 한/글 문서에서는 트루타입 서체와 함께 한글 고유서체인 HTF 서체를 많이 사용하는데 Acrobat Distillers만으로는 한글 글꼴을 완벽하게 PDF 문서로 변환하기가 어렵다. 그러므로 한글 글꼴을 PDF로 완벽하게 변환하기 위해서는 PDF 컨버터가 필요하다. 한글 PDF 컨버터를 설치하면 서체변환과정을 거치지 않아도 PDF 문서 내에서 글꼴을 완벽하게 재생할 수 있다.

만약 컨버터가 설치되어 있지 않다면 메뉴 [파일]-[문서 정보]에서 사용된 한글 글꼴을 트루타입 글꼴로 대체한 후 문서를 변경할 수 있다.

2.1. 글꼴 대체하기

① 한/글 2018을 실행한 후 '세계의명화_완성.hwp' 문서를 불러들인다.

② 메뉴 [파일]-[문서 정보]를 선택한 후 [글꼴 정보] 탭을 열면 해당 문서에서 사용한 글꼴 목록을 확인할 수 있다.

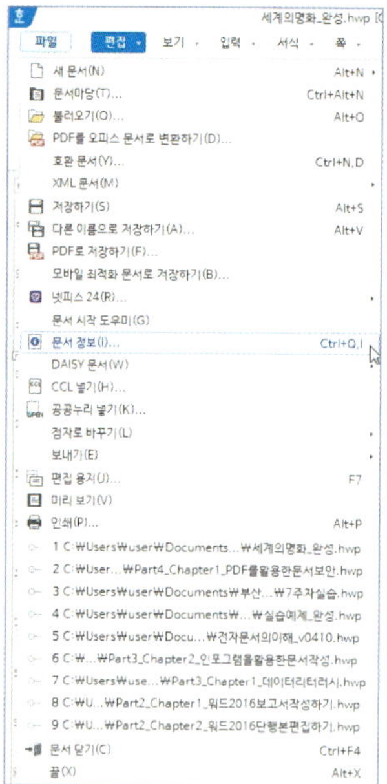

③ 사용된 글꼴 목록에서 [TT]는 트루타입 글꼴을 의미하며 [TH]는 HTF 서체를 의미한다. [TH]로 된 글꼴은 PDF로 변환했을 경우 다른 글꼴로 대체되거나 깨질 위험이 있으므로 되도록 [TT] 글꼴로 바꾸어 주는 것이 좋다. '헤드라인D'를 선택한 후 [사용된 글꼴 바꾸기]()를 누른다. [적용할 글꼴]에서 '한컴 윤고딕 250'을 선택하고 [설정]을 누른다.

트루타입(TrueType) 폰트

트루타입폰트란 윈도에서 사용하는 화면에 문자를 표시하거나 인쇄할 수 있는 아웃라인 폰트(글꼴)를 말한다. 윈도상에서 어떤 애플리케이션 소프트웨어에서도 공유해 사용할 수 있고 인쇄 폰트와 화면 디스플레이 폰트가 동일하여 전자출판에 유용하다. 애플이 처음 개발한 트루타입 폰트는 손쉽게 저장하고 작업을 진행할 수 있도록 하는 데 초점을 맞추었다. 또 기존 폰트 부문의 기술들을 모두 수용했고 이미 개발된 폰트를 트루타입 포맷으로 변환하는 것도 쉽게 설계됐다.

④ 문서 내에 사용되었던 '헤드라인D'체가 모두 '한컴 윤고딕 250'체로 바뀐다.

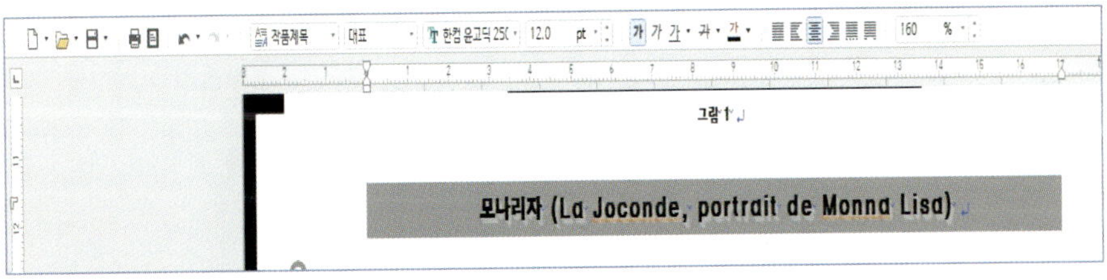

2.2. 한컴 PDF를 이용하여 PDF 파일 변환

① [파일]-[PDF로 저장하기]를 선택한다.

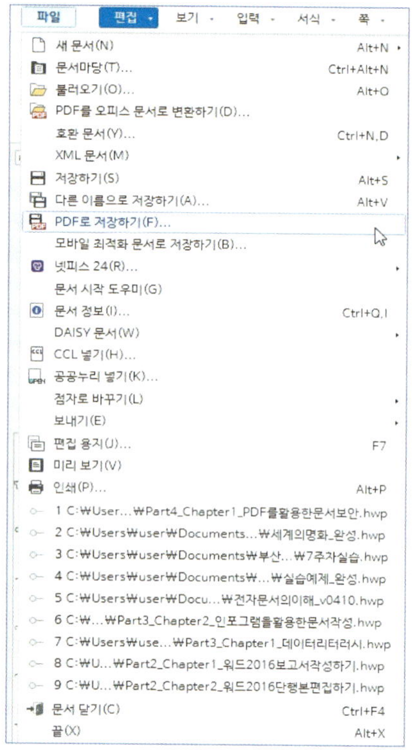

② [PDF로 저장하기] 대화상자가 열리면 PDF 문서를 저장할 경로를 지정한 후 [파일 이름]은 '세계의명화_PDF'로 하고, [파일 형식]은 'PDF, PDF/A 문서(*.pdf)'를 선한 후 [저장]을 누른다.

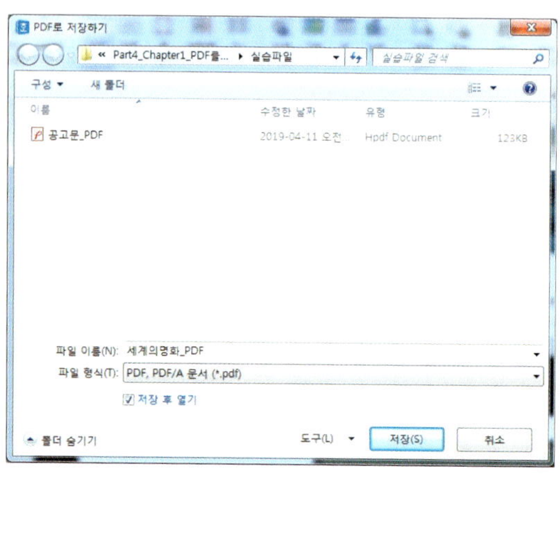

③ PDF 파일로 변환하는 진행 상황을 볼 수 있다. 변환이 완료되면 [열기]를 누른다.

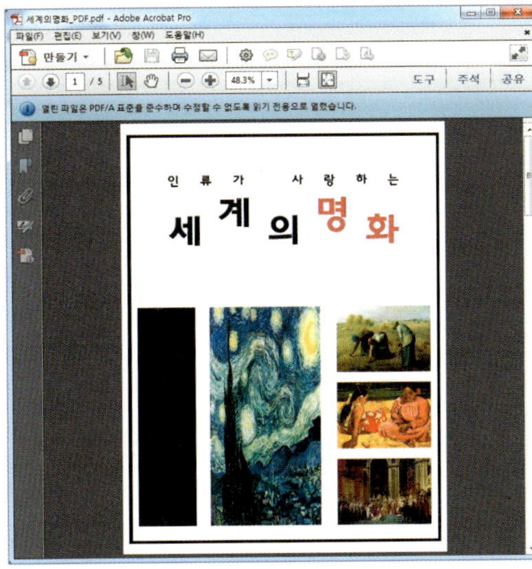

3. Adobe Acrobat Pro DC 인터페이스 살펴보기

바탕화면에 있는 'Adobe Acrobat DC' 아이콘을 눌러 Acrobat DC를 실행한다.

3.1. 홈 보기에서 파일에 액세스

홈 보기는 홈 탭을 선택하거나 Acrobat DC에 PDF가 열려 있지 않았을 때 표시된다.

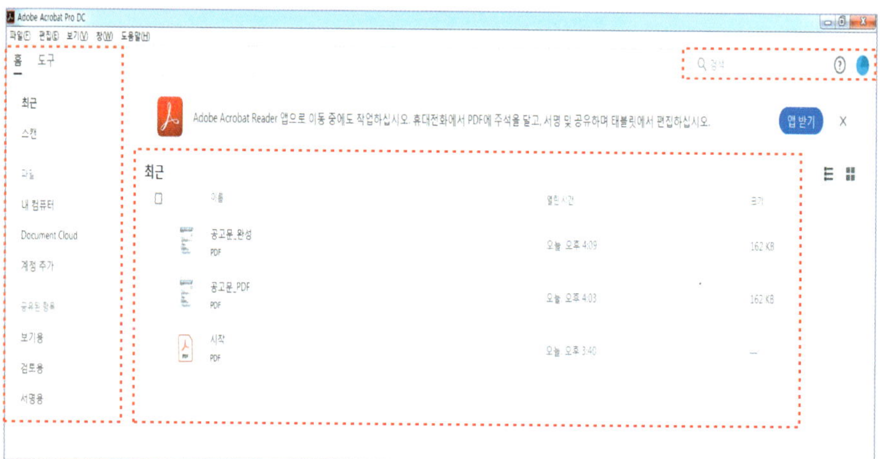

① 왼쪽 창에서 최근, 스캔, 내 컴퓨터, 보기용, 검토용, 서명용 공유된 항목을 비롯한 여러 파일 목록에 액세스할 수 있다.

② 가운데에는 최근에 작업했던 PDF 목록이 표시된다.

③ 오른쪽 상단에는 검색 상자, 학습 및 지원 링크, 파일 활동 알림을 위한 알림 벨이 있다.

3.2. 툴 센터에서 툴 열기

툴 센터는 Acrobat DC에서 제공되는 툴을 사용하고 찾을 수 있는 중요한 곳이다. 파일이 열려 있는 상태에서 툴을 선택하면 툴 전용 명령 또는 툴바가 문서 보기에 표시된다. 파일이 열려 있지 않은 상태에서 툴을 선택하면 파일을 선택하라는 창이 표시된다.

3.2. [툴 바로 가기] 사용자 정의

오른쪽 창에는 빠르게 액세스할 수 있는 툴 바로 가기가 있다. [바로 가기]를 추가하려면 툴 센터를 열고 원하는 툴 이름 아래에 있는 [바로 가기 추가] 버튼을 클릭한다.

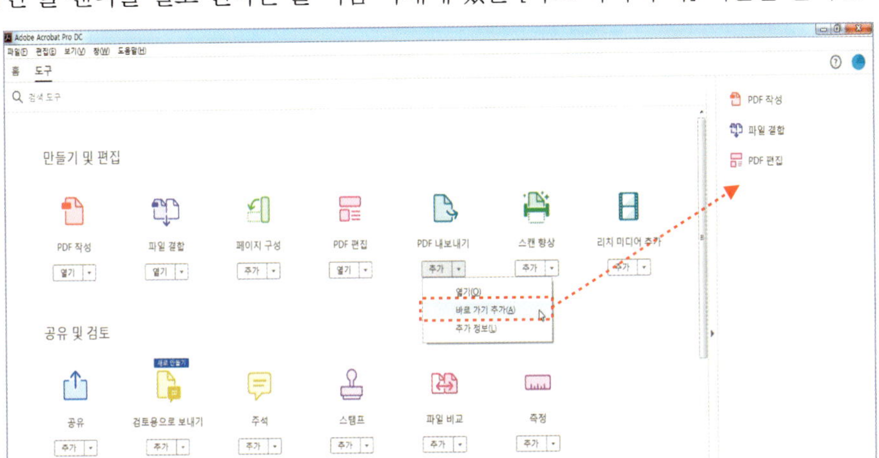

4. Acrobat DC에서 PDF 작성하기

4.1. 단일 파일을 PDF로 변환

① [만들기 및 편집]에서 [PDF 작성]을 선택한다.

② [임의의 형식에서 PDF 만들기] 대화상자가 열리면 [단일 파일]을 선택하고 [만들기] 버튼을 누른다.

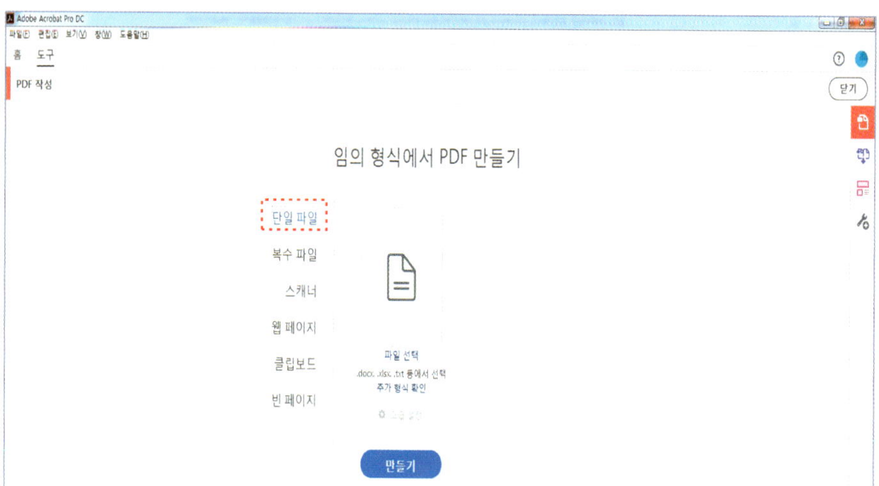

③ [열기] 창에서 '공고문_완성.docx' 파일을 선택하고 [열기]를 클릭한다.

④ [Adobe PDF를 읽는 동안 기다리십시오.]라는 알림 메시지가 잠시 나타났다가 작업이 완료되면 완성된 PDF 파일이 화면에 나타난다.

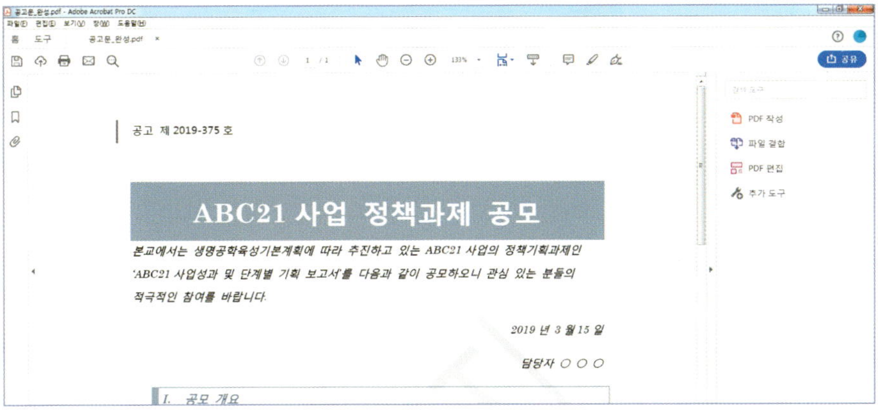

4.2. 복수 파일을 PDF로 결합

① [만들기 및 편집]에서 [PDF 작성]을 선택한다.

② [임의의 형식에서 PDF 만들기] 대화상자가 열리면 [복수 파일]-[파일 결합]을 선택하고 [다음] 버튼을 누른다.

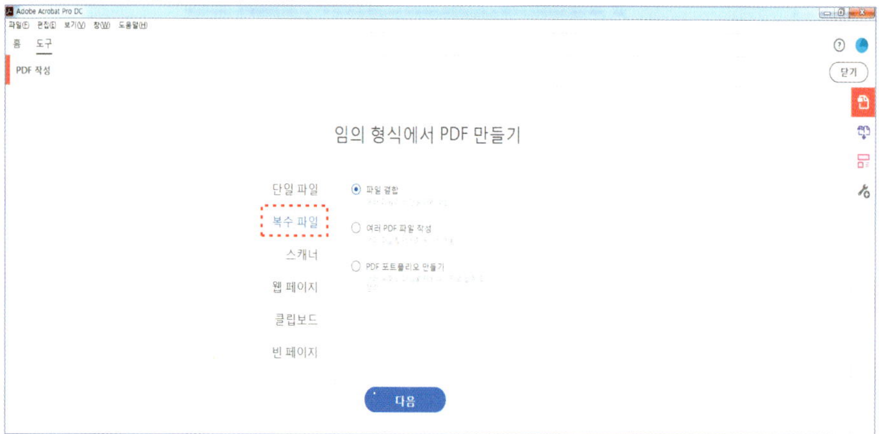

③ [파일 추가]를 누르면 [파일 추가] 대화상자가 열린다.
이 때 'ApplicationFormB.docx', '선발공고.pdf', '지원자DB양식.xls' 파일을 선택하고 [열기]를 누른다.

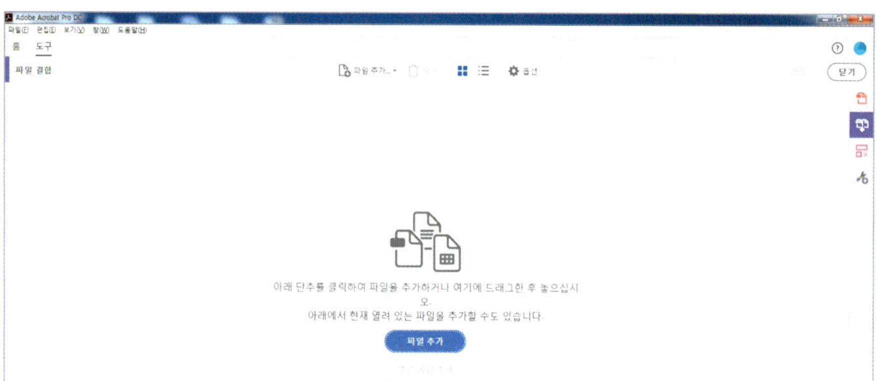

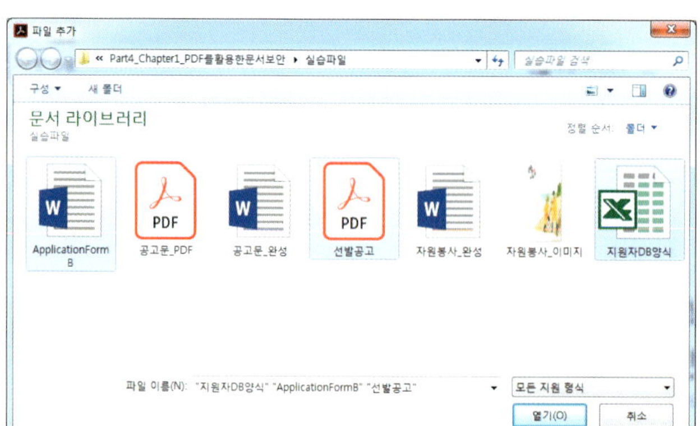

④ 선택한 파일들이 PDF로 변환되어 '바인더1.pdf' 탭에 나타난다. [파일 결합] 창에서 파일을 마우스로 끌어 '선발공고.pfd' -> 'ApplicationFormB.docx' -> '지원자DB양식.xls' 순으로 재배치한 후 화면 오른쪽 상단의 [결합]을 클릭한다.

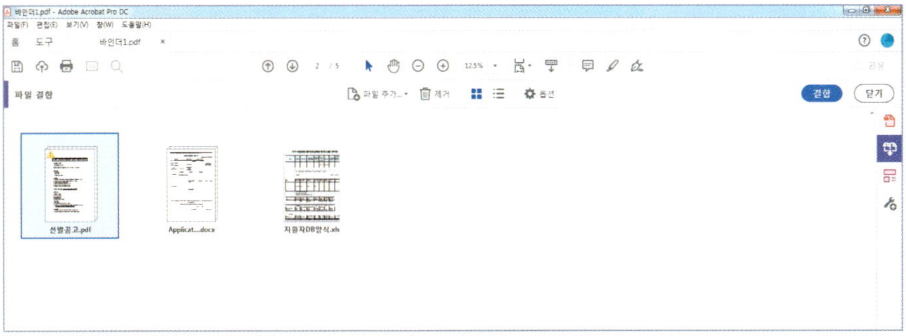

⑤ 하나의 파일로 결합한 PDF 결과가 나타난다.

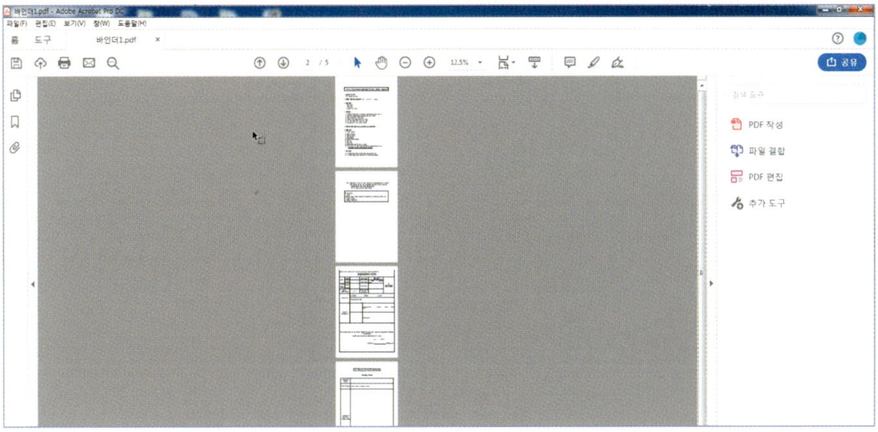

Chapter 2 PDF에서 텍스트 및 이미지 편집

이번 장에서는 Adobe Acrobat DC를 사용하여 PDF 파일에서 텍스트 및 이미지를 빠르고 손쉽게 편집하고, 페이지를 삽입/삭제/추출하는 방법을 익히고, 마지막으로 PDF에 머리말/꼬리말 또는 워터마크를 추가하는 방법을 살펴보고자 한다.

1. PDF에서 텍스트와 이미지를 편집하는 방법

1.1. PDF 편집 도구 열기

① [홈]-[내 컴퓨터]-[찾아보기]를 눌러 '자원봉사_PDF.pdf' 파일을 불러들인다.

1.2. PDF에서 텍스트 편집

① [도구]-[PDF 편집]을 클릭하면 [도구 창]이 화면 오른쪽에 열린다.

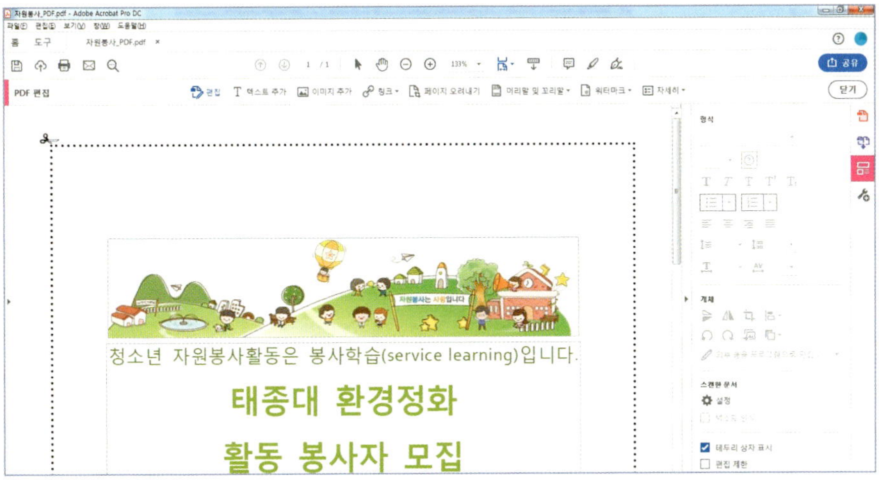

② 이제 수정하고 싶은 글자를 클릭한다. 여기서는 '참가 일시'의 날짜를 수정해 보려고 한다. 날짜 부분을 마우스로 클릭하면 파란색 테두리가 단락에 나타난다. 날짜를 '2020년 9월 26일'로 수정해 본다.

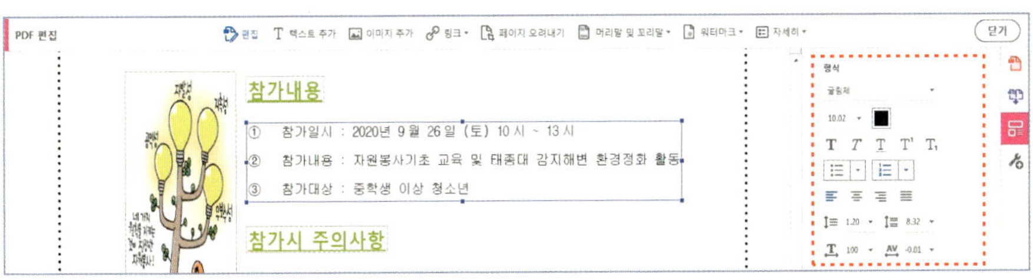

③ 오른쪽 창의 형식 섹션에서 다양한 옵션을 이용하여 아래와 같이 '참가 내용'과 '참가시 주의사항' 아래 있는 문단들을 수정해 본다.

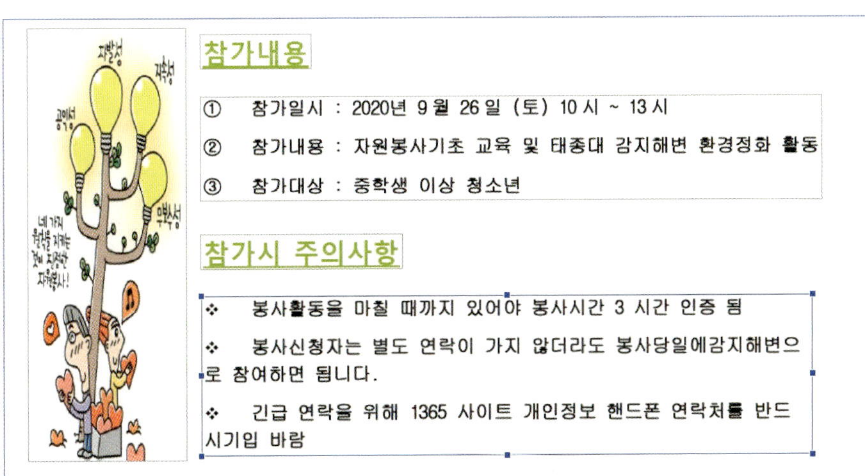

1.3. 개체 편집

PDF에 삽입된 그림 개체를 편집하거나 삽입, 삭제할 수 있다.

① 문서 왼쪽 하단에 있는 그림을 클릭하면 그림 주변에 파란색 테두리가 나타난다. 이때 마우스의 오른쪽 단추를 누르면 개체 편집에 관한 단축 메뉴들이 나타난다.

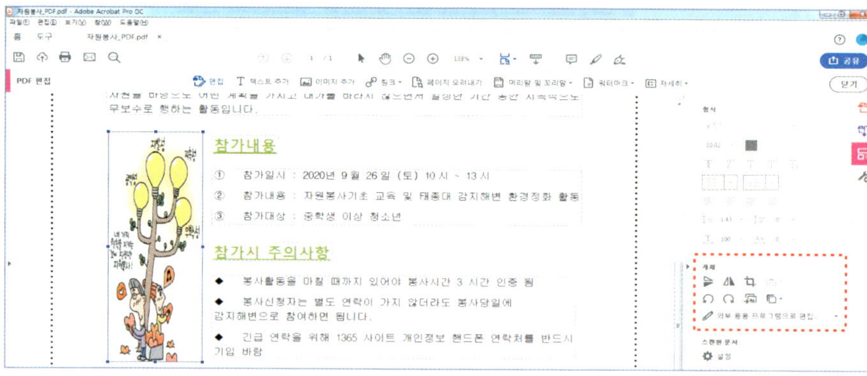

② [가로로 뒤집기]를 하면 그림의 좌우가 바뀐다.

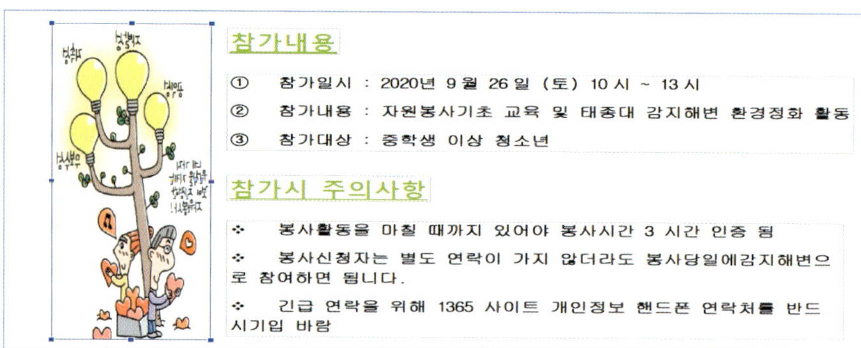

③ 그림을 클릭하여 Delete키를 누르면 그림이 지워진다.

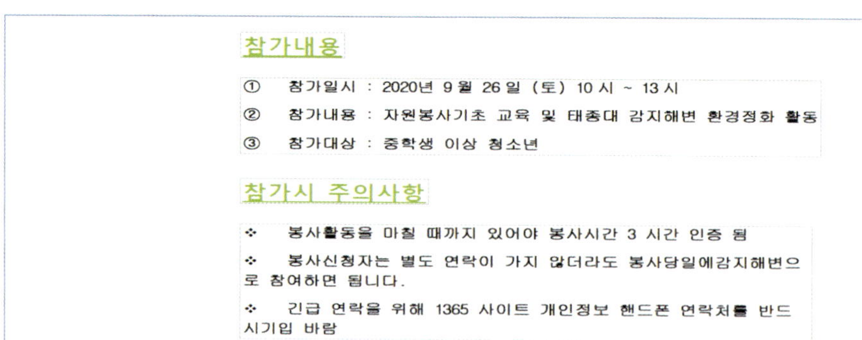

④ 화면 상단에 열린 [PDF 편집] 메뉴 중 [이미지 추가]를 선택한다.

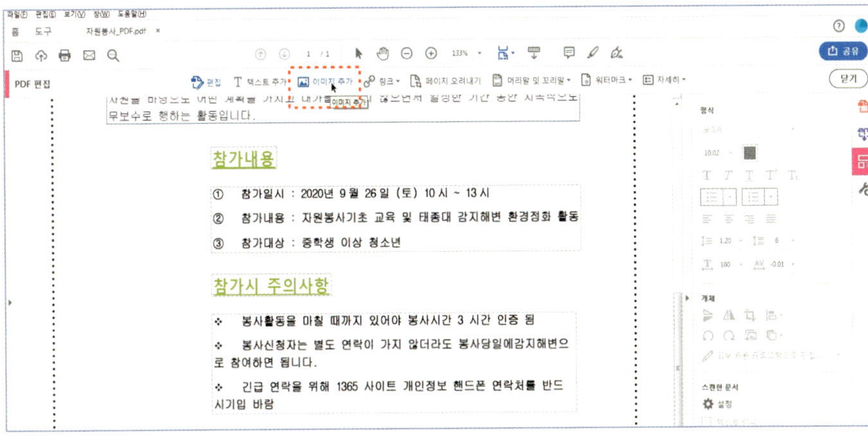

⑤ [열기] 대화상자가 열리면 제공된 '자원봉사_이미지.jpg' 파일을 선택하고 [열기]를 누른다.

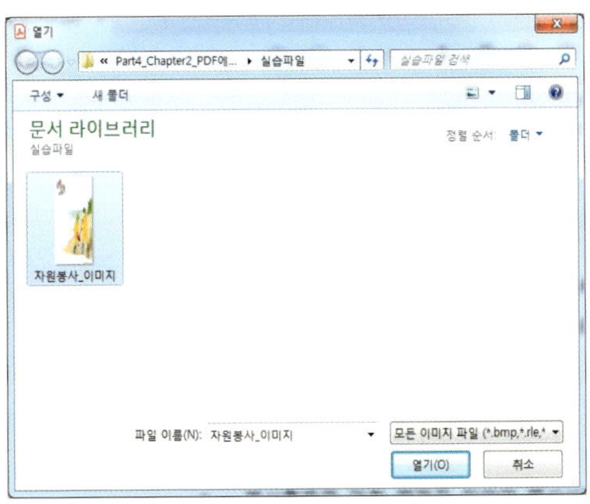

⑥ 새롭게 삽입된 이미지를 크기조절 핸들을 이용하여 적당히 크기를 조정한 후 '참가내용' 왼쪽에 위치시킨다.

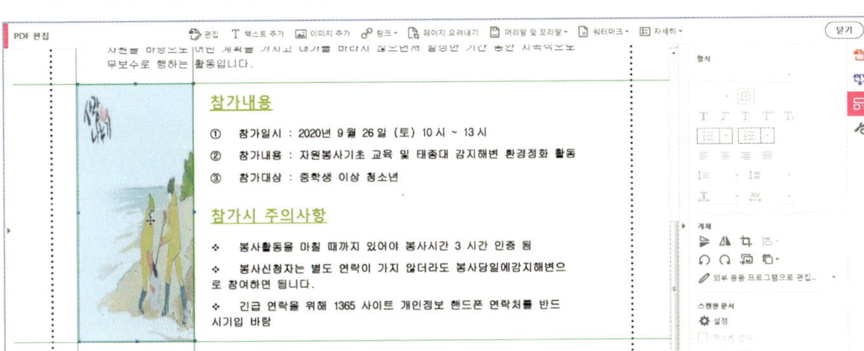

2. PDF에서 페이지 추가 및 구성

PDF에서 페이지를 추가, 교체, 회전, 삭제 및 이동하는 방법을 살펴보자.

2.1. 페이지 추출

① Acrobat DC에서 제공된 '여러파일결합_PDF.pdf'를 불러온다.

② [도구]에서 [페이지 구성]을 선택한다.

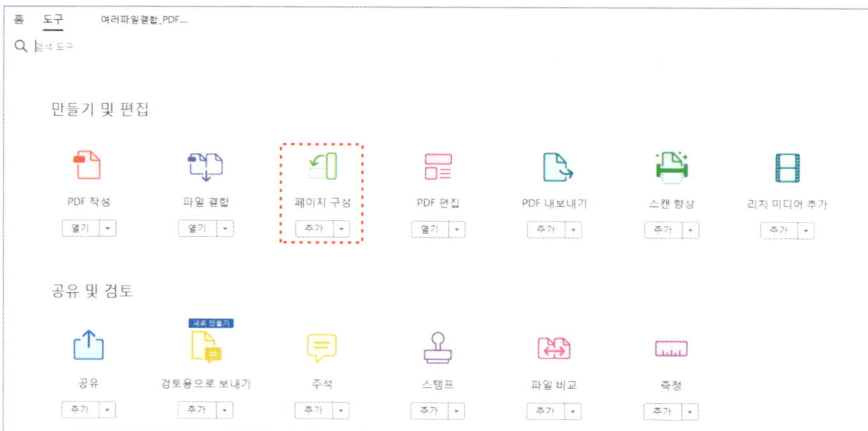

③ [페이지 구성] 메뉴에 있는 [추출], [삽입], [교체], [분할]을 이용하여 페이지 구성을 수정할 수 있다.

④ 먼저 페이지 4를 선택한 후 메뉴 [추출]을 선택한다.

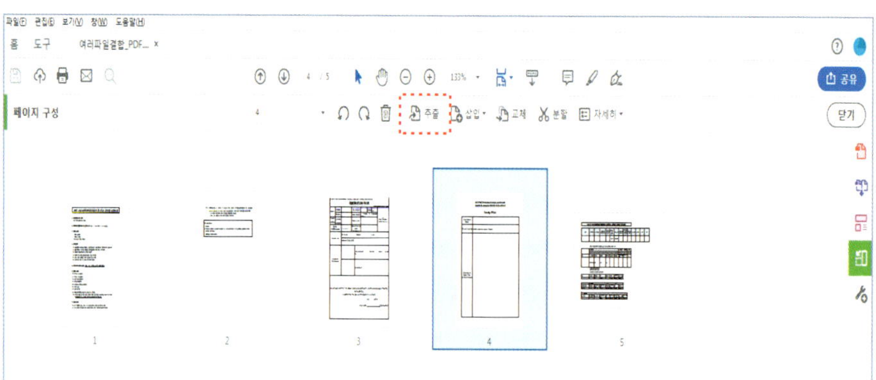

⑤ [추출 후 페이지 삭제]를 선택하고 [추출] 버튼을 누른다.

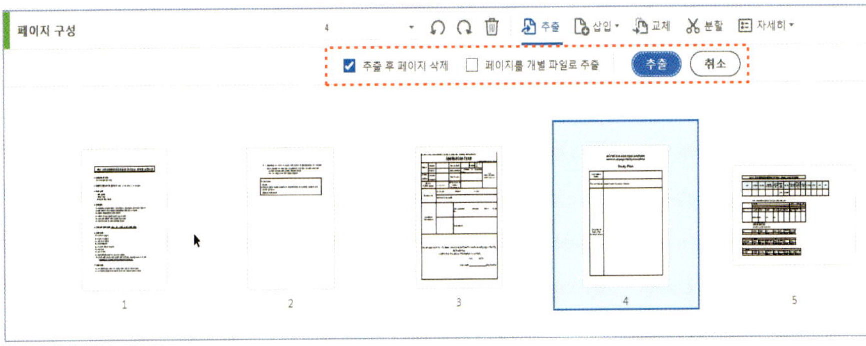

⑥ 선택된 페이지 4는 추출되어 별도의 파일로 만들어지고, 이전 파일에서는 삭제된다.

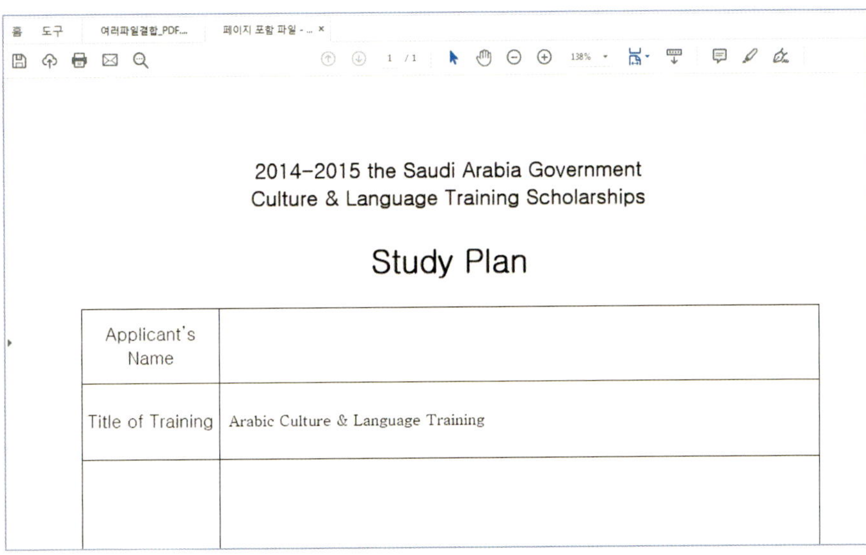

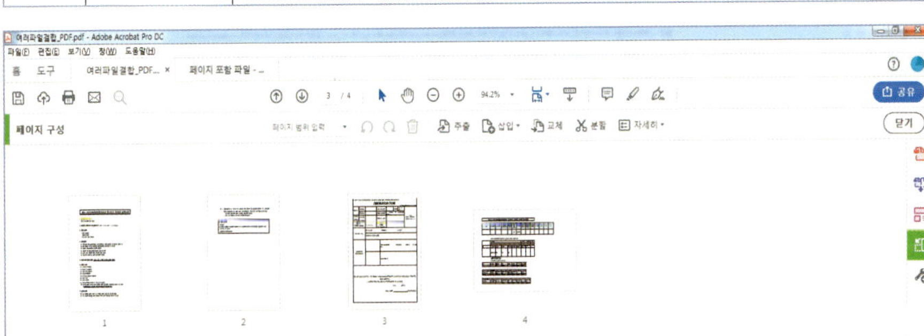

2.2. 페이지 추가

① 이번에는 메뉴 [삽입]-[파일에서]를 선택한다.

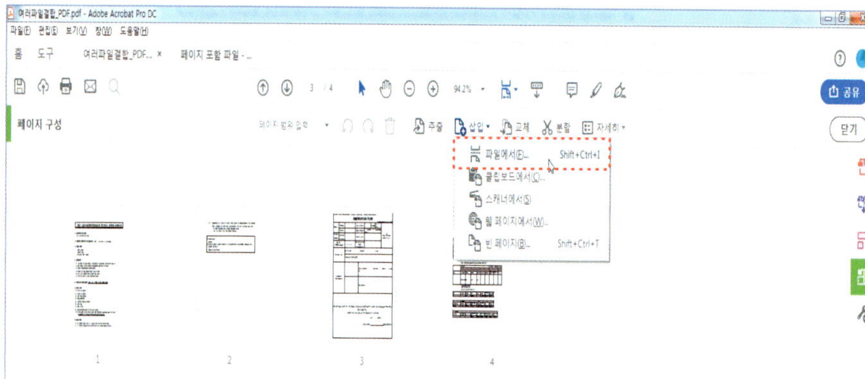

② [삽입할 파일 선택] 대화상자가 열리면 '단기초청지원서_새양식.pdf'를 선택하고 [열기]를 누른다. [페이지 삽입] 창이 열리면 [위치]는 '이후'를 선택하고, [페이지]는 '2/4'로 입력한 후 [확인]을 누른다.

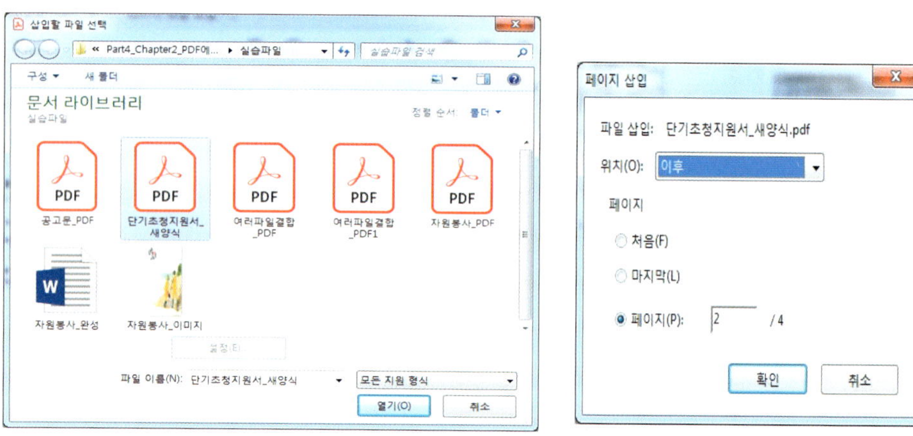

③ 선택한 PDF 파일이 기존 파일의 페이지 3으로 삽입된다.

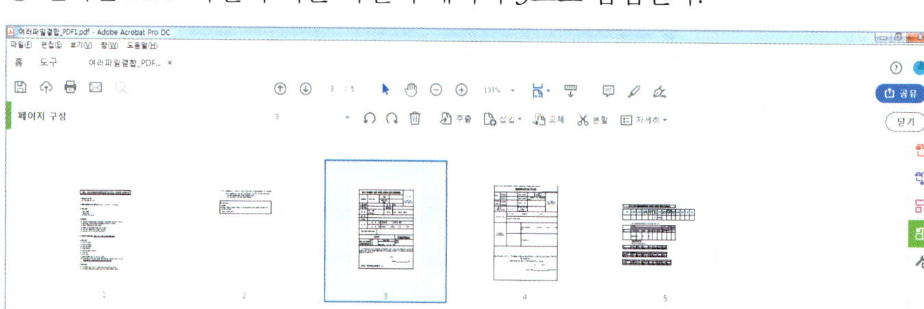

2.3. 페이지 회전

문서에 가로 방향과 세로 방향으로 된 페이지가 섞여 있을 수 있다. 필요에 따라 페이지 회전을 조정할 수 있다.

① 페이지 5를 선택하고 [페이지 구성] 메뉴 중 '시계반대방향으로회전'(↺)이나 '시계방향으로회전(↻)'을 눌러 페이지의 방향을 바꿀 수 있다. 혹은 해당 페이지 위에 마우스를 올려놓았을 때 나오는 단축 메뉴에서 회전 버튼을 눌러 회전시킬 수 있다.

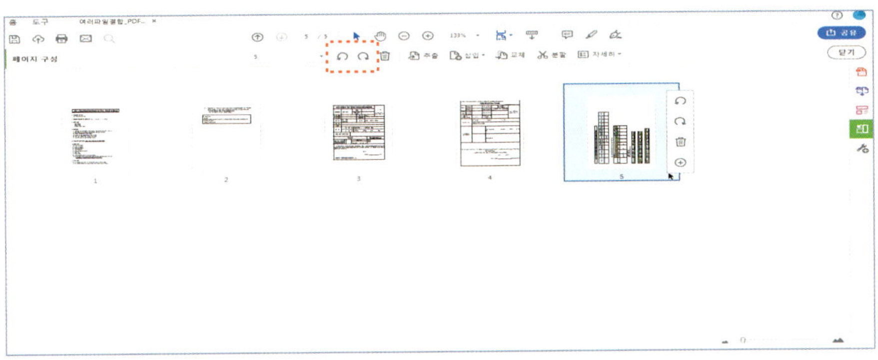

2.4. 페이지 삭제

최종 PDF에서 불필요한 페이지를 제거하려면 페이지 삭제 옵션을 사용한다.

① 페이지 5를 선택하고 [페이지 구성] 메뉴 중 [삭제] 버튼을 누른다.

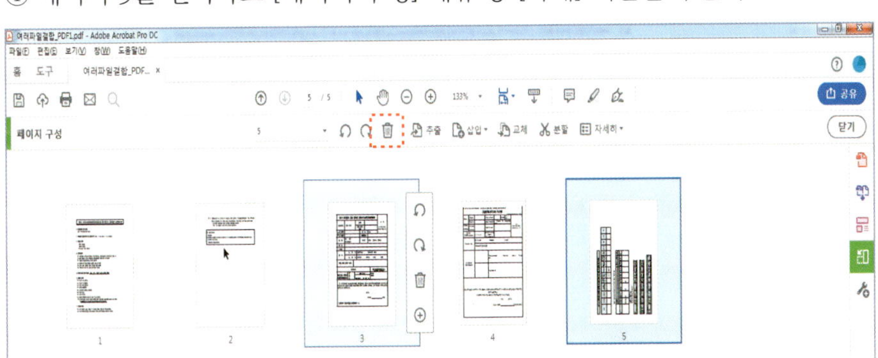

② "문서에서 페이지를 삭제하시겠습니까?"라는 메시지가 뜨면 [확인]을 누른다.

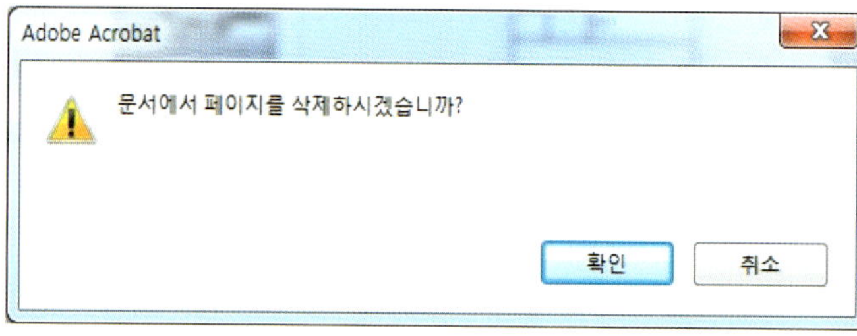

③ 선택된 페이지가 삭제된다.

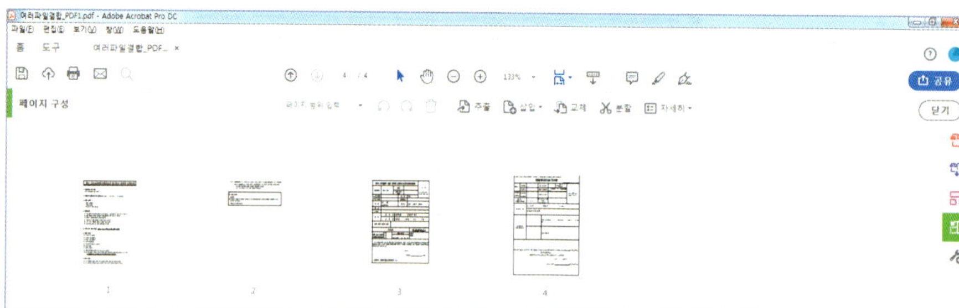

2.5. 페이지 재배치

문서에서 페이지 순서를 변경할 수 있다.

① 페이지 4가 선택된 상태에서 페이지를 페이지 3 앞으로 드래그한다.

② 해당 페이지를 삽입할 위치에 파란색 막대가 표시될 때까지 페이지를 드래그한다. 원하는 위치에 도달하면 마우스를 놓는다.

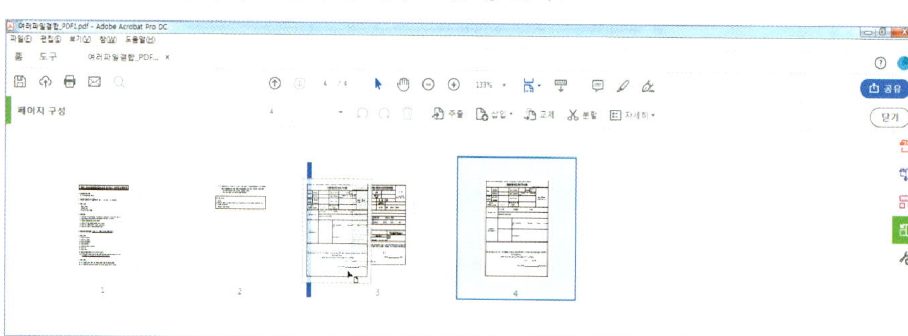

③ 페이지 4와 페이지 3의 위치가 바뀐 것을 확인할 수 있다.

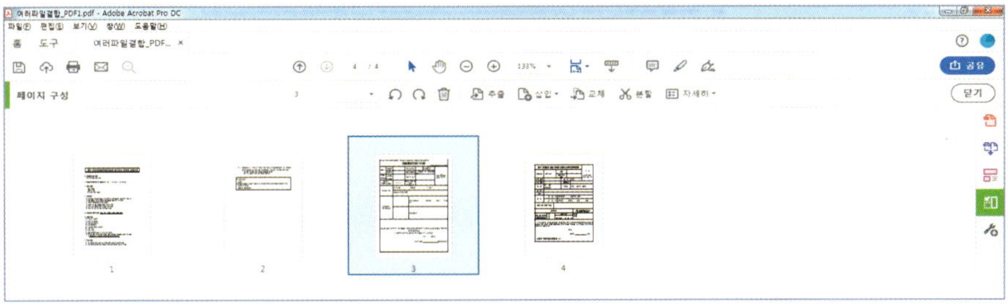

3. PDF에 머리말/꼬리말/워터마크 추가

Acrobat DC에서는 PDF 전체에서 머리말 및 꼬리말을 추가할 수 있다. 머리말 및 꼬리말은 올바른 문서, 제목 및 작성자에 대한 날짜, 자동 페이지 번호를 포함한다. 머리말과 꼬리말을 하나 이상의 PDF에 추가할 수 있으며, 홀수 페이지와 짝수 페이지를 다르게 표시할 수도 있다.

3.1. 머리말/꼬리말 추가

① [도구]-[PDF 편집]을 선택한다.

② 페이지 1에 커서를 둔 채로 [PDF 편집] 메뉴 중 [머리말 및 꼬리말]-[추가]를 선택한다.

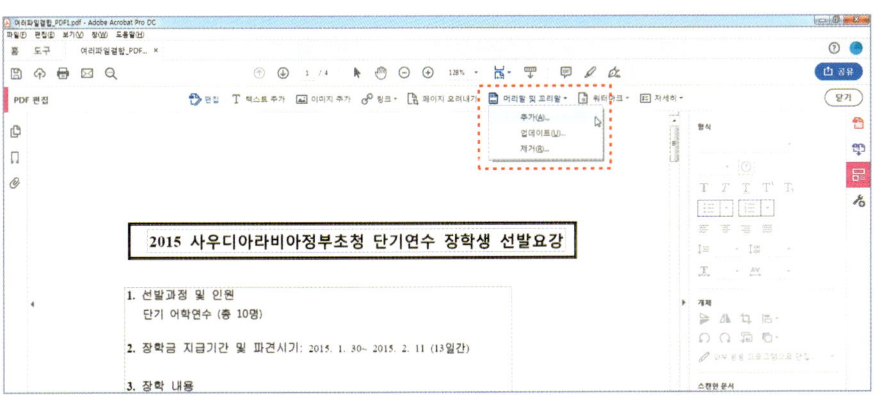

③ [머리말 및 꼬리말 추가] 대화상자가 열리면 [왼쪽 머리말 텍스트]에는 '[국제협력전략팀]'이라고 적는다.

④ [가운데 꼬리말 텍스트]에 커서를 두고 [페이지 번호 삽입] 버튼을 눌러 페이지 번호를 삽입한다.

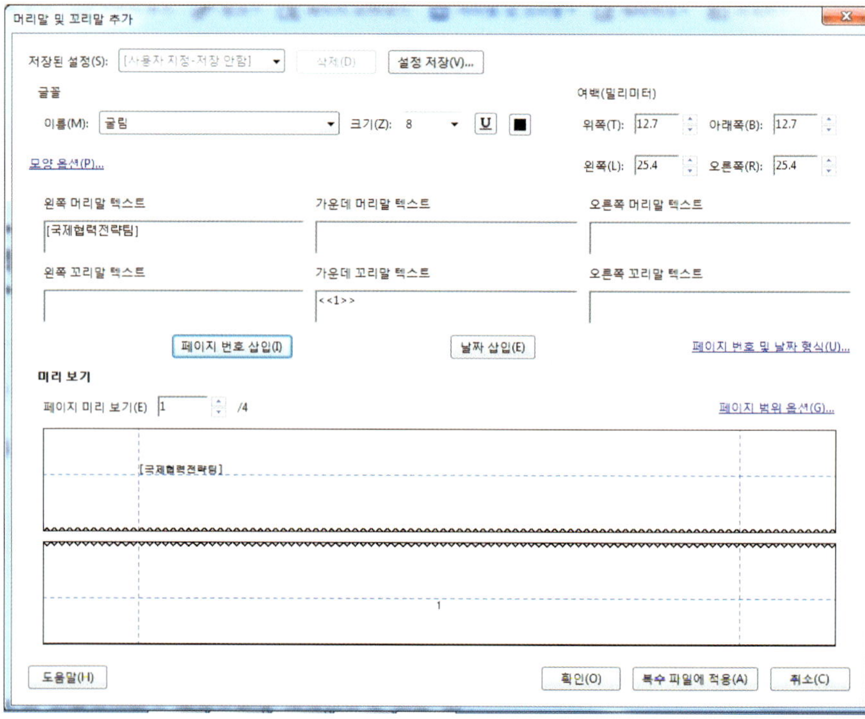

⑤ 페이지 상단에는 머리말이, 페이지 하단에는 꼬리말이 삽입된다.

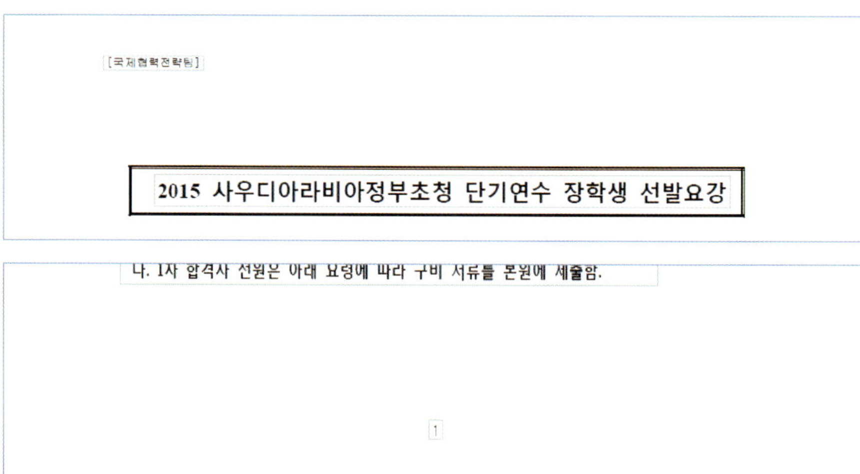

3.2. 워터마크

워터마크는 기존 문서 내용의 앞 또는 뒤에 표시되는 텍스트나 이미지로서 스탬프와 유사하다. 예를 들어, 중요한 정보가 들어 있는 페이지에 '대외비'라는 워터마크를 적용할 수 있다.

① [도구]-[PDF 편집]을 선택한다.

② 페이지 1에 커서를 둔 채로 [PDF 편집] 메뉴 중 [워터마크]-[추가]를 선택한다.

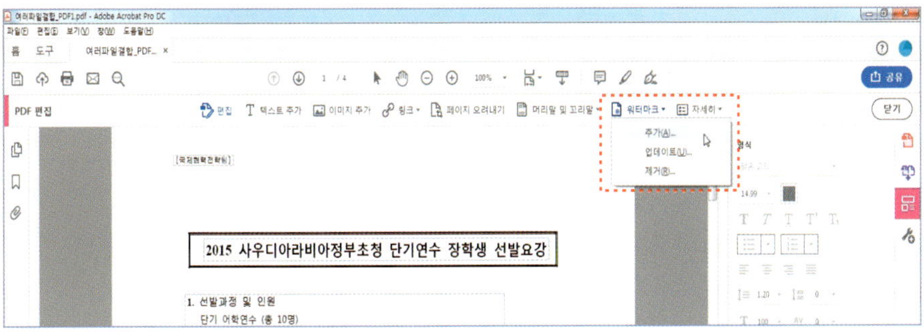

③ [워터마크 추가] 대화상자가 열리면 [텍스트]에 '부산대학교'라고 적는다. [글꼴]은 '휴먼둥근헤드라인'으로 선택한다. [회전]은 '45도'로 지정하고, [불투명도]는 '30%'로 낮춰준다. [위치]를 '페이지 내용 뒤에 나타남'으로 선택한 후 [확인]을 누른다.

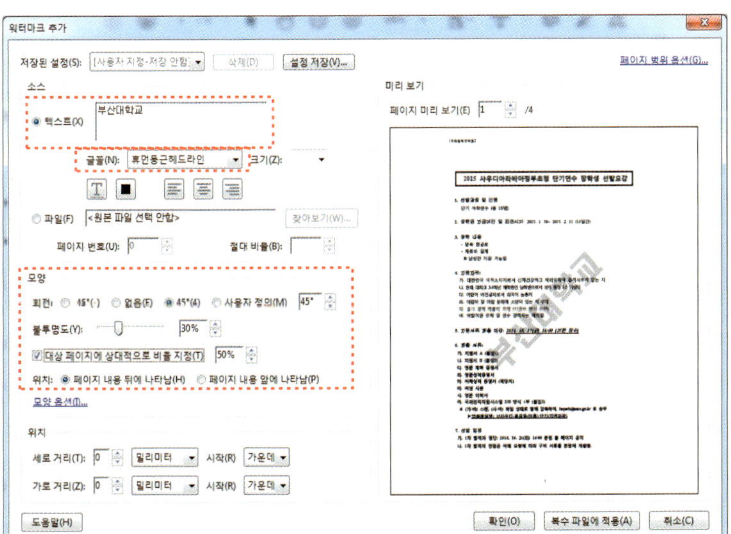

④ 문서 뒤에 워터마크 '부산대학교'가 나타난다.

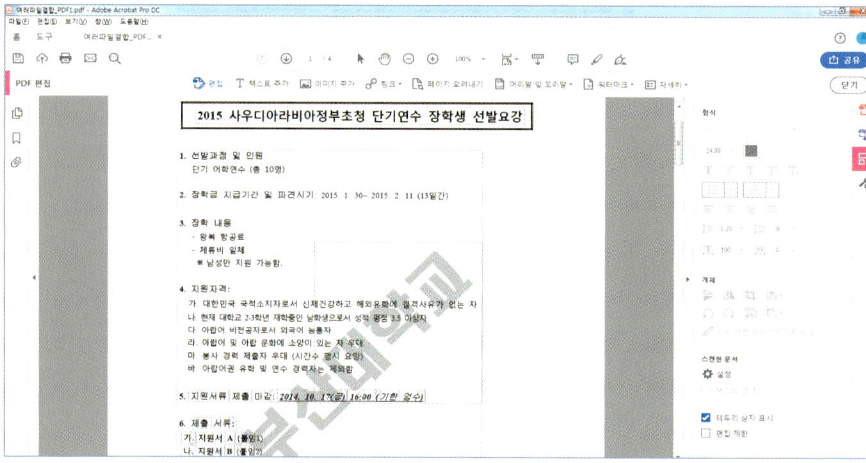

Chapter 3 PDF 보안, 공유, 주석 및 파일비교

이번 장에서는 만들어진 PDF 파일에 암호를 걸어서 권한을 부여받은 사용자만 열어보거나 편집 또는 인쇄할 수 있도록 허용하는 방법에 대해 배워보려고 한다. 또한, PDF를 다른 사용자들과 공유하고, 공유된 PDF 문서에 주석을 달아주는 방법도 익혀보도록 한다. 마지막으로 검토되어온 문서와 원본 문서를 비교하여 수정된 부분을 파악하는 작업도 병행해 보자.

1. 암호로 PDF 보안

암호를 설정하고 인쇄 및 편집 등의 특정 기능을 제한하여 PDF에 대한 액세스 권한을 제한할 수 있다. PDF는 두 가지 유형의 암호를 사용할 수 있다.

문서 열기 암호 : 문서 열기 암호(사용자 암호라고도 함)에는 PDF를 열기 위해 사용자가 암호를 입력해야 한다.

권한 암호 : 권한 암호(마스터 암호라고도 함)에는 권한 설정을 변경할 암호가 필요하다. 권한 암호를 사용하여 PDF에서 내용 인쇄, 편집 및 복사를 제한할 수 있다. 설정한 제한을 변경할 때도 암호가 필요하다.

PDF에 두 암호를 모두 사용하여 보안이 설정된 경우에는 둘 중 한 암호를 사용하여 PDF를 열 수 있다. 그러나 사용자가 제한된 기능을 변경하려면 권한 암호가 있어야만 한다. 흔히 두 유형의 암호를 모두 설정하면 보안이 강화되므로 유용할 수 있다.

① [파일]-[열기]로 '공고문_PDF.pdf' 파일을 불러온다.

② [도구]-[보호]를 선택한다.

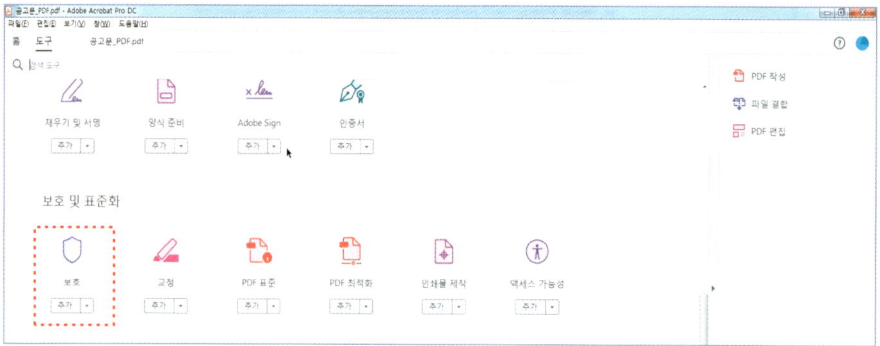

③ [보호] 메뉴 중 [암호화]-[암호로 암호화]를 선택한다.

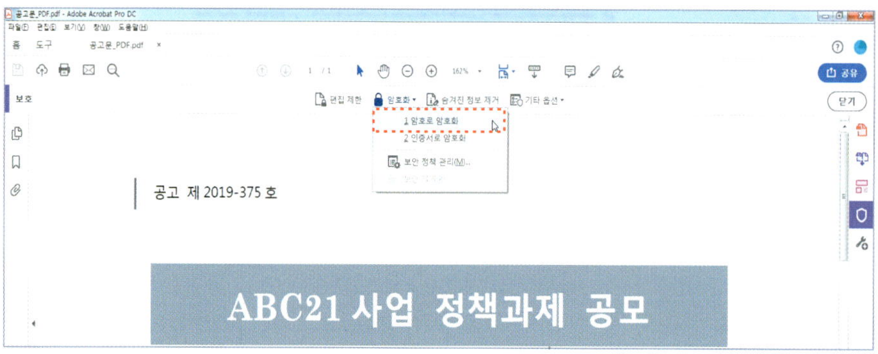

④ "이 문서의 보안을 변경하시겠습니까?"라고 묻는 메시지가 열리면 [예]를 선택한다.

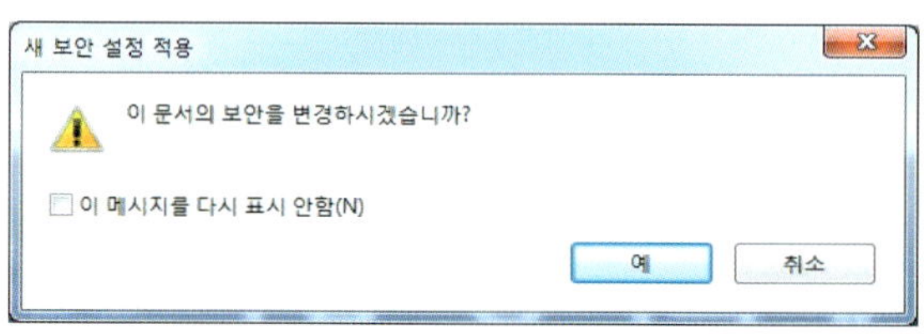

⑤ [암호 보안 – 설정] 대화상자가 열린다. 먼저 아무나 이 문서를 열어볼 수 없도록 암호를 걸어보자. [문서를 열 때 암호 필요]를 선택한 후 [문서 열기 암호]에 '1111'로 적는다. 이 문서가 열릴 때마다 문서 열기 암호를 묻게 된다.

⑥ 문서의 편집과 인쇄에 제한을 걸고 싶다면 [문서의 편집과 인쇄를 제한합니다. 이 권한 설정을 변경하려면 암호가 필요합니다]를 선택한다. [인쇄 허용]은 '저해상도'를 선택하고, [변경 허용]은 '없음'을 선택한다. [권한 암호 변경]에 '1112'를 입력한 후 [확인]을 클릭한다.

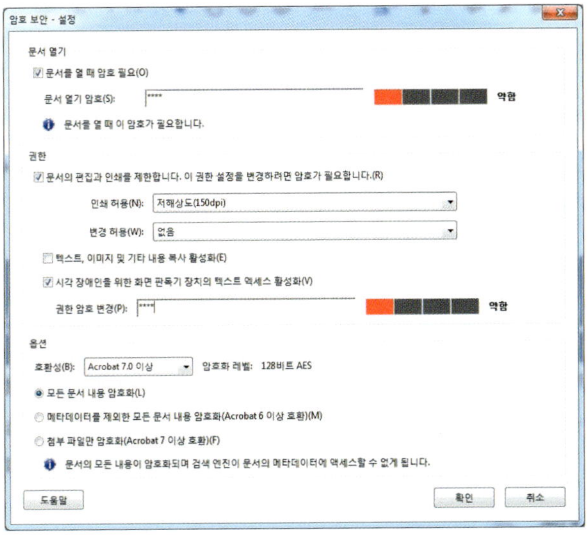

⑦ 각 암호를 확인하는 메시지가 표시되면 상자에 해당 암호를 다시 한번 입력하고 [확인]을 클릭한다.

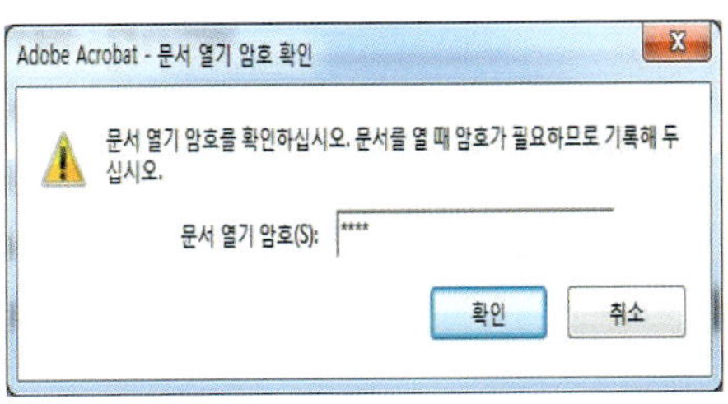

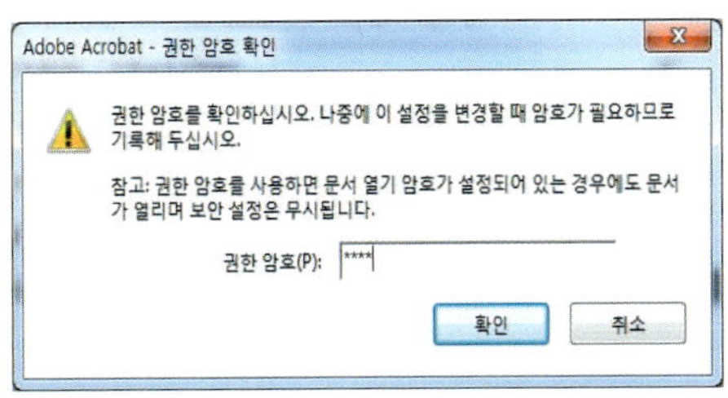

⑧ 설정된 암호 보안을 제거하려면 [보호] 메뉴 중 [암호화]-[보안 제거]를 선택한다.

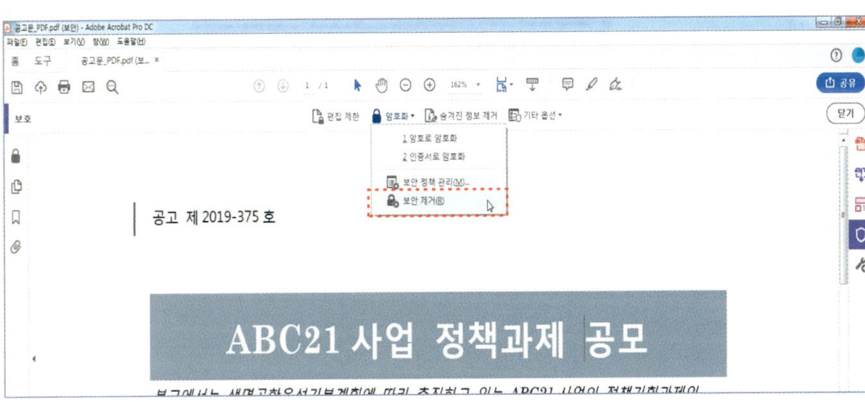

PDF 암호 보안

암호를 설정하고 인쇄 및 편집 등의 특정 기능을 제한하여 PDF에 대한 액세스 권한을 제한할 수 있다.

- **문서 열기 암호** : 문서 열기 암호(사용자 암호)를 사용하는 경우, PDF를 열려는 사용자는 지정된 암호를 입력해야 한다.
- **권한 암호** : 권한 암호(마스터 암호)만 설정하는 경우에는 수신자가 문서를 열 때 암호를 입력할 필요가 없다. 하지만 제한된 기능을 설정하거나 변경하려면 권한 암호를 입력해야 한다.

  ① 인쇄허용: 사용자에게 허용된 PDF 문서 인쇄 레벨을 지정한다.
  - 없음: 사용자가 문서를 인쇄하지 못하도록 한다.
  - 저해상도(150dpi) : 사용자가 150dpi보다 높지 않은 해상도에서 인쇄하도록 한다.
  - 고해상도 : 어떤 해상도에서도 인쇄할 수 있으며 고품질 벡터 출력을 포스트스크립트 및 고품질 인쇄 기능을 지원하는 기타 프린터로 보낼 수 있도록 한다.

  ② 변경 허용 : PDF 문서에서 허용된 편집 동작을 정의한다.
  - 없음 : 사용자가 [변경 허용] 메뉴에 나열된 문서에 대해 양식 필드 채우기와 주석 추가 같은 변경 작업을 수행하지 못하도록 한다.
  - 페이지 삽입, 삭제 및 회전 : 사용자가 페이지를 삽입, 삭제 및 회전하고 책갈피와 축소판을 만들 수 있다. 이 옵션은 높은 레벨(128비트 RC4 또는 AES)의 암호화에만 사용할 수 있다.
  - 양식 필드 채우기 및 기존 서명 필드에 서명 : 사용자가 양식을 채우고 디지털 서명을 추가할 수 있다. 이 옵션을 선택해도 사용자가 주석을 추가하거나 양식 필드를 만들 수는 없다. 이 옵션은 높은 레벨(128비트 RC4 또는 AES)의 암호화에만 사용할 수 있다.
  - 주석 달기, 양식 필드 채우기 및 기존 서명 필드에 서명 : 사용자가 주석 및 디지털 서명을 추가하고 양식을 채울 수 있다. 이 옵션은 사용자가 페이지 개체를 이동하거나 양식 필드를 생성하도록 허용하지 않는다.
  - 페이지 추출을 제외한 모든 작업 : 사용자가 문서를 편집하고, 양식 필드를 작성 및 채우고, 주석 및 디지털 서명을 추가할 수 있다.

2. PDF 서명

PDF 문서나 양식에 서명하려면 서명을 입력하거나, 그리거나 손으로 쓴 서명의 이미지를 삽입한다. 또한, 이름, 회사, 제목 또는 날짜 등의 텍스트를 추가할 수 있다. 문서가 저장할 때 서명 및 텍스트가 PDF 문서의 일부가 된다.

① [도구]-[채우기 및 서명]을 선택한다.

② [채우기 및 서명] 메뉴 중 [서명]-[서명 추가]를 선택한다.

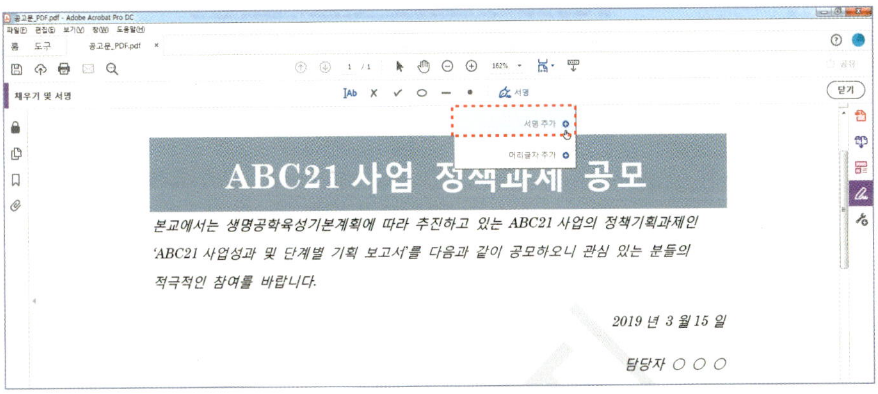

③ 이미 서명이나 머리글자를 추가했다면, [서명] 옵션에서 선택한 다음, PDF에서 서명을 추가할 지점을 클릭하기만 하면 된다. 처음으로 서명하는 경우에는 [서명] 또는 [머리글자] 패널이 표시된다. [스타일 변경]을 눌러 원하는 모양을 선택한다.

④ [적용]을 클릭한 다음 PDF에서 서명이나 머리글자를 넣을 위치를 클릭한다. 배치한 서명이나 머리글자를 이동하려면, 필드를 클릭하여 강조 표시한 다음 화살표 키를 사용한다. 필드의 크기를 조절하거나 필드를 삭제하려면 필드 도구 모음에 있는 옵션을 사용한다.

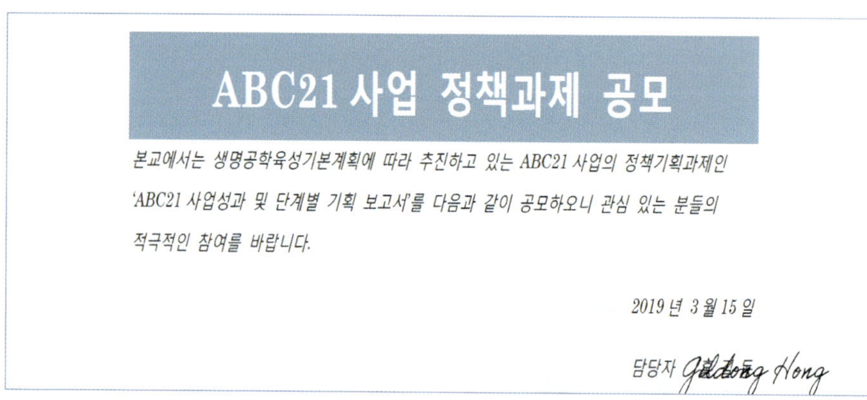

⑤ 서명 작업이 끝나면 화면 오른쪽 상단에 있는 [닫기] 버튼을 누른다.

3. 온라인으로 PDF 공유 및 공유 파일 추적

보거나 주석을 추가할 다른 사람과 PDF 문서에 대한 링크를 빠르게 공유할 수 있다. 링크로 공유된 문서는 모든 장치의 브라우저에 열린다. 문서가 Adobe Document Cloud에 안전하게 저장되고, 링크가 포함된 전자 메일을 받은 수신자가 링크를 클릭하여 브라우저에서 문서를 보고 주석을 달 수 있다. 수신자는 로그인하지 않아도 된다.

3.1. 공유 섹션 열기

① Acrobat DC 또는 Acrobat Reader DC에서 PDF 문서가 열려 있을 때 오른쪽 상단 모서리에 있는 공유 단추를 클릭한다. 또는 [도구]-[공유]를 선택한 다음 PDF를 찾아보고 선택한다.

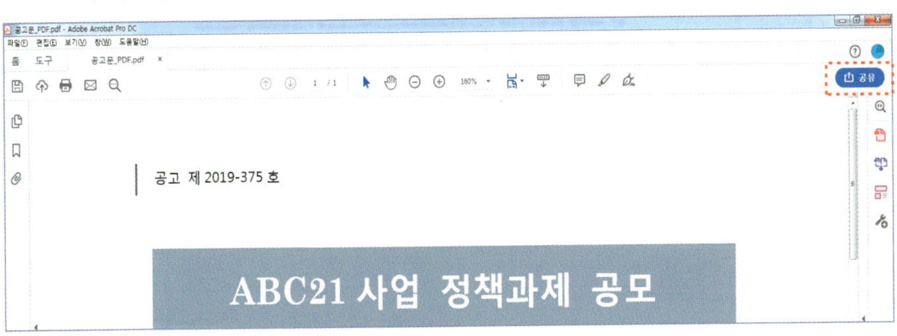

② 공유 섹션 창이 오른쪽에 표시된다.

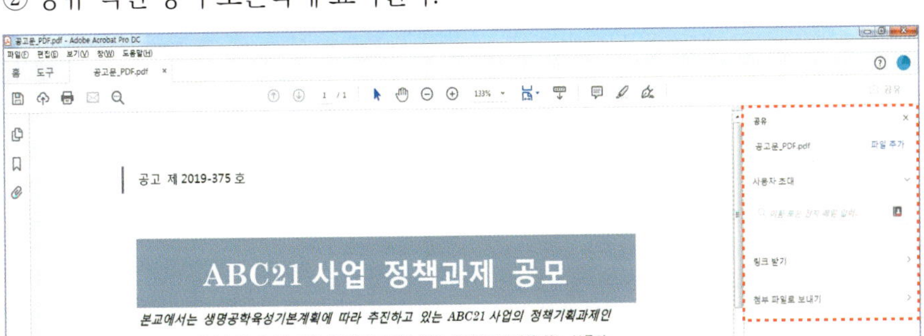

다음 세 가지 방법의 하나를 사용하여 파일을 공유한다.

3.2. 사용자 초대

① 사용자 초대 섹션에서 파일을 받을 사람의 전자 메일 주소를 입력하거나 [주소록]에서 전자 메일 주소를 선택한다.

② [메시지] 창에 적당한 메시지를 입력한 후 [보내기] 버튼을 누른다.

③ 각 수신자는 파일에 연결된 개인화된 링크를 받게 된다.

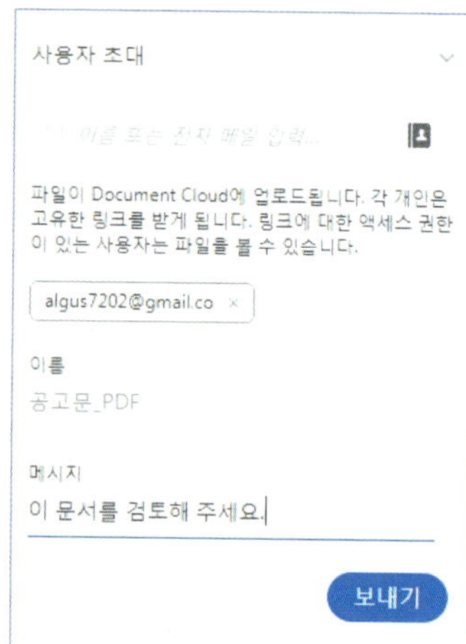

3.3. 링크 받기

① 섹션에서 [링크 만들기]를 클릭한다.

② 선택한 파일이 Adobe Document Cloud에 업로드되고, 공용 링크가 만들어진다.

③ 링크 복사를 클릭하고 공유 창을 닫은 후 수신자와 링크를 공유한다.

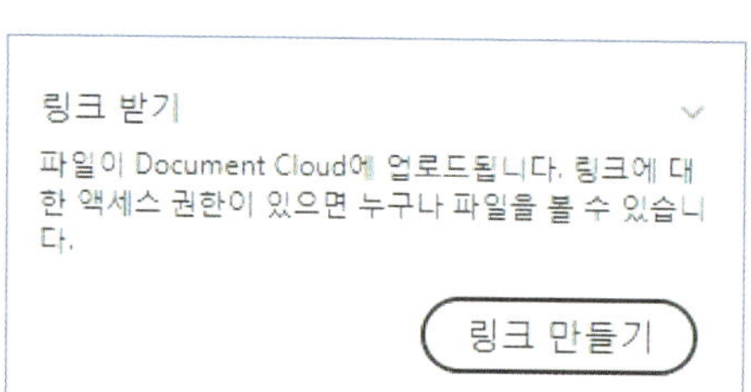

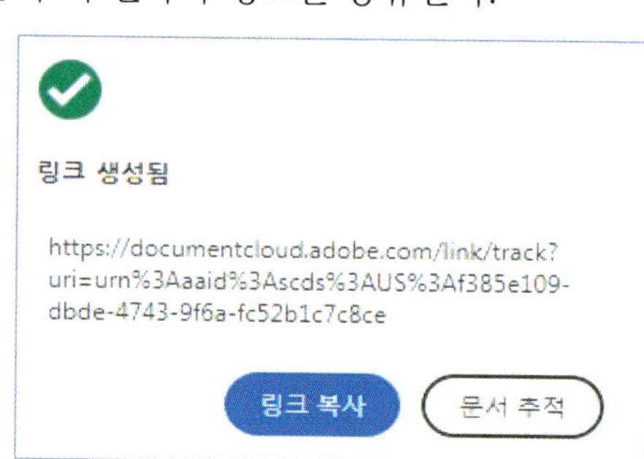

3.4. 첨부 파일로 보내기

① 웹메일을 선택한다. 옵션 선택 드롭다운 목록에서 Gmail을 추가를 선택한다.

② [새 Gmail 계정 추가] 창이 열리면 본인의 Gmail 주소를 입력하고 [확인] 버튼을 누른다.

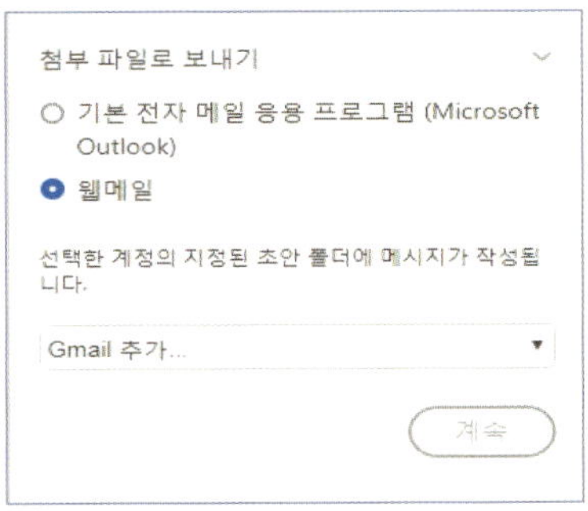

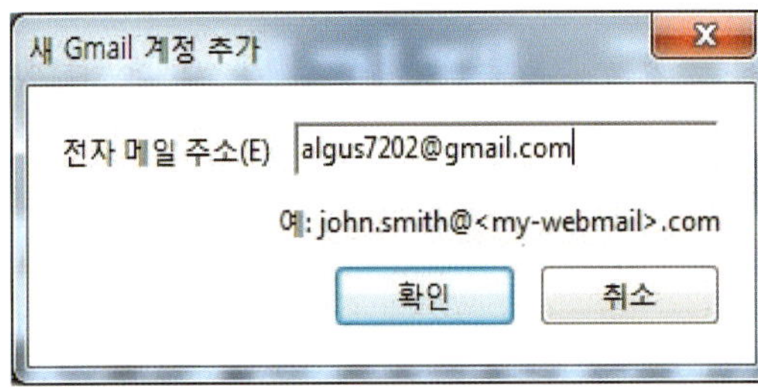

③ [계속] 버튼을 누르면 파일이 첨부된 전자 메일 초안이 표시된다. 수신자의 전자 메일 주소를 입력하고, 전자 메일의 제목 및 본문에 적합한 메시지를 추가한 다음 전자 메일을 보낸다.

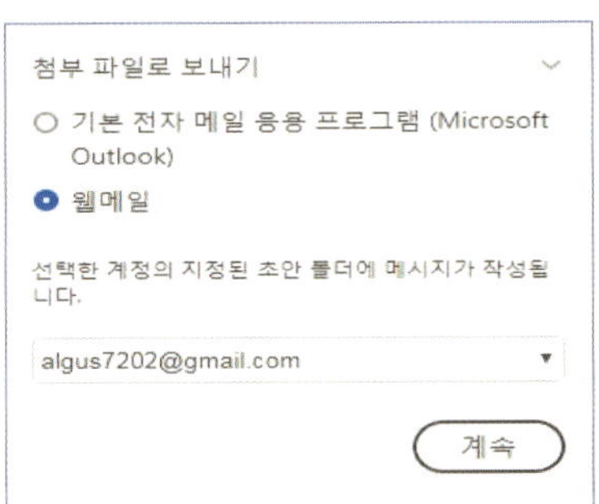

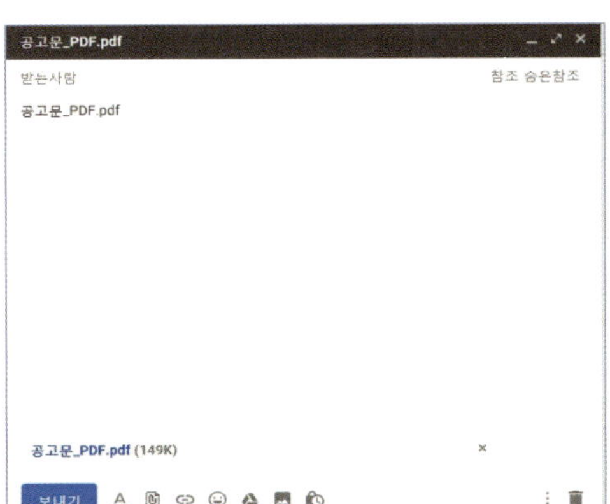

3.5. 공유 파일 추적

최근에 공유한 파일이 [홈]-[최근]에 나열되어 있다. 수신자가 파일을 보면 Acrobat 및 전자 메일에 알림이 표시된다.

① [홈]-[공유] 섹션에서 [보기용]을 클릭한다.

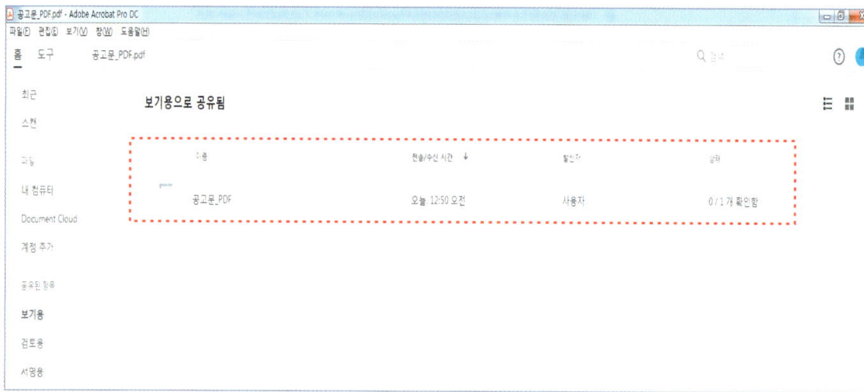

보기 위해 공유되는 모든 파일이 다음 정보와 함께 표시된다.

- 이름: 보기 위해 공유된 파일의 이름
- 전송/수신 시간: 보기 위해 파일을 보내거나 받은 타임스탬프
- 발신자: 파일을 보낸 사람의 이름
- 상태: 파일을 본 사용자 수를 표시

② 파일을 클릭하면 화면 오른쪽에 공유된 파일에 대한 세부 사항이 나타난다.

- 공유 파일의 활동 및 타임스탬프를 확인한다. [활동]을 확장하여 생성자, 받은 사람, 본 사람 및 다운로드한 사용자와 같은 세부 정보를 확인할 수 있다.
- 다른 사람이 파일을 보거나 다운로드하지 못하게 하려면 파일 공유를 해제한다.
- 공유 링크 복사 및 다른 수신자와 보기 위해 공유한다.
- Adobe Document Cloud에서 파일을 영구적으로 제거하려면 공유 파일 삭제를 클릭한다.
- 장치에 파일을 다운로드할 수 있다.

4. PDF 주석

[주석] 목록은 문서 창의 오른쪽 창에 나타난다. [주석] 목록에는 PDF의 모든 주석이 표시되며, 주석 정렬, 필터링 및 기타 주석 작업 옵션과 같은 일반 옵션으로 구성된 도구 모음이 있다.

① [도구]-[공유 및 검토]-[주석]을 선택한다.

② [주석] 도구 세트가 보조 도구 모음에 표시되고 [주석] 목록이 오른쪽 창에 표시된다.

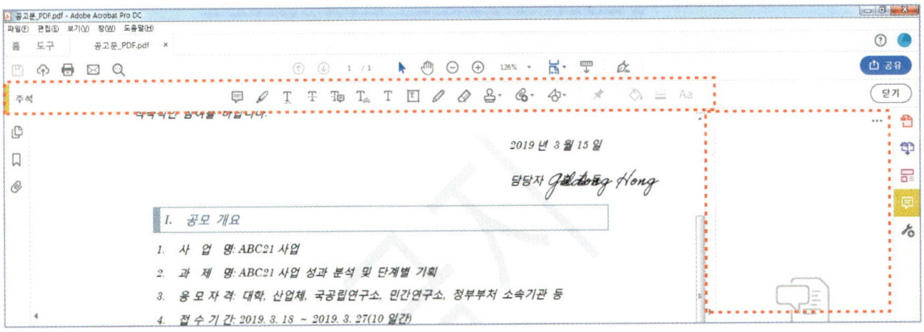

③ [주석] 도구 세트를 이용하여 문서를 수정해 본다.

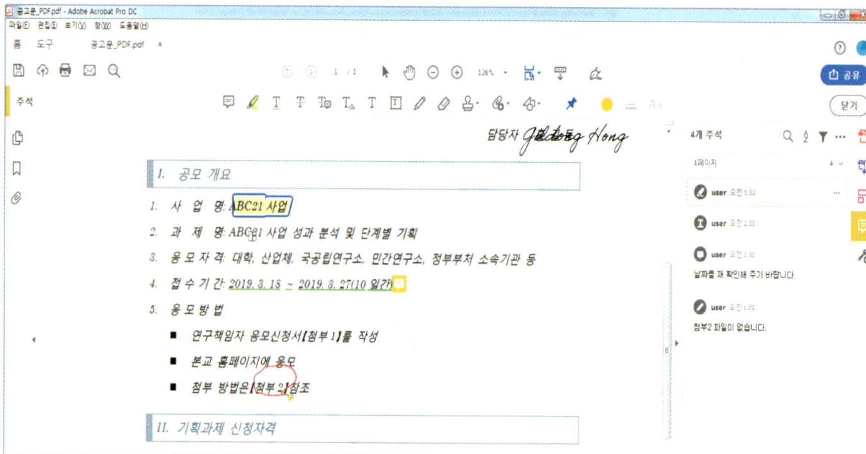

④ 오른쪽에 열린 [주석 목록]에서 주석을 정렬(정렬 아이콘)하거나 필터링(필터 아이콘)할 수 있다. 또한 [옵션] 버튼(…)을 눌러 [주석 요약과 함께 인쇄]하거나 주석을 [Word로 내보내기] 할 수 있다.

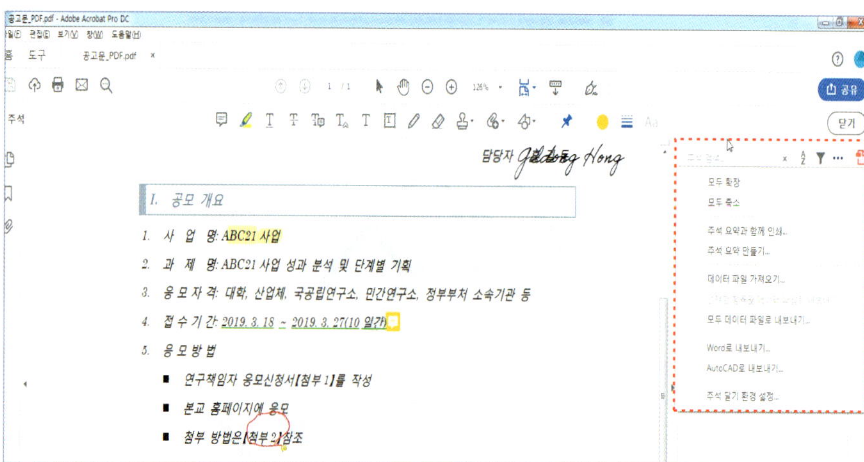

5. 파일 비교

① [도구]-[공유 및 검토]-[파일 비교]를 선택한다.

② [기존 파일]에는 주석이 달린 '공고문_PDF.pdf' 파일이 보인다. [새 파일]에서 [파일 선택]을 누른다.

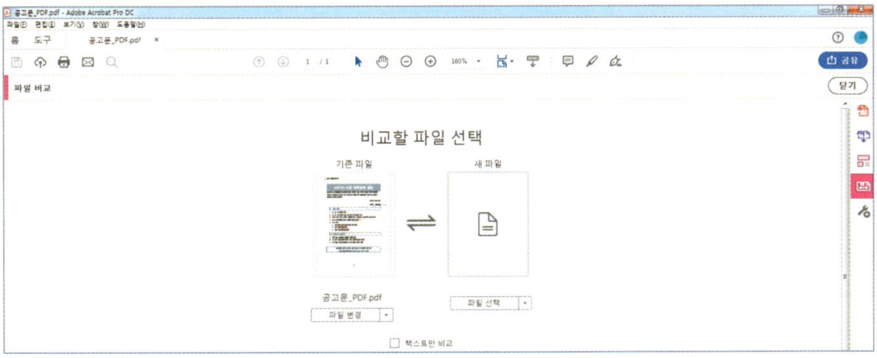

③ [열기] 창이 열리면 제공된 '공고문_PDF_old.pdf' 파일을 선택한다.

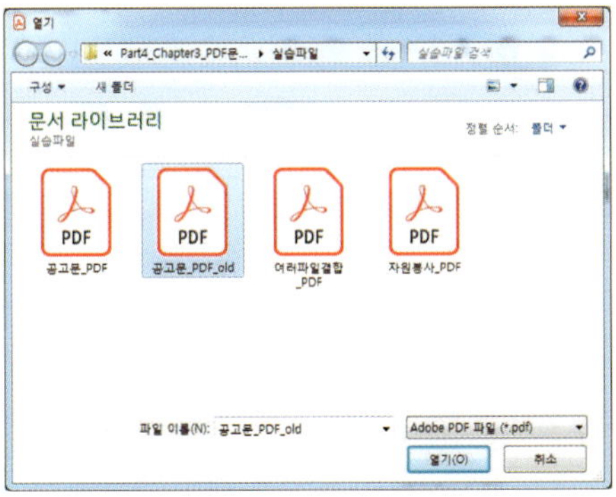

④ [비교할 파일 선택]에 두 개의 파일이 지정되면 [비교] 버튼을 누른다.

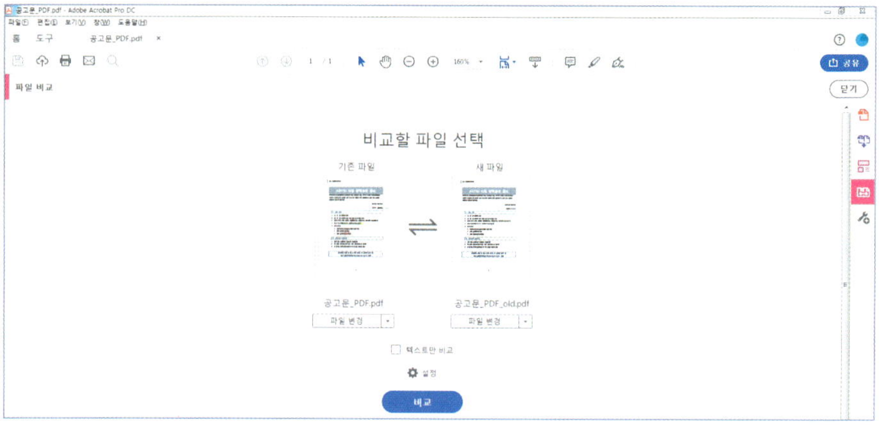

⑤ [파일 비교] 화면이 나타나면서 두 문서를 비교한 결과가 자세히 나타난다.

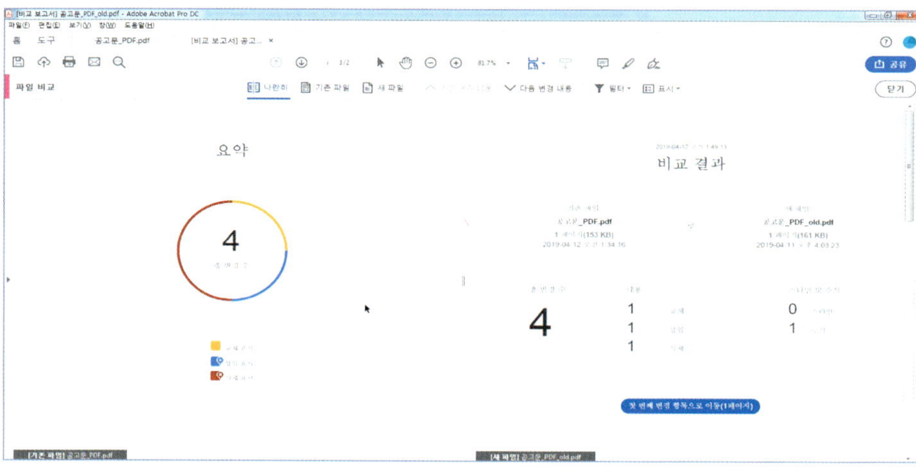

⑥ 스크롤을 아래로 내리면 두 문서를 나란히 비교해 볼 수 있다.

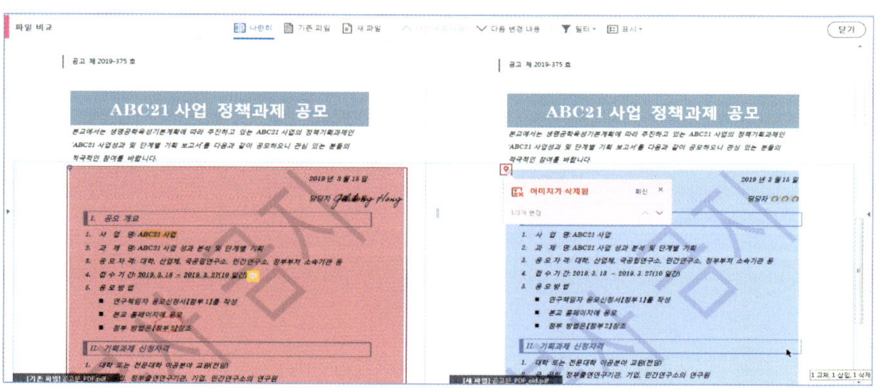